涉县交通运输志

涉县交通运输志编纂委员会　编

方志出版社
Publishing House of Local Records

图书在版编目（CIP）数据

涉县交通运输志 / 涉县交通运输志编纂委员会编 . —
北京：方志出版社，2023.11
ISBN 978-7-5144-5763-6

Ⅰ . ①涉… Ⅱ . ①涉… Ⅲ . ①交通运输史—涉县
Ⅳ . ① F512.9

中国国家版本馆 CIP 数据核字 (2023) 第 204077 号

责任编辑：程倩
责任校对：张玉霞
责任印制：梅中英
出 版 者：方志出版社
地　　址：北京市朝阳区潘家园东里 9 号（国家方志馆 4 层）
邮　　编：100021
网　　址：http://www.zgfzcb.cn
发　　行：方志出版社图书营销中心（010-67110500）
印　　刷：郑州印之星印务有限公司
开　　本：889 毫米 ×1194 毫米 1/16
印　　张：36.5
字　　数：903 千字
版　　次：2023 年 11 月第 1 版
印　　次：2023 年 11 月第 1 次印刷
定　　价：328.00 元

《涉县交通运输志》编纂委员会

总 策 划：董路明

策　　划：王元峰

名誉主任：梁江苏　刘晓君　李宏伟

主　　任：王利强（2020.01—）

张献明（2019.08—2019.12）

常务副主任：张树魁

副 主 任：杨慧鹏　付利冰　杨宏伟　王文廷　江海方　王美霞

张喜正　杨永春　刘俊臣　申彦峰

委　　员：赵正军　马兵波　石广东　付斌波　赵彦敏　付保娥

马彦斌　苑海旺　江卫涛　杨海琦　杨　浩　刘红堂

申铁强　王志强　付富强　姚志广　张付平　黄永飞

许彦明　申向松　杨树宇　张新波　邢广彬

《涉县交通运输志》审编人员

顾　　问：吕学海　刘树廷　王富魁　张献明　梁江苏

技术指导：李方成　任乃堂　张献伟　江河萍　王玉太　郝景鑫

主　　编：王利强

主　　审：牛永芳　张树魁

执行主编：张付平

副 主 编：史苗安　江冰林

编　　辑：李晓冬　窦利明　王丽芳　张凯伦　李学丽

责任校对：张付平　李晓冬

审　　定：涉县地方志编纂研究中心　李小虎　韩书琴

《涉县交通运输志》提供资料人员（部分）

（排名不分先后）

付水元	李其元	郝景鑫	赵彦敏	王美霞	付富强	申铁强
姚志广	江卫涛	姚保文	张新波	付保娥	黄永飞	申向松
杨海琦	李长江	张　帆	王海洋	薛　峰	刘　东	王志强
于增强	张瑞杰	樊翠英	赵丽坤	冯晓魁	李有为	江金波
王晓芳	李永霞	康复顺	鹿　斌	赵　凯	曹卫红	吕文广
申晓丽	李　欣	杨志锋	樊晓莉	王海潮	黄建利	王艳丽
武梦洁	李晓鹏	王鹏飞	王晓龙	王晓扬	张国富	杨晓辉
刘彦红	薛　燕	厉　静	张亚林	高　阳	冯　磊	吴鹏飞

交通精神：

进取　担当
团结　奉献

涉县交通名片

全　国

2018 年　“四好农村路”全国示范县
2019 年　人民满意的公务员集体
2019 年　十大最美农村路
2019 年　交运部首批农村物流服务品牌
2021 年　交运部第二批交通运输一体化示范创建县

全　省

2004 年　全省率先实现村村通水泥路和油路的山区县
2006 年　全省率先实现村村通客车的县
2016 年　“四好农村路”省示范县
2017 年　涉县率先实行“路长制”

涉　县

最古老的桥：西平桥（建于 1191 年）
最早天桥：涉（县）林（州）独木天桥（始建于明末，1807 年重修）
最大公营渡口：漳南渡口（1947 年公营）
第一条沥青路：邯长公路
第一条隧道：张家庄隧道
第一条农村硬化路：畔峪至横岭
第一条高速路：青兰高速
最长隧道：青兰高速马鞍山隧道，全长 4320 米
最长桥梁：
青兰高速清漳河特大桥，全长 2697 米
最长干线公路：
兴阳公路涉县段，全长 81.825 公里
最长干线公路桥梁：
国道 G234 林旺特大桥，全长 2078.03 米
最长乡道：
张二庄至后匡门，全长 48.331 公里
最长农村公路大桥：
清漳河大桥（迎春大桥），全长 427.1 米
最长农村公路隧道：
后匡门隧道，全长 888 米
最长铁路桥：
清漳河铁路桥（石门），全长 8689.9 米
最早开通班车：
1946 年邯（郸）长（治）线客车
最早涉县汽车站：
1948 年，在裕顺货栈（现龙山大街南段）设立
最早运输企业：
1952 年，涉县搬运工会成立，后改称装卸站
最早公交管理机构：
1998 年，涉县公交管理处成立
最早出租车企业：
2004 年，涉县出租车服务中心成立

涉路——历史光影

SHELU - LISHI GUANGYING

路桥修建

1986 年，邯长公路复线修建时使用骡马车

21 世纪 80 年代自制沥青生产设备

1986 年，邯长公路复线修建时借用邯郸地区交运局推土机

国道 G309 与青兰高速公路交叉路段俯瞰图（2013 年摄）

1999 年自制水泥拌合站

铺筑沥青混凝土（2008 年摄）

农村水泥路施工现场（2016 年摄）

国道 G234 茨村互通立交桥（2022 年摄）

跨清漳河的荆条桥

始建于清康熙年间的高阳石桥

1950 年，涉县清漳渡口公路桥建成，是当时连接县城与清漳河南岸的唯一木桥

六桥横跨清漳河茨村段（2022 年摄）

1951 年，清漳河上建成漫水石桥

1965 年，清漳河大桥建成，为钢筋混凝土装配式 T 型梁桥

始建于 1978 年的西达大桥，为当时全县最大的双曲拱桥（2022 年摄）

将军桥（2020 年摄）

高速公路

青兰高速龙虎桥（2010 年摄）

太行山高速大洼二号大桥（2022 年摄）

国省干线

国道 G309 涉县界龙虎段（2013 年摄）

国道 G234 茨村段（2022 年摄）

国道兴阳线北段沙河村段（2015 年摄）

国道兴阳线南段温和村段（2015 年摄）

省道涉（县）左（权县）公路石门铁道桥路段（2020年摄）

省道邢（台）合（漳）公路关防段（2018年摄）

农路公路

全国十大最美农村路——圣福天路（2019 年摄）

太行红河谷旅游风景道（2021 年摄）

阳（邑）索（堡）线（2018 年摄）

河（南店）茅（岭底）线（2018 年摄）

偏（店）壮（口）线（2017 年摄）

偏（店）青（塔）线（2007 年摄）

旅游环线武安界—青塔段（青龙公路）（2021 年摄）

台（庄）田（家嘴）线（2019 年摄）

西（戍）龙（虎）线（2015 年摄）

乡道井（店）王（金庄）线（2018 年摄）

公路文化

圣福天路响石岭
（2020年摄）

井关线（2019年摄）

阳索线民俗文化
（2015年摄）

圣福天路上的感恩台（2019 年摄）

青龙公路上的轮胎文化（2017 年摄）

国道 G309 白鱼岭段
民俗文化（2009 年摄）

兴阳线“愚公移山”
雕塑（2013 年摄）

涉左线石头文化
（2009 年摄）

东山揽胜阁（2017 年摄）

河茅线知青文化园一角（2017 摄）

涉县郊口至磁县交界标志（2019 摄）

行业管理

◆ 公路建设

圣福天路施工放线（2018 年摄）

旅游环线武安界—青塔段（青龙公路）道路测设（2015 年摄）

阳索线洪河沟段施工小憩（2013 年摄）

关防乡后池村道路修筑（2017 年摄）

井关线水毁重建现场（2016 年摄）

太行红河谷旅游环线水中筑桥（2017 年摄）

圣福天路波纹管拼装（2018 年摄）

连泉桥施工现场（2015 年摄）

龙西公路铺筑（2022 年摄）

国道 G234 沥青路面铺筑（2021 年摄）

◆ 公路养护

红河谷漫游道栽植苗木（2021 年摄）

滨河路绿化（2019 年摄）

农村公路环境美化（2021 年摄）

平（山县）涉（县）南道路灌缝（2019年摄）

道路小修保养（2019年摄）

省道兴（隆）阳（江）线水毁抢通（2018年摄）

滨河路雾炮＋三机一体车队作业（2020年摄）

平涉线南日常养护（2015年摄）

平涉线北撒融雪剂（2013年摄）

绿色新能源公交车上市（2017 年摄）

56 辆“面的”首次更新为“轿的”（2007 年摄）

城乡公交（2018年摄）

运管站办证大厅（2022年摄）

乾沧共配物流公司分拣货物（2020年摄）

圣寺驼交通综合服务站收发快递（2018年摄）

◆ 规范执法

交通法律法规宣传（2006 年摄）

涉县交通行政执法人员资格确认考试（2007 年摄）

执法队伍会操训练（2007 年摄）

平涉线南段汛期道路管控（2018 年摄）

涉县交运局工作人员在龙山大街开展《中华人民共和国民法典》宣传活动（2021 年摄）

汽车站消防安全检查（2022 年摄）

国道 G309 城区段道路执法（2020 年摄）

索堡站超限检测（2020 年摄）

城区出租车管理（2021 年摄）

全国“四好农村路”管理现场会召开（2018 年 9 月摄）

河北省“四好农村路”建设现场会在涉县召开（2018 年 10 月摄）

全国政协委员、民建河北省委专职副主委范社岭在圣福天路连线，介绍涉县“四好农村路”建设情况（2019 年 3 月摄）

交通运输部“我家门口那条路”主题活动在涉县启动（2019 年 7 月摄）

全国公路交通军地联合应急演练河北省代表团获三等奖（涉县获单项第二名、第三名）（2019年11月摄）

2019年度“十大最美农村路”领奖现场（2020年11月摄）

“我家门口那条路”健步行在太行红河谷风景大道上（2019 年摄）

太行红河谷马拉松比赛（2018 年摄）

集体荣誉

涉县交通运输局所获荣誉铭牌、证书（一）

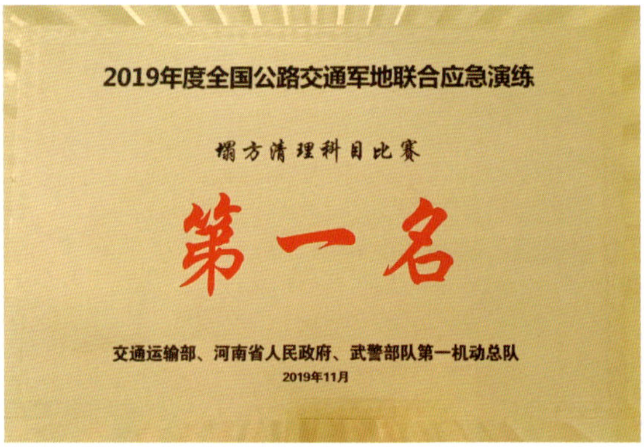

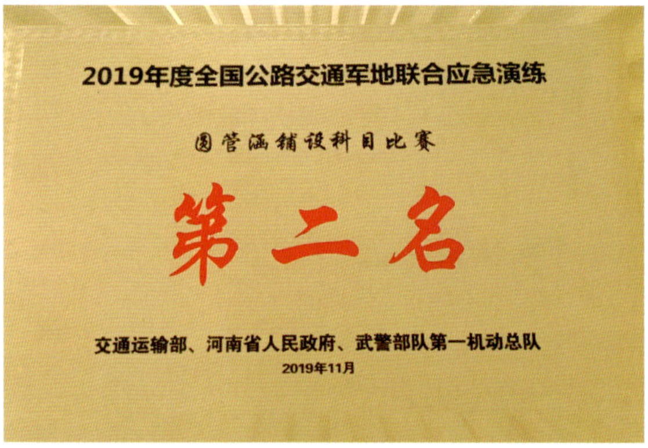

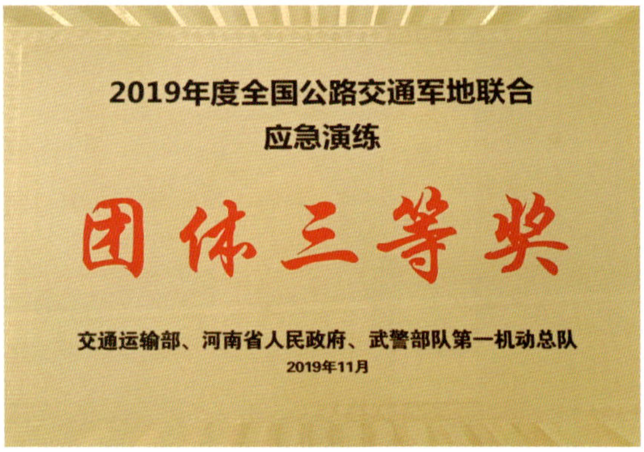

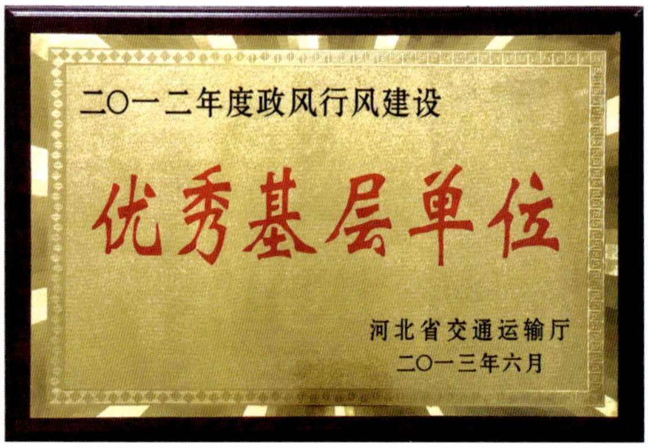

涉县交通运输局所获荣誉铭牌（二）

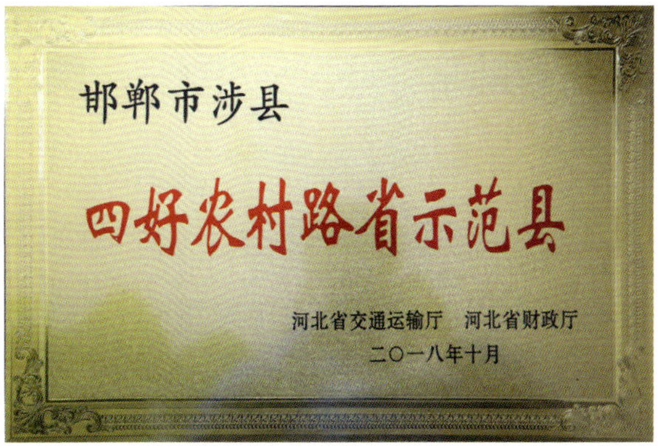

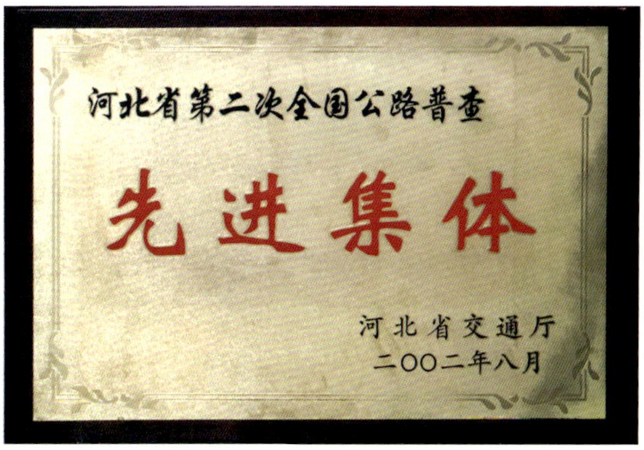

涉县交通运输局所获荣誉铭牌（三）

韩王天路（2017 年摄）

目录

概 述 …… 1

大事记 …… 6

专记

一 交通精神 …… 39

二 四好农村路 …… 43

三 洪灾水毁重建 …… 48

四 应急疫情防控 …… 51

第一篇 区位环境 规划建设

第一章 交通区位环境 …… 57

第一节 交通区位 …… 57

第二节 交通与环境 …… 58

第三节 影响交通的灾害因素 …… 59

第二章 公路规划及建设 …… 61

第一节 道路规划 …… 61

第二节 交通建设 …… 62

第二篇 交通线路

第一章 高速公路 …… 69

第一节 邯长高速公路更乐至冀晋省界段 …… 69

第二节 青兰高速招岗至龙虎武涉县界 …… 73

第三节 青兰高速涉县至冀晋界段改扩建项目 …… 76

第四节 太行山高速公路涉县段 …… 78

第二章　干线公路…………………………………………………………………… 83
第一节　国道 ……………………………………………………………… 83
第二节　省道 ……………………………………………………………… 93
第三章　农村公路…………………………………………………………………… 98
第一节　县道 ……………………………………………………………… 98
第二节　乡道 ……………………………………………………………… 99
第三节　村道 ……………………………………………………………… 111
第四节　专用公路 ………………………………………………………… 135
第五节　城区街道 ………………………………………………………… 136
附：古道 ………………………………………………………… 139

第三篇　桥梁 隧道 渡口

第一章　桥 梁 ……………………………………………………………………… 145
第一节　特大桥 …………………………………………………………… 146
第二节　大桥 ……………………………………………………………… 146
第三节　中桥 ……………………………………………………………… 156
附：古桥 ………………………………………………………… 194
第二章　隧道 渡口 ………………………………………………………………… 197
第一节　特长隧道 ………………………………………………………… 197
第二节　中隧道 …………………………………………………………… 198
第三节　短隧道 …………………………………………………………… 200
第四节　渡口 ……………………………………………………………… 206

第四篇　工程管理

第一章　公路发展…………………………………………………………………… 211
第一节　工程队伍 ………………………………………………………… 211
第二节　工程机械及技术力量 …………………………………………… 216
第二章　质量监管及科技发展……………………………………………………… 220
第一节　工程建设 ………………………………………………………… 220

第二节　质量监管 …… 222
第三节　科技创新 …… 224

第五篇　公路养护

第一章　公路养护 …… 231
第一节　养护组织 …… 231
第二节　专业道班、养护中心 …… 234
第三节　干线公路养护 …… 239
第四节　农村公路建养 …… 241
第五节　养护设备及大中修 …… 244
第六节　公路绿化 …… 245
第七节　公路驿站 …… 248
第八节　公路普查 交通量调查 智慧公路平台 …… 249

第六篇　运输管理

第一章　客运管理 …… 253
第一节　运管机构 …… 253
第二节　客运站场 …… 254
第三节　客运班线 …… 256
第四节　运输工具 …… 262
第五节　运费车资 …… 266
第六节　客运管理 …… 267
第七节　公交管理 …… 269
第八节　城乡交通运输一体化 …… 274
第二章　出租客运 …… 276
第一节　出租车客运组织 …… 276
第二节　出租车发展 …… 277
第三节　出租运价及补贴 …… 279
第四节　文明服务 …… 280

第三章　货运管理…………………………………………………………………… 282
第一节　国营货运 ………………………………………………………………… 282
第二节　集体货运 ………………………………………………………………… 284
第三节　民间货运 ………………………………………………………………… 284
第四节　货运经营 ………………………………………………………………… 288
第五节　货运环保　安全监管 ……………………………………………………… 291
第四章　车辆技术管理……………………………………………………………… 293
第一节　机务管理 ………………………………………………………………… 293
第二节　车辆维修管理 …………………………………………………………… 294
第五章　机动车驾驶培训管理……………………………………………………… 298
第一节　驾驶员培训 ……………………………………………………………… 298
第二节　从业管理 ………………………………………………………………… 299
第三节　地方海事 ………………………………………………………………… 300
第六章　装卸　联运　汽修………………………………………………………… 302
第一节　装卸搬运 ………………………………………………………………… 302
第二节　公铁联运　交通服务总公司 ……………………………………………… 305
第三节　汽修　加油　景区 ………………………………………………………… 306
第四节　其他交通工业 …………………………………………………………… 308

第七篇　交通征收

第一章　公路养路费………………………………………………………………… 311
第一节　养路费征收机构 ………………………………………………………… 311
第二节　养路费费率、征收及使用 ………………………………………………… 311
第二章　车辆附加费　建勤费 ……………………………………………………… 316
第一节　车辆购置附加费 ………………………………………………………… 316
第二节　新购车辆交通建设附加费 ………………………………………………… 316
第三节　车辆建勤费 ……………………………………………………………… 317
第四节　以资代劳金 ……………………………………………………………… 318

第三章　运管规费……………………………………………………………………………… 320
第一节　征收种类及标准 ………………………………………………………………… 320
第二节　规费管理 ………………………………………………………………………… 322
第四章　路桥通行费…………………………………………………………………………… 323
第一节　邯长公路清漳河大桥通行费 …………………………………………………… 323
第二节　国道 G309 武（安）涉（县）公路通行费 ……………………………………… 324
第三节　省道涉（县）左（权）公路通行费 ……………………………………………… 325

第八篇　交通执法

第一章　交通执法……………………………………………………………………………… 331
第一节　行政职权 ………………………………………………………………………… 331
第二节　执法资格 ………………………………………………………………………… 349
第三节　服装标志 ………………………………………………………………………… 350
第四节　法制建设 ………………………………………………………………………… 352
第二章　路政管理……………………………………………………………………………… 356
第一节　机构 ……………………………………………………………………………… 356
第二节　管理措施 ………………………………………………………………………… 356
第三节　路政执法 ………………………………………………………………………… 360
第四节　公路标志标线 …………………………………………………………………… 363
第三章　超限超载治理………………………………………………………………………… 364
第一节　机构设置 ………………………………………………………………………… 364
第二节　管理体制 ………………………………………………………………………… 366
第四章　交通监理……………………………………………………………………………… 371
第一节　机构沿革 ………………………………………………………………………… 371
第二节　车辆管理 ………………………………………………………………………… 371
第三节　驾驶员管理 ……………………………………………………………………… 373
第四节　行车管理 ………………………………………………………………………… 374
第五节　事故处理与安全教育 …………………………………………………………… 375

第九篇　铁路 邮政

第一章　铁路运输…………………………………………………………………………… 379
第一节　铁路路线和站场 ……………………………………………………………… 379
第二节　铁路运输 高铁规划 …………………………………………………………… 384
第二章　邮政……………………………………………………………………………… 386
第一节　邮政机构的变迁 ……………………………………………………………… 386
第二节　邮件运递 ……………………………………………………………………… 388

第十篇　队伍建设

第一章　行政机构…………………………………………………………………………… 393
第一节　机构沿革 ……………………………………………………………………… 393
第二节　内设机构及下属单位 ………………………………………………………… 394
第三节　行风建设 ……………………………………………………………………… 395
第二章　机关党建…………………………………………………………………………… 398
第一节　组织机构 ……………………………………………………………………… 398
第二节　思想政治教育 ………………………………………………………………… 399
第三节　廉政建设 ……………………………………………………………………… 401
第三章　群团组织建设……………………………………………………………………… 404
第一节　工会组织 ……………………………………………………………………… 404
第二节　共青团组织 …………………………………………………………………… 406
第三节　妇女组织 ……………………………………………………………………… 407
第四章　职能机构…………………………………………………………………………… 408
第一节　人事 …………………………………………………………………………… 408
第二节　财务 …………………………………………………………………………… 410
第三节　安全 信访 ……………………………………………………………………… 412
第四节　企业管理 环境整治 …………………………………………………………… 413
第五节　档案 保密 统计 ………………………………………………………………… 415

第五章　交通扶贫 …… 417
第一节　道路扶贫 …… 417
第二节　政策扶贫 …… 418
第三节　驻村扶贫 …… 418
第四节　路域经济 …… 419

第十一篇　交通人物

第一章　人物 …… 423
第一节　人物小传 …… 423
第二节　历任局长简介 …… 425
第三节　劳模简介 …… 428
第二章　人物名表 …… 430
第一节　机关、局属单位人员名表 …… 430
第二节　先进集体及个人荣誉 …… 444
第三节　专业技术人员名表 …… 453

第十二篇　交通文化

第一章　红色交通 …… 457
第一节　晋冀鲁豫边区交通总局 …… 457
第二节　交通史料 …… 458
第二章　交通宣传 …… 464
第一节　公路文化 …… 464
第二节　宣传报道 …… 465
第三节　剧团创建与文艺创作 …… 467
第四节　媒体作品精选 …… 468
第四章　交通艺文 …… 481
第一节　碑记　谚语　诗词　散文 …… 481
第二节　歌曲 …… 499
第三节　剧本 …… 503

附录：文件辑存

交通运输部 农业农村部 国务院扶贫办关于命名“四好农村路”
全国示范县的通知 …… 529
中共中央组织部 中共中央宣传部关于表彰第九届全国“人民满意的公务员”和
“人民满意的公务员集体”的决定 …… 532
交通运输部办公厅关于公布2019年度“十大最美农村路”等名单的通知 …… 535
不贪大求洋，因地制宜建设“四好农村路” …… 537
打通乡村振兴“双向道” …… 538
建设最美农村路　打造富裕幸福城 …… 541
把初心使命写在太行山路上 …… 543
千里彩练舞太行　诗画涉县谱新篇 …… 545
把忠诚担当写在太行山路上 …… 548
让微循环更畅通 …… 550
涉县“三点发力”构建城乡交通运输一体化 …… 556
中共涉县县委关于《大力弘扬交通精神、大兴干事创业之风的决定》 …… 557
涉县人民政府关于《印发农村公路管理办法的通知》 …… 559
中共涉县县委办公室、涉县人民政府办公室关于《大力弘扬旅发精神以
“愚公红”干劲加快建设“中国最美乡村旅游通道”的通知》 …… 566
中共涉县县委、涉县人民政府关于《推行农村公路“路长制”的实施意见》 …… 571
后　记 …… 575

概 述

涉县历史悠久，西汉始置县，距今两千余年。境内崇山峻岭，漳河穿境而过，因跋山涉水，故称涉县。涉县地处太行山东南麓，河北省西南部，冀晋豫三省七县（市）交界处，历来为兵家必争、经济流通之要地，自古有“秦晋之要冲，燕赵之名邑”之誉。

涉县境内太行余脉盘亘全境，属深山区，地势自西北向东南缓慢倾斜，河谷纵横，山高坡陡，重峦叠嶂，呈中低山区地貌，漳河及其支流迂回曲折，“八山半水分半田”是涉县的总特点。涉县属暖温带半湿润大陆性季风气候，东西横距 37.5 公里，南北最大纵距 64.5 公里。境内最高处海拔 1562.9 米，县域面积 1509 平方公里，辖 16 个乡镇 1 个街道，人口 43 万人。

道路建设

涉县因山形地势原因，自古行路难。据清嘉庆四年（1799）《涉县志》载：“环境皆山，重冈回抱，高峰矗云，径路蛇盘，不通轨辙。行崖谷间，后不见前；遇漳水骤涨，人不得渡……其道路往来，唯有奔走脚力驮负，不能驰车转毂也。”县境封闭落后、与外相隔，出山难、行路难为贫苦之由。

涉县古道，经历代修缮渐成邯长、涉左、涉林和涉磁等古道，均为重要的通冀晋豫出省要道。太行八陉中的滏口西陉，即为涉磁古道。此外，境内还有将军岭、木井川、梁岭等小型古道，两者相辅，渐成涉县交通最初脉络和骨架。

1949 年，涉县公路通车里程 260 公里，皆为土路。主动脉为两纵两横，均为古道而来。东西两横为邯长公路和邯长复线。邯长公路历经整修，1957 年，全线以工代赈始铺装泥结碎石路面。1974 年，全线 41.5 公里铺油，次高级路面完工。1997 年，该线与涉林线合并，称为平涉线。1980 年后，运输车辆骤增。邯长复线开始建设。从 1985 年到 1989 年，全线 39.75 公里竣工。2001—2007 年，该路改建为二级公路，由省道调整为国道 G309。2019 年，升级为国道兴阳线。

南北两纵分别为涉左公路和涉林公路。1970 年后，涉左线历经多次分段修建，直至 1983 年，全线 25.3 公里改建为油路。1998—2000 年，涉左公路升级为省道，重修为二级公路。1958 年前，涉林公路为简易公路。1973 年建西达隧道 2 条，缩短距离。1975—1992 年，河南店至张头村，52.137 公里分段铺油完成，后并入平涉线，现为兴阳线。

境内有阳索、河茅、偏壮、井关、刘西、龙西等重要县乡道路，直达全县各乡镇村寨。1978 年，全县通车里程 689 公里，仅有 1 条省道 41.5 公里，县乡村道路 647.5 公里。油路或水泥路仅有 100 公里，其余均为土路、砂石路。2004 年 5 月，涉县 308 个行政村全部通油路或水泥路，涉县成为河北省实现“村村通”柏油路或水泥路的第一个山区县。是年底，涉县首条高速公路——

邯长高速公路（更乐至冀晋省界段）建成通车。2010 年 9 月，该高速招岗至龙虎村县界段通车。2022 年 6 月，涉县至冀晋界段改扩建项目完工。2019 年底，太行山高速涉县段建成通车。涉县交通路网结构日趋完善，通达通畅能力进一步加强。打通主动脉，畅通微循环。2014 年起，“四好农村路”创建在全国兴起。2017 年，涉县大力实施总长 1300 多华里的千里乡村旅游通道建成通车。圣福天路成为社会参与、广泛筹资、修建生态路的典型代表。这一时期公路文化深度介入，使涉县道路逐渐实现旅游公路向公路旅游的转变。2021 年 9 月，第六届河北省旅游产业发展大会主会场在涉县，太行山旅游风景大道全长 223 公里，涉县段路域环境提升 175 公里。交旅融合，路即是景，成为最大亮点。

国道 G234 涉县段为新建收费公路项目，全长 62.118 公里。2014 年争取跑办项目，2018 年动工。2021 年底，偏店至神头绕城段 22 公里完工。2023 年 9 月，该项目全线贯通，扩大城区面积，解决国道 G309 长期煤炭绕城问题，成为涉县公路建设史上县局承担业主，建设里程最长、投资规模最大、施工难度最大的公路建设项目。

2022 年底，全县公路路网形成三纵九横十八条支线的公路路网结构，通车总里程 1599.049 公里。其中：高速公路 2 条 65.665 公里，国道 2 条 121.645 公里，省道 2 条 43.454 公里；农村公路 1368.285 公里，县道 40.955 公里，乡道 642.315 公里，村道 685.015 公里，均为等级公路。

客货运输

涉县过去道路难行，运输工具多为人力、畜力车。1946 年，晋冀鲁豫边区裕通转运股份有限公司（简称裕通公司），其下属邯郸裕通公司和长治晋丰公司开始经营邯长线客运。初为货车代客车。1983 年，运输市场开始开放，形成国家、集体、个体齐头并进的局面。

1956 年，邯郸运输公司开始在涉县开通发往乡镇、村的客运线，并设代办站。1963 年底，涉县有西戌、井店、西达、索堡 4 个分站和新桥代办站，均办理旅客运输。1974 年，开辟营运路线 7 条，长 220 公里，日发送班车 44 车次，同时发送邯郸至五机厂、东风药厂、天津铁厂和符山铁矿“三线”厂矿班车。

1990 年，邯运汽车五队拥有客车 30 辆，涉县汽车站开辟跨省线路 4 条、跨地区线路 1 条。个体客运汽车 24 辆，客运机动三轮车 83 辆。1996 年，全县开通出省出县线路 11 条。1999 年，营运客车 124 辆，客运班线 38 条，营运总里程 3125 公里。2002 年底，原有 65 辆农用厢式汽车全部退出市场，更新为客运中巴车。2006 年，涉县 308 个行政村实现村村通客车。

1998 年，涉县公交管理处成立，属城管部门管理。2008 年，城区开通 36 部公交车。2014 年，实现村村通城乡公交。2015 年，涉县 36 部城市公交车更新为新能源纯电动车，全县客运班车达 107 部。是年底，邯郸至涉县开通 812 路城际公交车。2017 年，14 辆纯电动车投入 1 路和 2 路公交线路开始运营。2018 年底，全县建成二级客运站 1 个，四级客运站 1 个，简易站 6 个，两公里范围内建成农村客运站点建制村 183 个；农村客运车辆 130 部、线路 79 条，覆盖全县 17 个乡镇，308 个行政村，公交通达率 100%；15 条 20 公里范围内的农村客运班线公交化改造率 100%。2019 年，3 路城市公交开通，因客流量较少后停止。2020 年，3 条毗邻县之间城市公交线路涉县至平顺、涉县至黎城、涉县至左权开通，部分城市公交安装视频监控。2021年底，公交共计158辆，其中136辆纯电动车、22辆柴油车，130辆新能源车安装一卡通设备。

1998年5月，涉县出租车客运管理站成立。2006年，出租车市场全面取缔摩的三轮车，正规出租车为469辆。至2022年，出租车为467辆，经过不断更新换代，出租车型全部为轿车，新能源车15辆，为周边省市区车型最好的县。

1978年，涉县货车31部，货运量50万吨，周转量620万吨公里。1984年后，个体经营货车发展较快。2007年，涉县第一家快递企业——圆通快递公司成立。2013年，涉县首家危货运输企业成立。2019年后，涉县通过客车捎货的方式，开创“信息平台＋客货同网”新营运模式，2020年，涉县乾沧共配物流有限公司成立，集中多家快递公司，开始集约化管理。

2021年，涉县有普通货运企业157家，涉及冷藏保鲜、罐式等专用运输企业4家。是年10月，涉县积极投入城乡交通运输示范创建县中。2022年涉县有城乡公交线路28条，营运车辆138辆，行政村通车率达100%。全县除邮政快递外共有9家快递企业，覆盖17个乡镇308个行政村，解决村民购物难、收货难等问题。打通工业品下乡、农产品进城的最后一公里，村民实现“出门就上公交车，手机一点货上门”的美好生活。

铁路邮政

铁路方面：从1947年开始，涉县4次修建铁路。1947年，邯（郸）磁（山）线涉县段开始修建，时称小火车道。全线33公里，是涉县第一次修建铁路。1949年，因军需，该路铁轨拆除支援平汉铁路，后废弃。1959年，磁（山）涉（县）铁路开始修建，1965年全线通车。1975年9月30日，磁涉标准轨地方铁路全权移交铁道部北京铁路管理局。1971年10月，涉县第三次修建铁路。邯长铁路由邯郸直通山西省长治市，全长64公里，于1981年全线竣工。1987年，阳（泉）涉（县）铁路动工，为涉县第四次修建铁路。铁路从山西省黎城入境，与邯长线接轨，境内长11.4公里，到1991年全线正式通车。另建有通往各大、中型厂矿企业的铁路专用线。

2010—2015年，邯长铁路增建二线并电气化改造，实现双线电气化。2016年，聊邯长高铁项目列入《国家中长期铁路网规划（2016—2030年）》，河北省将该项目列入《河北省轨道交通发展“十三五”规划》。2021年3月，项目完成可研报告。

邮政方面：1945年，交通总局外迁，晋冀鲁豫太行交通局在索堡成立，下设6个分局，县交通局与索堡交通站合并，称县邮局。1949—1952年，全县邮路34条，为步班。1953年，始出现自行车邮路2条。1960年，全县邮路30条，长1025公里。1968年，开始有1条摩托车邮路。1970年，县内首次用汽车邮运。1971年，摩托车邮路增为4条。1975年，全县主干线路邮路均为摩托车，长1022公里，288个村能看到隔日报纸。2003年，全县汽车邮路增至2条。2019年底，经过合并全县邮路变为30条，全长1720公里，投递到村率100%。

1986年9月，县邮政局首次开办邮政储蓄业务。1991年，函件业务主要分为8类。2004年，开办国际汇兑业务，报刊发行、集邮与邮品、特快专递业务展开。2003年，全县开办物流业务。2007年开始，涉县多家快递企业投入市场。2008年，县邮政局代办金融业务。至2022年底，除邮政快递外全县有 9 家快递企业，遍及各村镇。

行政执法

1960 年，涉县交通运输局初设路政股，负责全县公路管理工作。1961 年，改为养路工区。1977 年，涉县成立车辆监理站。1984 年，成立路政工程股，负责全县公路监督工作。

1998 年，《中华人民共和国公路法》颁布实施，明确规定公路受国家法律保护。随着经济快速发展，大型货运车辆急剧增加，超限超载、路产路权成为保护公路的重要部分。为形成以路养路的良性循环，开始征收公路规费。

1984 年 9 月，涉县交通局养路费征收站成立，负责全县养路费征收和管理业务。征收车型从畜力车、胶轮车、拖拉机至各类客货汽车，费率也多有调整改变。1986 年 11 月，涉县交通局代征县辖区内单位和个人车辆购置附加费。2001 年起，改为车辆购置附加税。2005 年 1 月起，车辆购置附加税由涉县国家税务局负责征收。1996 年，新购车辆交通建设附加费开始征收。2004 年 4 月，该项收费停止征收。1987 年 9 月，涉县开征公路运输客票附加费。1996 年 1 月 1 日起，全省范围内征收客货附加费。2008 年 12 月 31 日，国家实行燃油税后，公路养路费客、货运输附加费停收。

1990 年 3 月，涉县所有运输车辆一律实行以金代工制度，以吨位计算征收车辆建勤费。1993 年 12 月，该项目取消。2000 年 6 月，机动车辆义务建勤工以资代劳金开始征收，2007 年起停征。

路桥收费中涉及三项：邯长公路清漳河大桥通行费，1990 年 9 月开征，2001 年 6 月停征。国道 G309 武（安）涉（县）公路通行费，2004 年 12 月 15 日开始收费，2019 年 11 月 30 日终止收费，收费期限 15 年。省道涉（县）左（权）公路通行费，2001 年 1 月 4 日正式收费，2009 年 4 月 30 日停止收费。

2010 年，交通运输局行政审批事项入驻涉县政务服务中心，设交通窗口 1 个，人员 2 名，审批事项 10 项。2012 年 3 月，为进一步打通最后一公里，运管站办证大厅全员入驻涉县政务服务中心。2015 年，行政审批实行“一站式”服务，交通审批行政权力事项增至 173 项。2017 年 3 月，全省推行行政执法公示制度执法全过程记录制度重大执法决定法制审核制度试点，县局明确行政执法事项、行政执法人员、音像视频记录事项、随机抽查事项和重大执法决定法制审核事项等五个清单，并在政府网站公示。2020 年，涉县交通运输局有行政权力共 334 项，网上予以公示。2022 年底，权责清单 417 项。

交通人文

涉县是红色革命老区，抗日战争和解放战争时期，曾先后有 110 多个党政军财文机关单位驻扎涉县，晋冀鲁豫边区交通总局就是其中之一。1941 年 7 月 18 日，冀太联办交通总局改为晋冀鲁豫边区交通总局，驻涉县索堡村，设立公开、秘密、护送干部三种交通站，曾秘密护送彭德怀、刘伯承、邓小平等干部和运输大批军用物资过境。1945 年 4 月 1 日，交通总局在索堡镇成立太行运输股份有限公司，主要承担支前工作，利用人力、畜力将武器弹药运送前线，保证抗战所需。1945 年 9 月后，晋冀鲁豫边区交通总局迁出涉县。交通总局在涉县工作 8 年，为抗战胜利作出重大贡献，成为交通运输部重要前身。

中华人民共和国成立后，老区人民传承红色基因，赓续红色血脉，涌现出大批自力更生、不等不靠、捐资修路、矢志凿通山路的太行愚公们。有军事建制三年苦修河南店——西达五六千民众，有全民筹资修建的千里乡村旅游通道，有交通运输局承建史上施工难度最大的国道 G234，有张玉镁捐建石桥、匡门六年修隧道和后池村民修建愚公路等，老区修桥补路的星星之火，开辟出条条出山致富路。

纵观历史长河，涉县交通一路筚路蓝缕、披荆斩棘、胼手胝足、前仆后继。在不同历史时期，交运队伍始终与人民群众一起，坚守信念、为民服务，不断地将道路建设与时代要求紧密结合，通天堑、筑飞虹，为群众建起条条致富路，锤炼出一支享誉社会的交运铁军。

这支铁军逢山开路、遇水架桥、勇往直前、无所畏惧。道路建设从沙土路、碎石路、水泥路到沥青路；从县乡村路到国省干道高速路；从全县村村通油路到城乡公交一体化；从山货出山难到物流送上门……长期以来，老区交通矢志不渝，砥砺奋进，敢教日月换新天。如今，太行山间长路纵横，路网完善，昔日羊肠板屇行路难，今朝通衢大道路通天。老区交通实现从无到有、从弱到强、从走不了到走得好，从封闭落后到全国典型的跨越式发展。

2015 年，省道涉左路以十五年无大修的典型事迹，被新华社等媒体关注。2015 年 9 月，中共涉县县委号召全县各级党组织和广大干部群众学习弘扬“进取、担当、团结、奉献”的交通精神。2017 年，千里乡村旅游通道等一批精品工程的建成，助力四好农村路迈上新台阶。2018 年 8 月，涉县获评“四好农村路全国示范县”。领奖会现场交通运输部部长李小鹏讲话指出：河北省涉县因地制宜，创新“667”工作机制，指导农村路建设，用巧法，动真情，花小钱、办大事，宜宽则宽，宜窄则窄，有的地方还曲径通幽，这就是实事求是地推动农村路建设。2018 年 10 月，河北省四好农村路建设现场会在涉县召开。2019 年 3 月，全国政协网络议政远程协商基层连线活动在涉县圣福天路日月峰举行，得到全国政协主席汪洋的好评。2019 年 6 月，涉县交通运输局被中宣部、中组部授予全国第九届“人民满意的公务员集体”荣誉称号。同月，河北省交通运输厅党组决定在全系统开展向汪自强和涉县交通运输局学习的活动。是年，圣福天路被交通运输部评为“2019 年度全国十大最美农村路”。2020 年 6 月，河北涉县“信息平台 + 客货同网”获评“交通运输部首批农村物流服务品牌”。2021 年 10 月，涉县被交通运输部列入第二批城乡交通运输一体化示范创建县。

雄关漫道真如铁，而今迈步从头越。交运队伍不忘初心、牢记使命，以高度的历史责任感和全心为民的使命担当，将丹心赤诚写在太行山上，把康庄富民路修到百姓的心坎上。无论何时何地，交运队伍都将和人民一道努力当好时代的答卷人，不负使命，奋勇担当，开创更加美好的明天！

大事记

距今约7000年前

涉县地区已有人类聚居，以农耕为主，已会烧陶器，原始人逐渐行走成道路。

东周

前662

北狄攻邢国，开拓于上党（今晋东南）经涉县至邯郸的道路。

东汉

建安九年（204）

曹操令曹洪攻邺，他亲自率军西北行，经滏口陉（太行八陉之一，今磁县）直抵毛城（今涉县茅岭底）击溃武安长尹楷，夺取粮道。

建安十二年（207）

曹操自邺（今临漳县西）经滏口陉，经涉县赵上党攻取壶关（今长治东南），平定高干叛乱。他路经太行山，写下著名诗篇《苦寒行》，描写行军太行之艰。

东晋

太元十八年（393）

后燕慕容垂遣将率军自邺，沿滏口陉，经涉县灭西燕。

南北朝

北魏建明二年（531）

高欢率军讨伐朱尔荣一路入滏口陉，经毛城至晋阳（今太原市）。

东魏天平元年（534）

高欢立元善见为魏帝，以邺为上郡，晋阳为下郡，史称东魏，自邺过滏口陉，经毛城达晋阳，该线日趋繁荣。

唐

开元二十九年（741）

涉县属河东道，设有馆驿。

北宋

政和元年（1111）

涉县属河东道隆德府，设有驿站。

南宋

绍熙二年（1191）

西平桥修建，位于南郭口村西。

元

天历三年（1330）

涉县属中出省真定路，设驿站使递。

明

洪武六年（1373）

涉县设急递铺，分南二铺：神头铺、响堂铺，北五铺：北岗铺、井店铺、窑上铺（今窑则）、石泊铺、猛虎铺（今龙虎）。

嘉靖六年（1527）

涉县设急递铺，总铺在县城，东抵武安有台村、井店、偏店、西戌、沙河；西抵黎城县有神头、响堂铺。

万历二年（1574）

修建凤阳桥，位于唐王峧温庄村南，时为西通秦晋，东达燕齐之要道。清宣统二年（1910年）重修。

万历六年（1578）

修建补凤桥，位于桃城村西。

万历十年（1582）

涉县属河南彰德府管辖。

崇祯二年（1629）

修建井家峪桥，位于马布至东戌间。

清

顺治十五年（1658）

涉县设驿铺，县治北：十里铺、井店铺、偏店铺、鸡鸣铺、西戌铺、沙河铺、马布铺、七铺；县治南：神头铺、响堂铺，传递官方文书。

康熙十四年（1675）

涉县设驿站，为河南95个驿站之一。

康熙六十一年（1722）

修建高阳桥，位于前崇林东（今前寨村），为邯长古道上一座重要桥梁。

雍正十三年（1735）

岭底至磁县界玉路岭大路重修，乾隆三年（1738年）竣工。

乾隆六年（1741)

山西洪洞县籍，诰封之官，刘勷与诸弟侄捐资开辟老爷庙至窑则向白鱼岭大路。

嘉庆四年（1799）

涉县驿铺为南二铺：神头、响堂铺；北五铺：北岗、井店、窑则、石泊、龙虎。

嘉庆十二年（1807）

重修天桥断桥，位于涉县张家头与林县交界的浊漳河上，始建于明末。

光绪二十六年至宣统三年（1900—1911）

涉县设邮政代办所，取代驿铺制度。

中华民国

1919年

涉县属河南省豫北道。

1921年

武安籍王鸿斌等人，将天桥断桥重修为木板桥。

1924年

冬　甘泉村宁陈良等人，奔走涉县周边五县，捐金二千，重修皮岭路。

1927年

涉县政府设建设局，兼管公路交通。

1928年

涉县政府建设局勘测修建猛虎（今龙虎）经乱石岩、西戌、鸡鸣铺、井店至县城马路，岁荒中止。

1933年

天桥断桥改建为铁链悬桥。

武安至涉县道路裁减弯道，去砾石，除障碍，建为马路。全长55公里，涉县境内25公里。

1937 年

7 月 7 日　日本侵华战争爆发。涉县邮局组织群众，沿村传递鸡毛信。

秋　邯（郸）至长（治）公路涉县至长治段，国民政府动员民工修筑为汽车路。

1938 年

2 月　日军从武安出发，沿邯长公路西犯，相继侵占龙虎、石泊、西戌、偏店等地。2 月 15 日侵占涉县城。

3 月 31 日　日军追犯晋东南地区途经涉县，八路军一二九师以响堂铺为中心，在西起黎城县东阳关，东至椿树岭，沿邯长公路设伏，响堂铺伏击战打响。

春　涉县组织民兵自卫队 600 余人，在八路军一二九师特务团带领下参加邯长公路乱石岩至龙虎段破路斗争。

5 月 1 日　太行合作总社成立，领导太行区人民生产和组织群众运输。

1939 年

7 月 7 日　日军第二次侵占涉县城，企图打通邯长大道，涉县军民对邯长公路进行“破击交通战”。

1940 年

3 月 8 日　偏城县建制，驻业上村，于 1941 年迁驻东鹿头村。

3 月　涉县抗日县政府成立实业科，兼管道路交通事宜，科长金智远。

3 月　反顽军战役开始后，涉县自卫队员 850 余人，组成担架队、运输队，随军参战。

4 月　马天龙任实业科科长。

6 月　八路军一二九师司令部、政治部从辽县（今左权县）桐峪镇迁驻常乐村。12 月底，司令部从常乐村迁驻赤岸村，政治部迁驻王堡村，1945 年 8 月迁驻武安县伯延村。

7 月 10 日　涉县县委书记张俊卿参加在武安县小店村召开的地委会议，为反击日军“扫荡”，确定涉县龙虎至井店、县城至响堂铺为破击路车点路段。

8 月 1 日　冀南、太行、太岳行政联合办事处在涉县东辽城村成立（简称冀太联办）。在西辽城村成立交通总局，支援交通干线各站，负责各地邮务传递，涉县设索堡、林旺两站，同时联办设有贸易总局和生产合作社，组织群众开展合作运输。

8 月　涉县属太行漳北办事处领导，驻地固新村。

9 月　为阻止日军沿邯长公路进犯根据地，涉县、武安等县军民 1.5 万余人，对该路进行持续 5 天的破路斗争。

1941 年

2 月　涉县抗日县政府实业科改为建设科，科长马天龙。

春　冀太联办在各县、区、村组建合作社（也称联社），群众自愿结合，运销合作应运而生。

9 月 1 日　晋冀鲁豫边区政府在涉县靳家会村成立。冀太联办被撤销，冀太联办交通总局改为边府交通总局，由西辽城村迁驻索堡村，局长为韩永赞、副局长为申修。涉县属太行区专属领导，驻地西达村，1945 年 12 月，撤离涉县。

10 月　晋冀鲁豫边区政府公布《边区合作条例》对社员入股分红做出规定，鼓励农民开展合作运销。

是年　晋冀鲁豫边区政府颁布《军事支差条令》，规定凡 16~50 岁男子及一对牙以上的骡、马、驴、牛均有参战支差义运义务。

1942 年

年初　晋冀鲁豫边区政府统一全区交通行政。太行区由边区政府交通总局直属。各县设交通局，区、乡、村设联络站或代办所。

2 月 15 日　晋冀鲁豫边区政府公布《义运军料办法》和《义运军料办法实施细则》，规定：年满 18~50 岁男子，每人每年义运军料 50 公斤，驴牛 75 公斤，骡马 100 公斤，运距 30 公里，参运人自带给养。

2 月　晋冀鲁豫边区政府由靳家会村迁驻弹音村。

春　偏城县政府设置建设科，科长翟振祥。

4 月　涉县抗日县政府更名为涉县县政府。始设县政府交通局，高武任交通局局长。

1943 年

2 月　晋冀鲁豫边区交通总局，按区片设 38 个交通督察处，领导各县和干线交通站。索堡是边区邮递中心，索堡交通总站，有站长、交通员 14 人，有驴骡 5 头。山西麻田设有分站。

6 月　李岩任县政府交通局局长。

冬　王国彦任县政府交通局局长。

是年　太行区大旱，晋冀鲁豫边区政府、八路军一二九师在涉县创办太行运输合作社。涉县林县组织大批灾民运输队开展运输。

1944 年

春　涉县政府号召各区、村、农会组织运输队，在赵峪、西戌、井店、索堡、河南店等地设立招待所，解决灾民生活等问题。

10 月 29 日　涉县政府通令各区，动员组织群众修路修桥，以利冬季运输。

是年　根据“组织起来，开展大规模群众生产”的要求，全县以河南店为中心开辟 3 条运输线：河南店至磁县两岔口，河南店至山西桐峪，黎城县东阳关经涉县至武安阳邑。

1945 年

3 月 24 日　涉县政府、交通局（当时主管邮务），联合指示各区加强乡邮建设，便于送信、报递、通知等，确立每村指派一人报送。

3 月　晋冀鲁豫边区政府由弹音村迁驻下温村，是年 12 月迁往武安县下柏村、龙泉村。

3 月　涉县政府组织群众从 26 日至 4 月 2 日往武安县义运公粮 3000 担。

4 月　晋冀鲁豫边区政府财经运输处在索堡村成立太行运输公司，下属单位有索堡运输站（即现在汽车站前身）。是年 12 月东迁邯郸，索堡运输站迁驻涉县南关。

9月　晋冀鲁豫边区交通总局迁往邯郸市，直接领导太行区交通。

10月　平汉战役中（又称邯郸战役），涉县参战指挥部政委赵胜前指挥史福堂等人带领涉县民兵1万余人，担架队2.1万人参加战役。组织后方运输队，从茅岭底到关防岭底沿线设立7户运输站，每站备牲畜200~300头，专送军火、粮食。

12月16日　涉县政府发布命令，从涉县各地粮库往磁县两岔口村运送粮食，小米45.5万公斤，绿豆4.5万公斤，以备军用。

12月　晋冀鲁豫边区政府决定，边区范围内公路、铁路统归边府交通总局管理，交通总局改称交通管理总局。

是年　全县全劳力半劳力均参加解放战争，涉县处于过境要道，差务繁重，平均每天有200头牲畜参加军需品运输。

是年　浊漳河天桥断悬桥由太行公署六专署维修，两岸宽35米，距水面高度30米，用直径为5寸（约16.67厘米）粗铁丝绳4道，上铺木板，桥两旁用铅丝设为栏杆。

1946年

2月25日　晋冀鲁豫边区政府交通管理总局改为邮务管理总局。

2月　郝青山任县政府交通局局长，5月后改邮电局。

3月　为保证西达兵工厂生产，支援解放战争，涉县政府组织民工1500人，从峰峰煤矿往西达兵工厂运煤62.5万公斤。

4月3日　涉县政府通令，在村边、大道进行植林。

4月17日　涉县对邯长公路涉县段进行修复。

4月26日　晋冀鲁豫边区政府公路管理局成立，局长为田裕民（兼）、副局长为鲁夫。

4月　晋冀鲁豫边区太行运输公司以私营方式出现，更名为邯郸裕通转运股份有限公司，涉县索堡运输站更名为涉县裕顺货站，实行“以商养运、以运支前”的方针。

5月4日　太行专署在涉县成立公路管理局，局长高原，副局长张奋。太行区划为8个专区，涉县为五专署。

5月　偏城县并入涉县。

6月　晋冀鲁豫边区政府颁布《公路交通建设计划草案》《公路管理暂行草案》《公路车辆管理草案》。

9月15日　太行公署布置冬季修路任务为：邯郸—涉县—长治和邯郸—高邑两条公路，以保支前运输。

10月7日　西达运输站成立，站长由西达区区长陈勇兼任，主要任务是组织群众运送军需物资。

10月　涉县政府通令，各区民兵共4000人，到林县、磁县义运公粮。

11月7日　涉县政府奉太行公署电令，组织沿路群众维修河南店至新桥和涉县沿清凉、中原至索堡的大路，并搭架王堡至索堡木便桥。

12月1日　涉县政府通令决定差务组织办法：（一）民队组织：15人为1个小队，3个小队为1个分队，3个分队为1个中队，3个中队为1个大队。（二）担架组织：3副担架为1个小队，3个小队为1个分队，3个分队为1个中队，3个中队为1个大队。（三）牲畜组织：10头牲畜为1个小队。

1947年

1月18日　为修建邯郸至涉县窄轨铁路，晋冀鲁豫边区政府在武安县徘徊村成立邯涉铁路筑路处，又称工矿局筑路处。10月，岩城至涉县段动工。

3月17日　涉县政府奉太行公署电令，组织群众维修河南店至合漳公路，以支援豫北战争。

3—5月　在豫北战役中，涉县两次组织民兵担柴队1.1万人，担柴1800担。

4月14日　涉县政府动员二、三、四、八区全部劳力参加运粮运动，时间半个月。

5月31日　涉县政府通令：南关至河南店、常乐、温村、昭义、河口、台庄组织清漳河渡口委员会修理船只，维持渡口交通运输。

6月12日　涉县政府统一规定各渡口乘船收费办法。

8月　涉县政府建设科改为合作科，科长江志胜。

10月　邯涉铁路磁山—冶陶段—乱石岩段竣工通车，轨距为610毫米。该路于是年2月动工，涉县调集2089名民工参加筑路，征枕木2500根。为纪念始通火车，乱石岩村改称岩城。

11月　涉县道路普修完成，共有汽车路73公里，大车路124公里。

是年　全县渡口建有木便桥16座。

1948年

1月　晋冀鲁豫边区交通厅成立，边区公路管理局改为公路局。太行公路管理局由涉县迁往邯郸，并入交通厅，改称工程处。5月，晋冀鲁豫边区和晋察冀边区合并后成立华北公路总局。

4月5日　涉县沿路区、村重点对邯长公路、河南店至响堂铺、鸡鸣铺至乱石岩，下庄至尖饼岭等段进行整修，保证军需运输。

4月13日　为修建邯涉铁路岩城至涉县段，向涉县征购枕木4000根。

5月　太行公署颁布《关于铁路、公路使用土地办法》。

8月18日　华北人民政府成立。

9月　晋冀鲁豫边区交通厅由邯郸迁往石家庄。

10月20日　邯涉铁路岩城至涉县段竣工。至此，该线在县境内的33公里全部贯通。涉县组织民工5000余人，用工75万个，占地1272亩，是涉县通大车之始。

11月13日　对全县公路大路进行普修。

是年　邯长公路涉县段划分为四个管理段，各段成立交通管委会5~7人。包工顶勤工，分包沿路村庄。

1949年

1月　涉县政府合作科改为农业生产建设科。

4月23日　华北人民政府颁布《华北区公路征收汽车、胶轮大车养路费暂行办法》。

4月　涉县裕顺货栈和武安德庆货栈划归山西长治华北太行区运输公司，更名为华北太行区运输公司涉县支公司。

4月　陈海珍任县政府邮电局局长。

5月　太行公署划分为邢台、左权、长治、新乡、安阳5个专区，涉县属安阳专区。

5月　涉县政府通令各地保护铁路器材、路林和电线，搜索破路时散布于各地的铁路器材，用于维修青风辿和曲里至长宇两段道路。

6月3日　涉县政府召开漳南渡口委员会会议（南关渡口）对渡口组织领导、摆渡制度、渡船收费、分红等事宜作出具体规定。

7月1日　华北人民政府公路管理局在邯长公路涉县段设立公路管理站，驻地南关。

8月1日　河北省人民政府成立，邯郸设专员公署。太行公署撤销。

9月20日　为恢复平汉铁路，解决铁路器材不足的困难，邯郸专署发布训令，将邯涉铁路磁山至涉县段撤除。

中华人民共和国

1949年

10月　邯郸公路管理段成立，下设涉县等4个管理所（站），所长袁进文，受专员公署、县政府双重领导。

11月11日　涉县沿漳河共有便桥30座，其中木便桥10座，可通大车的3座。5处渡口有7只木船摆渡，漳南渡口2只船可摆渡汽车。

是年　邯长公路将原徘徊—龙虎—乱石岩—鸡鸣铺段，改为徘徊—什里店—西戌—鸡鸣铺段。

1950年

3月14日　涉县禁止铁轮车行驶公路，沿路村庄组织护路委员会。

3月　对邯长公路涉县段进行中华人民共和国成立后第一次大普修，在偏店、井店、城关等地拆除影响通车的“阁楼”“小庙”等建筑物，并进行绿化。县内其他道路同步普修。

5月　涉县开始实行“养路村”（也称“护路村”）养护组织。

7月　中央人民政府颁布《雨季养护公路暂行实施办法》。

8月　邯郸汽车车辆监理所成立，涉县监理业务由公路管理所办理，属邯郸领导。

9月19日　中央颁布《公路占地办法》，规定：国道省道公路两侧边沟外保留一米为公路占地范围。

10月1日　涉县开始征收公路养路费。

11月　邯郸公路管理段涉县公路管理所更名为涉县公路管理站，站长张玺文。

12月　邯长公路南关清漳河渡口，新建木便桥两座，一座3孔总长15.6米，一座1孔长5米，可通行汽车载重 8 吨。

是年　河北省交通局转发交通部颁布的《养路工暂行办法》和《养护公路暂行办法（草案）》。

1951 年

1 月 30 日　涉县严禁在公路上堆积柴草、粪土、搭设摊棚。村镇集市菜摊点须离开公路 3 米以外，所有棚绳应高悬离地 4 米以上。

1—3 月　为确保河北供粮任务，中央由山西省长治专区为邯郸专区调援供给粮 687.5 万公斤（谷），由邯郸、长治、运输公司组织马车 1000 余辆、铁轮车 5000 余辆承运。历时两个半月。其间，邯长公路涉县段加强维修加宽、扫雪、疏通、排冰，并在沿途组织食宿店、人育医疗站，为运输服务。

3 月 3 日　涉县政府召开养护工作会议，贯彻“远修近养”（长远规划，全面提升；就近养护，保障畅通）的方针。

4 月　涉县政府通令，依靠群众，开展公路两旁植林。

5 月 31 日　中央人民政府颁布《民工整修公路暂行规定》实行民工建勤修路。

6 月 18 日　交通部颁发《华北区养路费征收暂行办法》。

9 月 20 日　涉县撤除沿清漳河新桥、常乐、王堡、昭义、西达、台庄等渡口木便桥。

11 月 1 日　全县普修公路，主要路段有茅岭底至索堡，经王堡、赤岸、河南店、庄上、固新、昭义、西达、东达台庄至合漳和索堡至偏城等，路基宽度达到 5 米。

是年　邯长公路涉县段偏店村、井店村、县城等路段加宽改建，增设东豆庄、沙河、鸡鸣铺、西戍等桥涵。

1952 年

5 月 9 日　省交通厅在涉县成立邯长线建桥委员会，涉及涉县清漳河漫水桥和武安县东洞桥、固镇桥。

6 月　长治华北太行区运输公司涉县支公司转交给邯郸运输公司，更名为邯郸运输公司涉县支公司，经理为邢宋仁。

8 月 2 日　邯郸至涉县和邯郸至馆陶公路命名为响李线（涉县响堂铺至馆陶县李莱）并定为国道。

10 月　清漳河漫水桥竣工，是年 5 月开工。主桥 17 孔长 100 米、高 12.6 米、宽 7.4 米，两边漫水路面长 210 米，总投资 52.2 亿元（旧币）。

是年　涉县搬运队成立，队长任林枝，人员 40 名，分别来自城里、南北关、河南店，取酬分红制，受县总工会和县运输支公司领导。

是年　邯长公路西戍乡养路代表出席河北省交通工作会议。

是年　邯长公路由县城城中行改至城西行。

是年　涉县有 6 辆私营汽车经营邯长线客运，至 1953 年全部由国营客运代替。

1953 年

1 月 14 日　偏店至壮口公路杨家寨桥竣工，长 18 米、宽 6 米，投资 1.006 万元（旧币）。

3 月 12 日　涉县交通安全委员会成立。

7 月　清漳河南渡口组成渡委会，建立渡船组织，有船工 28 人，分两组轮流摆渡。

7 月　涉县邮政局改为涉县邮电局。

8 月 15 日　大雨中，漳南渡口组织南关、河南店 74 名水手护桥抢险。25 日洪水最大时，5 人被大水冲下漫水桥，后被救出。

9 月 15 日　涉左公路、石门村东新建石拱桥竣工，三孔每孔 18 米。桥于 7 月 12 日动工，投资 1.0309 万元（旧币）。

9 月 17 日　涉彭公路（涉县—磁县彭城）涉县段改建工程竣工。工程于 7 月 15 日动工，主要工程为西达村西、河南店村东两处改线和青峰辿段扩建。

12 月 26 日　涉左公路涉县至茅岭底 25 公里路基修建工程竣工。于 6 月 4 日动工，主要工程为涉县城至弹音村 9.4 公里路基新建和弹音村至茅岭底段路基改建，路基宽 6 米，投资 58.2635 万元（旧币）。

是年　曾任河北省人民政府主席杨秀峰慰问涉县，为邯郸运输公司涉县支公司拨款人民币 7 万元，增添马车 30 辆。

1954 年

4 月　邯郸运输公司涉县支公司更名为邯郸运输公司涉县直属站。

7 月 5 日　邯长公路涉县段尖饼窑村段路基加宽工程竣工。

8 月 3 日　清漳河水暴涨，水位超过漫水桥 0.8 米，中断交通 10 余日。县政府购置铁丝 3000 余公斤，扭成三股绳，由河南店、城关、清凉村抽调水手，组成抢险队，设置护杆，保证行人安全。

是年　国家投资搭架县城至西达 5 座清漳河木便桥，全长 128 米。

是年　邯长公路涉县段组织护路村（又称业路村）19 个，护路员 17 人。西戌乡代表涉县参加河北省交通工作会议，西戌村护路员王连兵出席河北省第一届公路劳模代表大会。

1955 年

5 月 30 日　省人民委员会颁发《河北省公路养路费征收实施细则》；6 月，颁发《汽车货物运输实施细则》。

5 月　涉县人民委员会成立交通科，为涉县交通行政机制之始。

6 月 8 日　省交通厅颁发《河北省群众养护公路暂行规范》，规定沿公路两侧 2.5 公里周边的村庄，组织养路时设置护路员，涉县新增护路员 24 人。

7 月 31 日　邯长公路涉县段西戌—鸡鸣铺段 1.9 公里改线工程竣工。

11 月 24 日　张玉镁石拱桥竣工。该桥位于南北郭口之间，长 14.8 米、宽 6.0 米，与路相交 8.5 米，由北郭口村民张玉镁捐资 3019 元，马布乡群众捐资 529 元，国家补助 4413 元修建而成。

11 月 29 日　《国务院关于改进民工建勤养护和修建地方道路指示》颁布。规定凡有劳动能力年满 18~45 岁的男性农民，每年建勤义务工不超过 5 个，车船等运输工具及畜力车每年建勤 2 个工作日，动员民工建勤原则上在道路两侧 15 公里以内为限。

是年秋　邯长公路涉县段开始铺筑碎石路面。

1956 年

2 月　井店至银河井公路 11.5 公里和索堡至陈平（今前寨村）15.7 公里公路，由当地群众修建为简易公路。

3 月 5 日　邯郸运输公司涉县直属站更名为涉县运输站。

3 月 17 日　涉县召开交通运输工作会议，参加人员为各乡秘书、护路员、区所，共 115 人。建立县、区、乡各级交通委员会。

3 月　张玉镁被特邀出席河北省交通系统劳模代表大会。

5 月 10 日　涉县人民委员会发出《关于抓紧播种后空隙突击补修地方道路的通知》要求各区、乡抓紧对涉左、涉彭、索偏、偏壮等主要公路养护维修。

6 月 2 日　西达至合漳公路东达屾段路基工程竣工。长 1.1 公里、宽 3~4 米，以民办公助形式修建，投资 6029 元。

6 月　清漳河上各渡口木便桥拆除，组织渡口摆渡。

8 月 29 日　涉县人民委员会发出《关于改进公路养护工作的初步意见》，邯长路每公里设置养护员 1 人，用工从建勤工中解决，工具由公路站供给。

8 月　邯长公路水毁严重，漫水桥淤塞，涉县人委组织群众轮修，保障交通畅通。

10 月　省交通厅拨款 30.5 万元，以工代赈将邯长公路武安营井至阳邑、井店至椿树岭两段改造为泥结碎石路面。

是年　邯长公路涉县段设置井店道班。

是年　邯郸运输公司开辟邯郸—涉县—索堡客运线，并在索堡设代办站。

1957 年

5 月 7 日　清漳河漫水桥修补工程竣工，投资 4799 元。

7 月 30 日　涉磁公路西达至武安刘庄段 19.6 公里路基修建工程竣工，投资 6.8 万元。

7 月　曹心实任涉县交通邮电党组书记。

8 月 8 日　涉彭公路青风屾路基工程竣工，长 420 米。

9 月 6 日　涉县人委发出《关于邯长公路组织养路代表工通知》组织代表工 73 人，代表沿线 7 个乡 19 个农业合作社出工养护公路。在西戌、城关设立养护道班。

是年　邯郸运输公司在涉县运输站开始驻有代客车，开辟涉县—西达客运线，西达设代办站。

1958 年

6 月 24 日　涉左公路悬钟至石门段石门屾新建路基工程竣工，长 509 米、宽 5.5 米，从半山腰通过。3 月 8 日动工，投资 11154 元。

6月　根据精简机构、紧缩编制的精神，交通科与人委办公室合并。

8月　井店至王金庄公路工程竣工。该段长14公里、宽4.5米。于7月初动工，共用建勤工11.4万个，投资材料费28502元。

12月　合漳至张头路基工程竣工，该段长11.6公里、路基宽4.5米，用民工建勤11.2万个，投资材料费28502元。

12月　组织马车152辆，排子车517辆，铁轮车10辆，参加大炼钢铁运输。

是年　偏店至壮口段14公里，由沿线社队组织群众修建为等级公路。

是年　涉县运输队下放给河南店各公社负责。

1959年

3月　邯长公路涉县段植树2800株，地方道路植树6.89万株。

5月3日　磁涉铁路，磁山至涉县段动工修建。全长53.125公里，其中涉县段32公里，轨距为1.453米。12月，磁山至西戌段竣工。

12月　涉县组织1600名民工承建符山、固镇两个铁矿铁路专用线。

是年　涉县搬运队从河南店公社收回县营，郝兰田任队长（代干）开始实行工资制。

是年　涉县公路管理站开始选点进行交通量调查。

1960年

3月　涉县搬运队从王金庄、张家庄两公社招收工人200名，担负西戌火车站搬运装卸任务。

4月　涉县统一组织调度马车300辆、汽车5辆、拖拉机8台，开展产、运、销龙网化大协作运输活动。

5月　涉县人委交通科与县运输站合并成立涉县交通运输局。副局长张水廷主持工作，下设秘书股、财务股、运输股、路政股，路政股长杨福生。

7月6日　涉县人委发出《关于做好雨季交通工作的通知》各渡口组织送河，利用渡船、人背，维持交通运输。

9月15日　全县200名养护代表工下放100名归生产队。

11月2日　根据邯郸市人委（地市合一）《关于干线公路实行固定工养护的通知》邯长公路涉县段设固定工52人（包括武安划归9人），每公里1人，由代表工转为固定工，实行工资制。邯长公路涉县段在养护任务大的阳邑河、神头河两段增加4人，涉县段固定工有56人。

1961年

3月4日　涉县人委发出通知禁止在公路两侧排水沟种地堆积粪土和滥伐行道树，确保交通安全畅通。

春　磁涉铁路磁山至西戌段开始运行。

7月1日　涉县明确各区运输工作领导范围，除河南店、城关、神头3个公社车辆由县运输站领导外，其余归当地运输站领导。

是年　邯长公路涉县设立段尖饼窑和神头道班。尖饼窑道班于1964年迁建驻偏店村，为偏店道班。

是年　邯郸运输公司开辟临漳县—西达客运线。

1962 年

4 月 1 日　为加强干线公路养护，邯郸专署交通局在全区设立 7 个养路工区，涉县为第六养路工区，专管邯长公路涉县段养护，受地、县双重领导，负责人杨福生。

6 月　涉县交通运输局、农业机械局、工业局合并成立涉县人委工业交通科，副科长杨运生主持工作，主管工交邮电工作，同时恢复县运输站和公路站。

8 月　涉左、涉彭、索偏 3 条县内公路养路代表工为 36 人。

9 月　涉县公路管理站更名为邯郸公路管理处涉县公路管理站，受地、县双重领导。

1963 年

6 月　根据邯郸专署经委通知，关于组织汽车、马车和其他运输工具参加社会运输服务费，汽车、拖拉机调为 3%，马车调为 2%，其他调为 1%。

8 月　1—10 日，持续大雨，清漳河出现 5 次大洪峰，全县公路水毁严重，交通阻断。为保障邯长公路交通运输，临时抽调船只水手。到 9 月中旬，除重点石方路段外全部竣工通车，全县各客运班车路线恢复。

9 月 23 日　为搞好运输服务，涉县邯长公路涉县段在西戌、井店、南关设立饭店、车马店、修配站，规定统一收费标准。

9 月　清漳河段、南关至河南店，搭架木便桥 3 座长 47 米。县乡道路漳河渡口搭架木便桥 6 座长 139 米。

12 月 15 日　涉左公路涉县段槐树岭降坡工程竣工，长 300 米，最大纵坡 9%，历时月余，投资材料费 5393 元。

12 月 18 日　为加强运输，支援灾区调运物资，县人委成立涉县运输指挥部。

12 月　合漳至太仓峧口公路以民工建勤形式，由当地社队修建，国家补助投资 18620 元。

1964 年

2 月　樊恩堂任涉县工交党组书记。

6 月 5 日　河北省交通厅发布《关于调整我省汽车养路费收费标准的通知》，规定从 7 月 1 日起执行统交费率从 6% 调为 8%，按月交费的，由每月每吨 45 元调为 60 元。

6 月　南关、新桥、林旺、匡门口、西达等 7 座清漳河渡口木板桥全部撤除。经河北省计委批准，邯长公路南关清漳河渡口投资 1.5 万元，新造木船 2 只，于 7 月启动。渡船归县政府所有，渡口使用。

是月　涉左公路南原至北原水毁浆砌护岸工程竣工。全长 620 米，是年 1 月 10 日动工，投资 18947 元，补助粮食 12164.5 公斤。

10 月 16 日　涉县公路管理站制作“车辆管理，征收养路费标志证”证章及“指挥旗”，方便交通受理。

是年　涉县公路管理站设置交通监理员 1 人。

1965 年

2 月 20 日　磁涉铁路西戌至涉县城段竣工通车。该段全长 31 公里，窄轨铁路路基，民工参与 4000 余人。

4 月 15 日　驻涉邯郸地区化肥厂（寨上村东）专用公路竣工，长 1.66 公里，由邯郸地区五〇三指挥部承建。

5 月 13 日　玉林井经王金庄至江家 16 公里路基工程竣工，由沿路社队以民工建勤形式修建，桃花岭工程全长 72 米，下挖 16.5 米，当地社队集资 6.31 万元，国家补助 1.5 万元。

7 月　涉县人民委员会工业交通科撤销，与县公路管理站合并成立涉县交通局，局长杨运生。

8 月 6 日　涉县市场物价委员会，涉县交通局联合发出《关于搬运装卸业务规章收费标准暂行办法的通知》，贯彻执行统一货源、费用、计划、收费标准等政策。

10 月 20 日　邯长公路涉县清漳河大桥竣工，全长 622.6 米、28 孔，每孔净跨 20 米，双幅 10.5 米，高 4~6 米。重合 T 型梁，石砌墩台，载重汽 13– 拖 60，用工 18.5 万个，投资 138 万元。

11 月 28 日　涉县公路普修，各区组织道路 2.5 公里以内沿线村庄参加；用工按民工建勤均摊，井店至王金庄公路由 19 名代表工养护。

是年　涉县运输站被评为河北省省级先进站。

1966 年

5 月 10 日　邯长公路涉县段（河南店至响堂铺）10.88 公里改造工程竣工，于 1965 年 11 月动工，路线从河滩改至岸边，浆砌护岸 4297 米，投资 41 万元。

5 月　周振民任涉县工交政治部主任（兼）。

7 月 20 日　太仓至马鞍绝路基工程竣工。全长 9.3 公里（又称跃峰渠公路），以自力更生为主，国家补助为辅，历时 2 个月，用工 13.9 万个，投资材料费 5 万元。

是年　河南店公社自发修建河南店至王堡公路 6.5 公里。井店、王金庄、张家庄、关防 4 个公社组织群众修建井店至关防公路。

是年　涉县县城—王金庄—张家庄客运线开通。

1967 年

5 月 27 日　根据邯郸专署交通局通知，从 6 月 1 日起，群运抽取管理费，由运费收入 1% 调整为 2%。

7 月　驻涉一五〇发电厂专用公路调河桥建成通车。

是月　涉县交通局设置专职交通监理员 1 人，业务受邯郸地区监理所领导。

是年　驻涉天津工学院在唐王峧石家庄村建成，索堡至工学院专用公路建成通车，长 4.5 公里。

1968 年

3 月　岭底至磁县界 5.6 公里路基工程竣工，该线于 1967 年 4 月动工，投资 4.42 万元。

6 月　涉左公路东峧至岩上 5.3 公里路基工程竣工，1967 年 2 月开工，投资 8.54 万元。

是年　涉县三线厂矿建设兴起，邯郸地区交通局派驻武安县汽车四队一个班进驻涉县运输站，统一调度、配货，负责三线厂矿货运及县内部分社会运输。

1969 年

7 月 5 日　涉县交通局革命委员会成立。

12 月 23 日　中国人民解放军公检法军管小组、涉县交通局革命委员会联合决定，在县城内设置 2 名交通安全指挥员，以维护城街交通安全。

1970 年

6 月 25 日　邯长公路涉县段改造油路工程竣工，于 1969 年 10 月开工建设。完成路基整修 41.5 公里，东豆庄至清漳河大桥 31 公里改造为渣油路面，用工 162 万个，投资 292 万元。

7 月　张家庄公路隧道工程竣工是涉县第一条公路隧道，于 1969 年 3 月动工，长 281 米、宽 5 米、高 4 米，张家庄公社自力更生修造，用工 3 万个，国家补助投资 9 万元。

9 月 18 日　地方道路养护用工，由沿线社队专人养护（即代表工），所用工数由所在社队平摊。

是年　涉县交通局成立交通安全办公室，增设 4 名交通民警，负责县城交通安全管理。国营第五机械厂索堡——五机厂专用公路建成通车。

1971 年

年初　河北省和北京军区在邯郸成立河北省邯长铁路修建指挥部。

2 月　涉县公路管理站恢复。撤销第六养护工区，工区业务归公路管理站。

4 月　涉县交通局革命委员会改称涉县革命委员会交通局。杨运生任交通局局长。

7 月 1 日　涉县运输站转运站正式营业，新站址位于现涉县城振兴路。转运站于 1970 年 3 月动工，占地 5124 平方米，其中候车室 45 平方米，投资 16 万元。建成后，日发客运班车 38 车次，过境客运班车 32 车次，日平均客运量 1500 余人次。

8 月 20 日　邯郸地区革命委员会交通局、计划局批准邯长公路涉县段招收固定工 28 人，涉左公路涉县城至石门段亦工亦农养路工 17 人和亦工亦农养护队长 5 人，石门至岩上段设养路代表工 13 人，涉磁公路涉县段设代表工 43 人，索堡至偏城段设养路代表工 15 人。10 月，涉县正式组建涉左公路县城至石门段亦工亦农养路工和养护队长及涉磁、索偏等线养路代表工。

是年　涉左公路涉县段设立北原、索堡 2 个养护道班。

1972 年

1 月　涉左公路石门至岩上段路基工程竣工。该段 8.1 公里，于 1970 年 11 月动工，投资 18 万元。至此，涉左公路由石门经岩上达山西省左权县麻田镇段贯通。

3 月　邯郸地区交通局批准投资 2 万元，由太仓公社负责修通涉县—磁县辉水村的接线公路 1.8 公里。

9 月 27 日　涉县革命委员会成立涉县交通安全领导小组，组长为王云（人武部部长）、副组长为姚金良（公安局局长）。

12月　邯长铁路磁山至东戌段路基、隧道、桥梁主体工程竣工。邯长铁路磁山至涉县段于1971年10月动工修建，全长64公里。

是年　涉县搬运队改称涉县装卸站。

1973年

3月　邯郸运输公司在涉县组建汽车五队，载货汽车31部，经营代客班车。

7月　根据国家经委、交通部《关于改进公路运输管理的通知》，凡从事搬运装卸的企业、单位和个人开始征收搬运装卸管理费，涉县规费按营业额的2%征收。

8月　张水廷任涉县革命委员会交通局局长。

10月15日　邯郸地区交通局批准修建江家至关防公路，长11.7公里，材料费补助7.3万元，由沿路社队以自力更生、民办公助组织施工。

12月23日　邯郸地区计委批准修建林旺至合漳新建路基工程14.5公里，材料费补助11.5万元，由沿路社队自力更生，民办公助精神组织施工。

1974年

1月　林旺至合漳14.5公里新建路基工程动工，由固新、西达、合漳、太仓4个公社以自力更生为主，国家补助为辅承建，投资35.24万元。

4月　涉县交通安全领导小组改称涉县交通安全委员会。

9月20日　邯长公路涉县段河南店至响堂铺11.2公里（山西省界），改造油路工程竣工。

是年　张家庄、关防2个公社自发修建井关公路、江家至古台段5.4公里盘山公路，路基宽6.5米，用工11.8万个，上级补助材料费7.3万元。

1975年

2月1日　涉县调整装卸收费标准，每吨装费0.27元，卸费0.24元。

9月　邯长铁路磁山至涉县城段通车营运。该线全长53公里准轨地方铁路移交铁道部北京铁路局管理。

10月　涉磁公路西达隧道工程竣工，1974年4月开工位于牛脸坪。一号隧道长130米，二号隧道长240米、均宽7米、高4.4米。1978年4月动工，西达公社自力更生承建，国家投资材料费14万元。

1976年

5月15日　涉县批准从农村借调公路施工测设人员，每工工资1.3元，交生产队0.55元记工1个，参加生产队统一分配。6月，25名借调人员充实到河西公路建设中。

10月20日　河西公路改建油路工程河南店至昭义段17公里竣工。改线工程于1975年10月动工。改建路基全长23.8公里，路基宽8.5米，路面宽6米，为油渣表处，厚度2.5厘米，投资149.3万元。

12月　古台至关防5.7公里路基工程完工。由关防公社组织民工，按民办公助修建，国家补助材料费5万元。

是年　偏城、青塔2个公社自力更生修建偏城至青塔盘山公路14公里，河南店公社山水田林路综合治理，改建河南店至王堡村公路6.5公里。

1977年

1月2日　索堡至偏城公路宇庄桥动工修建。

4月14日　涉县车辆监理站成立，党政隶属县交通局，业务受邯郸地区车辆监理所领导。

4月15日　涉县革命委员会通告，严禁在公路两侧开山放炮，起石头和严禁公路上打场晒料，堆积粪土等障碍物，行人车辆须遵守交通规则，维护交通安全等事项。

12月　涉左公路涉县至贾庄公路改造工程竣工，该线长23.6公里，路基宽度8.5~11米。1月2日动工，沿线8个公社民工参与，用工52.1万个，投资103.11万元。

1978年

5月20日　涉县凡发生运费收支关系的一切公路客货运输及搬运装卸均属运输市场管理范围，必须依照规定办理合法运输手续，实行计划运输，贯彻“统一货源，统一调度，统一运价”的三统一政策。

10月20日　涉左公路涉县至石门段17公里铺筑油路工程竣工，油路面采用路拌法，0~3公里宽9米，3~17公里宽6米，用工7.9万个，投资55万元。于是年7月开工。

10月　涉县西达大桥竣工。1977年5月动工，桥长354米，10孔，孔径30米，宽10.5米，高9米，钢筋混凝土双曲拱，重力式石砌墩台，载重汽–20吨，拖–100吨，投资128万元。

是月　马鞍绝公路隧道竣工，该隧道位于丁岩与磁县交界处，长247.8米、宽4.5米、高3.8米，1976年5月动工，由邯郸地区跃丰渠指挥部投资修建，隧道内部进行衬砌。

12月　涉县车辆监理站更名为涉县交通监理站，统一着装。

1979年

5月　井关公路王金庄隧道工程竣工。1976年10月动工，全长810米、宽7米、高4.6米，由王金庄公社民办公助修造，投资26万元。

5月　李文庆任涉县交通局局长。

8月15日　涉磁公路河南店至西达公路昭义至西达段6.8公里改建油路续建工程竣工。是年5月15日动工，铺筑油路35.8公里。对南庄河、胡峪河、原曲河3处过水路面进行维修，用工8.1万个，投资30.1万元。

11月9日　河北省革命委员会下发《关于加强公路管理的暂行规定》，公路用地、公路路产和其他设施都是国家路产。公路留地仍执行1950年中央交通部、财委联合发布的《公路留地办法》规定，即以公路路基边沟外一米为界，干线公路国家所有，县级公路国家与集体三七分成，社级公路归社。

1980年

1月20日　涉县交通局管理的涉县运输站收归邯郸运输公司领导。

1月　涉县交通安全管理实行分片管理，县监理站管理县城以外，公安局交通队管理县城以内。

4月　田家嘴公路隧道竣工。隧道共两处，一号长100米，二号长30米，均宽3.5米，高3米。从1975年9月动工，田家嘴村民分9次陆续修建完成，解决出村难交通闭塞问题。

7月　涉县联合运输办公室成立（简称联运办），9月涉县车辆管理办公室成立（简称车管办）。

9月19日　涉县养路费征收人员开始使用车辆检查证、肩章和指挥旗。

9月　邯郸运输公司驻涉汽车五队，配置两辆客车，专营县内客运，开辟县城—史家庄，县城—岭底，县城—偏城，县城—张头四条客运线。

是年　驻木井村中国人民解放军某部队，组织修建东豆庄至木井5公里公路，路基宽7.5米，路面宽6米，为泥结碎石路。

1981年

5月1日　河南店至温村公路温村隧道竣工，一号隧道长270.3米，二号隧道长77.8米，均宽7米、高5米。1979年10月动工，用工24万个，投资12万元。

5月20日　涉县交通局监理站划归邯郸地区监理所，实行垂直领导，党组织仍由县交通局领导。

5月　涉县革命委员会交通局更名为涉县交通局。

7月1日　索堡至偏城村改建油路工程动工，11月20日竣工。全长14.1公里，路面宽6米，铺筑油面12.5公里，投资31.64万元。

8月10日　张家庄二号公路隧道竣工。全长734.5米、宽7米、高4.6米，接线路3公里，于1978年5月动工，由张家庄公社民工公助修建，用工8万个，投资30万元。其中，社队自筹8.5万元，国家补助21.5万元。

8月　匡门口公路隧道开工，1982年9月竣工。全长103米、宽4米、高3.6米，由县供销社补助投资2.5万元，西达镇组织民工修建。

9月20日　河南店至温村乡桃城村改建油路工程竣工，全长12.8公里、路面宽6米，于1980年6月动工，用工7万个，投资54.1万元。

11月　井店至关防公路天津铁厂运输部至玉林井改建油路工程竣工。全长2.8公里，路面宽4米。是年10月25日动工，用工2万个，投资5.6万元。

是年　新辟邯郸—涉县—张头、涉县—邯郸客运班车，在张头驻车。开辟涉县—天津铁厂、涉县—东风药厂、涉县—马布客运班车路线。

是年　涉县经委汽车大修厂建立。

是年　涉磁公路河口设立养护道班。

1982年

7月1日　邯长铁路全线建成通车，途经10个公社，设8个车站，1971年动工兴建。

7月24日至8月4日　全县降雨量均在400毫米以上，7月30日降雨量146毫米，山洪暴发，道路遭到严重破坏，除邯长公路维持通车外，县社公路全部被冲断。汛后，全县发动 9300 余名劳动力，重点对 12 条 157.3 公里路线进行恢复，补助材料费 20 万元。

9 月 20 日　涉左公路石门至贾庄段 8.5 公里改建油路工程动工，12 月 6 日竣工。路面宽 6 米，用工 6.5 万个，投资 33 万元。

是年　贾庄至山西省界 4 公里，鸡鸣铺至龙虎 10 公里，一五〇电厂至连泉 10 公里，原曲至黄岩 6 公里路基通过投资材料费 12 万元，民办公助等形式修建。

是年　下张线开通客运班车，涉县—偏城、涉县—王金庄客运由代客车改为客车。

是年　涉磁线设置原曲、岭底养护道班，涉左线设置郝家养护道班，索偏线设置偏城养护道班。

1983 年

3 月　涉县增补集体食宿代表工 19 人，其中涉磁线 3 人，索偏线 4 人，井关线 3 人，涉左线 9 人。

6 月 10 日　涉县至石家庄长途客运班车开通，全长 256 公里。

10 月 30 日　涉磁公路西达至前沿口段 8 公里路基改造工程竣工，三级路标准，于 1982 年冬动工，用工 22.3 万个，投资 30 万元。

是年　恢复水毁工程 157.3 公里，补助材料费 30 万元。

是年　河南店—岭底公路设置养护道班，开设涉县—鹿头，涉县—江家，涉县—太仓，涉县—红旗机械厂客运班车。

1984 年

4 月 21 日　根据河北省交通厅“关于养路工人一员变三员”的指示，开始佩戴“交通管理”臂章。发至县级路以上道班正式工人（含亦工亦农），社级路正、副班长以及公路管理站直接从事养护工作人员。

4 月 14 日　西达至张家头国防公路动工兴建，全长 28.1 公里，当年竣工通车。

4 月　涉县车辆管理办公室更名为涉县交通局车辆运输管理站，下设城关、索堡、井店、西戌 4 个分站。

5 月 20 日　国道邯长公路涉县段交通量观察点调整为西戌道班、县公路站（河南店大桥南头），县道涉左公路涉县段观察点定为中原、索堡道班。

5 月　刘高生任涉县交通局局长。

7 月 15 日　宜沙（鹿泉宜安至沙洺）公路延伸线涉县段河口至张头改建路基工程动工，该段长 28.2 公里，总投资 769.3 万元，一期工程为盘阳桥至张头省界（河南省）9.98 公里，路基宽 7.5 米，投资 202.66 万元，年底竣工。

7 月　在邯长公路涉县段和涉磁、涉左、索偏 4 条主要油路线上，16 个乡镇 53 个村参加，开展禁止公路打场晒粮、堆积障碍物等运动，保证沿线夏收期间交通畅通。

9 月　涉县交通局养路费征收站成立，下设城关、索堡、井店、西戌 4 个分站，站长张兰怀。

10 月 23 日　涉县交通管理运输管理养路费征收联合检查站设为井店、河南店、西戌、索堡、西达5处。

是年　偏店至壮口公路设置鹿头养护道班。

是年　南庄、林旺2村3户农民率先购置大型客车各1辆，从事个体客运。

1985年

1月21日　涉县交通局民办公助乡村公路20公里，补助费17.8万元，均为民办公助。

春　偏店至壮口公路改建工程竣工，长14.3公里，三级路，民办公助性质，补助材料费18万元，以工代赈扶贫粮食13.775万公斤，棉花5445公斤，布匹2.84万米。

3月　涉县交通局车辆运输管理站更名为涉县交通局运输管理站。

4月11日　小车村至更乐镇三合村盘山公路竣工。该线长7公里，由小车村筹资3.86万元，自行勘察设计施工，历时半年，连通与更乐镇天津铁厂的交通运输。

4月24日　涉县乡村道路建设21个项目，98.1公里，补助费79.9万元。

5月　涉县交通局筑路工程队成立。

6月　雪寺公路隧道动工修建，该隧道位于雪寺与平顺县交界处，长710米，涉县、平顺县各负责355米。

7月　全县成立合作运输组织25个，组织汽车345部，其经营方式为“统一经营，单车核算，自负盈亏”。组织形式有4种：个体与个体、个体与集体、个体与国营、当地与外地。

9月26日　涉县交通局将1985年县计委分配补助贫困山区道路的粮食16.8万公斤、棉花3.3万公斤、布匹17.4万米分配给20个乡（镇），共20个项目96.2公里。

12月23日　《河北省公路运输暂行办法》发布，规定运管费按营运总额的1%征收。

是年　在涉磁线设置胡峪养护道班。

是年　宜沙公路延伸线西达至张头二期工程，西达桥头至盘阳桥位18.3公里路基工程，除白芟村外1.5公里因故未完成外，全部竣工。是年4月开工，投资327.8万元。

1986年

3月21日　涉县乡村道路有29个项目，133公里，补助款91万元，扶贫物资粮食224万斤、棉花4.4万斤、布匹11.6万米按计划下发。

6月　偏城至木井路基工程竣工。全长20公里，三级路标准修建，1984年12月动工，用工25.8万个，投资48万元。

7月　邯郸运输公司与驻涉汽车五队合并，为邯郸运输公司涉县分公司汽车站（简称涉县汽车站），主管客运业务。

8月15日　涉县交通量调查网点调整为：国道邯长公路涉县段为西戌、井店、神头3个道班；县级路涉左线为中原、索堡两个道班，涉磁线为原曲道班，除原有调查交通量外，又增加车速、车籍和行车事故调查等内容。

12月　新桥至辽城（清漳河钢筋混凝土板桥）竣工，桥长88米，宽5米，高3米。是年8月15日动工，由辽城乡受益村以民办公助办法组织施工，河北省从农业税附加费中拨付投资8万元。

12月　下庄至张家庄公路13.5公里路基改建工程竣工，路基宽7.5米，民办公助投资20万元，以工代赈扶贫粮食12.25万公斤，棉花0.225万公斤，布匹2.5万米。

12月　小丰至大港隧道竣工，长340米，位于小丰岭，宽6米，高5米。1985年动工，补助投资8万元。

是年　河南店至茅岭底桃城至辽城段11公里，路基改建工程竣工。路基宽7.5米，碎石路面宽6米，投资18.7万元，以工代赈扶贫物资粮食29.75万公斤，棉花0.595万公斤，布匹3.1万米。

是年　在涉左公路设置刘家庄养护道班。

1987年

5月7日　1987年乡村公路修建补助费72万元，完成34个项目，134.8公里。各乡（镇）以民办公助形式与县交通局签订合同，年底完成。

7月10日　涉县交通监理站人、财、物移交给涉县公安局领导，更名为涉县公安局交通警察队和涉县车辆管理所。

8月25日　涉县交通局在马布乡召开西戌至马布6公里改建碎石路工程筹资会，县交通局负责技术指导，分期拨付3万元。马布乡组织施工并筹资1.7万元，石料厂、水泥厂、磷肥厂筹资0.9万元，共计5.6万元，12月竣工通车。

9月15日　连泉清漳河钢筋混凝土盖板桥动工修建，桥长100米、宽3.5米、高5米，连泉乡以民办公助组织施工，补助材料费9万元。

10月1日　山西阳泉至涉县（悬钟）铁路、麻田至悬钟段动工修建，铁道部十二工程局承建。

10月31日　偏城至木井改建油路工程竣工。该线长20公里、路基宽6米、路面宽6米。7月10日动工，完成偏城至洪河沟油路面8公里，碎石路面3.2公里，用工1.2万个，投资40万元。

12月17日　邯长复线（309线）工程大中桥暨路基路面工程招标发布会召开，34个单位投标，5个单位中标。

是年　涉县至麻田、河南店至更乐客运班车开通。

1988年

4月　涉县联运公司成立，隶属交通局，归口县经委，为全民企业。

5月1日　偏城至木井公路，洪河沟至木井段12公里碎石路面续建工程动工，从农业附加费中补助10万元。

5月29日　涉县乡村道路建设26个项目89公里，材料费补助98.5万元。

9月　索堡至娲皇宫3公里改建油路工程竣工。路面宽4.5米，于5月初动工，投资14万元，索堡镇、县文物管理所集资5万元。

9月30日　西戌至马布6.2公里改建油路工程竣工。路面宽4米，于8月20日动工，投资29万元，路基投资9万元，由马布乡及沿线厂矿自筹。

10月　张贵生任交通局局长。

11月　涉磁线前岩口至宋家段8.5公里路基改建工程竣工。1986年11月动工，分两期施工，用工 18 万个，投资 60.1 万元。

12 月 19 日　邯长复线公路（309 线）椿树岭大桥工程竣工，桥长 112.4 米，投资 69 万元。

12 月　偏城至青塔 13 公里路面改建为碎石路面，成立养护道班。

1989 年

4 月　涉县交通局乡村公路管理站成立，主管乡村公路建设与养护管理。

7 月 16 日晚　涉县西北部地区降雨量达 130 毫米，邯涉、涉左、涉磁、索偏、偏壮等线路多处塌方、交通中断。

10 月　椿树岭和中原设立 2 个综合检查站，投资 10 万元。

11 月 25 日　涉县交通局、物价局联合发出《关于加强营运车辆机务管理的联合通知》，作出凡从事营业性的客货运输的国营、集体、个体车辆，必须定期进行二级保养等规定。

12 月　涉县汽车站对外开放，所有社会客车一律进站，实行统一售票、统一托运行包、统一安排车次。

是年　涉县运输管理站被河北省交通厅运管局评为先进站。

是年　宜安至沙铭延伸线涉县段碎石渣路面完工。

1990 年

2 月 20 日　邯郸地区交通局公布《公路养护达标路试行办法》，对全区公路养护战线开展养护达标路活动。

3 月 23 日　涉县人民政府颁发《关于征收车辆建勤费暂行规定》。

4 月　宜沙延伸线西达至张头段白芟村段 1.5 公里路基工程竣工。至此，宜沙延伸线涉县段路基工程全部竣工，全线总用工 137.3 万个，总投资 662.5 万元。

6 月 16 日　河北省交通厅、物价局发出《关于确定深山区公路汽车旅客运价的通知》中，确定涉县深山区路段为：西达至张头，西达至太仓，偏城至豆庄，更乐至江家，西达至磁山，索堡至鹿头，客运票价为每人每公里 0.048 元。

7 月 20 日　邯长复线公路（309 线）涉县清漳河特大桥进行初验。该桥 24 孔，全长 605.74 米、宽 15 米，上部为装配式预应力混凝土组合箱梁，下部为单排三桩式桥台，砌石桥墩，钻孔灌注基础。1988 年 4 月动工，1989 年 11 月竣工，铁道部十二工程局二处承建，投资 647 万元。

9 月 1 日　涉县成立邯长公路征费站，开始征收清漳河特大桥过桥费。

12 月　西戌至龙虎改建泥结碎石路面工程竣工，长 9.3 公里，路面宽 6 米。是年 4 月动工，是利用河北省计委、交通厅批准的中低档工业品代金券 30 万元和省、地配套资金 52 万元改建的。

1991 年

4 月 21 日　涉县至天津西对开客运火车投入运行。

9 月底　皮岭隧道竣工。涉、磁两县共同投资 100 万元，长 760 米、宽 7 米、高 5 米，用工 9 万个。1987 年 7 月开工，工程任务均摊一半，以民办公助、民工建勤为原则，由西达镇政府承担。

12月　邯长公路复线（309线）涉县段全线竣工通车。全长39.75公里，油面宽12米。1987年5月动工，分为冶陶—下窑则—响堂铺两段施工。

是年　涉县有营运客车8辆，全部为农用厢式货车，营运线路4条。

是年　交通运输局成立公路路政组，公路、乡道共11人，维护路产路权。

是年　涉县交通局养路费征稽站更名为养路费稽征站。车辆购置附加费征收工作移交该部门。

1992年

3月28日　涉县交通局成立交通治安室。

8月25日　青塔乡窑门口村一辆个体小客车侧翻于龙洞村西，死6人、伤11人。

9月　涉（县）林（州市）公路涉县段西达至晋冀豫三省交界段油路通车。是年3月开工。

10月　《河北省公路养路费征收管理办法》制定出台，对养路费征收范围、标准、办法、票证管理作出明确规定。

1993年

1月1日　涉县交通劳动服务总公司开发中心成立，下设汽车运输公司、汽车服务公司、建材劳保经销公司、汽车修理厂、交通招待所。

6月11日　涉县人民法院交通执行室成立，隶属人民法院和交通局双重领导。

7月　涉县交通劳动服务总公司成立，投资60余万元，位于国道G309城东。

9月13日　涉县严厉打击车匪路霸，18名罪犯被执行死刑。

1994年

6月底　西达—关防5.3公里油面改建完成，属以工代赈项目，自筹资金36.5万元，配套15万元（工业券）。

12月　公路养路费征收任务首次突破1000万元。

是年　乡村自办公路改造提升项目12条32公里。

1995年

9月30日　扶贫改建项目县道涉磁一线涉县至西达段竣工，为沥青路面。

1996年

5月　吕学海任交通局局长。

8月4日　涉县特大洪灾造成全县各级公路411.5公里冲毁，88座桥梁、66座中小桥、252道涵洞被冲断，水毁工程535.92万立方米，经济损失达1.28亿元。

8月28日　水毁修复工程开工，11月12日全部竣工，工期75天。12月底，全县水毁公路基本恢复简易通车。

是年　下庄—江家15公里油面公路铺设完成。

1997年

3月　涉县交通局汽车修理厂成立。

7月　护城路坝（后改称为滨河路，涉县南关村至山尖坝）工程竣工，该工程4月10日开工建设。

8 月 1 日　涉县第一条乡村公路硬化工程——畔峪至横岭开工建设，结束涉县乡村公路无硬化路面的历史。

9 月　3 月 25 日迎宾路形象工程开工建设，于 9 月 12 日竣工。

邯长复线更名为荣（城）—兰（州）线，由省道升级为国道，公路代码为 G309；原荣兰线更名为平（山）—涉（县）线，由国道降为省道，公路代码为 S202。

1998 年

5 月 1 日　涉县交通局出租车客运管理站挂牌成立。

7 月　涉县启动“村村通”公路建设。

8 月　国道 G309 武安至涉县复线开工，邯郸市交通局承担业主。

是年　涉县公交管理处成立，属全省首家。

1999 年

3 月　涉县通达筑路有限责任公司成立。

8 月　扶贫公路西（达）张（头）公路剪彩通车。

9 月　涉县清漳桥派出所挂牌成立。

是年，为涉县货运市场发展高峰期，有营运货车 2470 辆，有营运客车 124 辆；客运班线 38 条，营运总里程 3125 公里；80% 的行政村通客车。

2000 年

6 月　交通筑路工程队被撤销，人员整体并入乡村公路管理站。

11 月 8 日　省道涉左公路改建工程通车剪彩。全长 27 公里，为二级公路，1998 年开工建设，涉县交通运输局承担业主，联通冀晋重要运煤通道。

11 月 26 日　涉左治超检测站成立。

2001 年

1 月 3 日　涉左公路收费站成立。

4 月　交通局通达公司经理李普东获中华全国总工会全国“五一劳动奖章”。

6 月 1 日　邯长公路收费站收费期限到期，撤站拆除。

7 月 1 日　农村公路实行分级管理，县级公路正式划入地方公路管理。

2002 年

3 月　国道 G309（龙虎—南岗段）上下行一级公路改造完成。

5 月　农用厢式货车全部退出客运市场，更新为客运中巴。

6 月 20 日　平涉线路面开工建设，于 12 月完工。

10 月 28 日　娲皇宫旅游路建成通车。

11 月 30 日　龙井大街全线竣工，于是年 5 月 1 日开工建设。

2003年

1月18日　龙井大街暨平涉、平乐公路通车仪式举行。

1月27日　后匡门盘山大道历经5年建设，全线竣工。

5月　白（河北涉县白芟）盘（河南林州盘阳）大桥竣工通车，连接冀豫两省。

11月　国道G309超限超载治理站成立。

12月10日　国道G309城区段8公里大修全线贯通，于是年5月21日开工建设。

2004年

4月　涉县公交管理处整体划转交通局，人员35名。

5月　桑栈—寺子岩水泥公路竣工，涉县率先成为河北省深山区实现“村村通”油路或水泥路的县，较国家计划提前3年完成。

10月1日　涉县出租车服务中心成立，由出租车管理站负责管理，首批25辆轿车、出租车投放市场。

12月15日　武涉收费站试收费，邯郸市交通运输局负责管理。

12月18日　涉县第一条高速公路——青（岛）红（其拉甫）高速公路（涉县更乐至冀晋界段）通车（后改为青兰高速公路）。

12月　涉县公路养路费征收额首次突破3000万元。

2005年

3月4日　一二九师司令部旧址被列为全国30条红色旅游精品线路之一。

3月19日　邯郸市干线公路绿化现场观摩调度会在涉县召开。

3月　邯郸市交通局运输管理处在涉县召开“村村通”客车现场观摩会。

4月底　县局春艺团以一二九师太行剧社名义代表邯郸赴京，在北京西单广场参加主题为新中国从这里走来——河北省红色旅游宣传周活动。

9月　张怀林任交通局局长。

2006年

5月　交通局财会人员实行委派制。通过考试竞争上岗，实行局、站二级管理。

6月1日　国道G309清漳河大桥、南关桥、南庄立交桥同时竣工通车。2005年7月后三桥相继动工，南庄立交桥由公路站首次独立承担。

8月3日　河南店—辽城公路大修完工，全长12公里。

8月9日　河北省农村公路管理培训会在涉县召开，全省南片5个市76个县（市、区）相关人员180人参加为期3天的培训。

8月　全县“摩的”退出客运市场。109辆夏利分3批投放市场。

9月22日，涉县农村公路养护管理培训会召开，17个乡镇149名养护员参加。

9月29日　涉县五指山景区生态旅游路通车。

9月底　全县2006年成品油价补贴首次发放134.6万元。涉及38部城市公交车、58部农村客运车辆、407 部城市出租车。

11 月 18 日　西（达）宋（家）线大修竣工，全长 23.08 公里，路面宽 6 米。

是年　涉县实现村村通客车。

2007 年

2 月　刘树廷任交通运输局委员会书记。

3 月 27 日　涉县县政府向各乡镇派驻交通助理员 17 人。

9 月 5 日　偏店—壮口公路改建工程通车，成为涉县农村公路高标准样板路。

10 月 20 日　河茅公路（河南店赤岸至刘家庄段）改建工程竣工通车，也称刘张一期。

10 月 29 日　城区公交车正式开通，开通公交线路 2 条，营运车辆 36 部。

12 月　涉左公路、国道 G309、青兰高速公路涉县段相继实施计重收费。

12 月　涉县出租车第一次更换车型，56 辆吉利、远景车型投放市场。

2008 年

2 月　河茅公路被河北省交通厅评为全省优质工程。

9 月 9 日　涉县交通局春苑艺术团撤销。始建于 2001 年 8 月 28 日，历时 8 年，创编各类文艺节目 100 余个，参与送戏下乡等重要演出上百场。

10 月 9 日　涉县交通局通达公司建筑资质由三级晋升为二级。

10 月 21 日　龙西公路（龙虎至西戌）改建工程通车。

10 月　刘西线苏柳桥、井中线前池耳桥改造工程完工。

10 月底　国道 G309 大中修工程完工，是年 5 月开工。

11 月 25 日　张家庄隧道衬砌维修工程完工。

12 月　国家燃油税费改革，养路费、公路运输管理费、客附费、货附费从 2009 年停止征收。

是年　河北省交通厅投资对涉（县）林（州）线拓宽改造。

2009 年

8 月 30 日　鹿畔线（鹿头至畔峪）竣工，是年 3 月 1 日开工建设。

9 月 8 日　国道 G309 龙虎出县口改造及绿化竣工，是年 8 月 20 日开工建设。

10 月 26 日　阳索公路改建工程竣工通车，是年 4 月 10 日开工建设。

10 月　国道 G309 1.5 公里大修、17.5 公里路段完工，是年 2 月 15 日开工建设。

11 月 25 日　国道 G309 龙虎桥、天铁立交北桥、北岗中北桥 3 座危桥拆除改建完工通车。

12 月　60 辆“面包的士”更新为捷达出租车。

2010 年

5 月 11 日　刘张公路二期工程（河南店—张头）完工，全长 56.2 公里，投资 1.85 亿元，2008 年开工。

7 月　涉县交通局更名为涉县交通运输局。

9 月 1 日　青兰高速公路二期涉县段（招岗—龙虎县界）建成通车，全长 25.8 公里。

9月28日　邯长铁路扩能改造工程涉县段开工庆典仪式在涉县举行。

是年　全县32辆旧“轿的”报废，91部更新“轿的”投用。

是年　开通涉县至偏城、涉县至张家头城乡公交车，促进城乡公交一体化。

2011年

2月　赤岸至河南店段路坝合一工程开工，全长5公里，总投资2100万元，9月完工。

11月13日　涉左公路中修工程完工，全长7公里，铺油1.08万平方米，投资630万元。是年10月21日开工建设。

是年　开通王金庄、张家庄方向城乡公交，共计投入8部客车营运，途经18个站点，全长58公里，辐射2个乡镇35个村，全程票价3元，票价降幅在25%以上。

是年　更新出租车53辆，首批两厢吉利出租车退出客运市场。

2012年

11月30日　白鱼岭治超站建成运行后，国道G309治超站撤销。

是年　武涉公路收费站行政管理权由邯郸市交通运输局移交涉县人民政府，县交通运输局具体负责该站收费管理工作。

是年　迎春街清漳河大桥新建工程完工，迎春街清漳河大桥全长427米，桥宽24米，总投资4000万元。工程于2011年3月开工建设。

是年　涉县更新出租车61辆。

是年　国道G309神头段铣刨罩面6.998公里。

2013年

3月28日　河北省北凯运输有限公司成立，是全县唯一拥有危货运输资质的企业。

12月19日　全国道路交通安全部际联席会议检查组到涉县检查指导“全国平安畅通县”创建工作。

12月　王富魁任交通运输局委员会书记、局长。

是年　深入推行农村公路“七公开”，即建设计划公开、补助政策公开、招投标公开、施工管理公开、质量监管公开、资金使用公开、工程验收公开。

是年　涉县交通运输局更新出租车167辆。

2014年

4月3日　交通运输部公路局副局长解俊杰一行到涉县调研农村公路“七公开”及“田路分家”工作开展情况。

4月　省交通宣传中心、《河北经济日报》、《河北工人报》、《河北农民报》等媒体到邯郸市采访农村公路发展成就，涉县、曲周县、邱县代表全市接受采访。

6月24日　涉县交通建设有限公司成立，为县政府授权投资机构，由县交通运输局代表县政府履行出资人资格，并进行监督管理。

12月4日　邯郸市交通运输局确定涉县交通运输局为国道G234收费公路的招标人。

是年　刘西公路一期改建工程完工，沥青路面，宽 8 米。2013 年 3 月开工建设。

是年　涉县实现村村通城乡公交，百姓出行更加方便快捷。

是年　乡村公路管理站的地方道路路政管理职责划归公路路政管理站，并向管理站分流 12 人。

2015 年

1 月　涉县洁神新能源公交有限公司运营，纯电动公交车 28 部，运营 1 路、2 路城市公交，设 80 个站点，间隔 15 分钟循环运营，票价 1 元。

3 月 4 日　涉县交通运输局通过公开招标确定涉县交通建设有限公司为国道 G234 涉县段（含绕城）经营性收费公路项目投资人，项目工期 30 个月，总投资 33.3 亿元。签订国道 G234 项目投资协议书。

4 月 28 日　乡村公路管理站承担的超限、超载治理职责划至治超站。

4 月　中共中央、国务院授予涉县交通运输局党委委员王生未“全国劳动模范”称号，王生未受到国家领导人接见。

4 月　涉县乡村公路管理站更名为涉县地方道路管理站。

7 月　涉左公路因建成 15 年无大修，受到新华社、河北日报等多家主流媒体采访，引发社会关注。中共涉县县委下发《关于大力弘扬交通精神、大兴干事创业之风的决定》的文件，号召全县干部职工学习“进取、担当、团结、奉献”的交通精神。

是年　涉县道路推进养护体制改革，成立涉县洁通养护有限公司、涉县安通养护有限公司。以 1 条省道（平涉线）18.5 公里、3 条农村公路（县道阳索线一期，乡道偏壮线、西畔线）37 公里作为改革试点，推行市场化养护。

是年　邯郸至涉县 812 县际公交车开通，票价 20 元。

2016 年

1 月 16 日　国道 G234 涉县段（含绕城）和大外环项目启动仪式在涉县更乐镇池西村路段举行。

3 月 18 日　县政府召开国道 G234 项目征拆动员大会，第一期征地放线工作正式启动。

3 月 28 日　经河北省发改委文件批复，正式对国道 G234 项目核准批复，有效期为两年。

3 月　涉县交通运输局微信公众号开始运行。

6 月 2 日　经邯郸市人民政府批准，对国道 G234 收费公路收费站命名为国道 G234 经营性收费公路招岗收费站。

6 月 24 日　邯郸市普通干线公路山体滑坡应急演练在涉县举办。

7 月 29 日　河北省交通厅党组书记、局长高金浩到涉县调研交通抢险救灾和恢复重建工作。

8 月 1 日　交通部总工周伟视察涉县公路水毁灾情。

8 月 29 日　涉县召开太行山高速项目征拆工作安排部署会。

9 月 12 日　河北省人民政府文件，正式批准 234 项目招岗收费站收费年限为 25 年。

是年　“7·19”特大洪灾使县境内520余公里公路陷入瘫痪，8天抢通全县125个“孤岛村”。

2017年

5月　邯郸市第一届旅游产业发展大会在涉县举办。先后完成知青文化园观摩项目，娲皇宫至五指山、茨村至连泉道路、东山景区汉寨旅游线、上偏凉至洼岭道路、鲟鱼场小旅游环线、后池桃花山道路、中沟道路（西峧至前岩）、龙西工业区航天材料城场地平整、陶泉至郊口道路援建等工程。

6月　梁江苏任交通运输局党组书记、局长。

7月30日　国道G234项目获得省交通运输厅文件关于施工图设计的批复，经审查符合技术要求，项目施工图设计总预算为33.74亿元。

9月1日　邯郸市农村公路建设经验交流现场会在涉县合漳乡台田线农村公路施工现场召开。

10月28日　涉县新时代千里旅游通道通车活动举行。涉县创建“667”修路机制，修建道路总长650多公里，途经10个乡镇158个村，惠及10余万名群众。

11月29日　河北省交运厅公路局、省财政厅经济建设处一行3人，对涉县“四好农村路”示范县创建工作进行全面检查。

12月21日　圣福天路沥青路面全线贯通。该路于2016年开工，起自县道阳索公路圣寺驼段，终于省道平涉公路鸡鸣铺段，途经偏城、鹿头、西戍3个乡镇6个行政村，最高海拔1290米，全长19.087公里，二级公路，路面宽9米，包括大小桥梁3座、涵洞45道、144道弯。

2018年

3月29日　国道G234涉县段（含绕城）经营性收费公路工程完成监理招标。

3—11月　审计署、中华湿地保护协会、河北省政协、河北省委组织部、河北省文明办、河北省农提办、上海市、河南省、清华大学等多家部门及单位观摩学习圣福天路。

4月28日　涉县交通运输局公路管理站老爷庙养护中心获评2018年河北省“工人先锋号”称号。

5月20日　邯郸市普通干线公路防汛应急演练活动在涉县平涉公路“生命至上”节点处召开。

6月16—17日　省厅公路局到涉县就“四好农村路”全国示范县创建工作进行全面核查。

6月　涉县交通运输局被河北省委办公厅、省政府办公厅评为“‘7·19’灾后重建先进集体”。

7月5—6日　交通运输部“四好农村路”建设及交通扶贫督导考察组对涉县创建“四好农村路”全国示范县实地复核。

8月20—23日　国道G234涉县段（含绕城）经营性收费公路工程完成施工招标。

8月28日　国务院发展研究中心党组书记马建堂到圣福天路观摩指导工作。

9月6—7日　全国“四好农村路”管理现场会在浙江安吉县召开，县委书记汪涛作典型发言，交通运输部、农业农村部、国务院扶贫办联合授予涉县“四好农村路”全国示范县称号。

10月8日　涉县首家公路文化馆建成投用，地点位于红色记忆小镇交通总局旧址内。

10月12日　河北省“四好农村路”建设现场会在涉县召开，交通运输部公路局副巡视员杨国峰，河北省副省长张古江，河北省交运厅党组书记、厅长单宝风等省市领导出席。邯郸市、易县、黄骅市、香河县、涉县分别作“四好农村路”建设情况及经验介绍，大会向5个“四好农村路”全国示范县和12个“四好农村路”全省示范县颁奖。

是年　河北省首部“四好农村路”题材微电影《唢呐金声》上线，该剧由涉县交通运输局干部职工自编自演。

2019年

3月　邢合公路涉县段（苏刘—西达）竣工通车，全长16.866公里，路面宽10米。

3月7—8日　交通运输部公路局农村处副处长杨勇一行3人到涉县现场调研指导四好农村路建设工作。

3月29日　全国政协网络议政远程协商基层连线活动在涉县圣福天路日月峰举行。全国政协委员、民建河北省委专职副主委范社岭向北京主会场的全国政协主席汪洋等领导汇报涉县推进“四好农村路”建设工作情况。汪洋说：“你选的这个地方很给涉县争光，这路修得确实好啊！”当晚中央电视台《新闻联播》播出圣福天路连线视频画面。

6月5日　河北省普通干线公路防汛应急演练观摩现场会，在涉县国道G309白鱼岭召开。演练利用25分钟完成400立方米落石的清理任务。

6月20日　在省交通运输工会和省交通运输厅公路管理局主办的“2019年中国梦·劳动美——河北省普通干线公路养护技能竞赛”中，涉县作为邯郸市唯一代表队，夺得第三名，获评二等奖。

6月20日　河北省交通运输厅党组决定在全系统开展向汪自强和涉县交通运输局学习的活动，表彰先进、弘扬正气，建设忠诚干净担当的高素质专业化公务员队伍。

6月25日　中宣部、中组部联合授予涉县交通运输局第九届“人民满意的公务员集体”称号。涉县交通运输局党组书记、局长梁江苏作为代表，在北京人民大会堂参加会议，受到党和国家领导人的接见。

6月26日　全国政协副主席、交通运输部党组书记杨传堂，部长李小鹏，在交通运输部接见此次受表彰的交通行业先进集体和个人代表，涉县交通运输局局长梁江苏参加。

7月2日　河北省委书记王东峰在涉县调研时说，“林州的渠，涉县的路”，要全面推动太行红河谷高质量旅游经济带建设。

7月6日　《涉县道路70年：太行山路唱新歌》在《河北经济日报》头版刊出，长城新媒体和“学习强国”学习平台推出，全面展现涉县道路发展历程和建设成就。

7月22—28日　交通运输部“我家门口那条路”主题活动在涉县召开。活动分为线上和线下两部分。圣福天路以最有诗意的路获全国“十大最美公路”评选资格。

8月4日　河北省第九届“全国人民满意的公务员”和“全国人民满意的公务员集体”先进事迹省直机关报告会在石家庄举行。会前，省委书记、省人大常委会主任王东峰，省委副书记、省长许勤，省委副书记赵一德会见报告团成员。9 名报告团成员作报告。梁江苏作《把初心使命写在太行山路上》为时 5 分钟的宣讲。9 月，先进事迹巡回报告会在全省 11 个设区市巡回宣讲。

9 月 11 日　《中国交通报》头版重要位置刊登《涉县交通运输局 敢叫太行换新颜》长篇报道，转 6 版显要位置，并配发短评《书写人民交通为人民的生动实践》，同步在交通运输部官网推出。

10 月　涉县圣福天路被河北省交通运输厅命名为“美丽农村精品示范路”。

11 月 10 日　2019 年全国公路交通应急演练河北省动员大会在涉县召开。邯郸、秦皇岛、保定三市应急演练队伍参加大会。比赛设 5 个比武科目：预警预防与灾情侦察、隧道内火灾事故处置、塌方体清理、圆管涵铺设、装配式钢桥架设。

11 月 21 日　2019 年度全国公路交通军地联合应急演练在河南省巩义市举行。河北省代表队勇夺团体三等奖。邯郸市涉县承担圆管涵铺设和塌方清理两项任务，分别获得单项第一名和第二名。

11 月 30 日　国道 G309 武涉收费站撤站。该站始建于 2004 年，有 15 年收费年限，收费总额达 153722 万元。

2020 年

1 月 26 日　涉县交通运输局成立新冠肺炎疫情防控领导小组，下设办公室和综合协调、人员排查、站场防控、应急保障等 8 个小组。全体动员，战备状态。为有效防控新型冠状病毒感染肺炎疫情，切断传播途径，涉县汽车站、各城乡客运站内所有始发车辆，城市、城乡公交暂时停运。

1 月　张献明任交通运输局党组书记、局长。

2 月 1 日起　出租车暂停营运。

2 月 18 日　涉县安全生产委员会办公室《关于调整快递业安全监管工作的通知》，将快递业安全监管的行业主管部门调整为涉县交通运输局，具体工作由涉县运管站负责。

2 月 19 日　涉县交通运输局启动红河谷 1 号风景大道建设及阳索公路绿化提升工程。太行红河谷 1 号风景大道即起于娲皇桥与漫游道相交处，终点至小会与河茅公路相接，全长 2.94 公里，路宽 5 米，沥青混凝土路面，两侧设 3~5 米绿化带。

2 月 25 日　涉县汽车客运站、3 个城乡客运站及出租车恢复营运。运力保持在 30% 的情况下运行，乘车线路、发车班次时间、乘车要求略有调整。

3 月 28 日　国道 G234“大干 100 天保节点保绕城 促成效劳动竞赛”动员会召开。

4 月 9 日　涉县交通运输局防火通道建设攻坚队临时党支部，被中共涉县县委组织部授予 2020 年防火通道建设“共产党员先锋号”称号。

4 月 21 日　太行红河谷 18 公里旅游通道索堡至茨村佰泉渔村贯通。

5 月 29 日　青兰高速涉县至冀晋界段改扩建工程征地组卷和拆迁动员会召开。该工程起自平安街道办招岗村西，终于神头乡响堂铺村西部冀晋界，充分利用邯郸至长治既有四车道高速公路改建，全长 13.792 公里，设计速度 80 公里 / 小时。

6 月 1 日　2020 年第 11 期《求是》杂志刊发中共交通运输部党组署名文章《小康路上不让任何一地因交通而掉队》。文中在助力农村文化致富部分，引用涉县道路文化典型事迹。

6月3日　涉县“信息平台+客货同网”获评全国首批农村物流服务品牌。全国16个省25个项目入选，河北省有2家。

6月18日　国道G234涉县段经营性收费公路项目银团贷款签约仪式在交通运输局召开。国道G234的25亿元建设资金得到有力保障。

6月　石门至山西界改造工程动工，于11月14日建成通车。起于石门村西南省道213，途经7个行政村，终于山西界，全长13.6公里。

7月3日上午　邯郸市市普通干线公路地震及防汛抢险应急演练活动在涉左线进行，设置灾情侦察、山体滑坡塌方清理、圆管涵冲毁恢复等科目。

11月24日　全国劳动模范和先进工作者表彰大会在北京人民大会堂召开，涉县交通运输局直属机关党委委员刘俊臣参加会议，被授予“全国先进工作者”称号，受到习近平总书记接见。

11月27日　“十大最美农村路”暨“十大交通微博”发布活动在福建晋安举行。经过网民评议、组织推荐、网络投票、专家评审，圣福天路被交通运输部评为“2019年度十大最美农村路”，涉县县长董路明作典型发言。

是年　在新冠肺炎防控中，交通运输局组成综合协调、人员排查、站场防控、应急保障、资料宣传等8个小组，500余名党员干部职工坚守疫情防控最前线。承担全县43个出省出县口疫情防控检测和9个家属住宅小区防控任务。党员先锋岗、一线临时党支部有56个，260名党员义务上交特殊党费38550元，最高一笔为1万元。

2021年

1月25日晚　央视二套播出纪录片《寻路·乡村中国》第一集《开山》，5分钟详细介绍涉县四好农村路的建设成就。该片是中央电视台和交通运输部联合拍摄，河北省仅有涉县和围场入选。2020年7月25日至8月1日，摄制组在涉县连续拍摄6天。

1月　王利强任交通运输局党组书记、局长。

2月3日　《人民日报》头版《路通百业兴 致富劲头足》中，聚焦交通扶贫成果，引用涉县道路为民致富的相关事例。

3月25日　青兰高速公路（G22）与国道G309龙虎互通改扩建工程征拆工作动员会在龙虎乡召开。

5月　共青团中央授予涉县交通运输局团总支“全国五四红旗团支部”称号。

6月18日　邯郸市交通运输局、邯郸市电视台联合组织“沿着公路看邯郸”主题直播活动走进涉县。涉县政府副县长刘晓君，交通运输局党组书记、局长王利强，交通运输局直属机关党委委员、地方道路管理站站长张树魁参加直播活动。观看直播22万人次，点赞量48万人次。

七一前夕，为庆祝中国共产党成立100周年，交通运输局组织党员到西柏坡革命教育基地开展党史学习教育，200余名交运党员干部在一二九师纪念馆广场开展“唱红歌、颂党恩”活动。拍摄《我想对党说》短视频。10名党员获得“光荣在党50年”纪念章。

7月2日　王金庄隧道改建工程建成通车，该隧道始建于1979年，于2020年7月拓宽改建，历时 1 年。

7 月 3 日　邯郸市普通干线公路应急演练在国道 G234 兴阳线第十标段路基段举行。

7 月 16 日　河北省交通厅组织交通部、省交通厅专家到涉县，对自然灾害公路承灾体普查进行现场指导培训。培训地点设在国道兴阳线涉县段“生命至上”节点，对山体灾害、涵洞，小丰口桥与西达隧道 4 个现场点授课讲解。

8 月 13 日　涉县召开全省旅发大会决战决胜冲刺动员大会，全县 332 公里道路建设和环境提升任务，交通运输局承担各项重点工程 15 项，省旅发大会路域环境提升路线共 10 条 175 公里。

8 月 17 日　交通运输局在 4 站 1 场、在建工地、家属小区开展疫情防控实战应急演练活动。

8 月 29 日　国道兴阳线豆庄至偏店段大中修工程 16.615 公里沥青路面铺筑任务。

9 月 22 日　全省旅发大会在涉县召开。太行山旅游风景道中涉县道路成为邯郸市、涉县、武安、峰峰四个县市区行车体验最佳路段。省电视台云观摩《旅游引领幸福路》专程采访涉县。

10 月　涉县被交通运输部列入第二批城乡交通运输一体化示范创建县。

是月　河北省交通运输厅官网发布《关于 2021 年“四好农村路”示范创建结果公示》，涉县索堡镇命名为“四好农村路”示范乡（镇）和河茅公路、阳索线偏城至索堡段、青龙公路、红河谷漫游道等多条农村公路命名为省美丽农村精品示范路。

11 月　交通运输局被县委、县政府授予第六届河北省旅游产业发展大会涉县片区“先进集体”称号。

12 月 21 日　国道 G234 城区段主体铺设完成。偏店至神头段，全长 22.72 公里，该路通车解决国道 G309 长期拥堵问题。

是年　田北线、北兆线、索污线、台田线、开元大街、污西线 6 项民生实事工程全部完工。

2022 年

6 月 2 日　Y208 龙西路改建项目可开工路段乱石岩至西戌 4.75 公里沥青油面摊铺完成。该线于 2020 年 6 月 15 日动工，是邯钢迁建物资运输的重要通道，全长 11.074 公里，一级公路标准，双向 4 车道，途经龙虎、西戌两乡镇。

6 月 22 日　国道 G234 涉县段（含绕城）经营性收费公路绕城段顺利通过验收。

6 月 30 日　青兰高速公路涉县至冀晋界段改扩建工程新建段 13.792 公里建成通车。是省内第一条山区“新建 + 改建”高速，采用“4+3”七车道，路基宽 16.5 米，与山西完成对接。

9 月 2 日　为深化综合行政执法改革，涉县交通运输局出租车客运管理站 27 名自收自支事业编制及 18 名在编人员一并划入涉县综合行政执法局。出租车服务中心整体业务划转。

12 月　平乐、巷岗、玉岭 3 条路竣工，绿化到位。3 条路全长 9.87 公里，为涉县经济开发区内城市次干路，涉及道路建设及污水管网改造。完工后可有效改善沿线居民和厂矿出行环境。是年 10 月中旬开工。

是年　涉县农村公路完成水毁工程 13 座桥梁和 58.2 公里道路，完成 7 条 42.2 公里农村公路改造工程。

专记

一　交通精神

涉县是全山区县，山高沟深，人口居住分散。自古以来，深受自然环境和生产条件的限制。涉县封闭落后，交通不便，行路难成为制约当地经济发展、社会进步和群众出行的最大桎梏。中华人民共和国成立后，特别是改革开放以来，涉县交运事业在县委政府的坚强领导下，在国家、省市交运行业部门的大力支持下，在全社会各界力量的积极帮助下，一步一个台阶，取得了一个又一个辉煌成果。一代代筑路人与恶劣的自然环境顽强抗争，始终坚持为民修路的初衷不变，为群众建起了条条致富康庄路。其间涌现出一大批太行愚公，铸就一支特别能战斗、特别能吃苦、特别能奉献的交运铁军。

2015年9月17日，中共涉县县委下发《关于大力弘扬交通精神、大兴干事创业之风的决定》的红头文件，号召全县干部职工学习“进取、担当、团结、奉献”的交通精神。这是涉县首次明确提出交通精神。交通精神的形成是一个长期的过程，是秉承红色基因，传承一二九师精神的重要体现。她不仅凝结着老一辈筑路人和历任交运领导人前仆后继、接续奋斗的责任使命，凝结着广大交运人逢山开路、遇水架桥的智慧汗水，更凝结着全县广大人民群众自力更生、艰苦奋斗，建设美好家园的夙愿和期盼。

交运人与涉县人民在铺路架桥的艰辛历程中，共同锤炼出了不等不靠、主动作为、不畏艰险、矢志不渝的进取精神；打造出了勇挑重担、积极创新、踔厉奋发、一往无前的担当品质；凝聚起同心同德、不计得失、纪律严明、步调一致的团结精神；磨炼出了胸怀大局、不计代价、舍家忘我、甘当路石的奉献精神。交通精神是全县人民筑路的精神指引，更激励着交运人传承发扬、再立新功，持续推动交运事业高质量发展。

进取精神

涉县群山阻隔，打通隧道是直接缩短距离的有效途径。但在地理自然环境恶劣，生产生活条件低下的情况下，涉县人不畏艰险、以愚公移山的坚韧品质矢志不渝地凿通山路。张家庄隧道是涉县第一条隧道，1965年春开工，村民们在吃糠咽菜的条件下，历时6年打通山路。后又苦干三年，于1981年8月凿通了第二条隧道。隧道全长740米、高5米、宽7米，连通了涉磁、邯长要道，书写了山区公路新篇章。此后，老区人民更加坚定信念，攻坚克难，昼夜奋战，凿通万重山，打开了一条条出山路。1969年，与山西相接的桑栈村，为打通取水出山路，历经艰辛。1971年，在中国人民解放军某部队的支援下，开沟、钻洞、挖山，把绝壁打通成一条长65米、宽4米、高4米的穿山路。后交通局援建为水泥路。之后，涉县人民在自力更生、艰苦奋斗的强大精神指引下，历经艰难，相继修建开通了王金庄隧道、后匡门隧道、平涉隧道、田家嘴隧道、温村隧道、皮岭隧道等，封闭落后的山村终于联通外面的世界。

1996年特大洪灾后，涉县道路状况落后，与周边县市区形成较大反差。1998年，涉县交通局知难奋进，积极争跑，首次以业主身份承建省道涉左路。该路全长27公里，投资1.2亿元。临河靠崖，高挡墙地段过半。交通人以“困难是石头、干劲是榔头”的决心，克服资金、技术、环境等重重困难，创新砂砾路基做法，节省资金。全局贷款6000万元，剩余部分干部职工自筹，历时三年高标准建成这条晋煤外运的重要通道。该路的建成，彻底扭转了涉县交通落后于周边县市的困境，得到社会的认可。

2004年5月，涉县“村村通”最后一条路——桑栈至寺子岩村道通车。该路山势高、陡弯多，车子上不去，砂石物料靠人扛。为了啃下这块硬骨头，全局400余名干部职工，自带被褥进驻桑栈工地，支帐篷、垒灶台。局长、站长带头干，养护员、收费员一起上。不论男女老少，吃住工地，分片包段，责任到人。从山顶倒退着一节一节打水泥路，经过二十天日夜奋战，工程告竣。涉县不甘落后，勇于争先，成为河北省率先实现“村村通”柏油路和水泥路的山区县，较国家计划提前5年。

2014年，涉县308个行政村实现村村通客车，走到了其他县市前列。2014年，涉县实现村村通公交车。2015年8月，涉左路因建成15年无大修，受到新华社、河北日报等多家媒体采访，引发社会关注，盛赞此路是“红土地上的交运铁军”修建的一条“良心路”。

见红旗就扛，见第一就争。交运人无论在道路建设、客货运输、规费征收、公路养护、执法执纪，还是在企业生产上，都是积极进取、不甘人后，长期在省市考核中名列前茅，获奖无数。

担当精神

涉县地处三省交界，交通路网结构必须与时俱进不断完善。2003年和2015年青兰高速和太行山高速相继开通。2016年，国道G234涉县段（含绕城）经营性收费公路项目提上日程。该项目自申报至批准仅用76天。2018年11月开工。该线全长62.118公里，一级公路，总预算33.74亿元。项目六跨清漳河，涉及22家设计、监理和参建单位，为有史以来交通施工难度最大的工程。县交通运输局承担业主，勇挑重担，冲锋在前。为解决资金难题，项目首次使用PPP融资，新筹建的涉县交通建设有限公司先后与邯郸市内18家银行对接沟通。2020年前，取得银行贷款25亿元。2020年6月，签约25亿元银团贷款协议，解决了资金难题。

交运人日夜盯守工地，日推进、周调度、月评比，全面落实质量终身负责制，环境保护、安全生产和疫情防控同步推进，分段施工、重点攻坚、劳动竞赛、挂牌督办、决战决胜。2021年底，国道G234与国道G309共用绕城段（偏店至神头22公里）通车，极大地缓解了主城区交通压力。至2023年7月，国道G234全线贯通，彻底解决了国道G309拥堵污染问题，拓展了城市发展空间，促进了省市旅游资源和县域经济的发展。

2016年特大洪灾后，涉县农村公路路况差、超期服役多，面临严峻挑战。涉县决定将灾后重建同四好农村路创建、全域旅游、扶贫攻坚、美丽乡村结合起来，修建千里乡村旅游通道。在县委政府的坚强领导下，交通运输局积极推进全民修路、社会筹资、修生态路的“667”工作法，协调指导各乡镇修建千里乡村旅游通道。全长1300华里，途经10个乡镇156个行政村，串联周边10余个旅游景区，受惠群众十余万人。

交通运输局主动承担圣福天路、青龙公路、邢合公路等重点建设任务。圣福天路最高海拔1290米，新改建路线翻山越岭，弯道144个。山上没水没电没地方住，昼夜温差大。交运人用三马车往上拉水，山顶上安装太阳能发电板，就地驻扎帐篷。青龙公路虽然只有2公里多，但为了与朝阳沟隧道无缝对接，技术员腰捆安全绳在崖壁上测量定位。施工中，光挖掘机钢钎就用坏了100余根。圣福天路率先实行七条生态修路原则，“尊重自然，让路和自然和谐共生”“挖掘文化，路即是景”新模式，成为涉县四好农村路的先决性发展方向和典型标杆。圣福天路因其地势险要、景色奇异，成为社会媒体和群众关注的网红打卡地，吸引全国同行学习参观，更成为太行山干部学院党性教育研学基地之一。韩王天路、云中天路、井关公路、偏壮公路等一大批道路，也凝结了当地政府和群众无尽的心血和汗水。

长期以来，交运人在修路架桥的高山深涧间，时刻冲在第一线；在洪灾、疫情等自然灾害面前，始终冲在第一线；在急难险重任务面前，坚持冲在第一线，他们用忠诚与担当，践行着让党放心、让群众满意的初心使命。

团结精神

筑路历史中也深刻体现了党群一心、纪律严明、团结互助、开拓创业的精神风貌。历任领导班子冲在前、干在前，与广大职工同甘苦、共吃住，心往一处想、劲往一处使，血汗同流、荣辱与共。

全国人大代表王金庄村王全友以带领群众修路、修梯田而闻名。1964年，他带领400余名劳力劈山修路，凭借简陋的工具和双手，克服资金、饥寒和施工难度大等困难，历时5个月削平11个山垴，修通了玉林井—南峧—王金庄长13华里盘山公路。之后凿通王金庄隧道，将汽车开进了穷山村。

涉林古道东达辿道为半山崖上仅能容足的通豫要道，上耸绝壁，下临漳河。历年屡修而汛期冲毁，通行实艰。1974年，林旺—合漳—张家头路基工程开工，全长31公里。桥涵91道（座），隧道2处长370米。线路绕65个山头，穿52道山谷。开40余米高崖头5处2.5公里。新建线路由林旺南山坡，开凿两处隧道穿过牛联坪。沿清漳河南岸经河口、大滩、台庄达合漳，全长14.5公里。工程量50.4万立方米，石方34.3万立方米。由于工程艰巨，涉县民工6000余人以军事建制班、排、连、营编制，进行施工。县领导、交通和地方干部与民工同吃、同住、同劳动。民工们腰系绳索，在悬崖峭壁打眼放炮，打不通隧道不下山。历时3年工程竣工。

1984年，青塔乡老杜旮旯村儿基干民兵王明廷带领民兵韩文生、韩东生等人，在全村群众的团结奋斗下，为本村修筑盘山路五公里，并引来了自来水，解决了民生问题。王明廷被邯郸军分区记二等功一次。

1998年，交通运输局首次承担省道涉左路的业主，投资数额达1.2亿元。交通运输局干部带头筹资，全局干部职工拿出养老钱、彩礼钱，甚至棺材钱，自筹1500万元，确保工程顺利推进。面对山区公路施工难度大等问题，交运人攻坚克难，以“八百儿女八百牛”的韧劲，修建老区志气路。2015年冬，关防乡后池村刘虎全等老党员利用冬闲，自发修建通往桃花山上的生产路。村民自带干粮和水，在工地上就地起炊、凿石垒堰。2016年3月，在市县交运部门的全力帮助下，后池村修建起了南北槐峧两条沟长6公里、宽4~6米的标准水泥路。2017年4月，县交通运输局负责的关防至后池12.52公里的中沟出山路建成。该路的修建带动了全县一大批乡镇村自发筹资捐款修路。一时间，全县出现了“旌旗漫卷太行山，千门万户愚公红”的动人场景。

奉献精神

涉县老区人为铺路架桥，筚路蓝缕，从羊肠小道到大道通衢。通车里程从建国时的260公里发展至2022年的1599公里。高速路、国省干道通达了城市，四好农村路畅通了乡村。涉县人，特别是交运人为打通致富路，不讲条件，不计得失，舍家忘我，勇当乡村振兴和经济发展的先锋官，不断满足全县人民群众对美好生活的向往。

近三十年来，涉县交通发生巨大变化，逐步形成了“三纵九横十八条支线”的交运路网。筑路过程中，交运人甘于付出，无私奉献。他们战高温，斗风雪，废寝忘食，夜以继日，严把质量进度关，誓做孺子牛；他们披星戴月、连续奋战、吃工地住工棚，甘当铺路石；他们没有星期天节假日，舍小家顾大家、放弃了团圆亲情，永做螺丝钉；他们力争一流、开拓创新，无私忘我，奉献交通，轻伤不下火线、带病坚持工作，才筑起了一条条“精神路”“致富路”和“振兴路”。

筑路大军中涌现出许多无私奉献的基层群众个人和乡镇村集体。1924年春，为打通涉县至磁县通道，甘泉村村民宁陈良等人，辗转跋涉于安阳、林县、磁县、武安、汾阳、黎城等周边三省六县，奔走筹款捐资二千金，历时四月，修通涉县甘泉村至磁县北王庄村20余里的皮岭路。1955年，龙虎乡北郭口村71岁的张玉镁为建桥捐款3019元，时值房间30余间或米麦1.5万公斤。他大爱无私，一心为公，“玉镁桥”尽彰其德，流芳百世。1998年，省道涉左线修建，县交通局干部职工筹资1.2亿元，促使这条二级路顺利开工。是年，老支书江宋昌带领村民们修建后匡门隧道，全长888米，是当时涉县最长的隧道。面对资金缺口，村委干部和施工队队长将自家房产做抵押贷款，全村欠债92万元。涉县政府和交通等部门及社会爱心企业纷纷援助，全力掘进。历时6年隧道打通。2016年特大洪灾后，交运抢险队伍进入台田线丁岩村，排险6吨巨石时，该村77岁孟双存老人，连续4天徒步2公里挑扁担送开水直到队伍离开。次年台田线重修时，孟双存捐款1200元，还配置了茶壶、茶叶和白糖，持续送水直至完工。全县更是涌现出许多捐树捐地、出资出工，助力修路的乡镇、村庄和个人。党政干部带头捐，职工群众踊跃献。上至耄耋老人，下到垂髫幼儿，捐资献爱感动世人，部分村庄立碑留世以示铭记。

涉县赓续一二九师精神红色血脉，在筑路历程中逐步形成了以交运品质为核心内容的交通精神，这是全县人民群众集体筑路精神的集中体现。交通精神在不断传承发扬中，也被赋予更多的时代内涵，在新时期取得更大成绩。2018 年 8 月，涉县获“四好农村路”全国示范县称号。2019 年 6 月，涉县交通运输局获全国第九届“人民满意的公务员集体”称号。2020 年，涉县“信息平台 + 客货共网”成为交运部首批农村物流服务品牌。2021 年，涉县被交运部列入第二批城乡运输一体化示范创建县。交运队伍中涌现出王生未、刘俊臣、李普东等多位国家、省市级模范人物。

山高水长，大路当歌，涉县世代人民在太行山间，共同铸就了一幅波澜壮阔、彪炳千古的筑路群英谱，留下一笔丰厚宝贵的精神财富，激励当代，滋养后人！交通精神也必将在传承发扬中，时建时新，历久弥新，激发出更加持久永恒的精神动力，为实现乡村振兴、交通强国而不懈努力，为建设起涉县更加美好的幸福家园而不懈努力！

二　四好农村路

2014 年 3 月 4 日，国家主席习近平提出四好农村路创建，“要求农村公路建设要因地制宜、以人为本，与优化村镇布局、农村经济发展和广大农民安全便捷出行相适应，要进一步把农村公路建好、管好、护好、运营好，逐步消除制约农村发展的交通瓶颈，为广大农民脱贫致富奔小康提供更好的保障。”2015 年 5 月 26 日，交通运输部印发《关于推进“四好农村路”建设的意见》（简称《意见》）。《意见》提出，到 2020 年，全国乡镇和建制村全部通硬化路，养护经费全部纳入财政预算，具备条件的建制村全部通客车，基本建成覆盖县、乡、村三级农村物流网络，实现“建好、管好、护好、运营好”农村公路的总目标。2017 年，交通运输部、国家旅游局《关于促进交通运输与旅游融合发展的若干意见》。2018 年，河北省政府办公厅印发《河北省深入推进“四好农村路”建设三年行动计划（2018—2020 年）》，为“四好农村路”建设提供可靠的制度保障和政策支持，进一步助推全省“四好农村路”发展。

涉县千里乡村旅游通道路线图

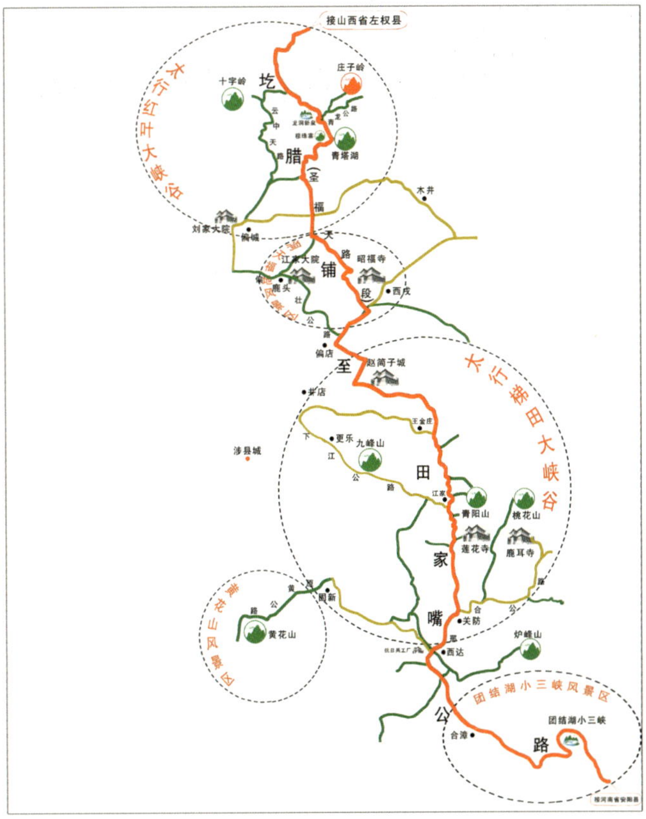

2015年，涉县在过去农村公路建设良好基础上，出台《涉县农村公路管理办法》及《考核办法》，明确农村公路建、管、养的权责问题，通过竞争立项、以奖代补、多元筹资等激励举措，激发各乡镇主动修路的意愿。2015年，农村公路建设里程264.195公里。2016年洪灾后，涉县拟利用三年时间全面提升全县农村公路路网水平，彻底改变现有农村公路面貌，建设全域旅游示范县，推动美丽乡村建设，促进农村脱贫致富。2016年，建设里程303.906公里，为历年的3~4倍。是年，邯郸市交运系统农村公路培训暨经验交流会在涉县举行，涉县作典型经验汇报。同期，涉县被授予全省首批“四好农村路”示范县称号，并给予66万元奖补。

邯郸市交运系统农村培训暨经验交流会在涉县召开（2016年摄）

2017年8月，涉县借邯郸市旅游发展大会东风，印发《“六个一”战略布局的实施意见》，明确提出“三带”联动。其中，东部千里旅游通道带建设就是重要一环，它北起涉县最西北的偏城镇圪腊铺村，南到最东南的合漳乡田家嘴村，全长660公里，途经偏城镇、鹿头乡、西戌镇、偏店乡、井店镇、更乐镇、关防乡、西达镇、合漳乡、固新镇10个乡镇158个行政村。沿线将太行红叶大峡谷、太行梯田大峡谷等景区景点串联起来，打通快进慢出的乡村旅游通道。同时印发《涉县千里乡村旅游通道建设指导意见》等文件，改部门修路为社会修路。涉县按照“重在改建、适当新建、提高质量、确保安全”的原则，与灾后重建、美丽乡村、全域旅游、脱贫攻坚紧密结合，提高了道路等级、抗洪标准，实现了路线优化、提升了行车体验，农村公路路网提前3~5年完成。建设中，涉县创新出以全民修路、广泛筹资、修生态路为核心要义的“667”修路新机制（即“群众为骨干、党员为先锋，村庄为主体、乡镇为主导，县里为奖补、有工优先干”“向上争、市场筹、干部助、社会捐、群众投、政府奖”和“宁可路绕十丈、绝不毁树一棵”“随坡就势、减少垫方”等7项生态修路原则。实现“一路七兴”，即党建示范兴，精准扶贫兴，旅游发展兴，生态经济兴，文化体验兴，休闲养生兴，愚公精神兴）。同时“道

原黄公路云头村捐款现场（2017 年摄）

路也是风景”这个理念充分运用到公路建设中来，深入挖掘红色文化、女娲文化、民俗文化和山水文化等各类资源，与旅游、产业、乡村紧密结合，打造出乡村旅游文化路、特色路、产业路和致富路。涉县道路成为省市领导、群众及重点媒体关注的热点。是年 9 月，邯郸市农村公路建设经验交流会在涉县举行。

2018 年 1 月 24 日，在全省“四好农村路”全国示范县评选会上，通过资料审核、专家评审两个环节，近 80 项量化指标的考核评审，涉县作为邯郸市局向省交通运输厅推荐的“四好农村路”全国示范县，从全省 11 个地市 172 个县（市、区）中脱颖而出，综合得分第一名，省厅向交通运输部推荐为河北省 2017 年度“四好农村路”全国示范县。

2018 年 6 月，涉县成立“四好农村路”创建领导小组，组长由涉县人民政府县长担任。6 月 17 日，省厅公路局纪委书记王冬梅一行 6 人对涉县“四好农村路”示范县创建工作进行全面核查。2018 年 7 月 5—6 日，以新疆生产建设兵团交通运输局党组成员、副局长李斌为组长的“四好农村路”建设及交通扶贫督导考评组，代表交通运输部，对涉县“四好农村路”全国示范县创建工作进行实地复核督导。省交通运输厅副厅长侯智敏、邯郸市政府党组副书记艾文庆，涉县县委书记汪涛、政府县长邢晟参加相关活动。

考评组一行对韩王天路、圣福天路等路段实地督导建管养运的情况。座谈会上，涉县作了“四好农村路”建设情况汇报，艾文庆介绍全市“四好农村路”创建情况，观看了涉县“四好农村路”专题片，并查阅相关资料。侯智敏充分肯定涉县高标准修建千里乡村旅游通道，变交通一家修路为全社会参与的行为，“一路七兴”经验难能可贵，值得全省学习推广。督导考评组一致认为，涉县县委、县政府思想站位高，修建的农村道路非常震撼，精神令人感动，特别是“667”农村公路建设新机制，是可复制、可推广的有益经验，为精准扶贫提供了重要的交通支撑，是“乡村振兴、交通先行”的典范。

2018 年 9 月 6—7 日，全国“四好农村路”管理现场会在浙江省安吉县召开，会期 2 天。交通运输部部长李小鹏出席，副部长戴东昌主持，农业农村部、国务院扶贫办、浙江省委等相关领导出席，来自河北、西藏等全国各省（区、市）320 人参加会议。涉县获评“四好农村路”全国示范县荣誉称号，本次全国共评出 107 个示范县。涉县代表河北省作《不贪大求洋 因地制宜建设“四好”农村路》的典型经验发言。李小鹏讲话中指出：河北省涉县因地制宜，创新“667”工作机制，指导农村路建设，用巧法，动真情，花小钱、办大事，宜宽则宽，宜窄则窄，有的地方还曲径通幽，这就是实事求是地推动农村路建设。河北省黄骅市和易县也获此荣誉。

根据交通运输部交办公路《交通运输部办公厅关于“四好农村路”全国示范县的实施意见》规定，每县市区将获得交运部1000万元的一次性额外投资补助。各省级运输主管部门应在省级示范县基础上，再对全国示范县安排不低于1000万元配套投资补助，并在安排投资计划等方面予以适当倾斜。全国示范县额外补助项目管理参照《车辆购置税投资补助一般公路建设项目计划管理办法》执行。县级可以不安排配套资金，部省补助资金到位前，可以“先建后补”。投资计划由县安排、地市审核、省级交通运输主管部门审定，并与其他农村公路建设计划一并报部备案。

2018年10月12日，河北省“四好农村路”建设现场会在涉县召开。对“四好农村路”全国示范县、省示范县进行现场颁奖。易县、黄骅市、香河县、涉县作了典型发言，集体观摩圣福天路等农村公路。

副省长张古江出席并讲话，对涉县的修路和机制给予高度评价：决心大力度大，理念新思路新，机制好氛围好。省交通运输厅党组书记、厅长单宝风，部署河北省“四好农村路”建设工作。聚焦核心任务，全面推进交通扶贫、路网提档升级、路长组织、养护创新、农村客运、“七公开”、安保防护及示范县和“美丽乡村”创建等工程建设。

2019年3月29日上午9点，全国政协网络议政远程协商基层连线活动在涉县圣福天路日月峰举行，全国政协委员、民建河北省委专职副主委范社岭通过远程视频网络，向北京主会场的中共中央政治局常委、全国政协主席汪洋等领导，汇报了涉县推进“四好农村路”建设工作情况。持续约4分钟的连线活动中，范社岭委员简要介绍了涉县在“四好农村路”建设中采取的举措和取得的成效。建议以党建为统领，充分发挥党组织战斗堡垒作用和党员先锋模范作用，注重发挥社会各方面积极性，更好推进“四好农村路”高质量发展。大力推行县委书记、县长为双总路长，主管副县长、乡镇长、村委会主任分别任县、乡、村道路长的农村公路“路长制”，进一步完善农村公路管理体制。汪洋为范社岭的建议点赞，称其体现出全国政协委员的水平。汪洋看到委员范社岭背后美如画卷的圣福天路后，称赞道：“你选的这个地方很给涉县争光，这路修得确实好啊！”当晚央视《新闻联播》播出涉县连线画面，《人民日报》《人民政协报》等多家国家、省市媒体也相继报道。此次网络议政远程协商共设一个主会场、四个分会场和三个基层连线点。涉县圣福天路是其中三个连线点之一。

2019年7月，交通运输部“我家门口那条路”主题活动暨“四好农村路”主题采访活动开启，集中展示习近平总书记提出“四好农村路”五年来的巨大变化。7月22—28日，为涉县展示周，活动分为线上和线下两部分。线上是交运部官方微博发布涉县文图、视频等各类博文58篇。线下开展《路魂》专场演出、启动仪式健步行、公路悦之旅、采摘节、农村公路70年摄影成就展、诗画太行路、音乐快闪等项活动，得到交运部和省市领导的充分肯定。圣福天路成为7月份最有诗意的路主题活动前五名，获得全国“十大最美公路”评选资格。7月为河北省展示周，启动仪式在张北县一号公路。平泉、迁安、威县和涉县依次展示。10月，圣福天路被河北省交通运输厅命名为“省美丽农村精品示范路”。

是年11月27日，“十大最美农村路”暨“十大交通微博”发布活动在福建省福州市晋安区举行。活动现场为“2019年十大最美农村路”、3条最具人气的路和1条最有诗意的路获奖单位颁奖，涉县圣福天路被交通运输部评为“2019年度十大最美农村路”，涉县政府县长董路明作《建设最美农村路 打造富裕幸福城》的典型发言。参会人员130余人。

2020年6月，河北涉县“信息平台＋客货同网”获得交通运输部首批农村物流服务品牌，来自全国16个省的25个项目入选。涉县依托万合集团既有客运场站及运力资源，按照“多站合一，资源共享”思路，推广“信息平台＋客货同网”模式，优化农村物流网络。从事客货运一体化运输配送业务，开展零散邮包小件快运业务。

2021年9月22日，第六届河北省旅游产业发展大会在涉县召开。太行红河谷旅游风景道长235公里，贯穿磁县、峰峰、涉县、武安4个县市区，串联15个乡镇，68个旅游景区，形成一条“太行项链”。涉县境内提升改造175公里，多以农村公路为主。构建起“一水路、一大环、五谷环、两步道”的交通运输网络，设置18个公路驿站，方便购物、如厕等多元服务。涉县完善基础安保设施、设置各类旅游道路热熔反光标志标线、优化旅游道路交通指引体系。提升绿化效果，着力构建了“四季常绿、三季花开”的七彩生态美画廊，方便游客出行。涉县旅游公路向公路旅游转变，实现了“四好农村路”高质量快速发展。

交运局党组书记、局长王利强（右）在省旅发会期间接受省电视台云观摩采访（2021年9月摄）

2021年10月，涉县被交通运输部列入第二批城乡交通运输一体化示范创建县。推进道路交通基础设施建设，打通城乡运输堵点。推动城乡公交一体化，解决群众出行难点。推广农村客货邮融合发展，消除农村物流痛点，提升群众出行满意度。

是月，河北省交通运输厅官网发布关于2021年“四好农村路”示范创建结果公示，经县级申请、市级核查和专家评审等程序，17个县（市　区）75条段1040公里农村公路命名为省美丽农村精品示范路。涉县索堡镇命名为“四好农村路”示范乡（镇），河茅公路、阳索线偏城至索堡段、青龙公路、红河谷漫游道等多条农村公路命名为省美丽农村精品示范路。

2022年底，全县公路总里程1599.05公里，其中“四好农村路”1368.28公里，占全县通车公路的85.56%。全县改造建设城乡公交线路28条，营运客车138辆，308个行政村通车率达100%，县城范围20公里公交全覆盖，实现城乡公交换乘无缝衔接，公交化率达90%以上。公路客运站16个，包括4个县级客运站和12个乡镇级客运站，总占地面积24659平方米。建设乡镇物流服务中心12个，村级物流服务站280个，完善县乡村三级物流配送基础设施，实现乡镇村物流节点覆盖率100%。深化各货邮改革，开通郝赵、后池、岭底等10多条以客带货线路，有效解决了农村物流配送难题。

三　洪灾水毁重建

因地势气候等原因，历史上涉县多有洪灾发生。每年7—9月汛期，降雨大多集中在7月下旬和8月上旬，有“七下八上”之说。中华人民共和国成立后，1963年洪灾创历史之最。洪灾给社会造成巨大损害，特别是道路冲毁、中断交通等灾害，直接影响群众生产生活和生命财产安全。历次抢通恢复重建中，交运队伍都发挥了重要作用。

1963年

1963年8月上旬，涉县遭受特大洪水灾害。降水量为历史最高年份，最大年降雨量达到1031.9毫米，洪流量最高峰值5650米^3/秒。工业、交通、邮电受到严重破坏。洪水冲毁道路60公里，其中坍塌土石方8635立方米，县道29处，23.2公里，占总量60%以上；冲毁桥涵75座（道），其中主要木桥9座245米。漳河大桥冲断，运输停顿。邮电线路受到重创，公社以上冲坏37.75杆公里，84.75线对公里，全县21个公社通信中断。

1963年洪水泛滥的清漳河滩里村段

涉县迅速成立防汛指挥部和工业交通抢修恢复指挥部，发动群众，依靠人民公社和广大群众投入防洪抢险抢修恢复中，经四个月时间，工业、交通、邮电等工作基本得到恢复。

交通抢修恢复坚持“先易后难、先干后支、先临时后永久”的原则，分三阶段进行：一是紧急组织沿漳河各渡口木船13只，送河小组7个，人员84名，维持临时交通。二是先干线后支线，先后抢修了邯长干线，涉左、涉彭、索偏等主要县乡道路。三是发动群众全面普修道路，共恢复大小道路 80 条、868.8 公里。其中，邯长干线 42.5 公里，县乡主要道路 92 公里，重点恢复路段 45.6 公里，修建木桥 9 座，长 186 米（邯长干线 3 座 47 米），共完成土方 8.5 万立方米，石方 9980 立方米，用工 18.7 万个，总投资 11.6 万元。其中，干线 2.7 万元，普修用工 7.7 万个，总投资 8.8 万元。年底除原曲小桥、沙河石桥、豆庄大坝等五处重点工程未施工外，其余道路基本恢复交通。

邮电抢修中，先用胶线架通临时线路。是年底，除县城至河南店两趟过河线路为临时线路外，其余全部恢复永久线路。全县线路共长 87.75 杆公里，64.75 线对公里，改架过河线 12 公里，增加线路 9 公里，总投资 3.6 万元。工作人员对各种通信设备进行检修维护，恢复正常通话，及时服务党的各项中心工作。

1996 年

1996 年 8 月 4 日，涉县发生特大洪灾。降雨量达到 764.6 毫米，洪流量最高峰值 4780 米 ^{3}/ 秒。境内 650 公里通车里程中水毁达到 411.5 公里，经济损失 1.28 亿元。在县委、县政府的领导和省、市交通部门的支持下，交通局上下奋力抢通水毁道路。在资金严重缺乏的情况下，三天抢通国道 G309，十天抢通武涉线，二十天恢复县道通车，一个月 17 个乡镇恢复通车，一百天全县 308 个行政村恢复简易通车。

1996 年洪灾被洪水冲毁的国道 G309

是年底，涉县完成水毁公路恢复 400 公里，县道以上新建桥梁 4 座，维修桥梁 11 座；新建涵洞 12 道，维修涵洞 230 道；动用土石方 503 万立方米，动用机械台班 4.6 万个，劳力 115.6 万人次。在武涉线石泊、白鱼岭、南岗等路段和武涉线韩家窑段，创建了样板工程。邯郸市“四修一种”指挥部开展劳动竞赛，涉县交通局获得三轮流动红旗。《中国交通报》《邯郸日报》先后刊载涉县公路水毁恢复情况，河北省交通厅通过《内部工作通报》向全省交通系统推广涉县经验。全国人大代表、政协委员到涉县视察时对交通工作给予高度评价。

2016 年

2016 年 7 月 19 日，涉县发生特大洪灾。降雨量达 803.7 毫米，洪流量最高峰值 680 米 ^{3}/ 秒。涉县国道 G309、平涉、涉左 3 条国省干道和阳索、刘西等 118 条农村公路 205 公里道路受毁。西达、关防、合漳 3 个乡镇灾情严重，水、电、路、信全部中断，全县 125 个村成为“孤岛”。

2016 年兴阳线小丰口路桥冲毁现场

在县委政府的坚强领导下，交通运输局迅速通过媒体网络发布汛期信息1200余条，设立警示标志、清淤排水，重点路段和桥涵24小时专人盯守。积水、落石地段实施交通临时管制。就近调用提前就位的西达、偏城、城区三个防汛点的重型机械，积极开展生产自救，奋战8天抢通125个“孤岛”村。

河北省交运厅厅长高金浩、交通运输部总工程师周伟分别于7月29日和8月1日到涉县西达、合漳等重灾区检查督导抢修重建。交通运输局坚持“先急后缓，先通后畅、适度提高”的原则，拉网式统计受毁路段，省厅、市局养护和规划设计部门技术人员相继驰援，直接参与关键水毁路段、桥梁的恢复重建设计，确保工程建设质量的整体提升。农村公路路网密切结合提升道路等级、抗洪标准等因素，力求二次改造提升一次到位，全面打赢灾后重建攻坚战。

是年，全县争取国家省市重建资金1.7亿元，农发行贷款4.9亿元，发动社会筹资助交共建，共谋划重建道路10大类133个，总投资33.97亿元。优先启动影响群众出行的刘西线、前沿至后池，王金庄、张家庄过街道路等乡村道路，将军桥、索常桥等工程开始设计，及时恢复提升道路通达能力。是年底，国道G309、涉左线、平涉线恢复工程全部完工，阳索线豆庄至史家庄段9处挡墙、河茅线3处挡墙和西龙线挡墙、桥梁全部完工；跨漳河漫水桥共14座，8座桥完工，在建桥梁3座。2017年底，118条水毁农村公路和47座水毁桥梁全部完工，原过水路面改建新增为桥梁共22座，4条58.8公里四级路提升为二级，11条132.9公里四级道路提升为三级。“7·19”洪灾后，赤岸桥由涉县住房和城乡建设局负责重修及养护工作，为县境内唯一斜拉桥。

2016 年洪灾后，交运抢险人员在西达抢通河滩道路

2016年10月，涉县交通运输局公路管理站获评河北省“7·19”抗洪抢险救灾工作先进集体，2018年6月，涉县交通运输局获评河北省“7·19”灾后重建先进集体。两项荣誉均由中共河北省委

办公厅和河北省人民政府办公厅联合颁发。

2021 年

2021 年 7 月 22 日，受强降雨影响，涉县境内发生洪灾。公路冲毁、桥梁垮塌，灾情发生后，交通运输局迅速组织机械人员抢险抢通，累计出动人员 5500 余人次，机械 6800 多台次。7 月 27 日，县域内所有阻断道路全部抢通。9 月 28 日，涉县再度发生强降雨，造成部分道路水毁，抢修任务加重。洪灾累计冲毁道路 79 条 106.2 公里，桥梁 17 座。其中，国省干线公路冲毁路基 400 米、路面 620 米、挡墙 820 米，泥石流和滑坡路障 51500 米。农村公路水毁断点 275 处，78 条道路 58.26 公里，冲毁桥梁 13 座 829 米，累计估算投资 1.03 亿元。

交通运输局本着“先抢通，后修复”“先干线，后支线”的原则，迅速调集工程技术人员和各类机械设备进场抢修，将群众损失减少到最低限度。同时积极谋划设计，将恢复重建与提高防灾抗灾能力相结合，制定修复方案，实行七公开，严把质量关，以时间倒逼工期，24 小时施工连轴转。桥梁施工改变了沿用几十年的桥梁基础，变墩台式为“深井式”桩柱结构，提升了抗洪能力。2022 年 6 月底，所有水毁工程完工，群众生产生活更加便利。

四　应急疫情防控

抗击“非典”

2003 年春，非典型性肺炎在全国突发，简称 SARS。该病毒具有传染性，危害性较大。涉县地处三省七县交界，是重要的交通枢纽，人员流动大，抗击非典任务较重。涉县县委、县政府统一安排部署，交通局迅速制定“以国省干线为锁，县城各停车点为卡”的抗非战略图，全局干部职工积极参战。分别在国道 G309 响堂铺、椿树岭，省道涉左公路山西交界和省道涉林线张头省界设立 4 个检查站，对山西、河南等外地车辆严格监控检查。在县城进出口，汽车站，出租车、客车停车点等车流量较大的地段，设立 7 个消毒检查点，24 小时值班。每车一天一消毒，构筑“城外设站、城内设卡、严格执法，消除疫情”的严密防治非典监管网络。同时配置防护服 150 余套、消毒器械 600 余个、消毒药水 100 吨、简易帐篷、遮阳伞等物品。全局捐款 1246 元，支持抗“非典”工作。

全局召开防非日例会，开辟防非专栏，全面实行局包片、站包线、各养护工区及道班包段制度，同时对县境道路展开集中大排查、大清理，保障抗击“非典”期间道路安全洁净畅通。交通局在全市爱国卫生活动月评比中，成为先进卫生典型。

2003 年 7 月 1 日，涉县抗击非典总结表彰大会召开，涉县交通局被评为“抗击非典先进集体”，交通局局长吕学海被授予抗击“非典”英雄称号，王新、王凤太等十几名干部职工被授予抗击“非典”先进个人称号。

新冠疫情防控

2020年春节前后，新型冠状病毒肺炎疫情在武汉突发。1月24日，河北省公共卫生突发事件一级响应要求，涉县进入紧急疫情防控状态。涉县交通运输局在县委县政府的坚强领导下，迅速成立疫情防控小组，成立综合办公组、站场组、机关小区排查组、道路环境整治、督导问责和疫情应急保障六个小组，外防输入，内防扩散，紧急设置各级道路卡口，守好站场和家属小区防线，强化应急保畅。7个昼夜完成46处检疫检查站的设置工作。

1月26日，县内汽车站、城乡客运站所有始发车辆，城市、城乡公交全部暂时停运，收回封存营运证154个；2月1日全县出租车暂时停运。随着疫情形势变化，按照《邯郸市交通运输局关于恢复我市部分区域道路客运经营的通知》要求，2月25日交通运输局分批次开通，邯郸方向开通812低速、城际快线高速，城市公交开通公交1路、2路，城乡公交开通豆庄、张头、偏城3个方向，出租车实行点对点（火车站至汽车客运站往返），后恢复正常运营。

2020年2月，按照县委政府安排，交通运输局承担起龙山庭院（经济适用房）33幢楼，居住1698户，居民7000余人的疫情防控排查工作。3月，涉县交通运输局分别在振兴路交通运输局小区、南关交通运输局小区、运管站小区成立正式党支部，对装卸站小区、五公司小区、联运小区、河南店鑫嘉苑小区和地道站小区5个小区设置党小组。检查卡点一线设立15处“疫情防控党员先锋岗”，成立龙山庭院临时党支部。全局抗疫捐款3.85万元，赵丽坤个人捐款1万元。

青兰高速涉县西疫情防控卡点（2020年摄）

交通运输局重要场站卡点、小区、工地、企业等，全部实行设岗、测温、验码，信息摸排统计，逢车必检、逢人必核、逢人必测，对涉武涉疫地区返涉人员进行14天隔离，阳性人员转送县疾控中心。全体实行健康码、行程码、场所码和核酸检测结果，同步推进疫苗接种。

2020年1月30日，交通运输部实行“一断三不断”政策，即坚决阻断病毒传播渠道，公路交通网络不断、应急运输绿色通道不断、必要的群众生产生活物资运输通道不断。涉县交通运输局落实“三不一优先”要求，不检查、不停车、不收费，保障防控物资优先通行。国省干线和农村公路上违规设置限高、限宽设施，阻断公路安全畅通的，全部拆除，保障疫情防控物资、人员运输车辆快速通行。开通云视讯视频会议系统，实现异地办公。为企业复工复产提供运输服务、加强进京人员管理、严格特殊场所疫情防控等方面持续用力，取得了阶段性胜利。

青兰高速东货车保畅，实现“即查、即走、即追”（2022年摄）

涉县防疫站场管理严格落实“三不进站、六不出站”，加强工程建设、基层单位、家属小区、物流冷链等行业监管工作，定期做好核酸检测、疫苗注射。提前应急演练，提高应急反应能力。涉县4处火车站、5处火车站、468辆出租车和所有客运车辆做好消毒、通风措施，实行人员健康监测，督促物流公司、冷链运输做好应急预案，摸排全县9000余名货车司机疫苗接种和核酸检测情况，加强对国道G234、邯钢配套龙西公路等8个在建项目定期全员核酸排查。4月下旬，交通运输部实施重点物资保通保畅工作。4月23日零时起，河北省正式启用全国统一式样重点物资运输车辆电子通行证。涉县按照行业职能分类，24小时快速审核，随报随审。高速等各道路卡口，货车司机通过检验“两证两码”后可快速通行，全国保障重点物资运送“即查即走即追”，实现货运畅通、产业循环和民生托底。

三年来，交通运输局始终将人民利益放在首位，守土有责、守土尽责。全局制定了一系列防控文件，涉及防控实施方案、站场防控、小区防控、环境整治消杀、复产复工、安全生产、路长管控检疫等方面内容。累计设置检查卡点及防疫站46处，交通运输局牵头负责24处，配合公安、卫健、城管等相关部门22处。负责9个家属楼小区的排查登记、消毒检疫、环境卫生等相关工作，监管各类运输企业192家、快递行业11家。

自2020年疫情突发后，涉县交通运输局负责场站、小区、工程建设方面疫情防控工作。其中，检查公路卡点、5个火车站点、涉县长途汽车站、3个城乡客运站、城市公交、出租车，检测人

疫情防控期间快递集中消毒（2021年摄）

员累计595万人次；9个小区排查和统计实有1984户，排查到涉返涉人员5443人；工程领域排查和统计实有8945人，排查来涉返涉人员6945人。疫苗接种：本系统662人，接种655人，接种率98.9%；行业监管9386人，接种9355人，接种率99.7%。按照政策要求，定期、不定期做好核酸检测工作。防疫物资使用20类5万余件，酒精共用3.5吨，消毒液共用18.2吨。环境整治中消毒面积共计9360.82平方米，清理垃圾6982.35吨。

涉县交运抗疫典型分别在《光明日报》《新华社》《中国交通报》《河北日报》《邯郸日报》等各大媒体及客户端发表300余篇，《交通战疫中的夫妻“逆行者”》《硬核“路长”织密疫情防护网》《战疫守“零”快进复工复产》等报道，起到了弘扬正能量的导向作用。

第一篇

区位环境　规划建设

清嘉庆四年《涉县志》载，“涉环境皆山，重冈回抱，高峰矗云，径路蛇盘，不通轨辙”。涉县位于太行山东南麓、河北省西南部，冀、晋、豫三省七县（市）交界处，素有“秦晋之要冲，燕赵之名邑”之誉，地理位置十分重要。

涉县属深山区，特殊的地形地貌、自然气候等，为道路工程建设养护和交通运输带来诸多难题。但交运队伍积极应对，长期与自然环境做斗争，为群众修路架桥，保障客货运输安全，不断提高应对恶劣天气和特殊地形的影响，最大限度地保障道路建设和水路运输的安全稳定。

从国家“六五”计划开始，涉县交通科学做好道路规划，历经多年奋斗，最终将交通路网蓝图变为太行山间的条条大道。涉县实现了从封闭走向开放、从落后走向富裕、从土路走向通衢的重大跨越。

第一章　交通区位环境

第一节　交通区位

涉县境域，夏、商、西周属冀州。春秋属晋。战国，先属魏，后属赵。秦隶邯郸郡。西汉始置涉县。东汉改为涉侯国。晋属司州广平郡。北魏先后入临水、刈陵县。隋复置涉县，属上党郡。五代先后为后唐、后晋、后汉、后周之地。北宋属隆德府，南宋为金地，并升县为崇州。元废州复县，属燕南河北道真定路。明清均属河南彰德府。民国初，直隶河南省。1939 年，涉县抗日政府成立，先后属边区政府及太行行署第四、第五、第六专区。1946 年，偏城县并入涉县。1949 年 8 月划归河北省邯郸专署。1960 年属邯郸市，1968 年归属邯郸地区。1993 年 7 月，地市合并，属邯郸市辖县至今。

一、自然气候

涉县位于太行山东麓，河北省西南部，晋冀豫三省七县（市）交界处，是邯郸市唯一的全山区县。太行余脉盘亘全境，地势自西北向东南缓慢倾斜。位于北纬36° 17′~36° 55′、东经113° 26′~114°，东西横距 37.5 公里，南北最大纵距 64.5 公里。境内最高处海拔 1562.9 米，为辽城乡的羊大垴主峰；最低处海拔 203 米，为合漳乡太仓村一带漳河河床；县城旧城区平均海拔 450 米，新城区平均海拔 505 米。全县海拔在 1000 米以上的山峰有 350 座。

涉县属暖温带半湿润大陆性季风气候，平均年降水量 540.5 毫米，一年中 7—8 月降水强度最大，是洪涝多发期。中华人民共和国成立后，降水量最多年份达 1031.9 毫米（1963 年），最少年份为 331.5 毫米（1986 年）。

二、地理区位

涉县县域总面积 1509 平方公里，“八山半水分半田”是其总特点，辖 16 个乡镇、1 个街道，308 个行政村，43 万人。东以东郊山、古脑、老爷山为界，与武安市、磁县比邻；西以黄栌垴、大寨垴、黄花山为界，与山西省黎城、平顺县相连；南与河南省安阳、林州市隔漳河、浊漳河相望；北面有羊大垴、界牌山、左权岭与山西省左权县接壤。

县城东距邯郸市 97 公里，东北距省会石家庄市 262 公里，距首都北京 454 公里。（北）京广（州）铁路支线邯（郸）长（治）铁路贯通全境，阳（泉）涉（县）铁路于悬钟村与邯（郸）长（治）铁路接轨，交通条件便利，区位交通优势突出。青兰高速、太行山高速、国道 G234 和国道 G309 连通四方，距周边的邯郸机场、长治机场都是 40 分钟车程。出省出县口有 10 余个，是联动京津冀和中原地区的重要枢纽。

三、红色资源

涉县是革命老区，红色资源优势明显。抗战时期，晋冀鲁豫边区政府、八路军一二九师司令部、华北新华广播电台、新华日报社等110多个党政机关单位长期驻扎于此。刘伯承、邓小平等老一辈革命家在涉县赤岸村战斗生活6年，走出改革开放总设计师、2位元帅和360多位将军，被誉为“中国第二代领导核心的摇篮”。八路军一二九师司令部，是全国先进爱国主义教育示范基地、全国重点文物保护单位、国家AAAA级旅游景区、全国100个红色经典景区、全国首批国防教育基地。涉县周边红色资源丰富，向北为八路军总部旧址左权县麻田镇，向南连接河南安阳林州的红旗渠，东联邯郸晋冀鲁豫烈士陵园。由于红色旅游资源丰富、游客众多，涉县还相继开通多条市际、县际红色旅游专线。

第二节　交通与环境

一、陆域环境

涉县属深山区，河谷纵横，山高坡陡，呈山岭重丘区地貌，漳河及其支流迂回曲折。涉县最古老地层为张家庄村北，分布着麻岩，矿物主要有黑云母、斜长石、角闪石等。漳河、浊漳河两岸，矿物主要为石英、长石、高龄石、云母等。以邯长公路为界，索堡、东宇庄、木井一线和神头、张家庄、岭底等地，矿物主要为方解石、白云碱、云母、泥质。马布、木井、西戌、更乐、河南店和响堂铺一带，为方解石、白云石、泥石。符山及其外围鹿头、郭庄、赵峪一带，主要为角闪闪长岩，富含铁矿。邯长公路两侧井店、更乐、偏店、西戌、马布等地，矿物主要为石英等。

受地质构造影响和地表水侵蚀作用，形成县城、偏城、西戌、马布、岭底等相对低洼和周围相对高出的盆地和似盆地地貌。漳河及支流多为曲流，横断面是不对称“V”字形。因河道纵坡陡、水流急，旁蚀力大，许多河道（段）沟底冲刷严重，造成塌岸威胁。谷坡地横向呈凸形，坡跟多成陡坎。纵向因低级支流切割，呈波浪状，为典型侵蚀性地貌形态。涉县山区地形陡峻，地质复杂，主要表现为岩溶、滑坡、不稳定斜坡、崩塌、陡崖等不良地质，易形成沟谷泥石流和坡面泥石。另外地面高差大，横坡陡、变化多，极大增加施工难度。涉县线路设计尽量沿等高线修筑，避开地形复杂地段，在陡坡上修成“之”字形或开凿隧道。公路桥梁、隧道工程量大，施工艰巨，破坏性爆炸除障较多，危险系数高。公路路基填切较大，公路防护和质量技术标准要求较高。山区道路地势高低起伏不平，弯道多、视线受限，对运输安全性能、车况技术和驾驶水平都有较高要求。

二、水域环境

漳河属季节性河流，汛期多发洪水。山区河谷狭窄，洪水流速快、冲毁破坏性强、水位涨落幅度大。设计洪水位时既要考虑河道上下游断面的变化，又要考虑道路修筑和施工弃渣后造成淤积、改变流向等因素影响，保证道路的正常安全使用。道路设计、施工前，要熟悉地形地貌，因地制宜，综合考虑，修建道路既要提高抗洪能力和道路等级，又要便于养护维修。山区地形复杂起伏较大，工程质量进度要同步跟进，杜绝工程安全事故发生。解决好山区施工、便道运输、材料堆放空间不足等难题，提前做好预案，减少汛期影响，倡导“山水林田路”和谐发展施工理念，推进工程高质快速完成。

三、气候环境

涉县属暖温带半湿润大陆性季风气候，降水季、寒冬季节明显，7—8月为洪涝多发期。最冷月为1月，降雪多集中在11月至次年3月。涉县交通部门在修路架桥过程中，针对特有的地势地貌，科学规范施工，根据区域气候特点，因地制宜制定冬季及汛期施工方案，通过专业培训，提高施工人员安全防护意识。同步做好天气观察、质量检测和工程防护工作，为雨雪、冷冻天气施工和养护做好准备，有效预防突发事件。涉县每年4月、5月、6月、10月是施工黄金期，冬季多以路基、构造物施工为主。路面施工尽量避开主汛期和冬季。随着科技进步，摊铺设备增加升温功能，施工局限性逐渐减少。

第三节 影响交通的灾害因素

一、洪灾

涉县自古饱受洪涝灾害的危害，每次洪灾都会对道路造成重大损毁，这也是古道多在山梁悬崖穿行、路远危险的主要原因。1963年、1996年和2016年特大洪灾对涉县公路造成严重损失，恢复重建任务巨大。

涉县境内公路临水临崖路段较多。暴雨形成的洪水能冲断冲毁路基、路面、桥梁、涵洞等交通设施，形成泥石流、山体滑坡等地质灾害迫使交通中断。此外降水可浸透公路路肩和边坡，引起路基湿度变化，影响路基、路面结构强度、刚度及稳定性。每逢大风、雨雪等恶劣天气，极易发生山体落石、塌方等险情。涉县加大山体安全防护力度，于事故多发点进行山体钢索锚固，比如涉林公路、圣福天路等地段。在恶劣天气，加大对临水临崖、急弯陡坡的巡查力度，一经发现紧急情况及时设置警示标识，启动应急预案，清障保畅，最短时间内保证公路安全畅通。

进入夏季，7月降水最多，平均为165.6毫米，占全年降水量的29%；8月平均为140.3毫米，占全年降水量的25%。高强度降雨，对交通运输造成影响，交运部门提前对司乘人员进行安全警示教育，对公交车辆全面检测，对线路老化、有裸露的地方及时维修，防止遇水触电，引起自燃。另外，客货运输企业每年都要例行提前做好抗洪抢险演练，做好物资储备、信息畅通等工作，防患于未然，有效应对洪涝灾害。雨季施工对工程的主要影响，一是工期延后，进度缓慢；二是质量下降，成本升高。降雨后土壤含水量较高，路基压实度得不到保证，工程成本不能有效控制。

二、大风

涉县受地形影响，季候风变化明显，夏季盛行偏南风，秋季多为偏西风，冬季受大陆气团控制，盛行偏北风。大风会对交通设施造成毁灭性的事故。交通设施（桥梁等）会因设计风参数采用不当而产生变形和震动，甚至形成结构局部破坏和整体破坏。针对大风，涉县不断加大公路技术含量及周边绿化力度，做好秋冬春季防火工作。遇到大风天气，第一时间启动《公路应急抢险预案》，及时对辖区内边沟、桥隧、涵洞、标识标牌和易滑坡路段进行全面检查，消除安全隐患。特别是对大风天气造成的树木倒伏、边坡滑坡、泥石流阻路等现象及时预警，设置警示标志，进行交通疏导并及时清理，确保辖区内公路安全畅通。加强与交警、气象等部门的沟通，及时掌握气象信息和通行状况，确保路面通阻信息传递及时准确，提前预警以增强抗击大风天气的预见性和有效性，最大限度保障公路安全畅通。交通运输中受大风影响，车身会左右摇晃，特别是公交车车身较高会更危险。驾驶员要注意把住方向盘，朝来风方向加力使车保持原来正确的行驶方向，确保道路运输安全。

三、冰雪

冬季极端冰雪、冷冻天气，会对交通运输领域造成安全隐患。涉县针对冬季低温冰雪天气，会及时启动道路清雪保畅和安全保畅预案。清雪保畅主要采用布撒工业盐融雪剂、机械清雪、人工清雪等方式，做到天晴雪净车通。客货运输企业提前对车辆全面检测，并给轮胎安装防滑垫，提醒司机道路湿滑，注意安全驾驶。遇到强降雪，将对部分客运线路停运，水域营业性船舶停航，避免事故发生。冬季施工，受低气温影响，土壤、砂浆、混凝土等建筑材料所含水分会发生冻结，水泥水化作用减弱、混凝土浇筑凝结易破裂，给施工带来困难，影响工程质量和进度。

四、雾霾

涉县山区雾大且不易散，雾霾能见度较低，灯光穿透力较弱，容易造成驾驶员视觉疲劳，因采取措施不及时、判断错误而造成事故。引发的事故数量、损失明显高于雨雪天气，尤其是夜雾。雾天天气情况不佳，也是诱发事故的因素，容易让人在高速公路行车时产生视觉疲劳，放松警惕造成交通事故。交通运输部门采取提前预警、安全警示教育、停运等措施，最大限度地减少事故发生。

第二章　公路规划及建设

第一节　道路规划

涉县五年计划自 1953 年开始，每五年为一个计划期。1963—1965 年为三年调整期。涉县五年计划中涉及交通部分，从“六五”计划开始至今，“十一五”以后计划变更为规划。

“六五”计划（1981—1985 年完成邯长复线、张家头国防公路两条主要干线全部工程）新修乡村公路 51 条，全长 133 公里。

“七五”计划（1986—1990 年）修建公路 29 条 147 公里，1990 年力争完成村村通公路。

“八五”计划（1991—1995 年）修建国道 41.5 公里、县乡村公路 218.1 公里，实现村村通汽车。重点完成干线 2 条，邯长复线涉县段筑油路工程 39 公里，省、地投资 1000 万元。涉左线涉县段改造山区二级路面工程 28 公里，省、地投资 34 万元。

“九五”计划（1996—2000 年）前 3 年重点建好 3 条路，修通西环路，新修长 3.1 公里、宽 45 米的龙山东路，将邯长旧路新城区段 2.4 公里路面拓宽至 50 米，“九五”期间延伸、改造牌坊路、小海路，接通 309 复线。

“十五”计划（2001—2005 年）交通基础设施累计投资 10 亿元，完成涉左公路、309 复线、平涉公路、涉林线“三横一纵”的公路主框架的路网改造工程。投资上亿元，完成 30 公里“村村通”油路或水泥路。城市基础设施建设迅猛发展，累计投资 15 亿元，新建、改建街道 30 条、桥梁 13 座，总长 55 公里。

“十一五”规划（2006—2010 年）完成“青兰”高速涉县段工程，国道 G309 清漳河大桥维修工程，国道 G309 上下行部分路段的改、扩建工程，一二九师司令部旧址红色旅游道路工程等。

“十二五”规划（2011—2015 年）交通城建完成国道 G309 至招岗、庞西至连泉、胡峪至山西界、山西界至石门乡道改建工程，完成 159 公里村道建设工程。完成邯长铁路涉县段 64 公里线路扩能改造，增建第二线并电气化改造，将年货运能力增至 2 亿吨，改造涉县火车站。完成 62 座桥梁共计 5630 米工程，其中包括县道桥梁 33 座共计 3040 米、乡道桥梁 22 座共计 2437 米、村道桥梁 7 座共计 213 米。

“十三五”规划（2016—2020 年）交通设施将按照“构建大交通、形成交通圈、提升乡村路”的思路，推进“一环、一飞、两铁、两高、三轴、六专线”（一环即大外环，一飞即通用机场，两铁即邯长铁路、聊邯长客运专线，两高即青兰高速、太行山高速，三轴即国道 G309、国道 G234、S349，六专线即 6 条旅游专线）的立体交通网络建设，构建高速公路、铁路、航空、国省干线、县乡地方道路、旅游通道“六位一体”的现代化立体交通新格局。

涉县路网“三纵九横十八条支线”开始实施。三纵：旮旯铺至田家嘴公路、太行山高速涉县段、涉左公路绕城 + 国道 G234 椿树岭至白芟段。九横：邯郸至天黎高速公路涉县段、邯红快速公路涉县段、平涉公路偏店至阳邑段、青兰高速招岗至冀晋界扩容改造段、后牧牛池至赤岸公路、曹家安至曲峧公路、省道 S244 西达至涉县武安界段、省道 S349 磁县界至红旗渠公路、江家至黄花山公路。十八条支线：太行红叶大峡谷天路、圣福天路至鹿头道路、偏壮公路；东泉至峪里道路、偏壮线至娲皇宫道路、王（王金庄）后（后池）天路、贾庄至羊大脑景区道路、涉左线至黄栌垴道路、辽城至西涧道路、曲里至千佛洞道路、原曲至清泉寺道路、岭底至磁县界道路、西达至满市口道路、苏刘至鹿耳寺道路、禅房至青阳山景区道路、胡峪至滴谷寺道路、神头至雪寺公路、庄上至熊耳寺道路。

2019 年，为加快太行红河谷高质量旅游经济带建设，规划“1 轴 3 环 26 条支线”旅游路网 772.8 公里。1 轴以规划省道 S349 束左公路为主轴线，3 环 231 公里，即北部路网环、中部路网环和南部路网环。26 条支线 481.9 公里，包括青兰高速、国道 G309、规划 234 北延、规划涉左绕城、在建太行山高速、在建国道 G234 收费公路、邢合公路、涉左线至西沟、辽城至西涧、塔峪公路、石门至山西界、杨索公路、偏壮公路、王堡至山西界、冶中公路、东山旅游环线、寨上至连泉、娲皇宫至五指山、神雪公路、胡杨公路、原黄公路、张二庄至后匡门、新愚公路、磁岭公路、台田公路、大段公路。

“十四五”规划（2021—2025 年）交通路网，以适应适度超前的经济社会发展为目标，通过实施聊邯长高铁、高速路口改扩建、“五纵九横 · 一谷一城”公路交通路网，形成外通京津晋冀豫、内连邯峰武涉磁的高品质综合交通网络。实施乡村建设行动，强化传统村落和乡村风貌保护，完善水、电、路、气、通信、物流等基础设施建设，实现干线通达、支线辐射、城乡网联、村村便捷。

“五纵九横 · 一谷一城”。五纵：国道 G234 涉县段、省道束左公路涉县段、庄子岭至苏刘、庄子岭至五指山、茅岭底至雪寺公路。九横：邯郸至太行山高速公路涉县段、邯郸至长治高速公路、涉县青兰高速招岗至山西界改建项目、309 西延（国道 G309 椿树岭至山西界段）、省道 S346 邯索公路涉县段改建项目、岩上至峪里、曲峧至王金庄、黄花山至江家（王金庄）、段曲至田家嘴。一谷一城：太行红河谷旅游路网和龙马产业新城（邯钢园区）配套路网。

第二节　交通建设

1949 年，涉县公路里程为 260 公里。邯长、涉林、涉磁、涉左古道为主要出境道路，也是全县道路骨架。1956 年，邯长公路部分路段修建成泥结碎石路面。在此之前，邯长主线，河茅至索堡、西达至合漳、涉县至彭城、井店至银河井、索堡至陈平（前寨）等道路，以普修、拓宽路基为主，路宽4.5~5米，部分重点道路由马车道改为晴通雨阻的简易公路。清漳河木便桥、石桥、漫水桥较为普遍。1957年，公路里程达273公里。

新中国成立初期，国家重点发展工业和农业，涉县货运发展迅猛。1957—1962年，部分出境路开始整修。涉磁公路西达至武安、合漳至张头、涉左公路悬钟至石门、偏壮等线路开始新建路基。1963年，特大洪灾冲毁道路60公里。1965年，全县公路里程为328公里。是年，邯长公路涉县清漳河大桥竣工，长622.6米，为全县规模最大的桥梁。1965—1970年，涉县乡村主要干线不断完善，专用线开始增加。玉林井至江家路基竣工。太仓至马鞍山、井店至关防、下庄至更乐3条公路，以及工学院、跃峰渠专用线71.84公里完工。岭底至磁县界、涉左公路东峧至岩上路基工程竣工。河南店至王堡、井店至关防自发修建。

1970年，邯长公路41公里油路铺设完成，这是涉县第一条沥青路面。涉县第一条隧道张家庄隧道竣工。是年，19条45公里厂矿专用路建成。此后，沥青路面和桥梁隧道开始发展，农村公路仍以泥结碎石等低等级路和等外路为主。

1972年后，涉左公路石门至岩上、林旺至合漳新建路基工程竣工。邯长公路涉县段河南店至响堂铺、河西公路河南店至西达油路改造完成。井关公路分段完工。1975年，西达隧道、白山渠段曲隧洞、黄龙口隧洞竣工。1975年，涉县公路里程为360公里。

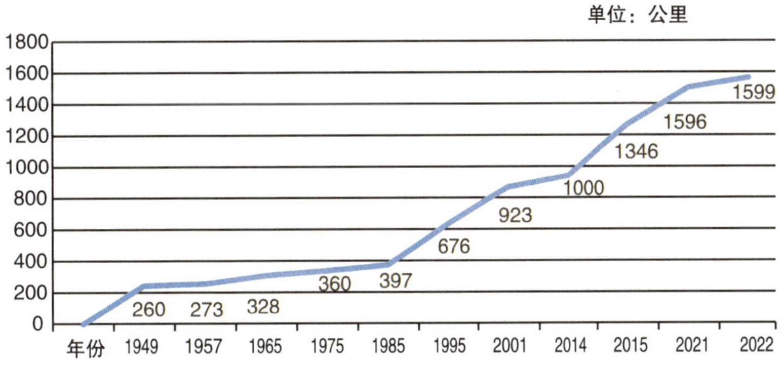

图1-1　1949—2022年部分年份涉县公路通车里程

1978年，西达清漳河大桥通车，全长354米，为全县当时最大的双曲拱桥。之后，王金庄隧道、田家嘴隧道、温村隧道等工程相继竣工。

1981年，交通条件进一步改善。新建续建沥青公路3条，河南店至桃城、索堡至偏城、井店至关防等，全县28个公社274个大队通汽车。涉磁公路西达至前沿段路基改造完成。1984—1985年，宜沙公路延伸线涉县段河口至张头、西达桥头至盘阳桥路基工程通车，全长28.1公里。乡村公路建设21个项目98.1公里。至1985年，公路里程397公里。

1986—1990年，涉县以新建、改建干线为主，积极发展县、乡、村道路。主要工程有西达至张家头国防公路32公里三级油路面工程，邯长复线涉县段39公里二级路路基工程，涉林路碎石渣路面，涉县至磁山公路涉县段24公里路基改建工程。乡村公路完成偏城至木井、偏城至洪河沟、西戌至马布、索堡至娲皇宫油路面工程，河南店至茅岭底、桃城至辽城路基工程。偏城至青塔碎石路面改建。1987年，清漳河公路特大桥落成。1990年，涉县乡道有16条，259.9公里，其中油路为63.8公里。在较长时期内，涉县道路建设多以民工建勤、以工代赈、民办公助、扶贫粮食、棉花、布匹等物资进行修建。

1991年，邯长公路复线武涉线通车。1994年，以工代赈项目西达至关防公路油面改建。乡村道路完成12条32公里。1995年，扶贫公路县道涉磁线涉县至西达段油路竣工。1995年，公路里程676公里。

1997年，首条乡村公路硬化工程——畔峪至横岭水泥路通车，结束了乡村公路无硬化的历史。1998年，全县“村村通”公路建设启动，县、乡、村三级公路建设完成110公里。

1998年，涉县以省道涉左路为引领，带动国省县乡村五路并进，通过抓大带小、以强补弱、以快补晚、以大补小等举措，努力一年打基础、二年上台阶、三年大翻身的道路建设发展目标。提出涉县“103060”经济圈出行。即以县城为中心，10分钟出神头达晋界，30分钟沿涉左线抵晋、行涉武线至武安，60分钟走涉林线抵豫。

1999年，扶贫公路西达至张头通车。2000年，省道涉左公路通车，改造乡村道路22条、99.23公里。2001年，公路里程923公里。2002—2007年，干线公路和乡村公路发展迅速。309复线龙虎至南岗段上下行一级公路、青兰高速邯长段涉县平安街道办昭岗村——冀晋界建成。国道G309清漳河大桥、南关桥、南庄立交桥竣工通车。偏城至桑栈公路通车，涉县全省首个山区县通水泥路和油路。偏店至壮口、龙虎至西戌通车。

2007年，为构建三省交界区域次中心城市提供坚实的交通保障，涉县提出“三年大变样，交通先变样，拉开大框架，建设大交通”的奋斗目标，构筑以“三纵三横”为主骨架的公路网络和40分钟出县的交通经济圈。

刘张一期（河南店赤岸至刘家庄段）二期（河南店至张头）改建工程，分别在2007年和2010年完工。2014年，刘张一期油面完工，宽8米。2009年，涉县通车里程突破1000公里，主要乡道以上道路全部实现二级路标准。2010年，青兰高速公路邯郸至涉县段通车。2011年，全县开通偏城、王金庄等方向39条线路。

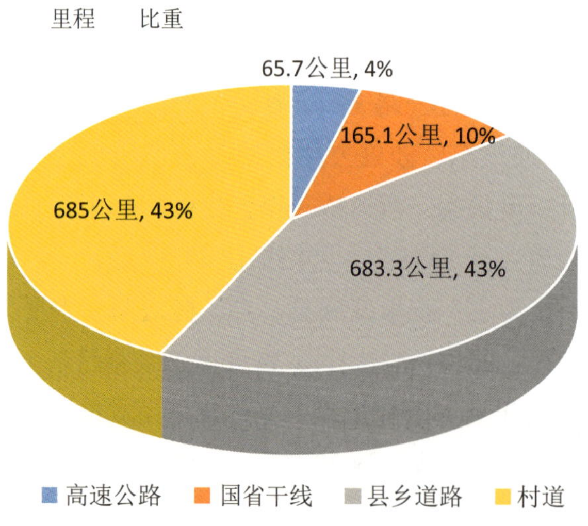

图1-2　2022年涉县各级公路里程统计图

2013年，改建清漳大桥、壮口桥，拓宽西林公路，刘西公路一期、三中北路、龙南路东延等道路工程积极推进，邯长铁路扩能改造工程完成总工程量75%。

2014年，国道G234涉县段（大外环）经营性收费公路获省政府批准。刘西公路改建一期、平涉线偏店桥拆建。2016年，特大洪灾后，涉县农

兴阳线南段“生命至上”路段（2013 年摄）

村公路因水毁和超期服役，不能满足时代需求。2017 年，千里旅游通道完成井关线、圣福天路、偏壮公路、原黄公路、台田线、下江公路东石至江家口段、西达至满市口道路、青塔至大岩旅游环线、省道 S244 西达至武安界、龙洞公路至山西界共 10 条旅游道路建设。连接红叶大峡谷、太行梯田大峡谷、洞天福地风景区、黄花山风景区、团结湖小三峡 5 个旅游片区，全县打通多条过去遗留的断头路、卡脖路，构筑成“三纵九横十八条支线”公路框架，建成“横贯东西、纵连南北、四通八达、宜驾宜游”的路网格局，群众出行和乡村旅游更加通畅。完成 120 余公里水毁道路、47 座桥梁等重建任务。全县公路通车总里程达 1514 公里。

2018 年，全县公路通车总里程达 1541 公里。新建城乡公交站 3 个、停车场 9 处。涉县获全国“四好农村路”示范县称号。是年，全省“四好农村路”现场会在涉县召开。

2019 年 3 月，省道邢合公路竣工通车，全长 19.866 公里。12 月，涉县完成太行山高速主线 27.8 公里和二级路连接线 14.135 公里。改扩建农村公路 7 条 44.108 公里，总投资 6400 万元，均为民生路。完成择营峧至董家沟、寺子岩至青塔、S213 至塔坡、阳索线郭庄至史家庄段、偏壮线至王家岗、王堡至山西界、下温至佛堂。2020 年，改扩建农村公路 5 条 23.062 公里（含隧道 1 座 814 米，桥梁 1 座 24 米），总投资 12227 万元，均为民生路。其中，包括赤岸至王堡段、山西界至石门段、冶中线下庄至前池段、王金庄隧道、前寨桥。

2021 年底，国道 G234 涉县段（绕城段）22 公里建成。建成邢合公路、涉左线至西沟、辽城至西涧、塔峪公路、石门至山西界、杨索公路、偏壮公路、王堡至山西界、冶中公路、东山旅游环线、寨上至连泉、娲皇宫至五指山、神雪公路、胡杨公路、原黄公路、张二庄至后匡门、新愚公路、台田公路。完成北兆线、田北线、开元街、污西线、王金庄隧道、朝阳沟隧道等民心工程。农村公路实现了所有乡镇通三级及以上公路，2000 人以上建制村通双车道公路达 97%。自然村通硬化路 100%。全县通车总里程达到 1597.6 公里。

2022 年 6 月，青兰高速涉县至冀晋界改扩建段 13.792 公里竣工通车。是年，完成改扩建农村公路 10 项 136.92 公里（包括桥梁 13 座 841 米），总投资 26105 万元。其中，水毁道路恢复工程 78 条（段）58.26 公里。庞连线小车至连泉段，阳索线郭庄村至偏城村段，偏店至凤岗，乡道 Y191 至关防道路水毁恢复工程，涉左线至索堡村，西峧至偏城林场，横岭至畔峪段。太行红河谷风景旅游大道涉县段绿化提升维修及其他工程 35.5 公里。完成平乐路（龙井大街—天铁—中东门）、巷岗路（三路五岔口—更乐红街—金牛大道路）、玉岭路（龙井大街—平涉线崇州驾校）共 9.87 公里的园区道路修建。

2022 年底，全县公路通车总里程达 1599.049 公里。高速公路 2 条 65.665 公里（青兰高速公路 36.979 公里，太行山高速公路 28.686 公里）。普通国省干线公路 4 条 165.099 公里，其中国道 2 条，国道 G234（兴阳线）81.825 公里、国道 G309（荣兰线）39.82 公里；省道 2 条，省道 S213（涉左线）26.588 公里、省道 S244（邢合线）16.866 公里。农村公路总里程 1368.285 公里，其中县道 1 条（阳索公路）40.955 公里、乡道 75 条 642.315 公里、村道 542 条 685.015 公里，等级公路占总里程的 100%。隧道 13 座、桥梁 181 座，其中大桥 9 座、中桥 45 座、小桥 127 座。

第二篇

交通线路

涉县汉始置县，原名沙县，因境内崇山峻岭，漳河穿境而过，行路多跋山涉水，后称涉县。境内出行皆为盘山路或羊肠小道，行路艰辛。交通闭塞，与外相隔，为贫苦之由。民间虽多有募力捐资修桥补路者，而力薄资少，难为通途。中华人民共和国成立后，政府视修路为致富首要，率领群众，逢山开路，遇水架桥，公路交通状况逐步改善。

20世纪90年代后，涉县坚持国、省、县、乡、村五路并举，持续加大投入和建设力度，路网结构不断优化。2004年5月，涉县成为河北省深山区实现“村村通”柏油路或水泥路的第一个山区县。是年底，涉县首条高速公路——邯长高速公路的建成通车，结束了老区不通高速的历史。之后，青兰高速、太行山高速相继建成通车，涉县交通路网结构日趋完善，通达能力进一步加强。2017年，涉县总长650多公里的千里旅游通道建成通车，次年被评为“四好农村路”全国示范县。2021年底，国道G234涉县段收费公路项目绕城段完工，成为涉县公路建设史上建设里程最长、投资规模最大的公路建设项目。2023年8月，该线全线贯通。

2022年底，全县公路路网通车总里程1599.04公里，为地方经济快速发展奠定了坚实基础。

第一章　高速公路

第一节　邯长高速公路更乐至冀晋省界段

邯长高速公路涉县段是涉县境内首条高速公路，于2003年4月开工兴建，2004年12月建成通车。东起平安街道办招岗村，西至神头乡响堂铺村冀晋界接邯长高速山西段。主线全长13.09公里，新建连接线长2.672公里，在平安街道办南岗村与国道G309相连，为二级路。全线共有桥涵73座，其中特大桥2座、大桥3座、中桥11座、小桥28座，涵洞29座。设置涉县西和起点收费站2处和邯长养护工区1个。该路是河北省公路主骨架“五纵六横七条线”的重要组成部分，也是晋煤外运的重要通道之一。

一、建设依据

根据河北省交通厅、山西省交通厅关于《国道G309公路接线方案协调会纪要》及国道G309冀晋界段高速公路接线方案的协议，确定两省交界处的技术标准、接线位置及收费管理系统设置方案。2002年5月27日，河北省发展计划委员会印发《关于调整邯郸至长治公路更乐至冀晋界段建设标准的批复》，河北省交通厅批准该项目开工建设。

竣工通车的邯长高速（2004年摄）

二、工程概况

该项目位于河北涉县境内，地处太行山东麓，属山岭重丘区。沿线地貌为黄土高原地貌，冲沟发育、沟壑纵横、地形复杂，线路走向沿石河右岸与国道G309并行。按山岭重丘区四车道高速公路标准建设，全封闭、全立交、双向四车道，路基宽24.5米，计算行车速度80公里/小时；连接线为二级公路标准，路基宽12米，计算行车速度80公里/小时；桥涵设计车辆荷载采用汽车—20级、挂车—120。设计洪水频率为特大桥1/300。从清漳河大桥桥平面坡段高程算起至两省交界处相对高差251米，平均纵坡2.27%。全线共完成土石方263.8万立方米，其中石方20.15万立方米，特大桥1座1564.2米、大桥1座479.78米、中桥4座共358米，小桥涵及交叉工程49座；排水及防护工程122379立方米，路面工程30.2254万平方米；房建工程3209平方米；绿化工程：种植乔木11722株、灌木427927株、攀缘植物50900株；安保工程：完成全线标志标线、隔离栅及防撞护栏安装。

三、项目完成情况

2002年6—11月，通过公开招投标确定河北路桥集团有限公司、中铁十八局三公司、中建六局等为施工单位，河北交通监理有限公司为监理单位。

项目批准概算总投资42999.82万元，其中资本金15049.82万元由省交通厅国际金融组织项目办公室负责筹措，其余27950万元申请中国建设银行贷款。竣工结算金额为40843.43万元，工程结余金额为2156.39万元。

邯长高速公路建设期限为2年，于2003年4月16日全面开工，2004年12月2日组织交工验收，实际工期为一年零七个月，提前工期五个月。2006年11月，完成交工验收及遗留问题和运营期间质量问题验收。验收组认为，邯长高速公路路线线形设计纵横配合得当、空间富余，具有足够的视距和视野，司乘人员感到路形流畅、景观协调、行车舒适安全、安全设施引导视觉系统能预知前方路线变化，有效采取安全措施；路基稳定，无桥头跳车等病害，桥涵构筑物结构良好，边坡及防护各项指标符合设计要求，排水良好。路面结构合理，各层级配合合理、拌和均匀、摊铺平整、碾压密实，各项指标能满足规范要求，桥梁钻孔灌注桩经无破损检验完整性良好；路面平整度、道路总体强度、横向力系数等技术指标均达到设计和规范要求。环保、水土保持、档案、职业安全、卫生均通过验收，工程质量合格，交付使用。

邯长高速公路涉县段沟壑纵横，高填深挖和湿陷性黄土遍及全线，施工条件极为复杂。项目筹建处依靠科技进步，解决许多技术难题，特别是在使用强夯代替旋喷桩处理湿陷性黄土、柔性基层试验段沥青路面抗车辙、挖方段边坡采用厚层基质挂网喷附客土喷播法绿化等方面有所创新和突破。

四、管理机构

邯长高速公路通车后，河北省邯长高速公路管理处负责对该段运营管理，办公地点位于神头乡椿树岭村南，邯长高速公路K725+338处。下设邯长养护工区、涉县西收费站和起点收费站。2010年3月，河北省邯长高速公路管理处改为河北省高速公路管理局石安管理处设置邯长管理所。2010 年 9 月 1 日，邯郸市青兰高速二期通车。次日，起点收费站撤销。后于神头乡江家庄村南、邯长高速 K729+012 处设置省界主线收费站涉县站。2016 年 8 月 19 日，邯长管理所被撤销，邯长养护工区、涉县西收费站归河北高速公路石安管理处管理，邯长路政大队归河北高速公路路政总队石安支队管理。2019 年 12 月 31 日，邯长高速涉县主线收费站被撤销。

（一）邯长养护工区

邯长养护工区位于神头乡椿树岭村南，隶属河北省高速公路石安管理处邯长管理所。2016 年后归河北高速公路石安管理处直接管理，负责邯长高速公路的养护任务。下设 4 个科室：办公室、养护室、材料设备室和维修大队。

邯长养护工区管养主线 K719+405—K732+496 长 13.091 公里，匝道 2.091 公里。另外，还管养着连接线 2.672 公里。工区拥有扫路车、洒水车、打桩车、修补车、装载机、汽车吊车各 1 辆，日常工作主要包括小修保养、公路绿化、安保工程、公路普查。

邯长工区刘少伟于 2018 年获评河北省大工匠，2019 年获评河北省先进工作者，2020 年获得“全国劳动模范”称号。

（二）邯长高速收费站

涉县西收费站。涉县西收费站位于河北省涉县椿树岭村南，邯长高速公路 K725+338 处，是一个拥有 5 条通行车道（2 条上道、3 条下道）的匝道收费站，占地 18270 平方米，于 2004 年 12 月 18 日建成运营，与邯长高速路政大队合署办公，隶属河北省高速公路石安管理处邯郸管理所，是连接河北、山西的枢纽站，更是冀晋两省旅游区的连接点。建站时有职工 28 人，设有办公室、运维班和 4 个收费班。职工队伍中有党员 8 人、团员 9 人，全站坚持任务分解、留营、星级考核、业务考核、半军事化五项制度。2015 年，该站副站长武自强获得“河北省劳动模范”称号。涉县西收费站为单互通形式，即从该站上道驶入高速的车辆，只能通往长治方向而不能通往邯郸方向；从高速下道驶出该站，只有长治到邯郸方向的车辆可在该站驶出，邯郸到长治的车辆不能在此下道，所有从该站进出的车辆行驶河北段高速的里程和方向都是固定的。邯郸市青兰高速二期未通车，在省界主线收费站未设置前，在此收费站上下道车辆不必领卡，按车型交费通行。2010 年 9 月，邯郸市青兰高速二期建成通车，涉县西收费站上下道由人工收费变为领卡通行，交卡收费。2021 年 11 月，青兰高速涉县至冀晋界改扩建项目，涉县西互通工程开工，该收费站停止收费。2022 年 8 月底，收费站车道由 7 车道改为 12 车道，收费站扩建提升后，恢复通行收费。

起点收费站。该站由涉县西收费站统一管理，位于平安街道办南岗村北，同国道 G309 武涉收费站合署办公，占用一上一下两个收费通道，通过 2.6 公里连接线接邯长高速。在此上下的车辆无须领卡交卡，按车型交费。该收费站及 2.6 公里连接线是邯长高速邯郸至涉县段未全线贯通前的临时性设施，2010 年 9 月 1 日，邯郸市青兰高速二期建成通车后，该站被撤销。

（三）青兰高速—邯长高速收费站

2010 年 9 月 2 日，邯郸市青兰高速二期贯通，具体路线为涉县境内东起武涉界，西于平

单互通与全互通对比图

涉县西单互通

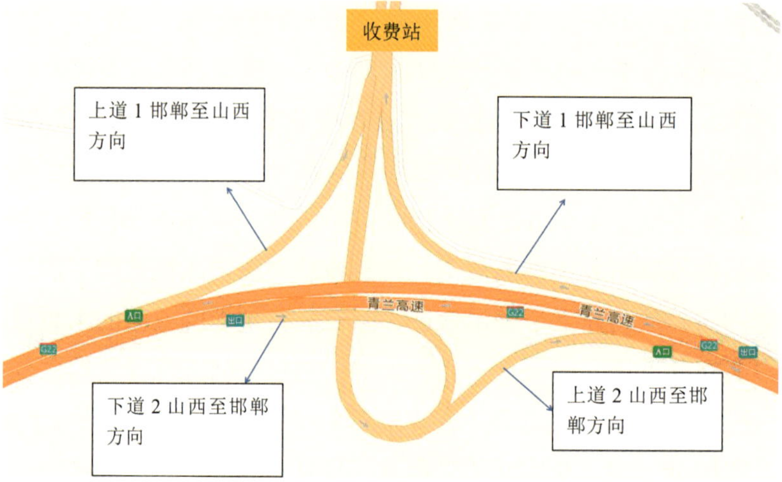

涉县东全互通

安街道办招岗村接邯长高速公路起点。至此，邯长高速成为青兰高速的一部分，向东可直达沿海，并与东部高速实现互联互通。青兰高速省界主线收费站：邯长高速起点收费站撤销后，2.6公里连接线停止使用，原在该收费站上下高速的车辆改为在涉县东收费站上下高速。根据国家关于高速公路按省级行政区域联网收费方式的要求，在青兰高速 K729+112 处神头乡江家庄村南设置省界主线收费站涉县站，专门负责征收河北境内行驶车辆的通行费。该站属邯长管理所管理，2016 年 8 月 19 日邯长管理所被撤销后，归邯郸管理所管理。设有 4 上 8 下 12 个收费通道，有职工 50 人，设有办公室、运维班和 4 个收费班。2014 年，该站获评省高速公路收费站最高星级 5 星级收费站。

2019 年，为进一步深化收费公路制度改革，提高综合交通运输网络效率，加快取消全国高速公路省界收费站，实现不停车快捷收费。5 月 16 日，《国务院办公厅关于印发深化收费公路制度改革取消高速公路省界收费站实施方案的通知》印发，根据通知要求，青兰高速公路省界主线收费站涉县站于 2019 年 12 月 31 日撤销。

（四）邯长路政大队

邯长路政大队隶属河北省高速公路管理局高速公路路政总队石安支队。路政执法人员 8 人，均有大专及以上学历。大队下设 2 个外业中队、1 个内业中队和 1 个办公室。大队管辖里程共计 13.091 公里，从邯长高速 K719+405 米至 K732+496 米。辖区内共设有收费站 2 处（晋冀界主线站、涉县西收费站），设有桥梁 24 座，其中特大桥 1 座（清漳河特大桥）、大桥 2 座（石河大桥、椿树岭大桥）；设有避险车道 2 处（邯长高速邯郸方向 K729+205 米、K731+750 米）。

第二节　青兰高速招岗至龙虎武涉县界

青兰高速公路招岗至龙虎武涉县界段是涉县境内东西向高速公路，于 2007 年 12 月开工兴建，2010 年 9 月建成通车，也称青兰高速二期工程。东起龙虎乡古脑村，西至平安街道办招岗村，途经 4 个乡（镇）11 个行政村，全长 23.097 公里，是河北省公路主骨架“五纵六横七条线”高速公路规划中“横 6”的重要组成部分，是青岛—兰州高速公路的一部分，也是晋煤东运的重要通道。

一、建设背景及依据

邯郸市位于河北省南部，该区域是河北省经济重心和鲁晋两省经济交往的纽带，是西部经济欠发达山区与东部发达地区交往的要塞。21 世纪，区域内南北向路网不断密集，东西向路网连接相对薄弱。青兰高速公路起于东鲁冀界，至邯郸段 93.79 公里，于 2004 年 8 月 31 日开工。与山西省交界的更乐至冀晋界段 13.09 公里高速公路于 2004 年 12 月 18 日建成通车。邯郸—更乐段作为邯郸与武安、涉县的往来要道，则行驶国道 G309 线。该线不仅是地方经济干线，更承担着过境交通的重任。随着国道 G309 交通量较快增长，沿线部分路段街道化严重，堵车事故时有发生，严重影响区域经济干线功能作用的发挥，妨碍地方经济发展，形成较大交通隐患。为此，涉县通过高速公路形式将邯郸—武安—涉县沿线连接起来，从根本上解决该段的交通“瓶颈”问题，明确高速公路承担区域大交通和过境交通的功能作用。2005 年 2 月，交通部规划全国高速公路网（7918 网），该项目中“横 6”的组成部分，也是河北省高速公路网“横 6”的重要路段，项目建设对于完善国家和河北省高速公路网络、促进邯郸市及沿线经济发展具有重要意义。

2005 年 10 月 20 日，国家发展和改革委员会印发《关于青兰高速公路邯郸至涉县段项目建议书的批复》，批准项目立项。

2006年4月29日，国家发展和改革委员会下发《关于河北省邯郸至涉县公路可行性研究报告的批复》，对项目工程可行性研究批复。

2006年10月20日，交通部下发《关于邯郸至涉县公路初步设计的批复》，通过项目初步设计审查。

2007年9月2日，河北省交通厅公路管理局《关于青兰高速公路邯郸至涉县段主体工程施工图设计的批复》文件，对项目施工图设计进行批复。

二、建设情况

青兰高速公路涉县段按山岭重丘区高速公路标准建设，为双向六车道，路基宽32米，设计时速80公里／小时。该段设置两个互通，其中龙虎互通位于龙虎乡南，与国道G309之间连接设置的B型单喇叭互通，互通区主线长1490米，匝道全长2390.53米；涉县东互通位于更乐镇西偏南，与国道G309之间设置的B+A型双喇叭互动，互通区主线长1030米，对向双车道匝道长1283.703米，包括石泊、马鞍山、井沟岭、台坡4个隧道。

涉县段建设单位为邯郸市交通局，设计单位为河北省交通规划设计院，2007年12月31日开工，2010年9月通车，建设期限为2年8个月。其中，涉县境内土建工程合同段为20—24，交安合同段为9—10。2008年9月，《邯郸市青红高速公路管理处关于对涉县青兰高速公路指挥部进行表彰的通报》印发，充分肯定涉县进场快、解决问题快、质量好、环境优，成为全市征拆工作进展最快的县市。青兰高速首次提出工业废渣低碳环保公路修筑成套技术，并引入长寿命沥青路面的设计理念。

青兰高速涉县段施工单位一览表

表2-1-1

<table>
<tr><th rowspan="2">合同段</th><th rowspan="2">起讫桩号</th><th rowspan="2">施工单位</th><th colspan="2">监理单位</th><th rowspan="2">设计单位</th></tr>
<tr><th>驻地监理</th><th>总监办</th></tr>
<tr><td>土建20</td><td>K143+000—K150+240.731路基、桥涵K137+000—K155+500路面</td><td>吉林省建设集团有限公司</td><td>山西路杰公路工程技术咨询有限公司</td><td rowspan="7">河北省交通建设监理咨询有限公司</td><td rowspan="7">河北省交通规划设计院</td></tr>
<tr><td>土建21</td><td>K155+240.731—K155+500
路基、桥涵、隧道</td><td>路桥集团国际建设股份有限公司</td><td rowspan="3">安徽高等级公路工程监理咨询有限公司</td></tr>
<tr><td>土建22</td><td>K155+500—K159+100
路基、桥涵</td><td>中交第二公路工程局有限公司</td></tr>
<tr><td>土建23</td><td>K159+100—K163+650
路基、桥涵、隧道</td><td>中交一公局中路通隧道工程有限公司</td></tr>
<tr><td>土建24</td><td>K163+65—K170+405路基、路面、桥涵K155+500—K170+405路面</td><td>河北广通路桥工程有限公司</td><td>山西省公路工程监理技术咨询公司</td></tr>
<tr><td>交安9</td><td>K137+000—K155+500混凝土护栏、波形梁护栏、标志、标线</td><td>潍坊恒建交通工程有限公司</td><td>山东路杰公路工程技术咨询有限公司</td></tr>
<tr><td>交安10</td><td>K155+500—K170+405混凝土护栏、波形梁护栏、标志、标线</td><td>河北广通路桥工程有限公司</td><td>山西省公路工程监理技术咨询公司</td></tr>
</table>

三、管理机构

邯长高速公路通车后，河北省邯长高速公路管理处负责对该路段运营管理，办公地点位于神头乡椿树岭村南邯长高速公路 K725+338 处。下设涉县西收费站、国道 G309 与邯长高速公路更乐至冀晋省界段起点联合收费站（武涉收费站）、邯长养护工区、邯长路政大队。2005 年 5 月，河北省邯长高速公路管理处改名为河北省石安高速公路管理处邯长管理所。2010 年 4 月，河北省石安高速公路管理处邯长管理所改名为河北省高速公路石安管理处邯长管理所。2010 年 9 月 1 日，邯郸市青兰高速二期通车。次日，邯长高速公路更乐至冀晋省界段起点收费站被撤销，并将收费站设置于该辖段高速公路主线上 K729+112 处，改为冀晋省界收费站（河北省高速公路石安管理处涉县收费站）。2011 年 1 月，河北省高速公路石安管理处邯长管理所下设的邯长路政大队划归河北省高速公路路政总队石安支队管理。2019 年 12 月 31 日，冀晋省界收费站涉县收费站被撤销。

（一）青兰高速公路涉县段养护工区

邯郸西养护中心。该中心位于涉县龙虎乡，设有办公室、财务室、养护室、工程桥梁室、安全监督室、机械材料室 6 个科室，有职工 20 人，其中正式人员 13 人、聘用人员 7 人。该养护中心担负着青兰高速公路邯郸至涉县段全长 99.1 公里的管养任务，包括青兰高速公路主线 G22：K613+329—K703+746 及支线 S04：K642+790—K651+516，史村连接线和淑村连接线的管养任务。其中，包括路面 7 处互通式立交、12 处分离式立交，2 座特大桥、55 座大桥、39 座中桥、128 座小桥；特长隧道 3 座、中长隧道 1 座、短隧道 1 座；111 道涵洞；以及沿线交安设施、公路绿化的养护，配备清扫车、洒水车、融雪撒布车、桥梁检测车、养护工程车等大、中型养护机械设备和小型养护机具 100 余台，实现综合机械化养护作业，为车辆舒适、安全通行提供全天候保障。

隧道养护中心。该中心管辖鼓山、石泊、马鞍山、井沟岭、台坡 5 座隧道，其中有 3 处特长隧道、2 处中短隧道，共 24504.33 米，除鼓山外其余均在涉县境内。该中心有职工 49 人，设有办公室、机电技术室、机电维修室、监控室、核算室、工程室 6 个职能科室，负责隧道监控、通风与照明、通信与广播、消防与应急救援、供配电等机电系统及设施的管养任务。设有马鞍山和鼓山 2 个分所，其中马鞍山所位于涉县更乐镇，距离涉县县城 10 公里，距离邯郸市区 60 多公里。

（二）青兰高速涉县段收费站

龙虎收费站。位于涉县龙虎乡界内，西距涉县城区 10 公里，东距武安市区 30 公里，是涉县东部和武安西部地区通过国道 G309 上下青兰高速的主要通道。2010 年 9 月 1 日正式运营通车，设有 2 上 3 下 5 个收费车道。龙虎收费站属科级机构，设 1 名站长、2 名副站长，下设办公室、财务室、监控室和 4 个收费班组。有职工 54 人，其中党员 10 人，平均年龄 33 岁。先后获得全国公路交通系统"模范职工小家"、省级"工人先锋号""青年文明号"、市级"青年文明号""巾帼文明岗""先进基层党组织"、市交通运输系统先进集体、安全生产工作先进集体和涉县党的十八大维稳安保工作先进单位等称号。

青兰高速吕祖庙大桥（2012 年摄）

涉县东收费站。该站是青（岛）兰（州）高速公路邯郸段涉县境匝道站，位于涉县城东方向 2 公里处，距邯郸市区 70 公里，距山西省长治市 80 公里。涉县东收费站于 2010 年 9 月 1 日通车，为涉县经济及旅游发展发挥重要作用，成为涉县对外形象的“东大门”。全站有 47 名职工，收费站建设标准为 6 车道，2 上 4 下，内部机构设置综合办公室、票据财务室、监控室以及 4 个标准收费班，实行“四班三运转”工作机制。涉县东收费站围绕“崇俭、包容、敬业、为民”的新时期交通精神，坚持“心系老区、情洒青兰”的服务理念，通过精细化管理，使收费工作和文明服务水平迈上新台阶。

第三节　青兰高速涉县至冀晋界段改扩建项目

“十一五”规划（2006—2010 年）期间，交通部确定国家重点公路建设规划的 13 纵 15 横，共 28 条路，规划总里程 7.1 万公里。青（岛）至兰（州）高速公路是国家重点公路中的横五，青兰高速涉县至冀晋界段（即上文所指邯长高速更乐至冀晋界段）设计标准为双向四车道。

2004 年该路建成通车后，为沿线经济社会发展做出贡献。2010 年后，随着国民经济快速发展，该路段交通量增加，且重型车比例较大，双向四车道难以适应交通需求。之后，与该段相接的邯郸至涉县段（东段）为双向六车道，山西段（西段）改扩建为“4+3”双向七车道。青兰高速涉县至冀晋界段成为“瓶颈”路段，严重影响高速公路的畅通和路网综合运输效率，不能满足国家公路运输大通道的功能要求，河北省交通厅决定实施改扩建工程。

一、项目简介

2017 年 6 月，青兰高速涉县至冀晋界段改扩建工程被列入《河北省综合交通运输体系发展“十三五”规划》和交通运输部“十三五”交通运输专项建设规划中期调整项目库。2019 年 4 月 10 日，河北省发展和改革委员会以《关于青岛至兰州高速公路（G22）涉县至及冀晋界段改扩建工程可行性研究报告的批复》批复项目可行性研究报告。2019 年 11 月 8 日，交通运输部以《关于青岛至兰州国家高速公路河北省涉县至冀晋界段改扩建工程初步设计的批复》批复项目初步设计。2019 年 11 月 21 日，省交通运输厅以《关于青岛至兰州国家高速公路河北省涉县至冀晋界段改扩建工程两阶段施工图设计的批复》批复项目施工图设计。2020 年 6 月，省交通运输厅批准青岛至兰州高速公路（G22）涉县至冀晋界段改扩建控制性工程施工许可申请。总工期为 36 个月。2022 年 6 月 30 日，新建段竣工通车，工期 24 个月。原有高速改建 12 个月。2023 年 6 月 28 日，青兰高速涉县至冀晋界段改扩建工程全面建成通车，项目总投资 16.21 亿元。

项目采用“4+3”双向七车道建设模式，邯郸至长治方向利用既有四车道高速公路改建，长治至邯郸方向新建分离式三车道高速公路一幅。设计速度 80 公里 / 小时，途经涉县平安街道、河南店、神头 3 个乡镇。在既有高速南侧，新建一幅高速公路起自邯郸市涉县平安街道招岗村村西，起点桩号 ZK703+230.279，接已建成的青兰高速邯郸至涉县段，终于神头乡响堂铺村西冀晋界，接已完成改扩建的青兰高速山西省界段，终点桩号 ZK717+022.221，路线全长 13.792 公里，路基宽度 16.5 米。改造利用既有高速公路段维持四车道高速公路标准，改为单向通行，路基保持 24.5 米不变，起点桩号 YK703+257.5，终点桩号 YK716+786，路线全长 13.529 公里。新建段设特大桥 1 座、大桥 4 座，涵洞 10 道，天桥 4 座，通道 23 道，渡槽 3 座，互通式立交 1 处（涉县西互通改建为全互通）。改造利用段共设特大桥 1 座、大桥 1 座、小桥 8 座，涵洞 22 道，天桥 6 座，通道 11 道，分离式立交 2 座，互通式立交 1 处（涉县西互通改建为全互通）；改造利用涉县西互通收费站。

二、项目执行机构

2019 年 9 月，河北省高速公路管理局改名为河北高速公路集团有限公司，该公司为国资委下属企业，项目执行机构为河北高速公路集团有限公司石安分公司。石安分公司成立青兰高速涉县至冀晋界段改扩建工程指挥部，下设综合部、地方工作部、计划部、工程部及安全环保部 5 个职能部门。河北省交通建设监理咨询有限公司为本项目总监办、河北省交通规划设计院为设计单位，中海外交通建设有限公司为 SG1 合同施工单位，陕西路桥集团有限公司为 SG2 合同施工单位。

三、拆迁征占

2020 年 3 月 30 日，涉县县委、县政府成立青兰高速涉县至冀晋界段改扩建征拆协调指挥部，由邯郸市政协副主席、县委书记汪涛任政委，县委副书记、政府县长邢晟任指挥长，县政府党组成员、副县长梁江苏任副指挥长。指挥部下设征收拆迁办公室，办公室主任由交通运输局党组书记、局长张献明兼任。涉县县委办公室和涉县人民政府办公室联合印发《青兰高速涉县至冀晋界段改扩建项目征收拆迁工作实施方案》。2020 年 5 月 29 日，涉县政府组织有关单位召开土地征收组卷及拆迁动员会，全面做好地方协调工作，配合推进工程顺利进行。

四、路桥技术

青兰高速改扩建工程新建段穿越韩王山、五指山、太行红河谷、清漳河国家湿地公园等人文、自然景区，以及岳城水库准水源保护地，地质、地貌构造复杂多样，沿线切沟相间、沟壑峭立，俗称“鸡爪沟”地形。

新建段全线有特大桥 1 座、大桥 4 座，全线构造物共 50 座，土石方开挖 112 万立方米，土石方填筑 130.6 万立方米，最深挖方和最高填方均在 22 米以上。其中，全长 2697 米的清漳河特大桥是项目重点控制性工程，横跨涉县境内主要河流清漳河，该大桥施工主要存在深基坑及高墩两个特点，并处于卵漂石地层，卵石直径最大达 150 厘米，47 座空心薄壁墩，平均高度 42 米，最高达 53 米，施工难度极大。

青兰高速改扩建工程指挥部组织施工单位和设计单位多次实地勘察，邀请专家论证，确定采取“引孔 + 钢板桩”支护施工方案，彻底解决深基坑开挖支护难问题，为华北地区首次应用。针对桥梁薄壁墩数量多且高的问题，创新应用“悬挑式木工字梁模板”施工技术，有效降低模板自身重量，轻巧、高效、安全，每节爬升可缩短 2 天时间，为河北省内高速公路建设首次大规模应用。

响堂铺二号大桥横跨既有青兰高速和国道 G309，平曲线呈 S 形，纵坡 1.42%，主跨 62 米，上部采用 142 米钢—混组合箱梁 +4 孔 40 米预应力 T 梁结构，其中钢箱梁主体重 1221 吨。铺设施工采用“步履式顶推”铺架工艺，实现高速不中断交通施工。顶推期间，引进使用“高德智慧锥桶安全预警系统”，实现安全隐患主动预警，保障既有高速的行车安全和施工作业人员安全。该桥兼大跨度、大吨位、平纵曲线为一体，施工难度创河北省同类施工项目纪录。

针对山区湿陷性黄土地质，工程在使用强夯、灰土挤密桩、掺灰土拌和等措施的基础上，采用“羊角碾”作业。在最高 22.5 米填方作业中，分 102 层摊铺压实，切实保证路基弯沉值基本控制在 60 以内。

第四节　太行山高速公路涉县段

太行山高速公路作为唯一省网项目被列入京津冀协同发展交通一体化国家专项规划，是当期全国 PPP 模式公路投资最大的项目包。自北向南贯穿太行山区全境，北连北京门头沟，起自张家口涿鹿县，经张家口、保定、石家庄、邢台、邯郸 5 个设区市，辐射太行山 30 个县（市、区）。太行山高速公路规划全长 680 公里，由 12 条段组成。太行山高速公路新建 6 条段 480 公里，包括京蔚段、涞曲段、西阜段、平赞段、邢台段和邯郸段。

该路段是涉县境内第二条高速公路，于 2016 年 6 月开工建设，2019 年 12 月建成通车。涉县段全长 28.686 公里，由武安冶陶镇西南方向入涉县东坡村，止于合漳乡漳河冀豫省界。途经井店、更乐、关防、西达、合漳 5 个乡镇 26 个行政村。全线设服务型互通 2 处，服务区 1 处，收费站 2 处。设王金庄连接线（西坡村至国道 G309）1 条，长度 14.136 公里，公路等级为二级公路，路基宽度 10 米，其建成对完善涉县东南区域路网、加强优化太行山高速公路与涉县县城连接、连通涉县诸多景区及天铁集团、促进京津冀交通一体化协调发展，起到重要促进作用，是一条真正的旅游、发展致富路。

一、涉县段概况

太行山高速公路邯郸段起于武安市矿山镇上焦寺村西北的邢台、邯郸市界，止于涉县合漳乡史部村东的漳河冀豫省界，全长 68.685 公里。涉县段起于井店镇东坡村，止于合漳乡史部村，全长 28.686 公里。

二、建设依据

2016 年 6 月 30 日，河北省发展和改革委员会下发《关于太行山高速公路邯郸段项目核准的批复》文件，对项目工程可行性研究批复。

2018 年 5 月 25 日，河北省交通运输厅下发《关于太行山高速公路邯郸段初步设计（技术方案）的批复》文件，对项目初步设计（技术方案）进行批复。

2018 年 8 月 30 日，河北省交通运输厅下发《关于太行山高速公路邯郸段初步设计的批复》文件，对项目的初步设计概算进行批复。

三、建设情况

该项目按山岭重丘区高速公路标准建设，采用全封闭、全立交、双向四车道高速公路标准建设，设计时速 80 公里 / 小时，路基宽度 24.5 米。太行山高速公路涉县段建设期限为 2.5 年，参建单位众多。

主要工程量为路基挖方 691 万立方米，路基填方 658 万立方米；18 厘米水泥稳定碎石底基层 56.37 万平方米，18 厘米水泥稳定碎石下基层 54.99 万平方米，18 厘米水泥稳定碎石上基层 53.31 万平方米，4 厘米 SBS 改性沥青混凝土路面 73.88 万平方米，6 厘米胶粉 /SBS 复合改性沥青混凝土路面 91.09 万平方米，8 厘米沥青稳定碎石 49.81 万平方米；大桥 28 座长 12117.41 米，隧道 5 座长 5511.5 米，特长隧道 1 座，小构造物 51 道。

太行山高速涉县段参建单位一览表

表 2-1-2

参建单位	单位名称
建设单位	中电建冀交高速公路投资发展有限公司
管理机构	河北省太行山高速公路邯郸段筹建处
勘察设计单位	河北省交通规划设计研究院有限公司
勘察设计监理单位	中交第二公路勘察设计研究院有限公司
第三方检测单位及技术咨询单位	河北省交通规划设计院
波纹钢腹板桥梁施工监控	天津市交通科学研究院河北道桥工程检测有限公司
K40+209—K49+800 段路基桥隧绿化交安	河北省交通建设监理咨询有限公司（第二总监办）
K49+800—K69+846 段路基桥隧路面绿化交安及涉县连接线工程	河北路通监理咨询有限公司（第三总监办）
机电监理单位（全线机电）	北京路恒源交通工程技术开发有限公司

四、管理机构

太行山高速公路涉县段，由中电建冀交高速公路投资发展有限公司负责建设及运营管理，下设收费站 2 处、指挥调度分中心 1 处、养护工区 1 处，房建总面积为 12834.82 万平方米。

（一）西达养护工区

位于涉县西达镇西达村，宿办区占地 38 亩，备有清扫车、除雪车、装载机、洒水车等养护机械 4 辆。

（二）收费站

涉县段设置西达收费站和王金庄收费站 2 处，其中西达收费站位于涉县西达镇西达村，王金庄收费站位于涉县井店镇西坡村。

收费站均为三进四出服务型收费站，采用智能收费系统，各进出口均设置无人值守自动发卡收费设置，已实现智能化收费。按照交通运输部取消省界收费站要求，于 2019 年底按期同步实现全国联网收费。

（三）太行山高速公路邯郸指挥调度分中心

位于涉县井店镇西坡村，负责管控太行山高速公路邯郸段 6 条隧道和沿线机电设备正常运行工作。其中，隧道照明灯首次采用无级自动调光系统，可根据天气亮度和自然光度自行调光。

五、七大特点

（一）桥隧比例高

涉县段地处太行山深山区，项目土石方数量填挖方总量 648.39 万立方米；大中桥共 25 座、跨线桥 2 座、隧道 5 座，桥隧比例达 55.2%。800 多根桥梁桩基，因施工作业场地狭窄、多位

太行山高速涉县段（2020 年摄）

于山腰峭壁，采取毛驴运输机料上山、人工开孔、小型机具辅助钻孔等方式完成，跨越多处沟壑，其中8次跨关防干沟和1次跨漳河主河道；桥梁结构复杂，其中钢混工字组合梁桥梁11座，波形钢腹板连续刚构3座，钢梁使用共计3.9万吨，数量之大和结构之多在全省公路中尚属首次。

（二）施工难度大

因山形地势限制，施工临时便道37处，长度51.1公里，途经村庄和景点。受汛期降雨影响，漳河河道泄洪对在省内首次大规模启用的钢结构桥梁加工及安装场地造成影响。

（三）地方征拆难

该段涉及5个乡镇；跨越省道S244邢西公路及Y210等多条地方县乡道路，沿途主要有1条超高压输电线路、涉县西达石英砂岩矿等征拆工作，征地拆迁和对外协调（电力、河道、矿产资源、地方道路等）工作复杂，包括超高压拆改、压覆矿赔偿、“7·19”洪灾道路修复交叉施工、美丽乡村和旅游景区建设交叉施工等工作，协调层级多、范围广，难度较大。

（四）钢结构桥梁多

为落实河北省去产能、深化供给侧结构性改革要求，在太行山高速公路邯郸段大量使用钢结构桥梁；全线有钢混工字组合梁11座，形成钢桥桥群，主要集中在更乐镇。

（五）科技含量高

太行山区高速公路高填深挖路基灾变防控技术研究、基于信息融合的桥梁全生命期安全评价与预警技术应用研究、高速公路节约土地型中央分隔带护栏开发研究、公路隧道全生命周期信息精细化采集与衬砌安全快速评价技术、公路隧道绿色照明与评价技术研究、基于绿色低碳理念的高速公路节能减排效益评估、隧道通风节能与智慧救援防灾应用技术研究、高速公路PPP项目融资机制研究等9项科研课题，研究成果已通过鉴定验收。

（六）建设模式新

河北省太行山高速公路是河北省首批政府与社会资本合作高速公路工程；截至2020年是全国最大PPP合作模式建设的首批高速公路项目；它由河北交通投资集团公司、中电建路桥集团有限公司、中国电力建设股份有限公司、成都华川公路建设集团有限公司（按照49%、26.01%、4.59%、20.4%）共同投资建设，组建中电建冀交高速公路投资发展有限公司负责资本运营；河北省交通运输厅批复河北省太行山高速公路邯郸段筹建处执行现场建设管理，施工单位报备河北省发展改革委员会审批后，由成都华川公路建设集团有限公司采取施工总承包模式。

（七）品质工程优

项目严格落实省交通运输厅提出的“0+0.6+60+1.5+95%”河北标准的质量管控目标，即实现桥头“零跳车”，路面平整度在0.6毫米以内，一般路基段弯沉值控制在60以内，主要构件混凝土强度标准差小于1.5、钢筋净保护层厚度（工后）合格率≥95%以及交投集团提出的“科技示范路、绿色示范路、品质示范路、PPP合作典范路”，力求将太行山高速公路邯郸段建设为“内实外美、景观秀丽、和谐自然”的品质工程。

六、获得荣誉

表 2-1-3

序号	荣誉	获奖单位	授予单位	授予时间
1	河北省“五一劳动奖章”	河北省太行山高速公路邯郸段筹建处	河北省总工会	2018 年 4 月
2	京津冀协同发展交通一体化建设劳动和技能竞赛 2018 年度优秀项目	河北省太行山高速公路邯郸段筹建处	中国海员建设工会全国委员会	2019 年 2 月
3	太行山高速公路建设先进集体	涉县交运局 河北省太行山高速公路邯郸段筹建处	河北省交通运输厅	2019 年 4 月
4	2019 年京津冀协同发展交通一体化（河北赛区）重点建设项目劳动竞赛优秀单位	河北省太行山高速公路邯郸段筹建处	河北省交通运输厅 河北省总工会	2020 年 2 月

第二章　干线公路

第一节　国道

一、兴阳公路

兴阳线，国道G234线。起于河北省兴隆县，止于广东省阳江市。南北纵跨河北、北京、河南、湖北、湖南、广东五省一市。涉县段起于豆庄县界，止于合漳乡张家头村，全长81.825公里，为二级公路，其中偏店大桥——装卸站与农林路交叉口为一级公路。起点桩号K899+985，止点桩号K981+810，途经豆庄、沙河、西戌、鸡鸣铺、尖饼窑、偏店、井店、下庄、城关、河南店、南庄、茨村、庄上、胡峪、石岗、原曲、固新、昭仪、西达、河口、大滩、台庄、合漳、白芟、段曲、张头26个村镇。全线管养桥梁28座，涵洞237道，设立西戌、石岗、大滩3个养护中心，偏店、原曲、河口、台庄、白芟、张头6个道班。

国道兴阳线涉县段最早为邯长公路，后由省道平涉公路和涉林公路合并升级而来。

1. 邯长公路

民国时期，邯长大道走向基本沿袭古路。1928年，河南省政府主持修建涉武汽车路，境内井店、西戌、沙河、豆庄线开始修筑，后以岁荒中止。1933年，修建武涉马路由猛虎、乱石岩、西戌、鸡鸣铺、井店至涉县城段25公里，名为马路，坡陡弯多，缺桥少涵，未通汽车。1937年秋，涉县城至响堂铺段由国民党政府动员民工修筑为简易公路。次年2月，日本侵略军沿邯长路西犯，强迫沿线民工将武涉马路修为简易公路，并将涉（县）长（治）简易公路整修，控制邯长线，汽车西通长治，以供其军需。

1939年，日军发动九路围攻，打通邯长、白（圭）晋（城）等公路，割断太行、太岳两区联系。是年，国民党九十七军军长朱怀冰率部下溃退涉县，占据邯长线的日军调动换防。年底，邯长战役胜利。1940年，在百团大战中，涉县抗日军民发动1.5万人对公路进行为期5天的大破击，即挖路基、毁桥梁、破涵洞，使交通中断，日军运输线瘫痪。日军投降后，为支援解放战争，1946年4月，晋冀鲁豫边区政府再次对河南店至响堂铺、鸡鸣铺至乱石岩、下庄至尖饼窑段整修，但路基大部分在河床，有陡坡13处，路宽4米，交通状况仍无大改观。

1949年冬，涉县政府对道路进行改线整修。邯郸公路段养护队和涉县公路管理所发动沿线群众，将徘徊至龙虎、乱石岩、鸡鸣铺改走徘徊至固镇、十里店、阳邑、西戌、鸡鸣铺，减少河滩路段20公里，除沙河坡外，陡坡均修为顺坡，并将12.5公里狭窄地段加宽为6米。1950年、1951年，该道再次普修，进行路拱垫高、边沟排水、降坡和拆建等工作。1952年，清漳河漫水桥建成，阳邑至涉县路基加宽，并增建东豆庄、沙河、鸡鸣铺、西戌等桥梁和完成偏店、井店、涉县城改线工程，车辆通行能力增加，汽车时速由25公里提高到30公里，木炭车时速由20公里提高至25公里。

1954年，尖饼窑村路基加宽工程竣工。1955年7月，西戌至鸡鸣铺1.9公里改建，为5级路标准。将16个弯道裁为3个，完成3座2孔6米石拱桥。

1956年汛期，涉县段路基塌方40多处，8月13日全线修通。10月，省厅批拨30.52万元救灾基建款，邯长线采用"以工代赈"形式，始铺装泥结碎石路面，次年底除神头河滩7.5公里外，全线改为泥结碎石路面，基本实现晴雨通车。1963年8月上旬，特大洪水将清漳河漫水桥冲断，路基冲毁25公里，护岸冲塌300米，交通中断。8月16日，涉县成立抢修指挥部，发动民工2000余人抢修，7天后临时通车，年底正常通车。1965年，县城清漳河大桥落成，并将至神头路10.88公里进行改线，出河床走西岸。为5级路标准，碎石路面，次年完工。1969年9月，邯长公路涉县城至东豆庄出境段路基、桥涵进行改建及铺设油面，为三级公路建设标准，1970年6月竣工。路长29.88公里，路基宽9米，油面宽7米（县城街油面宽10~12米）。1974年5月15日，河南店至响堂铺山西界公路10.88公里动工改建并铺筑沥青，于9月20日完工。至此，用工120万个，投资340万元，邯长公路涉县段41.5公里次高级路面全部完成，为涉县第一条沥青油路。昼夜行车量达5300余辆。沿线设长途客运汽车站6个，停靠站（点）9个。

2. 平涉公路

省道平涉公路起点为河北省平山县，终点为涉县。涉县段起自武安市阳邑与涉县东豆庄交界处，止于涉县合漳乡白芟村，全长81.825公里。平涉线进入涉县东豆庄村，村北为阳索线路口；在西戌村与鸡鸣铺之间可转入龙西公路；在偏店村与偏壮公路相交；在下庄村，与井（店）中（原）线相通；在涉县城与涉左线相接；在河南店与河茅线连接；在南庄村与国道G309交会；在西达大桥与刘西线相接，通往武安、峰峰；在台庄与台田线相连，通往磁县、安阳等地；在白芟村继续向西可达山西省平顺县。

1997年底，因路网调整，平涉线定为省道，与涉林公路合并，改称平涉线，公路代码为S202，是原邯长公路中的武（安）涉（县）段，也称为平涉线北段。

2019年全国路网调整，省道S202平涉公路升级为国道G234，是兴阳线的一部分。路线编码、名称、桩号、行政等级均调整为国道属性，其他基本数据不变。

3. 涉林公路

涉（县）林（县）公路涉县段原为古道，出县城走寨上达胡峪，过石岗、固新、西达、东达、合漳，越浊漳河入河南林县境。1947年，为方便运送军火，改走河南店至胡峪，全线整修至合漳。1951年，涉县城至东达段28公里拓为5米简易公路，次年完成青峰辿工程。青峰辿道立于东达村东，绝壁悬崖，为通林州要道。古人在半山崖开容足小道，汛期被冲毁，但仍有人行，路险人损，虽历重修，不能便利。1956年，东达至合漳段通过民工建勤方式改为简易公路，汛期局部路基遭洪水冲毁，是年修复。1957年，再次改建青峰辿工程。是年10月，汽车第一次由涉县城开至西达。1958 年，昭义过清漳河经林旺至匡门口段，改为出昭义至林旺对岸向北过河达匡门口。并修建合漳至张家头段为简易公路。全长 11.66 公里、宽 4.5 米。

1973 年，林旺—合漳路基工程和改建合漳—张家头路基工程获批，全长 31 公里。投资 60.34 万元，建西达隧道 2 条 370 米，路线改出昭义不再过河经匡门口，而沿南山腰穿隧道，从西达对岸沿清漳河南岸经河口、大滩、台庄达合漳，长 14.5 公里，较原路缩短 1.5 公里。工程量 50.4 万立方米，其中石方 34.3 万立方米。

临悬崖绝壁的古栈道青峰辿道（2018 年摄）

1974 年，由于该项工程艰巨，涉县民工 6000 余人以军事建制班、排、连、营编制，进行施工。涉县干群吃住在工地，腰系绳索，攀悬崖峭壁打眼放炮。历时 3 年，于 1976 年底，路基工程完工。1975 年 9 月，河南店至西达段铺筑油路，于 1979 年 8 月竣工，除青峰辿、西达隧道外全线铺油，长 23.8 公里，为三级公路标准。

1981 年，涉县对宜安至沙洺延伸线涉县段实地勘测。它是省级干线平山至涉县的一段，也是涉县通往河南省林县的唯一干线公路。起于涉县城，途经河南店、茨村、庄上、胡峪、石岗、原曲、昭义、西达、河口、大滩、台庄、合漳、黄龙口、白芟、段曲、张家头至省界，全长 52 公里，西达桥位段与涉磁公路交接。1983 年，该延伸线获省厅批复开建。西达至河南省界 28.22 公里，被确定为交通部重点工程，改建标准为山区三级公路，路基宽 7.5 米，油面宽 6 米。中小桥及涵洞与路基同宽。构造物载重汽—15、挂—80，批准投资 769.35 万元。涉县政府副县长王福保任指挥长，地区交通局副局长安立国、涉县人大常委会副主任张纪太、涉县交通局局长刘高生任副指挥长，邢何林为常驻副指挥长。路基工程实行承包责任制，桥梁工程由地区交通局工程队承担。第二期工程起自白芟村西至晋冀豫三省交界，长 9.976 公里，投资 202.66 万元。1984 年 7 月 15 日开工，年底竣工。第一期工程西达至白芟村东，长 18.25 公里。1985 年 4 月 1 日修建。

1986 年，改建西达隧道至西达段路基 809 米，建青峰辿桥 1 座。1989 年，宜安至沙洺延伸线涉县段路基工程全部竣工，耗资 662.56 万元，用工 137.3 万个，均为碎石渣路面。

1991 年，宜安至沙洺延伸线涉县段油渣路面被列为省厅 1992 年度计划项目。1992 年 2 月，涉县人民政府成立以县长张树山为指挥长，副县长吕忠魁、阎起为为副指挥长的修路指挥部。

下设办公室，康中心任主任，副主任杨华太、杨玉顺常驻工地。3月开工，9月28日竣工。投资327.5万元，其中省厅投资300万元，涉县政府投资27.5万元。铺筑油渣路面29.7公里。经省交通厅和地区交通局联合验收，被评为优良工程。1992年3月，投资327.5万元，西达至晋豫两省界改为油路面。同时将青峰辿、西达隧道、西达大桥南头引线铺筑油面，9月底竣工通车。2019年，全国路网调整，省道平涉公路升级为国道，成为兴阳线的一部分。2001年6月，河南店村至张头村路段53.361公里并入平涉公路，升为省道。涉林公路也称为平涉公路南段。

4．大中修工程

2008年1月，平涉线南段进行改建。2010年12月完工，由涉县交通运输局公路管理站接管，全长52.137公里。2011年4月，对平涉线偏店南大桥—北关坡段中修。2015年，对平涉公路三段进行大中修。台庄至张家头K364+284—K384+284段20公里中修罩面，投资206万元；河南店至清风辿9公里中修罩面工程；阳邑至西龙路口段中修工程，投资600万元。2016年4月，平涉公路北段涉县二中至偏店南中桥8.5大中修工程开工，为期4个月，中断交通封闭式作业，是当年全市干线公路养护改造工程重点项目。是年，石岗至台庄实施中修罩面工程，全长22.486公里，完成路面坑槽挖补17076.21平方米，灌缝22490米，拉毛22.486公里，油面铺筑22.486公里。2017年7月，平涉线北段七一桥至偏店南大桥段开始大中修，工程全长7.02公里，完成铣刨6万余平方米，沥青铺筑1800余立方米。2020年，平涉线南段台庄至河南省界20公里微表处完成。2021年，国道兴阳线（G234）武安涉县界至偏店中桥段K899+985—K916+600实施大中修，长16.615公里，项目包括路基、路面、桥涵、安全交通设施等。

二、国道G309

国道G309涉县段是青兰线（山东省青岛市—甘肃省兰州市）中的一段，全长39.82公里，起点桩号K744+345，止点桩号K784+165公里，途经龙虎、石泊、三里峧、下窑则、上窑则、老爷庙、井店、更乐、北岗、南岗、县城、寨上、南庄、神头、响堂铺7个乡镇的15个行政村。全线共管养桥梁28座、涵洞98道，设老爷庙养护中心1处，石泊、城关、神头3个道班。

2019年1月，因国家路网调整，原路线荣兰线（G309）涉县段K863+261—K903+083里程39.822公里，调整为新路线青（岛）兰（州）（G309）涉县段K744+345—K784+165里程39.82公里。路线桩号调整，路线编码及路线等级不变。具体地段为龙虎县界至山西省界。

该路入县境，龙虎村东有青兰高速出入口；过白鱼岭向东与井关线相交；向西经老爷庙村通平涉线；在更乐与下江线相交，可通往张家庄村；在北岗村可驶入将军道；在南关清漳大桥向西连通涉左线。

（一）邯长公路复线

邯长公路复线涉县段武（安）涉（县）公路，县境沿明清古路修建，由武安县冶陶西入境，经龙虎、石泊、三里峧、窑则、老爷庙、井店、更乐、北岗、涉县城、南庄、神头、响堂铺出境，长39.75公里。民国时为主要车驮道之一。1950年后，随公路改走阳邑至西戌，来往客商、高

邯长公路复线修建时使用的排子车（1986年摄）

脚车辆渐稀而变为连村道路。20世纪80年代后，随着运输量剧增，邯长公路车辆拥挤问题突出。日通车达4000余辆，高峰期达万余辆，超过设计通行能力300辆的30余倍，交通阻塞和事故时常发生。为缓解邯长运输负担，河北省交通厅批准增修邯长公路复线。

1980年，全国统一划分公路级别，邯长复线代号309线，属三级公路。1985年、1986年冶陶至下窑则、下窑则至省界测量设计完成，为山岭重丘二级路。全长39.75公里，桥涵荷载汽—20、挂—100。1986年4月，涉县成立309公路工程建设指挥部。副县长申孟周任指挥长，交通局局长刘高生、经委党委办主任付水元任副指挥长。12月，冶陶至下窑则段开工。路基土石方工程由民工连队承包完成，桥梁由邯郸地区交通局工程队和涉县交通局筑路工程队承担。1987年5月竣工。

1987年，邯长复线下窑则至响堂铺段获批，有34家单位投标，铁道部第三工程局六处、铁道部第十二工程局二处、邯郸市政工程公司五处、邯郸地区水利工程公司、邯郸地区交通局公路工程处5家单位中标。涉县筑路工程队承担下窑则至老爷庙段，其中白鱼岭垭口石方工程量大，施工难度大。1987年12月，邯郸地区交通局聘请北京工业大学爆破专家实际调查地形地质、爆破条件等情况。采取定向、予裂、松动爆破方法，在涉县地方政府和北京某专业爆破部队配合下，成功爆破。

1988年4月，邯长复线涉县段全面开工。邯郸地区交通局成立工程质量监督站，向涉县工地派驻监理组。1989年11月，清漳河特大桥落成。次年10月，邯长复线涉县段竣工，共用工456.61万个，工程开支5341万元。更乐立交桥至清漳河及石泊村段路基宽15米，其余段12米；南岗至清漳河段油面宽12米，石泊停车带18米，其他段均为9米，设计交通量昼夜冶陶至窑则段为1094辆（黄河车），窑则至响堂铺段为1658辆（黄河车），年底正式通车。完成主要工程量：39.75公里全线油面铺筑；建桥24座。其中，特大桥1座，长605.74米；大桥1座，长112.44米；中桥7座，长438.20米；小桥14座，长425.55米。建渡槽8座、244.54米，修建路基完成土石方137.74万立方米。

1991年12月，邯郸地区交通局受河北省交通厅委托，对该段进行初验。邯长复线涉县段路基、路面和大中桥工程质量符合设计要求，质量总分为81.8分，被评为良好工程。后交由涉县交通局公路站管养。

（二）省道升为国道

1997年，邯长复线（也称武涉线）更名为荣（城）—兰（州）线，由省道升级为国道。

1998年8月，国道G309武安至涉县段建设，邯郸市交通局为业主。2001年9月，国道G309中断交通施工，龙虎—南岗段（K864+100—K888+500）升级改造为上下行一级公路，路面宽21米，并在该段增设桥梁11座。椿树岭—山西省界（K896+100—K904+100）被改造为二级公路，路面宽11米，2002年5月底竣工通车。

国道G309与青兰高速交叉段（2012年摄）

2003年2月，涉县交通局将南岗—椿树岭（K888+500—K896+100）过城路段改造，为二级公路，路面宽12米，是年8月底竣工通车。

2007年9月，三里峧一、二、三号桥开始施工，是年11月通车。2007年3月，对老爷庙路口—偏店南大桥（K319+100—K320+800）1.7公里进行拓宽，原9米宽水泥砼路面加宽至24米沥青砼一级路面，该工程由涉县井店镇规划投资，涉县交通运输局公路站负责建设，9月10日完工。

（三）大中修工程

2008年，国道G309中修工程有2项。县界至武涉收费站段沥青砼罩面工程：上行线石泊道班—白鱼岭（K868+400—K877+500），涉县东高速口—武涉收费站（K885+700—K888+600）；下行线北岗村—天铁集团（K884+050—K887+600），老爷庙道班—五岔口（K879+800—K882+500）进行12厘米沥青砼罩面。下行线井店中桥下行—更乐桥下行（K882+500—K884+500），武安下白石—石泊村（K862+000—K869+000），进行5厘米沥青砼罩面。共计26.5公里，工程投资3520万元。城西段（武涉收费站—响堂铺）大中修共计15.6公里，总投资1000万元。

2009年4月，城区段振兴桥—清漳河大桥1.5公里大修完工，投资161万元。该工程采用新技术，破碎机直接破除水泥砼路面，根据纵横断面实际找平、分层震动碾压后铺筑改性沥青。完成山西省界出省口改造，投资172万元；对白鱼岭—更乐桥8.2公里、龙虎县界1.9公里，沉陷、坑槽等病害路段进行挖补铣刨，喷洒黏层油，重铺改性沥青砼，投资303.5万元。2009年9月，白鱼岭—成都饭店9.3公里及老爷庙段880米中修工程完工，投资312万元；城区段环岛铣刨铺油工程，投资88.63万元。

2010年，国道G309下行线白鱼岭—天铁立交桥（K878+100—K879+900），1.52公里车辙处理，投资126.4万元。振兴路城区段3.4公里铺油，投资415.6万元；索堡村铺油工程，投资40.5万元；豆庄—偏店南大桥16.7公里，原水泥路面大修为沥青砼路面，采用水泥砼击碎、碾压冷再生工艺。2011年4月，为迎国检，国道G309原武涉收费站—河南店椿树岭派出所段（K887+772—K895+077）7.305公里和响堂铺村—省界段（K902+075—K903+083）1.008公里进行大中修。2012年，国道G309神头段（K895+077—K902+075）铣刨罩面6.998公里。2013年，国道G309城西段大修。重点为砼排水、波形梁防撞护栏、长城垛隔离墙、维修绿化池等项目，投资199.56万元。

2015年，国道G309下白石至武涉收费站中修，投资5195.667元。其中，上行线1段46.384公里，下行线5段15.191公里。主要为龟裂沉陷处理、面层沥青砼铺设、开槽沥青灌缝、车辙病害铣刨处理，部分水泥砼路段改铺沥青砼。2016年9月，国道G309城西段15.311公里中修铺油罩面完工，工期13天。2018年，国道G309下行线王庄大桥—白鱼岭段（K868+450—K879+300）、天利煤化—更乐路口段（K880+400—K884+500）两处中修，合计14.95公里，5厘米铺油罩面。

三、国道G234涉县段

（一）工程概况

国道G234涉县段（含绕城）经营性收费公路，位于河北省邯郸市涉县境内，线路总长（含支线）62.118公里，设计速度为60公里/小时，为一级公路，总预算33.74亿元，项目收费期为25年。途经偏店乡、井店镇、更乐镇、平安街道办、河南店镇、神头乡、固新镇、西达镇、合漳乡9个乡（镇、街道）36个行政村。主线长58.395公里（改建段5.3公里，新建段53.095公里）。主线起于偏店乡南，与原平涉公路相交，路线向东上跨邯长铁路，经南寨村南，在白鱼岭北与国道G309互通交叉，向西南利用国道G309改建5.3公里，经井店镇在更乐镇北偏离国道G309新建，经更乐镇西、下池村西、下穿青兰高速，经平安街道招岗村西、寨上村东、上跨清漳河后路线折向东南，经河南店镇茨村东、庄上村东、胡峪村东，在石岗村东跨越清漳河后沿北岸新建，经固新镇连泉村北、林旺村北，西达镇西达村，东达村北，在合漳乡台庄村北再次跨越清漳河，经台庄村、合漳村西、黄龙口村西、白芟村西，终于白盘大桥，与河南段相接。支线长3.723公里，起自茨村互通，向南下穿新建青兰高速公路复线、上跨既有青兰高速公路，终于神头乡椿树岭村东，与国道G309相接。

涉县县城建设暨经营性收费公路（大外环）建设工作动员会（2016年3月摄）

主线起点至茨村段（K0+000—K18+370.8）和支线，采用双向六车道，路基宽 33 米，路面宽 29.5 米；其余路段为双向四车道，其中 K18+370.8—K35+525.6 及 K38+729.4—终点段采用整体式断面，路基宽 20 米，路面宽 17.5 米；K35+525.6—K38+729.4，采用分离式断面，单幅路基宽 10.5 米，路面宽 9 米。全线主线及匝道采用沥青混凝土路面，收费站广场、收费站及养护道班场区采用水泥混凝土路面。全线设置分离式隧道 2 座、特大桥 2 座、大桥 19 座、中桥 7 座、框架桥 1 座、涵洞 105 道、通道 23 道、收费站 1 处、养护中心 2 处。

（二）项目争跑

2013 年 5 月，《国家公路网规划（2013 年—2030 年）》，规划兴隆—阳江的北南纵线，起点为河北省兴隆县，终点为广东省阳江市，纵跨河北、北京、河南、湖北、湖南、广东“五省一市”。根据《国家公路网规划（2013—2030 年）》普通国道网路线方案表，涉县是国道 G234 兴隆—阳江加稠线上的主要控制点。

2014 年初，为加快邯郸在京津冀协同发展步伐，有效解决涉县国道 G309 穿城而过造成交通拥挤、环境污染及制约经济发展等突出问题，进一步加快涉县城市发展，经涉县县委、县政府和专业规划设计部门多方论证，确定大外环规划方案。在分析研判国家收费公路相关政策后，提出建设国道 G234 涉县段（含绕城）经营性收费公路项目。

国道 G234 涉县段（含绕城）经营性收费公路项目银团会议在赤水湾大酒店召开（2020 年 5 月摄）

2014 年 3 月 6 日，涉县人民政府正式申报国道 G234 涉县段（含绕城）经营性收费公路项目。5 月 15 日，河北省交通运输厅、河北省发展和改革委员会、河北省财政厅联合印发文件，同意将国道 G234 涉县段（含绕城）按经营性收费公路项目建设。5 月 21 日，争跑 76 天后，国道 G234 项目获河北省人民政府批准。12 月 4 日，邯郸市交通运输局确定涉县交通运输局为国道 G234 涉县段（含绕城）经营性收费公路项目的招标人。12 月 5 日，涉县县委、县政府成立指挥部，加快推进国道 G234 涉县段（含绕城）经营性收费公路项目前期争跑工作。

2015 年 3 月 4 日，通过公开招标方式确定涉县交通建设有限公司（简称交建公司）为该项目投资人。涉县交通运输局与涉县交通建设有限公司签订国道 G234 项目投资协议书。11 月，交建公司将出资项目投资总额的 25% 作为资本金，其余资金采用银团贷款模式解决。

2016 年 1 月，太行山红色旅游专线国道 G234 涉县段项目被列入当年全省重点项目计划。3 月 28 日，河北省发展和改革委员会正式核准国道 G234 涉县段（含绕城）经营性收费公路项目。

6月2日，邯郸市人民政府同意国道G234项目在涉县平安街道办招岗村段设置收费站，命名为国道G234经营性收费公路招岗收费站。9月12日，河北省人民政府办公厅同意交建公司为国道G234涉县段（含绕城）项目投资人，项目建成后设置收费站1处，收费期为25年。经营期满后，将该项目全部设施无偿移交当地政府有关部门。

（三）项目建设

国道G234涉县段（含绕城）经营性收费公路项目，是涉县交通史上建设里程最长、投资规模最大、地形条件最复杂、技术难度最大、涉及乡镇最多的一项民心工程，备受社会各界关注。

该项目六跨清漳河，上跨邯长铁路、邯长高速，下穿青兰高速、下穿西达古城遗址，途经西达兵工厂旧址、太行山高速路基压占国道G234路基线位，以及多处高边坡和滑坡体，面临湿地公园、风景名胜、生态红线、林地、文物古建二级水源保护地等考验，手续跑办、资金筹措、房屋征拆、“三杆”迁移、文物保护等方面都遇到重重困难。

2016年5月起，该线进入申请批复、设计招投标和地方征拆阶段。2018年11月，该项目动工修建。该项目因建设里程长、投资金额大，使用PPP融资机制，涉县交通建设有限公司先后与邯郸市内18家银行对接沟通。2020年前，累计取得多家银行贷款25亿元。2020年5月22日，国道G234涉县段（含绕城）经营性收费公路项目银团会议召开。牵头行农发行涉县支行，河北银行邯郸支行、邯郸银行天铁支行、涉县农商银行组成的银团代表，县交通运输局、234指挥部相关领导及涉县隆盛公司代表，20余人参加签约仪式。是年6月18日，该项目组建银团，正式签约25亿元银团贷款协议。该线通过公开招投标，与1家设计公司、4家监理单位、13个路基中标单位、3个路面标段和2个房建标段签订协议书。

2018年1月22日，涉县县委、县政府成立由县委书记任政委，政府县长任总指挥长，主管副县长任常务副总指挥长，县四套班子有关领导任分指挥部指挥长、人大监督组组长和问责问效组组长，县有关部门负责人为成员的项目建设指挥部，总指挥部下设9个分指挥部、人大监督组、问责问效组和办公室，办公室设在交通运输局，办公室主任由交通运输局局长兼任，办公室下设政策解释组、财税组、安全稳定组、资金保障组、督导推进组、程序组、法律顾问组，保障国道G234项目建设推进。

国道G234北崖底大桥波形钢腹板箱形组合梁悬浇施工现场（2022年摄）

2018年10月18日，涉县交通运输局组建国道G234涉县段（含绕城）经营性收费公路建设指挥部办公室，下设综合服务科、总工办、工程科、计划合同科、安全环保科、地方协调科、财审科、廉政督察办8个职能科室，工作人员均由交通运输局党组抽调人员组成。国道G234建设指挥部办公室与涉县交通建设有限公司，实行“一套人马、两块牌子”模式办公。

全线施工中重大变更8项，整体长100余项。30米T梁渐变段调整、路基深挖高填、高桥墩、爆破作业、挂篮作业等专项施工方案。特别是黄龙口特殊地质段、固新高边坡地段等，邀请工程高校及科研专家现场指导变更。质量建设全面落实终身负责制，执行“政府监督、法人管理、社会监理、企业自检”四级质量保证体系，严格执行“全方位控制、全过程控制、全员控制”的手段，实行主要原材料准入制、首件工程认可制，确保交工验收质量合格，竣工验收质量优良。将大气污染防治工作纳入项目建设重要管理范畴，实行“党政同责，一岗双责”，制定出台《工程施工扬尘防治“六个百分百”管理标准》等系列制度，绿网覆盖、湿法作业、防止扬尘，环保施工，全面实行“属地管理、分级负责、全面覆盖、责任到人”的网格化监管。

国道G234茨村互通大桥油面铺筑中（2021年10月摄）

受各种因素影响，2019年前，施工进展艰难。2019年3月，国道G234涉县段建设指挥部办公室成立临时党支部，充分发挥战斗堡垒作用。2020年春，新冠肺炎疫情突发，国道G234指挥部在做好常态化疫情防控的同时，复产复工，成立疫情安全、手续跑办、工程督导、地方问题、技术攻关、资金保障等6个专班。2020年3月28日，启动“大干100天，保节点、保绕城、促成效”劳动竞赛活动，分段推进，重点攻坚。7月18日，开展“决战120天，抓安全、严质量、抢进度、全力冲刺”劳动竞赛活动。2021年3月，全线开展“决战双百天攻坚行动”劳动竞赛。12月28日，国道G234与国道G309偏店至神头22.72公里共用绕城段通车，为双向六车道一级公路标准，整体式路基宽33米，路面宽29.5米。途经偏店、井店、更乐、涉城、河南店、神头6个乡镇，涉县主城区交通压力得到缓解。2023年9月，国道G234全线贯通。国道G234的建成，解决了城区煤炭绕城问题，拓展了新城区空间，提升了涉县交通路网结构，改善了冀晋豫三省七县的通行能力，促进了京津冀协同发展。

第二节　省道

一、涉左公路

省道 S213（涉左线），河北省涉县—山西省左权县，全长 26.588 公里，二级公路，起自县城南关国道 G309 清漳河大桥，沿清漳河北上，与河南岸的河茅公路并行。沿线途经南关、南原、弹音、索堡、悬钟、石门、新桥、刘庄、贾庄 9 个村镇。在中原村与井中公路相通；在索堡村南唐王峧沟口与索堡至杨家寨古道相接，在索堡村北宇庄口与阳索线相会；在石门村有公路经郝家、苏家等可通山西左权，自贾家庄村北进入山西境内。全线共管养桥梁 8 座、涵洞 65 道，设立索堡养护中心 1 处。另有石门至岩上支线，全长 13.2 公里。

该路原为涉左古道。1941 年，晋冀鲁豫边区政府将此道拓宽为大车道。境内长 25.3 公里；支线由石门、经石窑、郝家、韩家窑，从岩上出境，与主线会于山西麻田，境内长 13.2 公里。涉左公路涉县段总里程 38.5 公里。

1946 年，涉县抗日政府发动沿线群众修建由河南店、经沿头、赤岸、王堡、石门至新桥的简易公路，可通军需汽车。因该路多行于河畔，汛期被冲毁后，仍行原大车道。

1951—1952 年，涉县政府“民工建勤”修建西起山西黎城石背底，经索堡、赤岸、河南店达武安刘家庄的简易公路。路线从王堡、新桥两跨清漳河，因无永久式桥梁，逢汛期中断交通。

1953 年，河北省交通厅批准投资，邯郸专署公路管理局负责施工改建涉县至茅岭底公路，路线长 25 公里。其中，涉县至弹音 9.24 公里改线，将原来经清漳河南岸河南店、赤岸从王堡北越过清漳河达弹音，改由沿清漳河北岸经北原达弹音。路基宽 6 米，永久性桥涵行车道宽 7 米。载重汽—6 设计。木桥行车道宽 4 米，载重按汽—6 设计。工程由涉左线施工所负责，于 6 月开工，12 月竣工，属等外公路。完成工程土石方 38230 立方米；修建 3 孔 6 米石拱桥 1 座、木便桥 3 座 37.5 米、涵洞 14 道。用工 29983 个，总投资 58260 元（新人民币），为晋冀两省物资流通要道。

1954 年，邯郸专署公路管段对该路改建，新建涵洞 8 道。1956 年汛期，涉左线水毁严重。悬钟至石门新增两座木便桥，11 月 28 日通车。

1958 年，涉县开始民办公助改建悬钟至石门段和新桥经刘家庄、贾庄至省界的简易公路。原悬钟至石门河滩路线改为傍山路线，主要工程是开通石门辿。3 月动工，5 月竣工，完成路基工程 509 米，宽 5.5 米，涵洞 4 道；新桥至省界简易公路工程，7 月动工，12 月底竣工。路基 4.5 公里，宽 7 米，木桥 6 座 215.5 米。至此，涉县至新桥基本全年通车，新桥到省界跨河路段仅冬春季节性通车。

1963 年 8 月，洪水冲毁涉县至新桥段路基 700 余米、护岸 620 余米。新桥至省界沿河段冲成河滩。邯郸公路管理处投资，沿线人民公社组织生产队包工抢修，1964 年 6 月修复。用工 32763 个工日，补粮 12164 公斤，开支工料费 33545 元。另对石门辿路基和槐树岭进行拓宽降坡，

涉左公路辽城路段（2014 年摄）

重建新桥木桥 4 座。

1966 年，修建石门经岩上至省界连接工程。东峧至省界，长 5.342 公里，宽 8 米，投资 4.29 万元。涉县交通局承担测设和组织施工任务，成立涉左线施工所，由交通局局长杨运生和公路站站长杨伏生负责。民工由石门公社抽调。每标工补助 0.4 元，补粮 0.5 公斤，为民办公助性质。1967 年 2 月 15 日，公路破土动工，凿隧道通盘山路，1968 年 6 月底完工。1970 年 11 月，石门至东峧改建工程长 8.1 公里，路基由 4 米加宽为 8 米，投资 18 万元。成立涉县革命委员会涉左线修路指挥部，指挥长常振兴，副指挥长申明学。至此，涉左公路由石门经岩上达山西麻田段贯通。

1975 年，涉县至贾家庄改建油路工程项目获批。1976 年，完成测设和工程预算。1977 年，涉县至贾家庄开工，全长 23.6 公里，三级路标准改建。部分路段改线裁直。涉县革命委员会成立涉县修路指挥部。县委副书记张纪太任指挥长，副指挥长马进杰、张水廷。历时 1 年，修建大小桥 5 座，涵洞 118 道。

1978 年，涉县至石门油路工程获批，全长 17 公里。5 月 20 日，涉县革命委员会修路指挥部从城关、中原、索堡、石门和辽城 5 个公社调遣施工连队进驻工地。10 月 20 日，油路完工。1982 年，石门至贾家庄省界油路改建工程获批，长 8.5 公里，路基宽 8.5 米，油面宽 6 米。成立涉左线修路指挥部，副县长戴金铎任指挥长，交通局副局长姚土盛任副指挥长。5 月 20 日，3 个连队民工 205 人，拖拉机 14 台，汽车 3 辆，二十冶机运公司喷水车 1 辆进驻新桥。12 月底，共铺筑油面 8.22 公里。

1983 年，上级增拨 3.8 万元完成该段遗留工程。至此，涉左公路涉县至贾家庄省界，全长 25.3 公里，全部改建为油路。1987 年冬，山西麻田至省界油路改建工程竣工，该路车辆骤增，成为晋煤外运重要通道。

1990 年 3 月，邯郸地区交通局《关于涉左线限制重型车辆通行的批复》下发，涉左线上凡载重 10 吨以上车辆一律不准通行。是年 7 月，邯郸行署交通局根据省厅文件精神，对邯郸地区部分列养路线进行升级，其中将涉左线由县道升级为省道，列养里程 38.5 公里（含支线）。1996 年，受洪灾和道路超负荷运行，涉左线实施中修工程。1998 年，河北省计划委员会同意涉左公路改建工程项目由省、市交通部门委托涉县交通局承当业主。资金由省、市、县交通部门筹措，公路建成后，按省政府有关规定收费还贷。是年，涉县县委、县政府成立指挥部，政府副县长李坤堂任指挥长，交通局局长吕学海任副指挥长，交通运输局副局长王满廷、郭书元为驻地指挥长。是年10月，涉左公路动工，投资1.2亿元，涉县交通局首次承担业主。全局干部职工自筹1500万元，贷款6000万元。该路为二级公路标准，通过招投标，确立山西晋中公路分局、海南武警支部和涉县交通局筑路工程队，分别承担南关至中原、中原至索堡、索堡至贾家庄三个标段建设任务。先后在刘庄、索堡和三尖坝设立临时指挥部，随着工程推进，逐步撤离。涉左线沿河临崖，高挡墙路段近13公里，占全线的50%，刘庄、槐树岭、三尖坝等路段是该路施工难点。交通运输局投资1200万元，购置沥青混凝土机、压路机等21个品种37台（辆）机械。为节省资金，自行研制6种选料机，1套专制路缘石、花池砖预制设备和1套选料筛。编写《涉左公路施工技术规范》和《监理实施细则》，与责任单位签订责任状，实行质量终身制，开展质量进度双竞赛，对不合格工程砸掉重来，制定“五不准”，规范施工工序；实行施工队伍自检、质量监督员再检、监理工程师最后验收和社会监督的四重质检。涉左公路就地取材，全省首创河滩砂砾铺筑路基方法。经中国科学院交通专家、院士沙庆林专业鉴定，肯定其强基指数超过普通标准，可提倡使用。

涉左公路刘庄挡墙段施工中（1998年摄）

2000年11月8日，涉左公路竣工通车。2000—2001年，涉左公路利用山区石资源，结合沿线地域文化，先后设置拓荒牛、烽火台、长城垛、石龙、河石支山等系列公路景观20余处。在弹音村槐树岭地段打造占地150亩的九龙槐风景区。人造主树粗约50米，高39米，内设9层18阁。涉县公路与旅游首次结合。

2006年7月，涉左线进行沥青砼罩面。2009年，涉左线实施安保工程，安装钢索护栏；砌筑防撞绿化花池；安装钢索锚杆护网和汉白玉栏杆以及圣佛栈危险路段排险落石等。2015年，省道涉左线7段9800米设置A级波形护栏。2011年10月，对涉左线309与涉左交界南关市场—通达公司附近（K0+000—K4+000）和贾家庄—山西省界（K24+000—K26+588）两段中修。2015年，涉左公路三尖坝段至刘庄20公里进行微表处理。是年，涉左路因建成15年无大修，被新华社、《河北日报》、《邯郸日报》等多家媒体采访，引发社会关注。

2017年6—7月，涉左线中修沥青罩面完成。工程分二段，起点至中原段和贾家庄至省界

涉左线进行路基弯沉试验（1999 年摄）

段，总计 7.498 公里。完成路面铣刨 8.6 万平方米、挖补 1.7 万平方米、砼浇筑 355 立方米、沥青铺筑 5200 余立方米。2020 年 9 月，将军大道口至贾家庄路段 21 公里中修改造。公路站负责施工。半幅施工全力推进，设置安全警示标识，洒水车及雾炮车常态降尘。2021 年 10 月，受汛期降雨及上游泄洪影响，省道涉左线贾家庄段 K23+850 米处路基被掏空，造成长 50 米、宽 9 米的路面塌陷。30 余名施工人员、10 余台机械，历时 20 个昼夜完工。

二、邢合公路

邢合公路又称省道邢合线，编号 S244。起自河北省邢台市，止于邯郸市涉县合漳乡，涉县段（苏刘—西达）全长 16.866 公里，于 2016 年开工，2019 年 3 月竣工。起止点桩号 K18+736—K35+602，二级公路，路基宽度 10.5 米，路面宽度 10 米、沥青砼，设计时速 60 公里 / 小时。沿线途经苏刘、宋家、东瓦池、西瓦池、岭底、前岩、关防、台华、西达 9 个行政村。全线管养桥梁 7 座、涵洞 74 道。1991 年至 2001 年 7 月，由公路站负责养护。2001 年 7 月以后，由乡村公路管理站进行管护。2020 年 9 月底，交由公路站管养。

邢合公路原为县道刘西线，为涉磁古道的重要部分。路线编号 X206130426，全长 96.642 公里，起点为邢台刘石岗，终点为涉县西达。路线原为涉（县）磁（县）公路西达至武安涉县交界段。2001 年，全国第二次公路普查时，涉（县）磁（县）公路涉县—西达段并入平涉线。西达—武安与涉县交界段改为刘西线中的一段，全线有大桥 1 座、小桥 1 座、涵洞 72 道。

（一）涉（县）磁（县）公路涉县段

涉磁公路涉县段原为古道，玉露岭为重要路段。民国时期，天门会首领合漳村冯贵德，出资对涉磁古道玉路岭和梁岭盘道铺修。解放战争时期，玉露岭周围多设兵工厂，晋冀鲁豫军区西达兵工厂锅炉用煤、所造炮弹等军用物资均由峰峰经此路进出。

1941 年，晋冀鲁豫边区政府，开通靳家会至武安磁山的大车道。经涉县城至河南店路，并以石岗、原曲、固新、昭义、林旺、西达、关防、岭底、西峧、东峧、宋家达武安大车道和经西达、东达、甘泉、越皮岭达彭城，抵磁县车道。1951 年秋，涉县民工建勤修建西起山西黎城石背底，经索堡、赤岸、河南店、固新、西达、关防到武安刘家庄的简易公路，长 65 公里，宽 5 米。工程重点是青峰讪和小岭讪石基路段。1952 年秋，工程相继竣工。至此，涉磁公路涉县段全线贯通，但因路窄坡陡，汽车难行。

1956 年，山洪将西达至武安刘家庄 17 公里路段冲为河床，全线中断交通。秋前涉县至西达段修复，西达至武安刘家庄暂修便道临时通车。

1961 年，拓宽西达至武安刘家庄路基 7.5 米，土路面改为宽 3.5 米的砂石路面，通行能力提高。1963 年洪水冲断西达至关防路基 2500 米，交通中断，年底修复。1979 年，西达清漳河大桥落成，与林涉公路相接。

1982 年汛期，西达至宋家庄路基多处被水冲毁，次年 3 月改建西达至前沿新建路基 8 公里，以避河道，抬高至山脚通行，三级路碎石路面，路基宽 8.5 米，投资 30 万元，于 10 月 30 日竣工。1986 年，前岩至宋家段长 8.49 公里改建为三级路，路基宽 7.5 米，投资 60.1 万元，修涵洞 25 道，石拱桥 1 座。1989 年 1 月竣工。涉县公路站接管养护。

1990 年，涉磁公路、涉林公路至西达重叠段为油路面，西达至武安刘家庄段为碎石路面，涉磁公路沿线设客运停靠站（点）17 个。

1994 年、1995 年，该段由涉县交通局筑路工程队改建为沥青表处路面。2004 年、2005 年，利用国债资金将该线改建为水泥混凝土路面，路面宽 6 米，路基宽 7.5 米。2008 年，利用邯郸市养护资金对苏刘桥进行改建。

（二）县道升级为省道

2013 年 3 月，县道刘西公路开始改建，于 2015 年通车，路面宽 8 米，三级公路。2016 年，全省路网调整，县道刘西线改为省道邢合公路。洪水将该路 30 余处约 6 公里被冲毁。是年，该路升级改建为二级公路。增大桥涵跨径方便行洪，过村路段及迎水面新建挡墙由浆砌片石变更为水泥混凝土，基础深埋 4 米，减少洪水淘空基础导致挡墙坍塌。受灾最重西达过村段，原穿村路线移至村外。

新建西达大桥，设计荷载公路—1 级，桥面宽 12 米，上部 11~30 米预应力混凝土小箱梁；下部结构采用肋板台，桥墩采用柱式墩，桩基础。位于 1978 年始建的原西达大桥下游 50 米处，双桥均可使用。全线防洪挡墙 10.77 公里。施工人员采取“输、堵、引、抽”方式，轮流作业。时近 11 月，为加固基础边坡坍塌问题，模板工人身穿雨裤，在水深及腰的冰冷浑水中立帮支模、架管锁扣。2017 年 12 月，邢合公路全线贯通。

第三章　农村公路

第一节　县道

县道历年多有变迁，邯长公路、涉左公路、涉磁公路、涉林公路等部分路段均在不同历史时期承担过县道的重要责任，后经不断演变和路网调整。至2022年，阳索公路为唯一县道。

一、阳索公路

阳索线，全称阳邑—索堡，路线编号X155130426，全长40.955公里。起点为兴阳线木井乡东豆庄村段，止于索堡镇索堡村，与涉左线相交。全线途经东豆庄、木井、史家庄、择营皎、洪河沟、董家沟、畔峪、偏城、东安居、西安居、东宇庄、西宇庄、索堡4个乡镇的13个行政村。该路线原为索（堡）偏（城）线和偏（城）豆（庄）线，贯穿涉县整个北部山区。2009年，阳索线成为涉县重点旅游线路，分2期修建：第一期阳邑至偏城，经木井、史家庄，畔峪；第二期偏城到索堡。偏青线是阳索线的延伸线，经偏城林场过平房沟到青塔水库，全长15公里，为三级公路，沥青、水泥砼混合路面。2012年，阳索公路为连接娲皇宫、青塔湖、刘家寨、庄子岭等景区的重要通道。沿路突出山石、核桃、传统民居及农家果蔬等地域特色文化，成为一条集文化、生态、旅游、观光、休闲于一体的特色乡村旅游线路。2019年，阳索公路提升罩面，多为沥青路面，应山势路面宽至6~8.5米，部分路段为二级公路标准。是年11月，阳索线郭庄—史家庄11.886公里道路改造完成。

阳索线（2019年摄）

阳索线是涉县西北的交通要道，古代为车马大道，由索堡至偏城、偏城至豆庄线组成。1947年，索堡至偏城线由过去驮运线改拓为大车道。1965年，偏城到豆庄线修为简易公路，1979年，偏城至董家沟修为简易公路。1980年，阳索线全线改建，三级公路标准，碎石路面。

1981年，索堡至偏城段改建为油面，路面宽6米。1985年，偏城至木井段改为三级公路。1999年，偏青线改建为沥青路面。2001年，全国第二次公路普查时，阳索公路合并升级为县级公路。

阳索公路口向北顺南洺河通往木井。在史家庄段分为两条：一条向西走洪河沟通往偏城镇；另一条向北过武安市长亭、万谷城等村进入涉县青塔水库景区，再经平房沟村向西到偏城村与洪河沟一线相合。在虎山向东与偏壮线相交，在西宇庄向北通往青峰。

全线有桥梁15座388.7米，其中中桥2座95米、小桥13座293.7米。1991年至2001年7月，由交通运输局公路站养护，2001年7月后，由乡村公路管理站养护。

2017年10月，青塔至大岩（青龙公路）暨邯郸市西部旅游环线完工。该路全长4.05公里，二级公路标准。2021年9月，朝阳沟隧道贯通，直接将涉县、武安周边著名景点串连起来，减少绕行，节省车程近1个小时，涉县西部旅游环线的通车成为阳索公路的拓展和补充。

第二节　乡道

张二庄—后匡门　路线编号Y164130426，全长48.331公里，起点为磁县张二庄，止点为涉县满市口。在县境内东起磁涉交界，止于更乐镇满市口村，与下江线相接，共28.679公里，途经甘泉、东达、西达、匡口、前匡、后匡、江新、满市口等2个乡镇的8个行政村。全线有桥梁2座56米，其中中桥1座40米、小桥1座16米。隧道2座991米，其中中隧道1座888米、短隧道1座103米，均为四、五类危隧。

1970年，该线路基建成，其余路段路基于1980年建成，路面为碎石，在涉县实施公路“村村通”工程后，于2000—2004年大部分路段改建为水泥混凝土路面。2008年，甘泉段改建为水泥路面，四级公路，路面宽4米。2010年，张二庄段改建为水泥路面，四级公路，路面宽4米。2016年，受特大洪水灾害，道路损坏。2017年，西达—后匡段重建为水泥路面，四级公路，路面宽4米。是年，江新段改建为沥青路面，三级公路，路面宽6.5米。

冶陶—中原　路线编号Y191130426，全长39.594公里，起点为武安冶陶，止点为涉县中原。县境内东起武安与涉县交界处，止于平安街道办中原村，与省道涉左线相接，涉县境内里程27.86公里。途经曹家安、拐里、王金庄、玉林井、井店一街、四街、下庄、台北、前池耳、上偏凉、下偏凉和中原等2个乡镇的16个行政村。该线为原曹家安村路、井关线一部分，和井中线共同组成。在2001年全国公路第二次普查时，该路与武安接头合并为冶中线。全线共有桥梁11座282米，其中中桥1座68米、小桥10座214米、隧道1座805米。1982年后，涉县交通运输局公路站负责管养。1992年后，转由涉县交通运输局乡村公路管理站管养。

明清时，该路渐由人行小道辟为驮运道。1956—1965年，该路沿线公社多次自发修建简易公路。1973—1976年，上级拨付补助材料费，古台至关防、江家至关防路段改建。1980年，王金庄隧道竣工，缩短里程4公里。1981年，天津铁厂运输部至玉林井油路完工，油面宽4米。

1986—1987年，沿途乡、镇组织群众将玉林井至关防段改建为碎石路面或红石渣路面。

1952年，下庄—中原段由驮运道拓宽为铁轮车道，1958年辟为大车道。1970年，修为简易公路。1985年，改建为四级路。1987年后，新建下庄桥1座、石拱桥2座。1990年，改为砂石路面。1999年，中原段（K11+672—K25+330）改建为沥青路面，路面宽5~6米。2005年，天津铁厂厂区段改建为水泥砼路面，路面宽8米。2000年、2011年，中原段分两次改建为水泥混凝土路面，路面宽6米。2016年，受特大洪水灾害，道路损毁。2017年，中原段（K15+351—K17+256）重建水泥砼路面，三级公路，路面宽6.5米。是年，中原段（K17+612—K22+333）重建为沥青砼路面，三级公路，路面宽7米。

山西界—偏城　路线编号Y199130426，全长26.843公里，起于山西河北交界，止于偏城镇偏城村北，与阳索线相接，途经南艾铺、黑龙洞、青塔、平房沟、寺子岩、前坪偏城镇6个行政村。全线有桥梁5座104米，其中中桥1座50米、小桥4座54米。

2000—2002年，该线南艾铺—龙洞段改建为4米水泥混凝土路面，1999年，青塔—寺子岩段改建为4米沥青路面；2008年，南艾铺—龙洞段改建为4米水泥混凝土路面。2014年，偏城段利用车购税投资改建为沥青混凝土路面，属于三级公路。2016年，受特大洪水灾害，2017年，青塔—偏城段改建为沥青混凝土路面，二级公路，路面宽8.5米，路基宽10.5米。

河南店—茅岭底　路线编号Y219130426，全长26.606公里，起点为河南店村，止于山西省界，途经河南店镇河一、河二、沿头、会里、赤岸、王堡，索堡镇下温、上温、桃城和辽城乡靳家会、曲里、西辽城3个乡镇的12个行政村。全线共有桥梁6座227米，其中中桥3座177米，小桥3座50米。短隧道2座348米。1982年开始，由涉县交通运输局公路站管养。1992年后，交由涉县交通运输局乡村公路管理站管养。

该路古为通晋要道，清明时为驮运道。1947年，为运送军需，支援解放战争，当局政府修建河南店至茅岭底的大车道。1966—1977年，沿线公社自行修建河南店到王堡简易道路。1980年，该路新建等级公路，山岭重丘区四级公路标准，砂石路面，路面宽4~6米，路基宽6~7.5米。1986年，改建桃城至辽城段11公里，泥结碎石路面宽6米。1990—1992年，以工代赈改建桃城至茅岭底省界公路，11.22公里泥结碎石路面。

河茅线（2023年摄）

2006年，该线全面改造，全长18.405公里，起于一二九师司令部旧址所在地赤岸村，终于刘家庄村与涉左公路相接处。三级公路，路基宽7.5米，油路面宽7米，两侧各设0.25

米水泥混凝土路肩，赤岸村至王堡村段路坝合一，其中赤岸村段按二级公路标准设计，路基宽20米，路面宽16米，两侧各设2米绿化带。该线于2007年10月20日建成通车。西辽城—茅岭底段于2012年改建为二级公路，2020年该路被列入民心工程进行改建，长度2.368公里，改建后路面宽7米，设5道涵洞。8月开工，9月底完工。经过多次改建，河茅线成为一条重要乡道，二级公路。受一二九师司令部旧址等红色资源影响，成为一条重要旅游路，也是沟通晋冀两省的交通要道。

田家嘴—台庄　路线编号Y213130426，全长25.305公里，路面宽7米，三级公路。起于田家嘴村南河南省界，止于台庄村北与国道G234线相接处，途经田家嘴、丁岩、郊口、下坪、太仓、石梯、史部等合漳乡7个行政村。全线有桥梁8座228米，其中中桥3座116米、小桥5座112米，隧道2座130米。

1952年冬，台庄至丁岩建为大车道。1962年，台庄至太仓8.85公里简易公路建成，民办公助性质。1963年12月，太仓公社组织群众修建的太仓—磁县辉水公路竣工。1966年5月，涉、磁两县积极筹建跃峰渠简易公路。专署水利局和交通局共同测设完成。涉县负责改建太仓至峧口和修建峧口至马鞍绝隧道口公路路基工程，全长9.3公里，民办公助性质，7月20日竣工。1972年，太仓公社组织400名民工改建峧口至辉水县境段公路，长1.8公里。1986—1987年，相继完成碎石路面和石渣路面。2002年，该线改建为四级公路，路面宽4米，路基宽6米。2016年，洪水冲毁严重，是年该线简易恢复。2017年，全线改建为三级公路，路面宽7米，路基宽8.5米，水泥砼路面。2021年，第六届全省旅游产业发展大会在涉县召开，台田线至马鞍绝隧道大修工程开建，全长20.5公里，三级公路，路面宽7米，7月下旬进入铺油阶段。8月汛期遭受水毁，该路至11月建成通车。

圣寺陀—鸡鸣铺（圣福天路）　路线编码YS10130426，全长19.078公里，二级公路，路面宽9~13米，三级公路。起于圣寺陀村前乡道界偏线，止于鸡鸣铺村东国道G234线，途经偏城镇圣寺陀、董家沟、鹿头乡的郭庄、老周背、西戌镇宋家庄、鸡鸣铺等3个乡镇的6个行政村。2017年新建，沥青路面。全线桥梁3座141米，其中中桥2座120米、小桥1座21米。

圣福天路（2017年摄）

该路地势险要，盘山越岭，日月峰最高海拔处达1290米，弯道144个，施工中交运人克服没水没电没地方住的重重困难，筑起天堑通途，成为千里乡村旅游通道中的典型路段。圣福天路沿路响石岭国家地质公园和沿途万亩槐树，自然植被丰茂。因地势险要，景色壮美，该路引来社会各界争相学习和观光，成为中央、省市各级媒体争相报道的网红路。沿线农家乐和民宿达到30余家，带动沿线村庄的旅游和经济发展。2019年3月，圣福天路成为全国政协网络议政基层连线点。2020年，被评为2019年度全国最美农村路。

下庄—江家　路线编号Y210130426，全长18.031公里，路面宽6.5米，三级公路。起点为台南村口，止于江家口与乡道井关线相接，途经台村、又上、上巷、三合、东石、张家庄、满市口等2个镇10个行政村。全线有中桥1座60.5米、中隧道1座734米。

1964年，下庄至更乐由驮运道辟为大车道。1965—1966年，张家庄至江家口、下庄至三合修为简易公路。三合至张家庄段仍为驮运道，汽车绕行。1968—1970年，张家庄第一个隧道打通，修建明路5公里，至此下张线贯通。1981年8月10日，张家庄公社凿通第二座隧道，修明路3公里。1982年，下张线正式通客运班车。1986年底，下张公路改建为三级路，全长13.5公里。路基宽7.5米。为民办公助性质。涉县政府调拨以工代赈扶贫物资，交通局负责测设，更乐镇和张家庄公社组织施工。1987—1988年，交通局投资大中修费用逐渐将路面改善为砂石路面，路面宽6米。

1996年，天铁—张家庄段（K5+511—K18+031）改建为沥青路面。2002年，该线台村、下庄段（K0+000—K3+018）在由井店镇负责改建为水泥混凝土路面，路面宽22米；下池、东巷段（K3+018—K5+511）为水泥混凝土路面，路面宽8米。2002年，张家庄段（K12+311—K15+188）改建为水泥混凝土路面。2004年，三合段（K5+511—K6+416）改建水泥混凝土路面。2006年，乡道站将其改建为沥青混凝土路面。2016年洪灾后，水毁建设里程7.285公里。2017年，三合—张家庄段（K6+252—K18+031）改建为沥青混凝土路面，三级公路。

娲皇宫—五指山　路线编号YS12130426，起于娲皇宫停车场，止于五指山景区，途经索堡村、弹音村、赤水湾、南庄村。全长18.298公里（含重复路段3.901公里），是一条旅游专线。2018年，索堡—娲皇宫段（K0+000—K2+086）新建，三级公路，路面宽7米，路基宽8.5米，沥青路面；2018年，娲皇宫—赤水湾段（K2+086—K18+298）新建，二级公路，路面宽9米，路基宽11米，沥青路面。全线有桥梁6座477米，其中大桥1座385米。小桥5座92米。

Y191—关防　路线编号Y209130426，全长17.795公里，起点为井店镇拐里村接乡道冶中线，止点为关防乡关防村与省道邢合线相接，途经拐里、西坡、后何、前何、江家、古台、西安、王家、郝赵、关防等3个乡镇10个行政村。原线起点为井店镇井店村，在2001年全国第二次公路普查时，井店至拐里段并入冶中线。1999年，拐里—西坡段（K0+000—K4+416）、前何—后何段（K4+416—K10+479）改建为沥青路面，路面宽5米；2000年，涉县实施公路“村村通”工程，更乐关防乡界至关防段（K10+479—K18+115）段改建为水泥砼路面，路面宽4米；2008年，拐里段（K0+000—K1+796）改建为沥青砼路面。2016年，受特大洪水灾害水毁里程13.032公里。2017年，全线重建为沥青砼路面，二级公路，路面宽9米，路基宽10米。全线有桥梁6座303米，其中中桥3座235米、小桥3座68米。

西岐—前岩　路线编号 Y195130426，全长 15.845 公里，在涉县境内北起武安涉县交界，止于关防乡前岩村与刘西线相接，涉县境内 12.345 公里，途经后池、前池、曹家、后岩、前岩等关防乡 5 个行政村。该线前岩段（K14+795—K15+845）于 1995 年改建为沥青路面，路面宽 4 米；2001 年，后池—后岩段（K3+500—K14+795）改建为水泥路面，四级公路，路面宽 4 米。2016—2017 年，该线改建、重建为沥青混凝土路面，三级公路，路面宽 6.5 米，路基宽 8 米。全线共有小桥 2 座 24.5 米。

杨家寨—索堡　路线编号 Y205130426，全长 14.292 公里，起点为偏店乡杨家寨砖厂乡道偏壮线，止点索堡镇索堡村与省道涉左线相接，途经杨家寨、后寨、白泉水、陈家庄、磨池、土后门、高家庄、石家庄、索堡等 2 个乡镇的 9 个行政村。全线有小桥 5 座 94 米。

此路为邯长古道涉县境内的北车马大道。1946 年冬，辟为大车道。1956—1965 年，索堡至陈平（今前寨村）15.75 公里和索堡至杨家寨 17 公里道路建为简易公路，路基宽约 4 米。1967 年，天津工学院新校址在唐王岐兴建，邯郸地区投资 4.04 万元，涉县交通局测设和组织施工，按四级路改建索堡至石家庄段，长 4.5 公里。1987 年，索堡镇和偏店乡组织群众按四级路改建石家庄至杨家寨段，路基宽 5~6 米。为开发旅游事业，1988 年，索堡至娲皇宫改建油路工程，民办公助性质。三级路标准改建，路基宽 7.5 米，油面宽 4.5 米，铺筑油路 2.5 公里。1990 年，“3737”项目娲皇宫至杨家寨段改建段开工，全长 11.3 公里，分三年修成。

1999 年，该线杨家寨村段（K0+000—K3+802）改建为水泥混凝土路面，路面宽 4 米；偏店索堡乡界至娲皇宫段（K3+802—K11+075）于 1997 年利用以工代赈资金改建为沥青路面，路面宽 4 米；娲皇宫至索堡段（K11+075—K14+292）于 2003 年利用旅游国债资金，由涉县旅游局负责修建，路面宽 7 米，路基宽 9 米；K0+000—K11+075（杨家寨—石家庄）段于 2008 年利用国债资金改建为水泥砼路面，路面宽 4.5 米，路基宽 6.5 米。2018 年，全线改建为沥青路面，三级公路，路面宽 7 米，路基宽 8.5 米。

陶泉—郊口　路线编号 Y155130426，全长 14.127 公里，起点为磁县陶泉，止点为涉县合漳乡郊口村。与乡道台田线相接，涉县境内 1.795 公里，1970 年建成，砂石路面。2010 年，改建为水泥路面，四级公路，路面宽 4 米，路基宽 6 米。2016 年，特大洪灾使县境内道路全毁。2017 年，重建为水泥混凝土，三级公路，路面宽 7 米，路基宽 9 米。

山西界—石门　路线编号 Y223130426，全长 13.507 公里，起点为山西界，止于石门村，途经辽城乡的苏家庄、韩家窑、郝家、石窑、石门 5 个行政村。全线共有小桥 6 座 72 米。1972 年，该线省界至大岩段建成砂石路面。2002 年，东泉至石门段，全线改建，砂石路面改建为水泥路，路面宽 4~6 米，四级公路，是沿线群众出行的唯一通道。2014 年，西泉至石门段铺筑沥青混凝土路面。2020 年，全线改建为三级公路，路面宽 6.5 米，路基宽 8 米，沥青砼路面。

偏店—壮口线　路线编号 Y204130426，全长 12.869 公里，起点为偏店乡偏店村东省道平涉线，止点鹿头乡壮口村与县道阳索线相接，途经赵峪、韩家山、东鹿头、西鹿头、壮口等 2 个乡镇的 5 个行政村。全线有桥梁 2 座 98 米，其中中桥 1 座 56 米、小桥 1 座 42 米，短隧道 1

座340米。1952年冬，将偏店至壮口的驮运道辟为大车道。修建杨家寨石拱桥一座。1953年，对韩家山岭段拓宽降坡。1958年，沿途公社将其修为简易公路。1984年冬，该路以3级路标准改建为碎石路面，民办公助性质，水泥钢筋结构重建杨家寨桥，于1985年春竣工。1998年，利用以工代赈资金改建为沥青路，路面宽4米，路基宽6米。2007年，对原有路基进行拓宽补强，对路面进行改造，三级公路标准，水泥混凝土路面宽6米，路基宽8米。2017年，全线改建为沥青混凝土路面，三级公路，路面宽7米，路基宽9米。

大滩—段曲　路线编号Y214130426，全长12.276公里，起点为大滩村西接国道G234线，止于段曲村北与国道G234线相接，途经小丰村、大港村2个乡镇，2个行政村。2000年，该线小峰段再改建为水泥路，路面宽4米，路基宽6米；小峰至大港段因人车较少没有改建；大港段在1999年改建为水泥混凝土路面，路面宽4米，路基宽6米。2014年对该段改建。

庞西—连泉　路线编号Y211130426，全长12.215公里，起点为三合村庞西接乡道下江线，止于连泉村南与国道G234线相接，途经三合、小车、老漳、连泉等2个乡镇的4个行政村。全线共有大桥1座136米。该线三合段在1996年改建为沥青路面，路面宽4米，路基宽6米，因路面损坏严重，于2006年大修，重铺路面；三合至连泉段在涉县实施公路“村村通”工程后，于2001—2005年逐步改建为水泥路，路宽不变。2013年，三合至更乐固新乡界段改建，小车至连泉段于2016年改建为三级公路，沥青混凝土路面，路面宽6.5米，路基宽8米。2022年，该段重修为沥青路。

山西界—寺子岩　路线编号Y200130426，全长12.062公里，起点为界偏线，止于寺子岩村西与阳索线相接，途经桑栈村、石峰村等偏城镇2个行政村。2004年5月，桑栈—石峰改建为水泥混凝土路面，路面宽4米，路基宽6米，涉县成为河北省首个实现“村村通”的山区县的最后一条路。2018年，改建为沥青混凝土路面，三级公路，路面宽7米，路基宽7.5米。

神头—雪寺　路线编号Y218130426，全长11.785公里，起点为国道G309线，止于山西省界，途经神头乡北水、流四河、申家庄、雪寺等4个行政村。1982年，全线建成，有小桥1座15米，中隧道1座710米。1999年，神头至雪寺段在实施公路“村村通”工程时改建为4米宽水泥混凝土路面。沿线群众义务投劳，交通运输局提供水泥。其余路段为砂石路面。2013年，因金隅水泥厂、西林科技集团建设需要，神头至申庄段扩建为二级公路，路面宽9米。2018年，申庄至山西界段改建为沥青混凝土路面，三级公路，路面宽7米。是年，山西省平顺县交通运输局对隧道进行加宽衬砌。

井店—王金庄　路线编号Y215130426，全长11.118公里，起点为国道G309，止于王金庄一街村与乡道冶中线相接，途经银河井村。全线共有短隧道1座365米。1970年，银河井至王金庄段修建为砂石路，路面宽3米，路基宽5米。2000年，该线银河井段改建为水泥混凝土路面，路面宽4米；2009年，全线改建为水泥混凝土路面，三级公路，路面6.5米，路基宽8米。2016年，被太行山高速连接线占用。

原曲—黄岩　路线编号Y216130426，全长11.507公里，起点为原曲村南，止于黄岩村，途经原曲、云头、回底、小矿、李家河、大矿、邢家、坪上、孔家、吴家、黄岩 11 个行政村。1952 年秋，该路由驮运道修建为大车道。线路大多穿行于河滩，汛期冲毁，汛后修复。1964 年，沿途大队组织社员修建简易公路。1982 年，固新公社按四级路标准改建原黄线，民办公助性质。1985 年，坪上乡组织群众完成原黄线续建工程。经过历年修建，路面改善为碎石路面，通行能力提高。1997 年，该线原曲至黄岩段改建为沥青混凝土路面，路面宽 4 米，路基宽 6 米；因该路线地处河床之上，原曲、小矿段路面损坏严重。1999 年，沥青混凝土路面完成铺筑；2001 年，黄岩至黄花山段，改建为水泥路面。2008 年，原曲至黄岩段改建。2017 年，原曲至黄岩段改建为沥青混凝土路面，三级公路，路面宽 7.5 米，路基宽 9 米。

YSX4—东坡根　路线编号 YSX5130426，全长 11.501 公里，起点国道 G309 线，穿过寨上村，一五〇电厂，止于寨连线，途经自然村东坡根。该线有中桥 1 座 60 米。2002 年，寨上段改建为水泥路面，路面宽 4 米。2008 年，寨上至东山段改建为 4 米水泥混凝土路面。2013 年，该段利用车购税投资改建四级公路，水泥路面。2016 年，水毁重建里程 1.181 公里，因路线新增后调整桩号。2017 年，南关至寨上段新建为沥青混凝土，二级公路，路面宽 12 米；是年，寨上至东山段改建为沥青混凝土路面，三级公路；东山至圪糟山段改建为水泥砼路面，三级公路，路面宽 6.5~7 米。

北郭口—西戌　路线编号 Y207130426，全长 10.401 公里，起点为涉县武安交界处，止点为西戌铁厂与乡道龙西线相接，途经北郭口和马布 2 个行政村。全线有小桥 1 座 24 米。西戌至马布段原是邯长古道组成部分。1956 年，修建为简易公路。随着厂矿的兴建，该路由东戌，过井家峪桥改为经厂矿区达马布。1977 年，马布公社发动群众改建西马线 3.5 公里。1987 年底，涉县西戌至马布公路完工，全长 6.3 公里，四级路。交通局利用乡村公路建设补助款分期拨付 3 万元，马布乡负责组织施工，沿线企业群众捐资 1.7 万元，并无偿捐献物料。1988 年 9 月，该段改建油路工程，山区三级路标准。油面工程由涉县交通局筑路工程队承担，马布乡及沿途厂矿自筹 9 万元。2001 年，改建北郭口至马布段。2003 年，改建涉县武安界至北郭口为水泥混凝土路面，路面宽 4 米。2015 年，改建北郭口至马布为水泥砼路面，路面宽 8 米。2016 年特大洪灾后，水毁重建里程 0.672 公里。2021 年，改建 8 公里为三级公路。

木井—后西峪　路线编号 Y203130426，全长 10.381 公里，起点木井乡木井村阳索线路口，止于鹿头乡秦家脑村尖山与阳索线相接，途经木井、后西峪和鹿头乡秦家脑 2 个乡镇的 3 个行政村。全线共有小桥 1 座 13 米。2001 年，木井至后西峪段改建为水泥混凝土路面，路面宽 4 米。2003 年，后西峪至秦家脑段改建为水泥路，路面宽 4 米，路基宽 6 米。2008 年，扩建水泥混凝土路面，路面宽 5 米。2010 年，后西峪至秦家脑段改建为沥青路面。2015 年，木井至后西峪段改建为沥青混凝土路面，三级公路，路面宽 6.5 米，路基宽 8 米。

龙虎—西戌　路线编号 Y208130426，全长 10.285 公里，起点为龙虎乡龙虎村国道 G309，止点为西戌镇西戌村北与省道平涉线相接，途经龙虎、南乱石岩、北乱石岩 3 个行政村。全线桥梁 3 座 94 米，含中桥 1 座 58 米、小桥 2 座 36 米。

1933年，武安县长凌士美征集民兵，修筑经由猛虎、乱石岩、西戍至涉县城的涉武马路。1938年，日军强迫群众拓宽为简易公路。1945年后，日军为运送军需，对沿途乡村多次整管。1949年，邯长公路改线，龙虎至西戍段成为联乡公路。1950年后，虽逐年改善，但道路难行。1982年，沿途公社发动社员民办公助改建西龙线。1990年，国家以工代赈修建该路为三级碎石路面。2000年，该路逐步改建为水泥混凝土路面，路面宽5米，泥结碎石路面。2008年，利用省补乡道资金改建为水泥混凝土路面，标准为山岭重丘区二级公路，路基宽9米，路面宽8米。2016年，水毁重建部分路段。

寨上—连泉　路线编号YSX4130426，全长9.144公里，起点寨上村，接国道G309，止于固新镇连泉村北，沿韩王山南山腰辟路而建，途经平安街道办寨上村，该线涉及2个行政村。1970年，该段为碎石路面等外路。1975年，国道G309至一五〇电厂段建成通车，水泥混凝土路面，路面宽6米，三级公路。1982年，改为四级公路，路基宽6米。2016年，改建为四级公路，路面宽5米，路基宽7米，水泥路面。2011年，全线改建，三级公路，沥青混凝土路面。

新桥—西涧　路线编号Y220130426，全长9.009公里，起点为新桥村北，止于西涧村，途经西辽城、来家山、西涧等辽城乡3个行政村。全线桥梁2座110米。其中，中桥1座92米、小桥1座18米。2000年，“村村通”工程建设中全线改建，由砂石路面改建为水泥混凝土路面，路基宽6米，路面宽4米，四级公路。辽城乡负责路基工程，交通运输局负责提供水泥路面铺筑；2008年K0+000—K1+194（新桥至西辽城）段改建为水泥混凝土路面，路面宽6米，三级公路标准。

青峰—宇庄　路线编号Y202130426，全长8.643公里，起点为鹿头乡青峰村，止于鹿头乡西宇庄村与阳索线相接，途经青峰、杨家庄、木口、西宇庄等鹿头乡4个行政村。全线小桥4座58米。2000年，改建为四级公路，水泥混凝土路面，路面宽4米，路基宽6米。2018年，改建为三级公路，沥青路面，路面宽7米，路基宽8.5米。

窑门口—圪腊铺　路线编号Y710130426，全长8.044公里，起点为窑门口村南与乡道界偏线相接，止于山西河北交界处，途经偏城镇圪腊铺村和窑门村。2003年，圪腊铺至山西界段（K6+322—K7+960）改建为水泥混凝土路面，路基宽6米，路面宽4米，属四级公路。2010年，窑门口段由渣石路面改建为水泥混凝土路面，路面宽4米，四级公路。2016年，水毁重建里程4.979公里。2017—2018年，全线改建为三级公路，路面宽7米，路基宽9米，沥青路面。

河南店—王堡　路线编号YS04130426，全长7.499公里，全线小桥1座24米。2008年，会里至王堡段新建，二级公路，沥青混凝土路面。2010年，河南店至会里段新建，二级公路，沥青混凝土路面。

西沟—黄栌脑　路线编号Y714130426，全长7.461公里，起点为西沟村与乡道涉西线相接，止于黄栌脑村。2001年，该线建为水泥混凝土路面，路基宽6米，路面宽4米，四级公路；2018年，西沟段改建，路面宽5米，路基宽7米，四级水泥路。2021年，1.8公里改建为三级公路。

胡峪—杨庄　路线编号Y217130426，全长7.443公里，起点为国道G234线，止于杨庄村，途经胡峪村、卸甲村、石龙村、杨庄村4个行政村。全线有小桥1座15米。2000年，该线原碎石路面改建为水泥混凝土路面，路面宽 4 米。沿线村庄群众出工投劳，交通运输局负责提供水泥进行路面铺筑。2018 年，胡峪至杨庄段改建为沥青混凝土路面，三级公路，路面宽 7 米。该线杨庄村有滴谷寺、白桦林，卸甲村有涌泉寺旅游景区。

神头—岭后　路线编号 Y716130426，全长 7.209 公里，起点为神头村东，途经岭后村，止于杨家山村与村道 G309—杨家山村相接。1999 年，该线部分改建为水泥混凝土路面，路面宽 4 米，四级公路。2015 年，其余路段改建为水泥混凝土路面，路面宽 4 米，属四级公路。

偏店—凤岗　路线编号 Y226130426，全长 7.387 公里，起点为偏店村南，止于井店寨坡山接国道 G234 线，途经偏店乡的西寨、凤岗和井店镇的井店四街等 3 个行政村。全线有小桥 2 座 24 米。1997 年，凤岗—寨坡山段（K6+596—K7+207）改建为水泥混凝土路面，路面宽 6 米，三级公路。2001 年，该线偏店—西寨段（K0+000—K2+454）改建为水泥混凝土路面，路面宽 4 米，四级公路。2008 年，西寨—凤岗段（K2+454—K6+596）改建为水泥路面，路面宽 4 米。2022 年 9 月，该线改建为三级公路，路面宽 6.5 米，沥青混凝土路面。

田家峧—北郭口　路线编号 YSXH130426，全长 6.923 公里，起点龙西线，止于北郭口村与北西线相接，全线有小桥 1 座 26 米。2001—2004 年，该线逐步改建为水泥混凝土路面，宽 4 米。2016 年，水毁重建 778 米。2021 年，改造 6.9 公里，沥青路面，三级公路，路面平均宽 6.5 米。

王堡—山西界　路线编号 Y221130426，全长 6.906 公里，起点为王堡村，止于山西界，途经河南店镇王堡村、索堡镇的峧村，全线有小桥 2 座 55 米。1999 年，该线由砂石路面改建为水泥混凝土路面，路面宽 4 米，四级公路。2009 年改建，水泥混凝土路面。2019 年，全线改建为三级公路，路面宽 7 米，路基宽 8.5 米，沥青混凝土路面。

龙泉寺—鹿头　路线编号 YSXK130426，全长 6.520 公里，起点阳索线，止于龙泉寺村与乡道鹿圣线相接。全线有小桥 1 座 15 米。2002—2006 年，该线改建为水泥混凝土路面，路面宽 4 米，路基宽 6 米。

山西界—偏城林场　原称偏城林场—西峧，路线编号 Y201130426，全长 6.507 公里，起点为山西河北交界，止于偏城林场，与界偏线相接，途经西峧村和王进村等偏城镇 2 个行政村。全线共有小桥 1 座 24 米，短隧道 1 座 308 米。省界至西峧段，原路为等外路，渣石路面，因山西问题道路未通行。2000 年，西峧至林场段改建为水泥混凝土路面，路面宽 4 米。2017 年，省界至西峧段改建为水泥混凝土路面，路面宽 4 米，路基宽 5 米。

冶中线—老爷庙　路线编号 YS03130426，全长 6.471 公里，起点冶中线，止于老爷庙。2008 年，新建为三级公路，水泥混凝土路面。

下温—佛堂　路线编号 Y711130426，全长 6.285 公里，起点为下温村，与乡道河茅线相接，止于佛堂村，途经索堡镇下温和佛堂 2 个行政村。2001—2002 年，该线改建为水泥混凝土路面，路面宽 4 米，四级公路。2019 年，下温—佛堂段（K0+000—K4+235），改建为三级公路，路面宽 6.5，路基宽 8 米，沥青路面。

西鹿头—畔峪　路线编号 Y713130426，全长 6.179 公里，起点为西鹿头村，与乡道偏壮线相接，止于畔峪村西与县道阳索线相接，途经鹿头乡西鹿头、核桃树角和偏城镇横岭村等3个行政村。全线有小桥1座20米。1997年，核桃树角—横岭段改建为沥青路面，路面宽4米，路基宽6米，四级公路。1998年，该线西鹿头—核桃树角段利用以工代赈资金改建为沥青路面，路面宽4米，四级公路。在涉县实施公路“村村通”工程中，2002年，核桃树角—横岭段（K2+160—K4+236）改建为水泥混凝土路面，路基宽6米，路面宽4米，四级公路。2009年，全线改建为水泥混凝土路面，宽4米，四级公路。

新城区—南原　路线编号YS08130426，全长6.201公里。2008年新建，二级公路，沥青混凝土路面。

荣兰线—峧沟　路线编号YS07130426，全长6.091公里，全线小桥1座28米。2011年新建四级公路，沥青混凝土路面。2014年，五指山景区新建三级公路，路面宽6.5米，路基宽8米，沥青路面。2018年，国道G309至五指山景区改建为三级公路，路面宽7米，沥青路面。

鹿头—圣福天路　路线编号Y224130426，全长5.72公里，起点为鹿头村，止于圣福天路，途经鹿头乡鹿头、龙泉寺、郭庄等3个行政村。1999年、2000年，该线东鹿头—郭庄段改建为水泥混凝土路面，路面宽4米，四级公路。2019年，全线改建为三级沥青路，路面宽6.5米，路基宽8米。

塔庄—峪里　路线编号Y715130426，全长5.591公里，起点为塔庄村与乡道河茅线相接，止于河北山西交界处，途经辽城乡塔庄、半峧和峪里。全线有小桥1座24米。2000年，改建为水泥混凝土路面，辽城乡负责路基工程，交通局提供水泥进行路面铺筑，路基宽6米，路面宽4米，四级公路。2019年，改建为沥青混凝土路面，二级公路，路面宽9米，路基宽11米。

前西峪—洪河沟　路线编码YS11130426，起于前西峪村后乡道木后线，经拱沟岭，止于洪河沟村前县道阳索线，全长5.575公里。全线有短隧道1座171米。2019年，洪河沟段新建为二级公路，路面宽8米。是年，前西峪段原水泥路面改建为沥青路面，四级公路，路面宽4米。2003年，拱沟岭至洪河沟段建成，四级公路，路面宽4米，路基宽6米，水泥路面。

木井—史家庄　路线编号YSXJ130426，全长5.553公里，起于木井村接县道阳索线，止于史家庄村与县道阳索线相接，共2个行政村。全线有中桥2座151米。2001年，该线改建为水泥混凝土路面，路面宽4米，路基宽6米。2016年，水毁重建517米。

土木河—沙河　路线编号YSXI130426，全长5.208公里，起于木后线，止于沙河村与国道G234线相接，途经木井乡土木河和西戍镇沙河2个行政村。2001年，土木河至木井西戌乡界段为砂石路面；乡界至沙河段改建为水泥混凝土路面，路面宽4米，路基宽6米。2003年，该线土木河段改建为水泥混凝土路面，宽4米。2013年，土木河至木井西戌乡界段改建，四级公路，水泥混凝土路面。

涉左线—西沟　路线编号Y222130426，全长5.12公里，起点为涉左线，止于西沟村，途经辽城乡污犊、郭家、污犊脑、西沟4个行政村。全线有大桥1座126米。2001年，全线由砂石路面改建为水泥混凝土路面，辽城乡负责路基工程，交通运输局提供水泥铺筑4米路面，四级公路，是沿线群众出行的唯一通道。2017 年，涉左线至南坡段新建为沥青混凝土路面。2021 年，旧路改造 4.667 公里，三级公路，路面宽 6 米，路基宽 7.5 米。

平安街道办—河南店　路线编码 YS01130426，全长 5.102 公里，起于平安街道办，止于河二村。该线有桥梁 2 座 454.1 米，其中大桥 1 座 427.1 米、小桥 1 座 27 米。2008 年，全线新建为二级公路，沥青混凝土路面。

Y192—岭底　路线编号 Y249130426，全长 5.096 公里，起于磁涉交界处，止于岭底村西与省道邢合线相接，途经关防乡岭底村。全线中桥 1 座 99 米。1995 年，岭底至邢合线段改建为沥青路面，路基宽 6 米，路面宽 4 米，四级公路。2010 年，该线涉磁界至岭底，原渣石路面改建为水泥路面，路面宽 5 米，属四级公路。

平涉线—后峧　路线编号 Y712130426，全长 4.908 公里，起于前峧村南与国道 G234 线相接，止于后峧村，途经合漳乡前峧和后峧等 2 个行政村。2001 年，前峧改建为水泥混凝土路面，路基宽 6 米，路面宽 4 米，四级公路。2015 年，后峧段利用省燃油税资金改建为同等级水泥路面。

后西峪—圣福天路　路线编号 YS13130426，起于木井乡后西峪村前乡道木后线，止于乡道圣福天路（圣寺陀—鸡鸣铺），全长 4.901 公里，全线有小桥 1 座 20 米。2019 年建，三级公路，路面宽 7 米，路基宽 8.5 米，水泥路面。

红街—下池　路线编号 YSX8130426，全长 4.723 公里，起点红街村，接国道 G309 线，止于天津铁厂，途经更乐镇红街、池西和下池等 3 个行政村。1990 年，该线改建为沥青混凝土，宽 6 米，路基宽 7.5 米，三级公路。该线原为天津铁厂专用公路，2001 年，全国公路第二次普查时调整为乡道。2015 年，改建为宽 8 米沥青混凝土，二级公路。

西泉—梯上　路线编号 Y225130426，全长 4.638 公里，起于为山石线，止于梯上村，途经西泉、梯上 2 个行政村。全线共有小桥 1 座 11 米。2004 年，该线西泉段改建为水泥混凝土路面，路基宽 6 米，路面宽 4 米。2013 年，梯上段改建，路基宽 5 米，路面宽 4 米，四级公路。

平涉线—西山　路线编号 Y717130426，全长 4.594 公里，起于国道 G234 线，止于西山村。2001 年、2013 年，西山段（K3+227—K4+594）改建为水泥混凝土路面，路基宽 6 米，路面宽 4 米，属四级公路。

S202—牛家　路线编号 YSXA130426，全长 4.494 公里，起于河口村东接国道 G234 线，止于西达镇牛家村，途经西达镇席家、申家和牛家 3 个村庄。全线有小桥 1 座 9 米。2000 年，该段改建为水泥混凝土路面，宽 4 米，路基宽 6 米，是四级公路。2010 年，原为省道平涉线的河口段改建时调整为乡道。2013 年，河口至牛家段改建。

Y205—前寨　路线编号 YSXL130426，全长 4.469 公里，起于杨索线，止于凤岗村，与乡道偏凤线相接。全线有小桥 1 座 24 米。1999 年，该线前寨段改建为水泥混凝土路面，路面宽 4 米，路基宽 6 米。2014 年，前寨至凤岗段由砂石路改建为水泥混凝土路面，四级公路。

S202—宋家庄　路线编号 YSX6130426，全长 4.384 公里，起于鸡鸣铺村接国道 G234，止于宋家庄，途经西戌镇鸡鸣铺和宋家庄 2 个行政村。2002 年，改建为水泥混凝土路面，路面宽

6米，路基宽7.5米，属三级公路。

上窑则—鸡鸣铺　路线编号YSXG130426，全长4.15公里，起于偏店乡上窑则，止于鸡鸣铺与省道S202相接。1980年，该线建为砂石路面，宽4米，四级公路。2003年，国道G309至鸡鸣铺段新建四级公路，水泥混凝土路面。2008年，上窑则至下窑则段和偏店西戌乡界改建，四级公路。2016年，受特大洪水灾害，鸡鸣铺段（K3+210—K4+150）水毁重建940米。

西岗—上偏凉　路线编号YS14130426，全长4.061公里，起于西岗村西将军大道，止于上偏凉村北凉爽湖。2019年，新建三级公路，路面宽7.5米，路基宽9米，沥青路面。

Y199—寺峪　路线编号YSXC130426，全长4.026公里，起于青塔村，南接界偏线，止于寺峪村。1980年，修建砂石路面，宽4米，路基宽6米，四级公路。

G309—招岗　路线编号YSX2130426，全长3.98公里，起于国道G309，止于韩王山景区入口，途经平安街道办招岗村。全线有大桥1座110米。2003年，改建为水泥混凝土路面，路基宽6米，路面宽4米，四级公路。2011年，全线改建为三级公路，水泥混凝土路面。

龙井大街—冶中线　路线编号YS02130426，全长3.859公里，起于国道G234线，止于乡道冶中线。2008年，新建三级公路，沥青混凝土路面。

S213—塔坡　路线编号YSXD130426，全长3.849公里，起于悬钟村接涉左线，止于塔坡村。沿线涉及2个行政村。该线原为六厂专用路，六厂搬迁后改为乡道。1973年修建，路面为水泥混凝土，宽6米，路基宽7.5米，三级公路。2019年，全线改建为沥青混凝土路面，路宽不变。

水溢河—沙河　路线编码YS06130426，全长3.781公里。2019年，新建三级公路，路面宽7.5米，路基宽9米，沥青路面。

林旺—匡口　路线编号YSXB130426，全长3.766公里，起于平涉线，止于西达镇匡口村，途经固新镇林旺和西达镇匡口2个行政村。全线有中桥2座118米。2001年，该线改建为水泥混凝土路面，宽4米，路基宽6米，四级公路。2008年，全线改建。2017年，固新西达乡界至匡口段，灾后重建为水泥混凝土路面，四级公路，路面宽4米，路基宽6米。

S213—太平庄　路线编号YSX1130426，全长3.734公里，起于涉左线，止于太平庄村。全线有桥梁2座70米，其中中桥1座58米、小桥1座12米。2001年，该线改建为4米水泥混凝土路面，四级公路。2019年，改建为7.5米沥青路面，三级公路。

S202—后沟　路线编号Y718130426，全长3.661公里，起于国道G234线，止于后沟村。2002年，改建为水泥混凝土路面，路基宽6米，路面宽4米，四级公路。

旅游环线武安界—青塔段　路线编号YS09130426，全长3.623公里，起于青塔村乡道界偏线，止于涉县武安交界朝阳沟隧道，途经青塔、大岩等2个行政村。该线有中桥1座60米。2017年，新建8.5米，沥青混凝土路面，二级公路，也称青龙公路。

Y226—凤岗　路线编号YSXE130426，全长3.366公里，起于北寨村东接偏凤线，止于凤岗村。与偏凤线相接，该线涉及2个行政村。1980年，该路为砂石路面等外公路。2002年，北寨段改建为4米水泥混凝土路面，路基宽6米，四级公路。2010年，全线改建为水泥混凝土路面，四级公路。

南原—赤岸　路线编号 YSX3130426，全长 3.163 公里（含重复路段 0.394 公里），起于南原村，接涉左线，止于赤岸村。2000 年，南原段改建为水泥混凝土路面，路面宽 4 米。1996 年，南原至赤岸段冲毁。2000 年，修复路面。2006 年，拓宽改建为双行线，路面宽 14 米，路基宽 18 米。赤岸至药厂段原为 1986 年建成的东风药厂路，路面改为水泥混凝土，路面宽 4 米，路基宽 6 米。

S202—白鱼岭　路线编号 YSXF130426，全长 3.137 公里，起于偏店村接国道 G234，止于南寨村白鱼岭与国道 G309 相接。2001 年，建为水泥混凝土路面，宽 4 米，路基宽 6 米，四级公路。

S202—原曲　路线编号 YSX9130426，全长 3.132 公里，起于平涉线，止于固新镇原曲村后清泉寺。2003 年，该线建成通车，路面为水泥混凝土，宽 4 米，路基宽 6 米，四级公路。

马渠水—青塔　路线编号 Y701130426，全长 2.574 公里，起于武安界，止于青塔村，是武安进入青塔湖风景区唯一通道。该线有小桥 1 座 24 米。2000 年，该线修建为水泥混凝土路面，四级公路。2012 年，改为沥青路面。

辽城—刘家庄　路线编号 YS05130426，全长 1.632 公里，该线有中桥 1 座 68 米。2008 年，新建二级公路，沥青混凝土路面。

第三节　村道

1956 年，涉县修建简易村级公路 11 条，大车路 5 条，架设过河木便桥 7 座；全县 25 个行政村通马车。

1965 年，开通村级道路 120 余公里，全县 181 个行政村通汽车和马车。1979 年，村级道路 226.2 公里，通汽车行政村 227 个，占 72%。1979—1996 年，共投资 291.3 万元修建村级道路 127 条，长 397.5 公里。2004 年，全县实现村村通水泥路和沥青路。2006 年，全县 308 个行政村全部通客车。135 个自然村由于地处深山，尚不通车。

2021 年底，涉县有村道 543 条，长 681.684 公里，通车率达 100%。除砂石路面长 6.517 公里外，均为四级以上油路或水泥路。

2022 年底，涉县有村道 542 条，685.015 公里，通车率达 100%，等级公路占总里程的 100%。

2022年涉县村道基本情况表

表 2-3-1

所属乡镇	序号	路线名称	路线编号	里程（公里）	起点名称	终点名称	修建时间	技术等级	路面类型	路基宽度（米）	路面宽度（米）	备注
涉城镇	1	上偏凉—中原水库	C45Z	0.881	上偏凉	水库	2018年6月	四级	沥青混凝土	6	4.5	
	2	Y191—龙耳村	CA01	1.371	村道 Y191130426	龙耳村委会	2012年1月	四级	水泥混凝土	6	5	
	3	Y191—占洼村	CA02	1.437	占洼村委会入口	占洼村委会	2000年1月	四级	水泥混凝土	6	4	
	4	SDT1 崇州路—西岗村	CA03	0.338	SDT1 崇州路	西岗村委会	1998年1月	四级	水泥混凝土	6	4	
	5	上清凉—滩里	CA04	0.455	上清凉村	滩里	1975年1月	四级	水泥混凝土	6	4	
	6	S213—北原村	CA05	0.681	村道 S213130426	村道 YSX1130426	2002年1月	四级	水泥混凝土	6	4	
	7	下清凉—占洼	CA06	1.776	占洼	下清凉	2004年9月	四级	水泥混凝土	6	4	
	8	G309—南岗村	CA07	1.995	村道 G309130426	村道 G309130426	1980年1月	三级	水泥混凝土	7.5	6	
	9	G309—北岗村	CA08	1.434	村道 G309130426	北岗村	1995年1月	三级	水泥混凝土	7.5	6	
	10	S202—上清凉	CA09	0.838	村道 S202	上清凉村	2008年1月	三级	沥青混凝土	7.5	6	
	11	S213—下清凉	CA10	2.136	村道 S213	下清凉	2008年1月	二级	沥青混凝土	9	9	
	12	G309—下清凉	CA11	2.402	村道 G309	下清凉	2008年1月	二级	沥青混凝土	24	16	
	13	S202—龙山小学	CA12	0.97	平涉线	龙南路	2002年12月	二级	沥青混凝土	10	8.5	
	14	S213—北关村	CA13	1.8	村道 S202	南关村	2008年1月	三级	沥青混凝土	7.5	6	
	15	G309—滩里村	CA14	2.171	村道 G309	滩里村委会	2008年1月	二级	沥青混凝土	13	12	
	16	太平庄—武装部基地	CA15	0.621	太平庄	武装部基地	2008年1月	四级	水泥混凝土	6	4	
	17	太平庄—娲皇山庄	CA16	0.831	太平庄	娲皇山庄	2011年1月	四级	水泥混凝土	6	4	
	18	寨上—新民居	CA17	0.573	寨上	新民居	2017年6月	四级	沥青混凝土	5	3.5	
	19	冶中线—中原	CA18	0.734	村道 Y191	中原村	2015年10月	四级	水泥混凝土	5	4	
	20	韩王山—汉寨	CA19	1.054	东山	汉寨	2017年6月	三级	沥青混凝土	8	7	
	21	龙南线—南原	CA20	0.687	龙南线	南原村	2014年1月	四级	水泥混凝土	5	4	
	22	韩王天路	CA21	4.224	东山	东山	2017年8月	三级	水泥混凝土	9	8	
	23	天路—电视台	CA22	3.049	天路	电视台	2017年8月	三级	水泥混凝土	9	8	

续表 2-3-1

所属乡镇	序号	路线名称	路线编号	里程（公里）	起点名称	终点名称	修建时间	技术等级	路面类型	路基宽度（米）	路面宽度（米）	备注
涉城镇	24	龙南线—西岗	CA23	0.869	龙南线	西岗村	2014 年 1 月	四级	水泥混凝土	6	4	
	25	西岗街道	CA24	0.602	龙南线	西岗村	2014 年 1 月	三级	水泥混凝土	8	6.5	
	26	招岗村路	CA25	3.368	招岗村	东山	2017 年 8 月	四级	水泥混凝土	5	3.5	
	27	中原—北原	CA26	0.553	中原村	北原村	2015 年 1 月	四级	水泥混凝土	6	4	
	28	涉左线—下清凉	CA27	1.556	下清凉	涉左线	2017 年 10 月	二级	沥青混凝土	22	16	
	29	寨上主街道	CA28	0.762	村道 YSX4130426	寨上村委会	2015 年 10 月	四级	水泥混凝土	6	4	
	30	涉城—龙湖	CA32	3.254	涉城	龙湖	2015 年 11 月	四级	沥青混凝土	6	4	
	31	南岗—旧高速	CA37	0.601	南岗	旧高速	2016 年 9 月	四级	水泥混凝土	6	4	
	32	招岗—南岭	CA39	0.596	招岗	南岭	2016 年 8 月	四级	水泥混凝土	5	3.5	
	33	寨上—养殖园区	CA41	1.156	寨上	养殖园区	2016 年 9 月	四级	沥青混凝土	5	3.5	
	34	寨上—王家岗	CA42	1.742	寨上	王家岗	2016 年 9 月	四级	沥青混凝土	5	3.5	
	35	南岗—北岗	CA43	0.944	南岗	北岗	2016 年 9 月	四级	水泥混凝土	5	4	
	36	下偏凉—太平庄	CA44	1.596	下偏凉	太平庄村	2015 年 1 月	四级	水泥混凝土	5	3.5	
	37	冶中线—中原	CA45	0.963	冶中线	中原村	2020 年 12 月	三级	水泥混凝土	8	6.5	
	38	龙耳—水库	CA61	1.788	龙耳	水库	2016 年 7 月	四级	水泥混凝土	5	3.5	
	39	下偏凉—龙耳	CA62	0.997	龙耳	下偏凉	2016 年 12 月	四级	水泥混凝土	5	3.5	
	40	下偏凉—凤洼	CA63	0.382	下偏凉	凤洼	2015 年 12 月	四级	水泥混凝土	5	3.5	
	41	下偏凉—西沟	CA64	0.52	下偏凉	西沟	2016 年 12 月	四级	水泥混凝土	5	3.5	
河南店镇	1	Y217—立邱村	CB01	2.525	村道 Y217130426	立邱村	2000 年 1 月	四级	水泥混凝土	6	4	
	2	河南店—G309	CB02	2.564	村道 Y219130426	村道 G309130426	2002 年 1 月	二级	水泥混凝土	9	8	
	3	Y219—会里村	CB03	0.576	河茅线	会里村委会	2003 年 1 月	四级	水泥混凝土	6	4	
	4	Y219—沿头村	CB04	3.479	赤王线	沿头村	2015 年 1 月	四级	水泥混凝土	5	3.5	
	5	庄上村路	CB05	2.543	村道 S202130426	庄上村办企业	2003 年 1 月	四级	水泥混凝土	6	4	
	6	南庄村路	CB06	2.171	S202 省道	南庄村	2008 年 1 月	四级	水泥混凝土	6	4	

续表 2-3-1

所属乡镇	序号	路线名称	路线编号	里程（公里）	起点名称	终点名称	修建时间	技术等级	路面类型	路基宽度（米）	路面宽度（米）	备注
河南店镇	7	胡杨线—卸甲	CB07	2.81	胡杨线	卸甲	2008 年 1 月	四级	水泥混凝土	6	4	
	8	赤岸村路	CB08	2.185	赤王线	赤岸	1998 年 1 月	四级	水泥混凝土	6	4	
	9	东坡根—养殖园	CB10	1.131	东坡根	养殖园	2017 年 9 月	四级	水泥混凝土	5	3.5	
	10	卸甲—涌泉寺	CB11	1.092	卸甲	涌泉寺	2017 年 8 月	四级	水泥混凝土	5	3.5	
	11	卸甲—东坡	CB12	0.477	卸甲	东坡	2017 年 7 月	四级	水泥混凝土	6	4	
	12	卸甲—立邱	CB13	0.528	卸甲	立邱	2016 年 9 月	四级	水泥混凝土	5	3.5	
	13	会里—风洞脑	CB15	0.923	会里	风洞脑	2017 年 7 月	四级	水泥混凝土	5	3.5	
	14	峧沟—五指山	CB16	0.602	峧沟	峧沟	2011 年 1 月	三级	沥青混凝土	8.5	7	
	15	南庄主街道	CB17	0.521	南庄	荣兰线	2015 年 10 月	四级	水泥混凝土	5	3.5	
	16	茨村—胡峪	CB18	3.391	南庄	胡峪	2018 年 12 月	四级	水泥混凝土	6	4	
	17	河南店—岭后	CB19	3.54	河三村	岭后村	2012 年 1 月	四级	水泥混凝土	5	4	
	18	河三村路	CB20	1.049	河南店	河三村	2012 年 1 月	四级	水泥混凝土	5	4	
	19	会里村路	CB21	1.856	会里村	会里村	2015 年 1 月	四级	水泥混凝土	5	3.5	
	20	平涉线—立邱	CB22	1.525	村道 S202	立邱	2015 年 1 月	四级	水泥混凝土	5	3.5	
	21	赤王线—赤岸	CB23	1.093	河赤线	赤岸村	2014 年 1 月	四级	水泥混凝土	6	4	
	22	赤王线—生态园	CB24	0.779	河赤线	河茅线	2017 年 7 月	四级	水泥混凝土	5	4	
	23	沿头—北坡	CB25	0.922	沿头	北坡	2017 年 6 月	四级	水泥混凝土	5	3.5	
	24	南庄—峧沟	CB26	0.438	旅游环线	峧沟	2018 年 9 月	四级	水泥混凝土	7.5	6	
	25	立邱—清泉寺	CB27	0.49	立邱	清泉寺	2016 年 8 月	四级	水泥混凝土	5	3.5	
	26	赤岸主街道	CB28	0.775	赤岸	赤岸	2015 年 8 月	四级	水泥混凝土	5	3.5	
	27	赤岸—红土坡	CB29	1.424	赤岸	红土坡	2015 年 12 月	四级	水泥混凝土	5	3.5	
	28	峧沟村道	CB30	0.263	生态园	旅游环线	2018 年 9 月	四级	水泥混凝土	6	5	
	29	杨庄—行当	CB31	1.446	杨庄村委会	行当	2015 年 11 月	四级	水泥混凝土	5	3.5	
	30	赤岸街道三	CB32	0.772	河茅线	赤岸村	2014 年 1 月	四级	水泥混凝土	5	4	

续表 2-3-1

所属乡镇	序号	路线名称	路线编号	里程（公里）	起点名称	终点名称	修建时间	技术等级	路面类型	路基宽度（米）	路面宽度（米）	备注
河南店镇	31	兴阳线—胡峪	CB33	1.037	村道 S202130426	胡峪	2000 年 1 月	四级	水泥混凝土	6	4	
	32	王堡—果园	CB34	0.604	王堡村	果园	2015 年 11 月	四级	水泥混凝土	5	3.5	
	33	石岗街道	CB35	0.426	平涉线	石岗村委会	2014 年 1 月	四级	水泥混凝土	6	4	
	34	石岗街道二	CB36	0.57	平涉线	石岗	2014 年 1 月	四级	水泥混凝土	5	4	
	35	王堡—窑岭	CB37	0.914	王堡村	窑岭	2015 年 11 月	四级	水泥混凝土	5	3.5	
	36	王堡—榆坪	CB38	1.133	王山线	榆坪	2015 年 11 月	四级	水泥混凝土	5	3.5	
	37	河二—桃峧	CB39	0.408	河二村	桃峧	2015 年 1 月	四级	水泥混凝土	5	3.5	
	38	茨村—晾水塔	CB40	0.52	晾水塔	渔场	2015 年 11 月	四级	水泥混凝土	5	3.5	
	39	会里—上浩	CB41	1.845	会里村	上浩	2015 年 1 月	四级	水泥混凝土	5	3.5	
	40	东坡根—庄上	CB42	1.755	东坡根	庄上	2015 年 11 月	四级	水泥混凝土	5	3.5	
	41	胡峪—平涉线	CB43	0.583	村道 S202	胡峪	2015 年 1 月	四级	水泥混凝土	5	3.5	
	42	胡峪—电站	CB44	2.104	胡峪	电站	2015 年 1 月	四级	水泥混凝土	5	3.5	
	43	茨村—庄上	CB45	1.085	茨村	庄上	2016 年 9 月	四级	水泥混凝土	5	3.5	
	44	王堡—东沟	CB46	0.616	王堡	东沟	2015 年 12 月	四级	水泥混凝土	5	3.5	
	45	茨村村路	CB47	0.28	茨村	茨村	2016 年 9 月	四级	水泥混凝土	5	3.5	
	46	河王线—河二村	CB48	0.388	河王线	河二村	2020 年 12 月	四级	水泥混凝土	6	4	
	47	茨村—纸厂	CB50	0.751	茨村	纸厂	2016 年 9 月	四级	水泥混凝土	5	3.5	
	48	茨村村路三	CB51	0.737	漫游道	茨村	2016 年 12 月	四级	水泥混凝土	5	3.5	
	49	石岗—清泉寺	CB52	1.089	石岗	清泉寺	2016 年 9 月	四级	水泥混凝土	5	3.5	
	50	平涉线—南庄新村	CB90	0.376	平涉线	南庄新村	2015 年 10 月	四级	水泥混凝土	5	3.5	
索堡镇	1	Y205—温庄村	CC01	2.229	村道 Y205130426	清幽寺	2014 年 1 月	四级	水泥混凝土	6	4	
	2	Y205—南沟村	CC02	0.682	村道 Y205130426	南沟村委会	1997 年 1 月	四级	沥青混凝土	6	5	
	3	桃城—索堡村	CC03	1.435	村道 Y219130426	村道 Y205130426	2005 年 1 月	四级	沥青混凝土	6	4	
	4	Y219—常乐村	CC04	1.179	常乐	常乐	2001 年 1 月	四级	水泥混凝土	6	4	

续表 2-3-1

所属乡镇	序号	路线名称	路线编号	里程（公里）	起点名称	终点名称	修建时间	技术等级	路面类型	路基宽度（米）	路面宽度（米）	备注
索堡镇	5	Y219—小会村	CC05	0.669	村道 Y219130426	小会村委会	2003 年 1 月	四级	水泥混凝土	6	4	
	6	Y205—石家庄村	CC06	0.503	村道 Y205130426	石家庄村	2000 年 1 月	四级	水泥混凝土	6	4	
	7	Y205—高家庄	CC07	0.377	村道 Y205	高家庄	1997 年 1 月	四级	沥青混凝土	6	4	
	8	Y205—磨池	CC08	0.257	村道 Y205	磨池村	2008 年 1 月	四级	水泥混凝土	5	4	
	9	温村—索堡	CC09	1.448	上温村	S213 省道	2008 年 1 月	二级	沥青混凝土	9	8	
	10	Y219—桃城山	CC10	1.587	桃城	桃城山	2008 年 1 月	四级	水泥混凝土	6	4	
	11	S213—索堡	CC11	1.173	S213 涉左线	索堡村委会	1980 年 1 月	三级	水泥混凝土	7.5	6	
	12	索堡—常乐	CC12	1.433	村道 S213	常乐村	2011 年 1 月	二级	沥青混凝土	8.5	8	
	13	杨索线—土后门	CC13	0.949	村道 Y205	土后门村委会	2012 年 1 月	四级	水泥混凝土	5	4	
	14	小会主街道一	CC14	0.586	小会	石桥	2015 年 9 月	四级	水泥混凝土	5	3.5	
	15	小会主街道二	CC15	0.319	小会	果园	2015 年 9 月	四级	水泥混凝土	5	3.5	
	16	常乐—后坡	CC16	0.849	常乐	后坡	2016 年 9 月	四级	水泥混凝土	6	4	
	17	常乐—龟盖	CC17	1.812	常乐村	龟盖	2015 年 1 月	四级	水泥混凝土	5	3.5	
	18	常乐—后沟	CC18	0.962	常乐	后沟	2016 年 9 月	四级	水泥混凝土	6	4	
	19	上温主街道	CC19	0.903	上温	上温村委会	2015 年 10 月	四级	水泥混凝土	5	3.5	
	20	曲交—下温	CC20	3.168	曲交村	下温村	2000 年 1 月	四级	水泥混凝土	6	4	
	21	上温—三十亩	CC21	1.289	上温	三十亩	2015 年 10 月	四级	水泥混凝土	5	3.5	
	22	磨池—东沟	CC22	1.29	磨池村	东沟	2000 年 1 月	四级	水泥混凝土	6	4	
	23	上温—南川	CC23	0.925	下温村委会	上温	2015 年 11 月	四级	水泥混凝土	5	3.5	
	24	杨索线—白泉水	CC24	0.534	白泉水村	白泉水村委会	2017 年 7 月	四级	水泥混凝土	6	4	
	25	石家庄主街道二	CC25	0.38	石家庄	石家庄	2015 年 12 月	四级	水泥混凝土	5	3.5	
	26	弹音—车站	CC26	1.715	平涉线	车站	2014 年 1 月	四级	水泥混凝土	6	4	
	27	石家庄—南湾	CC27	0.778	石家庄	南湾	2015 年 12 月	四级	水泥混凝土	5	3.5	
	28	悬钟主街道	CC28	0.558	悬钟	悬钟	2015 年 9 月	四级	水泥混凝土	5	3.5	

续表 2-3-1

所属乡镇	序号	路线名称	路线编号	里程（公里）	起点名称	终点名称	修建时间	技术等级	路面类型	路基宽度（米）	路面宽度（米）	备注
索堡镇	29	常乐—桃城	CC29	0.424	常乐	桃城	2016 年 9 月	四级	水泥混凝土	6	4	
	30	涉左线—悬钟寺	CC30	0.373	村道 S213130426	悬钟寺	2015 年 10 月	四级	水泥混凝土	5	3.5	
	31	河茅线—桃城	CC31	1.489	河茅线	桃城	2017 年 7 月	四级	水泥混凝土	5	4	
	32	索堡—悬钟	CC32	2.081	村道 S213	涉左线	2018 年 10 月	四级	水泥混凝土	6	4	
	33	桃城—常乐山	CC33	2.903	桃城	常乐山	2016 年 12 月	四级	水泥混凝土	6	4	
	34	桃城—南坡	CC34	1.575	桃城	南坡	2016 年 7 月	四级	水泥混凝土	5	3.5	
	35	桃城—奶奶庙	CC35	0.359	桃城	奶奶庙	2015 年 12 月	四级	水泥混凝土	5	3.5	
	36	曲峧—南庄	CC36	1.848	曲峧	南庄	2016 年 9 月	四级	水泥混凝土	5	3.5	
	37	曲峧—南沟	CC37	2.355	曲峧	南沟	2016 年 12 月	四级	水泥混凝土	5	3.5	
	38	下温—桃城	CC38	3.008	鲟鱼场	桃城果园	2020 年 12 月	三级	沥青混凝土	8	6.5	
	39	常乐村路二	CC39	0.971	常乐	常乐	2016 年 9 月	四级	水泥混凝土	6	4	
	40	下温—四岔口	CC40	1.614	下温	四岔口	2015 年 11 月	四级	水泥混凝土	5	3.5	
	41	下温—岭后	CC41	0.612	下温	岭后	2015 年 12 月	四级	水泥混凝土	5	3.5	
	42	悬钟村路	CC42	0.337	悬钟	悬钟	2016 年 9 月	四级	水泥混凝土	5	4	
	43	常乐—葡萄园区	CC43	0.636	常乐	葡萄园	2017 年 7 月	四级	水泥混凝土	5	4	
	44	悬钟—腰湾	CC44	0.357	悬钟	腰湾	2016 年 9 月	四级	水泥混凝土	5	4	
	45	索堡—石家庄	CC45	0.763	石家庄	索堡	2017 年 5 月	三级	沥青混凝土	8	6.5	
	46	佛堂—车伏沟	CC46	0.901	佛堂	车伏沟	2018 年 5 月	四级	水泥混凝土	5	3.5	
	47	车伏沟—佛堂	CC47	1.07	车伏沟	佛堂	2018 年 6 月	四级	水泥混凝土	5	3.5	
	48	白泉水—核桃园区	CC48	2.298	白泉水	园区	2018 年 4 月	四级	水泥混凝土	5	3.5	
	49	下温—西沟	CC49	2.06	下温村	西沟	2018 年 12 月	四级	水泥混凝土	5	3.5	
	50	曲峧村路	CC50	0.424	曲峧	曲峧	2019 年 12 月	四级	水泥混凝土	6	4	
	51	索堡—污犊	CC51	12.55	索堡	污犊	2021 年 12 月	四级	沥青混凝土	6.5	5	
	52	常乐—北坡	CC53	1.485	常乐	北坡	2016 年 9 月	四级	水泥混凝土	6	5	

续表 2-3-1

所属乡镇	序号	路线名称	路线编号	里程（公里）	起点名称	终点名称	修建时间	技术等级	路面类型	路基宽度（米）	路面宽度（米）	备注
西戌镇	1	S202—水溢河村	CD01	2.329	村道 S202130426	水溢河村委会	2000 年 1 月	四级	水泥混凝土	6	4	
	2	S202—东戌村	CD02	1.391	村道 S202130426	村道 Y208130426	1999 年 1 月	四级	水泥混凝土	6	4	
	3	S202—西戌村	CD03	1.415	村道 S202130426	西戌村	2004 年 1 月	四级	水泥混凝土	6	4	
	4	西龙线—经济沟	CD04	3.121	龙西路	经济沟	2008 年 1 月	四级	水泥混凝土	6	4	
	5	平涉线—东戌	CD05	0.282	村道 S202130426	东戌村委会	2012 年 1 月	三级	水泥混凝土	7.5	6.5	
	6	鸡鸣铺主街道	CD06	0.916	鸡鸣铺村	鸡鸣铺村	2015 年 10 月	四级	水泥混凝土	5	3.5	
	7	沙河主街道	CD07	0.537	平涉线	沙河村	2015 年 10 月	四级	水泥混凝土	5	3.5	
	8	水溢河—神岗	CD08	0.927	水溢河	神岗	2017 年 7 月	四级	水泥混凝土	6	4	
	9	西戌—铁矿	CD09	1.904	S202 省道	符山铁矿	2018 年 2 月	四级	水泥混凝土	6	4	
	10	宋家庄主街道	CD11	0.611	宋家庄	宋家庄	2015 年 10 月	四级	水泥混凝土	5	3.5	
	11	水溢河—赵峪	CD12	2.087	水溢河	赵峪村	2014 年 1 月	四级	水泥混凝土	6	4	
	12	沙河—村西	CD13	1.299	沙河	村西	2016 年 9 月	四级	水泥混凝土	5	3.5	
	13	水溢河—尖饼窑	CD14	2.077	水溢河	尖饼窑	2014 年 1 月	四级	水泥混凝土	6	4	
	14	沙河—东江坡	CD15	1.118	沙河	山庄	2019 年 12 月	四级	沥青混凝土	6	4	
	15	西沙线—沙河	CD16	0.935	西沙线	沙河	2019 年 12 月	四级	水泥混凝土	5	3.5	
	16	沙河主街道二	CD17	0.304	沙河村	沙河村	2015 年 10 月	四级	水泥混凝土	5	3.5	
	17	西戌—云海山庄	CD18	2.285	云海山庄	西戌	2019 年 12 月	三级	沥青混凝土	8	6.5	
	18	西沙线—山庄	CD19	0.599	西沙线	山庄	2019 年 12 月	四级	水泥混凝土	5	3.5	
井店镇	1	Y209—刘家村	CE01	0.457	村道 Y209130426	刘家村小学	1999 年 1 月	四级	沥青混凝土	6	4	
	2	Y209—禅房村	CE02	3.31	村道 Y209130426	禅房后沟	2015 年 1 月	四级	水泥混凝土	6	5	
	3	Y209—东坡村	CE03	0.892	村道 Y191130426	东坡村	1999 年 1 月	四级	沥青混凝土	6	4	
	4	Y191—石井沟村	CE04	0.698	村道 Y191130426	石井沟村	1999 年 1 月	四级	沥青混凝土	6	4	
	5	银河井—北峧村	CE05	1.225	村道 Y215130426	北交村委会	2000 年 1 月	四级	水泥混凝土	6	4	
	6	S2O2—老爷庙村	CE06	2.649	村道 S202130426	村道 G309130426	1990 年 1 月	二级	水泥混凝土	28	16	

续表 2-3-1

所属乡镇	序号	路线名称	路线编号	里程（公里）	起点名称	终点名称	修建时间	技术等级	路面类型	路基宽度（米）	路面宽度（米）	备注
井店镇	7	S202—台南村	CE07	2.75	村道 S202130426	台西村委会出口	2000 年 1 月	四级	水泥混凝土	6	4	
	8	S202—台东村	CE08	1.562	村道 S202130426	村道 Y191130426	1980 年 1 月	三级	水泥混凝土	7.5	6	
	9	Y191—庙峧村	CE09	1.835	村道 Y191130426	庙峧村	2000 年 1 月	四级	水泥混凝土	6	4	
	10	井店三街—井店二街村	CE10	0.733	二街村委会入口	二街村小学	2000 年 1 月	二级	水泥混凝土	10	8	
	11	S202—井店一街	CE11	0.814	村道 S202130426	村道 Y191130426	1980 年 1 月	三级	沥青混凝土	12	8	
	12	银河井—玉林井	CE12	1.747	银河井	玉林井村	2008 年 1 月	二级	沥青混凝土	10	8.5	
	13	G309—下庄	CE13	1.214	荣兰线	下庄	2008 年 12 月	二级	沥青混凝土	22	16	
	14	S202—井店四街	CE14	1.155	村道 S202	四街村	2008 年 1 月	四级	水泥混凝土	6	4	
	15	S202—下庄	CE15	1.117	下庄村	台东村	2008 年 1 月	三级	水泥混凝土	7.5	6	
	16	台南—西岗	CE16	0.74	台南村	南井	2017 年 6 月	四级	水泥混凝土	5	4	
	17	井店一街—老爷庙	CE17	2.656	一街村	老爷路口	2008 年 1 月	二级	水泥混凝土	10	8	
	18	井店二街—井店一街	CE18	0.558	二街村	二街村	2008 年 1 月	三级	水泥混凝土	8	7	
	19	台南村路	CE19	0.75	S202 省道	龙山	2008 年 1 月	二级	水泥混凝土	24	20	
	20	平涉线—凤凰山	CE20	1.051	村道 S202	凤凰山	2010 年 8 月	二级	水泥混凝土	28	16	
	21	王金庄村路	CE21	1.162	村道 Y215	龙井交界	2011 年 1 月	四级	水泥混凝土	6	4	
	22	王金庄—南峧	CE22	0.604	村道 Y215	南峧	2011 年 1 月	四级	水泥混凝土	6	4	
	23	台北—寨坡	CE23	1.564	寨坡	台北村委会	2011 年 1 月	四级	水泥混凝土	6	4	
	24	王金庄一街—北峧	CE24	0.788	井王线	北峧	2015 年 8 月	四级	水泥混凝土	5	3.5	
	25	北交—银河井	CE25	1.676	北交村	银河井村	2000 年 1 月	四级	水泥混凝土	6	4	
	26	刘家—禅房	CE26	1.051	刘家村	禅房村	2000 年 1 月	四级	水泥混凝土	6	4	
	27	刘家—西峧	CE27	1.034	刘家	西坡	2017 年 6 月	四级	水泥混凝土	5	3.5	
	28	偏凤线—井店	CE28	1.124	井店	井店	2017 年 7 月	四级	水泥混凝土	5	3.5	
	29	石井沟—东山	CE29	0.498	冶中线	东山	2018 年 5 月	四级	水泥混凝土	5	3.5	
	30	平涉线—道马沟	CE30	0.39	井店	道马沟	2018 年 5 月	四级	水泥混凝土	7	5	

续表 2-3-1

所属乡镇	序号	路线名称	路线编号	里程（公里）	起点名称	终点名称	修建时间	技术等级	路面类型	路基宽度（米）	路面宽度（米）	备注
井店镇	31	井店—科技园	CE31	0.489	凤凰山	园区	2018 年 4 月	四级	水泥混凝土	5	4	
	32	井王线—后峧	CE32	1.396	拐里	后峧	2015 年 11 月	四级	水泥混凝土	5	3.5	
	33	拐里—西山	CE33	0.49	拐里村	西山	2015 年 11 月	四级	水泥混凝土	5	3.5	
	34	井店—台村	CE34	1.933	井店镇	台村	2000 年 1 月	三级	水泥混凝土	7.5	6	更码
	35	王金庄五街道	CE39	1.4	冶中线	七亩	2014 年 1 月	四级	水泥混凝土	5	3.5	
	36	王金庄四街—岭沟	CE40	1.254	王金庄四街	岭沟	2014 年 1 月	四级	水泥混凝土	5	3.5	
	37	王金庄一街—西山	CE41	1.431	王金庄一街村	西山	2014 年 1 月	四级	水泥混凝土	6	4	
	38	井王线—桃水	CE42	1.368	井王线	桃水	2014 年 1 月	四级	水泥混凝土	6	4	
	39	王金庄五街—七亩路	CE43	0.891	冶中线	七亩	2014 年 1 月	四级	水泥混凝土	5	3.5	
	40	王金庄一街—新民居	CE44	0.904	冶中线	一街新民居	2014 年 1 月	四级	水泥混凝土	6	5	
	41	井王线—四街	CE45	3.534	井王线	王金庄四街村	2014 年 1 月	四级	水泥混凝土	5	3.5	
	42	井王线—银河井	CE46	0.571	银河井村	银河井村	2014 年 1 月	四级	水泥混凝土	6	4	
	43	王金庄三街—峧沟	CE47	0.61	王金庄三街村	峧沟	2014 年 1 月	四级	水泥混凝土	6	4	
	44	银河井—新民居	CE49	0.373	井王线	新民居	2014 年 1 月	四级	水泥混凝土	6	4	
	45	井王线—新民居	CE50	0.551	银河井村	新民居	2014 年 1 月	四级	水泥混凝土	6	4	
	46	银河井—上交路	CE51	0.379	银河井村	银河井	2014 年 1 月	四级	水泥混凝土	5	3.5	
	47	银河井—前桥	CE52	1.821	井王线	前桥	2014 年 1 月	四级	水泥混凝土	6	4	
	48	银河井—前峧	CE53	0.6	井王线	前峧	2014 年 1 月	四级	水泥混凝土	6	4	
	49	老爷庙街道	CE54	1.446	老爷庙村	老爷庙	2014 年 1 月	四级	水泥混凝土	6	4	
	50	老爷庙—石矿	CE55	0.989	老爷庙村道	石矿	2014 年 1 月	四级	水泥混凝土	6	5	
	51	井王线—银河井旧村	CE56	0.864	井王线	银河井旧村	2014 年 1 月	四级	水泥混凝土	4.5	3.5	
	52	井店四街主街道	CE58	1.019	井店四街	井店四街	2015 年 9 月	四级	水泥混凝土	5	3.5	
	53	台北—大井	CE62	0.927	台北	大井	2015 年 11 月	四级	水泥混凝土	5	3.5	
	54	西坡—东坡	CE63	2.404	西坡村	东坡	2015 年 1 月	四级	水泥混凝土	5	3.5	

续表 2-3-1

所属乡镇	序号	路线名称	路线编号	里程（公里）	起点名称	终点名称	修建时间	技术等级	路面类型	路基宽度（米）	路面宽度（米）	备注
井店镇	55	西坡—西峧	CE64	2.48	西坡村	西峧	2015 年 12 月	四级	水泥混凝土	5	3.5	
	56	玉林井主街道	CE67	0.781	玉林井	新民居	2015 年 9 月	四级	水泥混凝土	5	3.5	
	57	台北主街道	CE74	0.402	台北	台北	2015 年 10 月	四级	水泥混凝土	5	3.5	
	58	台南—陈家峧	CE76	2.039	台南	陈家峧	2015 年 11 月	四级	水泥混凝土	5	3.5	
	59	台南—南井	CE77	2.872	台南	南井	2015 年 9 月	四级	水泥混凝土	5	3.5	
	60	台东—石林脑	CE83	1.64	台东	石林脑	2015 年 10 月	四级	水泥混凝土	5	3.5	
更乐镇	1	Y209—大洼村	CF01	0.879	村道 Y209130426	大洼	2016 年 7 月	四级	水泥混凝土	6	4	
	2	Y209—西寂廖村	CF02	1.764	村道 Y209130426	西寂廖村	1999 年 1 月	四级	水泥混凝土	6	4	
	3	Y210—南漫驼村	CF03	0.728	村道 Y210130426	南漫驼村委会	2000 年 1 月	四级	水泥混凝土	6	4	
	4	又上—下池村	CF04	1.539	又上村	村道 YSX8130426	2005 年 1 月	二级	水泥混凝土	12	10	
	5	下池村路	CF05	5.406	村道 YSX8130426	专道 Y210130426	1969 年 1 月	三级	沥青混凝土	7.5	6	
	6	新城区—更乐	CF06	4.505	平安街道办	井店镇	2011 年 1 月	二级	沥青混凝土	16	12	
	7	Y210—东石村	CF07	2.532	Y210 乡道	东石村	2008 年 1 月	四级	水泥混凝土	6	4	
	8	Y210—九峰山	CF08	2.769	Y210 乡道	九峰山	2006 年 1 月	四级	水泥混凝土	6	5	
	9	更乐—小林	CF09	2.203	村道 YSX8130426	小林	2011 年 1 月	三级	沥青混凝土	7.5	6	
	10	小林—盘龙山	CF10	1.031	小林	盘龙山	2011 年 1 月	四级	水泥混凝土	6	4	
	11	小林新村	CF11	0.969	小林	养殖区	2011 年 1 月	四级	水泥混凝土	5	4	
	12	小林—规划区	CF12	0.498	小林	规划区	2011 年 1 月	四级	水泥混凝土	6	4	
	13	小林—居民区	CF13	0.441	小林	居民区	2011 年 1 月	四级	水泥混凝土	6	4	
	14	更乐—井店	CF14	2.67	村道 Y210130426	村道 G309130426	2011 年 1 月	二级	沥青混凝土	10	9	
	15	红街—南池	CF15	0.409	红街村委会	更乐镇	2005 年 1 月	二级	沥青混凝土	18	16	
	16	三合—小树	CF16	0.659	三合	小树	2016 年 9 月	四级	水泥混凝土	5	3.5	
	17	张家庄—白草岭	CF17	1.622	张家庄	白草岭	2017 年 6 月	四级	水泥混凝土	5	3.5	
	18	下江线—张家庄五街	CF18	1.039	下江线	张家庄五街	2014 年 1 月	四级	水泥混凝土	6	4	

续表 2-3-1

所属乡镇	序号	路线名称	路线编号	里程（公里）	起点名称	终点名称	修建时间	技术等级	路面类型	路基宽度（米）	路面宽度（米）	备注
更乐镇	19	下江线—张家庄五街	CF23	2.58	下江线	张家庄五街	2014 年 1 月	四级	水泥混凝土	8	6	
	20	又上—探花桥	CF19	1.393	又上	探花桥	2017 年 7 月	四级	水泥混凝土	5	3.5	
	21	池西—见刁	CF20	0.373	池西	见刁	2016 年 9 月	四级	水泥混凝土	5	3.5	
	22	盘龙山庄—小林	CF21	1.456	盘龙山庄	小林	2016 年 10 月	四级	水泥混凝土	5	3.5	
	23	后何—象山	CF22	0.79	后何村	象山	2018 年 11 月	四级	水泥混凝土	5	3.5	
	24	张家庄二街——方沟	CF31	1.09	张家庄二街	一方沟	2015 年 1 月	四级	水泥混凝土	5	3.5	
	25	张家庄三街—北石槽	CF32	0.436	下江线	北石槽	2015 年 11 月	四级	水泥混凝土	5	3.5	
	26	三合—南洞	CF33	1.873	三合村	南洞	2015 年 1 月	四级	水泥混凝土	5	3.5	
	27	前何—青阳山	CF35	1.841	前何村	青阳山	2015 年 11 月	四级	水泥混凝土	6	4	
	28	更乐—上巷	CF36	0.935	更乐镇	上巷村委会	1996 年 1 月	三级	水泥混凝土	7.5	6	
固新镇	1	Y216—回底村	CG01	1.004	村道 Y216130426	回底村小学	2002 年 1 月	四级	水泥混凝土	6	4	
	2	Y216—大矿村	CG02	1.004	村道 Y216130426	大矿村	2000 年 1 月	四级	水泥混凝土	6	4	
	3	S202—东山村	CG03	4.238	村道 S202130426	东山村	2015 年 1 月	四级	水泥混凝土	5	3.5	
	4	Y216—吴家村	CG05	0.304	吴家村委会入口	吴家村委会	2001 年 1 月	四级	水泥混凝土	6	4	
	5	孔家—坪上村	CG06	1.165	村道 Y216130426	村道 Y216130426	2000 年 1 月	四级	水泥混凝土	6	4	
	6	Y211—老漳村	CG07	0.619	村道 Y211130426	老漳村委会	2001 年 1 月	四级	水泥混凝土	6	4	
	7	Y216—云头村	CG08	0.889	村道 Y216130426	云头村	2004 年 1 月	四级	水泥混凝土	6	4	
	8	昭义村路	CG09	1.462	S202 平涉线	昭义村	2008 年 1 月	四级	水泥混凝土	6	4	
	9	固新村路	CG10	1.401	村道 S202	固新	2011 年 1 月	四级	水泥混凝土	5	4	
	10	原曲—云头	CG11	2.719	村道 S202130426	云头	1999 年 1 月	四级	沥青混凝土	6	4	
	11	西山—天星沟	CG12	0.757	村道 Y717	西山	2011 年 1 月	四级	水泥混凝土	6	4	
	12	平涉线—南寺	CG13	0.37	平涉线	南寺	2011 年 1 月	四级	水泥混凝土	6	4	

续表 2-3-1

所属乡镇	序号	路线名称	路线编号	里程（公里）	起点名称	终点名称	修建时间	技术等级	路面类型	路基宽度（米）	路面宽度（米）	备注
固新镇	13	固新—东山	CG14	5.568	固新	后禅房	2011 年 1 月	四级	水泥混凝土	5	3.5	
	14	平涉线—固新	CG15	0.323	村道 S202130426	固新	2012 年 1 月	四级	水泥混凝土	5	4	
	15	固新—新村	CG16	0.519	固新	新村	2012 年 1 月	四级	水泥混凝土	5	4	
	16	原黄线—黄岩	CG17	1.302	黄岩	黄岩	2017 年 7 月	四级	水泥混凝土	5	3.5	
	17	固新—坪上	CG18	3.571	平涉线	坪上	2000 年 1 月	四级	水泥混凝土	5	4	
	18	林旺村路	CG19	0.863	林旺村委会	林旺村委会	2000 年 1 月	四级	水泥混凝土	5	4	
	19	西山—小梯岭	CG20	1.164	西山	小梯岭	2000 年 1 月	四级	水泥混凝土	6	4	
	20	连泉—新民居	CG21	1.369	庞连线	连泉村	2014 年 1 月	四级	水泥混凝土	6	4	
	21	连泉主街道	CG22	0.402	连泉	连泉	2015 年 9 月	四级	水泥混凝土	5	3.5	
	22	庞连线—连泉	CG23	0.499	连泉	新民居	2016 年 9 月	三级	水泥混凝土	7.5	6.5	
	23	连泉—园区	CG24	0.926	庞连线	园区	2016 年 9 月	四级	水泥混凝土	5	3.5	
	24	固新—电站	CG25	1.724	平涉线	电站	2015 年 11 月	四级	水泥混凝土	5	3.5	
	25	固新—下滩	CG26	0.948	固新	下滩	2016 年 9 月	四级	水泥混凝土	5	3.5	
	26	原曲主街道	CG27	0.86	原曲	原曲	2015 年 9 月	四级	水泥混凝土	5	3.5	
	27	黄岩—新村	CG28	0.857	黄岩	黄岩	2017 年 7 月	四级	水泥混凝土	5	3.5	
	28	昭义—瓮岭	CG31	2.211	昭义村	瓮岭	2015 年 11 月	四级	水泥混凝土	5	3.5	
	29	连泉—下河	CG32	2.261	连泉	下河	2015 年 12 月	四级	水泥混凝土	5	3.5	
	30	昭义—柏台寺	CG33	0.89	昭义村	柏台寺	2015 年 11 月	四级	水泥混凝土	5	3.5	
	31	连泉主街道二	CG38	0.832	连泉	连泉	2015 年 9 月	四级	水泥混凝土	5	3.5	
	32	昭义—岗平	CG43	0.329	昭义	岗平	2016 年 9 月	四级	水泥混凝土	5	3.5	
	33	固新—上滩	CG44	0.38	固新	上滩	2016 年 9 月	四级	水泥混凝土	5	3.5	
	34	固新村路	CG45	0.985	固新	固新	2016 年 9 月	四级	水泥混凝土	5	3.5	
	35	昭仪村路	CG46	0.563	昭义	昭义	2016 年 9 月	四级	水泥混凝土	5	3.5	
	36	连泉村路	CG51	0.937	连泉	连泉	2016 年 9 月	四级	水泥混凝土	5	3.5	

续表 2-3-1

所属乡镇	序号	路线名称	路线编号	里程（公里）	起点名称	终点名称	修建时间	技术等级	路面类型	路基宽度（米）	路面宽度（米）	备注
西达镇	1	Y164—西厂村	CH01	2.864	村道 Y164130426	西厂村	2001 年 1 月	四级	水泥混凝土	6	4	
	2	S202—东达村	CH02	1.688	村道 S202130426	村道 Y164130426	2002 年 1 月	四级	水泥混凝土	6	4	
	3	S202—河口村	CH03	0.571	S202 省道	河口村委会	1976 年 1 月	三级	沥青混凝土	8.5	6	
西达镇	4	S202—大滩村	CH04	1.692	村道 S202130426	大滩	1976 年 1 月	三级	沥青混凝土	8.5	6	
	5	东达村路	CH05	0.493	东达村委会	东达村委会	2012 年 1 月	四级	水泥混凝土	5	4	
	6	甘泉—新民居	CH06	0.564	甘泉	新民居	2017 年 12 月	四级	水泥混凝土	6	4	
	7	西达—观音阁	CH07	1.554	西达	林场	2018 年 4 月	四级	水泥混凝土	7.5	6	
	8	西达—林场	CH08	0.535	西达	林场	2018 年 11 月	四级	水泥混凝土	5	3.5	
	9	场部—林场	CH09	1.947	西达	林场	2018 年 6 月	四级	水泥混凝土	5	3.5	
	10	兴阳线—西达	CH10	0.621	西达	S202 省道	1986 年 1 月	三级	水泥混凝土	7.5	6	
偏城镇	1	Y199—大岩村	CI01	2.099	村道 YS09	大岩村委会	2000 年 1 月	四级	水泥混凝土	6	4	
	2	Y199—小峧村	CI02	4.669	村道 Y199130426	石峰	2015 年 1 月	四级	水泥混凝土	5	3.5	
	3	Y199—庙湾村	CI03	1.481	村道 Y199130426	庙湾村	2000 年 1 月	四级	水泥混凝土	6	4	
	4	Y201—小泉村	CI04	2.085	村道 Y201	小泉村	2015 年 1 月	四级	水泥混凝土	5	3.5	
	5	X155—西庄村	CI05	0.873	村道 X155130426	西庄	1999 年 1 月	四级	水泥混凝土	6	4	
	6	X155—王大坡村	CI06	2.438	村道 X155130426	王大坡村	2015 年 10 月	四级	水泥混凝土	5	3.5	
	7	X155—艾叶峧村	CI07	1.143	村道 X155130426	X155 阳索线	1980 年 1 月	四级	水泥混凝土	6	4	
	8	X155—偏城村	CI08	1.336	村道 X155130426	村道 X155130426	1999 年 1 月	四级	水泥混凝土	6	4	
	9	Y200—桑栈村	CI09	2.517	村道 Y200130426	龙洞	2017 年 6 月	四级	水泥混凝土	6	5	
	10	大岩—小寺	CI10	1.271	大岩	小寺	2015 年 10 月	四级	水泥混凝土	5	3.5	
	11	偏城—横岭	CI11	4.281	偏城	横岭	1985 年 1 月	四级	渣石路面	6	4	
	12	Y199—青羊背	CI12	2.236	村道 Y199	青羊背	1980 年 1 月	四级	渣石路面	6	4	
	13	青塔—长岭	CI13	2.487	青塔村	北长岭	2002 年 1 月	四级	水泥混凝土	6	4	
	14	艾叶峧—后沟	CI14	0.716	艾叶峧村	后沟村	2011 年 1 月	四级	水泥混凝土	6	4	

续表 2-3-1

所属乡镇	序号	路线名称	路线编号	里程（公里）	起点名称	终点名称	修建时间	技术等级	路面类型	路基宽度（米）	路面宽度（米）	备注
偏城镇	15	青塔村路	CI15	1.033	水库	青塔	2011 年 1 月	四级	水泥混凝土	6	4	
	16	阳索线—畔峪	CI16	1.307	村道 X155130426	畔峪	2015 年 12 月	四级	水泥混凝土	5	3.5	
	17	界偏线—青塔	CI17	0.391	Y199 界偏线	青塔	2012 年 1 月	四级	水泥混凝土	5	4	
	18	偏城—水库	CI18	1.048	阳索线	水库	2015 年 1 月	四级	水泥混凝土	5	3.5	
	19	偏城—王进	CI19	1.147	偏城村	王进村	2015 年 1 月	四级	水泥混凝土	5	3.5	
	20	刘家寨环路	CI20	0.491	刘家寨	刘家寨	2016 年 9 月	四级	水泥混凝土	5	3.5	
	21	窑门口—寺沟	CI21	2.061	窑门口	寺沟	2003 年 12 月	四级	水泥混凝土	6	4	
	22	偏城—刘家寨	CI22	0.464	偏城	刘家寨	2016 年 10 月	四级	水泥混凝土	5	3.5	
	23	界偏线—圣寺陀	CI23	1.43	界偏线	圣寺驼	2018 年 1 月	四级	水泥混凝土	6	4	
	24	西庙湾村道	CI24	0.472	庙湾村	庙湾村	2000 年 1 月	四级	水泥混凝土	6	4	
	25	界偏线—前坪	CI25	0.503	前坪村	界偏线	2000 年 1 月	四级	水泥混凝土	6	4	
	26	偏城村路	CI26	0.53	偏城	偏城	2016 年 9 月	四级	水泥混凝土	5	3.5	
	27	界偏线—赵峧	CI27	0.484	界偏线	赵峧	2018 年 5 月	四级	水泥混凝土	5	3.5	
	28	平房沟—山庄	CI28	0.854	平房沟	山庄	2018 年 5 月	四级	水泥混凝土	5	4	
	29	平房沟—三合脑	CI29	0.493	平房沟	三合脑	2018 年 6 月	四级	水泥混凝土	5	3.5	
	30	圣寺驼—天路	CI30	0.689	圣福天路	圣寺陀村	2018 年 11 月	四级	水泥混凝土	5	3.5	
	31	圣福天路—圣寺陀	CI31	1.193	圣福天路	圣寺陀	2018 年 11 月	四级	水泥混凝土	5	3.5	
	32	天路—圣寺驼	CI32	0.802	圣寺驼	圣寺驼	2018 年 6 月	四级	水泥混凝土	5	3.5	
	33	横岭—花木交	CI38	1.726	横岭	花木交	2015 年 1 月	四级	水泥混凝土	5	3.5	
	34	圪腊铺—井峧	CI39	1.603	圪腊铺	井峧	2016 年 8 月	四级	水泥混凝土	5	3.5	
	35	石峰—坟峧	CI57	0.349	石峰村委会	坟峧	2015 年 1 月	四级	水泥混凝土	5	3.5	
	36	石峰村路	CI58	0.511	山寺线	石峰村委会	2015 年 11 月	四级	水泥混凝土	5	3.5	
	37	坟峧—石峰	CI59	0.39	坟峧	石峰村委会	2015 年 11 月	四级	水泥混凝土	5	3.5	
	38	西庙湾—坪上	CI60	0.763	庙湾村	前坪村	2015 年 1 月	四级	水泥混凝土	5	3.5	

续表 2-3-1

所属乡镇	序号	路线名称	路线编号	里程（公里）	起点名称	终点名称	修建时间	技术等级	路面类型	路基宽度（米）	路面宽度（米）	备注
神头乡	1	G309—杨家山村	CJ01	2.876	村道 G309130426	杨家山村委会	2000 年 1 月	三级	水泥混凝土	7.5	6	
	2	神头—椿树岭村	CJ02	1.372	村道 CB02130426	村道 G309130426	2000 年 1 月	三级	水泥混凝土	7.5	6	
	3	G309—江家庄村	CJ03	0.958	村道 G309130426	江家庄村委会	2001 年 1 月	二级	水泥混凝土	9	8	
	4	G309—后宽嶂村	CJ04	2.619	村道 G309130426	后宽嶂村委会	1998 年 1 月	四级	水泥混凝土	6	4	
	5	Y218—申庄村	CJ05	1.104	村道 Y218130426	村道 Y218130426	2002 年 1 月	四级	水泥混凝土	6	4	
	6	Y218—北水村	CJ06	0.492	村道 Y218130426	北水村	2002 年 1 月	四级	水泥混凝土	6	4	
	7	神头村路	CJ07	2.585	荣兰线	国道 G309	2008 年 1 月	三级	沥青混凝土	7.5	6	
	8	荣兰线—椿树岭	CJ08	0.271	村道 G309130426	椿树岭村委会	2012 年 1 月	四级	水泥混凝土	5	4	
	9	响堂铺—车站	CJ09	1.461	响堂铺	车站	2015 年 10 月	四级	水泥混凝土	5	3.5	
	10	神头—杨家山	CJ10	1.211	神头乡	杨家山	2000 年 1 月	四级	水泥混凝土	8	6	
	11	神头—林场	CJ11	1.806	神头	林场	2016 年 9 月	四级	水泥混凝土	5	3.5	
	12	江家庄—杨家山	CJ12	0.5	江家庄	杨家山	2015 年 9 月	四级	水泥混凝土	5	3.5	
	13	申庄—流四河	CJ13	1.218	申庄	申庄	2017 年 8 月	四级	水泥混凝土	5	3.5	
	14	响堂铺—生态园	CJ14	2.063	响堂铺	生态园区	2017 年 6 月	四级	水泥混凝土	7.5	6	
	15	江家庄—前宽嶂	CJ15	1.747	江家庄	前宽嶂	2000 年 1 月	四级	水泥混凝土	6	4	
辽城乡	1	S213—南坡村	CK01	0.975	污犊	南坡村委会	2001 年 1 月	四级	水泥混凝土	6	4	合并路段
	2	Y715—活水峧村	CK02	1.33	村道 Y715130426	活水交村委会	2001 年 1 月	四级	水泥混凝土	6	4	
	3	石门—靳家会村	CK03	0.725	村道 S213130426	村道 Y219130426	2005 年 1 月	四级	沥青混凝土	6	4	
	4	Y219—茅岭底村	CK04	1.623	河茅线	果园	2016 年 12 月	四级	水泥混凝土	5	3.5	
	5	Y220—东辽城村	CK05	0.891	村道 Y220130426	河茅线	2015 年 11 月	四级	水泥混凝土	5	3.5	
	6	石窑—塔坡	CK06	0.999	村道 Y223130426	村道 YSXD130426	2005 年 1 月	四级	水泥混凝土	6	4	
	7	Y223—郝家村	CK07	2.872	村道 Y223130426	塔坡	2015 年 12 月	三级	沥青混凝土	8	6.5	
	8	Y222—郭家村	CK08	0.99	Y222 涉西线	村道 Y222130426	2002 年 1 月	四级	水泥混凝土	6	4	

续表 2-3-1

所属乡镇	序号	路线名称	路线编号	里程（公里）	起点名称	终点名称	修建时间	技术等级	路面类型	路基宽度（米）	路面宽度（米）	备注
辽城乡	9	污犊脑—马机站	CK09	0.584	污犊脑	马机站	2008 年 1 月	四级	水泥混凝土	5	4	
	10	污犊—南坡	CK10	1.204	污犊村	南坡村	2008 年 1 月	四级	水泥混凝土	6	4	
	11	峪里—活水峧	CK11	1.235	峪里村	活水交	2012 年 1 月	四级	水泥混凝土	5	4	
	12	东辽城—西辽城	CK12	0.525	村道 YS05	东辽城供销社	2012 年 1 月	四级	水泥混凝土	5	4	
	13	河茅线—西辽城	CK13	1.635	西辽城	辽城乡	1989 年 1 月	四级	水泥混凝土	7.5	5	
	14	西辽城村路	CK14	0.977	村道 Y219130426	西辽城村委会	2012 年 1 月	四级	水泥混凝土	5	4	
	15	东泉—岩上	CK15	0.62	东泉	岩上	2017 年 5 月	四级	水泥混凝土	5	3.5	
	16	新桥—小沟	CK16	0.586	新桥	小沟	2016 年 9 月	四级	水泥混凝土	5	3.5	
	17	刘家庄主街道一	CK17	0.522	刘家庄村	刘家庄村委会	2015 年 1 月	四级	水泥混凝土	5	3.5	
	18	刘家庄主街道二	CK18	0.319	刘家庄村委会	刘家庄村	2015 年 1 月	四级	水泥混凝土	5	3.5	
	19	西辽城—养殖园区	CK19	1.14	新西线	园区	2018 年 6 月	四级	水泥混凝土	5	3.5	
	20	涉左线—郭家	CK20	0.713	涉左线	郭家村委会	2000 年 1 月	四级	水泥混凝土	6	5	
	21	梯上—石门	CK21	0.801	梯上	石门村	2000 年 1 月	四级	水泥混凝土	6	4	
	22	梯上—石窑	CK22	1.285	梯上	石窑村	2000 年 1 月	四级	水泥混凝土	6	4	
	23	新桥主街道	CK23	0.548	涉左线	新桥村委会	2015 年 10 月	四级	水泥混凝土	5	3.5	
	24	西辽城—凤凰岭	CK24	0.844	村道 Y220130426	凤凰岭	2018 年 11 月	四级	水泥混凝土	5	3.5	
	25	新西线—东坡	CK25	0.925	新西线	东坡	2018 年 5 月	四级	水泥混凝土	5	3.5	
	26	来家山—东坡	CK26	0.778	来家山	东坡	2018 年 6 月	四级	水泥混凝土	5	3.5	
	27	东辽城—龙头山	CK27	1.043	东辽城	龙头山	2018 年 7 月	四级	水泥混凝土	5	4	
	28	活水交—大东庄	CK28	1.355	活水峧	大东庄	2019 年 12 月	四级	水泥混凝土	5	4	
	29	石门主街道	CK30	0.487	涉左线	石门村	2015 年 10 月	四级	水泥混凝土	6	4	
	30	石门—塔坡	CK31	0.726	石门村	塔坡	2015 年 1 月	四级	水泥混凝土	5	3.5	
	31	河茅线—塔庄	CK32	0.359	村道 Y219130426	塔庄	2000 年 1 月	四级	水泥混凝土	6	4	
	32	峪里—山西界	CK33	2.419	活水峧	峪里	2000 年 1 月	四级	水泥混凝土	6	4	

续表 2-3-1

所属乡镇	序号	路线名称	路线编号	里程（公里）	起点名称	终点名称	修建时间	技术等级	路面类型	路基宽度（米）	路面宽度（米）	备注
辽城乡	33	污犊桥—南坡	CK34	1.099	污犊村	南坡村	2014 年 1 月	三级	水泥混凝土	7.5	6.5	
	34	污犊桥—南坡二	CK35	0.269	污犊村	南坡村	2014 年 1 月	四级	水泥混凝土	6	4	
	35	塔庄—半峧	CK39	1.074	河茅线	塔庄	2000 年 1 月	四级	水泥混凝土	6	4	
	36	西沟生态园区路	CK41	0.657	西沟村	西沟村	2015 年 10 月	四级	水泥混凝土	5	3.5	
	37	贾庄—南坡	CK43	1.113	贾家庄村委会	南坡	2015 年 1 月	四级	水泥混凝土	5	3.5	
	38	塔庄—后西坡	CK44	0.663	塔庄	漳北渠	2015 年 11 月	四级	水泥混凝土	5	3.5	
	39	苏家庄—韩家窑	CK45	0.267	苏家庄村委会	韩家窑	2015 年 1 月	四级	水泥混凝土	5	3.5	
	40	靳家会—核桃园区	CK46	1.272	靳家会村委会	核桃园区	2015 年 1 月	四级	水泥混凝土	5	3.5	
	41	靳家会—新村	CK47	0.266	靳家会村委会	新村	2015 年 1 月	四级	水泥混凝土	5	3.5	
	42	韩家窑—郝家	CK48	1.022	韩家窑	郝家	2016 年 9 月	四级	水泥混凝土	5	3.5	
	43	曲里—新桥坎	CK49	1.147	曲里	新桥坎	2016 年 7 月	四级	水泥混凝土	5	3.5	
	44	苏家庄—百岩	CK50	1.466	苏家庄村委会	百岩	2015 年 1 月	四级	水泥混凝土	5	3.5	
	45	苏家庄—黄岩寺	CK51	1.496	苏家庄村委会	黄岩寺	2015 年 1 月	四级	水泥混凝土	5	3.5	
	46	活水交—后交沟	CK52	0.92	活水交	后交沟	2015 年 1 月	四级	水泥混凝土	5	3.5	
	47	石门主街道二	CK55	0.32	石门村	石门村	2015 年 10 月	四级	水泥混凝土	5	3.5	
	48	河茅线—靳家会	CK92	0.606	河茅线	靳家会	2015 年 11 月	四级	水泥混凝土	5	3.5	
	49	刘家庄—魏家湾	CK93	1.835	涉左线	魏家湾	2018 年 12 月	四级	水泥混凝土	5	3.5	
	50	梯上—常闾	CK94	0.794	梯上—常闾	常闾	2015 年 11 月	四级	水泥混凝土	5	3.5	
偏店乡	1	Y204—韩家山村	CL01	2.189	村道 Y204130426	韩家山村委会入口	2002 年 1 月	四级	水泥混凝土	6	4	
	2	S202—南寨村	CL02	2.307	村道 S202130426	村道 YSXF130426	1980 年 1 月	四级	水泥混凝土	6	4	
	3	G309—上窑则	CL03	0.464	村道 H309130426	村道 YSXG130426	2001 年 1 月	四级	水泥混凝土	6	4	
	4	Y205—后寨	CL04	0.599	村道 Y205130426	后寨村	2003 年 1 月	四级	水泥混凝土	6	4	
	5	韩家山村路	CL05	1.257	村道 Y204	韩家山小学	2011 年 1 月	四级	水泥混凝土	6	4	
	6	杨索线—前寨	CL06	0.621	前寨村委会	前寨村委会	2000 年 1 月	四级	水泥混凝土	6	4	

续表 2-3-1

所属乡镇	序号	路线名称	路线编号	里程（公里）	起点名称	终点名称	修建时间	技术等级	路面类型	路基宽度（米）	路面宽度（米）	备注
偏店乡	7	下窑则—孟家岭	CL07	0.533	下窑则	孟家岭	2015 年 10 月	四级	水泥混凝土	5	3.5	
	8	后寨—大石方	CL09	2.487	后寨	大石方	2015 年 12 月	四级	水泥混凝土	5	3.5	
	9	东寨主街道	CL11	0.544	东寨	东寨	2015 年 9 月	四级	水泥混凝土	5	3.5	
	10	东寨—坡后	CL12	1.423	东寨	坡后	2015 年 11 月	四级	水泥混凝土	5	3.5	
	11	偏店主街道	CL13	0.746	平涉线	偏店村	2015 年 9 月	四级	水泥混凝土	5	3.5	
	12	后寨—小石方	CL14	0.609	后寨	小石方	2015 年 11 月	四级	水泥混凝土	5	3.5	
	13	偏店—核桃园区	CL15	1.586	偏店	核桃园区	2015 年 1 月	四级	水泥混凝土	5	3.5	
	14	后寨—后沟	CL16	0.713	后寨	后沟	2015 年 11 月	四级	水泥混凝土	5	3.5	
	15	前寨—大港	CL17	1.092	前寨	大港	2015 年 11 月	四级	水泥混凝土	5	3.5	
	16	东寨主街道二	CL20	0.405	东寨	东寨	2015 年 9 月	四级	水泥混凝土	5	3.5	
	17	前寨村路	CL21	1.153	前寨	前寨	2016 年 12 月	四级	水泥混凝土	5	3.5	
	18	偏风线—风岗	CL08	0.526	偏店	风岗	2022 年 12 月	三级	沥青混凝土	8	6.5	
龙虎乡	1	G309—大泉村	CM01	2.201	村道 G309130426	大泉村委会	2012 年 1 月	四级	水泥混凝土	5	4	
	2	王庄—曹庄村	CM02	1.319	王庄村	曹家庄村委会	2000 年 1 月	三级	水泥混凝土	7.5	6	
	3	G309—王庄村	CM03	2.561	村道 G309130426	王庄村	2000 年 1 月	四级	水泥混凝土	6	4	
	4	G309—古脑村	CM04	0.626	荣兰线	古脑村	1999 年 1 月	四级	水泥混凝土	6	5	
	5	Y208—小井村	CM05	1.412	村道 Y208130426	小井村委会	2001 年 1 月	四级	水泥混凝土	6	4	
	6	Y207—南郭口	CM06	1.29	村道 Y207130426	村道 YSXH130426	2001 年 1 月	三级	沥青混凝土	8	6.5	
	7	田家峧—风落沟	CM07	0.4	风落沟村	村道 YSXH130426	2004 年 1 月	四级	水泥混凝土	6	4	
	8	龙西线—北乱	CM08	0.89	村道 Y208	北乱	2011 年 1 月	四级	水泥混凝土	6	4	
	9	南郭口—武安界	CM09	1.434	村道 YSXH130426	涉县武安界	2011 年 1 月	四级	水泥混凝土	6	4	
	10	南郭口村路	CM10	2.476	村道 YSXH	果园	2016 年 12 月	四级	水泥混凝土	5	3.5	
	11	王庄村路	CM11	0.692	王庄村	王庄村	2012 年 1 月	四级	水泥混凝土	5	4	
	12	大泉村路	CM12	0.522	大泉村	大泉村	2012 年 1 月	四级	水泥混凝土	5	4	

续表 2-3-1

所属乡镇	序号	路线名称	路线编号	里程（公里）	起点名称	终点名称	修建时间	技术等级	路面类型	路基宽度（米）	路面宽度（米）	备注
龙虎乡	13	田北线—马布	CM13	2.064	田北线	马布村委会	2012 年 1 月	四级	水泥混凝土	5	4	
	14	王庄—武安界	CM14	2.007	王庄	武安界	2016 年 12 月	四级	水泥混凝土	5	3.5	
	15	马布—养殖园区	CM15	2.279	马布村	养殖园	2015 年 1 月	四级	水泥混凝土	5	3.5	
	16	龙虎—小井	CM16	2.036	龙西线	凤凰新村	2017 年 6 月	四级	水泥混凝土	5	3.5	
	17	南乱—种植园区	CM17	1.574	南乱村	种植园区	2014 年 1 月	四级	水泥混凝土	5	4	
	18	南乱—小学	CM18	0.268	南乱村	南乱村小学	2014 年 1 月	四级	水泥混凝土	6	4	
	19	王庄—偏亮	CM19	0.644	王庄	偏亮	2016 年 12 月	四级	水泥混凝土	5	3.5	
	20	龙虎—古脑	CM20	3.528	龙虎乡	古脑村	2017 年 6 月	四级	水泥混凝土	6	4	
	21	三里峧—北道沟	CM21	0.507	村道 G309	北道沟	2017 年 6 月	四级	水泥混凝土	6	4	
	22	三里峧—东山	CM22	1.029	三里峧	东山	2017 年 8 月	四级	水泥混凝土	5	3.5	
	23	凤凰新村路	CM23	0.737	龙西线	凤凰新村	2018 年 12 月	四级	水泥混凝土	7	6	
	24	三里峧—南道沟	CM24	1.124	三里峧	南道沟	2018 年 11 月	四级	水泥混凝土	5	3.5	
	25	龙西线—铁厂	CM25	0.439	龙西线	铁厂	2018 年 4 月	二级	沥青混凝土	14	11.5	
	26	龙虎街道二	CM31	0.536	龙西线	龙虎村	2014 年 1 月	四级	水泥混凝土	4.5	3.5	
	27	龙虎街道五	CM34	0.436	荣兰线	龙虎村	2014 年 1 月	四级	水泥混凝土	6	4	
	28	古脑街道	CM38	0.682	古脑村	古脑村委会	2014 年 1 月	四级	水泥混凝土	6	4	
	29	石泊街道	CM41	1.1	荣兰线	石泊村	2014 年 1 月	四级	水泥混凝土	4.5	3.5	
	30	荣兰线—石泊	CM42	0.53	石泊村	荣兰线	2014 年 1 月	四级	水泥混凝土	6	4	
	31	石泊—七泉峧	CM44	0.961	石泊村	七泉峧	2014 年 1 月	四级	水泥混凝土	6	4	
	32	石泊—七泉峧二	CM45	0.465	石泊村	七泉峧	2014 年 1 月	四级	水泥混凝土	6	4	
	33	石泊—七泉峧三	CM46	0.371	石泊村	七泉峧	2014 年 1 月	四级	水泥混凝土	6	4	
木井乡	1	S202—沙峧村	CN01	1.411	村道 S202130426	沙交村	1999 年 1 月	四级	水泥混凝土	6	4	
	2	李家庄—土木河	CN02	1.1	李家庄	土木河村	2013 年 1 月	四级	水泥混凝土	6	4	
	3	Y203—邱子峪村	CN03	0.785	村道 Y203130426	邱子峪村委会	2003 年 1 月	四级	水泥混凝土	6	4	

续表 2-3-1

所属乡镇	序号	路线名称	路线编号	里程（公里）	起点名称	终点名称	修建时间	技术等级	路面类型	路基宽度（米）	路面宽度（米）	备注
木井乡	4	Y203—前西峪村	CN05	0.326	村道 Y203130426	前西峪村委会	2001 年 1 月	四级	水泥混凝土	6	4	
	5	S202—西豆庄村	CN06	1.572	村道 S202130426	村道 S202130426	2001 年 1 月	四级	水泥混凝土	6	4	
	6	S202—东豆庄村	CN07	1.215	村道 S202130426	东豆庄村委会出口	2003 年 1 月	四级	水泥混凝土	6	4	
	7	东豆庄村路	CN08	0.524	S202 平涉线	东豆庄村	1991 年 1 月	三级	沥青混凝土	7.5	6	
	8	土木河—李家庄新村	CN09	1.268	村道 Y203130426	李家庄村委会出口	2003 年 1 月	四级	水泥混凝土	6	4	
	9	红河沟—拱沟岭	CN10	1.371	红河沟	拱沟岭	2017 年 8 月	四级	水泥混凝土	5	3.5	
	10	大瓦房—拱沟岭	CN11	0.798	大瓦房	拱沟岭	2017 年 5 月	四级	水泥混凝土	5	4	
	11	史家庄—东山	CN12	0.532	史家庄	东山	2017 年 7 月	四级	水泥混凝土	5	3.5	
	12	阳索线—东豆庄	CN13	0.7	阳索线	砖厂	2018 年 4 月	四级	水泥混凝土	5	4	
	13	沙峧村路	CN18	0.852	平涉线	沙交村	2000 年 1 月	四级	水泥混凝土	6	4	
	14	邱子峪—石场	CN20	0.752	邱子峪	石场	2000 年 1 月	四级	水泥混凝土	6	5	
合漳乡	1	Y214—东峧村	CP01	2.558	村道 Y214130426	东峧村	2014 年 1 月	四级	水泥混凝土	6	4	
	2	S202—温和村	CP02	1.579	村道 S202130426	温河村	2012 年 1 月	四级	水泥混凝土	5	4	
	3	Y213—槐丰村	CP03	3.333	村道 Y213130426	槐丰村	2015 年 1 月	四级	水泥混凝土	5	3.5	
	4	Y213—史部村	CP04	0.346	村道 Y213130426	史部村委会	2002 年 1 月	四级	水泥混凝土	6	4	
	5	田家嘴—康王庄	CP05	4.283	田家嘴	康王庄	2010 年 1 月	四级	水泥混凝土	6	4	
	6	平涉线—长生寺	CP06	1.701	S202 省道	长生寺	2011 年 1 月	四级	水泥混凝土	6	4	
	7	温和—后沟	CP07	0.474	温河村	后沟	2012 年 1 月	四级	水泥混凝土	5	4	
	8	田太线—郊口	CP08	0.505	村道 Y155130426	郊口村委会	2012 年 1 月	四级	水泥混凝土	5	4	
	9	槐丰村路	CP09	0.533	槐丰村	槐丰村	2015 年 10 月	四级	水泥混凝土	5	3.5	
	10	槐丰村路二	CP10	0.558	槐丰村	槐丰村	2015 年 10 月	四级	水泥混凝土	5	3.5	
	11	槐丰—河南	CP11	0.481	槐丰村	河南界	2015 年 10 月	四级	水泥混凝土	5	3.5	
	12	槐丰村路三	CP12	0.448	槐丰村	槐丰村	2015 年 10 月	四级	水泥混凝土	5	3.5	
	13	大港—东山	CP13	1.358	大港	东山	2015 年 11 月	四级	水泥混凝土	5	3.5	

续表 2-3-1

所属乡镇	序号	路线名称	路线编号	里程（公里）	起点名称	终点名称	修建时间	技术等级	路面类型	路基宽度（米）	路面宽度（米）	备注
合漳乡	14	前峧村路	CP14	0.746	前峧	前峧	2015 年 11 月	四级	水泥混凝土	5	3.5	
	15	平涉线—白芰	CP15	0.669	平涉线	白芰	2017 年 8 月	三级	水泥混凝土	8	7	
	16	合漳—河南界	CP16	1.442	合漳	河南界	2016 年 9 月	四级	水泥混凝土	6	4	
	17	平涉线—段曲	CP18	0.462	平涉线	段曲	2017 年 5 月	四级	水泥混凝土	6	4	
	18	台田线—石梯	CP19	0.915	台田线	石梯	2017 年 7 月	四级	水泥混凝土	5	3.5	
	19	张家头—电站	CP20	0.702	张家头	电站	2016 年 9 月	四级	水泥混凝土	6	4	
	20	张家头—外滩	CP21	0.745	平涉线	外滩	2016 年 8 月	四级	水泥混凝土	6	4	
	21	张家头村—渠口	CP22	0.575	平涉线	渠口	2016 年 8 月	四级	水泥混凝土	6	4	
	22	张家头—东沟	CP23	1.26	平涉线	东沟	2016 年 9 月	四级	水泥混凝土	6	4	
	23	张家头—东坡	CP24	0.785	张家头	东沟	2016 年 9 月	四级	水泥混凝土	6	4	
	24	太仓—河南界	CP26	1.944	太仓	河南界	2017 年 10 月	四级	水泥混凝土	5	3.5	
	25	郊口—河南界	CP27	0.394	郊口	河南界	2017 年 11 月	四级	水泥混凝土	6	4	
鹿头乡	1	X155—北史家渠村	CQ01	0.688	村道 X155130426	北史家渠村	2003 年 1 月	四级	水泥混凝土	6	4	
	2	Y204—王家岗村	CQ02	0.862	村道 Y204130426	王家岗村	2002 年 1 月	四级	水泥混凝土	6	4	
	3	X155—董家沟村	CQ03	0.483	村道 X155130426	董家沟村委会	2000 年 1 月	四级	水泥混凝土	6	4	
	4	Y204—符山窑村	CQ04	1.625	村道 Y204130426	符山窑村委会	1998 年 1 月	四级	水泥混凝土	6	4	
	5	Y202—林峰村	CQ05	1.523	村道 Y202130426	林峰村	2017 年 6 月	四级	水泥混凝土	5	3.5	
	6	X155—峪峧新村	CQ06	4.501	村道 X155130426	木口	2017 年 8 月	四级	水泥混凝土	5	3.5	
	7	Y713—核桃树角村	CQ07	0.679	核桃树角村委会入口	核桃树角村委会	1997 年 1 月	四级	水泥混凝土	6	4	
	8	X155—正峧沟村	CQ08	1.358	村道 X155130426	正峧沟村	2001 年 1 月	四级	水泥混凝土	6	4	
	9	X155—郭庄村	CQ09	1.017	村道 X155130426	村道 Y224130426	1970 年 1 月	四级	水泥混凝土	6	4	
	10	偏壮线—后家峪	CQ10	0.509	偏壮线	后家峪	2019 年 12 月	四级	水泥混凝土	6	4	
	11	X155—柳树渠村	CQ11	0.405	村道 X155130426	柳树渠村	2000 年 1 月	四级	水泥混凝土	6	4	

续表 2-3-1

所属乡镇	序号	路线名称	路线编号	里程（公里）	起点名称	终点名称	修建时间	技术等级	路面类型	路基宽度（米）	路面宽度（米）	备注
鹿头乡	12	X155—王庄村	CQ12	0.529	村道 X155130426	王庄村	2000 年 1 月	四级	水泥混凝土	6	4	
	13	X155—史家渠村	CQ13	0.335	村道 X155130426	史家渠村委会	2003 年 1 月	四级	水泥混凝土	6	4	
	14	西宇庄—东宇庄	CQ14	2.133	西宇庄村委会	东宇庄村	2008 年 1 月	四级	水泥混凝土	6	4	
	15	阳索线—西宇庄	CQ15	0.501	村道 X155	西宇庄	2009 年 1 月	四级	水泥混凝土	5	4	
	16	X155—南大寺	CQ16	2.715	X155 阳索线	大南寺	2009 年 1 月	四级	水泥混凝土	6	4	
	17	偏壮线—壮口岗	CQ17	0.946	壮口村委会	壮口岗	2001 年 1 月	四级	水泥混凝土	6	4	
	18	X155—谷儿	CQ18	0.855	村道 X155	谷儿	2011 年 1 月	四级	水泥混凝土	6	4	
	19	西宇庄村路	CQ19	0.26	村道 X155	西宇庄	2011 年 1 月	四级	水泥混凝土	5	4	
	20	宇庄—新村	CQ20	0.631	村道 Y202	峪峧新村	2011 年 1 月	四级	水泥混凝土	6	4	
	21	阳索线—养鸡场	CQ21	0.617	村道 X155	石沙岭	2011 年 1 月	四级	水泥混凝土	5	4	
	22	林峰—西峧	CQ22	0.484	林峰	西峧	2017 年 7 月	四级	水泥混凝土	5	3.5	
	23	郭庄—花木峧	CQ23	0.902	花木交	郭庄岭	2011 年 1 月	四级	水泥混凝土	6	4	
	24	花木峧—老连洼	CQ24	0.415	花木交	老连洼	2011 年 1 月	四级	水泥混凝土	6	4	
	25	红河沟—秦家脑	CQ25	1.042	红河沟	秦家脑	2017 年 8 月	四级	水泥混凝土	5	3.5	
	26	杨家庄—核桃园	CQ26	1.021	杨家庄	园区	2018 年 5 月	四级	水泥混凝土	5	3.5	
	27	鹿圣线—郭庄	CQ27	0.671	郭庄	郭庄	2000 年 1 月	四级	水泥混凝土	6	4	
	28	壮口—经济沟	CQ32	1.89	偏壮线	经济沟	2012 年 1 月	四级	水泥混凝土	5	4	
	29	西安居—核桃园区	CQ33	1.179	阳索线	核桃园区	2016 年 12 月	四级	水泥混凝土	5	3.5	
	30	东安居—虎山	CQ35	1.87	X155 阳索线	虎山	2012 年 1 月	四级	水泥混凝土	5	4	
	31	东宇庄—核桃园区	CQ38	1.182	东宇庄村委会	核桃园区	2015 年 1 月	四级	水泥混凝土	5	3.5	
	32	东宇庄—核桃园区二	CQ39	1.151	东宇庄村委会	核桃园区二	2015 年 1 月	四级	水泥混凝土	5	3.5	
	33	符山窑—关讲	CQ40	1.421	符山窑村委会	关讲	2015 年 1 月	四级	水泥混凝土	5	3.5	

续表 2-3-1

所属乡镇	序号	路线名称	路线编号	里程（公里）	起点名称	终点名称	修建时间	技术等级	路面类型	路基宽度（米）	路面宽度（米）	备注
关防乡	1	X206—苏刘村	CR01	3.256	村道 X206130426	鹿耳寺	2017 年 9 月	四级	水泥混凝土	6	4	
	2	Y209—陡贡村	CR02	2.942	村道 Y209130426	陡贡村	2001 年 1 月	四级	水泥混凝土	6	5	
	3	郝赵村路	CR03	0.742	村道 Y199	郝赵村委会	2012 年 1 月	四级	水泥混凝土	5	4	
	4	刘西线—云台山	CR04	2.107	宋家	云台山	2015 年 12 月	四级	水泥混凝土	5	3.5	
	5	宋家—东峧	CR05	0.838	村道 X206130426	东峧	2015 年 10 月	四级	水泥混凝土	5	3.5	
	6	井关线—西安	CR06	0.417	井关线	西安村委会	2015 年 11 月	四级	水泥混凝土	6	4	
	7	岭底—康廖	CR07	0.855	刘西线	康廖	2015 年 10 月	四级	水泥混凝土	5	3.5	
	8	西前线—后岩	CR08	1.672	西前线	后岩	2018 年 11 月	四级	水泥混凝土	5	3.5	
	9	关防—南峧沟	CR09	2.9	关防村	南峧沟	2015 年 11 月	四级	水泥混凝土	5	3.5	
	10	古台—莲花寺	CR10	1.849	古台	莲花寺	2015 年 7 月	四级	水泥混凝土	5	3.5	
	11	后池—桃花山	CR11	5.143	后池	桃花山	2017 年 9 月	四级	水泥混凝土	8	6	
	12	后池天路	CR12	1.381	后池	桃花山	2017 年 11 月	四级	水泥混凝土	8	6	
	13	后池村路	CR13	2.396	后池	后池	2017 年 10 月	四级	水泥混凝土	5	3.5	
	14	前岩—学校	CR14	0.528	前岩	学校	2017 年 9 月	四级	水泥混凝土	5	3.5	
	15	后池—苏刘	CR15	3.064	后池	苏刘	2018 年 11 月	三级	水泥混凝土	8	6.5	
	16	曹家—养殖场	CR16	0.418	曹家村	养殖场	2018 年 11 月	四级	水泥混凝土	5	3.5	
	17	后岩—养殖场	CR17	0.576	后岩	养殖场	2018 年 11 月	四级	水泥混凝土	5	3.5	
	18	后岩—西沟	CR18	1.023	后岩	西沟	2018 年 11 月	四级	水泥混凝土	5	3.5	
	19	古台—水库	CR19	1.31	古台村	水库	2018 年 11 月	四级	水泥混凝土	5	3.5	
	20	郝赵—转峧	CR20	1.433	郝赵村委会	转峧	2015 年 1 月	四级	水泥混凝土	5	3.5	
	21	郝赵—西山	CR21	0.136	郝赵村委会	西山	2015 年 1 月	四级	水泥混凝土	5	3.5	
	22	宋家村路	CR22	0.99	宋家	苏刘	2016 年 9 月	四级	水泥混凝土	5	3.5	

第四节　专用公路

20世纪60年代，中央制定以“国防建设第一，加速‘三线’建设”的计划。大批工业厂矿企业落户涉县，专用道路由此而生。

厂矿专用道路最早开通的是符山铁矿，建于1958年。1965年后，随着驻涉厂矿的增多与县工业企业的发展，至1970年，先后开通河北一五〇发电厂、邯郸地区化肥厂、河北第五机械厂、河北第六机械厂、河北东风制药厂、邯郸地区红旗机械厂、邯郸地区六九一医院、天津六九八五钢厂，涉县冶金局等19条专用道路，全长45公里，原为碎石路，后多改建为水泥或柏油路面。

2020年底，涉县专用公路6条长9.615公里。其中，二级公路长6.28公里、三级公路长1.491公里、四级公路长1.844公里，沥青混凝土路面7.771公里、水泥混凝土路面1.844公里。2021年，专用公路不再纳入路网统计。

一、旅游专用公路

将军路　路线编号Z101130426，全长0.700公里，起于河茅线将军岭路口，止于一二九师司令部旧址。全线有涵洞6道。1998年，该线改建为水泥混凝土路面，路面宽4米，路基宽6米，四级公路。2000年，改建为6米宽水泥混凝土路面。2013年11月，改建为双向两车道三级公路标准。2016年“7·19”洪灾后，赤岸桥修建简易桥。2017年4月，始建赤岸悬索桥，由涉县住建局修建，2019年10月，竣工通车，全长377米，宽26米。

娲皇宫旅游路　路线编号Z102130426，全长2.392公里，起于涉左线，止于娲皇宫旅游景区停车场。2002年，该线改建为沥青混凝土路面，路面宽7米，路基宽9米，二级公路。全线有涵洞9道。

石门将军路　路线编号Z103130426，全长1.138公里，起于涉左线，止于石门左权将军墓。2005年，该线改建为沥青混凝土路面，路面宽7米，路基宽9米，二级公路。全线有涵洞5道。

涉左线至晋冀豫边区政府路　路线编号Z106130426，全长1.144公里，起于涉左线，止于涉左线。该线在2007年改建为水泥混凝土路面，路面宽4米，路基宽5.5米，四级公路。

二、企业专用公路

6985生活区专用公路　路线编号Z104130426，全长1.491公里，起于下江线，止于6985生活区。1969年，该线改建为沥青混凝土路面，路面宽6米，路基宽7.5米，属三级公路。2003年，由天铁集团接管。

6985厂区专用公路　路线编号Z105130426，全长2.750公里，起于下江线，途经天津铁厂厂区，止于冶中线。该线在1969年改建为沥青混凝土路面，路面宽8米，路基宽10米，属二级公路，全线有涵洞8道。2003年，公路由天津铁厂接管。

第五节 城区街道

涉县城古有“万山丛里弹丸城”之称。明清时，县城有大街一道、东西街二道、南北街二道、察院街一道、民壮营一道。民国时，县城南北纵向有正大街、东街、营井街，均长约400米，最宽不过7米，皆为土路。东西横向街道皆为小巷，全与正大街相接，均为宽约5米的土路。有南街、宋家巷、血道、南拐巷、黄门坊街、唐家巷。

1952年，邯长公路由城中街改至西街通行，扩宽至10米。1953年，横向路南起东河路，北达上清凉段原为涉左公路一段，辟为简易公路，后为街道称为振兴路。1965年，城中街道多为土路，只有城中街北起水塔路南至清漳河岸铺为沥青路面，为县城沥青街道之始。1969年，城西街拓宽至20米，改土路为沥青路。1970年起，改造旧城中新辟东河街、清漳路、桥东路、建新街，延长振兴路等。1990年底，县城主要街道15条，长12748米，绝大部分为高级或次高级路面。

随着县城建筑面积扩大，城内道路不断新改建。1991年后，涉县主城区先后新建迎春街、崇州路、平安街、牌坊路西延路段、迎宾街南延路段、清泉路、娲皇路、龙山大街、平安街北延、将军大道等23条主要街道60余公里；改造振兴路、龙山大街、韩王街、河西街、小海路、电厂街、迎宾街等13条道路，长20余公里。涉县新建改建迎春桥、牌坊桥、龙北桥、迎宾桥、振兴桥、七一桥、商贸城一桥、商贸城二桥、铁路立交桥等桥梁18座。

将军路（2020年摄）

龙井大街与崇州路交叉口（2020 年摄）

2002 年 11 月，龙井大街（南起龙山，北至井店）全线竣工。

2011 年底，主城区主次干道 30 余条，主城区道路总长 91 公里。县城市道路（含 3 米宽道路）总长 222.2 公里、总面积 3.56 平方公里，人均道路面积 21.43 平方米。县主城区有桥梁 21 座。其中，跨东枯河桥梁有 8 座，分别为龙北桥、商贸城一桥、商贸城二桥、振兴桥、七一桥、牌坊路东枯河桥、小海路东枯河桥、将军大桥；跨玉带河的桥梁有 5 座，分别为迎宾街玉带河桥、迎春街玉带河桥、牌坊路玉带河桥、小海路玉带河桥、滨河路玉带河桥；铁路立交桥有 7 座，分别为迎春街铁路立交桥、将军大道龙电公司对面铁道立交桥、将军大道南原铁道立交桥、龙山大街铁路立交桥、平乐路铁路立交桥、龙北路铁路立交桥、振兴路铁路立交桥（百米桥）；高速连接桥 1 座，青兰高速与涉县东互通高速连接桥。

2021 年底，建成区主次干道 100 余条，道路总长 379.91 公里、面积 536.97 万平方米，人均道路面积 24 平方米。2023 年 7 月，涉县主城区共有道路 47 条，总长度 78.9 公里，总面积 229.88 万平方米。

涉县主城区道路一览表

表 2-3-2

序号	道路名称	路段	路长（米）
1	龙山大街	裕华路至南关转盘	4351
2	河西街	崇州路至 309 国道	3988
3	振兴路	滨河路至 309 国道	3902
4	牌坊路	309 国道至状元街	3013
5	崇州路	将军大道至 309 国道	2052
6	迎春街	刘张公路至龙南路	2364
7	滨河路	振兴路至龙山大街	4174
8	平安街	将军大道至龙南路	3176
9	清泉路	将军大道至龙山大街	1011

续表 2-3-2

序号	道路名称	路段	路长（米）
10	娲皇路	将军大道至龙山大街	798
11	府南路	平安街至龙山大街	365
12	裕华路	将军大道至龙田街	952
13	龙井大街	裕华路至玉岭路	6858
14	开元街	崇州路雕像至将军大道	1025
15	河东大街	滨河路至平乐路	6962
16	龙南路	状元街至高速路引线	3673
17	将军大道	涉左路至 309 国道	7063
18	状元街	滨河路至将军大道	1906
19	龙东路	龙南路至崇州路环岛	1558
20	贸易街	农林路至滨河路	1607
21	老城街	龙山大街至桥东路	1568
22	韩王街	振兴路至河西街	437
23	小海路	河西街至迎春街	1391
24	农林路	迎春街至龙山大街	839
25	迎宾街	火车站至滨河路	1895
26	水塔路	龙山大街至旧火车站	402
27	七一路	老城街至河西街	239
28	华苑街	崇州路至龙华苑小区	678
29	龙田街	裕华路至崇州路	309
30	体育路	龙山大街至平安街	676
31	新苗街	体育路至平安大街	586
32	顺通街	清泉路至娲皇路	695
33	府西街	府南路至崇州路	331
34	龙城路	龙山大街至迎春街	813
35	电厂街	振兴路至龙南路	834
36	三中北路	龙山大街至龙南路	1149
37	明德街	牌坊路至滨河路	560
38	二中路	将军大道至龙井大街	558
39	新苗街	体育路至平安大街	586
40	凤凰西街	龙南路至龙城路	381
41	胜利路	涉左路至旅游专线	246

续表 2-3-2

序号	道路名称	路段	路长（米）
42	育才街	滨河路至龙南路	1515
43	金源东街	振兴路至玉带河	228
44	三中北路北延	三中北路至龙南路	562
45	城东街	城里村委南巷道至小海路	427
46	营字街	城里村委南巷道至牌坊路	200

附：

古道

涉县古时有人行、驮行等古道近20条。著名的太行八陉中的滏口西陉，即涉磁古道。受特殊山区地形地势限制，涉县饱尝行路之苦，历代修缮逐渐形成邯长古道、涉左古道、涉林古道、涉磁古道等重要的通冀晋豫出省道路，这些古道不仅承载着涉县各个历史阶段政治、经济、文化的发展重任，也逐渐演化为当今社会涉县交通网络构架中的重要骨架，为促进社会进步和经济发展起到推动作用。

涉县境内还有将军岭古道、木井川古道、梁岭古道、瓮岭古道、三道岭古道、岩上古栈道、青峰古栈道，以及皮岭、皇后岭等古道，这些古道与四大重要古道相辅。随着时代发展，部分古道充实至现在的路网结构中，部分古道后多被废弃。

一、邯（郸）长（治）古道涉县段

商周时为车马大道。春秋战国时期，该道走向由武安阳邑西南入境，经由东豆庄、西戌、偏店、井店、涉县城、河南店、神头、出响堂铺入晋抵上党，线路主要穿行于谷间旱河沟。春秋战国时，邯长古道日显重要。秦赵长平大战、魏信陵君“窃符救赵”等征战的兵车驰驱、粮草运输，皆取此道，为秦驰道网。秦始皇二十九年（前218年），秦始皇东巡琅玡，归途自临淄君过平原津渡入河北，经厝县（今清河县）、沙丘（曲周）、巨鹿（今平乡县）、邯郸、再西行武安、涉县，去上党返咸阳即经此线。

东汉末至南北朝，另辟西行车马大道两条，一条由山西黎城经石背底入境过毛城（今辽城）达石门，沿漳河北岸至索堡，经唐王峧、温庄、将军岭、陈平（今前寨）、赵峪达鸡鸣铺，由龙虎出境过临水（今峰峰）抵邺城（今临漳），或经武安徘徊村往北走抵邯郸。一条由黎城过龙王庙，出秋树园入境，经峪里、温村，沿清漳河南岸过王堡、河南店抵县城。明清时，涉县境内铺路走向几经变更。明洪武六年（1373年）为猛虎（今龙虎）、石泊、窑上（今窑则）、井店、北岗、神头、响堂铺一线。嘉靖六年（1527年）改为豆庄、沙河、西戌、偏店、井店、台村、神头、响堂铺一线。在此之前，即有从西戌过东戌井家峪桥，经马布、郭口抵阳邑取便。清顺治十五年（1658年）易为大道。清乾隆六年（1741年），山西洪洞刘勷与弟侄捐资辟白鱼岭以避偏店、西戌之纡险，再改行石泊、窑上一线。

清咸丰三年（1853年）八月，太平军李开芳率军由山西省黎城经东阳关攻入涉县，沿此路挥师北上。由龙虎入境，经石泊、白鱼岭、井店，过涉县城清漳河，走河南店向西，东阳关入山西境内，全长39公里。

二、涉（县）左（权）古道涉县段

东汉时为驮行道。由县城、河南店，经王堡、上温村、下温村、辽城至毛岭（今茅岭底）逾河出贾庄入晋。后在漳河北岸辟北大路自辽县（今左权县）下，由贾家庄入境，沿清漳河北岸下行经石门至索堡、陈平（今前寨村）出赵峪与东大路车马道相接，由龙虎出境达邺城（今临漳）。魏晋后直至明清，涉左古道走向大体沿袭旧道。北宋熙宁七年（1074年），古道得以修缮，为山西通磁州之粮食运输线，历元、明、清及以后无大变更，过往一直较盛。

三、涉（县）林（州）古道涉县段

一条为商周时驮行道，出县城沿清漳河东南下，经寨上、胡峪至昭义后折北过河至林旺，至东达过河至交漳口（今合漳）出境，过浊漳河达古城，过林县至相州（今安阳），或由交漳口过黄龙口、白芟、段曲、张家头至林县。清代，从昭义新辟至林县山道，由昭义越瓮岭至东峧、大港、段曲达林县。时林县工匠徒步往来多走此路，称为故县（今固新）。南岭路，旧县志载“南岭路在故县村，其路通林县甚捷，鸟道崎岖，仅可容足”。后随乘骑到乘车发展，小路很少有人行走，今已荒弃。另一条，在交漳口，沿漳河北岸辟路东下，经石梯、太仓、峧口、丁岩而达安阳县、磁县交界，为明代所辟。

玉露岭古道（2019年摄）

四、涉（县）磁（县）古道涉县段

太行“八陉”第四陉为滏口陉。古时为连通邯郸与晋阳（今太原）之重要路线。该路从邯郸向西越滏山入太行后，分南北两支。南路横跨浊漳河进长治，后沿西北方向出山；北路顺清漳河逆流而上直抵太原。滏口陉涉县段属北路，起于关防乡岭底村与磁县两岔口交界处，形成于东汉末年。上七里，下八里，宽2.5米，均用石头铺砌，是涉县东出磁县的驮行道。或由磁县北王庄村越岭入涉（县）境，为人行道，经甘泉至西达；或越玉露岭入境，经岭底、关防至西达与涉（县）林（县）古道相接，达涉县城。其为邺城过磁州（今磁县）通上党路组成部分。宋庆历年间，改名“玉露岭”。

东汉建安十二年（207年），曹操灭袁绍后，兵出邺城，过滏口陉，留下诗篇《苦寒行》。玉露岭古道历代多有重修，明清时盛。乾隆等皇帝曾对险要地段重修。该古道是涉县通往彰德府（今河南省安阳市）的捷径，即由涉县出发，经茨村、胡峪、原曲、固新、招义至林旺，从梁岭（林旺岭，又名东岭）下绕行达西达。转东北行，至台华。或从匡门口上山沿讪路，越西厂岭直至台华，由县赴磁者，多取此道，再过关防、前岩口、岭底、逾玉路岭抵磁县。民间广传，清时，县令多由此路赴涉上任，仍是涉通州府大道。岭上沿途设有数家茶水店，供往来商客打尖（住店）。

五、小型古道

将军岭古道 从汉代起，该路为洛阳通往晋阳（今太原）的官道。由武安阳邑入县境，走西戌到偏店后寨，过将军岭到白泉水，通往索堡，后顺清漳河前往山西。据史料记载，宋代有一位杨姓将军带兵打仗战死在此，故名将军岭。西汉时，汉文帝刘恒行经此路，在唐王峧沟中皇山上建起三间娲皇庙。北齐时，高洋帝在中皇山下建有离宫，并在山上刻佛经六部，即现在的娲皇宫。

梁岭古道 位于林旺村后，长十几里，于村东三里许一头扎入地下，西接昭义村白台寺下太月渡，东往达城、关防连通玉露岭，是一条境内古道。这里峡窄河深，每到雨季，道路常受河水冲刷，行人前途尽失，历史上多次重修。

梁岭古道（2018年摄）

瓮岭古道 瓮岭位于固新镇昭义村后，因山沟口小肚大，山后有高岭，因形似一瓮而得名。全长约10公里，自涉县昭义村达林县（今河南省林州市），中途翻越瓮岭，经东峧、大港、段曲等村。古时，林县客商、工匠往来故县（今固新镇）、涉县多走此路。该路穿越崇山峻岭，山高路险，从明代起，就是通往豫晋的重要商道。

据载，瓮道古道多驮队、挑夫。现沿途留有多处驿站、客舍、石庵等遗迹，也有天然饮水资源，被修葺保护。抗战时期，八路军五分医院、抗日军政大学、兵工厂等机关就隐藏在周边一带。1942年6月，日军设卡瓮岭，对周边村庄进行扫荡。八路军抗大六分校学生辗转至此，遭日军伏击，40人牺牲。

三道岭古道 起自固新镇西山村，经小梯岭村翻过山岭，过合漳乡前、后峧村，直达浊漳

三道岭古道（2019 年摄）

河天桥断，通往林县（今林州市），全长约 10 公里。与瓮岭古道一样，也是通往林县的大道，但相比之下，山势更陡，路况更险。

木井川古道 由武安阳邑入境，由木井村向西，过史家庄、青塔、龙洞窑门口等村，上十字岭，过黑虎关，通往山西省左权县，全长 30 多公里。该古道是一条古商道，一条文化道，也是一条遍布抗战遗迹的红色大道。

岩上古栈道 位于涉县辽城乡岩上村，为涉县至辽县麻田（今左权县）古道的一段，全长约 1.5 公里，地势险要。古道留有石板路，旧时客栈已荒废。运入涉县的煤炭途经此地，直至 20 世纪 70 年代还在使用。古道上留有石长城遗迹，据传为战国时，赵国军队驻扎守边之地。

青峰讪古栈道 青峰讪位于原曲村和石岗村交界处，长约 1 公里，自古为涉县南下东去的必经之道。栈道临河直起，壁立千仞。栈道宽不足两米，像一条细线自峰腰穿行，行路极险。民国时期，天门会首领冯贵德率兵在此与数倍于己的奉军激战多日，未尝败绩。

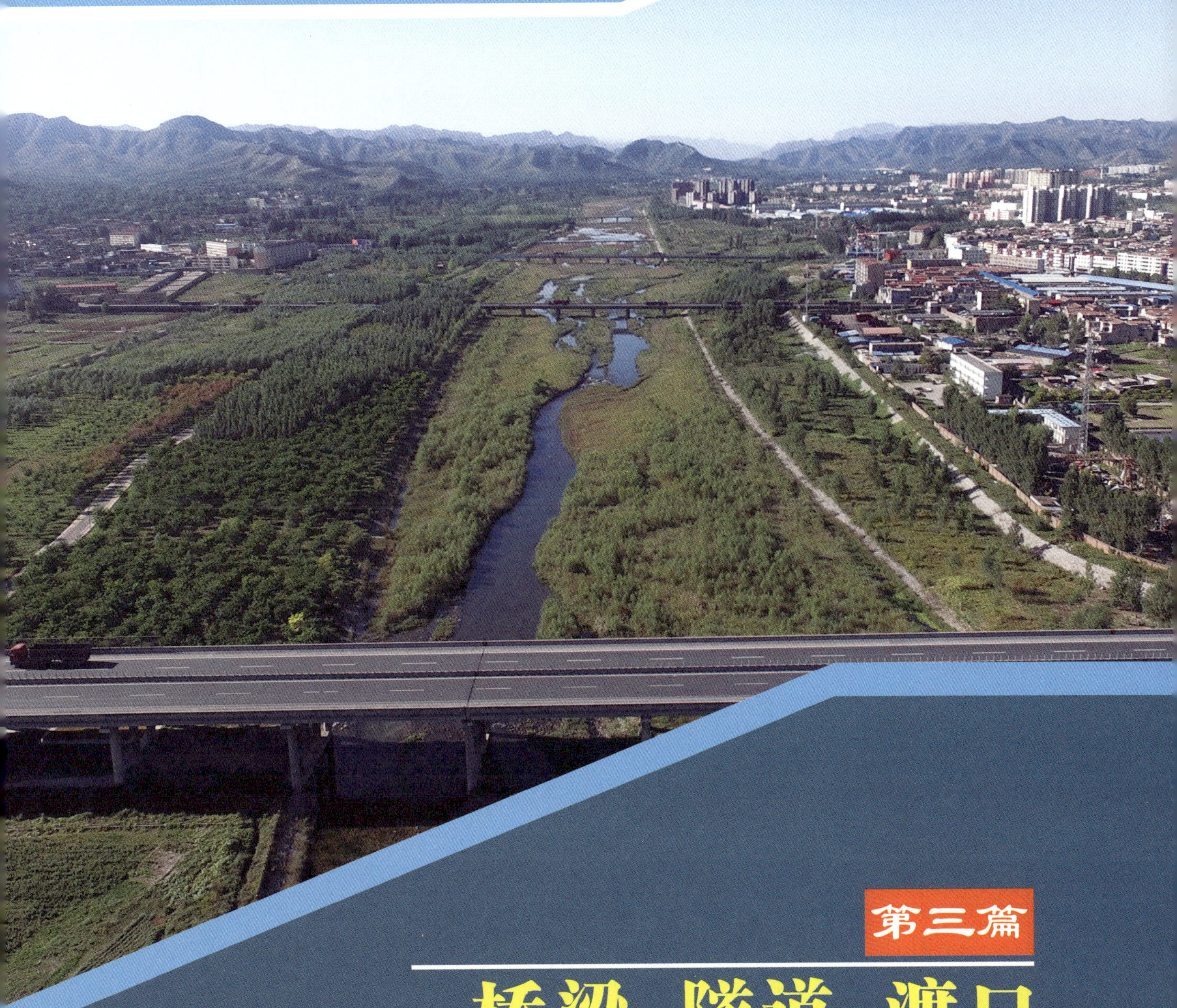

第三篇

桥梁 隧道 渡口

涉县山高水多，自古桥隧修建较多。

据史料记载，商代已有大型梁式木桥。春秋时跨木桥、石梁桥出现。汉代有了石拱桥，隋唐后兴起。涉县多修木便桥（草桥），冬成夏拆。在金至明清的遗留古桥中，多为石拱桥。中华人民共和国成立后，造桥技术不断改进，涉县相继修建能通行汽车的大型木桥和石拱桥。1952 年，邯长公路清漳河漫水桥竣工，时为境内最长石拱桥，公路桥梁由临时性变为永久性桥梁。1965 年，清漳河大桥落成，桥梁结构为钢筋混凝土结构。2022 年，青兰高速清漳河特大桥建成，全长 2697 米，单向三车道，为预应力混凝土连续 T 梁桥。

1970 年，张家庄 281 米隧道竣工，成为涉县第一条隧道。历经变迁，2010 年，青兰高速通车 4370 米的马鞍山隧道成为涉县最长隧道。

汉代，涉县即有古渡口。1947 年起，涉县政府对主要渡口实行公营或私营公助。1965 年后，清漳河上多修建大中桥梁，渡口渐废。

第一章　桥梁

1950年，涉县首建邯长公路线鸡鸣铺桥，为青石纵联砌置石拱桥。1952年，建成清漳河漫水桥，时为境内最长之石拱桥。后随着国道、省道、县道的高标准修建，公路沿线跨越河流、山谷均建桥梁，以达畅通。1965年，清漳河大桥落成，公路桥梁建设开始以钢筋、混凝土为结构，向丁形梁、工形梁、单曲拱、双曲拱等形式发展。20世纪70年代，建西达清漳河大桥1座、中桥6座、小桥14座。20世纪80年代，建邯郸至长治复线清漳河特大桥1座，椿树岭大桥、连泉清漳河大桥2座，中桥15座，小桥由原石拱桥改建和危路改线增建新桥共43座。1990年，全县县级以上公路中永久性公路桥梁共107座，长4830.8米，其中特大桥2座、大桥3座、中桥24座、小桥78座、中石拱桥46座。1996年，洪水冲毁大桥1座、中桥6座，小桥13座，后恢复。2004年，青兰高速清漳河特大桥建成，高速公路桥梁建设进入新阶段。

2022年底，全县有桥梁421座，54662.98米。高速公路桥梁169座43113.29米，其中，特大桥4座7042.48米、大桥85座34024.83米、中桥23座1634.98米、小桥57座411米。国省干线桥梁共71座4289.41米，其中大桥6座2028.44米、中桥20座1257.72米、小桥45座1003.25米，干线公路桥梁无危桥。全县农村公路桥梁有181座7260.28米，大桥9座2011.58米、中桥45座2742.02米、小桥127座2506.68米，危桥8座172米。

太行山高速涉县段桥隧（2020年摄）

第一节　特大桥

清漳河特大桥（改扩建）　中心桩号位于青兰高速公路ZK706+017.1处，始建于2020年6月，2022年6月建成通车。桥长2697米，桥面宽16.5米，设计荷载公路Ⅰ级，下部结构为空心薄壁墩、柱式墩、肋板台、桩基础，上部结构为装配式预应力混凝土连续T梁，跨径为3×30+24×40+（4×35）+（3×40）+（4×35）+13×40+24×30共75跨。特大桥下穿清漳河为单向三车道。建设单位为河北高速公路集团有限公司石安分公司，设计单位为河北省交通规划设计院，施工单位为中海外交通建设有限公司。

龙虎河2号特大桥　位于河北省邯郸市涉县，桥梁全长1957.04米。是G22青兰高速段上的一座特大桥，于2010年9月建成通车，设计荷载为公路Ⅰ级，中心桩号K682+124，当前管养单位是邯郸西养护中心。该桥由两幅组成，左右线为连续箱梁（65—30米），桥墩类型为双柱式墩，桥面铺装类型为沥青混凝土。

清漳河特大桥　起点桩号位于青兰高速公路K721+097处，桥长1560米，桥面宽11米，于2004年12月建成通车，桥长1560米，设计荷载公路汽车超20级、挂—120。下部结构为柱式墩台（肋力台）、钻孔灌注桩基础，上部结构为预应力连续T梁，52跨跨径30米。特大桥下穿清漳河为双向四车道。建设单位为河北省交通运输厅国际金融组织贷款项目办公室，设计单位为河北省交通规划设计院，施工单位为中铁十八局集团第三工程有限公司，养护单位为河北高速公路集团有限公司石安分公司。

林旺特大桥　位于国道G234上，主线桩号：K36+716，交角90°，桥梁全长2078.03米。该桥始建于2018年，桥面全宽10.25米，沥青混凝土桥面铺装；上部结构均为12×(4×40)+50+50+40，设计荷载：公路Ⅰ级。

茨村互通主线桥　位于国道G234上，中心桩号：K17+839.6，交角90°，桥梁全长1172米。上部结构：全桥共12联，左幅跨径布置为4×30+6×（3×30）+4×30+3×（3×30）+3×38,右幅跨径布置为4×30+6×（3×30）+4×30+3×（3×30）+(24.5+24.5+38+27)，桥面全宽16米，设计荷载：公路Ⅰ级。

第二节　大桥

一、高速公路大桥

吕祖庙大桥　位于青兰高速K698+224处，桥梁全长937.04米，于2010年9月建成通车，设计荷载为公路Ⅰ级。该桥由两幅组成，左右线为连续箱梁（31—30米），桥墩类型为双柱式墩，桥面铺装类型为沥青混凝土。

大泉沟大桥 位于青兰高速段桩号 K685+775，桥梁全长 794.74 米，于 2010 年 9 月建成通车，设计荷载为公路Ⅰ级。该桥由一幅组成，左线大泉沟大桥为连续T梁（1—16+31—25 米），桥墩类型为双柱式墩，桥面铺装类型为沥青混凝土。

更乐大桥 位于青兰高速段 K699+450 处，桥梁全长 607.04 米，于 2010 年 9 月建成通车，设计荷载为公路Ⅰ级。该桥由两幅组成，左右线均为连续箱梁（20—30 米），桥墩类型为双柱式墩，桥面铺装类型为沥青混凝土。

石泊大桥 位于青兰高速段 K683+463 处，桥梁全长 544.24 米，于 2010 年 9 月建成通车，设计荷载为公路Ⅰ级。该桥由两幅组成，左右线均为连续 T 梁（18—30 米），桥墩类型为双柱式墩，桥面铺装类型为沥青混凝土。

玉林井大桥 位于青兰高速段 K692+683 处，桥梁全长 487.04 米，于 2010 年 9 月建成通车，设计荷载为公路Ⅰ级。该桥由两幅组成，左右线均为连续箱梁（16—30 米），桥墩类型为双柱式墩，桥面铺装类型为沥青混凝土。

石河大桥 位于青兰高速公路 K722+711.5 处，桥长 479.776 米，建于 2003 年 6 月，2004 年 12 月建成通车。设计荷载公路汽车超 20 级、挂 –120，桥长 479.776 米，桥面宽 11 米，下部结构为柱式墩台（肋力台）、钻孔灌注桩基础，上部结构为预应力连续箱梁，19 跨跨径 25 米。大桥下穿南庄石河为双向四车道。

大北峧大桥 位于青兰高速段 K686+519 处，桥梁全长 456.04 米，于 2010 年 9 月建成通车，设计荷载为公路Ⅰ级。该桥由一幅组成，大北峧大桥（左线）为连续 T 梁（18—25 米），桥墩类型为双柱式墩，桥面铺装类型为沥青混凝土。

大北峧 1 号大桥 位于青兰高速段 K686+987 处，桥梁全长 406.04 米，于 2010 年 9 月建成通车，设计荷载为公路Ⅰ级。该桥由一幅组成，大北峧 1 号大桥（右线）为连续 T 梁（18—25 米），桥墩类型为双柱式墩，桥面铺装类型为沥青混凝土，桥梁全长 456.04 米。

偏凉沟大桥 位于青兰高速段 K697+135 处，于 2010 年 9 月建成通车。设计荷载为公路Ⅰ级。该桥由两幅组成，左线为连续箱梁（16—25 米），右线为连续箱梁（14—25 米），桥梁全长 356.04 米。双幅桥墩类型均为双柱式墩，桥面铺装类型均为沥青混凝土。

四合沟大桥 位于青兰高速公路 ZK710+655 处，建于 2020 年 6 月，2022 年 6 月建成通车。设计荷载公路Ⅰ级。桥长 367 米，桥面宽 16.5 米，下部结构为柱式墩、柱式台、桩基础，上部结构为装配式预应力混凝土小箱梁，12 跨跨径 30 米。大桥下穿四合沟和工业路为单向三车道。

响堂铺 2 号大桥 位于青兰高速公路 ZK716+802.1 处，桥长 310.5 米，桥面宽 16.5 米，建于 2020 年 6 月，2022 年 6 月建成通车，设计荷载公路Ⅰ级。下部结构为柱式墩、柱式台、桩基础，上部结构为钢—混组合箱梁、装配式预应力混凝土连续 T 梁，跨径为（40+62+40）+ 4 × 40 共 7 跨。大桥下穿既有青兰高速、石河和国道 G309 为单向三车道。

王二小沟大桥 位于青兰高速段 K700+993 处，桥梁全长 307.04 米，于 2010 年 9 月建成通车，设计荷载为公路Ⅰ级。该桥由两幅组成，左右线均为连续箱梁（10—30米），桥墩类型为多柱墩，桥面铺装类型为沥青混凝土。

大北峧2号大桥　位于青兰高速段K687+476，桥梁全长281.04米，于2010年9月建成通车，设计荷载为公路Ⅰ级。该桥由一幅组成，大北峧2号大桥（右线）为连续T梁（11—25米），桥墩类型为双柱式墩，桥面铺装类型为沥青混凝土。

大滩1号大桥　位于国道G234上，桩号：K44+649.441，交角90°，桥梁全长247米。该桥始建于2019年，桥面全宽19.5米，沥青混凝土桥面铺装，上部结构均为：(4×30)+(4×30)，设计荷载：公路Ⅰ级。

北岗大桥　位于青兰高速段K701+016处，桥梁全长244.14米，于2010年9月建成通车。设计荷载为公路Ⅰ级，当前管养单位是邯郸西养护中心。该桥由一幅组成，北岗大桥（匝道）为空心板梁（15—16米），桥墩类型为双柱式墩，桥面铺装类型为沥青混凝土。

大北峧3号大桥　位于青兰高速段K687+785处，于2010年9月建成通车。设计荷载为公路Ⅰ级，当前管养单位是邯郸西养护中心。该桥由一幅组成，大北峧3号大桥（右线）为空心板梁（14—16米），桥墩类型为多柱墩，桥面铺装类型为沥青混凝土，桥梁全长228.1米。

响堂铺1号大桥　位于青兰高速公路ZK715+160处，桥长157米，桥面宽16.5米，建于2020年6月，2022年6月建成通车。设计荷载公路Ⅰ级，下部结构为柱式墩、柱式台、桩基础，上部结构为装配式预应力混凝土连续T梁，5跨跨径30米。大桥为单向三车道。

小泉沟大桥　位于青兰高速段K684+504处，桥梁全长153.74米，于2010年9月建成通车。设计荷载为公路Ⅰ级，由两幅组成，均为连续T梁（6—25米），桥墩类型为双柱式墩，桥面铺装类型为沥青混凝土。

龙虎河大桥　位于青兰高速段上的一座大桥K679+994处，桥梁全长145米，于2010年9月建成通车，设计荷载为公路Ⅰ级。该桥由一幅组成，龙虎河大桥（匝道）为连续箱梁（7—20米），桥墩类型为双柱式墩，桥面铺装类型为沥青混凝土。

更乐天桥　位于青兰高速段K695+282处，桥梁全长135米，于2010年9月建成通车，设计荷载为公路Ⅱ级。该桥由一幅组成，跨线为连续箱梁（1—20+1—25+2—20+1—25+1—20米），桥墩类型为双柱式墩，桥面铺装类型为水泥混凝土。

后岗沟大桥　位于青兰高速段K701+587处，桥梁全长126.96米，于2010年9月建成通车。设计荷载为公路Ⅰ级，当前管养单位是邯郸西养护中心。由两幅组成，均为连续T梁（4~30米），桥墩类型为双柱式墩，桥面铺装类型为沥青混凝土。

大洼1号大桥　位于太行山高速ZK48+699.7—K48+714.7处，交角90°，于2019年12月建成通车。该桥由两幅组成，左幅桥梁全长774.75米，上部结构采用15×40米+(2×40+27+40)米+20米钢—混工字组合梁；右幅桥梁全长798.5米，上部结构采用3×40米预应力混凝土现浇箱梁+（14×40+32+40+38）米钢—混工字组合梁，全宽（24.5—31.7米）。下部结构采用柱式/薄壁墩、柱式/肋板台、桩基础。

西坡大桥 位于太行山高速 K43+145.7 处，交角 90°，桥梁全长 687 米，全宽 24.5 米，于 2019 年 12 月建成通车。上部结构采用 13×30 米钢一混工字组合梁 +（45+80+45）米波形钢腹板预应力混凝土连续刚构 +4×30 米钢一混工字组合梁，下部结构采用柱式 / 空心 / 双肢薄壁墩、柱式 / 肋板台、桩基础。

关防大桥 位于太行山高速 K55+760 处，交角 90°，桥梁全长 648.5 米，全宽 24.5 米，于 2019 年 12 月建成通车。上部结构采用 16×40 米预应力混凝土连续 T 梁，下部结构采用柱式 / 薄壁墩、柱式 / 肋板台、桩基础。

大洼 2 号大桥 位于太行山高速 ZK49+496.7—YK49+476.7 处，交角 90°，桥梁全长 608.5 米，于 2019 年 12 月建成通车。左幅上部结构采用 15×40 米钢—混工字组合梁，右幅上部结构采用 8×40 米 +（25+35+20）米 +5×40 米钢—混工字组合梁，桥梁变宽，标准断面由整体式双幅 24.5 米渐变至分离式单幅 12.38 米。下部结构采用柱式 / 薄壁墩、柱式台、桩基础。

江家 1 号大桥 位于太行山高速 K46+784.7 处，交角 90°，桥梁全长 597 米，全宽 24.5 米，于 2019 年 12 月建成通车。上部结构采用 3×30 米钢—混工字组合梁 +（45+80+45）米波形钢腹板预应力混凝土连续刚构 +11×30 米钢—混工字组合梁，下部结构采用柱式 / 薄壁 / 双肢薄壁墩、柱式台、桩基础。

王家大桥 位于太行山高速中心桩号 K52+797，交角 90°，桥梁全长 569 米，全宽 24.5 米，于 2019 年 12 月建成通车。上部结构采用 14×40 米预应力混凝土连续 T 梁，下部结构采用柱式 / 薄壁墩、柱式台、桩基础。

大滩 2 号大桥 位于太行山高速 K65+241 处，交角 90°，全长 569 米，全宽 24.5 米，未通车。上部结构采用 14×40 米预应力混凝土连续 T 梁，下部结构采用柱式 / 薄壁墩、柱式台、桩基础。

后何大桥 位于太行山高速 K45+846.7 处，交角 90°，桥梁全长 568.5 米，全宽 24.5 米，于 2019 年 12 月建成通车。上部结构采用 14×40 米钢—混工字组合梁，下部结构采用柱式墩、柱式台、桩基础。

西达大桥 位于太行山高速中心桩号 K60+262.698 处，交角 70°，桥梁全长 569 米，全宽 24.5 米，于 2019 年 12 月建成通车。上部结构采用 14×40 米预应力混凝土连续 T 梁，下部结构采用柱式 / 薄壁墩、肋板台、桩基础。

江家 2 号大桥 位于太行山高速 ZK47+401.7—K47+393.7 处，交角 90°，桥梁全长 507 米，全宽 24.5 米，于 2019 年 12 月建成通车，上部结构采用 10×30 米钢—混工字组合梁 +（45+80+45）米波形钢腹板预应力混凝土连续刚构 +30 米钢—混工字组合梁，下部结构采用柱式 / 薄壁 / 双肢薄壁墩、柱式台、桩基础。

西安大桥 位于太行山高速 K51+734—ZK51+690.4 处，交角 90°，于 2019 年 12 月建成通车。由两幅组成，左幅桥梁全长 487 米，上部结构采用 16×30 米预应力混凝土连续 T 梁；右幅桥梁全长 427 米，上部结构采用 14×30 米预应力混凝土连续 T 梁，标准断面由分离式单幅 12.38 米渐变至整体式双幅 24.5 米，局部加宽。下部结构采用柱式 / 薄壁墩、肋板台、桩基础。

刘家 1 号大桥　位于太行山高速 K44+225.7 处，交角 90°，桥梁全长 448.5 米，全宽 24.5 米，于 2019 年 12 月建成通车。上部结构采用 11×40 米钢—混工字组合梁，下部结构采用柱式 / 薄壁墩、柱式台、桩基础。

西寂寥大桥　位于太行山高速 K47+911.7 处，交角 90°，桥梁全长 448.5 米，全宽 24.5 米，于 2019 年 12 月建成通车。上部结构采用 11×40 米钢—混工字组合梁，下部结构采用柱式 / 薄壁墩、柱式 / 肋板台、桩基础。

古台大桥　位于太行山高速 ZK50+916.7—K50+896.7 处，交角 90°，于 2019 年 12 月建成通车。由两幅组成，均宽 12.75 米，左幅桥梁全长 328.5 米，上部结构采用 8×40 米钢—混工字组合梁；右幅桥梁全长 394.75 米，上部结构采用（30+2×40）米 +7×40 米钢—混工字组合梁；下部结构采用柱式 / 薄壁墩、柱式台、桩基础。

刘家 2 号大桥　位于太行山高速 K44+830.7 处，交角 90°，桥梁全长 368.5 米，全宽 24.5 米，于 2019 年 12 月建成通车，上部结构采用 9×40 米钢—混工字组合梁，下部结构采用柱式 / 薄壁墩、柱式台、桩基础。

东达大桥　位于太行山高速 K63+832 处，交角 90°，桥梁全长 337 米，全宽 24.5 米，未通车，上部结构采用 11×30 米预应力混凝土连续 T 梁，下部结构采用柱式 / 薄壁墩、柱式台、桩基础。

台庄 2 号大桥　位于太行山高速 K67+654，交角 90°，桥梁全长 329 米，全宽 24.5 米，未通车。上部结构采用 8×40 米预应力混凝土连续 T 梁，下部结构采用柱式 / 薄壁墩、柱式台、桩基础。

台庄 1 号大桥　位于太行山高速 K67+085 处，交角 90°，桥梁全长 307 米，全宽 24.5 米，未通车。上部结构采用 10×30 米预应力混凝土连续 T 梁，下部结构采用柱式 / 薄壁墩、柱式台、桩基础。

台华大桥　位于太行山高速 K57+971 处，交角 90°，桥梁全长 277 米，全宽 24.5 米，于 2019 年 12 月建成通车。上部结构采用 9×30 米预应力混凝土连续 T 梁，下部结构采用柱式墩、肋板 / 柱式台、桩基础。

史部大桥　位于太行山高速 K68+055 处，交角 90°，桥梁全长 249 米，全宽 24.5 米，未通车。上部结构采用 6×40 米预应力混凝土连续 T 梁，下部结构采用柱式 / 薄壁墩、柱式台、桩基础。

王金庄 1 号大桥　位于太行山高速 ZK41+890—K41+927 处，位于王金庄互通，交角 90°，于 2019 年 12 月建成通车。由两幅组成，左幅桥梁全长 247 米，全宽（12.75—16.75 米）：净（11.75—15.75）米 +2×0.5 米防撞护栏，上部结构 8×30 米预应力混凝土连续 T 梁；右幅桥梁全长 187 米，全宽 12.75 米：净 11.75 米 +2×0.5 米防撞护栏。上部结构采用 6×30 米预应力混凝土连续 T 梁，下部结构采用柱式墩、柱式 / 肋板台、桩基础。

郝赵 1 号大桥　位于太行山高速 K53+324 处，交角 90°，桥梁全长 217 米，全宽 24.5 米，于 2019 年 12 月建成通车。上部结构采用 7×30 米预应力混凝土连续 T 梁，下部结构采用柱式 /

薄壁墩、柱式台、桩基础。

刘家3号大桥 位于太行山高速K45+209.7处，交角90°，桥梁全长208.5米，全宽24.5米，于2019年12月建成通车。上部结构采用5×40米钢—混工字组合梁，下部结构采用柱式墩、柱式/肋板台、桩基础。

王金庄2号大桥 位于太行山高速ZK42+198.36—K42+205.1处，位于王金庄互通，交角90°，桥梁全长160米，于2019年12月建成通车。由两幅组成，左幅变宽：0.5米防撞护栏+净（10.26—11.47）米+（0—0.5）米防撞护栏，上部结构采用（20+23+20）米预应力混凝土现浇连续箱梁+3×30米预应力混凝土连续T梁；右幅全宽（15.68—22.32）米；净（14.68—21.32）米+2×0.5米防撞护栏，上部结构采用（2×31.5+3×30米）预应力混凝土现浇连续箱梁。下部结构采用柱式墩、柱式/肋板台、桩基础。

郝赵2号大桥 位于太行山高速中心桩号K54+067处，交角90°，桥梁全长157米，全宽24.5米，于2019年12月建成通车。上部结构采用5×30米预应力混凝土连续T梁，下部结构采用柱式墩、柱式台、桩基础。

二、干线公路大桥

石岗大桥 位于国道G234上，左中心桩号为K24+481.1，右中心桩号为K24+496.1，桥梁左幅长937米，右幅长967米。该桥始建于2018年，桥面全宽10.25米，沥青混凝土桥面铺装，上部结构：左幅31×30米，右幅32×30米，设计荷载：公路Ⅰ级。

东达2号桥 位于国道G234上，主线桩号：K43+828.5，交角90°，桥梁全长667米。该桥始建于2018年，桥面全宽19.5米，沥青混凝土桥面铺装，上部结构为3×30米+4×30米+4×30米+4×30米+4×30米+4×30米+4×30米+3×30米，设计荷载：公路Ⅰ级。

国道G234清漳河大桥 桥位桩号兴阳线K929+887，始建于1965年，钢筋混凝土装配式T形简支桥梁。前身为交通部1951年投资52.2万元建成的漫水桥冲毁后新建。2003年对上部结构进行加固，建设单位邯郸市养护管理处，设计单位市交通公路勘察设计院，施工单位临漳公路管理站。2012年，因梁板多处裂缝，严重危及行车安全，于2012年8月至2013年10月拆除重建，建设单位邯郸市养护管理处，设计单位中交远洲公司，监理单位河北路通监理咨询有限公司，施工单位河北广通公司。该桥设计荷载公路Ⅰ级，桥长636.8米，桥面总宽15+2×1.25米，沥青砼桥面铺装，桥下净空7.5米，下穿清漳河。上部结构钢筋砼预应力连续T梁，21跨每跨30米，下部结构多柱式墩台，钻孔灌注桩基础，异型钢伸缩缝，板式橡胶支座。2021年6月，大桥状况良好，技术评定为一类桥。

国道G309清漳河大桥 桥位桩号国道G309K773+100，始建于1987年，设计荷载公路Ⅰ级，洪水强率为1/300，地震烈度按7度设防。桥长605.08米，桥面总宽13.5米，桥下净空4.5米，上部结构箱形梁，24跨每跨25米，下部结构重力式墩台，扩大基础，毛勒伸缩缝，板式橡胶支座。该桥由湖南省交通规划勘测设计院勘测设计，铁道部十二工程局第二工程队施工，1988年4月20日动工，次年11月20日竣工，用工10万个，投资647万元，每米造价为10681元。

清漳河大桥（2016 年摄）

2005 年，检测上部结构损坏严重，承载力降低，于 2005 年 7 月至 2006 年 5 月进行大修。2021 年 6 月技术评定为二类桥。2019 年，对第一道和第三道伸缩装置进行更换维修加固。

柏台寺大桥 位于国道 G234 上，中心桩号：K33+095.6，左幅起点桩号：K32+822.6，桥梁全长 543 米，右幅起点桩号：K32+792.6，桥梁全长 603 米。该桥始建于 2018 年，桥面全宽 10.25 米，沥青混凝土桥面铺装，上部结构：左幅 18×30 米，右幅 20×30 米，设计荷载：公路 I 级。

台庄大桥 位于国道G234上，中心桩号：左幅K47+108/右幅K47+103.9，桥梁全长562.4米。该桥始建于 2018 年，桥面全宽 10.25 米，沥青混凝土桥面铺装；上部结构为：2×（3×30）米简支 T 梁 +（57.2+100+57.2）米波形钢腹板 PC 箱形组合梁 +4×40 米先简支后结构连续 T 梁，设计荷载：公路 I 级。

石河大桥 位于国道 G234 上，支线桩号：ZK3+351，交角 90°，桥梁全长 529 米。该桥始建于 2018 年，桥面全宽 16 米，沥青混凝土桥面铺装，上部结构均为 13×40 米预应力 T 梁，设计荷载：公路 I 级。

西达 2 号大桥 位于国道 G234 上，中心桩号：K40+577.397，交角 90°，桥梁全长 487 米。该桥始建于 2022 年，桥面全宽 19.5 米，沥青混凝土桥面铺装，上部结构均为：16×(9×30) 米，设计荷载：公路 I 级。

连泉 2 号大桥 位于国道 G234 上，中心桩号：K26+987，交角 90°，桥梁全长 487 米。该桥始建于 2018 年，桥面全宽 19.5 米，沥青混凝土桥面铺装，上部结构：16×30 米，设计荷载：公路 I 级。

北崖底大桥 位于国道 G234 上，主线桩号：K38+331.15，交角 90°，桥梁全长 441.48 米。左线桩号：AK38+302.2，交角 90°，桥梁全长 451.44 米。该桥始建于 2020 年，桥面全宽 10.25 米，沥青混凝土桥面铺装，设计荷载：公路 I 级。

同生沟大桥 位于国道 G234 上，左幅桩号：K45+503，桥梁全长 426.5 米，右幅桩号：K45+503，桥梁全长 427.5 米。该桥始建于 2019 年，桥面全宽 10.25 米，沥青混凝土桥面铺装，上部结构均为：（3×30）米 +（4×30）米 +（4×30）米 +（3×30）米，设计荷载：公路 I 级。

西达 1 号大桥 位于国道 G234 上，左幅桩号：K39+577，起点桩号：K39+412.5，交角 90°，桥梁全长 328 米。右幅桩号：K39+582，起点桩号：K39+412.5，交角 90°，桥梁全长 338 米。

该桥始建于2022年，桥面全宽10.25米，沥青混凝土桥面铺装；上部结构左幅为：（50+90+50）+（20+20）+（3×30），右幅为：（50+90+50）+（20+4×30），设计荷载：公路Ⅰ级。

西达大桥　桥位桩号邢合线K35+381，建成于2019年，设计荷载公路Ⅰ级，桥长337.37米，桥面总宽12米，沥青砼桥面铺装，桥下净空18米，上部结构钢筋砼箱形梁，11跨每跨30米，下部结构双柱式墩台，钻孔灌注桩基础，毛勒伸缩缝4道，板式橡胶支座。建设单位邯郸市交通运输局，设计单位邯郸市华威公路设计咨询有限公司，监理单位河北路通监理咨询有限公司，施工单位河北光太路桥集团有限公司。2021年6月，大桥状况良好，技术评定为一类桥。

大滩1号大桥　位于太行山高速K64+457处，交角90°，桥梁全长367米，全宽24.5米，未通车。上部结构采用12×30米预应力混凝土连续T梁，下部结构采用柱式/薄壁墩、柱式台、桩基础。

连泉1号大桥　位于国道G234上，中心桩号：K25+872，交角90°，桥梁全长337米。该桥始建于2018年，桥面全宽19.5米；沥青混凝土桥面铺装，上部结构：11×30米，设计荷载：公路Ⅰ级。

白盘大桥　位于国道G234上，中心桩号：K58+208.06，交角90°，桥梁全长247米。该桥始建于2019年，桥面宽10.25米，沥青混凝土铺装，上部结构均为：4×30+4×30后张法预应力T梁，设计荷载：公路Ⅰ级。

涉林线白盘大桥正面（2007年摄）

白盘大桥　桥位桩号兴阳线K972+037，始建于2003年，设计荷载公路Ⅱ级，桥长217米，桥面总宽10米，沥青砼桥面铺装，桥下净空26.3米，下穿浊漳河、跃峰渠。上部结构钢筋砼箱形梁，7跨每跨30米，下部结构多柱式墩台，钻孔灌注桩基础，SSF160型仿毛勒伸缩缝，GYZ350×66固定支座。2013年，因桥面铺装层大面积推移拥包，于是年大修，进行桥面铺装及防撞护栏施工，建设单位邯郸市养护管理处，设计单位华威设计公司，监理单位河北路通监理咨询有限公司，施工单位涉县公路管理站。2021年6月，桥梁伸缩缝损坏，铺装层车辙，影响行车，技术评定为三类桥。

偏店上跨桥　位于国道G234上，主线桩号：K0+346.9，交角89.8°，桥梁全长178米。该桥始建于2021年，桥面宽23.13米，沥青混凝土铺装，上部结构均为：25米后张法预应力混凝土简支小箱梁和40米后张法预应力混凝土简支小箱梁，设计荷载：公路Ⅰ级。

胡峪大桥　位于国道G234上，主线桩号：K22+665，交角90°，桥梁全长169米。该桥始建于2019年，桥面全宽19.5米，沥青混凝土路面铺装，上部结构：4×40米预应力T梁，设计荷载：公路Ⅰ级。

白云矿1号桥　位于国道G234更乐服务区东侧30米，紧邻G309国道。主线桩号：K9+101，交角120°，桥梁全长157米。该桥始建于2019年，桥面全宽16米，沥青混凝土铺装，上部结构均为：5×30米，设计荷载：公路Ⅰ级。

东平上大桥　位于国道G234上，主线桩号：K31+142，交角90°，桥梁全长127米。该桥始建于2018年，桥面全宽19.5米，沥青混凝土桥面铺装；上部结构均为：4×30米，设计荷载：公路Ⅰ级。

下池大桥　位于国道G234涉县更乐镇右上村西南侧，距离G22高速约500米。主线桩号：K11+507.6，交角90°，桥梁全长127米。该桥始建于2018年，桥面全宽16米，沥青混凝土铺装，上部结构均为：4×30米，设计荷载：公路Ⅰ级。

王庄大桥　桥位桩号国道G309K749+571，始建于2002年，设计荷载公路Ⅰ级。桥长126.19米，桥面总宽12米，桥下净空10米，上部结构钢筋砼箱形梁，6跨每跨20米，下部结构双柱式墩台，钻孔灌注桩基础，毛勒伸缩缝，板式橡胶支座。2021年6月技术评定为一类桥。

椿树岭大桥　位于椿树岭村东南，邯长公路复线K54+661处，桥长112.4米，为混凝土装配式横向铰简支空心板桥，桥面分四孔一联和三孔一联两种形式。全桥7孔，每孔跨径16米，桥面净宽9米，两侧人行道各宽1米，载重标准为汽—20T，拖挂—100T，地震烈度按7度设防。该桥由湖南省交通规划勘测设计院设计，邯郸地区水利局工程公司承建，1988年3月2日动工，12月19日竣工，用工16740个，总投资68.9万元。原由县公路站管护，2003年移交青兰高速管养。

索堡大桥　桥位桩号涉左线K13+113，建于2000年，桥长106米，桥宽12米，设计荷载汽—20挂—100，沥青砼桥面铺装，桥下净空5.2米，上部结构钢筋砼空心板梁，5跨每跨20米，下部结构多柱式墩台，钻孔灌注桩基础，毛勒伸缩缝，板式橡胶支座。2011年，重做桥面铺装层。2021年6月，大桥状况良好，技术评定为一类桥。

天铁铁路桥　位于国道G234上，主线桩号：K5+783.128，交角135°，桥梁全长65米。该桥始建于2020年，桥面全宽16米；沥青混凝土桥面铺装，上部结构均为：3×20米预应力砼（后张）简支变连续小箱梁，设计荷载：公路Ⅰ级。

三、农村公路大桥

清漳河大桥　又名迎春大桥，位于乡道平安街道办—河南店K4+522处，桥梁编号YS01130426L0020，跨越清漳河，始建于2011年，大桥全长427.1米，全宽24米，跨径组合14×30米，为桩柱式桥。

西达桥　位于刘西线K96+703处，西达村南，桥梁编号CH10130426L0010，始建于1978年11月，为永久性大桥，跨越清漳河。全长368.4米，全宽8.5米，跨径组合10×32.5米，双曲拱桥。增加桥梁的坚固性，减轻桥拱重量，增大洪水通过能力。该桥修建前，关防乡和西达镇村民在雨季漳河发水期间无法通行。为解决广大村民的生产和生活问题，于 1976 年动工，1978 年建成通车，关防乡和西达镇村民进城难问题彻底得以解决。

赤岸桥　又名赤水湾大桥，位于乡道娲皇宫—五指山 K9+384 处，桥梁编号 YS12130426L0060，原为东风桥，始建于 1993 年，1996 年洪灾冲毁后重建，2016 年再次被冲毁，2018 年重建，跨越清漳河，全长 385 米，全宽 26 米，跨径组合 3×50+1×129+1×98，为涉县第一座悬索大桥。

娲皇桥　位于村道索堡—常乐 K0+474 处，桥梁编号 CC12130426L0010，跨越清漳河，原桥为漫水桥，始建于 2010 年，原桥长 42 米，宽 9 米。该桥于 2016 年被冲毁，2018 年重建，全长 200 米，全宽 10 米，跨径组合 15×13 米，现浇板桥。2018 年 3 月 26 日动工，6 月竣工，总投资 838 万元，由涉县兴达公路工程有限公司承建。改造后，桥长 200 米，桥宽 9 米，双向车道。桥体上部采用钢预应力混凝土连续矮 T 梁，波形梁护栏，下部为柱式墩结构。

连泉桥　位于庞连线 K12+110 处，连泉村南，桥梁编号 L0010Y211130426，始建于 1994 年，原桥于 1996 年被冲毁，11 月完成改建。2015 年改建，全长 136 米，全宽 8 米，跨径组合 10×13 米现浇板桥。改建标准为二级公路，桥长 134.08 米，宽 7.5 米，上部结构为现浇实心连续板、防撞护栏基座，采用 C40 混凝土，桥面铺装为 C40 防水混凝土，下部结构采用重力式墩台，墩台均采用扩大基础，墩台帽、挡块、搭板采用 C30 混凝土。

友谊桥　位于村道郊口—河南界 K0+266 处，桥梁编号 CP27130426L0010，跨越漳河，始建于 2006 年，原桥长 70 米，宽 5 米，于 2016 年被冲毁，2017 年重建。改造为长 128 米，全宽 7 米，跨径组合 12×10 米的现浇板桥。下部采用满堂红支架，桥台采用 GYZF4 滑板支座，桥板钢筋采用双层网架 25 厘米钢筋，提高了桥梁抗洪和承载力。

污犊桥　位于乡道涉左线—西沟 K0+218 处，桥梁编号 Y222130426L0010，跨越清漳河，始建于 2001 年，2017 年改建。桥全长 126 米，全宽 8 米，跨径组合 12×10 米，现浇板桥。

招岗桥　位于乡道 G309—招岗 K0+857 处，桥梁编号 YSX2130426L0010，始建于 2009 年，跨越青兰高速公路。全长 110 米，全宽 12 米，跨径组合 4×25 米，箱梁桥。

槐丰二号桥　位于村道田台线—槐丰村 K0+702 处，桥梁编号 CP03130426L0020，始建于 1980 年，在 1996 年的洪灾中被水冲毁 4 孔，于 2005 年修复。全长 100 米，全宽 4.9 米，跨径组合为 12×6 米，为现浇板桥。

第三节　中桥

一、高速公路中桥

洪降沟中桥　位于青兰高速 K699+070 处，桥长 84.06 米，于 2010 年 9 月建成通车。设计荷载为公路Ⅰ级。该桥由两幅组成，左右线均为空心板梁（5~16 米），桥墩类型为多柱墩，桥面铺装类型为沥青混凝土。

四合沟中桥　位于青兰高速 K725+798 处，桥长 80 米，桥宽 11 米，始建于 2003 年 6 月，2004 年 12 月建成通车，设计荷载公路汽车超 20 级、挂—120。下部结构为柱式墩台、钻孔灌注桩基础，上部结构为预应力连续箱梁，4 跨，跨径 20 米。特大桥下穿清漳河为双向四车道。

牛羊沟中桥　位于青兰高速 K702+408 处，桥长 71 米，于 2010 年 9 月建成通车，设计荷载为公路Ⅰ级，该桥由两幅组成，左右线均为连续箱梁（1-20+1—25+1-20），桥墩类型为多柱墩，桥面铺装类型为沥青混凝土。

台庄中桥　位于太行山高速段 K66+328 处，交角 90°，桥梁全长 97 米，全宽 24.5 米，未通车。上部结构采用 3×30 米预应力混凝土连续 T 梁，下部结构采用柱式墩、柱式台、桩基础。

二、干线公路中桥

至 2022 年 12 月，以下中桥除龙虎桥（南），其他桥梁技术均被评定为一类桥，使用状况良好。

茨村互通 E 匝道桥　中心桩号：EKO+493.5，交角 90°，桥梁全长 346 米。上部结构：第 1 联采用预应力砼（后张）先简支后连续 T 梁，第 2 联采用预应力砼连续现浇箱梁，第 3、4、5 联采用普通钢筋混凝土现浇连续箱梁，桥面全宽 10.25 米，设计荷载：公路Ⅰ级。

茨村互通 F 匝道桥　中心桩号：FKO+191.742，交角 90°，桥梁全长 292.183 米。上部结构：第 1 联、第 2 联采用预应力砼（后张）T 梁，第 3 联采用现浇预应力砼连续箱梁，桥面全宽 10.25 米，设计荷载：公路Ⅰ级。

茨村西中桥　位于国道 G234 上，支线桩号：ZK1+485，交角 120°，桥梁全长 97 米。该桥始建于 2018 年，桥面全宽 16 米，沥青混凝土桥面铺装，上部结构均为：3×30 米预应力 T 梁，设计荷载：公路Ⅰ级。

井店中桥　位于国道 G234 涉县井店镇，主线桩号：K8+184，交角 90°，桥梁全长 97 米。该桥始建于 2019 年，桥面全宽 16 米，沥青混凝土铺装，上部结构均为：3×30 米，设计荷载：公路Ⅰ级。

北岗中桥（上行）　位于国道 G309K767+060 处，始建于 1988 年，设计荷载汽—20、挂—100。桥长 85 米，桥面总宽 14.4 米，桥下净空 12.4 米，上部结构钢筋砼预应力空心板梁，5 跨每跨 16 米，下部结构双柱式墩台，钻孔灌注桩基础，毛勒伸缩缝，板式橡胶支座。2009 年 10—11 月，对桥面重新铺装，投入资金 168 万元。

井店中桥（下行） 位于国道G309 K763+306处，始建于2002年，设计荷载汽—20挂—100。桥长85米，桥面总宽12米，桥下净空7米，上部结构钢筋砼预应力空心板梁，5跨每跨16米，下部结构双柱式墩台，钻孔灌注桩基础，毛勒伸缩缝，板式橡胶支座。因国道G234改建，该桥被拆除重建，于2020年底竣工通车。

井店中桥（上行） 位于国道G309K763+427处，始建于1988年，设计荷载汽—20挂—100。桥长83.7米，桥面总宽11米，桥下净空6.2米，上部结构钢筋砼预应力空心板梁，5跨每跨16米，下部结构双柱式墩台，钻孔灌注桩基础，毛勒伸缩缝，板式橡胶支座。2010年7—8月，对桥面重新铺装，投入资金130万元。因国道G234改建，该桥被拆除重建，于2020年底竣工通车。

北岗中桥（下行） 位于国道G309K767+027处，始建于2002年，设计荷载汽—20挂—100。桥长83.24米，桥面总宽12米，桥下净空12.5米，上部结构钢筋砼预应力空心板梁，5跨，每跨16米，下部结构双柱式墩台，钻孔灌注桩基础，毛勒伸缩缝，板式橡胶支座。

南岗中桥 位于国道G234涉县南岗村东侧，西侧紧邻G22高速。主线桩号：K14+036，交角90°，桥梁全长69.06米。该桥始建2019年，桥面全宽16米，沥青混凝土铺装，上部结构均为：4×16米，设计荷载：公路Ⅰ级。

龙虎桥（下行） 位于国道G309K746+021处，于2002年建成，设计荷载汽—20挂—100。桥长69.5米，桥面总宽12米，桥下净空5.7米。上部结构现浇板梁，5跨，每跨13米；下部结构双柱式墩、框架式台、钻孔灌注桩基础，毛勒式伸缩缝，板式橡胶支座。至2021年6月，桥面伸缩缝损坏，技术评定为二类桥。

偏店南中桥 位于兴阳线K916+734处，始建20世纪七八十年代，为石砌拱桥。于2014年5—11月进行重建，设计荷载公路Ⅰ级。桥长69.04米，桥面总宽24米，沥青砼桥面铺装，桥下净空14米。上部结构钢筋砼预应力空心板梁，5跨，每跨13米；下部结构多柱式墩台，钻孔灌注桩基础，HXZ-40C异型钢伸缩缝，板式橡胶支座。

龙虎桥（上行） 位于国道G309 K746+060处，于1985年8月建成通车，设计荷载汽—20挂—100。桥长67.7米，桥面总宽12米，桥下净空4.6米。上部结构预应力空心板梁，5跨，每跨13米；下部结构双柱式墩、框架式台、钻孔灌注桩基础，毛勒式伸缩缝，板式橡胶支座。该桥2009年检测梁板断裂，是年大修，投资199.35万元。

下池中桥 位于国道G234涉县更乐镇池西村南侧200米，紧邻青兰高速吕祖庙大桥。主线桩号：K12+077，交角75°，桥梁全长53.06米。该桥始建2018年，桥面全宽16米，沥青混凝土铺装，上部结构均为：3×16米，设计荷载：公路Ⅰ级。

天铁中桥 位于国道G234涉县更乐服务区东北方向50米，紧邻G309国道。主线桩号：K8+802，交角70°，桥梁全长37米。该桥始建2019年，桥面全宽16米，沥青混凝土铺装，上部结构均为：1×30米，设计荷载：公路Ⅰ级。

天铁立交桥（下行） 位于国道G309K760+887处，始建于2002年，设计荷载汽—20挂—100。桥长66.4米，桥面总宽12米，桥下净空9米。上部结构箱型梁，3跨，每跨20米；

下部结构双柱式墩，钻孔灌注桩基础，毛勒伸缩缝，板式支座。因国道G234改建，该桥被拆除重建，于2020年底竣工通车。

南关桥　位于国道G309 K772+463处，始建于1986年，设计荷载公路Ⅱ级。桥长65米，桥面总宽14.5米，桥下净空3米。上部结构钢筋砼预应力空心板梁，4跨每跨16米；下部结构多柱式墩台，钻孔灌注桩基础，毛勒伸缩缝，板式橡胶支座。2005年，对上部结构进行更换。

贾庄中桥　位于涉左线K26+183处，建于2000年，设计荷载汽—20挂—100。桥长59.56米，桥面总宽12米，沥青砼桥面铺装，桥下净空4.2米。上部结构钢筋砼空心板梁，3跨每跨13米。下部结构重力式墩台，扩大基础，毛勒伸缩缝，板式橡胶支座。2014年，对桥面铺装及伸缩缝进行中修，投资42万元。

大泉二号桥　位于国道G309 K752+010处，始建于2002年，设计荷载公路Ⅰ级。桥长58.2米，桥面总宽12米，桥下净空9.2米。上部结构钢筋砼现浇板梁，3跨每跨13米；下部结构双柱式桥墩，钻孔灌注桩基础，重力式桥台，扩大基础，毛勒伸缩缝，板式橡胶支座。

石门中桥　位于涉左线K17+416处，建于2000年，设计荷载汽—20挂—100，桥长57.04米，桥面总宽12米，沥青砼桥面铺装，桥下净空4米。上部结构钢筋砼空心板梁，4跨每跨13米；下部结构双柱式墩台，钻孔灌注桩基础，无伸缩缝，板式橡胶支座。

清凉沟中桥　位于涉左线K0+763处，始建于2000年，设计荷载汽—20挂—100。桥长54.4米，桥面总宽17米，沥青砼桥面铺装，桥下净空6.6米。上部结构钢筋砼空心板梁，3跨每跨13米；下部结构重力式墩台，扩大基础，毛勒伸缩缝，板式橡胶支座。

清凉沟副道中桥　位于桩号涉左线K0+768处，始建于2000年，设计荷载汽—20挂—100。桥长54.4米，桥面总宽17米，沥青砼桥面铺装，桥下净空6.6米。上部结构钢筋砼空心板梁，3跨每跨13米；下部结构重力式墩台，扩大基础，毛勒伸缩缝，板式橡胶支座。

小峰口桥　位于兴阳线K956+677处，建于2010年，设计荷载公路Ⅰ级。桥长53.06米，桥面总宽12米，沥青砼桥面铺装，桥下净空4.3米。上部结构钢筋砼空心板梁，3跨每跨16米；下部结构多柱式墩台，钻孔灌注桩基础，60型异型钢伸缩缝，板式橡胶支座。2008年—2009年12月，因路段大修新建该桥梁。2016年，该桥被冲垮，是年8—12月重建。

天铁立交桥（上行）　位于国道G309K761+017处，始建于1988年，设计荷载汽—20挂—100。桥长53.04米，桥面总宽11.12米，桥下净空8.8米。上部结构箱型梁，3跨每跨16米；下部结构双柱式墩，钻孔灌注桩基础，毛勒伸缩缝，板式支座。2009年10—11月对桥面重新铺装，投入资金124万元。因国道G234改建，该桥被拆除重建，2020年底竣工通车。

青峰寨中桥　兴阳线K939+423处，建于2010年，设计荷载公路Ⅰ级。桥长52.08米，桥面总宽9.5米，沥青砼桥面铺装，桥下净空10.1米。上部结构钢筋砼现浇板梁，3跨每跨16米；下部结构双柱式墩台，钻孔灌注桩基础，毛勒伸缩缝，板式橡胶支座。2008年至2009年12月，因路段大修该桥梁改建。

索堡中桥　位于涉左线K11+326处，建于2000年，设计荷载汽—20挂—100，桥长51.56

米，桥面总宽 12 米，沥青砼桥面铺装，桥下净空 3.7 米。上部结构钢筋砼空心板梁，3 跨每跨 13 米；下部结构重力式墩台，扩大基础，毛勒伸缩缝，板式橡胶支座。

关防中桥　位于桩号邢合线 K30+638 处，建成于 2019 年，设计荷载公路 Ⅰ 级。桥长 50.8 米，桥面总宽 12 米，沥青砼桥面铺装，桥下净空 11 米。上部结构整体现浇板梁，5 跨每跨 10 米；下部结构重力式墩台，扩大基础，毛勒伸缩缝 2 道，板式橡胶支座。

三里峧二号桥　位于国道 G309K752+569 处，于 1986 年 4 月建成通车，设计荷载公路 Ⅰ 级。桥长 39 米，桥面总宽 11 米，桥下净空 3 米。上部结构预应力空心板梁，4 跨，每跨 8.5 米；下部结构重力式墩、重力式台、扩大基础，无伸缩缝，油毡支座。2007 年，该桥经检测现浇板出现纵向裂缝及主筋暴露。2007 年 9—12 月，更换上部结构及墩台帽大修。

胡峪中桥　位于国道 G234 上，主线桩号：K21+897, 交角 60°，桥梁全长 39 米。该桥始建 2018 年，桥面全宽 19.5 米，沥青混凝土路面铺装，上部结构：1×30 米简支 T 梁，设计荷载：公路 Ⅰ 级。

三、农村公路中桥

岭底桥　位于乡道磁县界—岭底 K11+350 处，桥梁编号 Y249130426L0010，原为过水路面，2016 年水毁后重建为桥梁，全长 99 米，全宽 7 米，跨径组合 7×13 米，为 T 梁桥。

古台二号桥　位于乡道 Y191—关防 K12+509 处，桥梁编号 Y209130426L0080，原为过水路面，2016 年被水毁后重建为桥梁。改后桥全长 99 米，全宽 11 米，跨径组合 7×13 米，为现浇板桥。

木井桥　位于乡道木井—史家庄 K0+819 处，桥梁编号 YSXJ130426L0010，始建于 1975 年，2012 年改建，全长 95 米，全宽 8.4 米，跨径组合 7×10 米，为板拱桥。2022 年改建，桥长 86.06 米，全宽 9 米，连续 T 梁。

新桥桥　位于乡道新西线 K0+040 处，桥梁编号 Y220130426L0010，始建于 1996 年，2016 年改建，全长 92 米，全宽 9.5 米，跨径组合 8×10 米，为现浇板桥。2022 年改建，桥长 102.6 米，全宽 9 米，连续 T 梁。

林旺桥　位于乡道林匡线 K0+211 处，桥梁编号 YSXB130426L0010，原为过水路面，2004 年改建为桥梁，2016 年被水毁后重建。全长 78 米，全宽 7 米，跨径组合 7×10 米，为现浇板桥。

古台一号桥　位于乡道 Y191—关防 K12+002 处，桥梁编号 Y209130426L0070，原为过水路面，2016 年被水毁后重建为桥梁。全长 78 米，全宽 11 米，跨径组合 6×13 米，为现浇板桥。

太仓桥　位于村道太仓—河南界 K1+225 处，桥梁编号 CP26130426L0010，原为过水路面，2016 年水毁后重建为桥梁，全长 78 米，全宽 7 米，跨径组合 7×10 米，现浇板桥。

西辽城中桥　位于乡道河茅线 K21+645 处，桥梁编号 Y219130426L0050，始建于 2008 年。全长 75 米，全宽 9 米，跨径组合 5×13 米，为空心板梁桥。

索堡桥　位于村道涉左线—索堡村 K0+744 处，桥梁编号 CC11130426L0010，始建于 1980 年。全长 70 米，全宽 8 米，跨径组合 4×15 米，为 T 梁桥。

刘庄桥　位于乡道辽城—刘家庄 K1+420 处，桥梁编号 YS05130426L0010，始建于 2008 年，2016 年重建。全长 68 米，全宽 9 米，跨径组合 6×10 米，为现浇板桥。

井店一号桥　位于乡道冶中线 K26+659 处，桥梁编号 Y191130426L0030，跨越邯长铁路，始建于 1976 年，2016 年因邯长铁路扩建而改建，全长 68 米，全宽 18 米，跨径组合 2×15+1×30，为箱梁桥。

东寨桥　位于村道平涉线—南寨村 K0+086 处，桥梁编号 CL02130426L0010，始建于 2003 年，后因邯长铁路扩建而由铁路部门改建。全长 64 米，全宽 9 米，跨径组合 1×16+2×20，为桩柱式箱梁桥。

更乐桥　位于乡道下江线 K2+036 处，桥梁编号 Y210130426L0010，始建于 1973 年，2014 年改建。全长 60.5 米，全宽 24 米，跨径组合 3×16 米，为空心板桥。

青塔桥　位于乡道界偏线 K13+838 处，桥梁编号 Y199130426L0010，始建于 2018 年。全长 60 米，全宽 10 米，跨径组合 3×13 米，为现浇板桥。

郭庄水库桥　位于乡道圣寺驼—鸡鸣铺（又名圣福天路）K14+327 处，始建于 2018 年。桥梁编号 YS10130426L0020，全长 60 米，全宽 10 米，跨径组合 4×13 米，为现浇板桥。

东枯河桥　位于乡道寨连线—东坡根 K0+284 处，桥梁编号 YSX5130426L0010，始建于 2017 年。全长 60 米，全宽 22 米，跨径组合 4×13 米，为桩柱 T 梁桥。

龙洞桥　位于乡道旅游环线武安界至青塔段（又名青龙公路）K1+332 处，始建于 2017 年，桥梁编号 YS09130426L0010，全长 60 米，全宽 13.5 米，跨径组合 4×13 米，为桩柱式桥。

郭庄中桥　位于乡道圣寺驼—鸡鸣铺（又名圣福天路）K14+108 处，始建于 2018 年。桥梁编号 YS10130426L0010，全长 60 米，全宽 10 米，跨径组合 4×13 米，为现浇板桥。

邱子峪桥　位于村道木后线—邱子峪村 K0+072 处，桥梁编号 CN03130426L0010，原为过水路面，2016 年被水毁后重建为桥梁。全长 58 米，全宽 8 米，跨径组合 3×16 米，为连续 T 梁桩柱式现浇板桥。

铁道立交桥　位于乡道涉左线—太平庄 K0+882 处，桥梁编号 YSX1130426L0020，始建于 1976 年，邯长铁路扩建时由铁路部门改建。全长 58 米，全宽 13 米，跨径组合 2×25 米，为箱梁桥。

龙虎二号桥　位于乡道龙西线 K1+470 处，桥梁编号 Y208130426L0030，原为过水路面，2016 年被水毁后重建为桥梁。全长 58 米，全宽 9 米，跨径组合 2×8 米，为现浇板桥。

金牛桥　位于村道国道 G309—下庄 K1+204 处，桥梁编号 CE13130426L0010，始建于 2017 年。全长 56 米，全宽 20 米，跨径组合 3×16 米，为桩柱式箱梁桥。

史家庄桥　位于乡道木井—史家庄 K4+903 处，桥梁编号 YSXJ130426L0020，原为过水路面，2016 年被水毁后重建为桥梁。全长 56 米，全宽 9 米，跨径组合 3×16 米，为桩柱桥。

壮口桥　位于乡道偏壮线 K12+177 处，桥梁编号 Y204130426L0020，始建于 1996 年全长 56 米，全宽 9 米，跨径组合 4×11 米，现浇板桥。

东辽城桥　位于村道新西线—东辽城村 K0+482 处，桥梁编号 CK05130426L0010，原为过水路面，2015 年改建为桥梁。全长 54 米，全宽 8 米，跨径组合为 4×10 米，为现浇板桥。

占洼桥　位于村道冶中线—占洼村 K0+606 处，桥梁编号 CA02130426L0010，原为小桥，邯长铁路扩建时由铁路部门改建为中桥。全长 54 米，全宽 9.3 米，跨径组合 2×13+1×20，为桩柱式箱梁桥。

茅岭底桥　位于乡道河茅线 K23+839 处，桥梁编号 Y219130426L0040，始建于 1992 年，2012 年改建。全长 51 米，全宽 8.5 米，跨径组合 5×8 米，为现浇板桥。

辽城桥　位于乡道河茅线 K22+062 处，桥梁编号 Y219130426L0060，始建于 1988 年，2012 年改建，全长 51 米，全宽 8.5 米，跨径组合 5×7 米，为现浇板桥。2022 年改建，桥长 54.06 米，全宽 9 米，整体现浇板。

龙门中桥　位于县道阳索线 K30+754 处，桥梁编号 X155130426L0140，跨越沟壑，始建于 2009 年。全长 50 米，全宽 12 米，跨径组合 3×13 米，为现浇板桥。

井店桥　位于村道平涉线—井店一街 K0+781 处，桥梁编号 CE11130426L0010，始建于 1974 年，2015 年改建。全长 47.8 米，全宽 23 米，跨径组合 1×24.8 米，为板拱桥。

古脑桥　位于村道国道 G309—古脑村 K0+090 处，桥梁编号 CM04130426L0010，始建于 1990 年，2016 年因水毁加固改造。全长 46 米，全宽 8 米，跨径组合 5×8 米，为现浇板桥。

豆庄中桥　位于县道阳索线 K0+237 处，桥梁编号 X155130426L0010，跨越干河沟，始建于 2010 年。全长 45 米，全宽 12 米，跨径组合 3×13 米，为现浇板桥。

台庄一号桥　位于乡道田台线 K23+336 处，桥梁编号 Y213130426L0010，原为过水路面，2016 年被水毁后重建为桥梁。全长 40 米，全宽 7 米，跨径组合 4×8 米，为现浇板桥。2022 年改建，桥长 97 米，全宽 9 米，整体现浇板。

东山桥　位于村道平涉线—东山村 K0+243 处，桥梁编号 CG03130426L0010，原为过水路面，2016 年，被水毁后重建为桥梁。全长 40 米，全宽 7 米，跨径组合 4×8 米，为现浇板桥。

东达桥　位于村道平涉线—东达村 K0+151 处，桥梁编号 CH02130426L0010，原为过水路面，2016 年被水毁后重建为桥梁，全长 40 米，全宽 7 米，跨径组合 4×8 米，为现浇板桥。

靳家会桥　位于村道石门—靳家会村 K0+559 处，始建于 2003 年，桥梁编号 CK03130426L0010，原为小桥，2016 年被水毁后重建为中桥。全长 40 米，全宽 7 米，跨径组合为 4×8 米，为现浇板桥。

魏家湾桥　位于村道刘家庄—魏家湾 K0+132 处，桥梁编号 CK93130426L0010，原为过水路面，2016 年被水毁后重建为桥梁。全长 40 米，全宽 7 米，跨径组合 4×8 米，为现浇板桥。2022 年改建，桥长 45 米，全宽 7 米，整体现浇板。

索堡桥　位于村道桃城—索堡村 K0+646 处，桥梁编号 CC03130426L0010，原为过水路面，2016 年水毁后重建为桥梁。全长 40 米，全宽 7 米，跨径组合 4×8 米，为现浇板桥。2022 年改建，桥长 58 米，全宽 7 米，整体现浇板。

郊口桥 位于乡道田台线 K8+333 处，桥梁编号 Y213130426L0040，原为小桥，2016 年被水毁后重建。全长 40 米，全宽 4 米，跨径组合 4×8 米，为现浇板桥。

西达桥 位于乡道张后线 K30+753 处，桥梁编号 Y164130426L0020，跨越沟壑，始建于 2017 年。全长 40 米，全宽 8 米，跨径组合 4×8 米，为现浇板桥。2022 年改建，桥长 131.08 米，全宽 12 米，连续 T 梁。

匡口桥 位于乡道林匡线 K3+445 处，桥梁编号 YSXB130426L0020，原为过水路面，2016 年被水毁后重建为桥梁。全长 40 米，全宽 7 米，跨径组合 4×8 米，为现浇板桥。

郃家口桥 位于乡道田台线 K23+336 处，桥梁编号 Y213130426L0020，始建于 1996 年，2012 年改建。全长 36 米，全宽 8.5 米，跨径组合 6×6 米，为现浇板桥。

龙兴桥 位于乡道 Y191—关防 K0+216 处，桥梁编号 Y209130426L0060，始建于 2018 年。全长 32 米，全宽 10 米，跨径组合为 1×10 米，为板拱桥。

南岗桥 位于村道国道 G309—南岗村 K0+474 处，桥梁编号 CA07130426L0010，始建于 2004 年。全长 30 米，全宽 9.1 米，跨径组合 1×20 米，为箱梁桥。

寨上桥 位于村道国道 G309 寨上村，连接寨上养殖园区。桥梁编号 CA41130426L0010，始建于 2022 年。全长 58 米，全宽 8 米，跨径组合 4×13 米，为现浇板桥。

2022年涉县桥梁一览表

表 3-1-1

序号	桥梁编码	桥梁名称	路线编号	路线名称	桩号	桥梁分类	桥梁全长（米）	跨径总长（米）	桥梁全宽（米）	结构类型			建成通车时间	最近改造时间	当前管养状态	技术状况等级
										上部结构	跨径组合（米）	下部结构				
1		清漳河特大桥	G22	青兰高速	706.017	特大桥	2697	2690	16.5	连续T梁	27×30+40×40+8×35	柱式墩	在建		尚未接养	一类
2	G22130426L0230	龙虎河2号特大桥	G22	青兰高速	682.124	特大桥	1957.04	1950	15.75	连续箱梁	65—30	双柱式墩	2010年9月		正常养护	二类
3	G22130426R0690	龙虎河2号特大桥	G22	青兰高速	683.112	特大桥	1957.04	1950	15.75	连续箱梁	65—30	双柱式墩	2010年9月		正常养护	二类
4	G22130426L0040	清漳河特大桥左幅	G22	青兰高速	721.097	特大桥	1560	1560	11	连续T梁	52×30	柱式墩台	2004年12月		正常养护	一类
5	G22130426R0040	清漳河特大桥右幅	G22	青兰高速	721.097	特大桥	1560	1560	11	连续T梁	52×30	柱式墩台	2004年12月		正常养护	一类
6	G22130426L0320	吕祖庙大桥	G22	青兰高速	698.224	大桥	937.04	930	16	连续箱梁	31—30	双柱式墩	2010年9月		正常养护	一类
7	G22130426R0820	吕祖庙大桥	G22	青兰高速	698.988	大桥	937.04	930	16	连续箱梁	31—30	双柱式墩	2010年9月		正常养护	二类
8	G22130426L1040	左线大泉沟大桥	G22	青兰高速	685.775	大桥	794.74	791	16	连续T梁 空心板梁	1—16+ 31—25	双柱式墩	2010年9月		正常养护	二类
9	G22130426L0380	更乐大桥	G22	青兰高速	699.45	大桥	607.04	600	15.75	连续箱梁	20—30	双柱式墩	2010年9月		正常养护	二类
10	G22130426R0840	更乐大桥	G22	青兰高速	700.402	大桥	607.04	600	15.75	连续箱梁	20—30	双柱式墩	2010年9月		正常养护	二类
11	G22130426R1090	石泊大桥	G22	青兰高速	684.438	大桥	574.24	570	15.75	连续T梁	19—30	双柱式墩	2010年9月		正常养护	二类
12	G22130426L0220	石泊大桥	G22	青兰高速	683.463	大桥	544.24	540	15.75	连续T梁	18—30	双柱式墩	2010年9月		正常养护	二类

续表 3-1-1

序号	桥梁编码	桥梁名称	路线编号	路线名称	桩号	桥梁分类	桥梁全长（米）	跨径总长（米）	桥梁全宽（米）	结构类型			建成通车时间	最近改造时间	当前管养状态	技术状况等级
										上部结构	跨径组合（米）	下部结构				
13	G22130426R0770	玉林井大桥	G22	青兰高速	692.683	大桥	517.04	510	16	连续箱梁	17—30	双柱式墩	2010 年 9 月		正常养护	二类
14	G22130426L1050	玉林井大桥	G22	青兰高速	691.697	大桥	487.04	480	16	连续箱梁	16—30	双柱式墩	2010 年 9 月		正常养护	二类
15	G22130426L0070	石河大桥左幅	G22	青兰高速	722.711	大桥	479.776	475	11	连续箱梁	19×25	柱式墩台	2004 年 12 月		正常养护	一类
16	G22130426R0070	石河大桥右幅	G22	青兰高速	722.711	大桥	479.776	475	11	连续箱梁	19×25	柱式墩台	2004 年 12 月		正常养护	一类
17	G22130426L0340	大北峧大桥	G22	青兰高速	686.519	大桥	456.04	450	16	连续 T 梁	18—25	双柱式墩	2010 年 9 月		正常养护	二类
18	G22130426R0730	大北峧1 号大桥	G22	青兰高速	686.987	大桥	456.04	450	16	连续 T 梁	18—25	双柱式墩	2010 年 9 月		正常养护	二类
19	G22130426L0440	偏凉沟大桥	G22	青兰高速	697.135	大桥	406.04	400	16	连续箱梁	16—25	双柱式墩	2010 年 9 月		正常养护	一类
20		四合沟大桥	G22	青兰高速	710.655	大桥	367	360	16.5	装配式预应力混凝土小箱梁	12×30	柱式墩	在建		尚未接养	一类
21	G22130426R1120	偏凉沟大桥	G22	青兰高速	698.153	大桥	356.04	350	16	连续箱梁	14—25	双柱式墩	2010 年 9 月		正常养护	二类
22		响堂铺2 号桥	G22	青兰高速	716.802	大桥	310.5	302	16.5	装配式预应力混凝土连续 T 梁	6×40+62	柱式墩	在建		尚未接养	一类
23	G22130426L0420	王二小沟大桥	G22	青兰高速	700.993	大桥	307.04	300	15.75	连续箱梁	10—30	多柱墩	2010 年 9 月		正常养护	二类
24	G22130426R0870	王二小沟大桥	G22	青兰高速	701.854	大桥	307.04	300	15.75	连续箱梁	10—30	多柱墩	2010 年 9 月		正常养护	二类

续表 3-1-1

序号	桥梁编码	桥梁名称	路线编号	路线名称	桩号	桥梁分类	桥梁全长（米）	跨径总长（米）	桥梁全宽（米）	结构类型			建成通车时间	最近改造时间	当前管养状态	技术状况等级
										上部结构	跨径组合（米）	下部结构				
25	G22130426R0740	大北峧2号大桥	G22	青兰高速	687.476	大桥	281.04	275	16	连续T梁	11—25	双柱式墩	2010年9月		正常养护	二类
26	G22130426R0720	右线大泉沟大桥	G22	青兰高速	686.46	大桥	256.04	250	16	连续T梁	10—25	双柱式墩	2010年9月		正常养护	二类
27	G22130426Z1010	北岗大桥	G22	青兰高速	701.016	大桥	244.14	240	10.5	空心板梁	15—16	双柱式墩	2010年9月		正常养护	二类
28	G22130426R0750	大北峧3号大桥	G22	青兰高速	687.785	大桥	228.1	224	16	空心板梁	14—16	多柱墩	2010年9月		正常养护	二类
29	G22130426Z0990	跨线桥	G22	青兰高速	699.447	大桥	186	180	27.34	连续箱梁	4—30+3—20	双柱式墩	2010年9月		正常养护	二类
30		响堂铺1号桥	G22	青兰高速	715.16	大桥	157	150	16.5	装配式预应力混凝土连续T梁	5×30	柱式墩	在建		尚未接养	一类
31	G22130426L0300	小泉沟大桥	G22	青兰高速	684.504	大桥	153.74	150	16	连续T梁	6—25	双柱式墩	2010年9月		正常养护	二类
32	G22130426R1100	小泉沟大桥	G22	青兰高速	685.449	大桥	153.74	150	16	连续T梁	6—25	双柱式墩	2010年9月		正常养护	一类
33	G22130426Z0650	龙虎河大桥	G22	青兰高速	679.994	大桥	145	140	12	连续箱梁	7—20	双柱式墩	2010年9月	2022年2月	正常养护	二类
34	G22130426K0010	分离式立交桥	G22	青兰高速	695.039	大桥	135	130	8.5	连续箱梁	1—20+1—25+2—20+1—25+1—20	双柱式墩	2010年9月		正常养护	一类
35	G22130426K0020	更乐天桥	G22	青兰高速	695.282	大桥	135	130	8	连续箱梁	1—20+1—25+2—20+1—25+1—20	双柱式墩	2010年9月		正常养护	二类
36	G22130426L0370	后岗沟大桥	G22	青兰高速	701.587	大桥	126.96	120	15.75	连续T梁	4—30	双柱式墩	2010年9月		正常养护	一类
37	G22130426R0890	后岗沟大桥	G22	青兰高速	702.249	大桥	126.96	120	15.75	连续T梁	4—30	双柱式墩	2010年9月		正常养护	二类

续表 3-1-1

序号	桥梁编码	桥梁名称	路线编号	路线名称	桩号	桥梁分类	桥梁全长（米）	跨径总长（米）	桥梁全宽（米）	结构类型			建成通车时间	最近改造时间	当前管养状态	技术状况等级
										上部结构	跨径组合（米）	下部结构				
38	G22130426L0330	跨线桥	G22	青兰高速	679.249	大桥	117	110	24.597	连续箱梁	2—20+1—30+2—20	多柱墩	2010 年 9 月		正常养护	二类
39	G22130426R0020	跨线桥	G22	青兰高速	680.248	大桥	117	110	15.75	连续箱梁	2—20+1—30+2—20	多柱墩	2010 年 9 月		正常养护	二类
40	G22130426Z0490	跨线桥	G22	青兰高速	699.049	大桥	114.02	108	10.24	连续箱梁	1—24+2—30+1—24	双柱式墩单柱式墩	2010 年 9 月		正常养护	一类
41	G22130426Z1080	跨线桥	G22	青兰高速	701.455	大桥	114.02	108	10.24	连续箱梁	1—24+2—30+1—24	双柱式墩单柱式墩	2010 年 9 月		正常养护	二类
42	G22130426K0030	招岗分离式立交	G22	青兰高速	703.3	大桥	105	100	12	连续箱梁	4—25	双柱式墩	2010 年 9 月		正常养护	二类
43	G22130426L0430	跨线桥	G22	青兰高速	700.388	中桥	87	80	15.75	连续箱梁	1—25+1—30+1—25	多柱墩	2010 年 9 月		正常养护	二类
44	G22130426Z0600	跨线桥	G22	青兰高速	700.397	中桥	87	80	10.5	连续箱梁	1—25+1—30+1—25	双柱式墩	2010 年 9 月		正常养护	二类
45	G22130426R0850	跨线桥	G22	青兰高速	701.343	中桥	87	80	15.75	连续箱梁	1—25+1—30+1—25	多柱墩	2010 年 9 月		正常养护	二类
46	G22130426L0110	洪降沟中桥	G22	青兰高速	699.07	中桥	84.06	80	15.75	空心板梁	5—16	多柱墩	2010 年 9 月		正常养护	二类
47	G22130426R0830	洪降沟中桥	G22	青兰高速	700.036	中桥	84.06	80	15.75	实心板梁	5—16	多柱墩	2010 年 9 月		正常养护	二类
48	G22130426L0120	四合沟中桥左幅	G22	青兰高速	725.798	中桥	80	80	11	预应力连续箱梁	4×20	柱式墩台、钻孔灌注桩	2004 年 12 月		正常养护	一类
49	G22130426R0120	四合沟中桥右幅	G22	青兰高速	725.798	中桥	80	80	11	预应力连续箱梁	4×20	柱式墩台	2004 年 12 月		正常养护	一类
50	G22130426L0390	牛羊沟中桥	G22	青兰高速	701.804	中桥	71	65	19.387	连续箱梁	1—20+1—25+1—20	多柱墩	2010 年 9 月		正常养护	二类
51	G22130426R1130	牛羊沟中桥	G22	青兰高速	702.408	中桥	71	65	17.775	连续箱梁	1—20+1—25+1—20	多柱墩	2010 年 9 月		正常养护	二类

续表 3-1-1

序号	桥梁编码	桥梁名称	路线编号	路线名称	桩号	桥梁分类	桥梁全长（米）	跨径总长（米）	桥梁全宽（米）	结构类型			建成通车时间	最近改造时间	当前管养状态	技术状况等级
										上部结构	跨径组合（米）	下部结构				
52	G22130426L0360	分离式立交桥	G22	青兰高速	696.215	中桥	52.05	48	16	空心板梁	3—16	多柱墩	2010 年 9 月		正常养护	二类
53	G22130426R1110	分离式立交桥	G22	青兰高速	697.222	中桥	52.02	48	16	空心板梁	3—16	多柱墩	2010 年 9 月		正常养护	二类
54	G22130426L0550	通道	G22	青兰高速	680.631	小桥	16	16	15.75	空心板梁	1—16	桩柱式桥台	2010 年 9 月		正常养护	二类
55	G22130426R0680	通道	G22	青兰高速	681.601	小桥	16	16	15.75	空心板梁	1—16	桩柱式桥台	2010 年 9 月		正常养护	二类
56	G22130426L1030	大北峧小桥	G22	青兰高速	687	小桥	6	6	16	整体现浇板	1—6	轻型桥台	2010 年 9 月		正常养护	一类
57	G22130426R0760	大北峧小桥	G22	青兰高速	688.031	小桥	6	6	16	整体现浇板	1—6	轻型桥台	2010 年 9 月		正常养护	二类
58	G22130426L0350	大树沟小桥	G22	青兰高速	695.411	小桥	6	6	16	整体现浇板	1—6	轻型桥台	2010 年 9 月		正常养护	二类
59	G22130426R0780	大树沟小桥	G22	青兰高速	696.428	小桥	6	6	16	整体现浇板	1—6	轻型桥台	2010 年 9 月		正常养护	一类
60	G22130426Z0260	通道	G22	青兰高速	679.282	小桥	6	6	7.25	整体现浇板	1—6	重力式桥台	2010 年 9 月		正常养护	一类
61	G22130426Z0640	通道	G22	青兰高速	679.417	小桥	6	6	7.25	整体现浇板	1—6	轻型桥台	2010 年 9 月		正常养护	二类
62	G22130426Z0970	通道	G22	青兰高速	679.81	小桥	6	6	10.5	整体现浇板	1—6	轻型桥台	2010 年 9 月		正常养护	一类
63	G22130426L0570	通道	G22	青兰高速	679.772	小桥	6	6	15.75	整体现浇板	1—6	轻型桥台	2010 年 9 月		正常养护	二类
64	G22130426R0290	通道	G22	青兰高速	680.762	小桥	6	6	15.75	整体现浇板	1—6	轻型桥台	2010 年 9 月		正常养护	二类
65	G22130426L0560	通道	G22	青兰高速	680.203	小桥	8	8	15.75	整体现浇板	1—8	重力式桥台	2010 年 9 月		正常养护	二类
66	G22130426R0670	通道	G22	青兰高速	681.187	小桥	8	8	15.75	整体现浇板	1—8	重力式桥台	2010 年 9 月		正常养护	二类

续表 3-1-1

序号	桥梁编码	桥梁名称	路线编号	路线名称	桩号	桥梁分类	桥梁全长（米）	跨径总长（米）	桥梁全宽（米）	结构类型			建成通车时间	最近改造时间	当前管养状态	技术状况等级
										上部结构	跨径组合（米）	下部结构				
67	G22130426L0480	箱通	G22	青兰高速	680.888	小桥	6	6	15.75	整体现浇板	1—6	墙式桥台	2010 年 9 月		正常养护	二类
68	G22130426R0060	箱通	G22	青兰高速	681.859	小桥	6	6	15.75	整体现浇板	1—6	墙式桥台	2010 年 9 月		正常养护	二类
69	G22130426L0450	通道	G22	青兰高速	696.001	小桥	6	6	16	整体现浇板	1—6	重力式桥台	2010 年 9 月		正常养护	一类
70	G22130426R0790	通道	G22	青兰高速	697.032	小桥	6	6	16	整体现浇板	1—6	重力式桥台	2010 年 9 月		正常养护	一类
71	G22130426Z0980	通道	G22	青兰高速	699.699	小桥	6	6	30.02	整体现浇板	1—6	墙式桥台	2010 年 9 月		正常养护	一类
72	G22130426Z1020	通道	G22	青兰高速	700.422	小桥	8	8	10.5	整体现浇板	1—8	重力式桥台	2010 年 9 月		正常养护	二类
73	G22130426L0540	通道	G22	青兰高速	700.762	小桥	8	8	15.75	整体现浇板	1—8	重力式桥台	2010 年 9 月		正常养护	一类
74	G22130426R0860	通道	G22	青兰高速	701.681	小桥	8	8	16.812	整体现浇板	1—8	重力式桥台	2010 年 9 月		正常养护	一类
75	G22130426L0530	通道	G22	青兰高速	701.315	小桥	6	6	15.75	整体现浇板	1—6	轻型桥台	2010 年 9 月		正常养护	二类
76	G22130426R0880	通道	G22	青兰高速	702.069	小桥	6	6	15.75	整体现浇板	1—6	轻型桥台	2010 年 9 月		正常养护	二类
77	G22130426L0520	通道	G22	青兰高速	701.975	小桥	8	8	26.77	整体现浇板	1—8	重力式桥台	2010 年 9 月		正常养护	二类
78	G22130426R1140	通道	G22	青兰高速	702.541	小桥	8	8	27.904	整体现浇板	1—8	重力式桥台	2010 年 9 月		正常养护	二类
79	G22130426L1070	通道	G22	青兰高速	702.324	小桥	6	6	15.75	整体现浇板	1—6	轻型桥台	2010 年 9 月		正常养护	二类
80	G22130426R0920	通道	G22	青兰高速	702.756	小桥	6	6	15.75	整体现浇板	1—6	轻型桥台	2010 年 9 月		正常养护	一类

续表 3-1-1

序号	桥梁编码	桥梁名称	路线编号	路线名称	桩号	桥梁分类	桥梁全长（米）	跨径总长（米）	桥梁全宽（米）	结构类型			建成通车时间	最近改造时间	当前管养状态	技术状况等级
										上部结构	跨径组合（米）	下部结构				
81	G22130426L1060	通道	G22	青兰高速	702.52	小桥	6	6	18.9	整体现浇板	1—6	墙式桥台	2010 年 9 月		正常养护	二类
82	G22130426R0930	通道	G22	青兰高速	702.898	小桥	6	6	18.6	整体现浇板	1—6	墙式桥台	2010 年 9 月		正常养护	二类
83	S75130426L0160	大洼 1 号大桥右幅	S75	太行山高速	131.256713	大桥	798.5	790	12.24	组合式梁	3×40+4×40+4×40+4×40+4×40+1×30	混合式墩	2019 年 12 月		正常养护	一类
84	S75130426L0460	大洼 1 号大桥左幅	S75	太行山高速	131.241713	大桥	768.5	760	12.24	组合式梁	3×40+4×40+4×40+4×40+4×40	混合式墩	2019 年 12 月		正常养护	二类
85	S75130426L0180	西坡大桥左幅	S75	太行山高速	125.687713	大桥	687	680	12.24	组合式梁	4×30+3×30+3×30+3×30+1×45+1×80+1×45+4×30	混合式墩	2019 年 12 月		正常养护	一类
86	S75130426L0060	西坡大桥右幅	S75	太行山高速	125.687713	大桥	687	680	12.24	组合式梁	4×30+3×30+3×30+3×30+1×45+1×80+1×45+4×30	混合式墩	2019 年 12 月		正常养护	一类
87	S75130426L0420	关防大桥左幅	S75	太行山高速	138.301711	大桥	648.5	640	12.24	T 梁	3×40+3×40+4×40+3×40+3×40	混合式墩	2019 年 12 月		正常养护	一类
88	S75130426L0530	关防大桥右幅	S75	太行山高速	138.301711	大桥	648.5	640	12.24	T 梁	3×40+3×40+4×40+3×40+3×40	混合式墩	2019 年 12 月		正常养护	一类
89	S75130426L0250	大洼 2 号大桥左幅	S75	太行山高速	132.038713	大桥	608.5	600	12.24	组合式梁	3×40+4×40+4×40+4×40	混合式墩	2019 年 12 月		正常养护	二类
90	S75130426L0470	大洼 2 号大桥右幅	S75	太行山高速	132.018713	大桥	608.5	600	12.24	组合式梁	3×40+4×40+4×40+4×40	混合式墩	2019 年 12 月		正常养护	一类
91	S75130426L0220	江家 1 号大桥右幅	S75	太行山高速	129.326763	大桥	597	590	12.24	组合式梁	3×30+1×45+1×80+1×45+4×30+3×30+4×30	混合式墩	2019 年 12 月		正常养护	一类

续表 3-1-1

序号	桥梁编码	桥梁名称	路线编号	路线名称	桩号	桥梁分类	桥梁全长（米）	跨径总长（米）	桥梁全宽（米）	结构类型			建成通车时间	最近改造时间	当前管养状态	技术状况等级
										上部结构	跨径组合（米）	下部结构				
92	S75130426L0450	江家 1 号大桥左幅	S75	太行山高速	129.326763	大桥	597	590	12.24	组合式梁	3×30+1×45+1×80+1×45+4×30+3×30+4×30	其他	2019 年 12 月		正常养护	二类
93	S75130426L0140	王家大桥左幅	S75	太行山高速	135.339136	大桥	569	560	12.24	T 梁	14×40	混合式墩	2019 年 12 月		正常养护	一类
94	S75130426L0500	王家大桥右幅	S75	太行山高速	135.339136	大桥	569	560	12.24	T 梁	14×40	混合式墩	2019 年 12 月		正常养护	一类
95	S75130426L0600	大滩 2 号大桥左幅	S75	太行山高速	147.783013	大桥	569	560	12.24	T 梁	14×40	混合式墩	未通车		尚未接养	一类
96	S75130426L0300	大滩 2 号大桥右幅	S75	太行山高速	147.783013	大桥	569	560	12.24	T 梁	14×40	混合式墩	未通车		尚未接养	一类
97	S75130426L0110	后何大桥左幅	S75	太行山高速	128.388713	大桥	568.5	560	12.24	组合式梁	4×40+3×40+3×40+4×40	双柱式墩	2019 年 12 月		正常养护	二类
98	S75130426L0410	后何大桥右幅	S75	太行山高速	128.388713	大桥	568.5	560	12.24	组合式梁	4×40+3×40+3×40+4×40	双柱式墩	2019 年 12 月		正常养护	一类
99	S75130426L0090	西达大桥左幅	S75	太行山高速	142.804711	大桥	568.5	560	12.24	连续 T 梁	14×40	混合式墩	2019 年 12 月		正常养护	一类
100	S75130426L0550	西达大桥右幅	S75	太行山高速	142.804711	大桥	568.5	560	12.24	连续 T 梁	14×40	混合式墩	2019 年 12 月		正常养护	一类
101	S75130426L0230	江家 2 号大桥右幅	S75	太行山高速	129.935713	大桥	507	500	12.24	组合式梁	3×30+4×30+3×30+1×45+1×80+1×45+1×30	混合式墩	2019 年 12 月		正常养护	一类
102	S75130426L0440	江家 2 号大桥左幅	S75	太行山高速	129.943713	大桥	507	500	12.24	组合式梁	3×30+4×30+3×30+1×45+1×80+1×45+1×30	混合式墩	2019 年 12 月		正常养护	二类
103	S75130426L0150	西安大桥左幅	S75	太行山高速	134.232536	大桥	487	480	12.24	T 梁	3×30+3×30+3×30+4×30+3×30	混合式墩	2019 年 12 月		正常养护	一类

续表 3-1-1

序号	桥梁编码	桥梁名称	路线编号	路线名称	桩号	桥梁分类	桥梁全长（米）	跨径总长（米）	桥梁全宽（米）	结构类型			建成通车时间	最近改造时间	当前管养状态	技术状况等级
										上部结构	跨径组合（米）	下部结构				
104	S75130426L0190	刘家 1 号大桥左幅	S75	太行山高速	126.767713	大桥	448.5	440	12.24	组合式梁	4 × 40+4 × 40+3 × 40	混合式墩	2019 年 12 月		正常养护	一类
105	S75130426L0380	刘家 1 号大桥右幅	S75	太行山高速	126.767713	大桥	448.5	440	12.24	组合式梁	4 × 40+4 × 40+3 × 40	双柱式墩	2019 年 12 月		正常养护	一类
106	S75130426L0430	西寂寥大桥左幅	S75	太行山高速	130.452713	大桥	448.5	440	12.24	组合式梁	11 × 40	混合式墩	2019 年 12 月		正常养护	一类
107	S75130426L0240	西寂寥大桥右幅	S75	太行山高速	130.452713	大桥	448.5	440	12.24	组合式梁	11 × 40	混合式墩	2019 年 12 月		正常养护	一类
108	S75130426L0490	西安大桥右幅	S75	太行山高速	134.276136	大桥	427	420	12.24	T 梁	4 × 30+3 × 30+4 × 30+3 × 30	混合式墩	2019 年 12 月		正常养护	一类
109	S75130426L0480	古台大桥右幅	S75	太行山高速	133.438836	大桥	404.75	400	12.24	组合式梁	3 × 40+4 × 40+3 × 40	混合式墩	2019 年 12 月		正常养护	一类
110	S75130426L0200	刘家 2 号大桥左幅	S75	太行山高速	127.372713	大桥	368.5	360	12.24	组合式梁	3 × 40+3 × 40+3 × 40	混合式墩	2019 年 12 月		正常养护	一类
111	S75130426L0390	刘家 2 号大桥右幅	S75	太行山高速	127.372713	大桥	368.5	360	12.24	组合式梁	3 × 40+3 × 40+3 × 40	混合式墩	2019 年 12 月		正常养护	一类
112	S75130426L0370	大滩 1 号大桥左幅	S75	太行山高速	146.999013	大桥	367	360	12.24	T 梁	12 × 30	双柱式墩	未通车		尚未接养	一类
113	S75130426L0580	大滩 1 号大桥右幅	S75	太行山高速	146.999013	大桥	367	360	12.24	T 梁	12 × 30	双柱式墩	未通车		尚未接养	一类
114	S75130426L0070	东达大桥左幅	S75	太行山高速	146.374013	大桥	337	330	12.24	T 梁	11 × 30	双柱式墩	未通车		尚未接养	一类
115	S75130426L0570	东达大桥右幅	S75	太行山高速	146.374013	大桥	337	330	12.24	T 梁	11 × 30	双柱式墩	未通车		尚未接养	一类
116	S75130426L0020	台庄 2 号大桥左幅	S75	太行山高速	150.196013	大桥	329.08	320	12.24	T 梁	8 × 40	混合式墩	未通车		尚未接养	一类
117	S75130426L0280	台庄 2 号大桥右幅	S75	太行山高速	150.196013	大桥	329.08	320	12.24	连续 T 梁	8 × 40	混合式墩	未通车		尚未接养	一类

续表 3-1-1

序号	桥梁编码	桥梁名称	路线编号	路线名称	桩号	桥梁分类	桥梁全长（米）	跨径总长（米）	桥梁全宽（米）	结构类型			建成通车时间	最近改造时间	当前管养状态	技术状况等级
										上部结构	跨径组合（米）	下部结构				
118	S75130426L0260	古台大桥左幅	S75	太行山高速	133.458836	大桥	328.5	320	12.24	组合式梁	8×40	混合式墩	2019 年 12 月		正常养护	一类
119	S75130426L0350	台庄 1 号大桥左幅	S75	太行山高速	149.626013	大桥	307	300	12.24	T 梁	10×30	双柱式墩	未通车		尚未接养	一类
120	S75130426L0270	台庄 1 号大桥右幅	S75	太行山高速	149.626013	大桥	307	300	12.24	连续 T 梁	10×30	双柱式墩	未通车		尚未接养	一类
121	S75130426L0100	台华大桥左幅	S75	太行山高速	140.513013	大桥	277	270	12.24	T 梁	9×30	双柱式墩	2019 年 12 月		正常养护	一类
122	S75130426L0540	台华大桥右幅	S75	太行山高速	140.513013	大桥	277	270	12.24	T 梁	9×30	双柱式墩	2019 年 12 月		正常养护	一类
123	S75130426L0050	王金庄互通 A 匝道跨线桥	S75	太行山高速	0.1295	大桥	250	240	12.2	T 梁	5×40+2×20	混合式墩	2019 年 12 月		正常养护	一类
124	S75130426L0010	史部大桥左幅	S75	太行山高速	150.597013	大桥	249	240	12.24	T 梁	6×40	混合式墩	未通车		尚未接养	一类
125	S75130426L0290	史部大桥右幅	S75	太行山高速	150.597013	大桥	249	240	12.24	连续 T 梁	6×40	混合式墩	未通车		尚未接养	一类
126	S75130426L0590	王金庄 1 号大桥左幅	S75	太行山高速	124.432213	大桥	247	240	12.24	组合式梁	4×30+4×30	双柱式墩	2019 年 12 月		正常养护	一类
127	S75130426L0130	郝赵 1 号大桥左幅	S75	太行山高速	135.866136	大桥	217	210	12.24	T 梁	4×30+3×30	混合式墩	2019 年 12 月		正常养护	一类
128	S75130426L0510	郝赵 1 号大桥右幅	S75	太行山高速	135.866136	大桥	217	210	12.24	T 梁	4×30+3×30	混合式墩	2019 年 12 月		正常养护	一类
129	S75130426L0400	刘家 3 号大桥左幅	S75	太行山高速	127.751713	大桥	208.5	200	12.24	组合式梁	3×40+2×40	双柱式墩	2019 年 12 月		正常养护	一类
130	S75130426L0210	刘家 3 号大桥右幅	S75	太行山高速	127.751713	大桥	208.5	200	12.24	组合式梁	3×40+2×40	双柱式墩	2019 年 12 月		正常养护	二类
131	S75130426L0030	王金庄 1 号大桥右幅	S75	太行山高速	124.469013	大桥	187	180	12.24	T 梁	6×30	双柱式墩	2019 年 12 月		正常养护	一类

续表 3-1-1

序号	桥梁编码	桥梁名称	路线编号	路线名称	桩号	桥梁分类	桥梁全长（米）	跨径总长（米）	桥梁全宽（米）	结构类型			建成通车时间	最近改造时间	当前管养状态	技术状况等级
										上部结构	跨径组合（米）	下部结构				
132	S75130426L0170	王金庄2号大桥左幅	S75	太行山高速	124.740373	大桥	160	153	12.24	组合式梁	1×20+1×23+1×20+3×30	双柱式墩	2019年12月		正常养护	二类
133	S75130426L0360	王金庄2号大桥右幅	S75	太行山高速	124.747113	大桥	160	153	12.24	箱形梁	2×31.5+3×30	双柱式墩	2019年12月		正常养护	一类
134	S75130426L0120	郝赵2号大桥左幅	S75	太行山高速	136.609136	大桥	157.08	150	12.24	T梁	5×30	多柱墩	2019年12月		正常养护	一类
135	S75130426L0520	郝赵2号大桥右幅	S75	太行山高速	136.609136	大桥	157.08	150	12.24	T梁	5×30	双柱式墩	2019年12月		正常养护	一类
136	S75130426L0040	台庄中桥左幅	S75	太行山高速	148.870013	中桥	97	90	12.24	T梁	3×30	双柱式墩	未通车		尚未接养	一类
137	S75130426L0310	台庄中桥右幅	S75	太行山高速	148.870013	中桥	97	90	12.24	T梁	3×30	双柱式墩	未通车		尚未接养	一类
138	S75130426L0080	西达互通跨A匝道桥左幅	S75	太行山高速	143.854013	中桥	97	90	12.24	T梁	3×30	双柱式墩	2019年12月		正常养护	一类
139	S75130426L0560	西达互通跨A匝道桥右幅	S75	太行山高速	143.854013	中桥	97	90	12.24	T梁	3×30	双柱式墩	2019年12月		正常养护	一类
140	S75130426L0340	王金庄互通E匝道桥	S75	太行山高速	0.33713	中桥	45.67	39.68	12.24	连续箱梁	2×19.84	双柱式墩	2019年12月		正常养护	一类
141	G309130426L0860	清漳河大桥	G309	青兰线	773.1	大桥	605.08	600	13.50	箱形梁	24×25	重力式墩	1987年9月	2005年	正常养护	二类
142	G309130426L0990	王庄大桥	G309	青兰线	749.571	大桥	126.19	120	12	箱形梁	6×20	双柱式墩	2002年10月		正常养护	一类
143	G309130426L0771	北岗中桥（上行）	G309	青兰线	767.06	中桥	85	80	14.4	空心板梁	5×16	多柱式墩	1988年10月	2009年	正常养护	一类
144	G309130426L0752	井店中桥（下行）	G309	青兰线	763.306	中桥	85	80	12	空心板梁	5×16	双柱式墩	2002年10月		正常养护	一类
145	G309130426L0772	北岗中桥（下行）	G309	青兰线	767.027	中桥	83.24	80	12.00	空心板梁	5×16	双柱式墩	2002年10月		正常养护	一类

续表 3-1-1

序号	桥梁编码	桥梁名称	路线编号	路线名称	桩号	桥梁分类	桥梁全长（米）	跨径总长（米）	桥梁全宽（米）	结构类型			建成通车时间	最近改造时间	当前管养状态	技术状况等级
										上部结构	跨径组合（米）	下部结构				
146	G309130426L0751	井店中桥（上行）	G309	青兰线	763.427	中桥	83.7	80	11.00	空心板梁	5×16	双柱式墩	1988 年 9 月	2010 年	正常养护	二类
147	G309130426L0672	龙虎桥（下行）	G309	青兰线	746.021	中桥	69.5	65	12	整体现浇板	5×13	双柱式墩	2002 年 10 月		正常养护	二类
148	G309130426L0671	龙虎桥（上行）	G309	青兰线	740.06	中桥	67.7	65	12	空心板梁	5×13	双柱式墩	1985 年 10 月	2009 年	正常养护	一类
149	G309130426L0742	天铁立交桥（下行）	G309	青兰线	760.884	中桥	66.4	60	12.00	箱形梁	3×20	双柱式墩	2002 年 10 月		正常养护	一类
150	G309130426L0880	南关桥	G309	青兰线	772.463	中桥	65	64	14.50	空心板梁	4×16	多柱墩	1986 年 5 月	2005 年	正常养护	一类
151	G309130426L1010	大泉二号桥	G309	青兰线	752.01	中桥	58.2	39	12	整体现浇板	3×13	双柱式墩	2002 年 10 月		正常养护	一类
152	G309130426L0741	天铁立交桥（上行）	G309	青兰线	761.017	中桥	53.04	48	11.12	空心板梁	3×16	双柱式墩	1988 年 10 月	2009 年	正常养护	一类
153	G309130426L0690	三里峧二号桥	G309	青兰线	752.569	中桥	39	34	11	整体现浇板	4×8.5	重力式墩	1986 年 10 月	2007 年	正常养护	一类
154	G309130426L0820	南庄立交桥	G309	青兰线	774.073	小桥	46.52	16	12.00	空心板梁	1×16	重力式台	2006 年 5 月	2006 年	正常养护	一类
155	G309130426L0730	窑则二号桥	G309	青兰线	755.109	小桥	41.02	16	12.00	空心板梁	1×16	重力式台	2012 年 9 月	2012 年	正常养护	一类
156	G309130426L0720	窑则一号桥	G309	青兰线	754.805	小桥	38.02	16	12.00	空心板梁	1×16	重力式台	2012 年 9 月	2012 年	正常养护	一类
157	G309130426L0980	石泊桥	G309	青兰线	751.023	小桥	40.9	8.8	12	整体现浇板	1×8.8	重力式台	2002 年 10 月	2013 年	正常养护	一类
158	G309130426L0781	北岗桥（上行）	G309	青兰线	768.366	小桥	37	10	15.50	空心板梁	1×10	重力式台	1988 年 6 月		正常养护	一类
159	G309130426L0761	更乐桥（上行）	G309	青兰线	765.707	小桥	31.3	13	11.00	空心板梁	1×13	重力式台	1988 年 6 月		正常养护	一类

续表 3-1-1

序号	桥梁编码	桥梁名称	路线编号	路线名称	桩号	桥梁分类	桥梁全长（米）	跨径总长（米）	桥梁全宽（米）	结构类型			建成通车时间	最近改造时间	当前管养状态	技术状况等级
										上部结构	跨径组合（米）	下部结构				
160	G309130426L0782	北岗桥（下行）	G309	青兰线	768.359	小桥	29.5	10	15.5	整体现浇板	1×10	重力式台	2002 年 10 月		正常养护	一类
161	G309130426L0680	三里峧一号桥	G309	青兰线	752.151	小桥	28.8	27	13	整体现浇板	4×6.75	重力式墩	1988 年 10 月	2007 年	正常养护	一类
162	G309130426L0762	更乐桥（下行）	G309	青兰线	765.673	小桥	27.95	13	12.5	空心板梁	1×13	重力式台	2002 年 10 月		正常养护	一类
163	G309130426L0700	三里峧三号桥	G309	青兰线	753.702	小桥	20	17.1	12	整体现浇板	3×5.7	重力式墩	1991 年 12 月	2007 年	正常养护	一类
164	G309130426L0800	油库桥	G309	青兰线	770.357	小桥	19	16	13	实心板梁	2×8	重力式墩	1988 年 9 月		正常养护	一类
165	G309130426L0710	三里峧四号桥	G309	青兰线	754.028	小桥	18	8	12.20	其他拱桥	1×8	重力式台	1987 年 9 月		正常养护	一类
166	G309130426L1020	下窑则桥	G309	青兰线	755.142	小桥	17	13	12	空心板梁	1×13	多柱式台	2002 年 10 月		正常养护	一类
167	G309130426L0791	南岗北桥	G309	青兰线	768.985	小桥	17	16	15.00	空心板梁	2×8	重力式墩	1988 年 6 月	2011 年	正常养护	一类
168	G309130426L1000	大泉一号桥	G309	青兰线	752.11	小桥	12	5.1	12.5	整体现浇板	1×5.1	重力式台	2002 年 10 月		正常养护	一类
169	G234130426L1050	清漳河大桥	G234	兴隆—阳江	929.887	大桥	636.8	630	17.50	T 型梁	21×30	多柱式墩	2013 年 11 月	2010 年 2 月	正常养护	一类
170	H234130426L0010	白盘大桥	G234	兴隆—阳江	374.493	大桥	217	210	10.00	箱形梁	7×30	双柱式墩	2003 年 5 月		正常养护	二类
171	G234130426L1030	偏店南中桥	G234	兴隆—阳江	916.734	中桥	69.04	65	24.00	空心板梁	5×13	多柱墩	2014 年 10 月	2014 年	正常养护	一类
172	G234130426L1170	小峰口桥	G234	兴隆—阳江	956.677	中桥	53.06	48	12	T 型梁	3×16	多柱式墩	2010 年 12 月	2017 年	正常养护	一类
173	G234130426L1080	青峰寨中桥	G234	兴隆—阳江	939.423	中桥	52.08	48	9.50	整体现浇板	3×16	双柱式墩	2010 年 12 月		正常养护	一类
174	G234130426L1230	巨沟桥	G234	兴隆—阳江	973.403	小桥	34	6	10.50	其他桥	1×6	重力式台	1984 年 9 月	2013 年	正常养护	一类

续表 3-1-1

序号	桥梁编码	桥梁名称	路线编号	路线名称	桩号	桥梁分类	桥梁全长（米）	跨径总长（米）	桥梁全宽（米）	结构类型			建成通车时间	最近改造时间	当前管养状态	技术状况等级
										上部结构	跨径组合（米）	下部结构				
175	G234130426L0960	豆庄桥	G234	兴隆—阳江	901.507	小桥	32.1	13.4	9.50	整体现浇板	2×6.7	重力式墩	1978 年 6 月	2011 年	正常养护	一类
176	G234130426L0980	沙河桥	G234	兴隆—阳江	905.067	小桥	32.2	15	9.50	双曲拱	1×15	重力式台	1978 年 10 月	2022 年	正常养护	三类
177	G234130426L1060	南庄小桥	G234	兴隆—阳江	932.046	小桥	28.2	24	9.50	整体现浇板	3×8	石砌轻型墩	2010 年 12 月		正常养护	一类
178	G234130426L1000	六一桥	G234	兴隆—阳江	908.786	小桥	27.2	12	9.50	其他拱桥	2×6	重力式台	1978 年 10 月		正常养护	一类
179	G234130426L1010	七一桥	G234	兴隆—阳江	909.648	小桥	27	12	9.50	其他拱桥	2×6	重力式台	1972 年 10 月		正常养护	一类
180	G234130426L1240	西峧口桥	G234	兴隆—阳江	979.742	小桥	24	13	9.50	空心板梁	1×13	轻型桥台	2010 年 12 月		正常养护	一类
181	G234130426L1180	大滩一号桥	G234	兴隆—阳江	957.231	小桥	22	8	9.50	整体现浇板	1×8	轻型桥台	2010 年 12 月		正常养护	一类
182	G234130426L1070	胡峪小桥	G234	兴隆—阳江	936.922	小桥	21.2	16	9.50	整体现浇板	2×8	重力式墩	2010 年 12 月		正常养护	一类
183	G234130426L1200	台庄一号桥	G234	兴隆—阳江	960.924	小桥	18.5	10	9.50	整体现浇板	1×10	重力式台	2010 年 12 月		正常养护	一类
184	G234130426L1020	鸡鸣铺桥	G234	兴隆—阳江	910.757	小桥	17.1	12	9.50	其他拱桥	2×6	重力式台	1984 年 10 月		正常养护	一类
185	G234130426L1120	西山小桥	G234	兴隆—阳江	946.558	小桥	17	15	9.60	整体现浇板	3×5	石砌轻型墩	2010 年 12 月		正常养护	一类
186	G234130426L0970	劳动桥	G234	兴隆—阳江	903.589	小桥	16.3	5	9.50	其他拱桥	1×5	重力式台	1976 年 10 月		正常养护	一类
187	G234130426L1210	台庄二号桥	G234	兴隆—阳江	961.672	小桥	16	6	12.5	其他桥	1×6	重力式台	2010 年 12 月		正常养护	一类
188	G234130426L1100	原曲小桥	G234	兴隆—阳江	942.742	小桥	15.6	15	9.10	整体现浇板	3×5	石砌轻型墩	2010 年 12 月		正常养护	一类

续表 3-1-1

序号	桥梁编码	桥梁名称	路线编号	路线名称	桩号	桥梁分类	桥梁全长（米）	跨径总长（米）	桥梁全宽（米）	结构类型			建成通车时间	最近改造时间	当前管养状态	技术状况等级
										上部结构	跨径组合（米）	下部结构				
189	G234130426L1160	河口二号电站桥	G234	兴隆—阳江	955.833	小桥	11.53	8	9.5	空心板梁	1×8	重力式台	2010 年 12 月		正常养护	一类
190	G234130426L1130	西山电站桥（昭义村北）	G234	兴隆—阳江	946.245	小桥	10.4	8	9.60	整体现浇板	1×8	重力式台	2010 年 12 月		正常养护	一类
191	G234130426L1220	白芟跨渠桥	G234	兴隆—阳江	971.206	小桥	8.82	8	8.7	整体现浇板	1×8	轻型桥台	2010 年 12 月		正常养护	一类
192	G234130426L1090	原曲电站桥	G234	兴隆—阳江	940.328	小桥	8.8	8	9.50	整体现浇板	1×8	轻型桥台	2010 年 12 月		正常养护	一类
193	G234130426L1110	固新电站小桥	G234	兴隆—阳江	945.911	小桥	8.8	8	9.10	整体现浇板	1×8	重力式台	2010 年 12 月		正常养护	一类
194	G234130426L1190	大滩二号桥	G234	兴隆—阳江	958.891	小桥	8.4	5	11.5	空心板梁	1×5	轻型桥台	2010 年 12 月		正常养护	一类
195	G234130426L1140	昭义电站桥（不流水）	G234	兴隆—阳江	949.173	小桥	6.2	5	9.50	整体现浇板	1×5	重力式台	2010 年 12 月		正常养护	一类
196	G234130426L1150	河口一号电站桥	G234	兴隆—阳江	954.554	小桥	6.13	5	10.5	整体现浇板	1×5	重力式台	2010 年 12 月		正常养护	一类
197		林旺特大桥	G234	国道 G234	K37+617 左幅、右幅	特大桥	2078.03	2070.03	10.25	T 梁	48×30+2×50+1×40	柱式桥墩				一类
198		茨村互通主线桥	G234	国道 G234	K17+839.6 左幅、右幅	特大桥	1172	1164	16×2	T 梁	左幅：4×30+（3×30）×6+4×30+(3×30)×3+3×38 右幅：4×30+（3×30）×6+4×30+（3×30）×3+（24.5+24.5+38+27） 第 1 联－第 11 联为 30 米为预制 T 梁，左 12 联＋右 12 联为现浇箱梁	柱式桥墩				一类

续表 3-1-1

序号	桥梁编码	桥梁名称	路线编号	路线名称	桩号	桥梁分类	桥梁全长（米）	跨径总长（米）	桥梁全宽（米）	结构类型			建成通车时间	最近改造时间	当前管养状态	技术状况等级
										上部结构	跨径组合（米）	下部结构				
199		石岗大桥右幅	G234	国道 G234	右 24+481.1	大桥	967	960	10.25	T 梁	31×30	柱式桥墩				一类
200		石岗大桥左幅	G234	国道 G234	左 24+496.1	大桥	937	930	10.25	T 梁	32×30	柱式桥墩				一类
201		东达 2 号大桥	G234	国道 G234	K43+828.5	大桥	667	660	19.5	T 梁	22×30	柱式桥墩				一类
202		台庄大桥左幅	G234	国道 G234	K47+108	大桥	562.4	554.4	10.25	T 梁	6×30+（57.2+100+57.2）+4×40	空心墩				一类
203		台庄大桥右幅	G234	国道 G234	K47+103.9	大桥	562.4	554.4	10.25	T 梁	6×30+（57.2+100+57.2）+4×40	空心墩				一类
204		柏台寺大桥左幅	G234	国道 G234	K33+095.6	大桥	543	540	10.25	T 梁	18×30	柱式桥墩				一类
205		柏台寺大桥右幅	G234	国道 G234	K33+095.6	大桥	603	600	10.25	T 梁	20×30	柱式桥墩				一类
206		石河大桥	G234	国道 G234	ZK3+351 左幅、右幅	大桥	529	520	16×2	T 梁	13×40	柱式桥墩				一类
207		西达 2 号大桥	G234	国道 G234	K40+577.397	大桥	487	480	19.5	T 梁	16×30	柱式桥台 柱式桥墩				一类
208		连泉 2 号大桥	G234	国道 G234	K26+987	大桥	487	480	19.5	T 梁	16×30	柱式桥台 柱式桥墩				一类
209		北崖底大桥左幅	G234	国道 G234	K38+320.228	大桥	451.44	444.4	10.25	T 形刚构	50+57.2+2×100+57.2+2×40	柱式桥墩 柱式桥台				一类
210		北崖底大桥右幅	G234	国道 G234	K38+331.15	大桥	441.48	432.4	10.25	T 形刚构	40+57.2+2×100+57.2+2×40	柱式桥墩 柱式桥台				一类
211		同生沟大桥	G234	国道 G234	K45+503 左幅、右幅	大桥	426.5	420	10.25	T 梁	14×30	柱式桥墩 空心墩				一类
212		茨村互通 E 匝道桥	G234	国道 G234	EK0+493.5	大桥	346	339	10.25	T 梁	3×40+25×3+（16×3）×3	柱式桥墩				一类
213		连泉 1 号大桥	G234	国道 G234	K25+872	大桥	337	330	19.5	T 梁	11×30	柱式桥台 柱式桥墩				一类

续表 3-1-1

序号	桥梁编码	桥梁名称	路线编号	路线名称	桩号	桥梁分类	桥梁全长（米）	跨径总长（米）	桥梁全宽（米）	结构类型			建成通车时间	最近改造时间	当前管养状态	技术状况等级
										上部结构	跨径组合（米）	下部结构				
214		西达 1 号大桥	G234	国道 G234	K39+602 左幅	大桥	328	320	10.25	组合式梁	（50+90+50）+（20+4×30）	柱式台、柱式桥墩 / 空心墩 / 实心墩				一类
215		西达 1 号大桥	G234	国道 G234	K39+612 右幅	大桥	338	330	10.25	组合式梁	（50+90+50）+（20+4×30）	柱式台、柱式桥墩 / 空心墩 / 实心墩				1 类
216		茨村互通 F 匝道桥	G234	国道 G234	FK0+191.742	大桥	292.183	288.683	10.25	T 梁	（3×30）×2+（28+28+28+24.6）	肋板式桥台、柱式桥墩				1 类
217		白盘大桥	G234	国道 G234	K58+206.08	大桥	247	240	10.25	T 梁	8×30	柱式桥台、柱式桥墩				一类
218		大滩 1 号大桥	G234	国道 G234	K44+647.441	大桥	247	240	19.5	T 梁	8×30	柱式桥台、柱式桥墩				一类
219		偏店铁路上跨桥	G234	国道 G234	K0+299.896	大桥	178	170	23.13	简支箱梁	2×25+3×40	0 号柱式台、5 号肋板式台、柱式桥墩				一类
220		胡峪大桥	G234	国道 G234	K22+665	大桥	169	160	19.5	T 梁	4×40	柱式桥墩、肋板台				一类
221		白云矿 1 号大桥	G234	国道 G234	K9+101 左幅、右幅	大桥	157	150	16×2	T 梁	5×30	柱式桥台、柱式桥墩				一类
222		东平上大桥	G234	国道 G234	K31+142	大桥	127	120	19.5	T 梁	4×30	柱式桥台、柱式桥墩				一类
223		下池大桥	G234	国道 G234	K11+507.6 左幅、右幅	大桥	127	120	16×2	T 梁	4×30	肋板式桥台、柱式桥墩				一类
224		井店中桥	G234	国道 G234	K8+184.2 左幅、右幅	中桥	97	90	16×2	T 梁	3×30	柱式桥台、柱式桥墩				一类

续表 3-1-1

序号	桥梁编码	桥梁名称	路线编号	路线名称	桩号	桥梁分类	桥梁全长（米）	跨径总长（米）	桥梁全宽（米）	结构类型			建成通车时间	最近改造时间	当前管养状态	技术状况等级
										上部结构	跨径组合（米）	下部结构				
225		茨村西中桥	G234	国道 G234	ZK1+485 左幅、右幅	中桥	97	90	16×2	T 梁	3×30	柱式桥台、柱式桥墩				一类
226		南岗中桥	G234	国道 G234	K14+036 左幅、右幅	中桥	69.06	64	16×2	T 梁	4×16	柱式桥台、柱式桥墩				一类
227		天铁铁路桥	G234	国道 G234	K5+783 左幅、右幅	中桥	65	60	16×2	连续箱梁	3×20	柱式桥台、柱式桥墩				一类
228		下池中桥	G234	国道 G234	K12+077 左幅、右幅	中桥	53.06	48	16×2	整体现浇板	3×16	柱式桥台、柱式桥墩				一类
229		胡峪中桥	G234	国道 G234	K21+897	中桥	39	30	19.5	T 梁	1×30	U 形台				一类
230		天铁中桥	G234	国道 G234	K8+802 左幅、右幅	中桥	37	30	16×2	T 梁	1×30	扶壁式桥台				一类
231	S213130426L0070	贾庄中桥	S213	涉左线	26.216	中桥	59.56	39	12.00	空心板梁	3×13	重力式墩	2000 年 10 月	2014 年	正常养护	一类
232	S213130426L0060	石门中桥	S213	涉左线	17.416	中桥	57.04	52	12.00	空心板梁	4×13	双柱式墩	2000 年 10 月		正常养护	一类
233	S213130426L0011	清凉沟中桥	S213	涉左线	0.763	中桥	54.4	39	17.00	空心板梁	3×13	重力式墩	2000 年 10 月		正常养护	一类
234	S213130426L0012	清凉沟副道中桥	S213	涉左线	0.768	中桥	54.4	39	8.00	空心板梁	3×13	重力式墩	2000 年 10 月		正常养护	一类
235	S213130426L0040	索堡中桥	S213	涉左线	11.329	中桥	51.56	39	12.00	空心板梁	3×13	重力式墩	2000 年 10 月		正常养护	一类
236	S213130426L0030	中原中桥	S213	涉左线	5.584	小桥	42.56	30	12.00	空心板梁	3×10	重力式墩	2000 年 10 月		正常养护	一类
237	S213130426L0020	南原中桥	S213	涉左线	5.156	小桥	34	30	12.00	空心板梁	3×10	重力式墩	2000 年 10 月		正常养护	一类
238	S244N130426L0040	西达大桥	S244N	邢台—合漳	35.381	大桥	337.37	330	12	箱形梁	11×30	双柱式墩	2020 年 12 月		正常养护	一类
239	S244N130426L0030	关防中桥	S244N	邢台—合漳	30.638	中桥	50.8	50	12	整体现浇板	5×10	重力式墩	2020 年 12 月		正常养护	一类

续表 3-1-1

序号	桥梁编码	桥梁名称	路线编号	路线名称	桩号	桥梁分类	桥梁全长（米）	跨径总长（米）	桥梁全宽（米）	结构类型			建成通车时间	最近改造时间	当前管养状态	技术状况等级
										上部结构	跨径组合（米）	下部结构				
240	S244N130426L0020	前岩中桥	S244N	邢台—合漳	27.704	小桥	30.8	30	12	整体现浇板	3 × 10	重力式墩	2020 年 12 月		正常养护	一类
241	S244N130426L0010	苏刘小桥	S244N	邢台—合漳	19.125	小桥	29	12	12	整体现浇板	2 × 6	重力式墩	2020 年 12 月		正常养护	一类
242	S244N130426L0070	西达小桥	S244N	邢台—合漳	35.119	小桥	9.8	8	12	整体现浇板	1 × 8	重力式台	2020 年 12 月		正常养护	一类
243	S244N130426L0050	宋家小桥	S244N	邢台—合漳	21.026	小桥	8	7	12	整体现浇板	1 × 7	轻型桥台	2020 年 12 月		正常养护	一类
244	S244N130426L0060	东瓦池小桥	S244N	邢台—合漳	21.545	小桥	7.6	6	12	整体现浇板	1 × 6	轻型桥台	2020 年 12 月		正常养护	一类
245	YS01130426L0020	清漳河大桥	YS01	平安街道办—河南店	4.522	大桥	427.1	420	24	箱形梁	14 × 30	框架式桥台	2011 年 1 月		正常使用	一类
246	YS12130426L0060	赤岸桥	YS12	娲皇宫—五指山	9.384	大桥	385	377	26	悬索桥	3 × 50+1 × 129+1 × 98	承拉式桥台	2004 年 10 月	2018 年 10 月	正常使用	一类
247	CH10130426L0010	西达桥	CH10	兴阳线—西达	0.36	大桥	368.4	325	9	双曲拱	10 × 32.5	重力式桥台	1978 年 1 月		正常使用	二类
248	CC12130426L0010	娲皇桥	CC12	索堡—常乐	0.474	大桥	200	195	10	T 梁	15 × 13	双柱式	2018 年 6 月		正常使用	一类
249	Y211130426L0010	连泉桥	Y211	庞西—连泉	12.108	大桥	136	130	8	整体现浇板	10 × 13	重力式桥台	1996 年 9 月	2015 年 9 月	正常使用	一类
250	CP27130426L0010	友谊桥	CP27	郊口—河南界	0.266	大桥	128	120	7	整体现浇板	12 × 10	重力式桥台	2017 年 11 月		正常使用	一类
251	Y222130426L0010	污椟桥	Y222	涉左线—西沟	0.218	大桥	126	120	8	整体现浇板	12 × 10	重力式桥台	2001 年 12 月	2017 年 12 月	正常使用	一类
252	YSX2130426L0010	招岗桥	YSX2	G309—招岗	0.857	大桥	110	100	12	箱形梁	4 × 25	组合式桥台	2004 年 1 月	2009 年 1 月	正常使用	一类
253	CP03130426L0020	槐丰 2 号桥	CP03	Y213—槐丰村	0.702	中桥	100	72	4.9	整体现浇板	12 × 6	重力式桥台	2005 年 1 月		正常使用	三类
254	Y209130426L0080	古台二号桥	Y209	Y191—关防	12.509	中桥	99	91	11	整体现浇板	7 × 13	组合式桥台	2017 年 11 月		正常使用	一类

续表 3-1-1

序号	桥梁编码	桥梁名称	路线编号	路线名称	桩号	桥梁分类	桥梁全长（米）	跨径总长（米）	桥梁全宽（米）	结构类型			建成通车时间	最近改造时间	当前管养状态	技术状况等级
										上部结构	跨径组合（米）	下部结构				
255	Y249130426L0010	岭底桥	Y249	Y192—岭底	11.35	中桥	99	91	7	T梁	7×13	双柱式	2017年10月		正常使用	一类
256	YSXJ130426L0010	木井桥	YSXJ	木井—史家庄	0.819	中桥	86.06	80	9	T梁	5×16	双柱式墩	1975年1月	2012年1月	正常使用	一类
257	Y220130426L0010	新桥桥	Y220	新桥—西涧	0.06	中桥	102.6	96	9	T梁	6×16	双柱式墩	1996年9月	2022年9月	正常使用	一类
258	Y209130426L0070	古台一号桥	Y209	Y191—关防	12.002	中桥	86	78	11	整体现浇板	6×13	组合式桥台	2017年11月		正常使用	一类
259	YSXB130426L0010	林旺桥	YSXB	林旺—匡口	0.211	中桥	78	70	7	整体现浇板	7×10	重力式桥台	2004年8月	2017年8月	正常使用	一类
260	CP26130426L0010	太仓桥	CP26	太仓—河南界	1.225	中桥	78	70	7	整体现浇板	7×10	重力式桥台	2017年10月		正常使用	一类
261	Y219130426L0050	西辽城中桥	Y219	河南店—茅岭底	21.645	中桥	75	65	9	空心板梁	5×13	组合式桥台	2008年1月		正常使用	一类
262	CC11130426L0010	索堡桥	CC11	S213—索堡村	0.744	中桥	70	60	8	T梁	4×15	重力式桥台	1980年2月		正常使用	三类
263	YS05130426L0010	刘庄桥	YS05	辽城—刘家庄	1.42	中桥	68	60	9	整体现浇板	6×10	重力式桥台	2017年10月		正常使用	一类
264	Y191130426L0030	井店一号桥	Y191	冶陶—中原	26.468	中桥	68	60	18	箱形梁	2×15+1×30	重力式桥台	1976年12月	2016年12月	正常使用	一类
265	CL02130426L0010	东寨桥	CL02	S202—南寨村	0.086	中桥	64	56	9	箱形梁	1×16+2×20	双柱式	2003年12月	2017年12月	正常使用	一类
266	Y210130426L0010	更乐桥	Y210	下庄—江家	2.036	中桥	60.5	48	24	空心板梁	3×16	重力式桥台	1973年1月	2014年1月	正常使用	一类
267	YS10130426L0010	郭庄中桥	YS10	圣寺陀—鸡鸣铺	14.108	中桥	60	52	10	整体现浇板	4×13	双柱式	2018年9月		正常使用	一类
268	YS09130426L0010	龙洞桥	YS09	旅游环线武安界至青塔段	1.332	中桥	60	52	13.5	整体现浇板	4×13	重力式桥台	2017年9月		正常使用	一类
269	YSX5130426L0010	东枯河桥	YSX5	YSX4—东坡根	0.284	中桥	60	52	22	T梁	4×13	多柱式	2017年6月		正常使用	一类

续表 3-1-1

序号	桥梁编码	桥梁名称	路线编号	路线名称	桩号	桥梁分类	桥梁全长（米）	跨径总长（米）	桥梁全宽（米）	结构类型			建成通车时间	最近改造时间	当前管养状态	技术状况等级
										上部结构	跨径组合（米）	下部结构				
270	YS10130426L0020	郭庄水库桥	YS10	圣寺陀—鸡鸣铺	14.327	中桥	60	52	10	整体现浇板	4 × 13	双柱式	2018 年 9 月		正常使用	一类
271	CN03130426L0010	邱子峪桥	CN03	Y203—邱子峪村	0.072	中桥	58	48	8	整体现浇板	3 × 16	组合式桥台	2017 年 9 月		正常使用	一类
272	Y208130426L0030	龙虎 2 号桥	Y208	龙虎—西戌	1.47	中桥	58	50	9	整体现浇板	5 × 10	重力式桥台	2017 年 12 月		正常使用	一类
273	YSX1130426L0020	铁道立交小桥	YSX1	S213—太平庄	0.882	中桥	58	50	13	连续箱梁	2 × 25	双柱式	1976 年 12 月	2017 年 12 月	正常使用	一类
274	CE13130426L0010	金牛桥	CE13	G309—下庄	1.204	中桥	56	48	20	箱形梁	3 × 16	多柱式	2017 年 9 月		正常使用	一类
275	Y204130426L0020	壮口桥	Y204	偏店—壮口	12.177	中桥	56	44	9	整体现浇板	4 × 11	重力式桥台	1996 年 1 月	2014 年 1 月	正常使用	一类
276	YSXJ130426L0020	史家庄桥	YSXJ	木井—史家庄	4.903	中桥	56	48	9	整体现浇板	3 × 16	组合式桥台	2017 年 9 月		正常使用	一类
277	CA02130426L0010	占洼桥	CA02	Y191—占洼村	0.606	中桥	54	46	9.3	连续箱梁	2 × 13+1 × 20	双柱式	2018 年 6 月		正常使用	一类
278	CK05130426L0010	东辽城桥	CK05	Y220—东辽城村	0.482	中桥	54	40	8	整体现浇板	4 × 10	重力式桥台	2015 年 12 月		正常使用	一类
279	Y219130426L0040	茅岭底桥	Y219	河南店—茅岭底	23.839	中桥	51	40	8.5	整体现浇板	5 × 8	重力式桥台	1992 年 1 月	2012 年 1 月	正常使用	一类
280	Y219130426L0060	辽城桥	Y219	河南店—茅岭底	22.062	中桥	54.06	48	9	整体现浇板	3 × 16	双柱式墩	1988 年 1 月	2022 年 9 月	正常使用	一类
281	Y199130426L0010	青塔桥	Y199	山西界—偏城	13.838	中桥	50	39	10	整体现浇板	3 × 13	组合式桥台	2018 年 12 月		正常使用	一类
282	X155130426L0140	龙门中桥	X155	阳邑—索堡	30.754	中桥	50	39	12	空心板梁	3 × 13	组合式桥台	2009 年 10 月		正常使用	一类
283	Y209130426L0060	龙兴桥	Y209	Y191—关防	0.216	中桥	50	32	10	板拱	1 × 32	重力式桥台	2018 年 11 月		正常使用	一类
284	CE11130426L0010	井店桥	CE11	S202—井店一街	0.781	中桥	47.8	24.8	23	板拱	1 × 24.8	重力式桥台	1974 年 8 月	2015 年 7 月	正常使用	一类

续表 3-1-1

序号	桥梁编码	桥梁名称	路线编号	路线名称	桩号	桥梁分类	桥梁全长（米）	跨径总长（米）	桥梁全宽（米）	结构类型			建成通车时间	最近改造时间	当前管养状态	技术状况等级
										上部结构	跨径组合（米）	下部结构				
285	CM04130426L0010	古脑桥	CM04	G309—古脑村	0.09	中桥	46	40	8	整体现浇板	5×8	重力式桥台	1990 年 12 月	2017 年 12 月	正常使用	一类
286	X155130426L0010	豆庄中桥	CN08	东豆庄村路	0.237	中桥	45	39	12	整体现浇板	3×13	组合式桥台	2010 年 11 月		正常使用	一类
287	CK93130426L0010	魏家湾桥	CK93	刘家庄—魏家湾	0.132	中桥	45	39	7	整体现浇板	3×13	双柱式墩	2018 年 9 月	2022 年 8 月	正常使用	一类
288	Y164130426L0020	西达桥	Y164	张二庄—后匡门	30.753	大桥	131.08	125	12	连续 T 梁	5×25	组合式桥台、双柱式墩	2017 年 9 月	2022 年 9 月	正常使用	一类
289	CG03130426L0010	东山桥	CG03	S202—东山村	0.243	中桥	40	32	7	整体现浇板	4×8	重力式桥台	2005 年 6 月	2017 年 7 月	正常使用	一类
290	CC03130426L0010	索堡桥	CC03	桃城—索堡村	0.646	中桥	58	52	7	整体现浇板	4×13	双柱式墩	2018 年 12 月	2022 年 7 月	正常使用	一类
291	CH02130426L0010	东达桥	CH02	S202—东达村	0.151	中桥	40	32	7	整体现浇板	4×8	重力式桥台	2018 年 12 月		正常使用	一类
292	CK03130426L0010	靳家会桥	CK03	石门—靳家会村	0.559	中桥	40	32	7	整体现浇板	4×8	重力式桥台	2003 年 12 月	2017 年 12 月	正常使用	一类
293	YSXB130426L0020	匡口桥	YSXB	林旺—匡口	3.445	中桥	40	32	7	整体现浇板	4×8	重力式桥台	2017 年 8 月		正常使用	一类
294	Y213130426L0040	郊口桥	Y213	田家嘴—台庄	8.333	中桥	40	32	3.8	整体现浇板	4×8	重力式桥台	2017 年 12 月		正常使用	一类
295	Y213130426L0010	台庄一号桥	Y213	田家嘴—台庄	23.429	中桥	97	91	9	整体现浇板	7×13	双柱式墩	2017 年 12 月	2022 年 8 月	正常使用	一类
296	Y213130426L0020	郃家口桥	Y213	田家嘴—台庄	23.336	中桥	36	36	8.5	整体现浇板	6×6	重力式桥台	1996 年 1 月	2012 年 1 月	正常使用	一类
297	CA07130426L0010	南岗桥	CA07	G309—南岗村	0.474	中桥	30	20	9.1	箱形梁	1×20	重力式桥台	2004 年 1 月		正常使用	二类
298	CA41130426L0010	寨上桥	CA41	寨上—养殖园区	0.657	中桥	58	52	8	整体现浇板	4×13	双柱式墩	2022 年 9 月		正常使用	一类
299	X155130426L0110	宇庄中桥	X155	阳邑—索堡	36.571	小桥	76.6	19	9	板拱	1×19	重力式桥台	1986 年 10 月	2009 年 10 月	正常使用	一类

续表 3-1-1

序号	桥梁编码	桥梁名称	路线编号	路线名称	桩号	桥梁分类	桥梁全长（米）	跨径总长（米）	桥梁全宽（米）	结构类型			建成通车时间	最近改造时间	当前管养状态	技术状况等级
										上部结构	跨径组合（米）	下部结构				
300	Y204130426L0010	幸福桥	Y204	偏店—壮口	4.233	小桥	42	10	7.6	板拱	1×10	重力式桥台	1980 年 10 月	2017 年 10 月	正常使用	二类
301	CF35130426L0010	青阳山桥	CF35	前何—青阳山	0.026	小桥	40	30	6	板拱	2×5+2×6+1×8	重力式桥台	2017 年 9 月		正常使用	一类
302	CE06130426L0020	老爷庙桥	CE06	S202—老爷庙村	0.376	小桥	40	16	28	箱形梁	1×16	重力式桥台	2005 年 8 月	2017 年 8 月	正常使用	一类
303	Y221130426L0010	曲峧 1 号桥	Y221	王堡—山西界	5.518	小桥	38	15	5.8	板拱	3×5	重力式桥台	1973 年 9 月	2017 年 9 月	正常使用	三类
304	CE01130426L0010	刘家桥	CE01	Y209—刘家村	0.025	小桥	38	30	7	整体现浇板	3×10	重力式桥台	2017 年 9 月		正常使用	一类
305	CF01130426L0010	大洼桥	Y209	Y191—关防	0.02	小桥	36	20	5.9	整体现浇板	2×10	重力式桥台	1996 年 6 月	2017 年 6 月	正常使用	二类
306	CE18130426L0010	井店二街桥	CE18	井店二街—井店一街	0.496	小桥	36	24	9	整体现浇板	3×8	组合式桥台	2008 年 1 月		正常使用	一类
307	X155130426L0020	木井桥	YSXJ	木井—史家庄	4.408	小桥	35	24	12	整体现浇板	3×8	重力式桥台	1996 年 9 月	2017 年 9 月	正常使用	一类
308	CE34130426L0050	下庄桥	Y191	冶陶—中原	0.099	小桥	35	24	7	空心板梁	3×8	重力式桥台	1987 年 1 月		正常使用	三类
309	Y209130426L0030	大洼桥	Y209	Y191—关防	8.631	小桥	32	24	11	整体现浇板	3×8	重力式桥台	2017 年 10 月		正常使用	一类
310	Y205130426L0030	石家庄桥	Y205	杨家寨—索堡	10.501	小桥	32	24	10	整体现浇板	3×8	轻型桥台	1975 年 12 月	2015 年 11 月	正常使用	一类
311	CR02130426L0010	陡贡桥	CR02	Y209—陡贡村	0.243	小桥	30	20	6.5	整体现浇板	2×10	重力式桥台	2017 年 11 月		正常使用	一类
312	CK33130426L0010	峪里桥	CK33	峪里—山西界	1.1	小桥	30	7	9	整体现浇板	1×7	轻型桥台	2003 年 1 月		正常使用	二类
313	YS07130426L0010	峧沟桥	YS07	荣兰线—峧沟	0.526	小桥	28	21	9	整体现浇板	3×7	重力式桥台	2018 年 11 月		正常使用	一类
314	CR14130426L0010	前岩桥	CR14	前岩—学校	0.512	小桥	28	20	5	整体现浇板	2×10	重力式桥台	2017 年 10 月		正常使用	一类

续表 3-1-1

序号	桥梁编码	桥梁名称	路线编号	路线名称	桩号	桥梁分类	桥梁全长（米）	跨径总长（米）	桥梁全宽（米）	结构类型			建成通车时间	最近改造时间	当前管养状态	技术状况等级
										上部结构	跨径组合（米）	下部结构				
315	YS01130426L0010	迎春桥	YS01	平安街道办—河南店	3.338	小桥	27	26	22	空心板梁	2×13.000	重力式桥台	2008 年 1 月		正常使用	一类
316	YSXH130426L0010	南郭口桥	YSXH	田家峧—北郭口	5.964	小桥	26	10	6.2	整体现浇板	1×10	重力式桥台	1975 年 1 月	2017 年 12 月	正常使用	一类
317	Y223130426L0020	苏家庄桥	Y223	山西界—石门	7.088	小桥	26	6	8	板拱	1×6	重力式桥台	1971 年 1 月		正常使用	二类
318	X155130426L0100	偏城桥	X155	阳邑—索堡	24.47	小桥	26	17	7.5	板拱	2×8.5	轻型桥台	1982 年 1 月		正常使用	三类
319	Y219130426L0020	塔庄桥	Y219	河南店—茅岭底	17.881	小桥	25	18	8.2	板拱	3×6	重力式桥台	1992 年 9 月	2017 年 9 月	正常使用	二类
320	Y199130426L0050	林场小桥	Y199	山西界—偏城	26.505	小桥	25	15	10	整体现浇板	3×5	重力式桥台	2009 年 10 月		正常使用	一类
321	CF03130426L0010	南漫陀桥	CF03	Y210—南漫驼村	0.169	小桥	24	16	7	整体现浇板	2×8	重力式桥台	2017 年 9 月		正常使用	一类
322	CE45130426L0010	明国寺桥	CE45	井王线—四街	0.05	小桥	24	16	7	整体现浇板	2×8	重力式桥台	2017 年 8 月		正常使用	一类
323	CM34130426L0010	龙虎小学桥	CM34	龙虎街道五	0.203	小桥	24	16	7	整体现浇板	2×8	重力式桥台	2018 年 6 月		正常使用	一类
324	CE07130426L0010	台南桥	CE07	S202—台南村	1.208	小桥	24	16	13	箱形梁	1×16	重力式桥台	2008 年 1 月		正常使用	一类
325	CM03130426L0020	王庄小桥	CM03	G309—王庄村	0.972	小桥	24	16	7	整体现浇板	2×8	重力式桥台	2017 年 10 月		正常使用	一类
326	Y191130426L0020	王金庄桥	Y191	冶陶—中原	15.366	小桥	24	16	9	整体现浇板	2×8	重力式桥台	2017 年 12 月		正常使用	一类
327	Y191130426L0080	岭沟一号桥	Y191	冶陶—中原	17.658	小桥	24	18	12	整体现浇板	3×6	重力式桥台	2017 年 9 月		正常使用	一类
328	Y191130426L0090	岭沟二号桥	Y191	冶陶—中原	17.706	小桥	24	18	12	整体现浇板	3×6	重力式桥台	2017 年 9 月		正常使用	一类
329	Y715130426L0020	塔庄桥	Y715	塔庄—峪里	0.508	小桥	24	16	7.5	整体现浇板	2×8	重力式桥台	2019 年 12 月		正常使用	一类

续表 3-1-1

序号	桥梁编码	桥梁名称	路线编号	路线名称	桩号	桥梁分类	桥梁全长（米）	跨径总长（米）	桥梁全宽（米）	结构类型			建成通车时间	最近改造时间	当前管养状态	技术状况等级
										上部结构	跨径组合（米）	下部结构				
330	Y191130426L0100	岭沟三号桥	Y191	冶陶—中原	17.808	小桥	24	16	12	整体现浇板	2×8	重力式桥台	2017 年 9 月		正常使用	一类
331	Y191130426L0110	玉林井桥	Y191	冶陶—中原	23.356	小桥	24	16	11	整体现浇板	2×8	重力式桥台	2017 年 6 月		正常使用	一类
332	YSXL130426L0010	前寨桥	YSXL	Y205—前寨	1.156	小桥	24	10	7	整体现浇板	1×10	重力式桥台	1970 年 12 月	2020 年 12 月	正常使用	一类
333	Y207130426L0010	马布桥	Y207	北郭口—西戌	4.538	小桥	24	16	8.5	整体现浇板	2×8	重力式桥台	2017 年 12 月		正常使用	一类
334	YS12130426L0020	弹音 1 号桥	YS12	娲皇宫—五指山	5.302	小桥	24	20	10.5	整体现浇板	2×10	重力式桥台	2018 年 6 月		正常使用	一类
335	Y213130426L0050	丁岩桥	Y213	田家嘴—台庄	7.532	小桥	24	16	8	整体现浇板	2×8	重力式桥台	2017 年 10 月		正常使用	一类
336	Y209130426L0020	江家桥	Y209	Y191—关防	6.877	小桥	24	16	11	整体现浇板	2×8	重力式桥台	2017 年 12 月		正常使用	一类
337	Y201130426L0010	西峧桥	Y201	山西界—偏城林场	5.079	小桥	24	16	7	整体现浇板	2×8	重力式桥台	1986 年 12 月	2017 年 12 月	正常使用	一类
338	YS02130426L0010	台村桥	YS02	龙井大街—冶中线	1.421	小桥	24	16	11	箱形梁	1×16	重力式桥台	2008 年 1 月		正常使用	一类
339	YS04130426L0010	王堡小桥	YS04	河南店—王堡	6.452	小桥	24	8	9	板拱	2×4	重力式桥台	2008 年 1 月		正常使用	一类
340	Y213130426L0080	豪沟桥	Y213	田家嘴—台庄	20.317	小桥	24	16	8	整体现浇板	2×8	重力式桥台	2017 年 10 月		正常使用	一类
341	Y208130426L0020	龙虎 1 号桥	Y208	龙虎—西戌	1.154	小桥	24	16	9	整体现浇板	2×8	重力式桥台	2017 年 12 月		正常使用	一类
342	Y202130426L0010	青峰桥	Y202	青峰—宇庄	1.197	小桥	23	6	7	板拱	1×6	重力式桥台	1980 年 6 月	2017 年 6 月	正常使用	二类
343	X155130426L0060	洪河沟二号桥	X155	阳邑—索堡	14.555	小桥	23	13	8	板拱	1×13	轻型桥台	1982 年 1 月		正常使用	二类
344	CM03130426L0010	王庄桥	CM03	G309—王庄村	0.156	小桥	23	18	6.5	整体现浇板	2×9	重力式桥台	2000 年 1 月		正常使用	三类

续表 3-1-1

序号	桥梁编码	桥梁名称	路线编号	路线名称	桩号	桥梁分类	桥梁全长（米）	跨径总长（米）	桥梁全宽（米）	结构类型			建成通车时间	最近改造时间	当前管养状态	技术状况等级
										上部结构	跨径组合（米）	下部结构				
345	CF05130426L0010	下池桥	CF05	下池村路	0.307	小桥	23	8	8	板拱	2×4	重力式桥台	1980 年 1 月		正常使用	二类
346	CA05130426L0010	北原桥	CA05	S213—北原村	0.221	小桥	23	18	10	整体现浇板	3×6	重力式桥台	2002 年 1 月		正常使用	二类
347	X155130426L0050	洪河沟三号桥	X155	阳邑—索堡	12.957	小桥	21	16	8.5	板拱	1×16	轻型桥台	1982 年 1 月		正常使用	二类
348	CR16130426L0010	曹家桥	CR16	曹家—养殖场	0.015	小桥	21	15	4.5	整体现浇板	2×4+1×7	重力式桥台	2018 年 11 月		正常使用	一类
349	Y205130426L0040	娲皇宫桥	Y205	杨家寨—索堡	11.422	小桥	21	18	7.5	整体现浇板	3×6	轻型桥台	1997 年 1 月		正常使用	三类
350	CN08130426L0010	豆庄桥	CN08	东豆庄村路	0.187	小桥	21	15	8	整体现浇板	3×5	轻型桥台	1982 年 1 月		正常使用	三类
351	YS10130426L0030	郭庄小桥	YS10	圣寺陀—鸡鸣铺	13.719	小桥	21	13	10	整体现浇板	1×13	重力式桥台	2018 年 9 月		正常使用	一类
352	CM06130426L0010	西平桥	CM06	Y207—南郭口	1.03	小桥	20	7	6.8	板拱	1×7	重力式桥台	2002 年 10 月	2017 年 10 月	正常使用	三类
353	CJ04130426L0010	前宽嶂桥	CJ04	G309—后宽嶂村	0.596	小桥	20	16	7	箱形梁	1×16	重力式桥台	2002 年 1 月		正常使用	二类
354	Y713130426L0010	横岭桥	Y713	西鹿头—畔峪	6.148	小桥	20	10	7.7	板拱	2×5	轻型桥台	1981 年 1 月	2010 年 12 月	正常使用	三类
355	YS13130426L0010	后西峪桥	YS13	后西峪—圣福天路	0.084	小桥	20	16	8	整体现浇板	2×8	轻型桥台	2019 年 12 月		正常使用	一类
356	CK07130426L0010	连心桥	CK07	Y223—郝家村	0.126	小桥	20	16	7.1	整体现浇板	2×8	重力式桥台	2002 年 1 月		正常使用	三类
357	X155130426L0070	洪河沟一号桥	X155	阳邑—索堡	15.246	小桥	20	8	10	整体现浇板	1×8	重力式桥台	1982 年 11 月	2015 年 10 月	正常使用	一类
358	Y191130426L0040	井店二号桥	Y191	冶陶—中原	27.307	小桥	20	16	8.5	整体现浇板	2×8	轻型桥台	1995 年 1 月		正常使用	二类
359	Y218130426L0010	申庄桥	Y218	神头—雪寺	2.748	小桥	20	12	9	整体现浇板	2×6	重力式桥台	2017 年 5 月		正常使用	一类

续表 3-1-1

序号	桥梁编码	桥梁名称	路线编号	路线名称	桩号	桥梁分类	桥梁全长（米）	跨径总长（米）	桥梁全宽（米）	结构类型			建成通车时间	最近改造时间	当前管养状态	技术状况等级
										上部结构	跨径组合（米）	下部结构				
360	X155130426L0040	择营峧一号桥	X155	阳邑—索堡	9.705	小桥	20	15	8.5	板拱	1×15	轻型桥台	1982 年 1 月		正常使用	三类
361	CC02130426L0010	南沟桥	CC02	Y205—南沟村	0.019	小桥	20	7	7	整体现浇板	1×7	重力式桥台	1997 年 1 月		正常使用	三类
362	Y191130426L0010	拐里桥	Y191	冶陶—中原	13.757	小桥	19	7	11.6	板拱	1×7	轻型桥台	1984 年 1 月		正常使用	三类
363	Y220130426L0030	西涧桥	Y220	新桥—西涧	8.178	小桥	18	6	6.6	板拱	1×6	重力式桥台	1998 年 1 月		限制交通	四类
364	YS12130426L0030	弹音 2 号桥	YS12	娲皇宫—五指山	3.707	小桥	18	10	10.5	整体现浇板	1×10	重力式桥台	2018 年 6 月		正常使用	一类
365	YS12130426L0040	龙门桥	YS12	娲皇宫—五指山	2.956	小桥	18	10	12	整体现浇板	1×10	重力式桥台	2018 年 6 月		正常使用	一类
366	CE02130426L0010	禅房桥	CE02	Y209—禅房村	0.028	小桥	18	15	7	板拱	1×15	重力式桥台	1996 年 8 月	2017 年 8 月	正常使用	一类
367	Y221130426L0020	曲峧 2 号桥	Y221	王堡—山西界	5.728	小桥	17	10	6.5	板拱	2×5	重力式桥台	1994 年 9 月	2017 年 9 月	正常使用	三类
368	CR01130426L0010	苏刘村桥	CR01	X206—苏刘村	0.573	小桥	17	11	6.3	板拱	1×11	重力式桥台	2002 年 1 月		正常使用	三类
369	X155130426L0080	振兴桥	X155	阳邑—索堡	15.422	小桥	16	6	10	整体现浇板	1×6	重力式桥台	1982 年 11 月	2015 年 10 月	正常使用	一类
370	YS12130426L0050	索堡桥	YS12	娲皇宫—五指山	2.571	小桥	16	8	11.5	整体现浇板	1×8	重力式桥台	2018 年 6 月		正常使用	一类
371	CM01130426L0010	大泉桥	CM01	G309—大泉村	0.552	小桥	16	15.6	6	整体现浇板	3×5.2	重力式桥台	1998 年 1 月		正常使用	二类
372	CC03130426L0020	索堡小桥	CC03	桃城—索堡村	0.73	小桥	16	8	7	整体现浇板	1×8	重力式桥台	2017 年 6 月		正常使用	一类
373	Y164130426L0010	东达桥	Y164	张二庄—后匡门	29.324	小桥	16	8	7	整体现浇板	1×8	重力式桥台	1985 年 9 月	2017 年 9 月	正常使用	一类
374	Y213130426L0060	太仓桥	Y213	田家嘴—台庄	13.182	小桥	16	8	8	整体现浇板	1×8	重力式桥台	2017 年 10 月		正常使用	一类

续表 3-1-1

序号	桥梁编码	桥梁名称	路线编号	路线名称	桩号	桥梁分类	桥梁全长（米）	跨径总长（米）	桥梁全宽（米）	结构类型			建成通车时间	最近改造时间	当前管养状态	技术状况等级
										上部结构	跨径组合（米）	下部结构				
375	Y213130426L0070	石梯桥	Y213	田家嘴—台庄	16.821	小桥	16	8	8	整体现浇板	1×8	重力式桥台	2017 年 10 月		正常使用	一类
376	CC09130426L0010	温村一号桥	CC09	温村—索堡	0.908	小桥	16	8	12.5	整体现浇板	1×8	重力式桥台	2008 年 1 月		正常使用	一类
377	YS12130426L0010	清凉桥	YS12	娲皇宫—五指山	8.768	小桥	16	8	10.5	整体现浇板	1×8	重力式桥台	2018 年 6 月		正常使用	一类
378	Y205130426L0050	白泉水小桥	Y205	杨家寨—索堡	5.148	小桥	16	8	10	整体现浇板	1×8	重力式桥台	2017 年 9 月		正常使用	一类
379	X155130426L0150	艾叶峧小桥	X155	阳邑—索堡	27.384	小桥	15	8	10	整体现浇板	1×8	重力式桥台	2009 年 10 月		正常使用	一类
380	YSXK130426L0010	花木峧桥	YSXK	龙泉寺—鹿头	0.115	小桥	15	6	6	板拱	1×6	重力式桥台	1982 年 8 月	2017 年 8 月	正常使用	三类
381	Y226130426L0010	偏店桥	Y226	偏店—凤岗	0.341	小桥	15	15	9	板拱	3×5	重力式桥台	1997 年 1 月		正常使用	三类
382	X155130426L0120	漳北桥	X155	阳邑—索堡	38.265	小桥	15	8	9	整体现浇板	1×8	重力式桥台	1981 年 10 月	2009 年 10 月	正常使用	一类
383	Y217130426L0010	杨庄桥	Y217	胡峪—杨庄	5.95	小桥	15	14	4.4	整体现浇板	2×7	重力式桥台	2000 年 11 月	2017 年 11 月	正常使用	一类
384	CQ12130426L0010	王庄桥	CQ12	X155—王庄村	0.456	小桥	15	7	4.5	板拱	1×7	轻型桥台	1975 年 1 月		限制交通	四类
385	CC50130426L0010	曲峧桥	CC50	曲峧村路	0.392	小桥	15	9	6	整体现浇板	3×3	重力式桥台	2019 年 12 月		正常使用	一类
386	Y205130426L0010	引福桥	Y205	杨家寨—索堡	1.838	小桥	14	6	8.6	板拱	1×6	重力式桥台	1985 年 1 月		正常使用	二类
387	Y202130426L0040	木口二号桥	Y202	青峰—宇庄	4.62	小桥	14	6	6.7	板拱	1×6	重力式桥台	1980 年 6 月	2017 年 7 月	正常使用	三类
388	CP04130426L0010	史郃桥	CP04	Y213—史郃村	0.033	小桥	14	12	6.5	整体现浇板	2×6	轻型桥台	1985 年 1 月	2018 年 12 月	正常使用	一类
389	Y223130426L0010	西泉桥	Y223	山西界—石门	6.378	小桥	13	12	8	板拱	1×12	重力式桥台	1971 年 1 月		正常使用	二类

续表 3-1-1

序号	桥梁编码	桥梁名称	路线编号	路线名称	桩号	桥梁分类	桥梁全长（米）	跨径总长（米）	桥梁全宽（米）	结构类型			建成通车时间	最近改造时间	当前管养状态	技术状况等级
										上部结构	跨径组合（米）	下部结构				
390	Y219130426L0030	辽城桥	Y219	河南店—茅岭底	22.838	小桥	13	7	7.6	整体现浇板	1×7	重力式桥台	1992 年 1 月		正常使用	二类
391	Y203130426L0010	后西峪桥	Y203	木井—后西峪	5.797	小桥	13	10	6	斜腿刚构	1×10	轻型桥台	1993 年 1 月		正常使用	三类
392	Y195130426L0020	曹家桥	Y195	西峧—前岩	10.959	小桥	13	8	9	整体现浇板	1×8	重力式桥台	1992 年 1 月		正常使用	二类
393	CM09130426L0010	南郭口小桥	CM09	南郭口—武安界	0.044	小桥	12	6	8	整体现浇板	1×6	重力式桥台	2011 年 1 月		正常使用	一类
394	Y208130426L0010	西戌桥	Y208	龙虎—西戌	9.206	小桥	12	8	10	板拱	2×4	重力式桥台	1989 年 1 月		正常使用	一类
395	Y209130426L0010	西坡桥	Y209	Y191—关防	1.197	小桥	12	10	14	整体现浇板	1×10	重力式桥台	2017 年 12 月		正常使用	二类
396	YSX1130426L0010	太平庄小桥	YSX1	S213—太平庄	0.056	小桥	12	10	7.5	板拱	2×5	轻型桥台	2000 年 1 月		正常使用	二类
397	CC09130426L0030	温村三号桥	CC09	温村—索堡	1.331	小桥	12	6	8	板拱	1×6	轻型桥台	2008 年 1 月		正常使用	一类
398	Y219130426L0010	王堡桥	Y219	河南店—茅岭底	6.914	小桥	12	7	8.5	整体现浇板	1×7	重力式桥台	1981 年 12 月	2017 年 12 月	正常使用	一类
399	X155130426L0090	畔峪桥	X155	阳邑—索堡	22.004	小桥	11.6	7.5	8	板拱	1×7.5	轻型桥台	1982 年 1 月		正常使用	三类
400	Y195130426L0010	前池桥	Y195	西峧—前岩	5.435	小桥	11.5	7	7.7	板拱	1×7	重力式桥台	1992 年 8 月	2017 年 8 月	正常使用	二类
401	Y225130426L0010	西泉桥	Y225	西泉—梯上	0.688	小桥	11	5	8.5	板拱	1×5	重力式桥台	1998 年 8 月	2017 年 8 月	正常使用	三类
402	Y202130426L0030	木口一号桥	Y202	青峰—宇庄	4.024	小桥	11	5	5.6	板拱	1×5	轻型桥台	1980 年 1 月		正常使用	三类
403	Y205130426L0020	白泉水桥	Y205	杨家寨—索堡	5.852	小桥	11	6	8.4	整体现浇板	1×6	重力式桥台	1997 年 1 月		正常使用	二类
404	Y199130426L0040	小峧口桥	Y199	山西界—偏城	18.233	小桥	11	6	7.8	整体现浇板	1×6	轻型桥台	1996 年 1 月		正常使用	二类

续表 3-1-1

序号	桥梁编码	桥梁名称	路线编号	路线名称	桩号	桥梁分类	桥梁全长（米）	跨径总长（米）	桥梁全宽（米）	结构类型			建成通车时间	最近改造时间	当前管养状态	技术状况等级
										上部结构	跨径组合（米）	下部结构				
405	Y191130426L0070	中原二号桥	Y191	冶陶—中原	39.171	小桥	11	6	8	整体现浇板	1×6	重力式桥台	2000 年 6 月	2017 年 6 月	正常使用	二类
406	CQ05130426L0010	林峰桥	CQ05	Y202—林峰村	0.436	小桥	10	6	6	整体现浇板	1×6	轻型桥台	1999 年 1 月		正常使用	二类
407	CN01130426L0010	沙峧桥	CN01	S202—沙峧村	0.083	小桥	10	10	6	板拱	1×10	重力式桥台	1975 年 1 月	2010 年 12 月	正常使用	三类
408	Y199130426L0030	长岭二号桥	Y199	山西界—偏城	15.383	小桥	10	6	7.3	板拱	1×6	轻型桥台	1996 年 1 月		正常使用	二类
409	Y202130426L0020	杨庄家桥	Y202	青峰—宇庄	1.993	小桥	10	10	6	T 梁	1×10	重力式桥台	2001 年 1 月		正常使用	二类
410	Y223130426L0030	韩家窑桥	Y223	山西界—石门	7.741	小桥	10	8	7.6	整体现浇板	1×8	重力式桥台	1997 年 1 月		正常使用	二类
411	CD01130426L0010	水溢河桥	CD01	S202—水溢河村	0.206	小桥	10	6	5.2	板拱	1×6	轻型桥台	1999 年 1 月	2011 年 12 月	正常使用	三类
412	Y226130426L0020	北寨桥	Y226	偏店—凤岗	0.945	小桥	9	5	8	板拱	1×5	重力式桥台	1997 年 1 月		正常使用	二类
413	Y223130426L0050	石门一号桥	Y223	山西界—石门	12.711	小桥	9	5	9	板拱	1×5	重力式桥台	1975 年 8 月	2017 年 8 月	正常使用	三类
414	Y191130426L0060	中原一号桥	Y191	冶陶—中原	38.928	小桥	9	6	8	整体现浇板	1×6	重力式桥台	2017 年 12 月		正常使用	一类
415	CQ09130426L0010	郭庄桥	CQ09	X155—郭庄村	0.14	小桥	9	5	6.1	板拱	1×5	轻型桥台	1970 年 1 月		限制交通	四类
416	YSXA130426L0010	申家桥	YSXA	S202—牛家	3.454	小桥	9	8.2	6.2	整体现浇板	1×8.2	重力式桥台	2000 年 1 月		正常使用	二类
417	CB01130426L0010	立邱桥	CB01	Y217—立邱村	0.02	小桥	9	7.5	9	板拱	1×7.5	轻型桥台	1975 年 12 月	2019 年 12 月	正常使用	三类
418	Y223130426L0040	石窑桥	Y223	山西界—石门	12.217	小桥	8	6	9.1	板拱	1×6	轻型桥台	1971 年 8 月	2017 年 8 月	正常使用	三类
419	Y199130426L0020	长岭一号桥	Y199	山西界—偏城	15.049	小桥	8	5.5	9.8	板拱	1×5.5	轻型桥台	1996 年 1 月		正常使用	二类
420	CP03130426L0010	槐丰 1 号桥	CP03	Y213—槐丰村	0.594	小桥	11.44	10	7	整体现浇板	1×10	重力式桥台	1980 年 1 月	2022 年 8 月	正常使用	一类

续表 3-1-1

序号	桥梁编码	桥梁名称	路线编号	路线名称	桩号	桥梁分类	桥梁全长（米）	跨径总长（米）	桥梁全宽（米）	结构类型			建成通车时间	最近改造时间	当前管养状态	技术状况等级
										上部结构	跨径组合（米）	下部结构				
421	CP03130426L0030	槐丰 3 号桥	CP03	Y213—槐丰村	0.784	小桥	8	6	6	整体现浇板	1×6	轻型桥台	2005 年 1 月		正常使用	二类
422	X155130426L0130	宇庄小桥	X155	阳邑—索堡	37.052	小桥	7.5	5	9	板拱	1×5	轻型桥台	1981 年 1 月		正常使用	二类
423	X155130426L0030	择营峧二号桥	X155	阳邑—索堡	9.664	小桥	7	5	8.5	整体现浇板	1×5	轻型桥台	1982 年 1 月		正常使用	二类
424	Y223130426L0060	石门二号桥	Y223	山西界—石门	12.994	小桥	6	5	8.1	整体现浇板	1×5	重力式桥台	1996 年 8 月	2017 年 8 月	正常使用	三类

注：1. 桥梁长度计算以右幅为准。

2. 暂未统计加入河北省路网数据库的桥梁，无编码。

附：

古 桥

一、西平桥 旧县志称郭口桥，位于马布至南郭口间，为邯长古道上一座主要桥梁，始建宋绍熙二年（1191 年），明成化四年（1468 年）重修。该桥为单孔石拱桥，净跨 7.7 米，拱矢高 7 米，桥长 18 米，高 8 米，宽 6.5 米。全桥用肩形青石纵联砌置组成，腹券石间有腰铁联结，迎与背水面拱顶镶面石上雕有兽头浮雕。桥上栏杆由栏板、望柱组成，每侧各有 11 根望柱，顶端相间雕有仙桃和八角锤。20 世纪 50 年代重修，后为马布通郭口联村公路所用。该桥虽历经沧桑，但仍古朴典雅、雄伟壮观。

二、巩固桥 又称殿沐桥，位于县城北西戌村，相传建于宋代，是邯长古道上一座单孔石拱桥。桥长 20 米，宽 6 米，高 5.7 米，孔径净跨 5 米，拱矢高 4 米，桥台高 1.6 米。全桥用形青石块纵联砌置而成，桥上栏杆由望柱、栏板等组成，每侧 9 根望柱，柱顶端雕有仙和石，望柱间用 8 块栏板衔接，两端由抱鼓石摆成八字形，迎水与背水面拱顶镶面上有浮雕兽头，作镇守殿河之势。1988 年，西戌村组织村民重修，并将望柱顶端均雕成桃形。现为村街桥。

三、井家峪桥 亦称宁远桥。位于东戌至马布的井家峪，为邯长古道上一座重要桥梁。据明万历三十九年（1611 年）碑文载，该桥由僧俗众善人筹资出力而建，于崇祯二年（1629 年）建成。该桥为单孔石拱桥，用青石纵联砌置而成。桥长 13.2 米，高 7 米，宽 6.3 米，孔径净跨 5.4 米，拱矢高 4.5 米，桥台高 2 米。迎水与背水面均雕有龙头浮雕。该桥现为村间便桥。

四、凤阳桥 位于唐王峧温庄村南，据碑文载，该桥于明万历二十年（1592 年）始造，二十七年（1599 年）竣工，桥长 18 米。清宣统二年（1910 年）重修。碑文载："……盖凤阳在唐王峧之间，西通秦晋，东达齐燕，诚来往之要路也。"该桥结构为半圆形单拱石腹桥，用青石纵联砌置而成，年久途险，1983 年重修，将桥加宽加高。1989 年，改建索（堡）杨（家寨）公路时再次加高。

五、高阳桥 又名三拱桥，位于县北陈平村（今前寨村）东，是邯长古道上一座桥梁。始建于清康熙六十一年（1722 年），碑文载："……每在九月十日之后，大雨时行无闻焉……西通秦晋，东达燕齐，车骑担荷贸迁者，莫不沥道于此。一遇大雨骤集，则□或汹涌，即雨过溪流亦泥□淤壅。至于大雪菲菲，尤见水凝连月，履滑难行，不惟拦□者车马不前，则徒步者也跌卧不起……有善者马君讳文福者也，□行路之艰难，创建石桥以济募缘，善信□工凿石，越三年而工方告竣。……不意暴雨异常，忽将甫成之新桥竞作，已颓之，故址乱石成堆，路仍险阻。此在作善无恒者必畏工烦而虑费广，不敢复兴重修之念也。更福乃善心益奋，破产输资，移前基而更为巩固，易颓石而再为盘错。一时□绅先生广，商旅又翕然欣助，致塌者复起，圮者复成，自此永基勿坏……"

该桥造型雄伟，虽历经沧桑，但仍坚固如初。其结构为双层，下层为实腹单孔桥，上层并排三挑连拱实腹桥，全系纵联砌置建造。经实际调查：下层孔径净跨4米，拱高6.1米，迎水面拱顶镶面石上雕有盘龙浮雕，再上刻有0.3米见方的“高阳桥”三字，避水面雕有凤头浮雕；上层三孔结构类同，孔净跨3.3米，拱高5米，桥顶厚2.6米。桥长32米，宽4米，高13.6米。桥栏杆由望柱、栏板和抱鼓头组成，每侧各有望柱15根。1987年，上级拨款2.9万元，前寨村干部群众捐资2000元，将该桥在原有基础上加宽4米，加高2米，并对桥两端公路进行了改建。

六、补凤桥 位于桃城村西，是涉通上党、北达晋阳古道上的一座桥梁。始建于明万历元年（1573年）。清同治七年（1868年），因年久失修，阴雨连绵，致该桥全部倒塌。是年，桃城村秀才刘寿亭等人重建。1942年进行修缮。该桥结构为半圆形单孔石腹桥，引水、背水面拱券顶有龙头浮雕。经现测量，全长36.5米，宽5.4米，孔径净跨4米，拱矢高4.5米，桥台高1.5米，桥顶厚0.5米。桥栏杆由望柱和栏板组成，每侧望柱6根，中间由5块栏板衔接。至2021年，仍被河（南店）茅（岭底）公路所用。

七、岭底桥 位于岭底村西，是涉磁古道上一座石拱桥梁，始建年代无考。清乾隆三十八年（1773年）重修。据清光绪二十年（1894年）碑文载，岭底桥“创自古时，忽于光绪二十年岁次甲午七月八日被洪水冲毁，基石费存，当斯塌也，徒行无坦夷之乐，乘马者有险阻之忧。使于此颓废焉，奚以继前人之志乎？于辛丑□村公议劝众捐资，纠工督工以旧修之，迨壬寅春厥工，重修无异……”现该桥长13.58米，孔径净跨4.42米，拱矢高2.1米，桥台高1.15米。采用纵联砌拱法建筑，桥栏杆由望柱和栏板组成。涉磁公路修建后，该桥为田间道路桥。

八、偏店桥 位于偏店村北，是邯长古道上一座石拱桥。明成化年间（1465—1487年）由知县徐廷锡建设。修建邯长古路时曾被利用。抗日战争时，为阻止日军西犯，八路军开展破交战，将桥炸毁。有一次，日军大举西犯，行至桥头被阻，埋伏于桥附近的八路军利用有利地形，重创日军。涉县第二次解放后，军民将桥修复。该桥为一孔石拱桥，由青石纵联砌置而成。桥长10.5米，宽7.4米，孔径净跨7.4米，拱矢高5.5米，桥台高2米，顶厚0.5米，现为田间过路桥。

九、天桥 也称长生永福桥，位于天桥断涉县与林州市交界的浊漳河上。始建于明末，由长生寺僧人妙太建，以木梁插于两山峡间。漳河行经此处，河床变窄高处跌断，形成壮观的“漳河落涧”，为涉县古八景之一。后屡被洪水冲毁重修。据碑文载：过去河南、河北来往不便，行人多失足坠入深涧伤命。清嘉庆十二年（1807年），附近十余村共议，捐粮修桥。村民身挂绳索，飞于山壁悬崖冒险凿石，权宜往来。1921年，由武安王鸿宾（又名王一荣）牵头，从山西省平顺县王家庄买杨树三棵，顺河浮运至天桥断，重建木桥，后又被冲毁。1933年，改建铁链吊桥。1945年，太行行署第五专署改建为铁索吊桥，1953年，涉县政府拨款对其重修后一直使用至今。铁索吊桥由四组主铁索、两组铅丝合股铁索、柏木板、栏杆、桥塔和锚锭组成，每组铁索又由100根8号铁丝拧成，全桥长20.5米，宽2米，高约20米。后改换由四束铁索（每束70根）和耐腐蚀柏木板。天桥夏日可观水瀑，冬日赏冰挂奇绝，周边省市游人众多，为重要观赏景区。

十、安居桥 亦称龙门桥。位于东安居村东北，始建年代不详，是黎城县通偏城古道上的一座桥梁。经实际测量，该桥为一孔实腹石拱桥，由青石纵联砌置而成，长 15 米，宽 5 米，孔径净跨 4.4 米，拱矢高 2.5 米，桥高 2.5 米、顶厚 3 米。1969 年，改建索偏公路东宇庄至偏城段时，将桥加宽至 7 米，桥顶加厚至 5 米。现仍为索（堡）偏（城）公路所用。

十一、万寿桥 在井店村北去老爷庙处，明嘉靖年间（1522—1566 年）由知县李嘉臣建。本为土桥，明隆庆元年（1567 年），乡民王永等改建石桥，高 13.2 米，宽 6.6 米，长 19.8 米，栏杆 7 架。清康熙十三年（1674 年）王廷献、傅铎等重修。1970 年，邯长公路改建时拆除，在原址建一涵洞。

十二、永固桥 为石拱桥，置上、下券两层，位于更乐村，明嘉靖四年（1525 年）赵良贵建，又名双石桥。

十三、顺阳桥 为石拱桥，位于东辽城村西，明嘉靖四年（1525 年）建设而成。

十四、水烟栏桥 为石拱桥，位于邱子峪村东，明嘉靖十三年（1534 年）建造，也称邱子峪桥，至 2021 年被淹没地下。

十五、普济桥 为石拱桥，位于申家庄村，明万历二十八年（1600 年）建设而成。

十六、大乘桥 为石拱桥，位于庄上村南熊耳寺，明代知县任澄清建造。

十七、前桥 为石拱桥，位于畔峪村，始建于明代。

十八、石善桥 为石拱桥，位于窑上村，清康熙十四年（1675 年）由王洪仁等募建，1963 年汛期冲毁。

十九、永安桥 为石拱桥，位于鹿头村东，康熙四十四年（1705 年）建设而成。1983 年，工匠牛喜奎设计施工修建，借鉴赵州桥，砖实体砌成，长 20 米，宽 5 米。

二十、霹雳桥 为石拱桥，位于更乐村北，乾隆五十六年（1791 年）建设而成。

二十一、显圣桥 为石拱桥，位于老爷庙村，建设年代无考。

二十二、韩王桥 为石拱桥，位于韩王山下，建设年代无考，目前桥已毁，仅存遗址。

二十三、飞烟桥 天将雨则烟雾从券中腾飞，村民以之占雨，无一□者故名。明参政张应登有记。并书飞烟桥三字于石，桥已淤埋地下。为石拱桥，位于台村奉圣寺前，建设年代无考。

二十四、井店桥 为石拱桥，宽 4.3 米，跨径约 5 米（今测桥长 8.7 米），位于井店村，建设年代无考，现桥已淤塞，仅露部分拱券。

二十五、永定桥 为石拱桥，桥高宽各 10 米，位于更乐村东，建设年代无考，1915 年由赵寿春改建，也称东瑞桥。

二十六、招岗桥 为石拱桥，位于招岗村西，建设年代无考。

二十七、古阳桥 为石拱桥，三孔，位于达城（今西达）村西，建造年代久远，无从考证，1956 年被冲毁。

明、清建在古大道上的桥梁还有七原桥、庄上桥、昭义桥、西达桥、合漳桥、王堡桥、索堡桥等。

第二章 隧道 渡口

1991年，全县通车隧道有13座4124.8米。1996年，全县通车隧道有15座长4124.8米。2022年底，全县通车隧道有29座30561.46米。其中，特长隧道6座21149米，无长隧道，中隧道8座6302.33米，短隧道15座3110.13米。

第一节 特长隧道

马鞍山隧道　位于青兰高速涉县段，左线起讫桩号为K691+026—K686+706，全长4320米，右线起讫桩号为K686+666—K691+036，全长4370米，属特长隧道。隧道建筑限界高度7.5米，洞内路面宽度14.75米，两侧设路缘带及余宽，路面水直接经由侧板预留的间隙流入边沟内排除，隧道路面按三车道设计，宽度为3×3.75米，路面结构类型为水泥混凝土路面。左右线进出口均为端墙式洞门。

井沟岭隧道　位于青兰高速涉县段，左线起讫桩号为K694+726—K691+576，全长3150米，右线起讫桩号为K691+651—K694+701，全长3050米，属特长隧道。隧道建筑界限高度7.5米，洞内路面宽度14.75米，两侧设路缘带及余宽，路面水直接经由侧板预留的间隙流入边沟内排水，隧道路面按三车道设计，宽度为3×3.75米，路面结构类型为水泥混凝土路面。左线进口为端墙式洞门，右线进口为削竹式洞门，左线出口为削竹式洞门，右线出口为端墙式洞门。

井沟岭隧道（2011年摄）

东坡特长隧道　位于太行山高速涉县段，左幅起止桩号为ZK38+624—ZK41+740，长3116米；右幅起止桩号为K38+642—K41+770，长3128米。隧道主洞建筑界限净高5.5米，建筑界限净宽 10.25 米：0.75 米左侧检修道 +0.50 米左侧向宽 +2×3.75 米行车道 +0.75 米右侧向宽 +0.75 米右侧检修道。

2022 年底，涉县境内无长隧道。

第二节　中隧道

一、高速公路中隧道

古台 1 号隧道　位于太行山高速涉县段，左幅起止桩号 ZK49+808—ZK50+748，长 940 米；右幅起止桩号为 K49+788—K50+690，长 902 米。隧道主洞建筑界限净高 5.5 米，建筑界限净宽 12.75 米：0.75 米左侧检修道 +0.75 米左侧向宽 +2×3.75 米行车道 +3 米右侧向宽 +0.75 米右侧检修道，与路基同宽。

石泊隧道　位于青兰高速涉县段，左线起讫桩号为 K684+976—K684+267，全长 709 米，右线起讫桩号为 K684+266—K684+871，全长 605 米，属中隧道。隧道建筑限界高度 7.54 米，洞内路面宽度 14.75 米，两侧设路缘带及余宽，路面水直接经由侧板预留的间隙流入边沟内排除，隧道路面按三车道设计，宽度为 3×3.75 米，路面结构类型为水泥混凝土路面。左右线进出口均为削竹式洞门。

二、干线公路中隧道

固新胡家崖隧道　位于国道 G234 涉县固新镇境内，进口桩号为 K27+390，为分离式隧道，左右线设计线最小间距为 32 米。2021 年 3 月开工建设，隧道左线长 578 米，右线长 380 米，明洞均长 220 米，隧道全宽 10.25 米。公路等级：一级公路隧道，上、下行独立双洞四车道隧道，设计速度：60 公里 / 小时，汽车荷载：公路 I 级。

三、农村公路中隧道

后匡门隧洞　位于张二庄—后匡公路后匡口村北，隧道编号 Y164130426U0030，隧道进口桩号 K44+051，全长 888 米，建成于 2001 年 10 月。隧道宽 7 米，高 5 米，隧道内大部分为天然岩石结构，部分土方段进行块石衬砌。

后匡门隧道（2006 年 12 月摄）

未修前，因张后线 K28+573—K30+545 段路基位于漳河河床，每年被冲毁，前匡门村和、后匡门村通往外界的道路至雨季即中断交通。匡门隧道历时 6 年建成通车。

王金庄隧道　位于冶陶—中原公路王金庄村与玉林井之间的老爷岭，隧道编号 Y191130426U0010，隧道进口桩号 K18+792，建成于 1979 年 5 月。全长 805 米，宽 7 米，净高 4.5 米，隧道内为天然岩石结构，未衬砌。2020 年，王金庄隧道改造工程被列为全县民心工程，这是省市将农村公路危隧改造列入养护维修计划政策实行后，首个乡道危隧改造工程项目。2020 年 7 月开工，2021 年 6 月底完工。新改建隧道为单洞双向交通隧道，路线东西走向，横穿老爷岭山脉，隧道全长 814 米，净高 5 米，全宽 9 米（两车道，设计速度 30 公里 / 小时）；洞身采用钢筋混凝土衬砌，水泥混凝土面层。洞内安装红蓝黄彩色灯带，采用光伏发电和市电网供电两种方式，确保行车照明安全畅通。

王金庄隧道通车，群众自发庆祝（2021 年摄）

张家庄隧道　位于张家庄至东石村北，隧道编号 Y210130426U0010，隧道进口桩号 K8+023，建成于 1981 年 9 月。隧道全长 734 米，宽 7 米，高 5 米，隧道内大部分为天然岩石结构，没有进行衬砌。1985 年因塌方，由交通局衬砌 80 米。2006—2008 年，由县政府投资，粗料石衬砌，安全系数提升。

改建后的张家庄隧道（2008 年摄）

该隧道修建之前，张家庄于 1970 年修建过一处长 281 米的隧道，为涉县第一座隧道。因地势偏高、行车危险，后弃用。

平涉隧道　位于神头—雪寺公路山西河北交界处，隧道编号 Y218130426U0010，隧道进口桩号 K11+311，始建于 1982 年。全长 710 米，全宽 7 米，高 5 米。隧道内为天然岩石和硬土结构，未衬砌。隧道内土层不断脱落、渗水、路面坑洼不平，且隧道内带有曲线，视线较差，车辆行人较难通行。2018 年，山西省平顺县交通运输局对该隧道进行加宽衬砌，彻底解决隧道危险问题。

第三节　短隧道

一、高速公路短隧道

台坡隧道　位于青兰高速涉县段，左线起讫桩号为 K696+411—K696+141，全长 270 米，右线起讫桩号为 K696+116—K696+381，全长 265 米，属短隧道。隧道建筑限界净宽 14.00 米，净高 5 米，两侧设路缘带及余宽，路面水直接经由侧板预留的间隙流入边沟内排出，隧道路面按三车道设计，宽度为 3×3.75 米，路面结构类型为水泥混凝土路面。隧道洞门进出口均采用削竹式洞门。

古台 2 号隧道　位于太行山高速涉县段，左幅起止桩号为 ZK51+092—ZK51+296，长 204 米；右幅起止桩号为 K51+099—K51+330，长 231 米。隧道主洞建筑界限净高 5.5 米，建筑界限净宽 12.75 米：0.75 米左侧检修道 +0.75 米左侧向宽 +2×3.75 米行车道 +3 米右侧向宽 +0.75 米右侧检修道，与路基同宽。2020 年，隧道对安全设施工程升级改造，增设信息、限高预告、消防设备指示标志 16 处；改造分界线和边缘线为热熔型振动标线，合计 277 平方米；改造横向减速振动标线 130 平方米，立面标记 267 平方米；更换及增设轮廓标 312 个；增设灭火器 16 具。

二、干线公路短隧道

匡门口隧道 位于国道 G234 涉县固新镇境内，进口桩号为 K37+741，为分离式隧道，左右线设计线最小间距为 32 米，隧道左线长 385 米，右线长 371 米，隧道全宽 10.25 米。公路等级：一级公路双向四车道；设计速度：60 公里 / 小时，汽车荷载：公路Ⅰ级。建设时间：2019 年 5 月，完成时间：2023 年 7 月。

西达隧道　位置桩号国道 G234 兴阳公路 K952+165，始建于 1970 年，改建于 2010 年。隧道分为一号隧道和二号隧道。一号隧道长 132.52 米，二号隧道长 242.636 米，两座隧道净宽 8 米，人行道宽 1 米，净高 7.5 米，限高 5 米，路面为沥青砼，曲墙式复合衬砌，端墙式洞口，自然通风照明。按隧道分类为短隧道，设计时速 40 公里 / 小时。2012 年，对西达二号隧道口削坡处理危

西达一号隧道（2021 年摄）

岩、挂防护网，防止山体落石，保证隧道安全；2018年，对隧道进出口进行防护工程完善，完成三波护栏96米，翼墙2处12米和标线设置，保证行车安全。

三、农村公路短隧道

银河井隧道 位于井店—王金庄公路，隧道编号Y215130426 U0010，隧道进口桩号K1+462，建成于1988年10月。全长356米，全宽7米，净高5米。2012年加宽浆砌，全宽8.5米，净高5米。

小丰隧道 位于大滩—段曲公路大港屯小峰之间的小峰尖岭处，隧道编号Y214130426 U0010，隧道进口桩号K6+893，建成于1986年12月。全长340米，宽4米，净高5米，隧道内为天然岩石结构，未衬砌。1996年因山体滑坡堵塞洞口至今。

西岐隧道 位于山西界—偏城林场公路山西河北交界处，隧道编号Y201130426 U0010，隧道进口桩号K0+377，建成于1998年10月。全长308米，宽7米，净高5米，隧道内为天然岩石结构，未衬砌。因山西方向接头路基未建成，隧道建成并未投用。

温村隧道 位于河南店—茅岭底公路王堡与温村之间，始建于1981年。分为一号隧道和二号隧道。一号隧道全长270米，二号隧道全长78米，均为短隧道。隧道全宽7米，净高5米，隧道内为天然岩石结构，没有进行衬砌。2017年，邯郸市首届旅发大会期间，周边修建知青文化园，又名知青隧道，内装太阳能路灯。

石岩洼隧道 位于乡道前西峪—洪河沟公路，隧道编号YS11130426 U0010，入口桩号K1+314，始建于2019年。全长171米，宽8米，净高5米，钢筋混凝土浆砌。

匡门隧道 位于张二庄—后匡公路匡门口北崖底村东，涉县供销社联合社投资，历时一年，建成于1982年9月。全长103米，宽6米，净高4米，隧道内为天然岩石结构，未衬砌。该隧道建设时，因缺乏技术指导，造成两端洞口错位严重。

田家嘴隧道 位于田家嘴—台庄公路丁岩与田家嘴之间的马鞍绝山，分为一号隧道和二号隧道，始建于1978年。一号隧道长30米，三号隧道长100米，均宽5米，净高4.5米，隧道内为天然岩石结构，未衬砌。1975年9月至1978年，田家嘴大队发动群众凿通道路。1980年拓宽整修。开石1437立方米，投资1.8万元，自筹1.1万元。

三、其他隧道

皮岭隧道 位于西达镇甘泉村与磁县北王庄之间的皮岭，长760米，宽7米，高5米。1987年，经河北省交通厅批准修建皮岭隧道，邯郸行署交通局责成磁县和涉县两县共同修建，各承担380米的施工任务。具体由磁县北王庄村和涉县甘泉村负责组织施工。1987年6月开工，1991年9月竣工。开凿石方2.66万立方米，用工9万个，投资100万元。之后，由磁县承担权属。

马鞍绝隧道 位于台庄至丁岩公路磁县和涉县两县交界的马鞍绝山。由邯郸地区跃峰渠指挥部投资，磁县民工团承建。1976年5月动工兴建，1978年10月竣工。隧道全长247.8米，宽4.5米，高3.8米，由磁县承担权属。

2022 年涉县隧道信息一览表

表 3-2-1

序号	隧道代码	隧道名称	入口桩号（公里）	路段类型	所在线路	隧道分类	隧道长度（米）	隧道全宽（米）	隧道净宽（米）	隧道净高（米）	洞口形式	断面形式	砌衬材料	路面面层类型	消防设施
1	G22130426U0050	马鞍山隧道上行	686.666	一级	青兰高速	特长隧道	4370	14.75	14	5	进口端墙式，出口端墙式	三心圆曲墙拱形断面	整体式混凝土	水泥混凝土	水消防
2	G22130426U0060	马鞍山隧道下行	691.026	二级	青兰高速	特长隧道	4320	14.75	14	5	进口端墙式，出口端墙式	三心圆曲墙拱形断面	整体式混凝土	水泥混凝土	水消防
3	G22130426U0040	井沟岭隧道下行	694.726	一级	青兰高速	特长隧道	3150	14.75	14	5	进口端墙式，出口削竹式	三心圆曲墙拱形断面	整体式混凝土	水泥混凝土	水消防
4	S75130426U0080	东坡隧道右幅	121.184	一级	太行山高速	特长隧道	3128	14.17	10.25	5.5	石家庄端削竹式；林州端端墙式	三心圆曲墙拱形断面	c30 钢筋混凝土	沥青混凝土	水消防 泡沫灭火器 干粉灭火器
5	S75130426U0040	东坡隧道左幅	121.166	一级	太行山高速	特长隧道	3116	14.17	10.25	5.5	石家庄端削竹式；林州端端墙式	三心圆曲墙拱形断面	c30 钢筋混凝土	沥青混凝土	水消防 泡沫灭火器 干粉灭火器
6	G22130426U0070	井沟岭隧道上行	691.651	一级	青兰高速	特长隧道	3050	14.75	14	5	进口削竹式，出口端墙式	三心圆曲墙拱形断面	整体式混凝土	水泥混凝土	水消防
7	S75130426U0020	古台 1 号隧道左幅	132.35	一级	太行山高速	中隧道	940	14.17	12.75	5.5	端墙式	三心圆曲墙拱形断面	c30 钢筋混凝土	沥青混凝土	干粉灭火器
8	S75130426U0090	古台 1 号隧道右幅	132.33	一级	太行山高速	中隧道	902	14.17	12.75	5.5	端墙式	三心圆曲墙拱形断面	c30 钢筋混凝土	沥青混凝土	干粉灭火器

表 3-2-1

序号	隧道代码	隧道名称	入口桩号（公里）	路段类型	所在线路	隧道分类	隧道长度（米）	隧道全宽（米）	隧道净宽（米）	隧道净高（米）	洞口形式	断面形式	砌衬材料	路面面层类型	消防设施
9	Y164130426U0030	后匡门隧道	44.883	四级	张二庄—后匡门	中隧道	888	9	7	5	翼墙式正交洞口	直墙式单心圆拱	其他	水泥混凝土	无
10	Y191130426U0010	王金庄隧道	19.247	三级	冶陶—中原	中隧道	814	10	7.5	5	翼墙式正交洞口	曲墙式坦顶双心圆拱	钢筋混凝土	水泥混凝土	干粉灭火器
11	Y210130426U0010	张家庄隧道	9.568	三级	下庄—江家	中隧道	734	9	7	5	翼墙式正交洞口	直墙式单心圆拱	其他	沥青混凝土	无
12	Y218130426U0010	平涉隧道	11.323	三级	神头—雪寺	中隧道	710	9	7	5	翼墙式正交洞口	曲墙式坦顶双心圆拱	沥青混凝土	沥青混凝土	有
13	G22130426U0080	石泊隧道下行	684.976	二级	青兰高速	中隧道	709	14.75	14	5	进口削竹式，出口削竹式	三心圆曲墙拱形断面	整体式混凝土	水泥混凝土	水消防
14	G22130426U0030	石泊隧道上行	684.266	一级	青兰高速	中隧道	605	14.75	14	5	进口削竹式，出口削竹式	三心圆曲墙拱形断面	整体式混凝土	水泥混凝土	水消防
15		固新胡家崖隧道左幅	ZK27+610	一级	国道 G234	中隧道	578	10.25	10.5	5.5	进口端墙式，出口端墙式	三心圆曲墙拱形断面	整体式混凝土	水泥混凝土	水消防
16		固新胡家崖隧道右幅	YK27+680	一级	国道 G234	中隧道	380	10.25	10.5	5.5	进口端墙式，出口端墙式	三心圆曲墙拱形断面	整体式混凝土	水泥混凝土	水消防

表 3-2-1

序号	隧道代码	隧道名称	入口桩号（公里）	路段类型	所在线路	隧道分类	隧道长度（米）	隧道全宽（米）	隧道净宽（米）	隧道净高（米）	洞口形式	断面形式	砌衬材料	路面面层类型	消防设施
17		匡门口隧道左幅	ZK37+747	一级	国道 G234	短隧道	385	10.25	10.5	5.5	进口倒削竹，出口端墙式	三心圆曲墙拱形断面	整体式混凝土	水泥混凝土	水消防
18		匡门口隧道右幅	YK38+118	一级	国道 G234	短隧道	371	10.25	10.5	5.5	进口倒削竹，出口端墙式	三心圆曲墙拱形断面	整体式混凝土	水泥混凝土	水消防
19	Y215130426U0010	银河井隧道	1.638	三级	井店—王金庄	短隧道	365	9	7.5	5	端墙式洞口	曲墙式单心圆拱	钢筋混凝土	水泥混凝土	无
20	Y214130426U0010	小丰隧道	6.456	四级	大滩—段曲	短隧道	340	6	4	5	其他	直墙式单心圆拱	其他	砂石路面	无
21	Y201130426U0010	西岭隧道	0.487	四级	山西界—偏城林场	短隧道	308	9	7	5	翼墙式正交洞口	直墙式单心圆拱	其他	砂石路面	无
22	G22130426U0020	台坡隧道下行	696.411	一级	青兰高速	短隧道	270	14.75	14	5	进口削竹式，出口削竹式	三心圆曲墙拱形断面	整体式混凝土	水泥混凝土	水消防
23	Y219130426U0010	温村1号隧道	8.660	三级	河南店—茅岭底	短隧道	270	9	7	5	翼墙式正交洞口	直墙式单心圆拱	其他	沥青混凝土	无
24	G22130426U0090	台坡隧道上行	696.116	一级	青兰高速	短隧道	265	14.75	14	5	进口削竹式，出口削竹式	三心圆曲墙拱形断面	整体式混凝土	水泥混凝土	水消防

表 3-2-1

序号	隧道代码	隧道名称	入口桩号（公里）	路段类型	所在线路	隧道分类	隧道长度（米）	隧道全宽（米）	隧道净宽（米）	隧道净高（米）	洞口形式	断面形式	砌衬材料	路面面层类型	消防设施
25	G234130426U0030	西达二号隧道	951.7	二级	兴隆—阳江	短隧道	242.636	10	8	5	端墙式洞口	曲墙式单心圆拱	钢筋混凝土	沥青混凝土	无
26	S75130426U0050	古台 2 号隧道右幅	133.641	一级	太行山高速	短隧道	231	14.17	12.75	5.5	石家庄端倒削竹式；林州端端墙式	三心圆曲墙拱形断面	c30 钢筋混凝土	沥青混凝土	干粉灭火器
27	G234130426U0040	西达一号隧道	952.165	二级	兴隆—阳江	短隧道	132.52	10	8	5	端墙式洞口	曲墙式单心圆拱	钢筋混凝土	沥青混凝土	无
28	Y164130426U0020	匡门隧道	34.843	四级	张二庄—后框门	短隧道	103	8	6	4.5	无翼墙正交洞口	直墙式单心圆拱	其他	水泥混凝土	无
29	Y213130426U0020	田家嘴 2 号隧道	4.282	三级	田家嘴—台庄	短隧道	100	7	5	4.5	其他	直墙式单心圆拱	其他	水泥混凝土	无
30	Y219130426U0020	温村 2 号隧道	8.872	三级	河南店—茅岭底	短隧道	78	9	7	5	翼墙式正交洞口	直墙式单心圆拱	其他	沥青混凝土	无
31	Y213130426U0010	田家嘴 1 号隧道	3.063	三级	田家嘴—台庄	短隧道	30	7	5	4.5	其他	直墙式单心圆拱	其他	水泥混凝土	无

注：隧道长度计算以左幅、右幅平均值为准。

第四节 渡口

古渡口是涉县道路跨越大中河流的重要设施，古时因在渡口设立关卡收税或检查行人，民称“关津”或“津渡”。涉县有漳河（清、浊漳河）流经13个乡（镇）50余个村，境内主河道长110公里。汛期渡河困难，水上运输多为摆渡和草木桥。

1947年起，涉县政府对主要渡口实行公营或私营公助，在县、区、乡均设有渡口委员会实施管理，统一执行渡船和过桥费率，实行以渡养渡。1965年后，公路建设发展迅速，清漳河上相继修建大桥2座，中、小桥4座，渡口渐被桥梁取代。1990年底，涉县仅存台庄、林旺和白芟渡口。1996年洪灾后，新桥、辽城、台庄、连泉、合漳等村庄短暂恢复摆渡，后逐渐废弃，渡口退出历史舞台。

一、漳南渡口

漳南渡口，位于涉县城南关，是邯郸通长治道路上的重要渡口。清嘉庆《涉县志》载：“乐善桥即漳河官渡，夏日河水暴涨则拆去。官设渡船1支，船户24人。有官置地给令耕种；寒则建板桥，岁资修理。募出资立桥社在城五铺乡约河南店，社首分年经营、夏拆冬成。往来济渡，行人便之。”民国时期，每年兴修草桥。1936年汛期，国民党从清漳河南岸抓壮丁140余人，由河南店跑飞船强渡，近岸抛绳两次未成，船顺水飞速直下，冲撞到寨上村石岩上，船毁人亡，为民国时期水上最大的交通事故。

20世纪50年代清漳河上的渡船

1947年，涉县政府对主要渡口实行公营或私营公助，设县、区、乡三级渡口委员会，实行以渡养渡。时漳南渡口为公营，晋冀鲁豫边区政府建造载汽车木船1只、载人木船1只，船费20%为水手工资，80%上缴县政府。1947年，为运送军需，支援解放战争，漳南渡口始为公营。建造载汽车木船1只、维修原有载人木船1只。5月，成立漳南渡口委员会，负责渡口管理和按照规定收取渡船费。船费分配沿用之前规定，县政府负责修船资金统筹使用。1949年，漳南渡口计有大船两只。修理费由政府负责，全年折米4000公斤。漳南渡口水手28人，水手工资由船费提取30%。8月，架设通行马车木桥2座。为搞好桥及引线路的养护，招聘桥工4人，采取原太行行署制定的收桥费规定（单套150元，双套200元，三套250元，空车半价）。凡过往车辆均纳桥费。

1950年，原木桥为土法架设，木质腐烂不宜通行重车，省交通厅重建2座木桥。由邯郸公路管理段组织施工，技工雇用南馆陶打桩工。12月底竣工，耗资旧币4275万元。

1952—1962年，清漳河漫水桥取代漳南渡口。1963年，特大洪水将桥冲毁，漳南渡口又恢复使用，政府调招义船只和船工在漳南渡口摆渡52天。1964年6月，投资1.5万元建造能载汽车的渡船1只，行人渡船2只。汽车渡船长11米，宽5.5米，载重12吨。行人渡船长7米，宽3.5米，载重5吨。由涉县公路站组织施工。8月，漳南渡口改称南关渡口。1965年，清漳河大桥竣工通车，取代南关渡口。

二、招义渡口

招义（后称昭义）渡口，位于昭义村东，是涉县通磁县、林县道路上的重要渡口之一。汛期靠船摆渡，汛后架设草桥，秋成夏拆。招义渡口古址在柏台寺下，清嘉庆二十五年（1820年）三月初六，生员崔瘠与高宁等。于柏台寺下创制太白船（因寺下有一太白石而名），以济渡行人。后渡口迁至村东东滃圪下。1945年，涉县第一高小和太行五军分区医院联营开船摆渡两年。

昭义村木桥

1947年，招义渡口委员会成立，管理船桥，水手12人。县政府补助一个水手工资，即每日2.5公斤米，累计4个月。其余水手工资由渡船费列支，不足部分由五区解决。入秋架设木便桥。1948年，招义渡口不再补助。1949年行洪期，解放军由西达兵工厂往山西运送炮弹，水手们手持灯笼火把，夜以继日地摆渡，支援了解放战争。

1952年12月，经省厅批准通行马车的两座木桥长31.5米，取代以往草桥，于1953年验收使用。1957年，因涉磁公路招义至林旺段改由南山脚通过，行人皆从林旺渡口通过。招义渡口成为一般渡口，由村自办。

三、林旺渡口

林旺渡口，古无详尽记载，清嘉庆版《涉县志》中记有林旺桥，为夏拆冬成草桥。每逢汛期无法船渡，行人皆由梁岭古道达匡门口。

1947年，林旺木桥建成。1954年，国家投资修建能通行马车的木桥。1957年，在林旺南山脚设渡口，涉县公路站从津南渡口调船一只供摆渡。从此，来往行人大多由此摆渡行达匡门口，不再由招义乘渡。是年秋，邯郸公路管理局投资，修建林旺、匡门口、牛脸坪等5座能通行汽车的木桥。由涉县交通科组织施工，用工为民工建勤性质。1964年，涉县建造木船1只，可载重3吨。1977年，涉磁公路林旺至西达段改由西达隧道和西达桥通过，林旺渡口变为村办一般渡口。

四、台庄渡口

台庄渡口是涉县通往河南林县的主要渡口。1947年，组建台庄渡口委员会，投资建造一只渡船。除运输军火外，还摆渡行人、牲畜。渡口有水手10人。在摆渡期间，免除水手差务。汛后，太行行署五专区投资架设木桥。

1950年后，台庄渡口由村自办。1963年后，涉县架设木桥长30米，宽4米，载重8吨。1986年之后，宜安沙洺公路延伸线涉县段开通，此渡口变为村办一般渡口。

五、新桥渡口

解放战争时期，来往行人择王堡、常乐、温村、刘家庄、索堡渡口越清漳河。1953年，修建涉县至茅岭底简易公路，新桥渡口成为主要渡口。是年涉县政府投资建木船1只，载重500公斤。省市交通部门投资修建2座木便桥，载重6吨，技工从南馆陶招雇。1957年木桥重建，载重8吨。1965年，邯郸专员公署交通局投资修建一座纵梁为5×5米木桥，宽4米，长26米，载重8吨。1970年，涉左公路石门经岩上达麻田段贯通，新桥渡口变为一般渡口。1986年，修建新桥钢筋混凝土盖板桥，取代新桥渡口。

第四篇

工程管理

公路建设是经济发展的重要前提，涉县公路从无到有、从小到大，从山间路、扬尘路、碎石路逐步发展为水泥路、沥青路。从渡口、草木桥、石拱桥、发展至大桥、特大桥，从点到线联通成网，高速路、干线路、农村路、旅游路，涉县公路等级不断升级、路网结构不断合理完善，三省六县特殊地理位置更加突出。

公路建设中，工程队伍建设、机械设备和技术力量不断提升成长，工程建设、质量监督逐步完善，稳步推进，成为规范公路建设的重要力量。涉县公路建设从粗放式慢慢向集约化、科学化和规范化迈进。

第一章　公路发展

第一节　工程队伍

一、工程管理机构

1996 年 12 月，根据《涉县人民政府办公室关于印发涉县交通局职能配置、内设机构和人员编制方案的通知》，路政工程股分为工程科（交通战备办公室）和路政科。工程科归口管理公路行业，对公路建设、养护、质量监理、招投标、工程定额、验收等工作，负责指导、监督、协调、培训管理公路建设市场。组织研发项目的签订和新技术的推广应用工作；负责交通系统内部基本建设和质量管理及交通建设项目的可行性研究编报等项目的前期准备工作，管理交通行业统计预测和信息引导等工作；指导和协调汽车驾驶学校工作，负责交通行业技术标准的规范性工作。同时负责交通战备工作。2010 年 7 月，根据《涉县人民政府关于印发涉县交通运输局主要职责、内设机构和人员编制规定的通知》，工程科被撤销，基建规划科（交通战备办公室）设置，主要职责为：编制全县综合运输发展规划和计划；拟订行业发展专项规划及分年度实施的资金使用计划；负责组织实施交通基础设施新改建项目的前期工作和后期评价；负责有关环境保护、统计、预测和信息工作；负责全县交通运输基础建设的监督管理；负责交通运输基本建设市场管理、从业单位及人员资质管理；负责交通基本建设项目招投标活动的有关工作；负责交通运输重点工程建设项目的设计审查与审批、施工许可、设计变更、实施监督和竣工验收；指导交通运输基础设施建设质量和工程造价管理；承担国防交通战备工作。2015 年，基建规划科按照职能内设综合规划、工程建设室、审计监督 3 个分口。2019 年，机构改革后，交通运输局内设办公室、政策法规科、综合规划科 3 个科室，综合规划科分为综合规划、工程建设、审计监督三个分口。

二、筑路队伍

（一）筑路工程队、通达筑路公司

改革开放后，晋煤外运等大型货车和客运市场发展迅速，涉县路网规划公路建设项目逐年增加。1985 年，涉县交通局筑路工程队成立，是涉县第一支专业筑路队伍。

筑路工程队位于国道 G309 老爷庙道班旁，隶属涉县交通局。成立初期，有职工 40 人，陆续购买压路机、推土机、解放车各 3 辆，固定资产 78 万元。1998 年，发展为 70 余名职工，各类机械 15 辆。内设机械科、工程科、技术科、财务科。主要修建公路、中小型桥梁，兼营汽车修理等，年营业额约 140 万元。1985—1996 年，筑路工程队共参与国道 G309 井店至龙虎段、

国道 G309 公路修建指挥部人员合影（1986 年摄）

河茅公路、阳索公路偏城至洪河沟段、西龙线和刘西公路等道路建设。工程施工由最初低等级路、手工作业和粗放管理，逐步向高等级路、机械化施工和技术管理转变，为涉县交通事业发展奠定基础。

1996 年，特大洪灾造成道路损毁严重，根据交通事业发展需要，集中力量大办交通、办大交通，构建全县地方道路建设公路路网。1998 年，省道涉左公路开始修建，涉县交通局筑路力量亟待加强。1999 年 2 月 24 日，《涉县人民政府关于成立涉县通达筑路有限责任公司的批复》文件印发，涉县通达筑路有限责任公司成立。办公地址在平安街道办南关村 216 号，由涉县交通局汽车维护修理厂、河北省涉县公铁联运总公司、涉县交通局筑路工程队 3 家股东组成，注册资金 2000 万元，公司法人代表王振国。

1999 年，筑路工程队人员编制及房产一并划归涉县交通局乡村公路管理站，施工机械归通达筑路公司。技术人员多借调到通达公司。

2002 年后，公司具有道路施工三级企业资质，基本实现企业化管理、市场化运作。县局统收统支，政企分开、独立核算、自负盈亏。2007 年 12 月，企业股东变更为局汽车修理厂和装卸站，公司注册资金增至 3000 万元。2008 年 8 月，由三级资质升级为二级，成为涉县筑路资质最高的企业。可独立承揽单项合同不超过注册资本金 5 倍的一级标准及以下公路施工、单跨跨度小于 100 米的桥梁及长度小于 1000 米的隧道工程的施工。是年，月薪工资制调整为绩效工资，企业利润与职工收入挂钩，实现多劳多得，绩效挂钩。2008 年 7 月，法人变更为王玉太，2011 年 10 月变更为李普东。2014 年，迁址涉左公路（滨河路）东侧。2015 年 12 月，公司注册资金增至 1.2 亿元，股东新增涉县交通建设有限公司。2016 年 11 月，公司出资 50 万元，成立涉县宏通建材销售有限责任公司，地址同上。2017 年 9 月，公司法人变更为郭海洋。设有工程科、实验室、机械设备科、物资采购科、质安科、招标办等 10 个科队车间部门。2018 年 12 月，公司取得公路养护工程施工二类（甲级）资质，能够承担一级公路和高速公路的路基、路面、中小桥、涵洞、中短隧道、绿化及沿线设施等大中修养护。2018—2019 年，公司先后购置试验仪器设备 60 台，满足工地实验室工作要求。2022 年，公司开展“定岗定员，双向选择”人力资源改革。对相关岗位和部门进行撤销重组，新成立质量监督科、总工办和发展研究中心 3 个科室。

1999 年后，通达公司先后承建涉左公路，参建邯长高速、河茅公路改建、刘张公路、阳

施工人员在国道 G309 冒雨疏导排水（2009 年摄）

索公路、常索公路、龙西工业聚集区道路和防洪大坝、赤岸至河南店路坝合一、五指山景区道路、将军路改造、娲皇宫道路、一二九师循环公路新建、清漳河大桥、新桥桥、迎春街南延、刘西公路一期、山西省黎城县国道 G309 与国道 G207 连接线道路、邢衡高速路基工程、龙湖公园环湖道路、冀津循环经济示范区道路、石岗连泉生态谷片区（太行红河谷片区）改善农村人居环境项目、省道S244改造工程、龙西工业园区路面建设、娲皇宫至五指山道路、西沟至前岩段道路灾后重建、邯钢迁建配套公路、北兆线、田北线等 100 余条 650 余公里的重点项目建设、民心工程。另外还完成涉左收费站新址广场和国道 G309 收费站迁站工作。

公司成立之初，工作人员有 56 人。至 2003 年，招用长期临时工 80 余人。2006 年 6 月，接收公铁联运总公司、交通服务总公司、公交管理处共 68 名合同制职工。是年 10 月，公司办理社会保险登记证。2006 年起，公司拥有正式人员编制。2008 年 5 月，75 名多年临时工转换身份，一次性签订劳动合同，缴纳四险。2010 年，接收涉左收费站撤站后 40 余名职工。2015 年，接收路通公交服务有限公司分流人员 28 人。2017 年，接收武涉公路收费站返回 3 人。随后，队伍发展日益壮大。2022 年，公司股东交通运输局汽修厂将股权无偿转让涉县农村公路建设有限公司，装卸站和交建公司不变。

（二）翔通路桥公司、兴达公路公司

涉县翔通路桥工程有限公司，2015 年 3 月 12 日成立，隶属涉县交通运输局公路管理站，是经省住建厅批准的公路工程、公路路基、路面工程专业承包三级资质企业。位于涉县井店镇老爷庙村国道 G309 旁老爷庙养护中心。注册资本 2000 万元，法人独资。公司

翔通路桥公司在国道 G309 武涉收费站段铺油（2020 年摄）

下设工程部、机械设备部等8个科室。主要经营范围：公路工程、桥梁工程施工；工程机械租赁；土地开发整理；建材、水泥稳定土销售，公路养护工程施工；公路路基工程；路面工程；隧道工程；公路养护及防护设施维修；园林绿化景观工程设计、施工；花卉、苗木种植；园林古建筑工程；雕塑工艺品制作；钢结构工程。拥有水泥稳定土拌合设备、摊铺机、挖掘机、GPS测量仪等设备。先后承担关防乡桃花山道路改造、旅游业态茨村至连泉道路、干线公路廊道绿化、武安市西城子沟—地脑公路、国道G234涉县段（含绕城）经营性收费公路项目白鱼岭段LJ1标段和LM1标段的施工。

2016年8月，涉县兴达公路工程有限公司成立，由杨海廷等自然人2006年成立的公司转变而来。乡村道路管理站出资1000万元，法人代表杨浩。2017年，公司全部股权转让给涉县隆盛国有资产运营有限公司。2018年起，公路养护逐步走向市场化，公司开始申请增项养护资质。至2020年2月，具备养护二类（乙级）资质，营业范围为公路工程施工、公路养护服务、土地开发整理、工程机械租赁、园林绿化工程、建材销售。在册人员76人，其中二级建造师3人、工程师2人，工程机械5台。2008—2020年，公司主要承揽农村公路改建工程及安全生命防护工程。完成常索大桥改造、乡道山西界—偏城青塔桥改建、刘张公路河茅线提升改造、上偏凉至中原水库改造、阳索线郭庄至史家庄段道路改造、择营峧至董家沟道路路面改建、寺子岩至青塔道路路面改建、省道S213至塔坡改建工程、涉县千里旅游通道绿廊绿化、山西界至石门道路改造、王金庄隧道危隧改造、2020年农村公路安防工程、河茅线赤岸至王堡段改建、台田线马鞍绝隧道至台庄村段路面大修、漫游道索堡至污犊段新建、污犊至西沟公路改造工程等项目。

河茅线辽城段水毁抢通现场（2016年7月摄）

2022年4月15日，按照中央及省市出台的国企公司制改革工作实施方案，出台《涉县国有企业公司制改革工作实施方案》，依据县政府批复的《涉县交通运输局国有企业改革方案》要求，经局党组研究，同意将涉县平安加油站、涉县交通局汽车维护修理厂、九龙槐景区管理处进行评估，审计后的资产、负债、人事、所有者权益无偿划转给涉县兴达公路工程有限公司，成为其子公司。

（三）涉县交通建设有限公司

2014年6月24日，涉县交通建设有限公司成立（英文名称：Shexian County Traffic

Construction Co. Ltd.），注册资金 1.2 亿元，是涉县交通运输局单独出资组建的国有独资企业，王富魁任公司董事长，经营范围：高速公路、一般干线、收费公路、场站建设和经营以及按市场机制模式运作的交通相关项目的投资、建设、运营和管理。公司地址为涉县经济技术开发区无名路。公司下辖通达筑路有限责任公司、兴达公路工程有限公司、出租车服务中心、装卸站、交通运输局汽车维护修理厂、路通公交服务有限公司 6 个子公司。其中，兴达公路工程有限公司注册资金 2030 万元，拥有公路工程施工总承包三级企业资质，可承揽单项合同额不超过企业注册资本金 5 倍的二级标准及以下公路、单桥桥长＜500 米的桥梁，单跨跨度＜40 米的桥梁工程施工。通达筑路有限责任公司注册资本 1.2 亿元，拥有公路工程施工总承包二级企业资质，可承揽单项合同额不超过企业注册资本金 5 倍的一级标准及以下公路、单跨跨度＜100 米的桥梁，长度＜1000 米的隧道工程施工，2013—2016 年被评为"邯郸市第九届、第十届消费者信得过单位""河北省第九届消费者信得过单位"等，被县总工会授予"劳动关系和谐单位"称号及"五一奖状"，所建工程多次得到上级肯定和周边群众的好评。另外，县交通建设有限公司承揽 469 辆出租车挂靠和运营，以及汽车维护修理等业务。2014 年，公司资产总量达 15 亿元以上。2015 年 1 月，刘俊臣接任公司董事长。2015 年 12 月，公司住所变更为涉县新城区清泉路西段北侧。是年 12 月，赵彦敏接任董事长。2017 年 9 月，杨海琦任公司法人。主要承建项目为国道 G234 收费公路。

（四）涉县农村公路建设发展有限公司

2016 年 4 月，为解决"十三五"期间全县农村公路建设筹资难题，涉县交通运输局出资 1 亿元，成立涉县农村公路建设发展有限公司，推动农村公路基础设施建设快速发展。刘红堂任公司董事长兼总经理，2018 年 5 月变更为张新波。

公司主要从事县、乡农村公路、道路、场站的建设经营和土地开发整理，以及按市场机制模式运作的农村公路相关项目的投资、建设、运营和管理。

2016—2022 年，农村公路涉及 18 个工程项目，3 条旅游环线（武安界至青塔段、圣寺驼至鸡鸣铺段、娲皇宫至五指山段）和 15 个工程项目，包括下江线东石至江家段、娲皇宫经赤岸至五指山索堡段、太行红河谷景区绿化提升改造工程、金牛大道西延工程、"三边"整治国省干线公路提升改造工程、国道 G309 坑塘治理排水修建工程、汉寨旅游景区道路路面中修工程、旅游业态茨村至连泉道路工程、YS10 道路提升工程、YS10 道路日月峰景观平台工程、四好农村路道路提升工程、涉县交通廊道绿化项目、圣福天路节点打造项目、2019 年秋冬季国省干线绿化项目和环境提升工程。

第二节 工程机械及技术力量

一、工程机械

涉县是全山区县，交通闭塞，生产力落后，筑路难度大。1985 年，邯长复线修建，多为骡马排子车，手搬肩扛多为人工，借用邯郸地区行署推土机 1 辆。筑路工程队成立后，增加推土机、压路机、运料车等机械设备。1996 年，遭遇“8 · 4”特大水毁后，恢复重建任务重大，机械施工尤为重要。1997 年 1 月，交通运输局购买涉县第一部挖掘机小松山推 PC220，成为道路机械化的开端。

1998 年 10 月，省道涉左公路改建工程开工。受机械设备和技术水平限制，工程建设进展较慢。1999 年，县局加强机械装备投入，通过股份筹资方式先后投资 1200 万元，购置沥青混凝土摊铺机、压路机、推土机、压力机等 21 个品种 37 台（辆）新机械。

2005 年以前，所有机械由局统一调配使用。2006 年，政企分开后，通达筑路公司开始独立核算。公司投资 43 万余元，购置沥青加温设备、尼桑客车及尼桑皮卡服务用车。2007 年，承建县重点民心工程河茅公路及涉左公路收费站迁站任务，购置挖掘机破碎锤、长安汽车等机械车辆。

2009—2010 年，县重点民心工程阳索公路一期动工，为节约成本，合理筹配资源提高公司整体经济效益，通达公司投资 300 万余元购置装载机、沥青拌合站（1000 型）、双钢轮压路机及沥青摊铺机等机械设备。2011 年，收购交通局筑路设备及部分股份机械。2012—2020 年，陆续投资 975 万元，购置各类机械设备。通过不断整合设备资源，实现更新换代，分批对购置使用年限长、超过报废期、性能下降的机械设备进行公开拍卖。2008 年，公开拍卖小松挖机、徐工铲车、压路机等 10 台机械。2011 年，公开拍卖水泥拌合站、移动式灰土拌合站、1000 型沥青拌合站、PLD800 混凝土配料机。2018 年、2019 年，对地磅、沥青拌合站、沥青摊铺机、平地机、推土机、压路机 14 部废旧机械设备公开拍卖。2021 年底，公司拥有欧曼双桥运输车、东风水车、重型平板车、大运平板车、挖掘机、推土机、三轮压路机、

国道 G309 龙虎段进行垫坑养护（2009 年摄）

新增装载机、挖机（2018 年摄）

振动压路机、装载机、平地机、铲车等大型先进筑路机械设备23台，硬件设施实力显著提升。为加强机械设备维护保养，提高运行效率，降低作业成本，公司制定出台《机械设备管理办法》《机械操作手（司机）考核办法》《节俭星评选实施办法》等相关考核办法。

与此同时，公路管理站和乡村道路管理站不断增加机械设备投入，提升道路机械化作业水平。2022 年底，全局有大型筑路机械设备 73 台辆，为工程施工奠定坚实保障。

二、技术力量

涉县筑路机械在发展壮大的同时，技术方面也取得长足进步。1998 年前，涉县道路测设多用花杆、测绳、水准仪，只能测高程，无法实现定位。是年，全局购进第一台全站仪及一套电脑办公设备，用于涉左道路测设，一改过去落后的测设方式，效率明显提高。2007—2019 年，通达公司购入全站仪、GPS 测量仪、新式水准仪、风云接收机、动态接收机等设备，使测设装备更加精准科学，误差性小，线型更顺畅。

涉左路施工人员在计算测设数据（1999 年摄）

1999 年，涉左公路修建期间，首次成立工程实验室，购置电热风干燥箱、压力试验机、电子天平、手动击实仪、液塑限联合测定仪、轻重性触探仪、弯沉仪等设备。

2007 年始，实验设备从年投资 10 多万元增至年投资 80 万元。2007—2009 年，增加混凝土钻芯机、马歇尔稳定度测定仪、多功能电动击实仪、路面材料强度试验仪、土工击实仪等 16 台仪器设备，从单一的人工试验检测转化为自动化电子仪器试验设备，可满足集料、土工等 15 项试验检测。2013 年，增加沥青软化点仪、延伸度测定仪、针入度仪，满足沥青三大指标试验检测。2014 年，增加万

邯郸市农村公路建设质量现场会在涉县召开（2007 年摄）

河北工程大学师生到冀津园区道路现场观摩学习（2017 年摄）

能材料试验机力学试验设备，拓展力学试验检测。2016 年，增加水泥净浆搅拌机、微伺服抗折抗压试验机、全自动比表面积仪、数显式土壤液塑限联合测定仪、混凝土搅拌机、土工试验及混凝土试验设备，可进行混凝土 12 项试验检测。

2018 年，公司按照丙级资质试验室标准配置，投资近 100 万元，购置电液伺服万能试验机、微机电液伺服压力试验机、砂浆搅拌机液塑限联合测定仪、数字全自动恒温恒湿控制仪等高精端实验仪器，拓宽试验范畴，可满足化学、集料、力学、混凝土、土工、外检试验及标准养护室 7 类 48 项试验检测要求。

2019 年，按照标准工地试验室要求，投资 80 余万元，重建公路试验室，场地规模扩大。同时加强实验人才培养，连续 5 年聘请邯郸市交通运输局试验专业水平老师，对实验人员进行集中实践 + 理论教学，提升实验人才水平，实验水平从最初土样、试块检测的简单土工、混凝土外检试验，到当前承担化学、力学、混凝土、集料、土工、外检等各类试验，并建设配备标准养护室。至 2020 年，公司具备独立试验检测能力，设备规模及人员技术均达到丙级试验要求标准。

2015 年，全国建筑行业所有建设资质重新评定，“八大员”、技工人员有 50 余人，二级建造师 4 人。同期开展为期 2 个月的实验人才培训，专门聘请邯郸市唯一一家具有资质的河北路通监理咨询有限公司专业监理现场授课，全局各单位精选工程实验技术人才进行培训。同时开展“传、帮、带”活动，一师带多徒，加强技术人才储备力度。2016 年，“八大员”技工培训 30 余人。2017 年，聘请 3 名专业试验师、工程师，进行为期 1 个月的有关工程材料、工程试验、施工技术、施工安全等方面的培训。持续开展一带一帮教活动，提升人员业务技能水平。2020 年，外地业务培训学习 12 次，提升学历报考大专人员 6 人、报考二级建造师 7 人。通过不断加强人员培训，提升执业水平。大专以上学历由 2015 年底 54 人升至 2020 年的 72 人。公

北兆线取芯实验现场（2021 年 10 月摄）

新桥水毁桥进行 T 梁混凝土强度回弹检测实验（2022 年摄）

路工程中级职称 24 人，二级建造师 8 人，安全员 35 人，资料员、材料员、标准员、施工员、劳务员 8 人，技术工人 48 人。

交通运输局成立 2 个科研创新工作室。2017 年，通达筑路公司成立科研创新工作室。工作室充分利用山区、河滩等地理优势，就地取材将砂砾、尾矿石、工业废渣等地方材料运用于公路建设中，研究水稳砂砾、水稳碎石、水稳钢渣、二灰碎石、二灰钢渣等无机结合料运到路面基层中，试验证明技术标准过关。是年，该项科研成果应用于太行红河谷旅游经济带道路、2018 年应用于省道 244 邢合公路涉县段等公路建设中，达到提质保量、节能环保的效果。是年，科研创新工作室被涉县总工会评为公路建设科研“创新工作室”。

2020 年 4 月，刘俊臣创新工作室成立，属公路管理站。办公用房 2 处，电脑 4 台，精密仪器设备 14 台。研发团队成员 7 人，其中副高级职称 2 人、中级职称 1 人、技术人员 2 人。日常开展技术培训、业务创新、带徒传艺、创新讨论等活动，着力培养知识型、技能型、创新型养护人才，成为公路发展的智囊团。

第二章 质量监管及科技发展

第一节 工程建设

1998年，从省道涉左公路开始，工程建设逐步进入规范管理阶段。2000年后，公路工程建设开始招投标和执行《中华人民共和国合同法》。2006年，根据《公路工程施工招标投标管理办法》，进一步规范施工招投标。2007年，工程执行项目经理第一责任人制度。严抓工程管理质量、安全、进度的要求，完善施工制度建设，严把材料购进关、队伍进场关、施工工艺关和试验检测关等。2008年，邯郸市交通运输局转发河北省交通厅《关于进一步加强公路工程建设招标评标管理工作的通知》，加强招标代理机构的合同管理，提高招标文件编制质量、保证招标过程各阶段时限合理。

涉左路高标准路基组办公室（1999年摄）

2009年，邯郸市交通局转发《河北省交通厅关于印发落实公路工程质量责任制实施细则（试行）的通知》，分别从工程质量责任的划分、工程质量责任登记，对项目法人、项目管理执行机构、勘察（监理）咨询单位、设计单位、设计监理咨询单位、施工单位、施工监理单位、试验检测单位、专业分包单位、相关人员信息作出明确要求。2007—2009年，交通局先后制定《公路工程质量监督管理办法》《公路工程安全施工管理办法》《公路工程文明施工管理办法》《公路工程设计变更管理办法》，不断完善质量监督、安全施工、设计变更等方面的管理，完成工程统计和工程档案管理等工作，组织协调好工程建设地方征拆等问题，全面保障公路建设发展需求。

2011年，根据《河北省交通厅、河北省财政厅关于印发〈河北省农村公路养护管理办法〉的通知》精神，涉县对管理职责、资金筹集与管理、公路养护、路政管理等方面作出详细规定。2012年，县交通运输局根据《邯郸市交通运输系统安全生产领域打非治违专项行动工作方案》，

龙西公路湿法抑尘环保施工（2021 年摄）

集中组织开展打击非法违法生产经营建设、治理纠正违规违章行为专项行动。对交通工程建设领域开展全面治理，包括工程非法分包、转包以及违章作业的，违反建设项目安全设施“三同时”（与主体工程同时设计、同时施工、同时投入生产和使用）规定的；隐患排查治理制度不健全、责任不明确、措施不落实、整改不到位等问题进行专项整治。

县交通局对重点工程实施“四个一”工作法，即一项工程、一名主抓领导、一班施工人马、一套实施方案，狠抓项目建设，强化行业管理，严带队伍规范。按照“五再”（质量再严格、进度再加快、形象再提高、安全再重视、效益再增强）和“路网 + 林网、路网 + 水网、路网 + 绿化、路网 + 文化”的总要求，高标准推进。关注隐蔽工程和重点部位的质量监督，严把工程质量验收关。

2013 年起，筑路企业实行内部管理改革创新，独立经营核算，实行项目经理管理制和机械设备管理制，责权利一体化。制定年度经济责任考核办法和工程安全质量考核办法。2014 年，县局《工程建设招投标管理办法》出台，规范全系统工程建设的招投标管理，实行设备统一采购，规范招标程序。2015 年，县交通运输局对相关法律法规、工程建设、安全质量标准等相关政策文件进行收集汇编，依法管理。

2016 年，县交通运输局制定《农村公路建设管理程序》。2016 年 5 月起，根据相关规定，交通运输局机关不再担任农村公路建设的项目法人。按照管理权限由交通运输局局属相关单位或相应乡镇担当项目法人，对工程项目进行全程管理。交通运输局作为行业监管部门，履行行业监管责任，行业监管部门与工程实施主体分离。

龙西公路覆盖绿网环保作业（2021 年摄）

是年，行政权力下放后，农村公路施工图审批工作由县级交通主管部门负责，重点对全县农村公路工程施工图设计进行审查和审批管理，提升公路工程设计水平和建设质量，合理确定建设规模和控制工程造价。

2017 年，生态环境成为工程建设的重点内容。工程设计尊重生态自然、施工绿色环保，修生态路。从圣福天路建设开始，坚持路与自然和谐共生的七条修路原则，山水林田路，和谐发展。结合实际，县局制定《公路工程施工环境保护办法》《环境保护方案》，最大化降低工程施工中环境污染。2017 年起，扬尘治理力度加大，各施工现场指定专人负责，定时定点洒水，覆盖篷布，同时加大道路路域环境扬尘治理，加强道路绿化，净化空气，营造绿色环保、文明施工的良好氛围。

2018 年，工地环保严格执行“六个 100%”，环保防扬尘治理成为工程施工重点工作，设立专管环保员，购置洒水车，最大化避免扬尘。2019 年，制定“八严禁、八不准”，在材料招投标、机械招标、劳务分包招投标上再完善，确保公开、公平、公正，力争节支增效。

第二节　质量监管

1993 年，邯郸市交通局成立公路工程质量监理站。1996 年，该站下设监督科，负责公路工程质量监督工作。1997 年，该站更名为邯郸市交通局公路工程质量监督处。1999 年，公路工程质量监督和监理分开，代表政府实施监督，负责市域国、省干线，及县、乡、村地方公路的工程质量监督工作，协助省厅对市域高速公路实施工程质量监督工作。

2009 年，市局将县、乡、村地方公路的工程质量监督工作，下放至各县（市、区）交通主管部门，市局工程质量监督处是主管部门，负责行业指导。按照统一管理、分级负责的原则，县级质监机构在规定管辖的权限内对农村公路工程质量、安全进行监督。2017 年 11 月，为适应全县公路交通建设发展需求，构建全县公路工程质量监督管理体系，涉县交通运输局公路工程质量监督站成立，在职 3 人，业务受市局工程质量监督处指导。主要负责农村公路县道（三级及以下公路）、乡道、村道以及独立中型（含中型）以下桥梁工程的质量监

全国“四好农村路”验收组在涉县检查工作（2018 年 7 月摄）

市交运局质量监督处对王金庄隧道危隧改造工程监督检查（2020年9月摄）

督、鉴定检测，参加竣工验收，出具工程质量鉴定报告；配合市级质量监督机构完成本区域内在建工程项目的质量监督；负责组织本辖区农村公路工程质量问题、一般质量事故的调查处理；协助局属公路工程完成结算审计等工作。

2015年4月，县局出台《农村公路质量监督管理办法》。2016年3月，《农村公路建设质量管理办法》出台，要求把好工程“开工、施工、交工”三关，确保质量监督工作的“公正性、科学性、权威性”。2018年3月，涉县农村公路管理领导小组办公室出台《加强农村公路质量监督的通知》，对工程质量实施强制性监督管理，适用于全县所有县、乡、村公路的新改建等项目的质量监督。重点落实公路工程“法人负责、企业自检、社会监理、政府监督”的质量保证体系。公开质量举报电话，接受群众监督和举报。实行事前、事中、事后监督，把工程质量问题隐患消灭在萌芽状态。通过综合检查、中间质量检查、专项检查和巡视检查四种方式，对重要工艺、关键部位，采用巡视、抽查等方法进行监督。实施第三方检测，各工程项目业主必须委托具有相应资质的试验检测单位，且独立于施工、监理之外的第三方，对工程建设质量及时跟进。根据监督情况，下发公路工程质量抽查意见通知书和检查通报。

截至2022年8月，公路工程质量监督主要依据为：交通运输部的《公路水运工程质量监督管理规定》《农村公路建设质量管理办法》《公路工程竣工验收办法》《公路工程竣（交）工验收办法》《公路工程技术标准》《公路工程质量检验评定标准》等；以及国家和交通行业颁布的现行技术规范、规程等。质量安全监督责任期，为建设单位办理完成施工许可或者开工备案手续之日起，至工程竣工验收完成之日。须先登记备案。建设单位或项目法人代表到涉县工程质量监督站办理公路工程质量监督手续。需提供基建程序执行情况项目审批文件；《设计合同》及图纸；监理、施工试验方面的合同、计划和细则，拟投入本项目的监理、施工、试验等方面的人员、试验、检测设备和试验检测人员清单及资格证书等相关资料。

第三节　科技创新

一、桥梁隧道

太行山高速涉县境内主线全长 29.106 公里，共设大桥 28 座、中桥 2 座、隧道 3 座，总体桥隧占比 46.49%。关防沟江家到王家段，19.8 公里内设大桥 21 座、隧道 3 座，桥隧占比 55.2%。大桥均位于半山腰上，地形复杂多变，桥梁施工难度大，为解决上部结构施工无场地、便道转变半径小和坡度大等问题，设计采用钢—混工字组合梁大桥 11 座和波形钢腹板桥梁 4 座，为北方地区率先推广的技术性桥梁。

邯长铁路扩能改造工程 K95+220 偏店上跨桥，是国道 G234 全线贯通的重要节点。该桥全长 176 米，宽 23 米。该桥是在邯长铁路晚上全线停车 3 小时的“天窗点”，抢抓时机对铁路两侧进行安全防护作业。该桥 5 个桥墩紧邻铁路线，需对天然气管道、供电线、高压线、铁路自闭线进行专项防护。5 号台 -3 号墩受高压线影响，只能立即采用下降基础，改装异形龙门吊，施工难度极大。2022 年 4 月底完工。

国道 G234 出现桥—隧—桥公路设计，西达隧道进出口直接连接林旺特大桥和北崖底大桥。林旺特大桥全长 2078.03 米，为全线（邯郸）最长公路桥，该桥梁共 51 跨。跨径大，墩身高，且桥台深入隧道，T 梁架设施工技术难度大。北崖底大桥是全市桥梁史上墩柱最高单跨最长的波形钢腹板大桥。从桩基顶到路面高度达 66 米高，该桥为双幅错孔布置，全部为简支 T 梁 + 波形钢腹板 PC 箱形组合梁组合。下部结构桥台扩大基础，桥墩为双肢薄壁空心墩、钻孔灌注桩基础。该桥特点主桥为钢腹板箱梁，单跨长度 100 米，桥墩高度 60 米。采用挂篮悬臂浇筑施工，

国道 G234 北崖底大桥挂篮施工现场（2022 年摄）

工艺先进。

王金庄隧道是首个乡道危隧改造项目。该隧道为东西走向、单洞双向交通隧道。横穿老爷岭山脉，全长 814 米。为有效防止洞口落石，改造后的隧道两头共增加 9 米明洞，隧道改造采用“新奥法”施工，通过“少扰动、早支护、勤测量、紧封闭”原则增加施工安全等级。两洞口 78 米处和 178 米处为Ⅳ 2 级围岩，中间洞 548 米处为Ⅳ 1 级围岩，必须一次成形不能扰动轮廓线以外岩层。工人们根据凿岩机对岩体钻孔视软硬程度，判断围岩局部情况和节理发育状况，确定钻孔深度。爆破专业人员采用电子毫秒雷管来控制起爆“辅助眼”“周边眼”的次序和延续时间达到光面爆破的效果。

二、路基

石方爆破。1987 年 11 月 21 日，邯长复线下窑则至响堂铺段施工图设计文件初审，动工修建。下窑则至老爷庙段，跨越白鱼岭，地形复杂，尤其是白鱼岭垭口石方工程量大，施工难度大。1987 年 12 月，邯郸地区交通局科教科拟立“定向、予裂、松散爆破”新技术开采该段石方，并成立科研课题组。科教科长冯广涛为课题主持人，聘请北京工业大学爆破专家王鸿渠。经报请河北省交通厅研究批准该科研项目。经实际调查地形、地质、爆破材料后，做好充分准备。1988 年 1 月 22 日，涉县成立爆破指挥部，全力配合工作。1 月 24 日下午 3 点半爆破点陆续引爆，到 2 月 4 日 7 个爆破点相继爆破成功。6 号爆破点由北京 52822 部队承担。该点距 11 万伏高压线仅 8 米左右，技术要求高，爆破难度大。经过精心设计、科学论证、充分准备，一次爆破成功。8 个爆破点按设计要求定向、予裂、松动石方 10.68 万立方米。该项爆破新技术的应用在邯郸地区公路建设中，尚属首次，对于推进道路科技进步起到积极的示范作用。

水稳砂砾路基。省道涉左公路，是晋煤外运的重要通道，承载重型货车压力巨大。1998 年，涉左路修建期间，承建单位涉县交通局积极探索将河滩砂砾运用于路基建设。在河北省范围内最先采用新型材料——河滩砂砾。据测验，砂砾所筑路基完全符合甚至超过路基各项指标，具有硬度强、不怕水、成本低、节能环保的效果。但由于当时省市没有先例，最终取样送测，获得中科院院士沙庆林的肯定，才得以广泛使用。涉左公路因此创造了 20 年未大修的筑路奇迹。

工业废渣低碳环保型公路修筑成套技术。经邯大公路成安段改建工程试验段经济效益分析，每公里二灰钢渣作路面基层节省 121 万元，邯郸市在建二级公路里程（100 公里）的 50% 计算，可节约资金 0.6 亿元。

2003 年 4 月 16 日，邯长高速公路更乐至冀晋交界段，动工修建，路线所经地区属于太行山东麓中低山区的涉县盆地，呈不规则宽谷类型，周围为石灰岩低山残丘，环抱清漳河、枯河、石河，分布着较大范围湿陷性黄土，为主要工程地质灾害。北京科技大学土木与环境工程学院与邯长高速公路筹建管理处共同合作，于 2003 年 4 月至 2003 年 12 月对该工程的二、三标段进行强夯法处理湿陷性黄土的实验研究工作。强夯法处理地基具有设备简单、施工方便、速度快、节省三材、投资省、适用范围广等优点。2004 年 11 月，该项研究获得河北省科技成果证书。2020 年 6 月，青兰高速涉县至冀晋界段修建工程开工，针对山区湿陷性黄土，工程使用强夯法，灰土挤密桩，掺灰土样等措施，用“羊角碾”作业，保证路基变沉值基本控制在 60 以内。

黄龙口分幅路基段长 800 米，位于黄龙口村东，是国道 G234 挖方边坡治理难度最大、边坡技术处理最复杂的沿山体路基。路基边坡平均高度 70 米，最高达 105 米，边坡地形起伏大，坡度 50° ～ 75°，岩体岩性为粉砂质泥岩，边坡工程安全等级定为 I 级。防护形式多样，针对该段地质条件差、不同岩体土体分别采用抗滑桩、锚杆（锚索）框架梁、肋板墙、衡重式路肩墙等多种形式进行加固，解决了技术难题。该线固新段高边坡开挖施工难度大。最高边坡达 104 米，临水临崖，开挖面积 1100 平方米。分为 13 级，每级边坡垂直高度 8 米。该段边坡地貌陡峭，岩体破碎风化，清运困难。9 级边坡以上开挖量达 20 余万立方米，全靠挖掘机破碎后二次倒运，施工成本大，安全风险高，施工难度大。

国道 234 固新段高边坡施工现场

三、路面及防护

2006 年，河北省科技成果《重载交通高速公路沥青路面（柔性基层）抗车辙性能研究》取得证书。柔性基层沥青路面试验路铺筑及长期性能观测，在室内材料试验研究基础上，依托河北邯郸至长治高速公路铺筑 4 种不同结构、6 公里长的柔性基层沥青路面试验路，获得沥青路面柔性基层的施工技术及质量控制方法。通车 2 年经多重载交通荷载行驶表明，柔性基层路面结构具有优良的路用性能及良好的抗车辙、抗疲劳性能。2007 年，青兰高速招岗至龙虎界开工，首次引入长寿命沥青路面设计理念。该项费用较普通沥青路面造价高，但后期改建、养护费用成本减少。

2006 年，厚层基质喷附法在高速公路边坡植被防护工程中的应用研究，通过邯长高速公路高陡岩石边坡的实际应用效果来看，该项技术总体水平居于国内领先水平。一改山区高速公路边坡防护常规传统砖、石砌体的方法，采用厚层基质喷附法解决了太行山区北方硬质、高陡岩石边坡难以生长植被的问题。

四、青兰高速涉县至冀晋界改扩建新技术

2020 年，青兰高速改扩建动工，工程中应用很多新技术。GPS 测量技术，可以短时间内迅速、准确地获取空间三维定位数据，无需测站间的通视，精度高、速度快，能快速完成公路测区高级控制，为线位、桥位等测量提供可靠数据。该项目外业测量放线工作全部采用 GPS 并辅以全站仪进行校对。数字地面模型，利用航测结果形成地面三维立体数据，建立数字地面模

型，快速内插路线纵横断面数据，为路线多方案比选和优化设计提供有力的快捷工具，降低测量工作强度，加快测量速度，为公路设计提供可靠路线纵横地面线资料。CAD 计算机辅助设计及专业设计软件，CAD 在该项目中被广泛使用，路线平、纵、横设计采用国内 EICAD、DiPRO 等设计软件辅助设计，在路面结构分析计算、防护、挡墙、桥梁结构、隧道结构、互通式立交等设计中，采取 HPDS 路面结构计算软件、桥梁大师等桥梁设计软件，以及理正挡墙设计软件、WCOST 2000 预算软件等，大大提高设计效率。采用钢混组合箱梁，钢混组合箱梁同普通预应力混凝土梁相比，可以减轻结构自重，减小截面尺寸，节省支模工序和模板。对于被交路可一跨直接跨越，有效减少施工期对既有高速运营的影响。新建三车道路面中面层采用胶粉 /SBS 复合改性沥青，在能够回收废旧轮胎的同时，提高沥青的性能，可抗高温、降低噪声、延长公路使用寿命、降低路面维护费用、防眩目、防水雾以及提高行车安全。

五、太行山高速科研课题

2016 年，太行山高速涉县段动工修建。公路筹建处全面落实创新、协调、绿色、开放、共享“五大发展理念”，先后与同济大学、东南大学、哈尔滨工业大学、河北工业大学、石家庄铁道大学、北京深华达工程检测有限公司、河北省交通规划设计院、河北道桥工程检测有限公司等 8 所国内外知名科研院校、企业合作，开展科研课题项目 9 项。

课题 1：基于信息融合的桥梁全生命期安全评价与预警技术应用研究

中国在境内首次建立从施工到运营完整的波形钢腹板 PC 桥长期监测系统，整个系统预留 5G 扩展条件，利用大数据、云计算等先进技术，通过长期实时数据揭示波形钢腹板 PC 桥力学性能，为波形钢腹板 PC 桥管理养护提供技术支持，为进一步优化设计方案提供基础数据。

课题 2：公路隧道全寿命周期信息精细化采集与衬砌安全快速评价技术

采用基于卷积神经网络技术，将国内外 60 公里 / 小时的衬砌病害采集运行速度提高到 80 公里 / 小时，建立隧道衬砌表面病害与围岩特征之间的物理力学关系，对衬砌病害的发生与扩展趋势进行分析预测，最终形成一套山岭隧道全寿命周期精细化、自动化、智慧化的衬砌安全保障技术，为工程的安全性和运营经济性提供有力保障。

课题 3：山区高速公路高填深挖路基灾变防控技术与示范应用

基于太行山高速公路邯郸段路基边坡沿线地质分析，提出特殊地段和地质条件下路基边坡危险源辨识及风险分析评估方法，确定边坡施工期和运营期巡检内容及频次，由此选择典型断面开展边坡三维可视化实时智能监控，进而结合实测与数值方法对边坡稳定及其变形损伤演化规律进行深入分析，建立路基边坡的智能监测与智能分级分项预警系统。

课题 4：基于隧道环境的彩色发光及浅色抗滑表层技术及其视觉功效分析

为提升山区高速隧道行车安全，开发彩色发光及浅色抗滑表层材料技术，完成其配比优化及其路用性能研究；基于视错觉理论，提出新型路面图形方案设计及试验路实施方案；建立模拟隧道真实环境的虚拟现实动态场景，采集驾驶员眼动生理数据，研究路面色彩与视觉舒适度之间的关系。

课题 5：高速公路节约土地型中央分隔带护栏开发研究

中央分隔带是路基横断面的重要组成部分，节约型中央分隔带是节约型高速公路的重要内容。为减小中央分隔带宽度，在调研的基础上，太行山高速全线取消设置中礅和构造物基础，将预埋管线移至路侧，中央分隔带保留设置防撞护栏和防眩两项功能。本课题重点研究节约型路基护栏和桥梁护栏，并使之协调统一以达到满足功能和节约土地的目的。

课题 6：胶粉改性水泥稳定碎石抗裂机理及应用

基于胶粉替代水泥稳定碎石中的部分细集料进行配合比设计，在保证水泥稳定碎石力学性能满足要求的同时改善其收缩性能，通过将胶粉掺入水泥稳定碎石可对其进行增柔改性，提高其抗裂性能，为水泥稳定碎石的抗裂设计提供依据和指导，为废旧橡胶轮胎处理提供新的应用途径，实现资源节约，废物利用。

课题 7：超缓释自应力材料在高速公路沥青路面半刚性基层中的应用研究

定量分析超缓释自应力半刚性基层材料技术性能，掌握其应力缓释措施对材料力学性能的影响规律，从不同的角度提出基于超缓释自应力材料的半刚性基层反射性裂缝控制途径。项目成果有助于完善国家沥青路面设计理论和指导公路施工技术规范的修订，对保证沥青路面的长期使用性能与提高路面使用寿命和公路建设效益的发挥具有重要现实意义。

课题 8：太行山高速生态效率评估及生态修复指标体系研究

高速公路建设中正确处理好建设与生态平衡问题。采用无人机技术和红外成像技术对植物、动物、交通流数据采集与分析，提出太行山高速生态类型。通过系统工程学、粗糙集理论对影响因素的分析，提出太行山高速生态修复指标体系。实现公路建设与环境保护的双赢，使太行山高速成为京津冀地区一条与自然和谐相融的绿色长廊。

课题 9：基于绿色低碳理念的高速公路节能减排效益评估

项目基于绿色低碳理念，探索研究高速公路建设期与运营期采用绿色低碳技术后的节能减排效益，分析其节能减排贡献度，揭示影响减排空间的关键因素。该项目研究有助于全面了解节能减排技术与措施在高速公路建设与运营中的节能减排空间和社会经济效益，可为绿色低碳高速公路评估提供科学依据，为全省绿色低碳高速公路的建设发展提供科学依据与支撑。

第五篇 公路养护

道路养护起源较久，西周时已有“列树以表道，立鄙食以守路”的记载，道旁植树和守护道路的规定，并建立“两毕而除道，水涸而成梁”“九月除道，十月成梁”的定期修治道路的制度。秦时强调“道易车列”，两汉时设置“土堠”、魏晋南北朝以“铜表”或槐树标示道路里程。唐代要求“道路无壅”，明代提出维修道路要利用农隙，清代则出现类似道路规范的《车道纪略》。

1944 年，晋冀鲁豫边区政府多次发布文件，群众义务普修和养护道路较多。新中国成立后，涉县公路养护历经民工建勤养护到专业道班养护，从自备扫帚、锹等养路工具逐步向专业化、机械化、科学化方向发展，养护管理日臻完善，公路路况逐年改善。2015 年后，干线公路和地方道路养护体制改革，精简养护队伍，提升养护效能。推行市场化养护、公司化运作。2018 年后，涉县农村公路实行路长制护路，全民参与修路护路。

道路植树古来有之。路域环境美化绿化日渐重要。特别是 2000 年以后，涉县大力开展绿道绿廊建设，遵循“外乔、中灌、内花草”的层叠栽植模式，绿化规模、树种花卉品种日渐丰富。2017 年后，道路与全域旅游相结合，“四季常青、三季有花”，绿道绿廊渐成规模。2021 年，全省旅游发展大会期间，涉县 175 公里路域环境提升整治，乔灌花草木立体绿化，形成七彩生态美画廊。道路花园化，路景结合，行车如在画中。

第一章　公路养护

涉县古有修桥补路的传统，1944 年，涉县在晋冀鲁豫边区各级政府将道路修建养护列入重要日程，群众义务普修和养护道路进入新阶段。1955 年，国务院颁布《关于改进民工建勤养护公路和修建地方道路的指示》，群众义务修路改称民工建勤，并形成一项制度。涉县公路养护以国省干线为主，经历民工建勤养护到专业道班养护；养路工具由手工作业向机械化方向发展，养护管理日臻完善，路况逐步提高。1990 年，全县公路列养里程 373 公里到 2021 年公路里程 1598.065 公里，公路里程增长迅速。尤其是农村公路从 242.2 公里增长至 1365.723 公里，全县公路占比达到 85.46%。养护组织几经变迁，2022 年，涉县有公路养护中心 9 个，下辖道班 13 个，养护工 188 人。其中，干线公路养护中心 6 个、道班 10 个。2015 年后，养护逐步推向市场化，社会参与性增强。

第一节　养护组织

一、护路员、业路村、养护队

养护工作初期，涉县养护组织主要为护路员、业路村和养护队。1944 年，涉县道路养护由民间修桥补路发展为政府领导下的群众义务修建养护。

1946 年，邯长公路列为重点养护，历年组织沿途群众进行春秋两季普修。

1948 年，涉县实行修补公路顶义务差工，义务护路员就此开始。是年，各个沿公路、大路的村庄成立交通委员会，负责管辖段养护工作。为禁止铁轮车行驶公路，各村路口挂标志牌以示告诫，护路员站岗查车尽职尽责。涉县养护成绩突出，受到太行行署通令表扬。

1949 年，邯长线涉县段设公路管理站，负责公路养护和养路费征收，实行路工队（站养管人员）和群众共养的办法，日常养护由路工队和护路员承担。沿路村交通委员会不再对邯涉公路进行管护。是年 7 月，增设护路员，护路员与政府签订合同，主要职责：检查修护，确保畅通；禁止铁轮车行驶公路和雨后一切车辆通行；领导群众冬季扫雪，雨季抢修，春秋普修。护路员为半脱产工资制，以小米计值。是年冬，涉县政府发动群众对邯长线涉县段进行中华人民共和国成立后的第一次大整修。

1950 年，邯长公路邯涉线段始定为邯郸专区公路养护示范线，为全区公路养护创出经验。3 月，全县道路普修 1 次，参加村庄 75 个。4 月初，邯涉段试行新的养护组织——业路村（护路村）。业路村指距道路 2.5 公里以内担负常年养护和春季普修任务的村庄。业路村设护路委员会，每个业路村按条件推选护路员 3~5 人，每 5~6 人组成护路组，设组长 1 人，护路组轮流上路检查，发现损坏，及时修理。涉县公路站常年有 3 名巡道员（路工人员），督察养护工作，发现养护任务大的地方，持政府证明信发动就近业路村整修。年终，涉县被评为全区养护先进县。

1951 年，邯涉段整顿后业路村有 34 个、护路员 41 人。养护实行“远修近养”方针，平时养护由业路村负责，以村划分责任段，养护责任明牌标出，挂于界桩。2.5 公里以外村庄为修路村，担负春秋普修。业路村负责住宿、养护工具等。养护推行“百分赛”，每季以区评模，年终全县评模。涉县公路管理站加强爱国护路的宣传教育，利用会议、饭场广泛宣传修路重要性，做到家喻户晓，并将养护写入个户的爱国公约。群众积极性高，公路养护质量明显提高，邯长线涉县段汽车时速由 25 公里提至 30 公里，木炭车时速由 20 公里提至 25 公里，受到社会好评，被市专署命名为普修公路模范县。

涉县公路养护学习班开学典礼举行（1992 年摄）

1952 年，涉县免除护路员其他差务，专职养护。是年，重点推广西戌乡妇女养护队经验，使男劳动力专心参加农业生产。养护工作涌现出模范养护村 7 个、模范护路员 14 人。西戌乡代表涉县出席省交通工作会议，被授予养护“乙等模范村”称号。1954 年，在全区养护工作总结评比中，专署授予西戌村“甲等模范村”称号，椿树林、东豆庄、沙河被授予“乙等模范村”称号。东豆庄护路员康大费、沙河护路员牛步贤，西戌护路员王连香被评为模范护路员，成为护路员学习的榜样。王连香出席河北省第一届公路劳动模范代表大会。

邯长线涉县段养护质量明显提高，全段铺垫砂石路面，栽植行道树，设置标志、界桩、里程碑。1955 年，随着农业合作化运动的发展，涉县创办公路入社养护方式，以社组成常年养护队，负责日常养护和普修。涉县成立交通委员会，直接领导乡养护管理委员会。养护人员出勤、合作社计工，全社劳动力平摊。垫砂养护改为砂石铺筑路面的养护办法，在邯郸地区推广，为土路通行创出新经验。1956 年，邯长公路涉县段全部改善为砂石路面，实现晴雨畅通。

二、建勤代表工

1951 年 5 月，中央人民政府通过《民工整修公路暂行规定》。1955 年 11 月 29 日，周恩来签发《关于改进民工建勤养护公路和修建地方道路的指示》，民工义务修路改为民工建勤，并形成一项制度。1957 年 5 月，河北省人民委员会颁布《河北省道路建勤实施办法》，规定凡有劳动力 18~45 岁的男性农民和 18~45 岁的女性农民及车、船、牲畜均有参加道路建勤义务。全年每个男劳力最多为 5 个工作日，女劳动力最多为 3 个工作日，车、船、牲畜为 2 个工作日，只限于国道、省道的养护和改善及县道、乡道的修建养护和改善。7 月，涉县迅速落实，根据远修近养的原则，在原有村路的基础上，农业社组织建勤代表工，代表所在社完成建勤任务，负责公路的定期养护，简称代表工。2.5 公里以外村庄，负责春秋普修和部分养护备料等。

是年，全县实行集体食宿代表工和非集体食宿代表工。涉县公路站在地方道路沿线村组织 44 名代表工。1958 年后，代表工报酬改由公社平摊。

1960 年，全国上下支持农业，大抓粮食生产。为缩减非生产人员，涉县养护人员调整为干线公路每公里 1 人（国家规定为 1.5 人），河滩路段为 2 人。地方道路每公里 0.4~0.5 人（国家规定为 1~1.5 人），代表工由 200 人压缩为 100 人。是年 10 月，涉县 39 名代表工转为固定工，月工资为路工一级工资 28.70 元。

1961 年，涉彭、涉左线养护代表工下放生产队参加农业生产。1962 年，恢复涉左、涉彭、索偏三条路代表工养护组织。

1963 年，根据市级通知，涉县实行非道班养护路线补贴，在非道班养护的部分干线、县与县主要道路上设代表工，每年每公里 80~120 元养护补贴。1965—1967 年，涉县代表工多有调整。

1971 年，涉县道路实行 1 公里配备 1 名养护工。干线公路专业道班固定工养护，战备公路由亦工亦农工人和代表工共养；县内主要道路由代表工养护。全县县社道路共有代表工 111 人，亦工亦农 17 人。1973 年，涉县亦工亦农代表工调整为 18 人，集中在北原、索堡 2 个道班。集中食宿，月工资 36 元，向队交 15 元记工 25 个。口粮自带，国家不再补助。

1982 年，集体食宿代表工的生活补贴提高到每人每月 38.5 元，含 2.5 元副食补贴。社队道路分散代表工每人每月生活补贴提高到 10 元。1983 年，每人每月增加到 43 元。1985 年 5 月，河北省粮食厅对公路建设动用民工不再补助粮食。1986 年 9 月，邯郸地区交通局批示，亦工亦农代表工统一批准改为集体食宿代表工，生活补助执行调整后的规定：参加工作不满 1 年者，每人每月生活补助为 43 元；不满 5 年者生活补助为 50.5 元；满 5 年以上至 10 年者为 56.5 元；满 10 年以上至 15 年者为 62.5 元；连续工龄

养护工人正在进行垃圾清理（2006 年摄）

15年以上为68元。全县集体食宿代表工有113人。1988年，26名代表工转为全民劳动合同制工人。1989年，分散代表工生活补助再次调整，由每人每月10元增至60元。到1990年底，全县集体食宿代表工55人、分散代表工124人。

第二节　专业道班、养护中心

1953年，交通部和河北省交通厅先后颁发《关于公路养护工作分类范围的规定》《河北省固定道班工作实施暂行办法（草案）》，道班养护开始实行。

1956年，涉县井店养护道班成立。1961年12月，省交通厅颁发《养路工区道班组织管理草案》和《道班财务管理草案》，进一步规范道班管理。1990年后，干线公路养护逐步实行集中养护，成立养护中心，下辖养护道班。公路管理站对养护中心养护作业实行承包制，即根据养护里程分配于各中心，由各中心对管养路段进行日常养护。养护工作内容包括路基、路面、桥涵、隧道、绿化，以及沿线公路设施的日常养护。至1992年，全县国省重要干道上设置道班36个、养护人员295人。2015年，养护改革不断推向市场化，公路管理站和地方道路管理站根据养护体制改革的总体要求，按照“事企分开、管养分离”要求，本着“试点先行、有序开展、逐步推进”的原则，对养护中心进行全面改革。组建新的养护公司，推行市场化经营生产，所有重组的养护公司和养护中心合并办公。养护公司市场招标成为全县各级道路养护工作常态，通过绩效考核确保养护质量。2022年，国省干道下辖6个养护中心，县乡公路3个养护中心。体制内养护工逐年减少，全县养护工有188人，其中国省干道123人，农村公路65人。主要工作职能是公路小修保养、日常养护、绿化管理，防汛应急确保安全畅通。

刘庄道班建于1986年（2022年摄）

一、道班设置

1956年，涉县公路管理站在邯长线试办首个专业养护道班——井店道班。1957年，城关、西戌道班成立。3个道班有正式养护工14人。城关道班设在南关公路站，西戌、井店道班曾借住民房，后投资建道班房，每个道班5间平房，建筑面积约100平方米。1958年6月，设立尖饼窑道班和神头道班。前者借住民房，1964年春，迁至偏店，改称偏店道班。1963年，县境内有邯长线5个道班，正式养护工42人。1968年，新增设豆庄道班，邯长线共有道班6个。1971年，涉左线建立北原、索堡2个道班，配备亦工亦农养护工人17人，次年建设道班房。1981年，涉磁线设立河口道班。1982年，相继建立原曲道班、岭底道班、涉左线郝家道班。

乡村公路养护由群众养护转向道群共养。1983—1986年，分别在索偏线设偏城道班，河茅线设温村道班，偏壮线设鹿头道班，涉磁线设胡峪道班，涉左线设刘家庄道班，一年设立1个。1988年，偏青线设青塔道班。年底，全县共有18个道班。

1989年，涉县交通局乡村公路管理站成立，负责县乡级公路管理，乡级公路列养里程迅速增加，道群共养步伐加快。1990年，井关线设古台、王金庄、玉林井3个道班，下江线设张家庄道班，原黄线设李家河道班，索偏线设宇庄道班，台辉线设太仓道班、西龙、西马线合设乱石岩道班，井中线设偏凉道班，偏豆线设木井、郭庄两道班。1991年，宜安—沙洺延伸线西达至张家头段设河口、张头两道班。1992年，河茅线设辽城道班。邯长复线设石泊、老爷庙、城关、神头4个道班。根据邯郸地区行政公署交通局发文精神，养护编制每公里1.5人，经文化考试、体检、审查，报地区劳动局批准择优录取60名协议工，享受代表工待遇。截至1992年，全县列养公路全部实现专业道班养护，设道班36个，养护人员295人。养护里程达到360公里，其中油路面168.2公里，碎石或泥结碎石路面191.8公里。国道、省道和县道大部分道班建有道班房，为历史上道班数量最多的阶段。

二、公路养护中心

1991年始，普通干线公路养护通过组建养护中心实行集中养护。2015年，以西戌养护中心为试点，公路养护改制为承包制模式。2016年后，涉县交通运输局公路管理站所管养普通干线160余公里，含2条国道、两条省道即国道G309（39.82公里）、国道G234（81.825公里）、

西戌养护中心（2007年摄）

索堡养护中心（2016年摄）

省道S213（26.588公里）、S244省道（16.866公里）。2017年，下辖5个养护中心：老爷庙养护中心、西戌养护中心、石岗养护中心、大滩养护中心、索堡养护中心。2020年，国省干线所有养护中心完成改制，运营情况良好。养护中心的主要工作职能是公路小修保养、日常养护、清雪除障、绿化管理，确保安全畅通。

2022 年涉县干线公路、农村公路养护机构一览表

表 5-1-1

	养护中心名称	建设时间	管养路线名称	区间桩号	管养里程	占地面积（平方米）	现有人数（人）	所辖道班
国省干线	老爷庙养护中心	1991 年 6 月	青兰线（G309）	K744+345—K784+165	39.82	3313.5	28	石泊、城关、神头
	索堡护中心	2007 年 9 月	涉左线（S213）	K0+000—K26+588	26.588	2866.81	19	刘庄
	西戌养护中心	2007 年 9 月	兴阳线（G234）	K899+985—K928+115	28.13	2000.1	19	偏店
	石岗养护中心	2011 年	兴阳线（G234）	K928+115—K950+000	21.885	6603.3	14	原曲
	大滩养护中心	2017 年 10 月	兴阳线（G234）	K950+000—K981+810	31.81	3330	22	台庄、白芟、张头
	关防养护中心		邢合线（S244）	K18+736—K35+602	16.866		11	关防
农村公路	宇庄养护中心（鑫途养护公司）		1. 阳索线 2. 圣福天路（荒地郊—西戌） 3. 西龙线	1.K0+000—K40+955 2.K4+000—K20+000 3.K9+740—K10+240	57.455	3590	28	木井、洪河沟、畔峪、偏城、宇庄、圣福天路、西龙 7 个养护队
	小会养护中心（鸿德养护公司）		1. 河茅线 2. 漫游道药园花海 3. 漫游道索堡—污犊	1.K0+000—K18+300 2.K0+000—K2+900 3.K0+000—K12+600	37.9	3606.5	25	河茅、辽城、桃城漫游道、花海药园、赤南、记忆小镇、索堡至污犊 7 个养护队
	青塔养护公司		1. 偏青线（偏城—圣寺陀） 2. 偏青线（圣寺陀—青塔） 3. 青龙路	1.K20+000—K26+700 2.K14+000—K26+300 3.K0+000—K4+000	23	66.25	12	偏青、青龙、青塔 3 个养护队

1992年涉县公路养护道班情况一览表

表 5-1-2

线路名称	道班名称	养护人员（人）								建班时间（年）	占地面积（平方米）	建筑面积（平方米）	建筑年代	养护里程（公里）	路面（公里）		备注
		小计	固定工	合同制工	计划内临时工	协议工	临时工	集体食宿代表工	分散代表工						油路面	碎石或泥结碎石路面	
国道：邯郸—长治（涉县段）	豆庄道班	6	1	2	1		1	1		1968	1424.14	180.00	1968	5.27	5.27		
	西戌道班	7	3		1		3			1957	1019.10	550.30	1957	7.00	7.00		
	井店道班	9		1	1		6	1		1956	2209.50	395.50	1957	7.00	7.00		
	城关道班	8	1		2	3	1	1		1957	144.00	144.00	1957	9.00	9.00		设公路站站内
	神头道班	9	4			1	2	2		1958	999.00	178.80	1961	6.47	6.47		
	偏店道班	6		1	2		3			1958	1365.30	286.40	1961	7.00	7.00		
邯郸—长治公路复线（涉县段）	石泊道班	9				9				1993	1998.00	196.00	1992	8.00	8.00		
	老爷庙道班	15		2		10	1	2		1991	3330.00	300.00	1992	12.00	12.00		
	城关道班	19				15	3	1		1996	9394.00	600.00		12.00	12.00		
	神头道班	9	1			7		1		1958				8.00	8.00		暂设邯长线神头道班
省道：涉县—左权公路（涉县段）	北原道班	8	1	1	2	1	1	2		1971	1092.24	246.00		8.00	8.00		
	索堡道班	9			4		3	2		1971	1083.40	174.70		9.00	9.00		
	刘庄道班	9	1	1	2	1		4		1986	1678.32	192.14		8.30	8.30		
	郝家道班	12			2	1		9		1982				13.20		13.20	砂石路、无道班房
县道：涉县—磁县公路（涉县段）	胡峪道班	9	2		2	1	2	2		1982				9.0	9.0		
	原曲道班	9		1	2		1	5		1982	2086.27	194.89		10.0	10.0		
	河口道班	9		1			2	6		1981	1728.00	214.50		11.0	5.1	5.9	
	岭底道班	10	1		1		1	7		1982				10.4		10.4	砂石路
乡道：河南店—茅岭底	温村道班	7						3	4	1983				13.0	13.0		
	辽城道班	9							9	1992				12.5			（含辽城至新桥1.5公里）

续表 5-1-2

线路名称	道班名称	养护人员（人）								建班时间（年）	占地面积（平方米）	建筑面积（平方米）	建筑年代	养护里程（公里）	路面（公里）		备注
		小计	固定工	合同制工	计划内临时工	协议工	临时工	集体食宿代表工	分散代表工						油路面	碎石或泥结碎石路面	
索堡—偏城	宇庄道班	7						1	6	1990				8.0			（其中 0—3 公里为娲皇宫线）
	偏城道班	7		1				2	4	1982				9.0	9.0		
井店—关防	玉林井道班	6		1					5	1990				14.0			砂石路面（含下张线 5 公里）
	王金庄道班	7		1					6	1990				14.0			砂石路面
	古台道班	7						1	6	1990				11.3			砂石路面
西达—张头	河口道班	5		1					4	1991				7.0			砂石路面
	张头道班	5							5	1991				4.0			砂石路面
原曲—黄岩	李家河道班	4		1					3	1990				7.0			砂石路面
偏店—庄口	鹿头道班	10						1	9	1984							砂石路面
偏城—青塔	青塔道班	6						1	5	1988				14.30			砂石路面
偏城—豆庄	郭庄道班	7		1					6	1990				15.00	15		砂石路面
	木井道班	5							5	1990				10.00			砂石路面
下庄—江家口	张家庄道班	7		1					6	1990				12.70			砂石路面
井店—中原	偏凉道班	7		1					6	1990				12.50			砂石路面
西戌—龙虎—马布	乱石岩道班	10		1					9	1990				15.40			（其中西戌至龙虎 9.2 公里西戌至马布 6.2 公里）
台庄—峧口	太仓道班	7		1					6	1990				19.90			砂石路面
	合计	295	15	20	22	49	30	55	104					360.24	168.14	29.5	砂石路面

第三节　干线公路养护

一、生产业务

道班主要工作任务是公路养护、公路绿化、路政管理，确保公路畅通。根据交运部《关于公路养护管理和管理工作若干规定》，公路养护执行“统一领导，分级管理”。1989年，涉县对养护体制实行改革，干线公路和县级公路养护由涉县公路站管理，乡级公路由涉县乡村公路管理站管理。干线公路、县级公路和乡村公路实行专业道班养护，联村道路由群众自修自养。按照部颁发养护定员标准，干线公路每公里1.5人，县级公路每公里1人，乡级公路油路每公里0.7人，砂石路面每公里0.3人。养护经费实行以人定投资，包括工资及机具、材料费用，包干使用。乡级公路养护每公里每年原为100元，1991年增至500元。专业道班以所辖养护里程定员的定额补助，包括养护人员生活补贴、机具、材料费用。以人划分养护责任段，实行岗位责任制。大中修工程由公路站统一，组织施工。

平涉南小修保养（2018年摄）

1978年，涉县根据《河北省公路养护路况评定实行办法》，定期对路况检查评比。开始检验养护质量。坚持“养好路面为中心，加强全面养护”原则，分路面、路基、桥涵、绿化、标志等五项内容评分，各项占分比例为路面30分、桥涵10分、绿化15分、标志5分。界定优等路（90~100）、良等路（75~89）、次等路（60~74）、差等路（53分以下），计算好路率。道班每月25日前，由正副班长、统计员、质量检查员组成道班质量检查小组，对路况进行自查，详细记录，列表上墙，每月25日上报公路管理站。公路站组成路查评审小组，月底前公布结果，作为考核各道班和个人养护成绩的主要依据。1985年，根据邯郸地区交通局制定的《先进道班检查内容及评分标准》，对道班进行百分制升级考核。检查内容为养护管理（20分）、养护质量（20分）、养护工程（10分）、路政管理（20分）、达标路建设（20分）。凡经地区组织有关人员验收，达到90分以上的道班，确定为先进道班，颁牌表彰和奖励。

到1990年底，涉县被邯郸地区交通局命名的先进道班累计18个班（次）。1990—2021年，均被邯郸市交通运输局评为先进养护单位。

二、养护队伍

1965年，养护实行“两长五员制”，即班长、副班长、学习辅导员、计划统计员、质量检查员、工具保管员、生活管理员。建立健全规章制度。包括学习、请假、工具使用保管、质量检查评比、大中修工程管理、奖惩等各项制度，道班管理更加科学化、规范化。1985年，在“六定”（定人员、定路段、定任务、定消耗、定成本、定质量）的基础上，推行经济责任制，实行养护质量、工作实绩与工资挂钩，做到五表一榜（出勤表、生产定额表、生产进度表、路况评分表、养护成本表、光荣榜）上墙，全县养护质量跻身全区先进行列。1988年，实行工作目标管理责任制，层层签订责任书，年终按责任制书检查评比，量化考核，兑现奖惩。养护积极性、社会效益和经济效益明显增长。邯长、涉左干线公路和涉磁县级公路在超期超载的前提下，好路率仍保持在60%以上。

1957—1986年，县级以上线路开始新建和改建道班房，陆续通水电。除宿办室、食堂、仓库等设施外，各道班配有黑白电视机、象棋、乒乓球、羽毛球等文体用品，开展种树、种花、种菜、养鸡、养兔、养羊的“三种三养”活动，道班工作环境明显改善。

1987—1990年，在地区交通局组织的历年技术练兵中，涉县养护代表队成绩始终名列前茅，李普东等5人被授予“技术能手”称号。1990年，李普东代表邯郸地区参加河北省交通厅组织的养护技术状元赛，获第二名，被邯郸地区行署授予“劳动模范”称号。

2019年5月10日，邯郸市普通干线公路路面小修养护技能竞赛在永年召开。涉县交通运输局公路站在全市18家养护单位中获第一名。参加科目有沥青路面灌缝、坑槽挖补等。6月20日，省交通运输工会和省交通运输厅公路管理局主办的“2019年中国梦·劳动美”——河北省普通干线公路养护技能竞赛在唐山市滦州举行。公路管理站作为邯郸市唯一代表参加比赛。大赛分查看病害制定方案和现场公路养护实操两部分。经过紧张角逐，涉县位列第三，获二等奖。11月21日，由交通运输部主办，河北、安徽、河南、湖北、陕西及中国人民武装警察部队参加的2019年度全国公路交通军地联合应急演练在河南省巩义市举行，由公路管理站及其他县市组成的河北代表队获得比武总分三等奖，县局公路管理站取得塌方清理单项科目第一，圆管涵铺设单项科目第二的成绩。

全国公路交通军地联合应急演练比赛科目塌方体清理现场（2019年摄）

第四节　农村公路建养

1983年后，乡道站开始建立道班，管养道路为砂石路面。1993年，养护施工队成立。2015年，养护逐步推向市场化，实行“路长制”。

一、建设

2009—2013年，省发展委、省交通厅分别以补助资金和车购税等形式对农村公路、桥梁、危桥进行改造，每年改造五六十公里。2013年，车购税、燃油税补助增加，建设里程达到103公里。全省美丽乡村建设开始，帮扶主街道硬化当年修建46公里。2014年，全省村村通进入攻坚阶段，涉县通村公路、断头路、安保工程快速实施，全县实现村村通水泥路或油路。

2011年起，省农村公路建设中全面推行“七公开”制度。即向社会公开农村公路建设中的年度建设计划、资金补助政策、招标管理、施工管理、质量监督、资金使用情况、竣工验收7个关键环节，使农村公路建设全方位置于“阳光”下。涉县设置养护公示牌337个，强化考核，公开透明。通过全省农村公路“七公开”网络平台，每年将所有项目的建设期公示牌的照片资料留存备案。2014年5月，邯郸市地方道路管理处组织邯郸15个县（市）地方道路站站长40余人，在涉县召开农村公路“七公开”暨公路文化观摩会。

2015年，涉县农村公路建设里程264.195公里。6月，全省实行公路安全防护工程，提高公路安全水平，尤其是农村公路。涉县针对山区急弯陡坡、临水临崖等重点路段进行标准化创建。2016年，全省开展连通工程，水毁恢复重建、由窄加宽等项工程。全年建设里程急剧增加至303.906公里，为历年的3~4倍，创历史新高。2020年，县乡道危隧危桥改造工程启动，王金庄隧道为全县危隧改造的第一条隧道。2021年，全省旅游发展大会环境提升175公里，处理翻浆治理64.7公里。2022年7月，涉县灾后重建道路78条（段）58.26公里，水毁桥梁13座829米全部完工。公路等级由原来的四级提升为三级，路面由4米拓为6.5米。2009—2021年，农村公路建设里程1309.878公里，总投资187465万元，其中上级补助37067万元。道路建设932.362公里。危桥（危隧）改造2405米，安防工程257.706公里，

河芗线实现田路分家（2014年摄）

主街道硬化 116.6 公里。

二、养护

2005 年，县财政每年拨付地方道路养护资金 100 万元，各乡镇成立农村公路管理所，乡、村公路配备养护人员。2007 年，涉县交通运输局向全县 17 个乡镇委派 17 名交通助理员，负责宣传农村公路养护法律法规，指导乡镇养护、建设、路政和绿化等工作，协助各乡镇推行招投标养护措施。

涉县举行派驻乡镇交通助理员动员会（2007 年 3 月摄）

2009 年，县道和主要乡道实行内部承包养护，按照养护里程、路况，科学核定人员编制和工程量，以道班为单位，与各道班班长签订养护承包协议，将养护人工费、小型养护机具费一次性承包。驻乡镇交通助理员协助乡镇对一般乡村级农村公路按照每年每公里 600 元标价进行公开招标，养护科月检季评，根据养护工作绩效计量支付，拨付养护资金。2005—2011 年，全县列养县级和主要乡道由乡道站管养，好路率由 1996 年前的 26.5% 升至 62%，一般乡级公路和村级公路由乡镇管养。

2013 年，《河北省农村公路“田路分家”推进意见》出台。11 月，邯郸市将该项工作列入全市农村面貌改造提升行动中。涉县在国省干线和农村公路上同步推进田路分家、因地制宜实行一路两沟四行树。2014 年，县委、县政府以红头文件形式，印发《涉县农村公路养护管理办法》《涉县农村公路田路分家实施方案》，对 351 条农村公路具体情况调查摸底，建立数据库，以此确定公路用地和路界。并筹资 267 万元来推进工作。2014 年，国土部门统一确权认证。

结合山区公路特点，涉县采取“四行 + 两行，边沟 + 水渠，防护 + 挡墙，绿化 + 文化”的方式，先后在推进河茅公路、龙西公路、阳索公路、偏青公路，建设浆砌排水沟，增设占地线挡墙。对于修建年限早、尚未确权的农村公路，采取“谁承包谁栽植，谁栽植谁受益”的方法，交通运输局出资 100 余万元，多树种供苗 30 万棵，2600 余户群众参与。

2017 年后，绿色廊道建设与其结合，综合考虑公路两侧面积、土质、环境等，尊重群众意愿，在井关线、神雪线、小杨索线等地，栽植花椒、中药材、油菜花等经济作物近 20 公里，达到生态、经济双赢。2018 年后，累计投资 300 余万元，栽植各类苗木 25 万株，先后打造将军路、河茅公路等一批精品绿化路段，提升了公路形象。2020 年 8 月，国省干线路田分家里程达 120 公里，占全部里程的 72%。至 2022 年，农村公路实现田路分家 617.791 公里、路宅分家 562.913 公里，累计完成 1180.704 公里，占全部里程的 90%。

索堡镇路长在知青隧道巡查汛期安全（2019 年摄）

2015 年，涉县出台《农村公路管理办法》《农村公路管理考核办法》，办法明确建、养、管、运的权责问题。县乡道路养护市场化改革迈出第一步，选定阳索线索堡至偏城段 17 公里、偏壮线 13 公里、西畔线 7 公里，3 条路 37 公里作为试点，地方道路站与承揽方（养护公司）签订养护承包合同，合同期限为 1 年。市场化养护将养护工由原 28 名降为 20 名，养护经费由 37 万元降为 18 万元，是年，涉县政府出台《农村公路管理办法》明确农村公路建设、养护等诸多方面的内容，厘清部门与乡镇村的职权范围，为规范管理农村公路奠定基础。2016 年，农村公路养护全面推向市场化。县道和主要乡道共 6 条道路，通过招投标确定 2 个养护公司。涉县鸿德公路养护有限公司负责管养 50.955 公里，包括县道阳索线（索堡—史家渠）段 33.955 公里，乡道偏青线（山西界—偏城）13 公里，青龙线（旅游环线武安界至青塔段）4 公里。涉县安通公路养护有限公司负责管养 37.7 公里，县道阳索线（木井—豆庄）段 7 公里，乡道龙西线 10.3 公里，乡道河茅线 18.4 公里，赤南线 2 公里。

2017 年，涉县积极争创全国“四好农村路”示范县，以涉县承办第一届邯郸市旅游发展大会为契机，以河茅线为重点，辐射阳索线、偏青线、青龙线、西龙线等典型路线全面打造“绿色廊道”精品路段，形成一路一景观，普通路段则实行季节性集中养护，路域环境全面提档升级。8 月，邯郸市三边环境整治工作推进会在涉县召开，涉县路田分家的模式在全市推广学习。

2018 年，《涉县“路长制”实施意见》出台。县长书记为总路长，各乡（镇）政府成立路长制办公室负责本乡（镇）所辖一般乡道、村道的养护管理工作，地方道路管理站严格按照《涉县农村公路管理考核实施细则》实行日巡查、月考核、季评比、年排位 4 种方式，对地方站市场化的管养路线和乡镇管护的路线进行全面监管，巩固日常养护成果。

2022 年，完成投资 976 万元，大力实施农村公路养护工程 111.652 公里，其中：修复性养护中修罩面 26.878 公里、预防性养护 84.774 公里（含小修挖补 4.501 公里 2426 平方米、绿化补植 45.257 公里 5745 株、施划标志标线 35.016 公里）。

第五节　养护设备及大中修

1950年前后，涉县公路养护工具有镐、铣、箩头、扁担、抬筐之类，除水桶由公路站配备外，其余全部由民工自带，使役牲畜由业路村供给。1955—1956年，邯长公路铺筑碎石路面时，由驴、马驮运料，畜拉碌碡压实或人工夯实。1958年，排子车在养护上被应用推广。到1961年，排子车有33辆。1964年，有人力三轮车3辆、排子车40辆。

随着科技不断进步，公路养护逐步向专业化、机械化方向发展。1974年，养护机械有汽车2部、拖拉机2台、沥青洒布机1台、排子车67辆。1985年汽车等车辆增至17部，其他养护机具几十件。1990年底，共有推土机2台，压路机7台，空压机1台，载重汽车5台，自卸汽车1台，拖拉机7台，碎石机1台，沥青搅拌机1台，沥青撒布机1辆，维修机床1台。

刘（家庄）西（达）公路二期改建（2018年摄）

养护机械，采用统一调度，单车核算，月底结算，公布于众，节约有奖，超耗受罚，调动机械手积极性，增强责任感，提高机械使用率。

1999年，购置摊铺机1台、铣刨机1台、东风水车1部、东风多利卡水车1部、川路车4辆、50铲车1台、30铲车1台。2003年，购置液压型双杠热熔机1台、常温标线机1台。2006—2010年，购置6T振动压路机1部、压路机2台、50铲车1部、30铲车1部、摊铺机1台、平地机1台、自卸低速货车2辆、嘉龙自卸汽车2辆、欧曼板车1辆、路面切割机1台、吹风机3部、水车2辆。

通过不断改革创新，养护工人的生产生活条件有所改善。养护机具由手工作业逐步由机械化取代。2017年后，洒水车、清扫车、机扫车“三机一体”设备和雾炮车投入，公路扬尘治理取得成效。摊铺机、压路机等公路大中修施工机械，提高工作效率、降低工人劳动强度。2011—2020年，购置双钢压路机1台、胶轮压路机1台、单钢压路机1台、挖掘机（35）1台、山工牌50铲车、挖掘机（220）2台、灌缝机2台、沥青撒布车1台、吹风机4个、平板夯4个、清缝机1个、平板夯4个、洒水车7辆、干式扫路机4辆、湿式扫路机3辆。2021年，国省干道大型养护工程机械车辆有46台（辆）。

1993年起，乡村公路开始购置机械设备。至2005年，新增压路车、铲车、翻斗车摊铺机、洒水车14辆，新置划线机、切割机、三马车等养护设备。2008年，职工募股筹资300余万元购置铣刨机、胶轮压路机、钢轮压路机等4台。2021年底，有各类机械车辆100余辆。1998年，新建30T沥青拌和楼1座，成立材料实验室。

随着机械化养护水平的提升，县乡养护成效不断提升。县乡养护里程由1990年的190.685公里发展至2008年的765.726公里。国省干道好路优良率100%，农村公路养护优良率达到72%。

1970年以前，全县公路多为碎石、砂石简易路面，道路坑槽填补多为人工作业。后改造为沥青砼、水泥砼路面。小修保养沥青水泥路面灌缝挖补。1990年以前，全县路面等级低，技术和设备落后，公路大中修任务较少，且由市局公路养护处承担。1990年后，每年例行预防性小修养护。沥青砼路面灌缝、挖补，对沿线排水、挡墙、标志等设施修复，沥青砼路面灌缝挖补基本实现机械化作业。1996年后，国道G309邯长复线、国道G309武涉复线、涉左线、平涉线，大中修项目渐多。大中修以增设桥梁、防护工程、沥青铺油、处理沉陷坑槽、路面加宽为主，根据道路路况，历年都有分路段大中修，小修保养多集中在乡村公路上。

第六节　公路绿化

道路植树，西周就有相关记载。秦修驰道，规定“三丈而树，树以青松”。中华人民共和国成立后，1955年，毛泽东发出“绿化祖国”的号召，全国开展群众性植树造林的活动。涉县是深山区，在发动群众植树造林、绿化荒山中，集中人力、物力、财力开始对公路进行绿化。这对于稳定路基、美化路容、净化环境、增进行车舒适安全以及荫蔽路面，减轻沥青路面老化起到重要作用，并为国家提供木材资源，同时绿道绿廊七彩生态路，成为路域环境的重要部分。

一、从少到多

1946年4月3日，涉县政府发布《为村边大道两旁植树由》的通令，全县在近村大道旁栽植国槐，道路绿化渐起。6月，晋冀鲁豫边区政府发出通令，要求在公路两侧栽植杨、柳、槐等树种，株距规定7米，树木受益归专管村或原植树人。

1950年春，涉县公路站根据上级精神，发动业路村群众对邯长公路进行第一次公路绿化工作，栽植杨树1403棵，私人栽植75棵。1951年，涉县政府发出依靠群众在公路两旁植树的通令。通令中强调指出：“凡栽植到私人地里的树，归私人所有，但必须按计划栽培管理。其余树归公，由公路站管理，并造册登记，涂以红色记号以示区别。业路村对管辖路段的行道树进行统一整修。”鸡鸣铺至北关路段，重新栽植行道树，株距约6.67米，统一植于边坡上，杨树苗由村自行解决，不足部分由县解决。1952年，邯郸公路管理局针对“年年造林不见林”的情况，强调保植保活、谁栽归谁，并确定邯长线为公路绿化重点线。是年，邯长线涉县段栽植杨、柳、洋槐14685株，株距 8~10 米。到 1956 年，邯长线涉县段，行道树存有量 6301 株。

1957 年，为响应中央“绿化祖国”的号召，河北省召开全省绿化工作会议。邯郸公路管理局制定《关于道旁植树权属问题的规定》。涉县依据“国造国有、队造队有，合作造林，收益按比例分成”的林业政策。结合实际。制定公路绿化具体规定，干线公路（邯长线）国造国有，由国家投资，县公路站统一规划和组织绿化，各道班负责管理，收益国家所有；县级和乡级公路，按标准栽植，以经济区确定绿化段，落实到村，村栽村有，负责管理，收益归村。路树的采伐更新需报公路主管部门和林业主管部门批准。由于公路绿化实行统一规划，分级管理和包干负责制，调动了积极性，加快了公路绿化进程，提高了绿化质量。西达到刘家庄新开路线上，沿路村发动男女青年 791 人，日植洋槐树 17500 棵。到 1958 年，县境邯长干线和涉左、涉彭两条县级线宜林路段全部栽植行道树，但树种杂、树苗大小不齐。1963 年春，邯长线栽植花椒、核桃、洋槐、杨树等 0.3 万株。1965 年，涉县工区利用公路、道班闲散空地，开辟苗圃 4 亩，培育以毛白杨为主的优良树苗 2.66 万株。

1970 年后，开始栽植速生和木质较好的优良树种，邯长线对以白杨为主的树苗规格、栽植技术、株行距明确规范要求，改变过去树种杂乱、树苗大小不一、成活率低的局面。1980 年后，干线公路绿化纳入目标管理责任制中，地区局、县局、站、道班，层层签订责任书，绿化管理制度日臻完善，并作为考核文明建设的重要内容。除对行道树实行编号登记，对路树成活率、保有率、破坏和保护制定奖惩规定，起到积极保护作用。1985 年 3 月，邯郸地区交通局绿化会议指示：放宽政策，广开门路，实行“国家、集体、个体一起上，乔木、灌木、花草一起上，植苗、移栽、播种一起上”的绿化政策，干线公路由公路部门栽管，县级公路由公路部门和乡（镇）共栽共有，乡级公路自栽自有。

二、由绿到景

2017 年，邯郸市“三边”整治工作开展后，涉县对全县国省干线道路进行四个重点提升，即道路改造提升、绿化节点提升、花池花墙提升、栽植品种提升。是年，首届邯郸市旅游产业发展大会在涉县召开，交运局持续对 2 条国道（309 线、234 线）、2 条省道（213 线、244 线）共 160 余公里干线公路和 6 条重要县乡公路 80 余公里，进行全方位立体绿化。因地制宜、因路制宜，采用特色各异、乔灌树木、花草结合绿化美化模式，提高绿化品位和公路形象。

红河谷漫游道路景合一（2020 年摄）

2000 年后，绿色廊道建设

进一步提升道路绿化品位。公路站按照县委政府“稳中快进，量力而行，适度超前”的总基调，对国省干道进行绿化延伸。即公路绿化向城市绿化、景区绿化、自然景观、公路文化、公路信息的延伸。是年，开始引进“外乔、中灌、内花草”的层叠栽植模式。

2020 年开始，太行红河谷旅游环线绿化工作再上台阶，成为一条重要景观路。从索堡至五指山，全长 22 公里，栽植花卉品种 86 种，绿化面积 25 万平方米。绿化坚持“增红补绿添黄，高大绵密花香”的原则，根据道路条件，树木长势不好路段统一更换树种，间断式更新植换为云杉、女贞、金枝槐、油松等树木。在原来基础上加大绿化密度和丰富绿化种类，补种或新植部分树冠冠幅大、枝叶密的高大树木。速生树与慢生树相结合，常绿树与落叶树相结合，秋冬花与春季花结合，植物多样统一，高低搭配错落有致。2021 年，第六届河北省旅游产业发展大会召开，主会场在涉县。太行山旅游风景道全长 235 公里，涉县段占 175 公里，是磁县、峰峰（矿区）、涉县、武安 4 个县市区中路线最长的一个。道路提升除了文化节点打造、安保设置、驿站服务等项工作，高标准绿化与沿线自然景观相融合。树种除以往品种外，新增美国红枫、白皮松、白蜡、银杏、石楠、樱花、月季等树木、花卉品种，绿化与生态保护结合，完成“三季有花，四季常绿”的目标，达到“车在路上行，人在画中游”的效果。

国道 G234 更乐路段绿化现场（2022 年摄）

2021 年，全县国省干道及农村公路绿化面积 100 余万平方米，栽植乔灌木 300 余万株，绿化公路 1200 余公里。绿化树种有乔灌花木 300 多个品种。除杨树、柳树外，绿化品种发展新增雪松、圆柏、白蜡、龙爪槐、小龙柏、火炬、油松等 100 多个品种。灌木花卉品种多达 200 个，有木槿、石楠、百日红、红叶小檗、栾树、榆叶梅、碧桃、冬青球、桧柏、女贞球、紫叶李、剑麻、大叶女贞、石榴、迎春、紫穗槐等，还有爬山虎、鸢尾、花草坪等。另外根据沿线地质环境，选择“适地适生”的火炬等乡土树种。

三、绿化管护

2000 年后，随着道路绿化渐成规模，绿化管护尤显重要。苗木栽植前，根据栽植地形、地势做好挖坑备土及后期排水准备工作。由于所选树木生活习性的特殊要求，对土壤进行适当改良。在建筑遗址、工程遗弃物、矿渣炉灰地修建绿地，先清除渣土并根据实际采取土壤改良措施，必要时换土。对于树木定植位置上的土壤改良一般在定点挖穴后进行，绿化技术人员放线定位，组织人员按照树坑大小标准开挖，挂线栽植，做到绿化充分、植物配置合理，达到黄土不露天的效果；对于新植高大型苗木进行挂输营养液方式，确保成活率。春季进行反季浇水保墒，树木花卉修剪疏枝、涂红刷白等工作，起到树木营养、杀灭虫卵、保温等作用，同时有利于生长造型美观，及时解决树木与电线、建筑物、交通等之间的矛盾，确保道路标志标牌醒目无遮挡。在绿化管护上执行标准：成活率达到 90% 为合格，95% 以上为优良，保存率达到 85% 为合格，90% 以上为优良。

第七节　公路驿站

明清时，涉县境内铺路走向几经变更。明洪武六年（1373 年），涉县设急递铺。分南二铺：神头铺、响堂铺；北五铺：北岗、井店、窑上（今窑则村）、石泊、猛虎（今龙虎村）。明嘉靖六年（1527 年）涉县设急递铺、总铺在县治。响堂、神头、台村、井店、偏店、西戌、沙河均设置驿铺、铺路出现境抵武安阳邑驿铺。清顺治十五年（1658 年）涉县设驿铺。县治北依次是十里铺、井店铺、偏店铺、鸡鸣铺、西戌铺和马布铺；县治南为神头铺和响堂铺。

石岗道班服务区（2020 年摄）

1956 年，涉县开始设置道班，至 1992 年，全县道班达 36 个。1990 年后，涉县公路养护发展为公路养护中心，现有 8 个养护中心，下辖 12 个道班。这些机构的设置兼顾养护公路和服务行车群众的双重功能。路政、治超、收费站等交通设施，多设有开水、药品、修理等应急服务。2018 年，圣福天路设立公路驿站，提供如厕停车服务，还将农产品超市与快递服务相融合，使游客更加方便。

2020 年，涉县在省道涉左公路索堡段（K13+590）处新扩建服务驿站 1 处。该驿站位于涉左线与阳索公路交叉口索堡养护中心院一侧，是通往国家 AAAAA 级旅游景区娲皇宫等旅游景点的重要交通枢纽。驿站内设男女卫生间、洗手台、停车位及休闲廊道等，设置无障碍卫生间及专用通道，为残障人员提供人性化服务。该服务区的建成投用，既可满足过往司乘人员的停车、休息、热水供应、手机充电等基础服务需求，更能够在暴风雨雪等特殊天气下为过往行人及车辆提供必要的应急救援、临时避险等服务。2020 年，治超站按照上级要求，在偏店和索堡检测站成立卡友之家。提供“三箱二卡一桶水”等系列便民服务措施，司机朋友可以在这里简单洗漱，享受手机充电、连接 Wi-Fi 等服务，设有饮水机、充电器、医药箱、工具箱等应急物品，满足司机朋友的应急需要。加强法律法规宣传和业务流程公示，为货车司机提供多项服务。2021 年，河北省旅游发展大会后，涉县新增加韩王山等公路旅游驿站 8 处，可提供如厕、餐饮、购物等服务。驿站设置根据客流量，规划建设停车场、房车营地、卫生间和特产购物、餐饮等设施，与当地民宿互为补充，为游客提供多元服务。同时在太行红河谷旅客服务中心设置大数据平台，实现一部手机游涉县。平台实时更新发布天气、交通、客流量等各类信息，让游客与路景交融，畅游无阻。

第八节　公路普查　交通量调查　智慧公路平台

一、公路普查

1970 年，根据上级批示精神，涉县公路开展公路普查，对公路技术状况检测调查，主要包括路基、路面、桥隧构造物和沿线设施四部分内容。以 1000 米路段长度为基本检测单元。公路站负责该项工作。1980 年后，随着机械化程度的普及，检测调查逐步采取专用机械设备检测，原则上高速公路、一级公路的调查频率不少于每年一次。1990 年后，涉县采取每季度一次调查，人工调查结合自动化检测方式双管齐下，对路面中的龟裂、沉陷、车辙、坑槽等，以及路基、桥梁、沿线设施中可以肉眼识别的轻微病害采用人工调查，将调查结果录入对应系统中，计算出优良路率。公路技术状况分为优、良、中、次、差五个等级。评定指标 MQI ≥ 90 为优、80 ≤ MQI < 90 为良、70 ≤ MQI < 80 为中、60 ≤ MQI < 70 为次、< 60 为差等路，2000 年以后，涉县所管养的国省干线一直保持在优良等级，在全市养护评比中名列前茅。

养护人员制作国省干线交通量化示意图（2022 年摄）

二、交通量调查

为给公路规划、设计、养护管理的理论研究积累大量基本参数，揭示公路发展的客观规律，为领导决策提供科学依据。1959 年，按照上级要求，涉县公路站开始选点，对公路进行交通量情况调查，即对公路的交通流量、交通流量的组成和交通量的特性等进行宏观调查，采取间歇式观测，调查资料为混合交通量，记录全靠眼观手记画“正”字的原始方法。邯涉、涉彭、涉左线观测点均选在城关，因交通调查刚起步，资料不够系统全面。1970 年，邯长线增设西戍观测点，涉左线增设索堡观测点。交通量调查办法为每月 1 次一昼夜观察累计记录。1979 年 8 月，全省开展交通调查，并逐步走向规范化。1983 年 12 月，邯郸地区行署交通局文件提出对全区交通情况观测进行调查改进的意见。涉县交通局根据文件精神改进调查方法：国道、省道观察点分别在每月5日、15日、25日调查3天，采取昼夜分小时记录法；县、社道路的观察是一年调查2次，分别为3月、11月的15日、16日与17日，采取昼夜累计记录法（不分小时）；未设观测点的建设道路，在11月抽查1/3的路线采取昼夜累计记录法，进行一次性调查3天（15日、16日、17日）。所填调查表格由地区交通局统一印制。国道、省道交通量调查表于每月底上报，县、社公路调查表于11月底上报。1984年5月，根据《邯郸地区行署交通局关于改进交通量调查办法的通知》，涉县对涉左线交通量观测点调整为中原、索堡两个点，对县级线交通量调查由昼夜累计记录改为分小时记录。1986年8月，根据《邯郸地区行署交通局关于进一步加强交通量调查工作的通知》，涉县公路管理站明确1名站长和1名办事员主抓交通量调查工作，交通量调查资料由主管人员汇总整理上报，统一保管交通量调查资料。各交通量观测点为1个小组，由道班班长负责；同时调整交通调查网点，邯长公路观测点调整为西戌、井店、神头，涉左线调整为中原、索堡，涉磁线调整为原曲。为改善观测点条件，1986年西戌观测点修建为观测房。

1987年，神头点观测房建成。2002年，公路管理站首次在国道G309老爷庙、平涉公路西戌、涉左公路索堡3个养护中心安装间隙式交通调查仪。随着交通快速发展及设备精确度的提升，2012年5月，老爷庙、索堡养护中心由间隙式更换为连续式线圈交调仪。2013年，西戌更换为连续式线圈交调仪，平涉公路石岗养护中心新安装连续式线圈交调仪。2015年9月，国道G309石泊道班安装连续式线圈交调仪、城关道班安装连续式激光交调仪。2020年9月，老爷庙、西戌、石岗、索堡4个交调站点因设备老化、数据上传速度慢及线圈磨损严重，市养护处统一更换为连续式激光交调仪。2021年12月，全县国省干线公路交调站点有8个，石泊、城关更换为连续式太阳能板激光交调仪，新增神头、白芟站点，均为连续式太阳能板激光交调仪。2023年6月，关防新增太阳能板激光交调仪1个。

三、智慧公路平台

2020年，邯郸市在各县推广使用“智慧公路”日常（应急）养护办公平台，县局公路管理站积极启用。该平台以先进科技赋能公路养护，GIS地图与智能手机App相结合，依托互联网现代化通信采集手段，重点做好道路、桥梁的日常巡查和应急抢修、病害检测等规范化管理，依据公路技术状况评定标准及相关规范，即时定位、拍照、上传，平台对上传资料自动汇总分析，为上级部门做好线上核查和安排公路养护任务提供科学依据，无纸化办公节省大量人力物力，公路养护实现智能信息化、规范精细化的高效管理。同期，邯郸市农村公路信息管理平台（“智慧公路”App）开始运行，涉县农村公路养护巡查信息上报、跟踪处理、路况险情上报、协调应急处置、“路长制”信息管理等项目，实现信息及时、实时传递，以大数据助力农村公路管理现代化。

2022年，在国省干线打造路况监管平台，实现全路段通行状况实时把控。在农村公路强化“路长制”考核，深化养护市场改革，固化信息化管理，确保管护路段养护信息实现网上监管。汲取周边县市治超非现场执法经验做法，积极探索涉县治超非现场执法取得新突破。

第六篇

运输管理

夏朝时设有“车正”官职，掌管车旅交通。春秋战国时期，陆路运输管理体制形成。秦汉时期，国家对交通运输有专管律令。两汉创行“均输平准法”，宋代制定“均输法”。元、明、清各代对驿运均颁发严格完备的管理制度。

1946 年，晋冀鲁豫边区政府颁布《公路车辆登记管理暂行草案》。新中国成立后，公路交通运输业发展步伐加快，运输管理机构不断健全、制度日臻完善。1984 年，涉县成立车辆运输管理站，对运输市场实施行业管理，主要包括客运管理、货运管理、运价管理、车辆技术管理、车辆维修业管理、运输服务管理和搬运装卸管理。2000 年后，机动车驾驶员培训、地方海事相继纳入行业管理。2006 年，涉县率先在全省实现村村通客车，群众出门难得到有效解决。2007 年，城区公交车开通，连接大城区“四镇两厂”，城市公交逐步向舒适型、环保型、美观型发展。2021 年，新能源电动公交车达到 136 辆，占公交总数的 86%。2019 年，“信息平台 + 客货同网”被交通运输部评为全国农村物流服务品牌。2021 年，涉县被交通运输部列入第二批城乡交通运输一体化示范创建县。

1998 年，涉县出租车客运管理站成立，成为邯郸市首家县域出租车管理站。2006 年，涉县摩的转轿的，进一步提升出租行业的形象。至 2010 年，出租车全部更新为“轿的”，涌现出河北好人、邯郸市见义勇为先进个人等出租司机，行业文明程度不断提升。

第一章　客运管理

1946年6月，晋冀鲁豫边区政府颁发《公路车辆管理暂行草案》，对营运客车开始登记管理，领取牌照，缴纳牌照税，划分班线。1948年，涉县客运实行统一运价、售票，设立公营汽车站——涉县汽车站，专售公营客车票。在河南店设置私营华大转运公司涉县汽车站，专售私营客车票。1953年后，涉县客运市场由国营运输独家经营，由地区交通主管部门实行统一管理。1961年，涉县对班车路线停开实行统一管理。1979年后，为确保城乡客运均衡有序发展，涉县交通局增设运输管理站，实行地（市）县分级管理。定路线、定站点、定班次，合理调控车流客流，统一管理。1989年12月，涉县汽车站对外开放，所有客车一律进站实行统一售票、统一托运行李礼包、统一安排车次。2015年，绿色能源电动车开始投入营运。2018年，涉县建有1个二级客运站、3个五级客运站、6个简易站，农村客运79条线路130辆客车，覆盖17个乡镇308个行政村，通达率达100%。长途班线包括省际7条、市际2条、县际7条。

第一节　运管机构

1980年7月，为适应涉县联合运输实行四统一（统一货源、统一运力、统一计费、统一油料供应）的运输市场管理形势，涉县联合运输办公室（简称联运办）成立，办公室设在邯郸运输公司涉县运输站内，和站内群运组合署办公。是年9月，涉县革命委员会管理社会车辆办公室（简称涉县车辆管理办公室）成立，办公室设在县交通局，2个办公室均由县革委副主任戴金铎兼任主任，交通局局长李文庆任副主任，业务负责人岂烊熔。主管联运、封车节油、车辆更新和跨省运输等管理业务。1982年4月，联运

运管站办公大楼（2006年3月摄）

办公室被撤销，群运及联运业务交由车辆管理办公室管理，业务人员8人。1984年4月，涉县车辆管理办公室更名为涉县交通局车辆运输管理站，下设城关、索堡、井店、西戎4个分站，职工16人，负责全县运输市场管理工作。1985年3月，更名为涉县交通局运输管理站。后该站业务增多，包括客运货运、驾培、海事、维修等，负责全县1个二级客运站，3个五级客运站监管。主要职能为维护道路运输市场秩序，保障道路运输安全，保护道路运输有关各方当事人的合法权益，促进道路运输业的健康发展。1986年7月，该站从县交通局大院迁往县城振兴路原涉县医院东行200米，占地3.14亩，建筑面积900平方米。2004年7月，搬迁至新办公大楼，位于国道G309西侧，振兴路东头，紧邻涉县汽车站。该楼占地3006平方米，建筑面积2770平方米。建筑楼房主体四层，地下室一层，一楼为综合业务大厅，实行“一站式”管理、“一条龙”服务；二楼至四楼为办公、会议场所，可容纳120余人；地下室总面积558平方米，可停放20余辆车。

第二节　客运站场

1958年前后，涉县汽车站位于平安街道办南关小海路与龙山大街交会处西南角，占地约3亩。运输工具是由国外柴油卡车改装而成的客车，上面覆盖篷布，两边有木头座椅，后称代客车，主要是邯郸通往长治，在涉县属于过路车。业务关系属邯郸地区行署运输公司，人员组织关系属涉县交通局管理。1960年，开通涉县主要乡镇班线。1972年由于业务量增加，汽车站由南关小海路处搬至振兴路县医院（后改建为县中医院）西侧，占地约5亩，可容纳10部客车运营，主要发往邯郸及县城各主要乡镇，业务关系仍属于邯郸地区行署运输公司。1983年由于机构重组，涉县汽车站业务人员组织关系归邯郸地区行署运输公司管理。1989年4月，邯郸地区交通局发布《关于贯彻河北省旅客运输实施办法》通知。7月3日，涉县人民政府发布《关于加强我县运输市场管理的通告》。7月6日，《邯郸地区全面开放国营汽车站

振兴路老汽车站（1986年）

涉县汽车站外貌（2022年摄）

拐里村候车亭（2006 年 3 月摄）

服务设施试行办法》，实行国营车站向社会开放。1993 年，邯郸地市合并，邯郸地区行署运输公司更名为邯郸市第一运输总公司。2002 年，邯郸市第一运输总公司更名为邯郸交通运输集团有限公司。2005 年 12 月，涉县汽车站被评为二级汽车客运站。2008 年，邯郸交通运输集团有限公司更名为万合集团股份有限公司。2013 年，河北万合客运有限公司涉县汽车客运站成立。2018 年，振兴路县中医院西侧旧汽车站被拆除。截至 2020 年底，涉县汽车站有从业人员 30 余人，省际、市际、县际客运班线共 10 多条，主要发往邯郸、石家庄、北京、天津、太原、郑州、唐山、长治、安阳等地，是一座面向五省十市旅游集散中心及服务型的综合枢纽站。

20 世纪 70 年代，国家为支持涉县的“三线”厂矿建设发展，将邯郸地区行署运输公司的驻武安第四分队一个班调派进驻涉县县城小海路，组建邯郸地区行署运输公司第五汽车队，在小海路临街建有一座二层的宿办楼及其他设施，配备货车开展货运服务。随着形势发展，原有场地不能满足业务需要，第五汽车队经请示县革命委员会，与城关人民公社协调，在东枯河以东征用城里、南关土地 40 余亩作为新址，并建起一座三层、有 90 个房间的宿办楼及其配套设施（食堂、锅炉房、安检台、油库、修理车间等）。90 年代，随着邯郸地区行署运输公司机构变更为邯郸市第一运输总公司，邯郸地区行署运输公司第五汽车队更名为邯郸市第一运输总公司第五分公司，业务拓宽为客、货兼营，客运主要开通邯郸及县内主要乡镇班线，方便群众早进城晚归乡。2013 年，公司改制，第五分公司客运业务并入涉县汽车客运站，货运业务并入新成立的华诚运业有限公司。

80 年代前，全县客运车辆统一在涉县汽车站管理。随着客运车辆逐渐增多，涉县汽车站不能满足客运车辆停放需要。农村客车迁出分流至南关桥头、迎春街和北关 3 个客运站点设置。2018 年，全县开展旧城改造提升。为进一步规范城区交通秩序，缓解县城内交通拥堵状况，经涉县城乡规委会批准，旧城区 3 个城乡客运站点有计划整体外迁至县城周边，分别为客运北站、客运西站和客运南站，均为五级标准客运站。

客运北站于 2018 年 8 月 27 日启用，位于平涉路与将军大道交叉口东北方向，龙山电厂东侧。出站约 5 分钟达青兰高速涉县东口，毗邻涉县医院、第二中学，辐射平安街道办、更乐镇、井店镇、西戍镇、鹿头乡、偏店乡、龙虎乡、木井乡 8 个乡（镇）和 138 个行政村，交通便利。该站占地约7260平方米，建筑面积6993平方米。2018年10月，建立9个充电桩，设有30个停车位，日均发送旅客6000多人次，日发班次约240个班次。负责承接原北关客运站运营的28条班线、42部农村客车，快速实现集散、换乘，衔接城区内外客运的综合性交通枢纽。

客运西站于2018年9月30日启用，位于涉左路东侧，通达筑路有限公司院内。负责承接原迎春街临时客运停靠点运营的26条班线、32部农村客车，辐射索堡镇、辽城乡、偏城镇3个乡（镇）72个行政村。该站占地面积5076平方米，设有停车位25个，充电桩3个，可同时供6部新能源纯电动客车使用，是城市公交2路始发站，日均发送量约3500人次。具备城乡公交和城市公交零距离换乘功能，承载城乡公交、城市公交、旅游专线等多种交通方式。

客运南站于2018年8月21日启用，位于滨河路南关桥头，总面积1600平方米，建筑面积142平方米，停车位13个，日均发送量约4000人次。站内设有驻站办、候车室、停车场等。承载原南关临时停靠点25条班线29部客车运营，辐射河南店镇、神头乡、固新镇、西达镇、关防乡、神头乡、合漳乡7个乡镇和98个行政村。

三座新站的投用对改善交通基础条件，安全营运，提升城市形象具有重要意义。

第三节　客运班线

一、民间客运

涉县民间客运始于驮运，宋代后，民间结婚嫁娶时兴坐轿，豪绅富户坐“架窝”，骡驮轿。民国时期，涉县多有“送脚”，即赶上牲口送人或货，收取“脚费”。在抗日战争和解放战争时期，涉县人民组成担架运输队，参战支前，救护伤员。仅平汉和解放太原的战役中，涉县担架队就分别有8000副和万余副担架参战。

1946年，始有外地私营汽车到涉县承揽客运，其营运路线为涉县—邯郸。武安私人马车也经营阳邑—涉县客运，票价由车主自定。当时旅客运输多系以货代用，客运混装。1952年，涉县仍有6辆私营汽车经营邯长线客运。1953年起，涉县客运市场均为国营客运。随着商品经济的发展，旅客流量日益增多，乘车难的问题日显突出。

骡马运输

中共十一届三中全会后，运输市场逐步开放。1983年，国家允许私人购买车辆从事旅客运输，个体运输专业户应运而生，逐步形成国家、集体和个体一齐上的局面。1984 年，南庄村、林旺村 3 户农民率先购买大型客车各 1 部，开始从事客运。1986 年，个体客运汽车发展到 7 辆，个体机动三轮车发展到 15 辆。1990 年，个体客运汽车 24 辆，客运机动三轮车 83 辆。1990 年底，开辟营运路线 16 条：涉县—邯郸、涉县—后岩、涉县—岭底、涉县—西达、涉县—贾庄、涉县—王金庄、涉县—大港、涉县—曹家、涉县—古台、涉县—龙虎、涉县—西峧、涉县—南郭口、涉县—偏城、涉县—张家庄、涉县—马布、涉县—宋家。机动三轮车从事短途运输，因其机动性大，经营方式灵活，可随机改变行驶路线与班次，可通至偏僻山村，在客运中起到有力补充，客运市场更加活跃。

二、国营客运

国营客运是公营客运的延续。1946 年，晋冀鲁豫边区人民运输企业——裕通转运股份有限公司（简称裕通公司），其下属邯郸裕通公司和长治晋丰公司开始经营邯长线客运。隔日双方对开班车一次，中途住涉县。客运以货车代用，助手跟车售票，涉县站点由裕通公司涉县裕顺货栈负责售票与司机食宿。票价每人每公里旧人民币 16 元。1948 年下半年，实行统一运价，客运每人公里 20 元，木炭车为 16 元。木炭车行驶缓慢，每逢上坡乘客需下车推驶。解放战争时期，为确保支前任务，客运班车时通时停。1963 年，邯郸至长治每日对开班车 1 次。

1956 年，邯郸运输公司开辟邯郸—涉县—索堡线，在索堡设代办站。1957 年，邯郸运输公司始在涉县运输站驻有代客车，是年开辟涉县—西达线，在西达设代办站。1961 年，邯郸运输公司开辟临漳县—西达客运线，每日对开一次班车。1963 年 12 月，涉县运输站下属西戌、井店、西达、索堡 4 个分站和新桥代办站，均办理旅客运输。1966 年，涉县—西达客运线延伸至峰峰，日发班车一次，新开涉县—王金庄—张家庄班车路线。因各线路均是土路，晴通雨阻、车速缓慢，候车时间不定。到 1974 年，开辟营运路线 7 条，长 220 公里，运输站每天发送班车 44 个班车次，其中过路车 11 个班车次。1975 年，邯郸运输公司直发涉县—西达，每日一次班车。发往“三线”厂矿的班车有邯郸至五机厂、六机厂、东风药厂、天津铁厂和符山铁矿。

1980 年 9 月，邯郸运输公司驻涉汽车五队始置 2 辆客车，汽车客运由涉县运输站统筹安排和调度。是年，开辟涉县—史家庄、涉县—岭底、涉县—偏城、涉县—张家头 4 条短途客运班线。1981 年 4 月，开辟张家头—涉县—邯郸和涉县—邯郸客运，在张家头驻车。7 月，开辟涉县—天津铁厂、涉县—东风药厂、涉县—马布

交通闭塞的太行深山区通了客车（1981 年摄）

客运，并在东风药厂驻车。1982 年，涉县至偏城、王金庄的代客车改为客车，并在偏城驻车。5 月 20 日，因个体客运兴起，市场竞争加剧，西达、西戌、井店、更乐、索堡 5 个分站改为代办站，全县有代办站 10 个。1983 年，新开涉县—鹿头、涉县—江家、涉县—太仓、涉县—红旗机械厂等班线，并在终点站驻车，方便群众早出晚归的习惯。

1986年,新辟涉县—青塔客运线路,从是年起涉县汽车站相继开辟跨地区、跨省的客运线路。1987 年，开通涉县—辽城客运线路，后延伸至麻田，改驻辽城为驻麻田。同时，涉县城镇管理所开始经营公路客运，开辟河南店—更乐、涉县—关防客运线路。截至 1990 年，邯运汽车五队拥有客车 30 辆，涉县汽车站开辟跨省线路 4 条、跨地区线路 1 条，站始发 50 车次，农村驻车点 12 个，过路车 80 车次。

至 1996 年，全县开通出省出县线路 11 条：涉县至辽城至麻田、涉县至峰峰、涉县至林县、涉县至安阳、涉县至石家庄、涉县至天津、张家头至太原、涉县至左权、涉县至长治、涉县至郑州、东达至磁县等客运班线。年底，公司有客车 30 辆，汽车站日发送客运班车 130 车次，始发 50 次，过路车 80 车次。1999 年，营运客车 124 辆，客运班线 38 条，营运总里程 3125 公里，从业人员 272 人，308 个行政村 80% 通达客车，基本满足城乡居民出行需求。2002 年底，原有 65 辆农用厢式汽车全部退出市场，更新为客运中巴车。2004 年，农村客运网络建设实施方案及村村通客车工程站点发展规划编制完成，村村通客车纳入常规建设项目。2005 年，完成调整延伸县内班线 17 条，延伸里程 153 公里，解决 45 个村通车问题。邯郸市交通局运输管理处在涉县召开“村村通”客车现场观摩会。2006 年，涉县实现村村通客车。

三、城乡公交

2010 年起，涉县农村班车实行公交化运营改造试点工作。首先对偏城方向 10 部农村班车进行公交化运营改造，始发站和终点站均为迎春街，循环对开，途经 13 个站点，全长 25 公里，20 分钟循环一趟，全程票价为 3 元。先后对西达方向、王金庄、张家庄方向、西戌方向、辽城方向、神头方向等线路逐步推广。2014 年，实现村村通城乡公交。2015 年起，涉县加快推动城乡公交一体化进程，全力推动“四好农村路”建设,作好“运营好”大文章。2015 年，涉县淘汰 36 部城市公交车，更新为新能源纯电动公交车，开始绿色环保低碳运营。2015 年 9 月 18 日，邯郸万合集团成立涉县永兴公共交通有限公司，全县 107 部客运班车纳入公司管理，实现市场化经营、公司化管理。2015 年底，邯郸至涉

早进城晚回乡的夜宿农村班车（1982 年摄）

县开通 812 路城际公交车，车辆全部使用大型气电混合新能源。2017 年底，10 部纯电动城乡公交车正式上路营运，城乡客运迈入新能源时代。是年，涉县逐步完善客运市场管理办法，制定长效管理机制及“客运安全十三条”“客运驾驶员工作标准”“乘务员文明用语”等一系列行为规范，提高客运从业人员文明服务水平。开展争先创优为民服务活动，推出“文明班线”“文明客车”“文明司乘人员”“党员先锋号”等一系列创建活动，提高客运从业人员服务水平、增强优质服务意识，为群众出行营造良好环境。

城乡公交在红河谷漫游道行驶（2017 年摄）

2020 年前，共有公交线路 81 条 154 部。其中，城乡公交线路 79 条 105 部，城市公交线路 2 条 49 部。2020 年底通过河北省城乡客运一体化创建，涉县实现全域公交化。

2021 年，涉县提升城乡交通运输公共服务均等化水平，开通涉县至岩上的城乡公交线路，帮助梯上移民村、塔坡村群众解决出行问题；城区新建 120 个具有涉县红色文化特色的智能公交候车厅，城乡更换 17 个具有地方特色的城乡公交候车厅。129 部城市城乡公交车辆安装交通一卡通，实现公交系统联网对接。加快推进绿色交通全覆盖，全年累计更新 166 辆出租车，86% 的在线运营城市、城乡公交车更换为新能源公交车，建成 23 个智能化高标准充电桩，可供 46 辆新能源公交车充电，县域范围内基本实现“绿色公交”全覆盖。

2022 年底，涉县共开通跨省线路 16 条，其中省外 4 条。经过全域公交化改革后，全县共有公交化线路 28 条、公交车 138 辆。

2022 年涉县道路客运班线经营一览表

表 6-1-1

<table>
<tr><td rowspan="3">跨省线路经营情况</td><td colspan="2">线路总数</td><td rowspan="3">日发班次</td><td colspan="5">1. 本省车辆</td><td colspan="5">2. 外省车辆</td></tr>
<tr><td rowspan="2">条数</td><td rowspan="2">千米</td><td rowspan="2">辆</td><td rowspan="2">客位</td><td colspan="2">线路 / 里程</td><td rowspan="2">日发班次</td><td rowspan="2">辆</td><td rowspan="2">客位</td><td colspan="2">线路 / 里程</td><td rowspan="2">日发班次</td></tr>
<tr><td>条数</td><td>千米</td><td>条数</td><td>千米</td></tr>
<tr><td>合计</td><td>7</td><td>2073</td><td>10</td><td>6</td><td>276</td><td>6</td><td>2073</td><td>6</td><td>4</td><td>166</td><td>4</td><td>955</td><td>4</td></tr>
<tr><td rowspan="3">跨市线路经营情况</td><td colspan="2">线路总数</td><td rowspan="3">日发班次</td><td colspan="5">1. 本市（地）车辆</td><td colspan="5">2. 外市（地）车辆</td></tr>
<tr><td rowspan="2">条数</td><td rowspan="2">千米</td><td rowspan="2">辆</td><td rowspan="2">客位</td><td colspan="2">线路 / 里程</td><td rowspan="2">日发班次</td><td rowspan="2">辆</td><td rowspan="2">客位</td><td colspan="2">线路 / 里程</td><td rowspan="2">日发班次</td></tr>
<tr><td>条数</td><td>千米</td><td>条数</td><td>千米</td></tr>
</table>

续表 6-1-1

合计	2	867	4	2	98	2	867	2	2	89	2	867	2
跨县线路经营情况	线路总数		日发班次	1. 涉县车辆					2. 外县车辆				
						线路 / 里程					线路 / 里程		
	条数	千米		辆	客位	条数	千米	日发班次	辆	客位	条数	千米	日发班次
合计	7	1420	7	7	2991	7	1420	7	0	0	0	0	0

2022 年涉县城乡客运班车线路一览表

表 6-1-2

序号	线路	起始	车辆总计（辆）	里程（公里）	班次 / 日	平均班次
1	1 路	井店镇——二九师广场	12	26	110	9
2	2 路	赤水湾古镇—天铁医院	12	31	120	10
3	3 路	客运北站—客运南站	5	15	45	9
4	4 路	客运北站—赤水湾古镇	6	8	54	9
5	101 路	客运总站—阳邑	30	33	180	6
6	102 路	客运总站—木井	3	26	18	6
7	103 路	客运总站—龙虎	2	41	12	6
8	105 路	客运总站—鹿头	2	25	12	6
9	107 路	客运总站—王金庄	1	21	4	4
10	201 路	客运南站—张头	7	49	42	6
11	202 路	客运南站—（槐丰、太仓、郊口、田家嘴）	4	56	16	4
12	203 路	客运南站—（岭底、后池、陡贡、甘泉、关防、宋家）	4	41	16	4
13	205 路	客运南站—匡门	1	35	4	4
14	206 路	客运南站—（黄岩、小车、西山）	3	18	18	6
15	207 路	客运南站—曲峧	1	15	4	4
16	208 路	客运南站—（响堂铺、杨家山、后宽嶂）	2	12	12	6
17	209 路	客运南站—石城镇（延伸至平顺县）	2	35	8	4
18	210 路	客运南站—黎候古镇（延伸至黎城县）	2	36	8	4
19	301 路	客运总站—偏城	10	32	50	5
20	302 路	客运总站—麻田	4	36	16	4
21	303 路	客运总站—辽城	3	23	12	4

续表 6-1-2

序号	线路	起始	车辆总计（辆）	里程（公里）	班次 / 日	平均班次
22	305 路	客运总站—塔庄	2	37	8	4
23	306 路	客运总站—悬钟	2	17	8	4
24	307 路	客运总站—索堡	2	14	10	5
25	308 路	客运总站—麻田镇（延伸至左权县）	2	36	8	4
26	401 路	客运总站—北峧	1	18	4	4
27	402 路	客运总站—张家庄	1	31	4	4
28	403 路	客运总站—龙虎	2	26	8	4

2022 年涉县长途客运班车线路一览表

表 6-1-3

序号	经营线路	经营单位	经营车辆（辆）	客位	班次 / 日	里程（千米）	类别
1	涉县—北京	河北高客邯郸分公司	1	50	1	513	省际
2	张家头—太原	河北万合客运有限公司涉县分公司	1	47	0.5	280	省际
3	涉县—济南	河北万合客运有限公司涉县分公司	1	38	1	360	省际
4	涉县—长治	河北万合客运有限公司涉县分公司	1	35	1	86	省际
5	涉县—郑州	河北万合客运有限公司涉县分公司	1	49	1	315	省际
6	涉县—天津	河北万合客运有限公司涉县分公司	1	53	0.5	511	省际
7	安阳—涉县	安阳安运交通运输有限公司	1	17	1	137	省际
8	涉县—石家庄	河北万合客运有限公司涉县分公司	1	48	1	216	市际
9	涉县—唐山	河北万合客运有限公司涉县分公司	1	50	0.5	629	市际
10	窑门口—邯郸	河北万合客运有限公司涉县分公司	1	29	1	121	县际
11	黄岩—邯郸	河北万合客运有限公司涉县分公司	1	31	1	114	县际
12	西达—邯郸	河北万合客运有限公司涉县分公司	1	31	1	95	县际
13	王金庄—邯郸	河北万合客运有限公司涉县分公司	1	29	1	119	县际
14	鹿头—邯郸	河北万合客运有限公司涉县分公司	1	31	1	126	县际
15	涉县—邯郸（812）	河北万合客运有限公司涉县分公司	32	2520	2	100	县际
16	涉县—邯郸高速	河北万合客运有限公司涉县分公司	20	320	2	100	县际

第四节 运输工具

涉县是深山区，运输工具发展滞后于邻近地区。过去运输主要靠人担、畜驮。民国时期始有独轮车、铁轮车。中华人民共和国成立后，随着公路事业的发展，近代和现代运输工具开始兴起。20世纪60年代末，排子车、马车盛行。80年代后，拖拉机、摩托车、汽车迅猛增加，成为公路运输主要动力，运输效率和运输能力提升到一个新水平。2010年后，私家汽车快速增加。2015年后，绿色新能源公交车成为新的发展趋势。

一、人畜力运输工具

（一）扁担

扁担，涉县人俗称担子，是最早的运输工具。长期生产实践中，由木棍演化而来，背、扛、担负重物的工具。木质以槐木、椿木、榆木、楸木为宜。按用途分为柴担和水担。柴担，长约2.26米，宽约7厘米，两端稍尖，近端处钻有小孔，装有木楔以固定系物绳索。主要用于担柴、庄稼和长途担运货物，可担5~10公斤。水担，长约1.6米，宽约6厘米，两端装有铁制链钩，以挂水桶、箩头等盛具，用于短途挑水、担肥等，可担50公斤左右。随着涉县农村饮用水的普及，农村使用水担渐少，柴担更少。

（二）驮子

驮子由牲畜及驮具组成，常用的牲口有驴、马、骡、牛、骆驼。驮具有驮子和架子两种。涉县以驴驮、马驮为多，驴可驮50~75公斤，马可驮载75~100公斤，驮可运货又可载人，驮子沿用7000余年。随着农业现代化发展进步，至2022年，王金庄等部分村庄仍在使用，驮子数量锐减。

（三）独轮车

独轮车古称鹿车、水牛，今称手推车。其形制有中间起脊两边装载的供车和无脊平板车两

20世纪50年代扁担运输

20世纪60年代独轮车运输

种。自河南林县传入，可载100~250公斤，大道或田间小道均可行驶。1958年，群众民间工具不断革新中，以胶轮代木轮，轻便灵活。年底，全县有手推车328辆。抗战时，手推车在支前运输中发挥了重要作用。

（四）轿

轿是一种载人运输工具，分为2人、4人或8人抬，有官轿、民轿之分。清末至民国时期涉县民间轿为2人或4人抬的小轿，轿内仅坐1人。因租费昂贵，一般人家唯在结婚嫁娶时租一次花轿。花轿的结构为红漆顶，红、蓝绸缎布围，前开门。还有一种架窝、骡驮轿，形似轿子，不用人抬，使用骡驴驾载，唯豪绅富户乘坐。1937年后，民间嫁娶多乘马。如今，婚庆租轿又成为新的消费方式。

（五）铁轮车

铁轮车在涉县俗称牛车。东汉时出现，南北朝时已广泛应用。车由车架、车轮、车辕等组成。车轮略低于车厢，轮周嵌以铁箍，轮缘以泡钉，以护轮木。轮中置木辐，车毂穿以木制车轴，一般由牛驾辕，行驶缓慢，载重不足千斤。1960年后，铁轮车逐渐被淘汰。

（六）排子车

排子车是现代研制的一种民间人力运输工具，以人或畜为动力。涉县20世纪50年代始有，铁、木、胶结构，由下脚和车棚组成。车轮为铁质，由车圈、车毂和钢辐条组成，车毂中安装有轴承，车的两轮中间有铁轴相连。车轮初为硬质胶轮，后革新为充气轮胎，车厢、车架为木质或铁质，车杆两根，靠人力或畜力拉拽。1959年，全县有排子车710辆；1969年，发展到5553辆。1970—1987年，在实行家庭联产承包责任制后，排子车使用广泛。1988年，全县有排子车31043辆。之后，拖拉机、货车逐渐取代排子车。

（七）胶轮马车

1948年，涉县开始有胶轮马车，1949年发展到107辆，裕通公司涉县转运站有50辆。该车毂中安有轴承，车轮是胶质充气轮胎，载重750~1000公斤，一般需两套骡马拉拽。1958年后，马车发展较快，有233辆发展到1978年的438辆。1980年后，随着农村经济结构的变化和机动车的迅速发展，马车数量逐年减少。

（八）人力三轮车

人力三轮车又叫脚蹬三轮车，是在城市黄包车的基础上结合自行车的优点改制而成，由车轮、车头、车把等部分组成。人力脚蹬，操作简单。20世纪50年代，传入涉县。1980年后，县城个体商贩使用较多，后渐渐弃用。

二、机动车

1948年，木炭车在涉县出现，1952年后消失。

（一）汽车

1938—1949年，涉县开始有军用汽车出现。1958年，涉县供销联合社购置5部汽车，含嘎斯-63型3部、吉普-164型2部。1965年后，根据战备需要，汽车发展较快。1970年，全

20 世纪 80 年代汽车运输

20 世纪 90 年代拖拉机运输

县有汽车 32 辆。70 年代中期，汽车向大吨位发展，特种车增加。1984 年，运输市场开放，至 1990 年底，县内有汽车 1721 辆。其中，国营汽车 829 辆、集体汽车 384 辆、个体汽车 482 辆、特种车 26 辆。主要品牌有东风、解放、黄河、红岩、三菱、五十铃、燕牌、跃进、金杯等。其中，以国产解放、东风居多。进入 21 世纪，各种新型轿车迅速增多，成为主流。

（二）拖拉机

拖拉机是现代化农业机械兼作交通运输工具。涉县拖拉机主要是轮式和手扶式两种。1958 年，邯郸专署调拨涉县农林局农机科匈牙利 -35 拖拉机 2 辆。1970 年后，农村集体经济日益壮大，生产大队相继购置。1973 年，大型拖拉机 37 辆、手扶拖拉机 93 辆。1980 年后，随着农村经济体制改革的深入，小型拖拉机发展较快。到 1990 年，全县拖拉机 4149 辆。其中，大型 22 辆、小型 4127 辆。主要车型：洛阳 -15 型、邢台 -12 型、河北 -12 型、天津 -55 型、长春 -28 型。

（三）摩托车

摩托车是现代化的交通工具。1967 年，涉县邮局购置上海牌轻骑 2 辆。1980 年后，社会购置摩托车者显著增加，有正三轮、偏三轮、二轮柴油和轻骑四类。柴油三轮车大部分专营公路客运。1985 年，全县有 23 辆。到 1990 年底，增至 1202 辆，其中柴油三轮 94 辆。20 世纪 90 年代，摩托车数量急剧增多。2000 年后，各种新型轿车迅速增多，摩托车数量逐渐减少。

（四）电动车

2010 年后，随着科技进步和环境保护的需要，电动公交车、电动汽车、电动摩托车、电动自行车大量涌现，逐步取代排放不达标的燃油车辆。

1949—1990年涉县运输工具统计表

表 6-1-4

单位：辆

年度（年）	汽车		拖拉机			马车	手推（拉）胶轮车	年度（年）	汽车		拖拉机			马车	手推（拉）胶轮车
	小计	其中：个体	小计	大中	小型				小计	其中：个体	小计	大中	小型		
1949						85	25	1970	32		37	14	23	275	6920
1950						95	20	1971	44		55	12	43	321	7305
1951	1					100	20	1972	53		81	24	57	341	7044
1952	1					103	20	1973	106		125	34	91	358	7495
1953	1					98	15	1974	113		166	50	116	406	8394
1954						108	20	1975	136		313	75	288	424	9178
1955						133	53	1976	164		645	64	631	434	9540
1956						138	112	1977	211		834	80	754	434	9391
1957			2	2		202	214	1978	210		892	107	785		9503
1958	6		2	2		233	887	1979	226		135	900	392	392	9575
1959	6		3	3		206	710	1980	342		1053	167	886	387	9449
1960	6		4	4		212	1530	1981	419		974	155	819	395	9550
1961	6		3	3		228	2039	1982	493	99	953	131	822	339	12139
1962	4		3	3		244	2272	1983	655	167	1094	137	957	168	17596
1963	5		3	3		284	2353	1984	1141	374	1312	71	1241	55	23663
1964	5		3	3		188	2718	1985	1120	366	2053	88	1965	51	27175
1965	6		3	3		206	2981	1986	1388	442	2157	68	2085	39	26085
1966	6		6	6		204	4230	1987	1427	452	2609	47	2562	86	29402
1967	6		10	6	4	203	4552	1988	1462	464	3051	37	3014	157	31043
1968	6		17	6	11	216	4750	1989	1591	473	3429	22	3407	410	32951
1969	17		26	12	14	210	5373	1990	1721	482	4149	22	4127	321	32951

第五节 运费车资

1987年12月1日，交通部、国家物价局颁布《公路运价管理暂行规定》，公路运价包括汽车旅客运价、汽车货物运价等，实行国家定价、国家指导价、市场调节价格三种形式。运价实行行业管理。涉县运价是由交通主管部门和物价部门，按规定权限制定辖区内的运价标准，负责本区域运价贯彻执行，并查处运价违规行为。1990年2月，《河北省公路汽车旅客运输规则》下发，对票价收费率进行调整。

1981年前，汽车客运票价，一般路线每人座每公里0.024元。1986年，汽车客运票价上涨，一般路线每人座每公里0.028元。1987年，汽车客运票价调整，一般路线每人座每公里0.042元。1990年，汽车客运票价调整，一般路线每人座每公里0.048元。

1996年，涉县按照《河北省交通厅、河北省物价局关于调整公路客运价格和改革公路货运价格管理方式的通知》（冀交运字〔1996〕237号）精神，一是调整汽车客运价格。汽车旅客基本运价调整到每人每公里0.068元，山区、平原执行统一运价。调整后的客运价格不含旅客意外伤害保险费和客票附加费。旅客意外伤害保险费仍按基本运价的2%征收。公路运输客票附加费按每人每公里0.02元征收。取消公路客运燃油差价。二是改革汽车货运价格。汽车整车（不含特种车）货物运价，实行市场调节价格，取消汽车整车（不含特种车）的货运燃油差价。汽车零担货物、特种车、集装箱运价继续实行国家定价，运价不含货运附加费和货运燃油差价。货运附加费按每吨每公里0.005元标准向货主征收；汽车货运燃油差价仍按原规定执行。以上规定自1996年5月20日起施行。

随着社会发展，交通部门将运输业纳入行业管理，与物价部门共同制定相应的客运辅助业价格。1999年，汽车客运票价提高，一般路线每人座每公里0.08元。2001年，汽车客运票价涨升，一般路线每人座每公里0.12元。2003年2月27日，河北省交通厅、物价局颁发《关于汽车客运站收取旅客站务费的通知》（冀价经费字〔2003〕7号文件），涉县客运站实行微机售票，收取每人次1元旅客站务费。客运票价调整为一般路线每人座每公里0.16元。

2009年3月3日，《河北省物价局、河北省交通厅关于进一步加强我省农村道路客运价格管理的通知》规定，（1）取消农村道路客运运价可以上浮的规定，可在20%的幅度内向下浮动；（2）取消农村道路客运的旅客站务费；（3）汽车客运站代售旅客保险费，必须坚持旅客自愿原则，单设窗口办理，不得在出售车票时搭售。到2022年底，延续2009年运费标准。

2003年，执行农村公交票价，每公里1.92元。2019年申报“城乡公交一体化建设”示范项目后，城市公交执行1~2元阶梯票价，县区域公交执行2~7元阶梯票价。

1996 年涉县汽车旅客运价表

表 6-1-5

项目	车型	单位	普通客车	中级客车	高级客车
计程运价	大型	元 / 人・公里	0.068	0.092	0.136
	中型	元 / 人・公里	0.092	0.122	0.190
	小型	元 / 人・公里	0.136	0.190	0.260
计时运价	大型	元 / 座位・小时	1.00	1.35	2.00
	中型	元 / 座位・小时	1.35	1.80	2.80
	小型	元 / 座位・小时	2.00	2.80	3.90
行包		元 / 千克・公里	每百千克公里运价率相当于基价 1.5 倍		
小包装货物		元 / 千克・公里	每百千克公里运价率相当于基价 2 倍		
退票费		客票 10%	开车 2 小时前		
		客票 20%	开车 2 小时后		

第六节　客运管理

1980 年后，春节前后大量民工外出，民众返乡和外出活动增加，旅客数量持续上升，以春节为中心，共 40 天左右，春运成为社会焦点。

2009 年，涉县客运市场开展“三关一监督”，即严把运输经营者市场准入关、严把营运车辆技术状况关、严把营运车辆驾驶员从业资格关、做好汽车客运站的安全监督，确保客运市场稳定健康和谐发展。

2011 年 8 月，全国全面重点开展“两客一危”清查活动。重点包括从事旅游的包车、三类以上班线客车、运输危险物品的道路专用车辆，运输里程超过 800 公里的。2011 年 8 月 1 日起，新出厂的“两客一危”车辆，凡未按规定安装卫星定位装置的新增车辆，交通运输部门不予核发道路运输证。

春运期间，交通人员对出租车客运进行管理（2008 年摄）

2012 年后，涉县客运开始层层签订安全生产责任状。县局、市处与站，站与各科

运管人员下发长途汽车春运证（2009 年摄）

室，各科室与所监管企业，责任落实到最基层。2013 年始，全国把每年 6 月定为安全生产月。涉县开展道路水路运输行业安全生产宣传和督导检查活动。开展危险货物运输企业和客运企业消防应急演练，提高道路运输从业人员的应急处置能力，全力保障人民群众生命安全和财产不受损失。2015 年，开展“打非治违”专项行动，加强运输市场源头安全监督，严厉查处和打击无证经营、不按批准的线路、站外揽客及超限超载等影响道路运输安全生产违法违章行为，维护运输市场的正常秩序。2016 年后，按照“全覆盖、零容忍、严执法、重实效”总体要求，依法依规、依据政策加强安全生产工作，重点运输场所、部位进行安全检查，要求企业坚持 24 小时值班，组织相关企业负责人学习《中华人民共和国安全生产法》等相关安全知识和文件，宣传安全生产、安全行车的重要性，提高从业人员的责任意识和安全防范意识。

2019 年 9 月 20 日，交通运输部关于印发新修订的《汽车客运站安全生产规范》明确规定，汽车客运站经营者应当对进出汽车客运站的人员、行李物品、车辆进行严格检查，确保“三不进站”和“六不出站”。即危险品不进站、无关人员不进站（发车区）、无关车辆不进站。超载营运客车不出站、安全例行检查不合格营运客车不出站、旅客未系安全带不出站、驾驶员资格不符合要求不出站、营运客车证件不齐全不出站、“出站登记表”未经审核签字不出站。

涉县加强客运市场安全监管。严厉打击营运车辆不按规定路线、班次、站点运行，不在规定停靠站点上下旅客等行为，杜绝旅客运输过程中超员、超速、超载现象发生。抓好重点时期、重点地区和重点领域专项整治行动。按照上级文件，认真落实安全生产排查整治工作，坚持“谁主管、谁负责”原则，对本行业本领域加大监督检查力度，分级分类落实隐患排查治理措施。特别是在每年重点时期（春运、清明、五一、端午、汛期、暑期、中秋、国庆等）和重点季节（雨、雪、冰冻季），重点检查道路运输企业安全生产主体责任落实、动态监控落实、消防设施是否齐全、召开安全教育例会等内容。对检查中发现的问题“发现一起、整改一起、处理一起”。各相关业务科室和道路运输企业密切关注天气变化，加强与气象部门沟通，针对恶劣天气，第一时间采取应急措施，确保道路运输车辆安全。

随着社会发展，客货运安全管理成为重点。2018 年，涉县落实省市县关于安全生产风险分级管控与隐患排查治理的双重预防机制，简称“双控机制”，全面抓好企业“双控”机制建设。

2020 年 8 月，按照《河北省交通运输生产经营单位安全生产“双控”机制建设评估管理办法》，涉县危货运输企业河北北凯运输服务有限公司、河北万合客运有限公司涉县汽车客运站“双控”机制建设验收为良好企业，涉县永兴公共交通有限公司“双控”机制建设为合格企业。

第七节　公交管理

一、机构沿革

1998 年，涉县公交管理处成立，属全省第一家，法人代表武白全，员工 60 人，22 辆 10.5 米黄海客车。2003 年 1 月 9 日，公交管理处整体划转交通局。债权债务仍由原公交管理处负担，交通局不承担原企业债权债务。

2007 年 8 月 29 日，涉县路通公交服务有限公司成立，位于平安街道办南原村。

是年 10 月 29 日，涉县城市公交开通，公交线路 2 条，总长 40 公里，投入 36 部燃油公交车，途经 132 个站点。线路呈“8”字形，覆盖“四镇两厂”（平安街道办、井店镇、更乐镇、河南店镇、龙电公司和天铁集团）。车辆循环运行，起点、终点均为公交公司（驻南原村）。日均发 144 班次，日均运送乘客 1.44 万余人次。平均每间隔 10 分钟一趟车，票价 1 元。

2014 年 6 月，涉县洁神新能源公交有限公司注册成立，拥有新能源公交车 60 部。2015 年 1 月 1 日开始运营，从业人员 54 名，投入纯电动公交车 28 部，运营 1 路、2 路城市公交，设 80 个站点，间隔 15 分钟，循环运营，票价 1 元。是年，涉县路通公交服务有限公司的 36 部老旧燃油公交车陆续达到年限报废。

2015 年 9 月，邯郸万合集团涉县永兴公共交通有限公司成立，全县 107 部客运班车纳入公司管理，实现市场化经营、公司化管理。2015 年底，邯郸至涉县开通 812 路城际公交车，车辆全部使用大型气电混合新能源。2016 年 11 月，涉县永兴公共交通有限公司进入涉县城市公交市场。2017 年，14 辆纯电动车运营 1 路和 2 路公交线路，解决群众出行问题。

2018 年 6 月 25 日，河北省交通厅运管局局长王孟章一行 39 人到涉县太行山干部学

涉县公交车首发剪彩仪式（2007 年摄）

院进行“不忘革命初心 弘扬太行精神”主题教育，高度评价了涉县四好农村路的经验做法，特别是运营好打造了涉县模式，值得全省运管系统学习。2019 年 4 月 9 日，涉县永兴公共交通有限公司通过市场竞标，获得涉县城市公交线路经营权。是年 5 月，3 路城市公交开通。2020 年，城市 24 部公交车安装视频监控。2021 年，永兴公交 158 辆车，其中 136 辆纯电动，22 辆柴油车，130 辆新能源车安装一卡通设备。涉县客运形成以县城为中心，以进城四个出入口为中转站，连接城乡、干支相连、长短结合、辐射全县的农村客运网络体系，并与铁路客运、出租车客运紧密衔接，广大人民群众出门就上车成为现实。开通一二九师司令部旧址，娲皇宫和五指山精品旅游景点公交旅游专线，促进涉县乡村旅游、红色旅游的发展。

二、公交线路

涉县城市公交线路为 4 条，运营时间：始发早班车（夏季）6 ∶ 10，（冬季）6 ∶ 40；晚发末班车（夏季）18 ∶ 30，（冬季）18 ∶ 00，票价 1 元。2020 年 4 月，在城乡公交一体化的基础上，全域公交将城市公交和城乡公交融为一体，农村居民和城市居民享受同等公交待遇，更大限度地方便广大乘客和游客。公交 3 路、公交 4 路暂未运行。

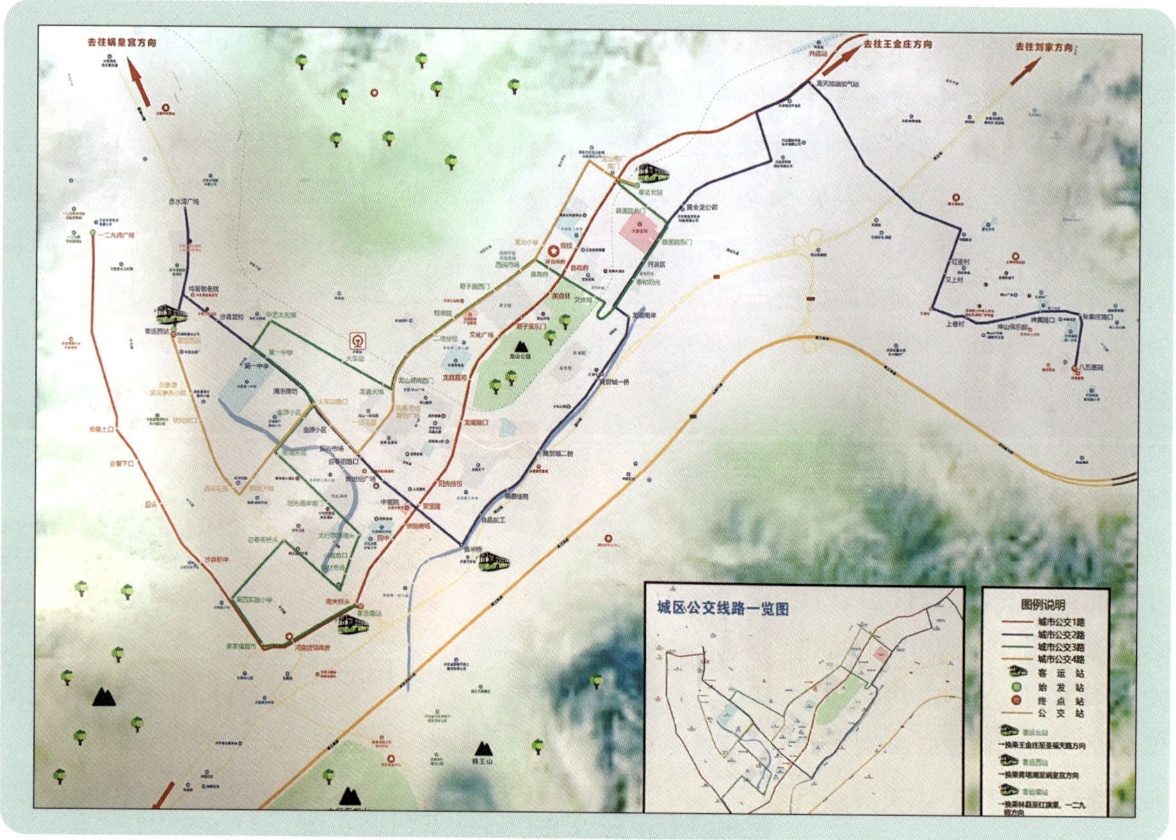

涉县城市公交线路图

公交 1 路 一二九师旧址广场—会里村—沿头村—涉县职中河南店镇政府—客运南站—四中—供销商场—聚宝隆阳光技校—龙南路口—龙胜佳苑—文化广电中心—君子居东门—美食

整装待发的公交车（2007 年摄）

林—涉县政府—客运北站。运行线路总长 15 公里，每 10 分钟对发一班，循环发车，单程运行 30 分钟，日发 66 班次。

公交 2 路　客运西站—赤水湾广场—博爱敬老院—涉县驾校—涉县一中—金源小区（火车站路口）—振兴市场—新世纪广场—涉县中医院—百米桥（汽车站）—食品加工厂瑞泰佳苑—商贸城二桥—商贸城一桥—龙湖南岸—泰和阳光—县医院东门—黄金龙公司—将军岭酒厂—海天加油站—红街村—又上村—上巷村—神山俱乐部—神黄路口—张家庄路口—天铁医院。运行线路总长 30 公里，每 15 分钟对发班，循环发车，单程运行 45 分钟，日发 78 班次。

公交 3 路　客运北站—涉县医院北门—涉县医院东门泰和阳光—县文体局—涉县政府—西岗市场—君子居西门涉县检察院—电力局—龙山庭院西门—龙瀛天域—龙南路火车站路口—华亿太阳城—涉县一中—金源小区—御湖天城—阳光海岸南门—大行市场南头—小海路口—钢材市场—迎春桥头—河南店小学—家家福超市—河南店镇政府—客运南站。运行线路总长 15 公里，每 20 分钟运行一班，循环发车，单程运行时间 40 分钟。

涉县公交站牌（2022 年摄）

公交 4 路　客运北站—龙山电厂南门—龙北小学—西岗市场—君子居西门—第三幼儿园—枫美宏信装饰广场——品花园—金源小区—御湖天城—滨河花园—润亲源滨河康养小镇—客运西站。运行线路总长 8 公里，每 20 分钟运行一班，循环发车，单程运行时间 30 分钟。

1961—2016 年涉县汽车站客运统计表

表 6-1-6

年份	运量（万人次）	周转量（万人公里）	年份	运量（万人次）	周转量（万人公里）
1961	5.10	312.10	1989	52.70	3701.00
1962	9.10	588.10	1990	51.40	4283.00
1963	9.80	535.90	1991	52.1	4356
1964	9.40	449.60	1992	53.2	3961.04
1965	15.80	126.90	1993	48.6	3893.03
1966	17.40	428.40	1994	50.3	4086
1967	16.60	404.00	1995	49.1	3996
1968	16.70	406.00	1996	53.9	4598
1969	17.10	409.00	1997	60.8	5369
1970	30.20	891.90	1998	61.1	5264
1971	30.4	892.50	1999	62.3	5362
1972	31.3	995.60	2000	66.5	6394
1973	32.20	1142.00	2001	70.6	6985
1974	38.60	1602.00	2002	71.5	7012
1975	45.10	1814.00	2003	70.9	7012
1976	41.00	1803.00	2004	69.9	6938
1977	48.50	1924.50	2005	75.3	7593
1978	60.30	2230.00	2006	77.9	7986
1979	68.90	2317.00	2007	80.6	6523
1980	82.00	2667.90	2008	90.3	7536
1981	80.70	2689.90	2009	91.2	7529
1982	81.70	2672.00	2010	92.3	8003
1983	57.60	2421.70	2011	95.3	7346
1984	67.00	2635.00	2012	96.1	6999
1985	69.10	2608.00	2013	97.6	7368
1986	72.10	2664.00	2014	96.9	7423
1987	69.80	3152.00	2015	90.1	6980
1988	72.50	3884.00	2016	88.9	7892

注：从 2017 年开始，县级运输管理部门不再统计客运周转量相关数据。

2022年涉县城乡全域公交规划表

表 6-1-7

始末站	路 线	总计（辆）
公交北站（1号线）	101路至阳邑	30
	102路至木井	3
	103路至龙虎	3
	105路至鹿头	3
	107路至王金庄	3
公交南站（2号线）	201路至张头	9
	202路至（槐丰、太仓、郊口、田家嘴）	4
	203路至（岭底、后池、陡贡、甘泉、关防、宋家）	6
	205路至匡门	1
	206路至（黄岩、小车、西山）	3
	207路至曲峧	1
	208路至（响堂铺、四合、杨家山、后宽嶂）	4
公交西站（3号线）	301路至偏城	10
	302路至麻田	4
	303路至辽城	3
	305路至塔庄	3
	306路至悬钟	2
	307路至索堡	3
长途客运站（4号线）	401路至北峧	1
	402路至张家庄	2
	403路至龙虎	2

2022 年涉县城市和城乡客运经营性车辆一览表

表 6-1-8

类别		单位	总计	其中个体	按标记客位分						按车长分				按等级分			安装GPS的车辆	安装行驶记录仪的车辆
					大型	其中个体	中型	其中个体	小型	其中个体	特大型	大型	中型	小型	高级	中级	普通		
客运车辆总计		辆	158	0	158	0	0	0	0	0	0	0	158	0	0	0	158	158	158
客运车辆总计		客位	7722	0	7722	0	0	0	0	0	0	0	7722	0	0	0	7722	7722	7722
按经营范围分	班车客车	辆	158	0	158	0	0	0	0	0	0	0	158	0	0	0	158	158	158
按经营范围分	班车客车	客位	7576	0	7576	0	0	0	0	0	0	0	7576	0	0	0	7576	7576	7576
按燃料类型分	新能源纯电动车	辆	136	0	136	0	0	0	0	0	0	0	136	0	0	0	136	136	136
按燃料类型分	柴油车	辆	22	0	22	0	0	0	0	0	0	0	22	0	0	0	22	22	22
按燃料类型分	汽油车	辆	0	0	0	0	0	0	0	0	0	0	0	0	0	0	0	0	0

第八节　城乡交通运输一体化

2016 年 10 月，交通运输部、国家发展改革委等 11 部门联合印发《关于稳步推进城乡交通运输一体化提升公共服务水平的指导意见》。加快推进城乡交通运输基础设施、客运服务、货运物流服务一体化建设，努力营造城乡交通运输一体化发展环境。

2017 年，交通运输部公布首批创建城乡交通运输一体化示范县名单，创建周期为 2 年。交运部将加大对创建城乡交通运输一体化示范县的政策支持力度，对符合“十三五”规划，具备条件的通乡镇、建制村硬化路、旅游路、客运场站、乡镇客运综合服务站等项目给予优先扶持。

2018 年，涉县“四好农村路”全国示范县开始创建。针对村民网购难、运输难等问题，涉县主动将发展较快的网络物流与客运市场紧密结合，探索出新的运营模式。涉县建成 12 个县、乡（镇）交通综合服务站、280 个村级电商服务站，联合 1300 多家城乡便民超市，为村民提供

城市公交让群众乘车更方便（2007 年）

涉县特产花椒通过快递发往全国（2020 年摄）

电商、物流等服务，实现农村物流网络节点全覆盖。客车捎货提高运营集约化水平，县乡村三级物流网络的完善，解决覆盖广度和深度的问题。79 条公交路线，货物最长 4 个小时就可以从县城到达村级服务网点，时效性高。“客运 + 货运”一网通信息平台通过开展客货运融合发展配送业务，实现客户在线下单、同城配送上门取货、在线结算、智能调度等，县、乡级网点之间配送货物 80% 实现网络预约。2020 年 6 月，涉县“信息平台 + 客货同网”模式被交通运输部评选为全国首批农村物流服务品牌。

2021 年 10 月，涉县被交通运输部列入第二批城乡交通运输一体化示范创建县。依托良好的交通网络设施，涉县先后改造建设城乡公交线路 26 条，营运客车 103 辆，行政村通车率达 100%。解决群众出行难点，打造县城范围 20 公里公交全覆盖，换乘无缝衔接网。不断提升客货运场站的配置与功能，建设公路客运站 16 个，包括 4 个县级客运站和 12 个乡镇级客运站，总占地面积 24659 平方米。依托农村公路路网，采用“企业化经营 + 政府购买服务”的模式，全面整合城市公交、农村班线等客运资源，形成“以县城为中心、乡镇为节点、行政村为终端”的三级城乡公交线路，城乡公交通车总里程达 2253 公里。开通郝赵、后池、岭底等 10 多条以客带货线路，有效解决农村物流配送难题。推广农村客货邮融合发展，消除农村物流痛点，推动城乡交通运输一体化发展。

2022 年，城乡交通运输一体化快速推进。县城 30 公里范围内农村客运班线公交化运行实现 100%；216 座公交候车亭改扩建完成；公交南站改造完成货物存取区，设立涉及涉林线所有乡镇的取货台。在公交北站建设仓储物流服务中心，推进客货邮融合发展。

第二章 出租客运

1990年前，出租客运市场处于自发萌芽状态。1998年涉县出租车客运管理站成立后，出租客运从摩托车、面包车到轿车，从汽油车到油气双燃料、绿色电动车，经历了从无到有、从弱到强、从无序到规范的过程。2000年后，私家车和滴滴打车的迅速发展，加大出租市场的竞争力。2021年底，全县出租车共有468辆，全部为轿车，标志齐全，规范营运，是客运市场的重要部分。

第一节 出租车客运组织

1998年5月1日，涉县交通局出租车客运管理站正式成立。经涉县机构编制委员会批准，列股级全民事业单位，定编8人。之前业务由运管站负责。主要职责为：制定出租车运力发展的统一规则，依据《邯郸市出租汽车客运管理办法》和有关法规制定出租汽车管理的具体制度；对申请购置的出租车和开业资格进行审核，并提出审核意见；核发客运出租车运输经营许可证、道路运输证；会同物价部门制定出租车统一收费标准和收费办法，负责出租客票的印制、发放和管理；负责计价器的选型，指定安装单位进行安装，调试和维修；对经营者经营活动进行监督、检查；受理对违反《邯郸市出租汽车客运管理办法》行为的投诉，并进行调查处理；会同公安、城建等部门设置出租车上下站点。

2005年，涉县客运出租车工会联合第一届委员会成立。2010年7月，根据县委、县政府《关于印发〈涉县人民政府机构改革实施方案〉的通知》，涉县交通局出租车客运管理站更名为涉县交通运输局出租车客运管理站。至2020年底有干部职工30余人，设有3个稽查组和法制安全室、财务室、办公室。全县有1家出租汽车经营企业——涉县出租车服务中心。

2016年，办公地点由原址涉县交通局运管站院内（振兴路中国银行对面），几经搬迁，最终搬至平安街道办南原村口（原公交公司院）。

2022年9月2日，根据涉县县委机构编制委员会文件精神，为深化综合执法行政执法改革，涉县交通运输局出租车方面的行政处罚权及处罚相关的行政强制、行政检查划转涉县综合行政执法局行使。出租车客运管理站27名自收自支事业编制及18名在编人员一并划入，出租车服务中心整体业务划转。

第二节 出租车发展

一、“摩的”转“轿的”

1990年以前，出租市场多以摩托三轮、面包车等私营车辆为主，轿车数量极少，出租行业处于萌芽状态。1992年，各地出台一系列鼓励出租汽车行业发展的政策，促进出租市场的快速发展。1993年，各地开始将出租汽车作为“城市公共资源”按照特许经营方式管理，陆续采取准入数量管制、经营权有偿使用和公司化运营等管理办法。

三轮车改装的摩的在待客（1999年摄）

1998年5月，出租车管理站成立后，涉县将市场上现有“农用三轮车”“面的”车纳入行业管理。2000年，“摩的”统一车棚颜色、统一编号，成为县内非正规出租车。

2001年6月1日起，《邯郸市客运出租汽车管理条例》施行。出租汽车营运的驾驶员需具备三个条件：有本市常住户口或者暂住证；有符合规定的机动车驾驶证并有2年以上驾龄；经出租汽车管理机构职业培训并考核合格的出租汽车营运的驾驶员。

2004年12月，由河南引进两厢吉利10辆。2005年1月，再投两厢吉利18辆，涉县正式有了打表收费的出租车，开通叫车电话3992166。2006年，根据县政府要求，“摩的”分三批转岗更新为110辆夏利出租车，10月，开通叫车电话3998100，原叫车电话停用。根据出租汽车使用年限和行驶里程等相关规定，按照以一换一的办法，2007年56辆“面的”首次更换车型变为远景“轿的”。2008年，更换出租车11辆。2009年，更换出租车12辆。2010年，更换出租车94辆，其中16辆为双燃料出租汽车。叫车电话3998100变更为3858100。

2011年，涉县更新出租车53辆，首批两厢吉利出租车退出市场。2012年，更新出租车61辆。2013年，更新出租车167辆。2015年，更新出租车79辆。2016年，更新16辆双燃料出租车，“面的”全部退出出租客运市场。2016年9月，引进当地出行电召平台投入试运行，乘客不出门就可以叫到车，实现出租车服务到家门口（家楼下）。2017年，更新出租车62辆，所有出

出租车更新（2019 年摄）

租车顶灯更新为 LED 全彩具有 GPS 定位和空载功能显示的顶灯，建立 GPS 平台对出租车辆动态管理。2018 年，更新出租车 33 辆。2019 年，更新出租车 53 辆，其中 3 辆为纯电动车，为邯郸市首次投放纯电动出租车。2020 年，更新出租车 58 辆。出租车车型从夏利、远景、捷达等不同车型不断升级，涉县出租车市场车辆硬件在周边省市名列前茅。

二、出租车服务中心

2004 年 10 月，涉县出租车服务中心成立。主要业务为出租车代办各种手续，播放、张贴出租车广告，有 8 辆面的。12 月，涉县出租车服务中心引进河南金誉汽车租赁有限公司二厢吉利“轿的”26 辆投放市场。2005 年，纳入出租车服务中心的出租车 50 辆。所有车辆统一装备，顶灯、防护网、计价器配备齐全，县内出租车统一转变为正规出租车。2006 年，“摩的”转“轿的”后，纳入出租车服务中心 205 辆。2008 年，纳入出租车服务中心 469 辆。出租车服务中心对出租车收费标准为每月 70 元服务费。

2009 年，出租车驾驶员开始办理道路旅客运输驾驶员从业资格证。2017 年，涉县出租车驾驶员进行备案。2018 年 6 月，根据邯郸市交通局运输管理处《关于规范巡游出租汽车驾驶员从业资格证管理工作的通知》，涉县出租汽车驾驶员资格证由道路旅客运输驾驶员从业资格证变更为巡游出租汽车驾驶员证，全年换证 582 个。取得巡游出租汽车驾驶员证的从业人员 650 人，注册 626 人。2018 年，出租车客运许可移交涉县行政审批局。

更新的捷达出租车（2013 年摄）

第三节 出租运价及补贴

一、出租车计费运价

2004—2022 年，出租车经过一次定价，三次调价。最初起步价为 3 元，现起租价为 6 元。

2004 年 9 月，涉县物价局《关于出租车计费运价有关事宜的通知》，起租价 3 元，基价里程为 1 公里，超过 1 公里，小轿车每车每公里加收 1.6 元，微型面包车每车每公里加收 1.4 元，其他项目标准及有关事宜按文执行。

出租车司机排队领取油补（2006 年摄）

2006 年 3 月，涉县物价局《关于涉县出租车运价标准的通知》，微型面包车及夏利、吉利等小轿车出租车每车次收取起步价 3.00 元，基价里程为 2 公里（含 2 公里），超过 2 公里每车每公里加收 1.20 元。《关于涉县出租车运价标准的补充通知》，起步价、基价里程计费里程、车公里等仍按原文件执行；空驶里程：6 公里之内（含 6 公里）不收空驶费，超过 6 公里在车公里运价基础上加收 50% 的空驶费；夜间加费：当晚 22 点至次日 6 点之间，不分车型，在车公里运价的基础上每公里加收 0.2 元。等候费：候时为 10 分钟，每等候 10 分钟增加一公里运价。包车收费车主与用户协调。应乘客需要，出租车所通过高速公路、桥梁、隧道等需要交纳的费用，由乘客负担，违章、违规罚款司机自付。

2009 年 7 月，涉县物价局《关于调定出租车运价标准的通知》（涉价费字〔2009〕6 号）夏利（含吉利、面包）起租价为 5 元，基础里程 2 公里（含 2 公里），超过基础里程，每车每公里加收 1.2 元；远景型出租车起租价为 5 元，基础里程 2 公里（含 2 公里），超过基础里程，每车每公里加收 1.4 元，空驶里程、夜间加费、等候费、包车计费等仍按文件执行。

2022 年 1 月，根据《涉县发展和改革局关于调整涉县出租车运价的通知》（涉发改〔2022〕1 号）精神，出租车运价标准调整为起步价 6 元，基础里程 5 公里（含 5 公里）；空驶费里程为 5 公里，超过 5 公里后在车公里运价基础上加收 50%，超过 5 公里运价为 2.4 元 / 公里。夜间时间为当晚 23 ：00（含）至次日凌晨 5 ：00（不含）。等候时间为 5 分钟，每等候 5 分钟增加 1 公里运价，不足 5 分钟不收费。夜时费、包车计费等仍按涉价费文件执行。

二、燃油补贴

为保障国内成品油供应，促进国民经济持续健康发展，2006 年 3 月开始，国家对石油价格形成机制，实施综合配套改革方案。是年 5 月，河北省财政厅制定《河北省成品油价格形成机制改革相关行业补贴办法》，按照该办法有关规定，农村道路客运经营者、城市出租车司机等六大行业，可获得相应燃油补贴。2006 年开始，涉县出租车成品油价格补贴由县财政局直接发放到出租车户手中，2006 年每辆车补贴 1170 元。

2009 年，为加强城乡道路客运成品油价格补助专项资金管理，促进城乡道路客运健康发展，保障国家成品油价格和税费改革顺利实施，根据财政部等七部门《关于成品油价格和税费改革后进一步完善种粮农民部分困难群体和公益性行业补贴机制的通知》《城乡道路客运成品油价格补助专项资金管理暂行办法》。第四条：各地应抓紧完善出租汽车价格联动机制，通过调整运价或燃油附加，化解油价调整对出租汽车经营效益的影响。在完善价格联动机制之前，中央财政对出租汽车经营者给予临时油价补贴。2016 年 12 月，邯郸市交通运输局、邯郸市财政局转发《河北省出租车行业油补政策调整实施方案（2015 年度）（试行）》。

2006—2019 年，涉县出租车油补资金按每年 400 余辆出租车，每辆出租车运营月数及国家规定标准发放，累计下发出租车油价补贴资金 5300 余万元。

第四节　文明服务

2004 年，出租车服务成立后，出租汽车驾驶员月例会定期开展，每月 25 日上午单号车，下午双号车，次日上午补会。遇节假日调整提前。会议内容为通报最新行业政策、出租营运通报、行业教育和车辆服务等事项。根据行业特点和社会热点，不定期邀请公安交警等人员进行安全警示教育课，全方位提高出租司机的业务能力、安全意识、服务水平和思想素质。2014 年，建立 3 个出租车驾驶 QQ 平台，进行法制宣传、安全教育、会议通知，奖优罚劣。制作上岗证（监督卡）527 个，接受社会监督。

“的哥”学英语（2008 年 7 月摄）

2005 年，开始出租车司机实行诚信考核。2006 年，建立出租车驾驶员诚信档案，500 多名出租车驾驶员建档管理。在岗营运驾驶员与行业管理部门签订出租汽车驾驶员安全责任状。是年，对 89 名违规营运驾驶员实行违规培训和停运带车培训，对 3 名超龄的出租车驾驶员启动退出机制，注销其出租车从业资格证，收回出租车驾驶员上岗证。2006 年，出租站评选首届“十佳的哥”。2007 年，评选第二届“十佳的哥”，推出婚庆车队。2008 年，开展“迎奥运、树新风”活动，举办“迎奥运保安全的士”“迎奥运讲礼仪学英语”培训，自编印制“的士掌中宝”日常口语 52 句及奥运相关知识。通过电台专栏播出和老师现场教学的方式，掀起全县的哥学英语迎奥运的热潮。2011 年，开展“争做文明使者、共创文明城市”活动。2012 年，开展“千人献爱心、好事做万件”和“学雷锋、送春风”活动。2015 年，开展“规范服务树新风”活动，提高从业人员的服务水平，实现“车容车貌、停放整齐、安全行车、文明服务、诚信待客”五达标。公开监督电话、接受社会监督，倡导诚信待客、拾金不昧的行业风气。

首届“十佳的哥”颁奖大会（2007 年摄）

2018 年，利用 LED 顶灯播出公益宣传，先后播放文明创城打非治违等标语 1.2 万车次，张贴涉县出租车文明服务公约 430 份、服务规范 440 份。2020 年 9 月 28 日，推出“出租 + 旅游”服务。组建涉县出租车旅游服务车队对首批 15 名“导游的士”岗前培训，为游客提供景点介绍等优质服务。

2006 年后，非法营运车辆不断增加，扰乱了出租客运市场。出租车管理站严格按照省市有关法律法规的规定，严厉打击非法车辆，维护客运市场稳定。特别是在春运、五一、十一黄金周等关键节点，分队分组分管辖范围，对汽车站（客运点）、火车站周边、城乡接合部、城区主干道等实施监控，取缔非法营运集散地，通过开展安全生产整治、出租客运市场专项整治、安全生产月等活动，加大宣传力度，提高群众拒坐黑车的安全意识，同时加大对正规出租车规范经营，诚信服务的管理。涌现出 2017 年度河北好人郭向虎和 2017 年度邯郸市见义勇为先进个人史建明等先进典型，推动行业精神文明建设。

第三章　货运管理

第一节　国营货运

国营货运始于古代官办运输，包括官办驿运和商业运输。清末，由于铁路和邮电业兴起，驿运逐渐衰退。1912 年，涉县驿运被邮局寄递取代。

1945 年 2 月，晋冀鲁豫边区政府决定由工商总局负责筹建太行运输公司。工商总局集资冀钞 200 万元，是年 4 月，涉县索堡村正式成立华北各解放区最早的公营运输企业——太行运输公司。原址设在涉县索堡运输站，太行运输公司的经营活动沟通了根据地和敌占区的物资交流，平抑根据地物价，保障军民急需的盐、煤供应，增加农民运输收入。12 月，太行运输公司东迁至邯郸。索堡运输站迁至县城南关，改称县南关运输站。不久，太行运输公司改称交通运输公司。1946 年 4 月，为促进国共两党合作，交通运输公司以私营面貌出现，更名为裕通转运股份有限公司，其下属的涉县南关运输站也称涉县裕顺货栈。

在解放战争中，涉县裕顺货栈坚持“以商养运、以运支前”的方针，除组织民间运输外，还自购、自运、自销军民所需生活和生产资料，促进晋冀豫周边县市的物资流通，以此积累资金，购置运输工具，扩大再生产。运输工具由最初的驮畜发展到铁轮车直到马车，全力支援前线运输。

解放牌货运汽车（1973 年摄）

1949 年 4 月，涉县裕顺货栈移交给山西长治华北太行区运输公司，作为其支公司，更名为华北太行区运输公司涉县转运公司，自营马车 50 辆。收购、运输和销售的经营种类为粮食、煤炭、食盐、布匹、山货等。为衔接邯长线客货运输，太行区运输公司在涉县驻木炭车 2 辆，并在河南店设转运栈，西戌设转运分站。1949 年，涉县转运公司完成货运量 3384.2 吨，其中该公司车马驮队运货 910.1 吨，雇用外栈马车运货663.75吨，组织群众运货1810.36吨。全年盈利16000万元（合人民币1.6万元）。

中华人民共和国成立后，涉县转运公司由公营过渡到国营，是涉县最早的国营企业之一。自有运力马车50辆，分5个队。每队10辆，役骡23头。1950年后，根据交通部精神，涉县转运公司改“以商养运”为“以运养运”，按计划搞好运输。开展联运转运和货栈业务。依靠政府，组织群众，国营运输业成为公路运输的主导力量。

1952年6月，长治华北太行区运输公司、涉县支公司移交邯郸运输公司，更名为邯郸运输公司涉县支公司，经理邢宋仁，自营运力马车20辆。1953年，河北省政府主席杨秀峰慰问涉县，拨款7万元增置马车30辆，支公司共有马车50辆。涉县支公司马车队为抗美援朝和支援灾区，参加1950—1953年从山西长治—邯郸和1954—1955年的山西调粮会战，因作风过硬、节约费用，受到好评。

1956年3月5日，涉县支公司改为涉县运输站，马车上调邯运输公司。运输市场实行“三统三管”，组织群众运输。邯郸运输公司在涉县临时驻车，以完成大宗货物的运输。随着交通运输业的发展，社会分工趋向专业化，涉县运输站逐渐成为运输服务机构。1961年，为支援农业，涉县政府将邯郸专员公署交通局下发的8辆马车、16匹骡，总价值16.7万元，直接下放生产队。后因资金亏损，1963年4月，马车移交邯郸专员公署交通局马车科。

1968年，为支持涉县“三线”厂矿建设，邯郸地区交通运输局以驻武安的汽车四队为主，其他车队配合，60余辆汽车轮流驻涉县执行运输任务，主要运输物资为建设、机器、原材料、砂石、木材等，以及天津铁厂和鸡鸣铺铁厂的生产用煤。

1973年，“三线”厂矿建成投产后，运输压力加大，地区交通运输局研究决定在涉县组建车队。3月，涉县运输公司汽车五队正式成立，始有汽车31辆、挂车31辆，人员60余人。车型品牌主要是吉尔、解放、东风和邯郸。涉县运输站负责组货和调度，主要服务对象是河北东风药厂、邯郸地区化肥厂、邯郸地区造纸厂、河北第五机械厂、河北第六机械厂、一五〇电厂、天津铁厂、红星机械厂、河北印染厂等“三线”厂矿以及涉县水泥厂、化肥厂、针织厂、砖厂等县办企业。1979年后，运输市场开放，社会车辆增加，汽车五队的货运主要服务对象转向天津铁厂、一五〇电厂、邯郸钢厂等国家大中型企业。1980年，货运汽车发展到39辆、挂车39辆，职工200余人。

1980年后，国营大中型厂矿企业车队自有车辆迅速增加，大多数车队开始由为本厂自运服务转向对外营业，承揽社会货运。截至1990年，全县国营企业货运汽车658辆。1996年，邯郸运输公司涉县五队改为邯郸运输公司涉县公司，拥有货运汽车58辆。国营企业有货运汽车658辆，主要车队有冶金部二十冶车队、一五〇电厂车队、国营符山铁矿车队、河北第五机械厂车队、河北第六机械厂车队、东风制药厂车队、邯郸地区化肥厂车队、粮食局车队、冶金公司汽运厂、涉县炼铁厂车队、涉县化肥厂车队、涉县水泥厂车队、天津铁厂汽运厂。

1999年，涉县货运市场进入发展高峰期，拥有营运货车2470辆，小吨位货车逐步被淘汰，大都更新为拉煤王、143等大吨位车。全县以乡镇区片为点，先后成立8个联合车队。私营运输业户纷纷扩大规模，采取分期付款方式购车。2000 年，涉县“货运信息网”建成，当年入网车辆 800 余辆。

2002 年 5 月，涉县引进武安市东风汽车技术服务站、华盛汽贸有限公司和开元汽贸涉县分公司，成为运输从业户代办购车、上户、维修、售后一条龙服务的汽车销售中心。

是年，涉县交通局运输管理站成立稽查大队，通过源头监管和流动稽查的方法，进一步加强对货运市场监管，形成较为稳定货运市场，逐步建立公平有序的货运市场秩序。对危货运输业管理，坚持严把市场准入关，以资质认定为重点，对危货车辆统一管理，严格车况等级审核，未达要求车辆限期整改，停止其危货运输，从源头上保证车辆达标后方可准予其参加营运。

第二节　集体货运

1944 年，涉县联社成立，是涉县第一家集体企业。商品购进和销售主要靠人担畜驮，仅有 3 头骡子。1954 年 4 月，接收裕涉面粉厂移交的汽车 1 辆、马车 3 辆、骡子 4 头及 2 名司机、3 名马车工人。之后，购置马车。邯郸地区供销社分到汽车 6 辆。1970 年，县社全系统马车最多时有 11 辆。1980 年后，马车趋于被淘汰，机动车辆发展迅速。到 1985 年，全系统有汽车 24 辆、小拖拉机 20 辆。县联社车队为农副产品收购外销和购进生产、生活资料的运输、加快商品流通、发展涉县经济、保障人民生活供给发挥作用。

1990 年前后，国营大中型企业自我完善生产服务体系。一五〇电厂劳动服务公司、天津铁厂劳动服务公司相继组建集体车队，本厂职工家属和子女就业难得到缓解。至 1990 年底，全县 45 个集体厂矿备有货运车辆 200 辆。一五〇劳动服务公司车队自有汽车 29 辆，从业人员 32 人，年完成运量 10 万吨，周转量 100 万吨公里。天津铁厂劳动服务公司车队自备汽车 12 辆，从业人员 28 人，年完成运量 43 万吨。涉县县社车队拥有机动车 54 辆，其中 2.5 吨以上汽车 15 辆、2.5 吨以下汽车 20 辆、小拖拉机 16 台、其他 3 辆。

1991 年，涉县拥有货运车辆 1410 辆，多是解放 -141 型小吨位车，车多且管理人员少，以联合办公、源头堵缴规费为主。至 1996 年，涉县货运市场保持上升趋势，营运货车 2100 辆，车型由解放 141 型转为 142 型。

第三节　民间货运

商朝后期，涉县民间运输即有商人经营贸易，运输主要靠人担畜驮。民国初期，民间运输被称作“脚户”。晋冀鲁豫边区时期，民间运输在军事运输、囤粮运输和商业运输中发挥了重要作用。

1949 年，邯郸、武安及山西长治等驻涉民营马车达 150 余辆，主要经营邯长线。涉县民间运力有牲畜驮 4288 头、马车 57 辆、手推车 51 辆，逐渐成为交通运输中 ·支生力军。

邯长公路沿线组织私营马车参加运输，涉县在沿途增设服务网点，平均每 5 公里设 1 个点，解决运粮人食宿、牲口草料和照明煤油的供应，并设立医疗站，以保证人畜及时就诊治疗。涉县公路站为保证公路畅通，组织西戌、神头养路队和民兵抬砂垫路，并将神头 7.5 公里的河滩路加宽到 9 米。1955 年，邯郸专署运粮指挥部召开运粮总结表彰大会，对在运粮中做出成绩的涉县政府予以表彰，授予锦旗 1 面，西戌兽医站、西戌妇女养路队也受到表扬。

1956 年，涉县私营马车改造后加入农业合作社。集体马车组织成立马车运输合作社，俗称马车队。1957 年 6 月，邯郸专署交通运输指挥部对马车、铁轮车运价进行调整。是年，全县农业合作社共有马车 140 多辆，参加马车队的近 100 辆，常年营运的有 80 余辆。全年完成货运量 32417 吨，周转量 820720 吨公里，收入 32.8 万元。

1958 年 5 月，中共八届二中全会后，中央提出“全党全民办交通”的方针，充分发挥中央和地方的积极性，坚持近代运输工具和民间运输两条腿走路的原则，采取专业运输与群众运输相结合方法，大抓短途运输。公路交通运输事业发展迅速，1958 年，全县生产大队共有马车 190 辆、排子车 517 辆，其中支援大炼钢铁运输的马车 152 辆、排子车 413 辆。全年完成货运量 39000 吨，货物周转量 858150 吨公里。1959 年，参加群运马车 633 辆、排子车 596 辆，完成运量 566300 吨（包括划属涉县的阳邑、徘徊、马庄 3 个公社）。

马车运输（1959 年摄）

1960 年，涉县学习推广昌黎县的经验，开展产供销“一条龙”大协作运输，全县参加一条龙协作运输的汽车 5 辆、马车 300 辆、拖拉机 8 台、人力排子车 648 辆。为加强管理，县人委在索堡、西戌、西达、固新、井店等大公社设立公路运输站，统一管理。是年 9 月，马车队驻西戌马车点撤销，人车下放回生产队。是年底，全县有拖拉机 9 台、马车 325 辆、独轮车 65 辆、排子车 418 辆。运量 23.49 万吨，周转量 558 万吨公里。1961 年，交通运输工作的重点转向以支援农业为主。1962 年，全县生产队马车 224 辆、排子车 2272 辆、牲畜 626 头，完成运量 5.2 万吨，周转量 232.2 万吨公里。

1963 年 8 月，涉县遭受百年不遇洪灾，涉县人委成立救灾运输指挥部，县直各部门分工负责，相互协作，大力发展联合运输。12 月 21 日，长途运输（运到邯郸）救灾物资 5599 吨，其他 1919 吨，短途运输运至全县公路沿线 69 处救灾物资集中点的物资 1680.39 吨。1964 年，第一季度共组织马车 500 余辆，经过 50 天的奋战，往邯郸运白草 2600 吨、炒面 320 吨、山货 1900 吨。

涉县运输站组织群众运输，大力发展联合运输。采取“四代运输”“直达运输”等方法，直接为农民服务，每年往农村运送生活用煤约 15000 吨，外运土特产 2000 余吨，运送支农物资 3 万余吨。从 1957 年起一直保持全区先进运输站的称号，1965 年被上级授予“保持艰苦传统、热心为山区服务的运输站”称号。

1965 年后，“三线”厂矿建设逐步展开，运输任务日趋繁重，主要服务于“三线”厂矿基建运输。参加“三线”厂矿的群运货运马车 800 余辆、畜力排子车 1700 余辆。1970 年，群运完成运量 38.77 万吨，周转量 310.4 万吨公里。1971 年，群运完成运量 27.9 万吨，周转量 279 万吨公里，主要运输建材、煤炭、矿石、粮食、食盐及农副产品。

1979 年后，涉县运输市场逐步开放。1985 年，全县个体和联户货运汽车 357 部，占县属汽车的 58%。个体营运拖拉机 1700 辆。为适应经济的发展，涉县积极推动个体运输走合作运输的道路，在自愿互利的基础上，组成新型经济联合体。1985 年底，组建合作运输组织 25 个，加入的个体或联户汽车 345 部。该组织又称联运公司或运输车队，实行“统一经营、单车核算、自负盈亏”。实行“六统一”，即统一组织货源、统一结算运费、统一办理手续、统一油料供应、统一修理车辆、统一缴纳税费，收到良好效果，该经验在全国推广。1989 年 6 月，《邯郸地区公路货物运输合同管理暂行规定》开始施行。

1990 年底，全县经济联合体 11 个，汽车 434 部。全年完成运量 260 万吨，周转量 11316 万吨公里。个体营运拖拉机 3068 辆。1996 年，国内贸易部草拟《物流配送中心发展建设规划》，提出发展建设物流配送中心的指导思想和原则。1999 年，国家明确“非公有制经济是社会主义市场经济的重要组成部分”。2001 年，国家经贸委等六部委出台推进现代物流发展的若干意见。2004 年，出台《关于促进我国现代物流业发展的意见》。2014 年，交通运输部《关于全面深化交通运输改革的意见》，在完善综合交通运输、建立完善交通运输现代市场体系、交通运输转型升级等体制机制方面，部署 42 项改革任务 150 多项改革举措。物流平台逐渐兴起，随着物流信息化及物联网的发展，涉县货运行业发展更为迅速。2018 年，涉县成立行政审批局，道路货物运输行政许可移交审批局办理，货运行业取得长足发展，经行政审批局审批后到运输管理部门备案的货运企业有 100 余家。至 2022 年，涉县拥有道路运输企业 177 家（其中危险货物运输企业 1 家）、个体运输业户 475 家。

1961—1990年涉县货运情况表

表 6-3-1

年度	运量（万吨）		周转量（万吨公里）	
	小计	其中：社会	小计	其中：社会
1961	3.6	2.3	107.7	55.8
1962	5.2	4.2	232.2	85.5
1963	3.1	1.4	261.6	99.9
1964	4.1	1.9	303.6	96.8
1965	14.5	11.3	346.4	80.8
1966	17.4	13.0	290.0	95.9
1967	20.9	14.2	368.0	105.0
1968	23.5	14.5	385.0	110.0
1969	30.1	22.0	550.0	301.0
1970	46.2	38.7	910.2	310.4
1971	36.5	27.9	995.6	279.0
1972	35.8	27.59	973.0	265.0
1973	34.8	31.9	811.6	503.9
1974	37.4	33.6	1156.0	712.4
1975	53.5	48.2	1284.0	716.5
1976	19.5	71.7	1403.0	750.0
1977	77.0	69.7	1445.0	584
1978	71.5	65.6	1432	553.0
1979	85.7	77.0	1610.0	577.7
1980	89.5	60.5	1526.0	462.5
1981	71.8	61.7	1530.8	325.6
1982	70.6	63.6	1550.0	415.0
1983	69.7	62.4	1659.6	521.0
1984	86.5	61.3	1853.0	525
1985	98.7	89.3	3038.0	1525.0
1986	108.0	96	8540.0	5325.0
1987	117.0	107.0	9700.0	7025.0
1988	128.8	120.0	11000.0	7126.0
1989	125.0	110.0	9926.0	7358.0
1990	260.0	215.0	11316.0	9180.0

第四节 货运经营

2008年，涉县有货运车辆6211部，吨位364486吨，年均货运量444万吨，货运周转量36620万吨公里，货运从业人员6400余人，年完成产值2356万元，上缴各项税费685.32万元。2009年，涉县有货运车辆7344部，吨位476942吨，货运量515万吨，货运周转量49563万吨公里，货运从业人员7500余人，年完成产值2856万元，上缴各项税费791.45万元，运输货种范围包括煤炭、钢材、轻化工原料等。2010年有货车6858辆，2015年有货车5366辆，2020年有货车8017辆，2021年有货车8220辆，2022年有货车8662辆。

一、货运种类

（一）普货运输

涉县最早的运输企业即联运车队，于1984年成立，经营业务含购车贷款、车辆加油、找货源运输、运费结算等，主要有以郝天义为代表的河南店联运车队，之后建成西达王三姓的涉县西达联运车队、城关联运车队、井店联运车队、更乐联运车队等，共计车辆110多辆。1986年，大部分为个体经营个体车辆运输和联运车队，国营公司有邯运汽车五公司、天津铁厂汽运厂、一五〇电厂车队、粮食局车队、东风药厂车队、煤建公司车队等。2020年，涉县有普通货运企业157家，较2016年（56家）增长180.3%。

（二）货物专运

2000年前后，涉县始有道路货物专用运输，运输业主使用集装箱、冷藏保鲜设备、罐式容器等专用车辆进行货物运输。至2020年底，涉县涉及冷藏保鲜、罐式等专用运输企业4家，分别是涉县路遥运业有限公司（16辆）、涉县鸿驰运输有限公司（4辆）、涉县华茂运业有限公司（1辆）、涉县向海物流有限公司（1辆）、专用车辆22辆。

（三）危货运输

2013年3月，河北北凯运输有限公司成立，是涉县首家拥有危货运输资质的运输企业，主要从事危险货物运输（第1类、第3类）。公司位于涉县平安街道办国道G309南岗段（东河街888号），后迁至井店镇龙井大街与玉岭路交叉口西200米处。该公司于2014年完成二级标准化建设，于2017年、2021年完成标准化二次换证工作，于2020年8月25日完成安全生产“双控”机制建设评估工作。该公司有危险品运输车辆10辆；从业人员10多人，其中驾驶员6人、押运员6人、安全管理员2人、监管人员2人。主要运输业务为1类爆炸品（雷管炸药）运输，用于矿山爆破等。至2021年，涉县有危货运输企业1家。

（四）物流快递

随着互联网的普及，网络购物成为新的消费方式。2007年，涉县第一家快递企业——圆通快递成立。至2020年底，全县除邮政快递外有9家快递企业，从业人员216人，汽车50辆、三轮车 99 辆，业务覆盖 17 个乡镇 308 个行政村。为解决村民购物难、收货难等问题，2019 年后，涉县通过客车捎货的方式，开创“信息平台 + 客货同网”的新营运模式，取得良好效果。

2020 年 2 月 18 日，涉县安全生产委员会办公室印发《关于调整快递业安全监管工作的通知》，将快递业安全监管的行业主管部门调整为涉县交通运输局，具体为运管站负责。

2007 年，涉县圆通快递成立，位于农林路，有厢式货车 2 辆、三轮车 10 辆、员工 13 人。2008 年，涉县申通快递成立，位于南关，有厢式货车 1 辆、三轮车 10 辆、员工 10 人。2009 年，涉县中通快递成立，位于涉县直属库院内，有厢式货车 2 辆、三轮车 8 辆、员工 15 人。2011 年，涉县韵达快递成立，位于龙凤小区，有厢式货车 2 辆、三轮车 5 辆、员工 12 人。2013 年，涉县百世快递成立，位于上清凉，初期为百世汇通，后改为百世快递，有厢式货车 1 辆、三轮车 5 辆、员工 10 人。

2014 年，河北顺丰速运有限公司邯郸分公司涉县营业部（顺丰）成立，地址在君子居小区 15 号楼 2 号门市，有员工 6 人、三轮车 6 辆。至 2021 年，涉县顺丰变成 2 个门市，分别是滨河花园楼下顺丰、裕华路农牧局小区楼下顺丰，有 70 人，三轮车 43 辆、汽车 18 辆。2015 年，北京邦达贸易有限公司涉县分公司（京东）成立，地点在龙山公园附近，2017 年 2 月，变更为河北京东信成供应链科技有限公司邯郸分公司涉县营业部。有从业人员 26 人，拥有机动车辆 9 辆、三轮车 12 辆，2022 年日均处理快递 1500 余件。2015 年 12 月，涉县新邦物流有限公司（邦德）成立，地点在凤凰小区，有从业人员 8 人、三轮车 3 辆。涉县极兔速递有限公司（极兔）于 2020 年 5 月成立，位于河西街倚桥胡同 1 号，后迁至清凉火车站桥梁厂院内，有从业人员 16 人、三轮车 6 辆、厢式货车 1 辆。

2020 年 4 月 26 日，涉县乾沧共配物流有限公司成立，目前是涉县最大的物流公司，位于涉县国道 G309 金诚修理厂院内。由涉县圆通、中通、申通、韵达和百世快递公司组合而来，正式实现快递共配。2022 年 1 月，极兔快递公司并入涉县乾沧共配物流有限公司。该公司占地面积 4000 平方米，有员工 116 人、机动车 12 辆（其中 9.6 米厢式货车 6 辆、6.8 米厢式货车 1 辆、4.2 米厢式货车 5 辆）。该公司主城区快递驿站 29 家，17 个乡镇 308 个行政村均设有快递驿站和快递站点，方便全县居民快件寄取。涉县近 50 家淘宝店和微商用户与该公司有业务合作。据统计，2020 年日均处理快递量 3.5 万件，2021 年达 4.6 万件，2022 年 7

行业管理部门对邮政车辆进行管理（2022 年摄）

月前达 4.2 万件。

二、货运价格

公路货运价格主要记录汽车货物运输价格。1955 年，根据中交部公路运输货物等规定，以货物品种分等计收运费，一般路线基本运价是每吨每公里 0.295 元。1967 年后，货物运输价格降低为每吨每公里 0.18 元。1984 年 2 月 6 日，交通部颁发《汽车运价规则》。1987 年，交通部发文对公路零担货物作出规定，零担货物和特种零担货物，省际零担货物运价：普通货物零担运价每吨每公里 0.26 元，特种货物零担运价每吨每公里 0.35 元。1996 年，汽车整车（不含特种车）货物运价，实行市场调整价格，取消汽车整车（不含特种车）的货运燃油差价。汽车零担货物、特种车、集装箱运价继续实行国家定价。

1998 年，交通部、国家发展计划委员会下发文件《汽车运价规则》，为执行《中华人民共和国价格法》和国家物价政策，遵循价格规律，真实反映运输成本和市场供求关系，合理确定货物运价，促进汽车运输事业发展。

涉县货物运费计算标准为：整批货物运费 = 吨次数 × 计费重量 + 整批货物运价 × 计费重量 + 货物运输其他费用。零担货物运费 = 计费重量 × 计费里程 × 零担货物运价 + 货物运输其他费用。集装箱运费 = 重（空）箱运价 × 计费箱数 × 计费里程 + 箱次费 × 计费箱数 + 货物运输其他费用。包车运费 = 包车运价 × 包车吨位 × 计费时间 + 货物运输其他费用。

改革开放后，按照上级政策，涉县放开公路货运价格，实行市场调节，车主与货主协商运费，实行议价。

1991—2016 年涉县货运情况表

表 6-3-2

年度	运量（万吨）	周转量（万吨公里）
	其中：社会	其中：社会
1991	236	8354
1992	225	7937
1993	229	8096
1994	240	8501
1995	228	8076
1996	242	8722
1997	221	13048
1998	214	12539
1999	241	14937
2000	281	19012
2001	304	20043

续表 6-3-2

年度	运量（万吨）	周转量（万吨公里）
	其中：社会	其中：社会
2002	370	28600
2003	257	16336
2004	247	15787
2005	243	15624
2006	248	15791
2007	353	26265
2008	444	36620
2009	515	49563
2010	927	31245
2011	1276	14542
2012	2189	24739
2013	3552	39788
2014	4085	45756
2015	4697	52619
2016	7515	84190

注：从 2017 年开始，县级运输管理部门不再统计货运周转量相关数据。

第五节　货运环保 安全监管

一、货运环保

2012 年 1 月起，涉县推广清洁新能源货运车辆。至 2020 年底，涉县拥有天然气货运车辆 925 辆。

为落实《邯郸市重型柴油货车远程在线监控 OBD 安全工作实施方案》精神，2019 年 12 月 13—30 日，县交通运输局运管站对全县 800 辆重型柴油货车安装远程在线（OBD）系统，确保实时监控，排放达标。2020 年，涉县积极推动国三及以下营运柴油货车淘汰相关工作。县政府于 2020 年 10 月 23 日、28 日组织交运、环保、财政、发改、公安交警部门及 17 个乡镇召开专题会议，加快相关车辆淘汰进度。2020 年 10 月，县交通运输局多次组织召开运输企业推进会，对运输企业及个体的 163 辆车调查摸底，核对数据及车辆信息。至 2020 年 12 月底，全县除涉及盗抢、查封、抵押等“五类车辆”40 辆车不能注销外，超额完成注销国三及以下营运柴油货车 529 辆。

二、安全监管

20世纪90年代后，县交通部门开始健全道路运输安全责任体系和全员安全生产责任制，严格落实车辆安全技术维护、驾驶人等从业人员培训教育和动态监控措施。对运输行业从业人员进行素质提高、制度和资格管理，加强货运驾驶人培训考试监管，严把从业人员资格准入关，建立货运驾驶人从业信息、交通违法和事故信息共享机制。

2014年7月，交通运输部、公安部、国家安全生产监督管理总局制定出台《道路运输车辆动态监督管理办法》。规定道路运输车辆安装、使用具有行驶记录功能的卫星定位装置，对所属道路运输车辆和驾驶员运行过程进行实时监控和管理。2016年4月，三部委对办法进行修改，旅游客车、包车客车、三类以上班线客车和危险货物运输车辆在出厂前应当安装符合标准的卫星定位装置。重型载货汽车和半挂牵引车和新增车辆均需卫星定位信息。

至2021年5月，涉县160余家普货企业，其中50部车以上30家企业建立动态监管系统。全县货运企业广泛使用车辆监控指挥调度系统、东特信息交互位置服务平台等，通过与全国道路货运车辆公共监管与服务平台互联互通，数据实时共享。全县所有营运货车均安装使用卫星定位装置。对营运车辆运行情况实时全过程监控，建立动态监控台账，建立健全动态监控管理相关制度，规范动态监控工作，对车辆驾驶人的违法、违规行为及时报告、处理和警示，制定实施驾驶员疲劳超速奖惩制度。

2020年2月后，涉县交通运输局运管部门对全县快递行业从业人员现场进行安全生产法、消防法等法律法规讲解，对全县快递业的疫情防控，体温检测、人员登记、消毒记录以及从业人员的安全防护等情况开展检查。企业每月召开1次安全教育例会及对消防设施进行安全检查。不合格的企业则下达限期整改通知书，持续跟踪落实到位。

2021—2022年，加强道路水路运输行业监管，深入开展“打非治违”“扫黑除恶”“双随机、一公开”等专项整治活动，向100余家货运企业和51家未备案维修企业下达整改通知书。

第四章　车辆技术管理

第一节　机务管理

1981 年起，涉县开始对汽车运输机务进行管理，主要为车辆改造、更新、节油等。

1989 年 11 月，涉县根据上级对运输市场的管理精神，发布《关于加强营运车辆机务管理的通知》，涉县运管站开始对汽车机务实行全行业、综合性的管理。下设机务组，负责技术业务管理和监督。坚持“预防为主、定期检测”原则，凡境内营运汽车，必须到涉县交通局、工商局审批合格的汽车修理厂家进行定期二级保养，运管站复核后，签发“合格证”准予营运，否则返厂复修。对脱保车辆，给予经济处罚并强制保养。已达报废标准或油耗严重超标的旧车，强制报废。

1990 年，涉县运管站逐步建立健全车辆技术档案，年底全县 1400 辆营运汽车全部建档。是年 10 月，交通部《汽车运输业车辆技术管理规定》正式施行，明确县级技术管理机构的主要职责。

1997 年 4 月，涉县交通局汽车维护修理厂成立。是年 10 月，邯郸市涉县汽车综合性能检测站在涉县交通局汽车维护修理厂成立。2009 年 11 月 30 日，该站取得河北省机动车综合性能检测站技术服务能力认定。2011 年 8 月，经邯郸市交通运输局运管处批准，邯郸市涉县汽车综合性能检测站更名为涉县交运汽车综合性能检测站。

2017 年，新增 1 家三类维修企业——涉县永胜汽车修理有限公司，通过质量信誉考核。涉县振兴轿车维修有限责任公司、天铁物流汽车修理分公司、涉县华诚运业有限公司汽车维护厂 3 家二类维修企业，因经营不善申请终止经营。是年，根据上级“三检合一”要求，涉县交通运输局综合性能检测有限公司经过技术改造，实现安检、综检、环检“三检合一”。

2018 年，新增 1 家二类维修企业——涉县星瑞汽车维修服务有限公司。9 家二类维修企业，全部完成汽车维修电子健康档案建设。2018 年 8 月，国务院关于取消一批行政许可等事项的决定，明确规定取消机动车维修经营许可。2019 年，新增 2 家汽车综合性能检测企业，分别是河北浩瀚机动车检测有限公司和涉县万泰机动车检测有限公司。2019 年，为做好大气污染防治工作，涉县共安装重型柴油货车远程在线监控（OBD）设备 800 套。2020 年，新增 1 家汽车综合性能检测企业——涉县万兴机动车检测有限责任公司神头分公司。

第二节　车辆维修管理

一、车辆维修厂家

1980年，全县机动车辆较少，汽车维修厂家也较少，车辆技术管理粗放。

1984年，运输管理站成立后，负责监督检查汽车维修等。1987年8月，《邯郸地区汽车维修行业管理办法》颁发，开征汽车维修管理费。是年，汽车维修纳入交通行业管理，取缔部分不达标厂家。1988年后，营运汽车定期进行二级保养。1990年，根据交通部《汽车运输业车辆技术管理规定》，运管站将维修企业监管运输服务业纳入行业管理，健全营运汽车技术档案。是年底，全县主要汽车修理厂24家，其中大修3家。有从业人员699人，维修设备208台，年产值644万元。1991年起，开始对车辆维修厂家准修证年度审验，进行车辆技术等级评定，强制二级维护，一级维护2000公里（或半个月）一次，二级维护1.2公里（或三个月）一次，进口车可适当延长。

1990年涉县汽车维修厂一览表

表6-4-1

名　称	地址	性质	开业时间	年产值（万元）	营业类别	从业人员（人）	设备（台）
涉县农机汽车大修厂	东河路	全民	1988年12月	120	大修	75	50
涉县经委汽车大修厂	城西街	集体	1981年12月	90		82	10
涉县天津铁厂职工技协汽车大修厂	井店村		1988年2月	250		203	31
涉县冶金矿山公司汽车总成修理厂	宋家庄		1985年12月	100	总成	71	20
涉县城里汽车修理厂	城里戏院	个体	1986年12月	25		22	10
涉县供销社汽车小保厂	七一路	集体	1987年12月	20	小保	26	10
涉县河南店第一汽车小保厂	河南店村		1987年12月	60		30	10
涉县南关汽车小保厂	南关村		1989年6月	10		21	7
涉县河南店第二汽车小保厂	河南店村		1982年4月	30		30	6
涉县井店汽车小保厂	井店村		1989年6月	5		15	9
涉县太行汽车小保厂	上清凉村		1988年3月	15		28	11
涉县八里碑汽车小保厂	八里碑		1983年11月	10		25	7
涉县张和平汽车专项修理门市	南关		1988年1月	2	专项	3	2
涉县北关联办汽车专项修理门市	北关村		1987年12月	2		10	2

续表 6-4-1

名　称	地址	性质	开业时间	年产值（万元）	营业类别	从业人员（人）	设备（台）
涉县江涛汽车专项修理门市	南关村		1990 年 3 月	2		5	3
涉县皮革厂汽车专项修理门市	小海路		1988 年 8 月	3		20	2
涉县候富元蓄电池专项门市	城西街		1988 年 3 月	2		2	2
涉县西戌汽车专项修理门市	西戌村		1988 年 3 月	3		8	3
涉县清漳蓄电池专项修理门市	河南店		1987 年 12 月	3		5	2
涉县李润科汽车补胎专项门市	城西街		1987 年 12 月	2		2	2
涉县江勇汽车钣金喷漆修理部	北关村		1990 年 1 月	2		3	3
涉县关防汽车专项修理门市	河南店村		1990 年 11 月	3		3	2
涉县太行蓄电池门市	南关		1987 年 2 月	2		3	2
涉县漳北汽车专项修理门市			1990 年 1 月	3		2	2
合　计	24			664		699	208

2004 年，二级维护专业线 3 条，分别是天铁物流运输有限公司专业线、邯运五公司二级维护专业线、涉县交通局汽修厂二级维护专业线。运管站负责对二级维护执行情况采取监督检查措施。

2016 年，交通运输部发布《车辆技术管理规定》后，道路运输经营者应当建立车辆技术档案制度，实行一车一档。档案内容包括车辆基本信息，车辆技术等级评定、客车类型等级评定或者年度类型等级评定复核，车辆维护和修理（含机动车维修竣工出厂合格证），车辆主要零部件更换，车辆变更，行驶里程，对车辆造成损伤的交通事故等记录。

2017 年，运管站车管科成立，负责机动车维修业务。按照相关要求，重点对汽车维修企业进行监督检查。主要监管经营范围、报废机动车、安全教育和职业道德教育，二级维护、总成修理和整车修理的质量检验及档案电子化专项内容。

二、质量信誉考核

2005 年，交通部发布第 7 号部令《机动车维修管理规定》，按照《河北省机动车维修业户质量信誉考核办法（试行）》的有关要求，县交通局运管站从 2007 年 4 月 1 日起，在全县开展三类以上维修业户首次质量信誉考核工作。主要是对从业人员、安全生产、维修质量、服务质量、遵章守纪、环境保护、企业管理等方面进行全面考核。

车管科对机动车维修企业报送的质量信誉材料进行核实，根据各项考核指标的初步结果进行打分初评，考核总分为 1000 分。考核结果分为优良、合格、基本合格和不合格，以等级表示为 AAA 级、AA 级、A 级和 B 级，考核完成后统一上报市运管处。

2015 年，涉县机动车维护业户考核 24 家。经不断更新，2022 年底，维修业户为 12 家。

2015—2022 年度涉县机动车维修业户质量信誉考核结果表

表 6-4-2

序号	区域	单位名称	2015 年度	2016 年度	2017 年度	2018 年度	2019 年度	2020 年度	2021 年度	2022 年度
1	涉县	涉县明远汽车修理有限公司	A	AA	AA	AA	AA	AA	AA	AA
2	涉县	涉县星瑞汽车维修服务有限公司	A	A	AA	AA	AA	A	A	终止经营
3	涉县	涉县金诚汽车修理有限公司	A	A	AA	AA	AA	未备案	未备案	未备案
4	涉县	涉县泰华汽车修理有限公司	AA	A	A	AA	AA	A	A	AA
5	涉县	涉县交通局汽车维护修理厂	AAA	AA	AA	AA	AA	AA	AA	AA
6	涉县	涉县信达汽车销售服务中心	A	B	A	A	AA	AA	AA	A
7	涉县	涉县红星汽车修理有限公司	A	A	A	A	AA	AA	AA	AA
8	涉县	涉县昌鑫汽车销售服务有限公司	A	A	A	B	AA	未备案	未备案	未备案
9	涉县	涉县东方汽车修理有限责任公司	A	A	A	A	终止经营	终止经营	终止经营	终止经营
10	涉县	涉县海鹏汽车专项修理厂	A	A	A	A	A	未备案	A	A
11	涉县	涉县腾飞汽车专项修理门市	A	A	A	A	A	未备案	未备案	终止经营
12	涉县	涉县龙鑫汽车专项修理厂	A	A	A	A	A	未备案	未备案	终止经营
13	涉县	涉县大众汽车修理厂	A	A	AA	A	A	未备案	A	A
14	涉县	涉县悦翔汽车修理有限公司	A	A	A	A	A	A	A	AA
15	涉县	涉县邦达汽车贸易有限公司	A	A	A	A	A	未备案	未备案	不考核
16	涉县	涉县鑫发汽车修理厂	A	A	A	A	A	未备案	未备案	终止经营
17	涉县	涉县开发区东风斯太尔配件有限公司	A	A	AA	A	A	未备案	未备案	终止经营
18	涉县	涉县快捷汽车美容养护中心	A	A	A	A	A	未备案	未备案	终止经营
19	涉县	涉县永胜汽车修理有限公司	A	A	A	A	A	未备案	未备案	终止经营
20	涉县	涉县奥翔汽车修理厂	A	A	A	A	A	未备案	未备案	终止经营
21	涉县	涉县轩睿汽车贸易有限公司	A	A	终止经营	终止经营	终止经营	未备案	未备案	终止经营
22	涉县	涉县华诚运业有限公司汽车维护厂	AA	终止经营	终止经营	终止经营	终止经营	终止经营	终止经营	终止经营
23	涉县	涉县振兴轿车维修有限责任公司	A	终止经营	终止经营	终止经营	终止经营	终止经营	终止经营	终止经营
24	涉县	天铁物流汽车修理分公司	AA	终止经营	终止经营	终止经营	终止经营	终止经营	终止经营	终止经营
25	涉县	涉县龙宇贸易有限公司	未成立					A	A	A
26	涉县	涉县鑫硕汽车贸易有限公司	未成立					A	A	A

三、维修价格

1986 年 12 月 12 日，交通部等三部委下发《关于颁发“汽车维修行业管理暂行办法”的联合通知》。1987 年，省交通厅等四部委联合颁发《河北省汽车维修行业管理实施细则（试行）》，对汽车维修行业维修工时收费标准作出明确规定。1987 年 6 月，《邯郸地区汽车维修行业管理暂行办法》出台，规定计算维修作业工时及维修费收取标准。统一按工时定额计算维修作业工时，汽车大修、总成修理每工时费 2 元，汽车小修、专项修理每工时费 2.3 元，零配件的材料费按当地批发进价加价 20%，材料费计价公式为材料进场价 ×（1+12%），结算发票计价公式为发票总额 = 工时费 + 外加工费 + 自制配件费 +（材料费 ×12%），结算使用规定发票，并附加工材料费、配件费和工时费用明细表。

鑫源通汽车修理厂（2022 年摄）

第五章　机动车驾驶培训管理

第一节　驾驶员培训

1984 年 10 月至 2022 年底，涉县辖区内共有三所正规驾驶员培训机构。2018 年，机动车驾培机构的审批权划归涉县行政审批局所有。

一、三家驾校

涉县汽车驾驶员培训学校　位于县城振兴路西头，1984 年成立，占地 60 亩，是涉县第一家驾驶员培训学校。该校于 2000 年 12 月通过省道路运输管理局验收合格，换发新的培训许可证，属一级驾校，有教练车 80 辆，教职员工 99 人。可接受 A2、B2、C1 驾照的学习培训和资格办理，2021 年 2 月，增加 C2 驾照的学习培训和资格办理。至 2020 年，该校是全县唯一的普通货物运输驾驶员从业资格证办理处。训练场总面积 8 万多平方米，训练场均符合公安部门规定并设有电脑全程监控，该校已为涉县及周边地区培训近十万名驾驶员。

学员在涉县驾校进行科目训练（2022 年摄）

涉县崇州机动车驾驶员培训有限公司　该公司位于井店镇井店三街村，2011 年 4 月注册经营，占地 50 余亩，属二级驾校。有教职员工 50 人、教练车 40 辆，可接受 C1 驾照的办理和培训。至 2018 年，连续获得省驾培行业“先进驾校”、邯郸市“十佳驾校”等称号，推行先培后付、开展文明交通“五个一”进驾校示范活动、提升服务质量。

涉县华通机动车驾驶员服务有限公司　该校创建于 2014 年，位于涉县西戍镇原七号矿废弃焦化厂。占地面积 3.86 万平方米，属国家二级驾校，有教职员工 52 人。教练员 42 人，教练车 40 辆。可接受 C1 驾照办理和培训。

二、经营许可

2017 年起，运管站开始受理机动车驾驶员培训机构的许可申请，申请人按照相关要求到涉县运管站大厅驾培窗口领取申请表及办理资料清单，并提供机动车驾驶培训经营申请表，申请人身份证及复印件，经营场所的产权证明及复印件一份，教练场用地的产权证明或具有 3 年以上的使用权证明及复印件，以及办学建成或规划教练，教学车辆清单，教学设施，设备清单；聘用人员名册及驾驶证明和由公安部门出具的安全驾驶经历证明，以及各项管理及申请情况等资料。经运管站实地验收场地、车辆、设施设备，符合条件即下发道路经营许可证。

2018 年 6 月，根据《中共涉县县委、涉县人民政府印发〈关于打好三项行政体制改革攻坚战的实施方案〉的通知》精神，将机动车驾驶员培训机构的许可申请事项划转至涉县行政审批局。

第二节　从业管理

2006 年 4 月 1 日，交通部《机动车驾驶员培训管理规定》正式施行。机动车驾驶培训教练员资格全国统一考试由省级道路运输管理机构按照交通部制定的考试大纲、考试题库、考核标准、考试工作规范和程序组织实施。此外，对理论教练员和驾驶操作教练员的年龄、学历和应具备的专业知识和能力提出要求。涉县三所驾校的在职教练员由省运管局统一组织考试，合格后发放教练员证。2016 年 2 月，《国务院关于第二批取消 152 项中央指定地方实施行政审批事项的决定》中第 113 项提出取消《机动车驾驶员培训管理规定》中“机动车驾驶培训教练员从业资格证认定”事项。之后，教练证取消。

2013 年 1 月始，根据河北省运管局和交管局联合下发的通知，汽车驾驶人培训机构全部应用“计时系统”，学员和教练通过 IC 学时卡，录入指纹，开始签到学习，指纹签退，所有学时学完，方能预约考试。

2017 年 9 月起，三所驾校推出“先培后付、计时收费”模式，是实操训练阶段计时付费的方法。由学员自主选择训练时间，自由选择教练员，先培训后付费。有利于保护学员的合法权益，提升市场化程度，发展活力。同时实行教练专职化、教练车专用化、管理信息化的培训与考试相

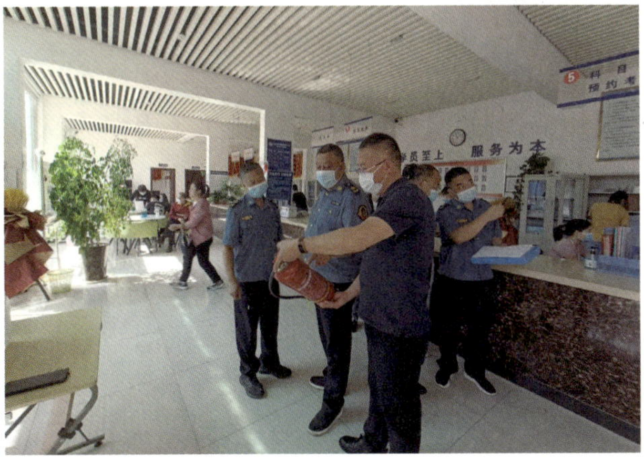

运管人员到汽车驾驶员培训学校检查工作（2021 年摄）

运管人员对驾校车辆里的灭火器材进行检查（2021 年摄）

衔接的新模式。

2018 年 6 月始，计时系统全面升级，用身份证代替 IC 学时卡，应用人脸识别技术，开始学时计时培训，科一、科二、科三、科四学时培训完的学员，驾校学时管理员实时上报运管站计时监管平台系统，运管站学时负责人审批通过以后，方可预约科目考试。

2020 年 8 月 1 日，河北省正式启动驾驶员培训监管服务平台上的电子机动车驾驶培训服务合同核验功能，把电子合同签订情况作为录入学员信息的前置条件，加快驾校与学员在网上完成合同签订进度与速度，实现驾驶培训与考试信息共享，确保训考有序衔接。

2021 年，查扣黑陪练点 16 处，摘除非法广告牌 3 处，查处非法教练车 18 辆；处理出租车违法违规行为 100 余起，进一步规范交通运输市场秩序。

第三节　地方海事

2005 年 12 月 28 日，经涉县编委批准，涉县地方海事处成立，挂靠涉县交通局运输管理站，实行一套人马、两块牌子，机构暂不列编。根据工作需要成立海事处办公室，海事执法人员 5 名，主要负责本辖区内 5 处水上交通安全管理工作。

现场指导游客正确穿着救生衣（2008 年摄）

一、海事企业

涉县辖区水域属于水库、公园水域，不涉及流向。2005 年开始，至 2020 年底，共有五片水域，即青塔湖、补天湖、赤水湾、龙湖、刘家。水路运输企业 4 家，2022 年有船舶 53 艘，客位 244 个。2005—2014 年，每年完成客运量 2 万多人次。2015—2018 年，每年完成客运量 2.4 万多人次。2019—2020 年，每年完成客运量 3 万余人次。

青塔水库建于 1977 年，位于涉县城东北 45 公里处，青塔水库航道属人工航道，主航道一条，航道里程 1.5 千米，航道为东西走向。航道有码头 1 座，码头前水深约 10 米，为南北走向。2005 年，涉县水利局青塔水库灌区管理处成立。2019 年，因水运业户承包到期停止运营，水库长期处于封航状态。

补天湖位于涉县娲皇宫景区内，于 2014 年对外开放，是利用自然河谷建设的人工湖，有码头 1 座，最深处约 8 米，浅处约 1 米，处于封航状态。

涉县开发区欢乐水上游乐中心，成立于 2015 年，位于涉县新城区东侧，高速桥下，现有码头 1 座，码头前水深约 3 米，拥有非机动船舶 22 艘，船舶客位 88 个。

涉县赤水湾旅游开发有限公司成立于 2016 年，位于涉县城西约 3 公里处，是利用自然河谷建设的人工湖，最深处约 3 米，最浅处 1 米，有码头 1 座，拥有非机动船舶 16 艘，客位 80 个，船舶适任船员 4 人，现从事船舶适任工作的有 3 人。2016 年被水毁，河道上游修建赤岸大桥，现河床干涸，截至 2022 年底，处于封航状态。

涉县刘家旅游开发有限公司成立于 2019 年，位于涉县井店镇东部 15 公里处刘家村，井关线刘家段下河两侧，是利用自然河谷建设的人工湖，最深处约 4 米，最浅处 1 米，有码头 1 座约 15 平方米，拥有非机动船舶 15 艘，客位共 76 个。

二、行业监管

2005 年后，地方海事建立起船舶档案及相关台账，对船舶安全情况进行现场监督指导，处理水上交通安全事故，负责调查、统计与上报等任务。重点打击“三无”（无船名船号、无船舶证书、无船籍港）船舶运营行为。排查辖区内船舶的消防、救生和信号设备，依法督查整改隐患，对低标准不具备适航条件的船舶，一律不准从事运输。对客流量大的地点派专人现场监管，严厉打击各类非法载客、超载、配员不足等违法行为。加大对重点水域、重点时段、重点环节的动态管理，特别是加强对旅游水域、水上活动水域等的巡查，严厉查处违规违章行为。

2014 年，根据《中华人民共和国内河交通安全管理条例》《河北省内河安全管理规定》《国内水路运输管理条例》《河北省小型客船运输管理规定》，县海事处对海上运输企业进行监管，负责辖区水上交通安全、防止船舶污染监督管理工作；负责辖区船舶登记的申请受理、资料初审及船长 5 米以下内河船舶的登记、办证管理工作；负责本辖区船舶的安全检查工作；负责对辖区重点水域、重点船舶实施现场监督检查等。

2015 年后，海事处定期开展业务培训，组织相关人员对港行海事政策法规、安全应急、水运建设等专业知识进行学习，提高管理人员的综合素质和管理能力。执法人员到各水域进行严格检查，特别是对船舶消防、救生设备、船体性能的检查，严禁船舶超载、船员酒驾。每逢节假日期间，运管站海事处都会到各水域实施现场监管，做到 24 小时值班，及时掌握水上交通安全动态，保证信息畅通，水上运营安全。

第六章　装卸 联运 汽修

中华人民共和国成立以后，涉县交通紧紧围绕行业特点，发展三产，扩大经营，先后成立装卸搬运、公交联运、汽修加油等交通运输服务企业，在一定历史时期发挥了积极作用。随着社会发展不断转型创新，交通运输服务企业促进行业发展，更好地服务社会。

第一节　装卸搬运

1952年，中国搬运涉县运输公司委员会工会和涉县运输栈委员会成立，有正式建制，又称涉县搬运队。前身为有组织的群众劳工团体，由涉县县城与河南店农民组成。县城主要负责人任菊亭，河南店主要负责人郝兰田。当时办公条件简陋，先是在老工人任菊亭家中，后辗转至城隍庙、老汽车站和商业百货大楼之前所在地，工人无固定住所，均为“走读”。1968年，更名为河北省涉县装卸站。几经搬迁，1974年，装卸站搬至涉县北关坡龙山大街与农林路交叉口。

1953年，搬运工会归涉县汽车站管理，转为正式工人。1958年改称搬运队，1959年收归县管。1966年，三线厂矿建设，带动搬运业务扩大。

一、装卸业务

单位成立之初，靠人挑肩扛人力短途搬运盐、粮等民需货物。为解决基本运输问题，南下安阳取经，仿制出中华人民共和国成立后涉县装卸站第一辆缩小比例木制排子车。1957年，购

中国搬运涉县运输公司委员会工会成立初期职工合影（1960年摄）

从河南安阳找回的第一辆排子车模型（1953年摄）

1974 年，装卸站购买的第一辆解放牌吊车（2009 年摄）

置 4 辆胶轮排子车，告别纯人工搬运。1963 年，完成操作量 6.1541 万吨，财务收入 4.3922 万元。到 1964 年，站内陆续购置排子车 40 余辆，畜力车、马拉车进行搬运。是年，该站有职工 34 人，排子车 49 辆，骡、马 4 匹。全年货运量 4.0955 吨，搬运装卸完成 8.9533 吨。

1965 年，为更好地支援工农业生产，规范货运市场。涉县市场物价管理委员会、涉县交通局关于转发《搬运装卸业务规章及收费标准暂行办法的通知》的通知，规定县内所有搬运、装卸，长、短途运输任务，统一由当地交通部门组织，任何部门不准私自雇用劳力和流散车辆，更不准扶持单干。严格执行“三统政策”，即统一货源、统一费用，统一计划。是年，搬运队再招员工 50 余人。到 1967 年，职工有 133 人。

1970 年前，重点服务驻涉新建厂矿企业的建设物资及机械设备搬运。“文化大革命”时期工作停滞。1974 年，随驻涉厂矿建设运输量剧增，装卸站队伍再度扩大。拥有小汽车 2 辆、大小三轮车 6 辆、小拖拉机 1 台、土式吊车 1 辆、机床 3 个、大小平车 4 辆、电焊机 1 个、倒链 10 个、骡子 21 头、排子车 81 辆，职工 264 人。公共积累款 12.8 万余元。

1975 年，装卸站积极进行技术革新，自制两吨小吊车等设备。是年，拥有运输设备 80 余台（辆）。全年完成产值 35.7 万元，操作量 122.79 万吨。是年，参与青塔水库泄洪抢险任务。1978 年，装卸站有 288 人，新购进全县第一台 5 吨机械式汽车吊，搬运装卸工具以现代化机械为主，辅以牲畜拉车，较大程度减轻人力劳动强度。年产值 46 万元，操作量 92.1 万吨。

1979 年后，运输市场放开，涉县三家民间搬运装卸加入市场作为补充。1972 年建队的井店镇装卸一队、二队和 1981 年成立的更乐镇装卸队主要承担磁涉、邯长铁路、井店火车站装卸和服务三线企业厂矿。

1979—1988 年，装卸站根据省贯彻国务院文件精神，开始招收退休人员子女，30 余人接班。

1981 年，装卸站坚持贯彻十一届三中全会精神，创新按劳分配新方法，制定计件分成工资制。具体按人计件，所得收入集体与个人按比例分成。试行后，职工工资增长 15.03%，利润比 1980 年同期提高 56.6%。郝文财、石伏廷、侯来顺三人单日完成装卸量 193 吨，产值 79.55 元，人均 64.3 吨。是年完成产值 49.83 万元，操作量完成 124.57 万吨，创历史最高水平。1982 年，装卸站人员机械支援农业林业生产，夏收秋播。是年，装卸站建设职工宿舍。1983 年后，货运汽车兴起，传统搬运受到冲击，产值下降，利润亏损，开始实行定员生产比例分配工资制度。

1990年，有职工239人，固定工46人。

1993年，装卸站马车拉运、牲畜驮运等落后运输方式被淘汰。1994年购置铲车，人工与机械相配合作业，散装类货物实现装卸机械化。1996年特大洪灾后，该站积极参与道路疏通、群众营救和全县大部分电力抢修任务。

1997年，货运业务不断萎缩，装卸业务亏损逾10万元。后逐步参与水毁重建和修筑护城坝、宾河路拓宽等重大工程建设上来。是年，装卸站实行工效挂钩，减少工资等级差别，打破按资排辈领工资的旧规。

2000年，涉县城市建设加快，装卸站处于新旧城区接合部，为避免被整体拆迁，装卸站于2001年对临城西街房地产进行开发6层商住一体建筑，占地1200平方米，总建筑面积7200平方米，总投资490万元，2~6层共50套住宅面向单位内部和外部集资，主要为个人集资建设。2002年，住宅房建成。2003年，拆除院内危旧房屋，建设二层办公楼1座（约200平方米）水泥硬化大院2000多平方米。是年，涉县火车站新货场建成投用，装卸站从原村老火车站老货场搬入。2004年，装卸站院内成为县内短途客车停车点，客运车辆发往西戌阳邑，为群众出行提供便利。是年，该站业务范围向公路附属工程扩展，先后参与青兰高速、龙井大街、国道G309、涉左线等国省干线的防护、清障、绿化等项工作。

2005年，邯郸车务段装卸工作现场会在涉县装卸站召开，会议由北京铁路局邯郸车务段主持，所辖40余个火车站装卸队约50人参加，涉及冀晋豫三省。现场会听取涉县经验报告，将涉县站作为县级站典范在全车务段予以推广学习。11月，从偏店承揽装卸运输铁塔业务，车辆全部外租，扩展新业务。

2006年8月起，邯长铁路武安阳邑—山西黎城北舍段11个车站的装卸队开始实行“标准化装卸”管理模式，统一代管所有业务结算。10月，装卸站取得“北京铁路局装卸市场准入证”，业务范围从涉县火车站延伸至井店、偏店、西戌等，实现铁路装卸业务跨车站作业，购回一部12吨重型吊车。是年，为近160名离退休人员和内退人员办理医疗保险。

2007年，装卸开始同其他火车站货场联合经营，股份制合作。是年，积极拓展铁路以外市场，全年实现路外创收15万余元。2009—2011年，装卸站被县委、县政府授予“A级劳动关系和谐单位”称号。2011年，被邯郸市委、邯郸市人民政府评为“邯郸市AA级劳动关系和谐单位”。

二、产业转型

2012年后，装卸市场持续萎缩，企业围绕服务交通这个中心，积极寻求产业转型。通过多次到郑州等地调研、考察市场，重点向道路标志标牌和安保设施方向尝试转型。先后完成青兰高速出口指路标牌、国省干道、阳索三期和旅游线路及景区交通标志和安保制作安装。

2013年8月，铁路物流涉县营业部在涉县火车站场挂牌。2014年，因受公路物流行业冲击和邯长铁路改造施工影响，涉县火车站铁路业务基本停滞。装卸站开始转型，新增路缘石施工设备和配套沥青路沿挖槽机各1套，满足县局各工程单位路缘石现场施工需要，向县外拓展业务。

2016年，购进1套立式路沿石现场浇筑模具，1台3M刻字机及部分机械，开始承揽各级道路沿石现场浇筑和标志标牌制作安装。

2017年，装卸站与货运站终止合同，彻底结束装卸业务。围绕“涉县千里旅游通道”建设，承揽邢合公路、圣福天路、青龙公路等旅游环线路沿石及标志标牌的施工和安装。

圣福天路打桩、安装钢索护栏（2020年摄）

2018年，装卸站增设1台挖槽机，用于铺油路面切边工作。完成四好农村路提升安装各类标志牌335个，示警柱462根，双面彩喷景区标志50个，打破单一的标牌视觉效果。2019年，装卸站参与道路防护工程，实行小包工效益工资。

2020年以后，装卸站开始立式路沿石业务，出省承接山东省济乐高速工程。业务向公路附属设施、安防工程、景观护栏等多领域拓展，企业创新和生存能力得到提升。2021年，装卸站完成产值任务1260万元。主要完成太行红河谷、国道G234及农村公路150余公里的绿化美化，路沿石、标志牌及安保工程。安装标志标牌150套，喷漆标志杆200余套。新增1台小型遥控式路沿机，自行设计立式路沿施工模具运用实践。

2022年，该站完成污西线、台田线、井关线等农村公路的路沿石和警示桩安装；完成国道G309外环通车标志标牌完善及其他附属交通设施的制作和安装。在国道G234白鱼岭至茨村段开展绿化和三改（机耕道、排洪渠、灌溉渠）等项目建设。

第二节 公铁联运 交通服务总公司

1983年、1984年，中央连续印发两个“一号文件”《当前农村经济政策的若干问题》《中共中央关于一九八四年农村工作的通知》，鼓励农民个人或联户购置农副产品加工机具、小型拖拉机和小型机动船，从事生产和运输，通过挖掘运输潜力，积极发展集体和个体运输业，提倡组织运输合作社。1985年2月，涉县批准正式成立合作运输组织20个。1988年，涉县公铁联运总公司成立，隶属涉县交通局，归口县经委，为全民企业，办公地点在农林路中段。业务涵盖一五〇发电厂铁路专用线装卸货物、联运业务，以及组织公路货物运输，开展铁路、公路运输服务。1989年，联运量达7万吨。1990年，旧火车站调煤收入与管理费收入完成42900元。

1992年，联运劳务收入创历史最高，完成39万元，利润30万元。1993年后，联运劳务开始下滑。1998年，利润出现负数。2001年12月，该公司资不抵债，歇业重组。2002年，17名职工分流至新岗位。公司部分资产和债务由县局征稽站承接。2006年6月，公司资产债务全部移交通达筑路有限责任公司。

1993年7月，涉县交通劳动服务总公司成立，注册资本60万元，位于涉县国道G309城东。为解决交通运输局内部职工就业问题，1994年，企业名称变更为涉县交通服务总公司，干部职工64人。公司下设运输分公司、汽车修理厂、经销公司3个分公司。主要提供专业技术服务，经营范围为待业培训、安排就业、运输及服务、汽车修理、建筑材料、煤炭等。1996年，公司处于半停业状态。2001年5月，公司营业执照被吊销。

第三节　汽修 加油 景区

一、汽车维护修理

1990年3月，交通部13号令《汽车运输业车辆管理规定》出台，要求建立运输业车辆检测制度。1997年5月，《涉县计划委员会关于交通局组建汽车维修厂请示的批复》同意涉县交通局汽车维护修理厂成立，投资15万元，性质为独立核算、自负盈亏的县办全民企业。厂址位于国道G309东侧，涉县长途汽车站北200米处，占地面积4523平方米，厂长由县交通局选任，定员23人，主营汽车修理，资产总值47.5万元。是年，获批省交通厅二类维修企业资质，批准为B级检测站，综合性能检测业务开始运营。2001年，投资45万元，建设二保车间及增加设备，是年投用。2008年，按照国家规定的综合性能检测标准升级，汽车修理厂投资100余万元，更新全部综检设备，新增建厂房480平方米。

2016年，交通运输部公布《道路运输车辆技术管理规定》，明确道路运输经营者可结合实际情况，确定车辆维护周期。国家取消定点强制二保，企业面临生存挑战。

交通汽修厂车辆待检中（2018年3月）

2017年，根据上级关于安全、环保工作的要求，汽车尾气治理成重点工作。该厂职工筹资200万元购买2套全新安检、综检、环检设备，实现三检一站式服务。独立完成土建和设备安装任务，节资40余万元。2018年，通过省市质监、

涉县交通平安加油站外景（2012 年摄）

公安交警、环保部门现场验收后投产。2019 年，该厂开展道路喷涂、画线业务，拓展市场增收。2020 年底，经河北省交通运输厅、河北省环保厅批准成为涉县唯一一家大中小型机动车尾气治理站。全年治理尾气不合格机动车 1300 余辆。

1997—2003 年，该厂维修技师 6 人、高级工 22 人、中级工 8 人。2003 年，25 人取得从业资格证书。机械设备从最初的举升机、交流电焊机到烤漆房、切割机检测等设备。至 2021 年，全厂各类维修器械设备有 50 多台（套）。2020 年，营业收入达 200 余万元。该厂多年被县行管部门评为先进单位，年度质量信誉考核中多次获得省市交运部门好评。

二、加油

随着交通事业不断发展，全局机动车辆和筑路机械增多，为解决内部机械统一用油、安置分流富余人员，方便服务过往车辆，交通局决定成立加油站。2001 年 2 月，《涉县计划委员会关于交通局新建交通平安加油站立项批复》。是年 6 月 1 日，涉县交通平安加油站成立，位于涉县南原村三尖坝，占地 3.5 亩，建筑面积 600 平方米。注册资金 35 万元，全民所有制，采取零售方式，主要销售汽油、柴油，兼售润滑油。2006 年 5 月，交通局将平安加油站对外租赁，租期 5 年。2010 年，该站资产划拨装卸站，由其经营管理。

三、景区

涉县九龙槐风景区管理处，建于 2000 年，属涉县交通运输局公路旅游第三产业项目。2003 年 6 月 20 日注册成立，资本 10 万元，位于涉左公路北原村槐树岭地段。主要经营业务包括九龙槐风景区管理服务、水力发电、停车服务、场地租赁。

九龙槐风景区（2005 年摄）

该景区占地 140.58 亩，其中主景区及对面山坡占地 93.4 亩，一次性租赁弹音村 50 年；景区飞机跑道占地 47.17 亩。2003 年 8 月 1 日，与北原村签订 20 年土地租赁协议。景区内包括水泥架构人工槐树 1 座，树身高 39 米，粗 50 余米，内设九层十八阁，融诗文、书画、根雕、石刻、民俗、典故等为一体，通过栈道悬梯可入内，吸引周边众多游客。

2002 年 10 月，该景区对外接待游客，由县局委派人员管理。2006—2011 年，涉县九龙槐景区管理处将景区（包括小水电站）一并外租。2011 年 8 月，九龙槐风景区由通达公司管理，小水电站移交装卸站管理。2016 年 3 月，景区整体对外出租。

2022 年 4 月，以上 3 家企业整体划拨县局兴达公路工程公司，成为其子公司。6 月，涉县交通运输局汽修厂更名为涉县骏隆交通设施有限公司，涉县平安加油站更名为涉县瑞途石油销售有限公司，涉县九龙槐风景区更名为涉县老槐树旅游发展有限责任公司。

第四节　其他交通工业

涉县交通工业始于 20 世纪 50 年代。1958 年涉县木器厂开始批量生产马车。1972 年，涉县拖拉机修配厂营业（1975 年改称农机修理制造厂）。1979 年后，除汽车外，摩托车、拖拉机修理业带动修理、配件和制造多行业发展。拖拉机修理主要有涉县农机修造厂 1 家，摩托车制造 1 家、修理厂 10 多家。

1972 年，王金庄公社轴承厂建成投产，主要生产三种型号的汽车离合器轴承，年产达 1.2 万套。1986 年，偏城农机修造厂改称涉县汽车配件厂，生产汽车轴承、活塞顶座等汽车零部件，年产 3.8 万件。1987 年，西达修造厂更名涉县铸造厂，承揽汽车部分配件生产。是年，王金庄公社轴承厂更新设备，扩大生产能力，汽车离合器轴承扩大到 14 种型号，年产量达到 1.67 万套，行销晋冀鲁豫等周边省市地区。

1972 年，涉县拖拉机站改称为拖拉机修配厂，全民企业。1975 年，更名为涉县农机修理厂。到 1990 年底，全厂职工 74 人，其中技术人员 5 人，设备有车床、钻床、万能铣床、油泵试验台、曲轴磨床、镗缸床、电气试验台、冲剪床、空气锤等 30 台（件），固定资产达 350 万元，年产值 120 万元。

1984 年，国营河北第五机械厂研发“金字”牌系列农用三轮摩托并入生产，年产 2000 余辆，主要销往周边省市县，是涉县辖区内唯一的摩托车制造厂家。1986 年，北岗村农民张清元率先在县城成立清元摩托修理门市部。1988 年，涉县邮电局开设摩托车修理门市部，对外经营，年创利 4 万余元。到 1990 年底，全县有 10 余家摩托车修理厂家，县城有 7 家。除邮电局为全民企业外，其他均为个体企业，从业人数 25 人，固定资产达 35 万元，年产值达 30 万元。2000 年后，私人轿车兴起，电动车紧随其后，摩托业务锐减。

1992 年后，涉县市场经济逐渐盛行，以上企业开始走下坡路。1996 年后，国营五厂破产改制，迁至保定市高碑店。是年，农机修造厂遭洪灾淹没，不再生产。2018 年 5 月，旧城改造时农机修造厂被拆除。2004 年，王金庄轴承厂改制后被个人买断，受市场影响很快停产。

第七篇

交通征收

西汉元狩四年（前119年），始征车辆税，称“算缗”。民国时期，边区征收汽车、马车牌照捐，即养路费。中华人民共和国成立后，对费率、费额和收费办法适时调整修改。随着经济快速发展，机动车辆的急剧增多，公路升级改造持续不断。1960年3月，省交通厅颁发关于河北省公路养护费征收的相关规定。从1984年开始，公路养路费、车辆购置附加费、新购车辆交通建设附加费、公路运输管理费、公路运输客票附加费、汽车货运附加费、车辆建勤费、以资代劳金等各种交通规费，以及用于“贷款修路、收费还贷”的路桥通行费应运而生。其中，养路费作为国家用于公路建养的一种事业费，是公路建养经费的主要来源。征费工作本着“取之于车，用之于路”“以路养路，专款专用”的原则，依法征收、依法管理，严厉打击偷费漏费行为，涉县一度成为全市征费大县，为交通事业的发展筹集了大量资金，为大打公路建设翻身仗奠定坚实基础。之后，国家政策调整，新购车辆交通建设附加费于2004年被取消，车辆购置附加费改为车购税，车辆建勤费、以资代劳金先后被取消。2008年底，国家实行燃油税费改革，从2009年起，公路养路费、公路运输管理费、公路运输客票附加费、汽车货运附加费一并被取消。

第一章 公路养路费

第一节 养路费征收机构

1949年，太行行署在邯长线涉县段设公路管理站，驻南关裕通公司，负责公路养护和养路费征收，实行路工队（站养管人员）和群众共享的办法，日常养护由路工队和护路员承担。随着交通运输业的发展，车辆迅速增加，征费工作日趋繁重。1984年9月前，邯郸地区行政公署交通局涉县公路管理站养路费收费办公室专收公路养路费。1984年9月后，交通体制改革，涉县交通局养路费征收站成立，位于国道G309清漳河大桥北头，独立办公，行政隶属涉县交通局管理，业务隶属邯郸地区交通局养路费对口处室、涉县交通局双重管理。下设城关、索堡、井店、西戌4个分站，职工8人。负责全县养路费征收和管理业务，养路费征收工作纳入专业化、法制化管理。是年10月，经邯郸地区交通局批准，涉县交通运输管理养路费征收联合检查站设井店、河南店、西戌、索堡、西达5处。1989年，涉县养路费征收站更名为涉县养路费征费站。

1990年12月7日，邯郸地区交通局批准涉县交通局新建养路费征费站宿办楼，面积1173.1平方米，投资34.37万元，地址在邯（郸）长（治）复线（国道G309）清漳河大桥北端。1991年，征费站更名为稽征站。2005年5月起，养路费征稽站征费业务搬迁至运管站办公大楼综合大厅，实行集中办公，行政执法公开透明，方便群众。2007年，根据《涉县机构编制委员会办公室关于规范养路费稽征站名称的批复》，涉县交通局养路费稽征站更名为涉县交通局养路费征稽站，不再承担“代征车辆购置税”职责。2008年底，国家实行燃油税费改革，从2009年1月1日起，公路养路费停收，征稽站撤站分流。2010年12月，根据《涉县机构编制委员会办公室关于交通税费改革有关机构编制调整和人员安置的批复》文件精神，养路费征稽站被撤销，调整设置为涉县交通运输局公路路政管理站。

第二节 养路费费率、征收及使用

一、费率、费额

1946年6月，晋冀鲁豫边区政府颁发《晋冀鲁豫边区公路车辆登记管理暂行草案》，开始在边区征收汽车、马车牌照捐，即养路费，规定：汽车以一个月为一期者，每辆交纳5000元（冀南币，下同）；三个月为一期者，每辆交10000元。胶轮大车以一个月为一期者，每辆交纳2000元；三个月为一期者，交纳4000元。期满仍到原登记地点，交纳牌照捐，换取新牌照；除持路局特许证者外，未登记领取牌照或逾期不换领牌照之汽车、胶轮大车，一经查获，除令其补齐登记交纳牌照捐外，汽车每辆处以2500元罚金，胶轮大车处以1000元罚金；举报有奖。

1949年4月，华北人民政府颁布《华北区公路征收汽车、胶轮大车养路费暂行办法》，本着“用路养路”的原则，对凡以营利为目的的公私汽车，按规定征收养路费，汽车按运价额征收5%~8%，单套马车每月收小米12.5公斤，双套收小米20公斤，三套收小米27.5公斤，按当时小米价格折款。1949年9月，河北省人民政府对行驶在公路上的汽车、畜力车按统一征费票证、费率、费额征收养路费。随着国民经济的发展和需求，其费率、费额和收费办法，不时调整。1949年11月，按照《华北公路征收汽车、胶轮大车养路费暂行办法》开征养路费，大型汽车每月收小米118公斤，小型车收41.5公斤。畜力车单套每月收小米10公斤，双套每月收小米15公斤，多套每月收小米19.5公斤。

1950年1月，因养路费征收工作存在手续不齐备、征收使用不合理等问题，中央通知河北省暂停养路费征收。1950年8月3日，河北省交通厅转发交通部《公路养路费征收暂行办法（修正草案）》，10月1日起恢复养路费征收。以小米为单位，按华北各省市平均米价每斤八分五厘折算。1950年10月1日起，涉县开始征收公路养路费。

1951年9月，养路费征收办法作第一次修改，明确军用车、机关团体公用小汽车、特种车（救护车、救火车、洒水车和农业拖拉机等）和一切人力车免征养路费。在雨季期间凡按月缴费的车辆，费额减半征收。养路费额调整为：汽车每月每车每吨（简称月车吨）收养路费10元（新人民币）。按次缴纳的每吨每公里0.013元。畜力车：每月单套2.5元，双套3.7元，三套4.9元，每递增一套增收1.2元。1952年10月，养路费额调整为：汽车按月缴费，每车每吨收费18元，按每次每吨每公里纳0.02元；畜力车：单套3.7元，双套5.4元，三套7.1元，每增一套增收1.7元；驴车：单套2.4元，双套3.4元，三套4.4元，每增一套增收1元。

1954年1月，河北公路养路费征收细则制定出台。凡营业的小型汽车和军事机关的车辆，都需缴纳养路费，费额调整为：汽车按月车吨收费15元，畜力车每月单套收4元，套半收5元，双套收6元，三套收8元，每增一套增收2元。1955年9月，养路费调整为汽车按月车吨收费19元，按次吨公里收费0.018元，畜力车费率不变。1957年1月，养路费率调整。汽车按月车吨为21元，按次吨公里为0.018元。对国营、公私合营、运输合作社等部门营运汽车，不分客货一律按运费收入总额的3.5%计征。畜力车每月单套收6元，套半收7.5元，三套收12元，每增加一套增收3元。国营、公私合营、运输合作社等部门的畜力车按收入总额的3%计征。

1960年4月，全省养路费再次调整，国营、公私合营、运输合作社等部门的营运汽车收费费率按运费收入总额的6%计征，汽车按月车吨征费额45元。国家机关、学校、人民团体自用货车，月吨收费23元。畜力车收费率，按运费收入的4.5%计征，每月单套收9元，双套收14元，三套收19元，每增一套另收费5元。驴车：单套收6.5元，双套收9元，三套收11.5元，每增一套另收费2.5元。1964年7月1日起，对国营、公私合营、合作社营运车辆的养路费费率由 6% 调整为 8%，每月吨收费额由 45 元调整为 60 元，国家机关、学校、人民团体自用货车减半收费，畜力车费率未作调整。

1965 年 12 月，公路里程增多，养路资金不足，经省人民委员会批准，养路费征收率由 8% 调整为 10%。费额为：营运汽车每月车吨为 75 元，党政机关、学校、人民团体自用的载货汽车减半收费，运输拖拉机月马力 3.75 元，兽力车改称畜力车，分大型和小型两种，征收率由 4.5% 调整为 6%，大型畜力车每月每辆 13 元，小型畜力车每月每辆 5 元。由运输部门组织起来参加运输的公社、生产队畜力车按运费总额的 3.5% 计征，该规定从 1966 年 1 月施行。

1979 年，国家计委、财政部、交通部、中国人民银行联合发布《公路养路费征收和使用的规定》。1980 年 1 月，养路费征收政策第九次调整，根据《河北省公路养路费征收施行细则补充规定》，凡领有牌照的车辆，除规定暂免征费的外，均应缴纳养路费。汽车征费率不变，收费额由每月车吨 75 元降至 70 元，畜力车征费运输部门由 6% 降至 4%，农村生产队由 3.5% 降至 2%，其他部门大型畜力车每月每辆收费额降为 10 元，小型畜力车仍为每月每辆 5 元，拖拉机征费由 10% 降至 4%。其他部门每月每马力收费额为 3.5 元。

1985 年 1 月，养路费再作调整，汽车征费由 10% 提高到 12%，月车吨费额由 70 元提高到 90 元，其他类型车辆相应提高，畜力车未作调整。为扶持农民个人或联户运输业发展，对从事营运性运输的拖拉机费率由月马力 3.5 元降至 1.8 元，非营业运输拖拉机免征养路费。1988 年 10 月，河北省加快公路建设，养路费征收标准再作调整。对企业（包括军事部门所属企业）、事业单位、合作社等单位和个人、联户的车辆，按核定载重吨位，月吨费额由 90 元提至 110 元计征，除畜力车和原规定按费率计征的机动车仍按原标准计征养路费外，其他类型按费额计征的机动车计征标准，均应按上述标准相应提高。

1992 年 1 月 1 日，《公路养路费征收管理规定》施行。10 月，《河北省公路养路费征收管理办法》制定出台，对养路费的征收范围、征收标准、征收办法、票证管理等作出明确规定。征收标准为：1.（1）有健全的财务制度、运输计划、行车记录、统计资料，能够准确反映营运收入，并实行独立核算的交通部门所属的公路运输企业的营运车辆，按费率征收养路费，费率为营运收入总额的 14%；（2）除按费率征收养路费和暂定免征养路费的车辆外，其他车辆均按费额征收

交通局收费先进个人合影（1986 年摄）

养路费。费额为客车每吨每月160元，货车和其他车辆每吨每月150元。2.按费额征收养路费车辆，其吨位按以下规定计算：（1）货车按底盘标记的载重吨位计算。（2）客车和专用车辆，比照同类货车底盘标记的载重吨位计算，没有标记载重吨位的，按最高载客人数每十人座折合一吨位计算。（3）客货两用汽车，按载重吨位与载客座位折合的吨位合并计算。（4）汽车拖带的挂车，按核定的载重吨位的70%计算。（5）农用柴油三轮车和拖拉机拖带的挂车，有标准吨位的，按标准吨位计算，没有标准吨位的，按发动机每14.71千瓦（20马力）折合一吨计算。不足7.35千瓦（10马力）、7.35千瓦以上不足14.71千瓦的，分别按0.5吨、1吨计算。（6）大型平板车，载重吨位在20吨以下的，按核定的吨位计算，超过20吨的，超过部分按50%计算。（7）不能载客、载货的特种车辆，按其自重吨位的50%计算。（8）正三轮摩托车，按核定的载重吨位计算。本条所列各类车辆的吨位，不足0.5吨的，按0.5吨计算；0.5吨以上不足1吨的，按1吨计算。3.应当按费额征收养路费但不便计算月吨的车辆，按以下标准征收养路费：（1）侧三轮摩托车，每月每辆10元；二轮摩托车、轻骑摩托车，每月每辆5元；（2）畜力胶轮大型车，每月每辆10元；畜力胶轮小型车，每月每辆5元；（3）挂临时牌证、试车牌证的车辆，在牌证有效期内，按日征收养路费。

1996年后，货车每吨费额由150元提至190元，客车每月每吨费额由160元提至210元，其他征费标准未变。

二、稽查征收

1949年11月1日起，涉县公路管理站负责对邯长全线过往车辆收缴养路费。1950年1月，暂停征收工作，是年10月1日起，恢复养路费征收，全站10多名人员分卡岔路口，过往车辆领证缴费后放行，但因缴费意识淡薄，偷漏养路费车户达80%。1951年，涉县公路管理站加大征收政策宣传，缴费领证者占90%。从1951年起，养路费征收逐渐步入正轨，征费额逐年增长。1964年10月16日，涉县公路管理站根据上级通知，开始使用“车辆管理，征收养路费标志证”证章及“指挥旗”。1965年起，涉县“三线”厂矿增多，运输车辆增加。1971年，公路管理站道班养护工稽查收费，抽调4人组成征费小组，在井店、城关设置征费点，专管征费工作。经协定，涉县运输站和涉县山区建设指挥部代征部分车辆养路费，加强源头管理。1973年，应缴费汽车651部、拖拉机109台、马车327辆（常年运输150辆）、畜力排子车7332辆（常年运输250辆），全年完成征费187.9万元。1980年9月19日，涉县养路费征收人员开始使用车辆检查证、肩章和指挥旗。1983年，专职征费员增至10人，增设索堡、西戌两个征费点。全年应缴费汽车896部（征半费的19辆）、拖拉机988台、三轮车22辆，共完成征费177.2万元。

1983年后，国家允许私人购置车辆从事营运，涉县机动车辆快速增加。1984年，涉县交通局成立养路费征收站，下设城关、井店、索堡、西戌4个分站，负责全县养路费征收管理工作，有征费员12人。养路费费率和费额相应提高，涉县养路费收入在全区一直名列前茅。

1990年后，稽查方式以堵漏增收为重点，采取昼夜路检，定额征费的办法。稽查人员通过查台账、查牌照、查名单对交费情况进行检查。征稽、运管联合依法联查。深入全县十多个乡镇村和主要乡村路段进行堵漏增收。整合路查、内业、源头管理相关资料，提高上路检查征收效率。2007 年，征费稽查改变过去停车验证易造成交通堵塞的稽查方式。局专门配备 8 台手提电脑，稽查偷逃漏费车辆，实行上路调档查车，排除盲目性，工作效率大幅提升。

1990 年，应缴费汽车 1392 部、拖拉机 2809 台、三轮车 309 辆，共征收养路费 605.21 万元。1994 年，全县公路养路费年征收任务首次突破 1000 万元，2004 年征收额突破 3000 万元。1996 年前，养路费征收方式实行手工开具票据。1997 年 1 月至 2008 年 12 月，汽车养路费征收全部纳入微机管理，三轮车、小拖养路费票据实行手工开具票据。2009 年 1 月 1 日起，公路养路费停收，征稽站撤站分流。

三、规费使用

1981 年前，按照国家“以路养路”和“专款专用，统收统支”的原则，养路费专项资金全部用于公路养护和改善提高公路质量。保证干线公路的需要，适当安排一般公路的必要支出；优先安排公路小修保养、大中修工程及水毁修复工程。在养路费收支管理方面，采取预算和决算制度，坚持“收入按政策、支出按预算、追加按程序”的原则，养路费使用范围如下：

养路费工程费含改建工程费、大中修工程费、小修保养费、绿化费、水毁和抢修工程费、渡口费、道（渡）班房修建费、县乡公路补助费等。养路事业费包括养路机具购置费，养路专用厂、场建设费，科研费、技术革新费，职工培训费，房屋、宿舍建设费，行政管理费等。养路其他费用包括安全、宣传、劳动保险费，监理费，非固定职工的福利、奖励、医药、抚恤费等。

涉县养路费，按照交通部规定由省交通厅统收统支，实行省、地、县三级管理和省、地两级核算制度。统收养路费，按月全额上解；公路养护和管理费支出，公路管理站编制季度计划，由地（专）区公路管理段或交通局统一审核划拨。严格执行专款专用。县公路管理站季末用报账或报表的方式，经县交通局审核盖章上报核销。

1981 年，养路费管理体制实行改革，省、地两级核算改为省、地、县三级核算。涉县交通局实行经济包干和目标管理责任制后，养护人员积极性提高，公路养护效益提高。1988 年后，养路费资金使用分配基本保证干线公路使用，但地方道路补贴减少，养护资金不足。

第二章　车辆附加费　建勤费

第一节　车辆购置附加费

为加快公路建设，1985 年 4 月 2 日，国务院发布《车辆购置附加费征收办法实施细则》。规定国家对所有购置车辆的单位和个人，包括国家机关和军队，一律征收车辆购置附加费，用于公路建设和保障公路建设长期稳定发展。

征收管理工作由交通部门负责，征收费率：进口车以计算增值税后的计费组合价为计费依据，费率为 15%；国产以车辆的实际销售价为计费依据，费率为 10%。每辆车只征 1 次，从 1985 年 5 月 1 日起施行。1986 年 11 月，邯郸地区行政公署交通局责成涉县交通局代征县辖区内单位和个人车辆购置附加费，由交通局计财股设 2 名专人负责征费。为便于工作，经审查核发车辆购置附加费征管员证。1990 年，原车辆购置附加费凭证，更换为由交通部统一印制的新凭证，旧证同时作废。为统一车辆购置附加费，河北省交通厅印制机动车辆价格参考资料，据此计征车辆购置附加费，并随市场价格变化随时进行修订。1991 年，根据地区行政公署交通局指示精神，车辆购置附加费征收工作移交涉县交通局养路费稽征部门。1996 年前，征收方式为手工制作票据。1997—2004 年，征收全部纳入微机管理。2001 年起，车辆购置附加费改为车辆购置附加税，由交通部门代征。2005 年 1 月起，车辆购置附加税由涉县国家税务局负责征收，交通局将该项税费业务及 2 名工作人员一并移交涉县国家税务局。

第二节　新购车辆交通建设附加费

1996 年，根据《河北省财政厅、河北省物价局关于调整养路费征收标准和开征河北省交通建设附加费的通知》精神，涉县开始征收新购车辆交通建设附加费，涉县交通局养路费征稽部门负责，县交通局负责管理。新购车辆交通建设附加费按购车款（基数同国家车购费）5% 征收。收费许可证由县物价局下发，收费票据由省财政厅统一印制，并按照《河北省行政性收费票据管理办法》，全省统收统支、收支两条线。县交通局征收款于每月底上交邯郸市交通局，市交通局于次月 7 日前上交省交通厅。新购车辆交通建设附加费上解省车购费征管办公室，省车购费征管办公室于12日前上交省交通厅财务处。县交通局养路费征稽部门设立交通建设附加费银行存款专户，交款时银行存款利息一并上解。2004年4月，新购车辆交通建设附加费停止征收。

运管大厅办理规费征收业务（2008年摄）

第三节　车辆建勤费

1955年11月，为加强公路养护，国务院颁发《关于改进民工建勤养护公路和修建地方道路的指示》，1957年5月，河北省人民委员会据此拟颁布《河北省道路建勤实施办法》，其中规定农业、牧业、林业、渔业、运输等合作社及单干户的车、船、役畜为2个工作日，即中华人民共和国成立后最早的车畜建勤形式，之后逐步转变为以资代劳，即车辆建勤费。

为加快地方公路建设和加强养护工作，确保公路畅通，促进城乡物资交流和商品经济的发展。根据《中华人民共和国公路管理条例实施细则》第30条“公路沿线成年劳动力每年每人不得超过三个建勤工日，车船运输工具每年每台不得超过两个建勤工日”的规定，1990年3月，涉县颁布实行《关于征收各种车辆建勤费的暂行规定》。规定：一是所有运输车辆一律实行以金代工制度，以吨位计算建勤费：2吨以下各种车辆征收建勤费45~55元；5吨以下征收建勤费90~110元；8吨以下征收建勤费140~160元；8吨以上征收建勤费190~210元。小拖拉机征收建勤费35~45元，三轮车征收建勤费10~20元。二是车辆建勤费，每年度一次交清，由县交通局负责征收，制定具体收交办法。三是对拖欠不交建勤费者，一经查出，除补交外，并处应缴建勤费30%~50%罚款。四是征收的建勤费，专款专用。

涉县举行2020年度县直行政执法人员公共法律知识考试（2020年摄）

车辆建勤费是修建和养护

路政人员在国道 G309 文明执法（2011 年摄）

地方道路的专项资金，涉县交通局责成乡村公路管理站主管征收工作，专人负责。财务管理实行统收统支、专款专用，使用县交通局统一票据，征收建勤费全部上解县财政。下年度支出由交通局编制计划，经县审批划拨。建勤费征收，每辆车征收费额均执行相应吨位档次缴费最高费额，1990 年征收建勤费 12 万元。

1993 年 3 月，《涉县物价局、涉县交通局关于调整乡村公路建勤费收费标准的通知》明确：从 1993 年 1 月 1 日起调整乡村公路建勤费收费标准为大客货车每年每吨 40 元；小客货车及 15 马力以下拖拉机每年 60 元，15 马力以上拖拉机每年每吨 40 元，三轮车每年每辆 30 元。全年一次交清。新标准从 1993 年 1 月 1 日起执行。

随着汽车养路费和小拖养路费等规费标准大幅提高，运费和客运价格相应上调。1996 年 7 月，《涉县人民政府关于批转县交通局〈关于调整乡村公路建勤费收费标准的请示的通知〉》明确公路建勤费收费标准从 1996 年 1 月 1 日起调整为大客货车每年每吨 80 元；小客货车及 15 马力以下拖拉机每年 120 元，15 马力以上拖拉机每年每吨 80 元，三轮车每年每辆 60 元。全年费用坚持一次性交清的原则。

1997 年 4 月 8 日，涉县人民政府县长办公会研究同意县交通局调整公路建勤费收费标准按县物价局核定标准执行：大客货车每年每吨 110 元，小客货、小客车及 15 马力以下拖拉机每年每辆 200 元，15 马力以上拖拉机每年每吨 100 元，三轮车每年每辆 80 元。

第四节　以资代劳金

1995 年 4 月，河北省人大常委会第八届人民代表大会第十三次会议通过的《河北省公路条例》第三章第 22 条规定：农村的成年劳动力和拥有运输工具的单位和个人，应当依照国家规定履行公路建勤义务。建勤工日由县级人民政府确定。因故不能履行建勤义务时，经县级人民政府批准，允许缴纳相应款项以资代劳。以资代劳所收款项，应当严格管理，专款专用。

《中华人民共和国公路法》自 1998 年 1 月 1 日起施行，第 38 条规定：县、乡级人民政府应当在农村义务工的范围内，按照国家有关规定组织公路两侧的农村居民履行为公路建设和养护提供劳务的义务。

2000 年 9 月，《河北省县乡公路管理规定》发布，其第 17 条规定：县道的建设和养护资金由设区的市人民政府和县道沿线的县级、乡级人民政府共同筹集。乡道的建设和养护资金由县级人民政府和乡道沿线的乡级人民政府共同筹集。省人民政府交通主管部门按照“民办公助”的政策，对县道的建设、养护和重要的乡道建设给予补贴。第 18 条规定：农村成年劳动力及拥有运输工具的单位和个人应当依照公路管理法律、法规的规定，履行公路建勤义务。农村成年劳动力和运输工具的建勤工日，依照《河北省公路条例》等有关法律、法规确定。因病、伤残、丧失劳动能力等情况不能履行公路建勤义务的，可以申请减免；因其他原因不能履行公路建勤义务的，经县级人民政府批准，允许缴纳相应款项以资代劳。以资代劳款项由县级人民政府交通主管部门统筹安排，专项用于县道、乡道的建设和养护。

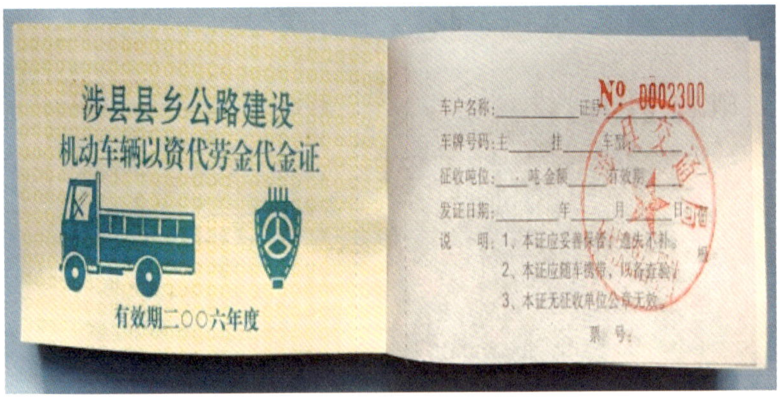

涉县县乡公路建设机动车辆以资代劳金代金证（2006 年摄）

根据《中华人民共和国公路管理条例实施细则》《河北省公路条例》和邯郸地区交通局《关于实行定额征收公路运输管理费办法的通知》，2000 年 6 月，《涉县人民政府关于征收机动车辆义务建勤工以资代劳金的通知》印发，涉县决定征收机动车辆义务建勤工以资代劳金。征收标准：大客货车每年每吨 110 元，小客货车、小客车及 15 马力以下拖拉机每年每辆 200 元，15 马力以上拖拉机每年每吨 100 元，机动三轮车每年每辆 80 元。征收办法：机动车辆义务建勤工以资代劳金，每年每车按照标准一次性征收；外地驻涉单位车辆和经常在涉县境内搞运输的车辆，一律执行该标准。征收以资代劳金按照“收支两条线”严格管理，由县交通局负责征收，上交县财政代管，专项用于乡村公路建设，专款专用，不得坐支挪用，每年收支情况要向县政府专项报告并进行年度审计。

2006 年 12 月，按照上级要求，以资代劳金从 2007 年 1 月起停征。

第三章　运管规费

第一节　征收种类及标准

涉县公路运输管理征收费种类有公路运输管理费和客货附加费两种。

一、公路运输管理费

1983 年 7 月，按照国家经济委员会、交通部《关于改进公路运输管理的通知》要求，凡从事营业运输的单位和个人，按照运输营业额缴纳不超过 1% 的运输管理费。

1985 年 12 月，《河北省公路运输暂行办法》规定，凡从事公路客货营业运输的车辆按营业收入总额的 1% 征收；统计账卡不健全的暂按以下定额征收：货车（挂车减半）月车吨 7 元、拖拉机月车吨 5 元，客车每月每客位 1 元。临时营业的企业、单位和车辆根据营业时间，按以上定额征收，不足一个月者，按整月征收。从 1986 年 1 月 1 日起开始，运管站按照规定，严格征收，应征不漏、不多收、不重收，不是当地车籍的过境营运车辆，一律不收取运管费。

1992 年，根据《关于调整部分公路运输管理费征收标准的通知》精神，交通局运管站对公路运管费严格征收。征收标准有所调整：按营业收入的 1% 征收部分，随运价调整提高约 60%。公路运输管理费按吨（座）位定额征收，货车由原每吨每月 7 元调整为 11 元，汽车挂车不再减半；客车由原每座每月一元分别调整为大型客车（31 座以上）1.5 元，中型客车（16~30 座）1.8 元，小型客车（15 座以下）2 元；拖拉机由原来每吨每月 5 元调整为 7 元。随着农用汽车和农用三轮运输车从事营运性运输，1992 年农用汽车每吨每月 5 元，农用三轮车运输车按每辆每月 10 元计征管理费。是年，根据上级文件精神，出租车每座每月 3 元，涉县暂无出租车。

执法人员运用电脑网络检查车辆运管费收缴情况（2008 年摄）

2004 年，根据河北省道路

运输管理局转发省交通厅《转发省财政厅〈物价局关于取消农用车辆运管费的通知〉通知》的精神，涉县对农民个人拥有的“从事营业性运输的农用三轮车、农用拖拉机”免收公路运输管理费。

2005年4月，根据《关于对农村客运车辆实行收费优惠政策的通知》的要求，为减轻农村客运经营者的负担，促进农村客运网络化，推进农村小康村建设，涉县交通局运管站对农村客运、城乡客运客流量进行抽样调查，参照邻县公路管理费征收情况，结合实际制定中型客车每车每月400元征收标准。2008年，《河北省财政厅、河北省物价局、河北省交通厅关于继续对农村客运车辆实行收费优惠政策的通知》印发，县交通局运管站继续对县辖区内或毗邻县经营村与村、村与乡（镇）、村与县城、乡（镇）与乡（镇）、乡（镇）与县城之间的客运车辆，减半征收公路运输管理费、客票附加费；对专门接送小学生上下学的农村客运班车，免征公路运输管理费、客票附加费。上述收费优惠政策从2008年5月1日起执行，期限为3年。

二、客货附加费

1987年9月，根据《河北省公路运输客票附加费征收实施办法》和《河北省公路运输客票附加费财务管理和会计处理暂行规定》精神，邯郸地区公路运输客票附加费征收范围为凡在邯郸地区境内从事客运的国营、集体、个体营运客车，包括出市（指驶出城建部门管理的道路）从事营业性客运的城市公共汽车，旅游、出租客车以及机关、企事业单位、部队参加营运的客车，均按规定征收客票附加费。征收标准：邯郸运输公司按实际产量每人每公里3厘计征，各县交通局、机关、企事业单位、个体和部队。凡属8个座位（含8个座位）以上客车，按运政部门核定车座定额征收；7个座位（含7个座位）以下的小型客（轿）车统一按7个座位定额计征。定额征收标准为每座每天0.35元。机动三轮车和人力车、客货混用车不计征客票附加费。

涉县交通局运管站严格征收范围，征收标准如下：对8座以上客车（含8座），7座以下客车（含7座），统一按7座定额征收客票附加费，每座每天0.03元。1989年后，涉县按照市文件精神，客票附加费按每月每座2.4元征收。

1996年1月，根据《关于调整养路费征收标准和开征河北省交通建设附加费的通知》规定，全省范围内征收客货附加费，其中汽车货运附加费按营运汽车（含挂车）每月每吨10元征收；货运经营者在现行运价基础上，每吨每公里加收0.005元，在结算运费时向托运人收取；公路运输客票附加费按每天每座位2.4元征收；客运经营者按每人每公里0.02元（含已开征的0.005元）计入客运票价；新购车交通建设附加费按购车款（基数同国家车购费）5%征收。运输经营者代收的客运、货运附加费不计入营业收入。

2008年12月，根据《国务院关于实施成品油价格和税费改革的通知》和全省成品油价格和税费改革工作会议、市局税费改革工作会议精神，于2009年1月1日零时全部取消公路运输管理费、客货附加费等6项收费。

第二节　规费管理

公路运输客运费和客货运输附加费，由县运管站代征。涉县交通局每月 10 日前将上月收入的两项规费全额上缴邯郸市交通局，市局将于每月 15 日前将上月征费收入全额上交至省交通厅银行专户。从 1996 年，按照市局要求，涉县对所征收的两项费用统一于月底前按月上交市交通局。市局于次月 7 日前上交省交通厅。收费许可证统一到物价部门领取，规费征收相关票据由省财政厅统一印制，并按照《河北省行政性收费票价管理办法》的规定管理。

1996 年，根据《河北省交通建设附加费征收使用管理办法》，邯郸市《关于加强运管规费征收管理解决运管规费互征问题的意见》要求，涉县本着道路运输“谁许可、谁管理”和“属地管理”原则，运管规费由车籍所在地道路运输管理机构负责征收。县运管站深入客、货运站（场）等源头企业，全面加强源头管理和路检路查，督促检测车辆的规费交费情况，重点打击偷、漏客票附加费及货运附加费的违规行为。重点对一次性交费 3 个月以上的票据进行查验。从 2006 年 5 月起，涉县对违规使用手工票、统缴票的企业进行全面自查清理，以确保收支两条线，日清月结，廉洁收费。

第四章　路桥通行费

第一节　邯长公路清漳河大桥通行费

邯长复线上涉县清漳河大桥是利用国家贷款修建的。经河北省交通厅同意，河北省人民政府批准，在清漳河大桥北侧设立收费站，对过往该桥的各种机动车辆收取通行费，通行费由涉县交通局负责征收。收费站位于邯长公路复线（国道 G309）涉县段 K773+000 米处，全称为河北省邯长公路收费站，系省管通行费收费站，建设经费属省市拨款。1990 年 8 月，涉县交通局从下属单位抽 45 人组建收费站，与养路费稽征站合署办公，人员、财务隶属养路费稽征站管理。是年 9 月 1 日开征通行费。根据省政府批准文件，其收费标准如下：

1. 核定载重 2 吨以下（含 2 吨）的货车（包括挂车、半挂车及拖拉机，下同）及其改装车和小型客车（包括轿车、吉普车、旅行车、机动三轮车等）。每辆每次收费 1 元。

2. 核定载重 2 吨以上至 4 吨以下（不含 4 吨）的货车及其改装车和中型客车（20 个座以上，50 个座以下），每辆每次收费 2 元。

3. 核定载重 4 吨以上（含 4 吨）至 15 吨以下（不含 15 吨）的货车和大型客车，每辆收费 4 元。

4.15 吨以上（含 15 吨）的货车和其他改装车，每辆每次收费 8 元。

5. 总载重超过 2 吨（含 2 吨）的自行机械设备通过时，应比照前三款相应的货车标准收费。

6. 往返频繁的车辆可以实行按月包交的办法，比照前三款收费标准，每月按 15 辆次计费。

7. 对执行任务中的警车、囚车、消防车、救护车，二轮和侧三轮摩托车、畜力车、人力车以及军事演习、调防的军车免征通行费。对拒交或偷漏通行费以及不接受检查的车辆，比照偷漏养路费之处罚规定处理。

财务管理实行统收统支，收支两条线。票证由省交通厅统一印制，专车专人到省交通厅领取。日收通行费，当日存入银行专户，不准就地坐支，收费站开支须编制预算，经省交通厅审批划拨。

1990 年 9 月 1 日至 12 月底，征收通行费 97 万元。

1993 年，随着政策调整，收费标准为：小型车 2 元 / 次、中型车 5 元 / 次、大型车 10 元 / 次、特大型车 30 元 / 次。

1999 年 3 月，河北省邯长公路收费站与县交通局养路费稽征站分离，单独设站。

因政策调整，2001 年 6 月 1 日停止收费，6 月 3 日前撤站到位。

第二节　国道G309武（安）涉（县）公路通行费

一、收费标准

2004年12月，国道G309武涉公路收费站成立。收费站位于国道G309涉县城东与高速公路衔接处，收取通行费路段为武安市下白石至涉县南岗村，全长47公里，是晋煤外运的交通枢纽。该站设有12个收费车道，干部职工125名。依据河北省人民政府办公厅、河北省物价局和河北省财政厅文件批准，该站于2004年12月15日开始收费，批准收费年限为15年。

2005年，根据河北省交通厅、河北省物价局文件，收费标准调整。2010年，河北省物价局、河北省交通运输厅、河北省财政厅发文，对河北省收费公路货运车辆计重收费等有关问题下发通知。明确计重收费实施范围，普通收费公路收费站计重基本费率1.7元/吨车次。明确货运车辆正常装载、超限运输计重收费标准，对集装箱、绿色通道载货车、无卡车等特殊车辆进行明确。2002年3月，月票管理执行《河北省一般收费公路车辆通行费月票管理暂行办法》，固定营运线路的客运班车和车籍所在地是以收费站为中心，半径10公里以内的车辆符合办理条件。办理月票车辆按不低于10次/月的标准计费。

二、管理体制

2004年12月，国道G309武涉收费站先由邯郸市交通局青兰高速管理处管辖。2007年7月，移交邯郸市养路费征稽处。2008年8月，再次移交新成立的市交通运输局通行费管理处。2012年，将该站行政管理权移交涉县人民政府，县政府责成县交通局具体负责该站的收费管理。2012年以前，该站站长由管辖单位派任，副站长由县局选派。2012年后，该站站长由县局任命。

武涉收费站（2007年摄）

该站环境建设、站容站貌、管理服务上严格管理。站内设办公室、财务室、票据室、监控室、稽查班和4个收费班，主要任务是负责通行费收缴工作和站务管理工作，收费人员实行四班三运转8小时倒班工作制。

全站实行半军事化管理，通过业务考试、劳动竞赛和技术比武，提高全站职工综合素质。坚持热情服务、微笑服务、委屈服务，收费区设置监督台、

武涉收费站举行升国旗仪式（2009 年摄）

举报箱、监督电话、收费标准、服务承诺五公开，并备有开水、方便面、药品、修理工具、防滑链、钢丝绳等应急物品。2009 年，该站被河北省交通运输厅、河北省交通工会授予“工人先锋号”。2010 年，该站被中华全国总工会授予“工人先锋号”称号，并被共青团邯郸市委、邯郸市青年志愿者协会授予“邯郸市二〇一〇年度优秀志愿者服务集体”称号。2015 年 10 月 12 日，全国干线公路大检查中，该站代表邯郸市一般公路收费站迎接交通运输部检查团，受到好评。2017 年后，该站在三边整治和大气污染治理中，加大对站区的硬化、美化、绿化工作，洒水清扫，有效抑尘。

2019 年 11 月 30 日 24 时，15 年收费期限已到，武涉收费站终止收费。该站共完成通行费收入 15 亿元。市交通运输局依据有关文件，按照“政府指导、部门实施，分级负责、依法撤站”总体思路，在邯郸市交通运输局和涉县政府的领导与监督下，妥善撤站，120 余名职工妥善安置。2019 年 12 月 15 日，撤站及拆除设施完毕，恢复正常通行。

第三节　省道涉（县）左（权）公路通行费

一、收费还贷项目

1996 年，洪灾后，涉左公路受损严重。1998 年 10 月，涉左公路改建工程开工，于 2000 年 10 月 20 日竣工，历时两年，收费还贷项目。河北省交通厅批准涉左公路改建工程总投资为 11949 万元，并批准收费站建设规模及投资 373 万元，两项总计投资 12322 万元，该项目属省、市合建项目，建成后收取车辆通行费还本付息。

经《河北省人民政府办公厅关于同意邯郸至武安等 18 条公路（桥）收取车辆通行费的复函》《河北省交通厅关于涉左线涉县收费站建设方案和投资的批复》批准，涉左公路收费站位置选在涉县城以西中原村附近，桩号 K5+150 处。收费站占地 15 亩，收费广场路面面积 6450 平方米，宿办区房屋建筑面积 1400 平方米，收费广场设有 4 条收费通道，均安装监控设施。站内设 4 个收费班和 5 个科室，实行四班两运转，每班工作 12 个小时，核定人员 55 人，实有 80 人。

位于平安街道办南原村的涉左公路收费站（2005 年摄）

二、收费标准变化

涉左公路收费站于 2001 年 1 月 4 日零时正式收费，收费年限 8 年，于 2009 年 4 月 30 日零点停止收费并拆站。收费性质属于行政事业性收费。收费用途：用于偿还修路贷款本息、公路维护、收费设施建设和收费站人员经费等支出。免费范围：设有固定装置的、正在执行紧急任务的警车、囚车、消防车、救护车；中国人民解放军、武装警察部队在编车辆及其他抢险救灾车辆；二轮车、侧三轮摩托车、畜力车、人力车以及从事农田作业的农用三轮车、拖拉机（不含从事公路运营的车辆）。

涉左公路收费站收费标准分别于 2001 年、2005 年和 2007 年进行调整。

2001 年 1 月至 2005 年 2 月，收费标准按河北省物价局、河北省财政厅相关文件执行，标准如下：≤ 1 吨的小型货车和≤ 10 座的小型客车，为 10 元每辆次；大于 1、小于或等于 7 吨的中型货车，和大于 10、小于或等于 28 座的中型客车，为 15 元每辆次；大于 7、小于或等于 14 吨的大型货车，和大于 28 座的大型客车，为 25 元每辆次；大于 14、小于或等于 20 吨的重型货车，为 30 元每辆次；大于 20 吨的特大型货车，为 60 元每辆次。

2005 年 2 月，按照河北省物价局、河北省交通厅文件，对收费车型进行重新划分，部分车辆统一降低收费标准，标准如下：≤ 2 吨的小型货车和≤ 10 座的小型客车，为 10 元每辆次；大于 2、小于或等于 5 吨的中型货车，和大于 10、小于或等于 28 座的中型客车，为 15 元每辆次；大于 5、小于或等于 10 吨的大型货车，和大于 28 座的大型客车，为 25 元每辆次；大于 10、小于或等于 15 吨的重型货车，为 30 元每辆次；大于 15 吨的特大型货车，为 40 元每辆次。

2007 年，依据河北省物价局、河北省交通厅、河北省财政厅文件精神、河北省收费公路载货车辆计重收费费率标准实施计重收取车辆通行费。是年 12 月 20 日，正式实施计重收费。

涉左公路收费站健全的便民服务设施（2005 年摄）

收费标准如下：

载货车辆实施计重收取车辆通行费。通行费主要依据行驶里程、车辆重量和费率系数确定。载客车辆（包括载客类汽车、手扶或小四轮拖拉机、机动载客三轮车）通行费收取仍按现行车型分类及收费标准执行。

（一）涉左公路收费站基本费率 1.7 元 / 吨 / 车次。

（二）正常装载（不超限）车辆计重收费标准：普通公路。车货总质量小于或等于 10 吨的车辆按基本费率计费，10 吨至 49 吨的车辆按基本费率线性递减到基本费率的 50% 计费，大于 49 吨的车辆按基本费率的 50% 计费。

（三）超限运输车辆计重收费标准：

（1）超限率≤ 30% 的车辆，正常装载部分按递减后的基本费率计费（车货总质量小于 10 吨的车辆按基本费率计费），超限 0~30% 部分按基本费率计费。

（2）30% ＜超限率≤ 100% 的车辆，正常装载部分按递减后的基本费率计费（车货总质量小于或等于 10 吨的车辆按基本费率计费），超限 0~30% 部分按基本费率 1 倍线性递减至 6 倍计费。

（3）超限率＞ 100% 以上的车辆，正常装载部分按递减后基本费率计费（车货总质量小于或等于 10 吨的车辆按基本费率计费），超限 0~30% 部分按基本费率计费，超限 30%~100% 部分按基本费率 1 倍线性递减增至 6 倍计费，超限 100% 以上部分按基本费率的 6 倍计费。

（4）计费取整办法。实施计重收费后，为了车辆通行费收缴便利，按照“三七作五、二八归零”的原则确定通行费具体金额。车货总质量不足 5 吨按 5 吨计费，计费不足 5 元时按 5 元计收。

三、站址迁移

涉左公路收费站原址在平安街道办南原村，紧邻县城。因交通便利，绕行收费站达晋冀两省的道路十余条，造成大量费源流失。且该站设置地段严重影响周边旅游业的发展。同时，全省重点项目龙山国电运煤专线及县城外环路都处于收费站前方（山西方向）。电厂投产后，大量运煤车辆直接通过运煤专线和外环路进入电厂，该站将形同虚设，规费损失严重。

收费人员热情文明收费中（2007 年摄）

因此，2007 年 11 月 5 日，涉左公路收费站迁至辽城乡贾庄村。是年 1 月，《河北省人民政府办公厅关于同意涉左线公路收费项目变更收费站位置的复函》同意涉左公路收费站向西迁移至刘家庄附近，桩号 K20+150 处。其建站规模采用三进三出六个车道的模式，中间 4 个车道为一般车辆收费车道。原址收费站于 2007 年 11 月 4 日停止收费。

河北省交通厅授予该站 2001 年、2002 年和 2004 年度“先进收费站”和 2005 年度行风建设“优秀基层单位”称号。邯郸市交通局养路费征稽处授予该站 2001—2004 年度和 2007 年度“通行费征收先进集体”和“年度交通征稽系统先进集体”称号，2007 年度邯郸市交通系统“先进集体”称号。2008 年 3 月，共青团河北省委、河北省交通厅联合授予该站“青年文明号”称号。

第八篇

交通执法

商代始有“般之法，弃灰于公道者，断其手”的道路法规。西周始有司空视途（道路）的制度，唐代规定地方官应巡视道路。抗日战争时期，晋冀鲁豫边区交通总局以及政府附属机构在涉县成立。新中国成立后，县政府设建设科兼管全县交通建设事业，之后交通机构多有更迭变化，分工日趋精细化、规范化和科学化。

1977 年，涉县成立车辆监理站。1987 年 10 月，《中华人民共和国公路管理条例》颁发。1998 年，《中华人民共和国公路法》颁布实施，明确规定公路受国家法律保护，任何单位和个人不得破坏、损坏或者非法占用公路、公路用地及附属设施。随着社会的进步，大型货运车辆急剧增加，超限超载现象日益严重，路产路权受到侵害，公路路政和超限超载治理成为保护公路的重要部分。交运执法加强队伍建设，依法行政、文明执法，明确执法依据和执法程序，全方位维护路产路权，逐步步入规范化、法制化轨道，为经济社会发展和人民群众安全出行保驾护航。

第一章　交通执法

1960年，涉县交通局成立之初设立路政股，负责全县公路管理工作（1961年改为养路工区）。1984年，成立路政工程股，负责全县公路监督工作。1996年，路政与工程分设，成立路政科。2003年8月，路政科被裁撤。2003年8月至2007年3月，县交通局相关法制职责隶属局办公室。2007年3月，局法制科成立。2010年7月，根据涉县交通运输局主要职责、内设机构和人员编制规定，法制科更名为政策法规科（运输安全科、信访科）。2019年3月，内设机构再行调整，政策法规科略有调整（运输安全科、大气办）。政策法规科主要负责交通运输法制建设、行政执法监督、行政复议和行政应诉等工作。

全局执法单位主要有运输管理站、出租车管理站、路政管理站、超限超载治理站。公路站和乡道站在一定时期曾承担路政管理和规费征收任务，随着职能分工明晰，执法部分逐步剥离。本章重点记录路政管理站和超限超载治理站相关内容，运输管理站、出租车客运管理站及公路收费单位详见第六篇“运输管理”和第七篇“规费征收”。

第一节　行政职权

2005年起，河北省开始推进行政权力公开透明运行试点工作。2006年涉县纪委、涉县监察局出台《关于进一步深化行政权力公开透明运行工作的实施意见》，要求阳光行政，接受群众监督。涉县交通局通过政务公开栏、制作办事明白卡、办事指南、公开承诺书等方式公开行政权力事项122项。其中，行政处罚事项45项、行政许可事项18项、行政征收事项53项、内部行政管理权事项6项。

2010年，为方便群众办事，交通运输局行政审批事项入驻县政务服务中心，设交通窗口1个，人员2名，可办理事项10项。2012年3月，为打通服务“最后一公里”，运管站办证大厅全员入驻政务服务中心，单设窗口4个，人员10人，可办理事项18项。2013年，涉县交通运输局行政处罚事项50项、行政许可事项18项、行政征收事项58项、行政强制事项8项、行政监管事项8项。2014年10月，邯郸市下发向县（市、区）下放行政审批事项的公告，涉县交通运输局公路路政管理站正式具有实施行政许可主体资格，开展行政审批工作。是年，涉县交通运输局行政许可事项16项、行政监管事项14项、行政征收事项116项、行政强制事项13项、行政处罚事项94项。

2015年1月，根据省市文件精神，涉县交通运输局成立深化行政审批改革领导小组，对下放事项衔接落实。《河北省人民政府办公厅关于省政府部门公开行政权力清单的通知》发布后，未纳入省政府部门行政权力清单的事项，一律不得行使。交通运输局公示行政权力事项173项。其中，行政处罚事项78项、行政许可事项8项、行政强制事项9项、行政征收事项58项、行政裁决2项、行政确认3项、行政监督12项、其他行政权力3项。是年7月，根据“放管服”改革要求，涉县行政审批局成立。按照行政审批“一站式”服务要求，交通运输局先后派出6名工作人员进驻涉县政务服务中心交通审批窗口开展行政许可工作，涉及运管、出租、工程建设等方面业务。

2016年10月，运管站人员全部返回原单位。是年11月，行政审批局再次借调交通运输局7人到政务大厅工作。2017年3月，根据省《关于印发河北省推行行政执法公示制度执法全过程记录制度重大执法决定法制审核制度试点实施方案的通知》精神，涉县交通运输局编制行政执法事项、行政执法人员、音像视频记录事项、随机抽查事项和重大执法决定法制审核事项等5个清单，并在县政府网站公示。

2018年6月8日，根据《中共涉县县委、涉县人民政府印发〈关于打好三项行政体制改革攻坚战的实施方案〉的通知》文件要求，交通运输局共22项行政权力事项划转行政审批局。包括行政许可事项8项、行政裁决事项2项、行政确认事项5项、行政监管事项4项、其他行政权力3项。剩下行政处罚事项146项，行政强制事项7项。

2020年，《河北省政务服务事项清单管理办法的通知》规定法律、法规、规章和规范性文件设定的政务服务事项，全部纳入《河北省政务服务事项清单》。凡未纳入清单事项，各级各部门一律不得实施相关审批与服务。通过河北省政务服务事项管理平台实行标准化、规范化管理。是年底，涉县交通运输局有行政权力事项334项。

2022年9月，出租车客运管理站权责业务转移至涉县综合行政执法局。交通运输局4名工作人员借调行政审批局。2022年底共梳理权责清单417项，其中行政处罚356项、行政许可6项、行政强制27项、行政检查10项、行政裁决2项、行政奖励2项、行政确认11项、其他职权3项。

2022年涉县交通运输局权责清单事项总表

表8-1-1

类别及序号	项目名称及数量
一、行政许可	共6项
1	公路建设项目施工许可
2	公路水运工程建设项目设计文件审批
3	公路工程初步设计文件审批

续表 8-1-1

类别及序号	项目名称及数量
4	公路建设项目竣工验收
5	汽车租赁经营许可
6	城市公共交通线路运营权特许经营许可
二、行政处罚	共 356 项
1	对车货总体的外廓尺寸、轴荷或者总质量超过公路、公路桥梁、公路隧道、汽车渡船限定标准的行政处罚
2	对涉路工程设施影响公路完好、安全和畅通的行政处罚
3	对造成公路损坏未报告行为的行政处罚
4	对在公路建筑控制区外修建的建筑物、地面构筑物以及其他设施遮挡公路标志或者妨碍安全视距行为的行政处罚
5	对擅自在公路上设卡、收费或者应当终止收费而不终止行为的行政处罚
6	对利用公路桥梁进行牵拉、吊装等危及公路桥梁安全的施工作业行为的行政处罚
7	对利用公路桥梁（含桥下空间）、公路隧道、涵洞堆放物品，搭建设施以及铺设高压电线和输送易燃、易爆或者其他有毒有害气体、液体的管道行为的行政处罚
8	对擅自更新采伐护路林行为的行政处罚
9	对租借、转让超限运输车辆通行证或者使用伪造、变造的超限运输车辆通行证行为的行政处罚
10	对采取故意堵塞固定超限检测站点通行车道、强行通过固定超限检测站点等方式扰乱超限检测秩序等行为的行政处罚
11	对未按技术规范和操作规程进行公路养护作业行为的行政处罚
12	对货运源头单位违反超限超载规定等行为的行政处罚
13	对多次、严重违法超限运输的车辆、驾驶人和企业的行政处罚
14	对指使、强令车辆驾驶人超限运输货物行为的行政处罚
15	对道路运输货运和物流运营单位未实行安全查验制度，对客户身份进行查验等行为的行政处罚
16	对长途客运、机动车租赁等业务经营者、服务提供者未按规定对客户身份进行查验，或者对身份不明、拒绝身份查验的客户提供服务等行为的行政处罚
17	对未依照规定对运营中的危险化学品与放射物品的运输工具通过定位系统实行监控行为的行政处罚
18	对从事危险物品道路运输的运输工具未经检测、检验合格投入使用行为的行政处罚
19	对客运经营者、客运站经营者已不具备开业要求的有关安全条件、存在重大运输安全隐患的行政处罚
20	对放射性物品道路运输企业或者单位已不具备许可要求的有关安全条件，存在重大运输安全隐患的行政处罚
21	对道路货物运输经营者、货运站经营者已不具备开业要求的有关安全条件、存在重大运输安全隐患的行政处罚
22	对机动车驾驶员培训机构违反招生及教学规定等行为的行政处罚

续表 8-1-1

类别及序号	项目名称及数量
23	对取得经营许可的经营者使用无道路运输证的车辆参加经营行为的行政处罚
24	对拒绝、阻碍道路运输管理机构依法履行放射性物品运输安全监督检查，或者在接受监督检查时弄虚作假行为的行政处罚
25	对擅自从事道路旅客运输经营等行为的行政处罚
26	对擅自从事道路货物运输经营等行为的行政处罚
27	对擅自从事道路危险货物运输等行为的行政处罚
28	对未取得相应从业资格证件等从事道路运输经营及道路运输相关业务经营行为的行政处罚
29	对擅自从事道路客运站经营等行为的行政处罚
30	对从事道路货物运输站（场）经营、机动车维修经营和机动车驾驶员培训业务未按规定进行备案或者不符合机动车维修经营业务标准等行为的行政处罚
31	对非法转让、出租道路运输及道路运输相关业务许可证件行为的行政处罚
32	对擅自转让或者以承包、出租等方式变相转让城市公共汽电车客运线路经营权的行政处罚
33	对未按规定投保道路运输承运人责任险行为的行政处罚
34	对客运班车不按批准的客运站点停靠或者不按规定的线路、班次行驶等行为的行政处罚
35	对班车客运经营、包车客运经营和旅游客运经营中途将乘客交给他人运输、甩客或者在高速公路上下乘客、装卸行李和包裹的行政处罚
36	对道路货物运输经营者强行招揽货物等行为的行政处罚
37	对道路运输经营者违反车辆技术管理规定行为的行政处罚
38	对擅自改装危险品、放射性物品车辆行为的行政处罚
39	对道路运输客运、货运站（场）经营者允许无证经营的车辆进站从事经营活动等行为的行政处罚
40	对擅自改变站（场）用途和服务功能等行为的行政处罚
41	对机动车维修经营者使用假冒伪劣配件维修机动车等行为的行政处罚
42	对机动车维修经营者签发虚假机动车维修竣工出厂合格证的行政处罚
43	对相关城市公共汽电车客运经营者不按线路、班次运行及违规收费等行为的行政处罚
44	对委托未依法取得危险货物道路运输许可的企业承运危险化学品等行为的行政处罚
45	对道路危险货物运输企业或者单位未配备专职安全管理人员行为的行政处罚
46	对危险货物道路运输承运人未按照规定对从业人员进行安全教育和培训的行政处罚
47	对危险货物道路运输托运人未按照相关标准要求确定危险货物类别、项别、品名、编号的行政处罚
48	对危险化学品道路运输托运人未按照规定添加抑制剂或者稳定剂，或者未将有关情况告知承运人的行政处罚
49	对危险化学品道路运输托运人未按照规定包装危险化学品并在外包装设置相应标志的行政处罚

续表 8-1-1

类别及序号	项目名称及数量
50	对危险货物道路运输承运人未按照规定范围承运危险货物行为的行政处罚
51	对危险货物道路运输承运人未按照规定制作和保存危险货物运单的行政处罚
52	对危险货物承运人未按照规定对运输车辆、罐式车辆罐体、可移动罐柜、罐箱及设备进行检查和记录的行政处罚
53	对未按照规定随车携带危险货物运单、安全卡等行为的行政处罚
54	对道路运输企业未按照规定建立健全并严格执行危险货物充装或者装载查验、记录制度的行政处罚
55	对汽车租赁经营者和承租人使用租赁车辆从事或者变相从事其他客运经营活动的行政处罚
56	对货运经营者聘用无从业资格证的货运车辆驾驶员的行政处罚
57	对道路运输企业未使用符合标准的监控平台、监控平台未接入联网联控系统、未按规定上传道路运输车辆动态信息等行为的行政处罚
58	对道路运输经营者使用卫星定位装置出现故障不能保持在线的运输车辆从事经营活动行为的行政处罚
59	对伪造、篡改、删除车辆动态监控数据行为的行政处罚
60	对运营企业未在投入运营的车辆上、城市公共汽电车客运首末站和中途站配置符合要求的服务设施和运营标识的行政处罚
61	对危害城市公共汽电车客运服务设施行为的行政处罚
62	对擅自从事城市公共汽电车客运线路运营行为的行政处罚
63	对运营企业未定期对城市公共汽电车车辆及其安全设施设备进行检测、维护、更新等行为的行政处罚
64	对城市公共汽车和电车运营企业未制定应急预案并组织演练等行为的行政处罚
65	对城市公共汽电车客运场站和服务设施的日常管理单位未按照规定对有关场站设施进行管理和维护的行政处罚
66	对违反规定运输麻醉药品和精神药品行为的行政处罚
67	网络平台未按规定发布信息、接入或使用不符合规定的班车客运经营者、车辆或者驾驶员开展定制客运行为的行政处罚
68	对乘客借用他人专用证件、乘车卡，或者使用伪造、涂改车票、证件、乘车卡行为的行政处罚
69	对机动车维修单位未与交通运输主管部门联网的，或者未报送车辆排放维修治理信息逾期不改正的行政处罚
70	对危险化学品道路运输企业或单位未根据危险化学品的危险特性采取相应安全防护措施或配备必要防护用品和应急救援器材的行政处罚
71	对排放大量烟雾、粉尘、火焰、废气等影响飞行安全的物质等影响民用机场净空保护活动的行政处罚
72	在机场净空保护区内放飞信鸽等鸟类的行政处罚
73	对障碍物产权人或管理人未保证障碍灯、标志正常使用的行政处罚
74	对修建架空高压输电线、架空金属线、铁路、公路、电力排灌站等影响民用机场电磁环境的行为的行政处罚

续表 8-1-1

类别及序号	项目名称及数量
75	对交通运输领域生产经营单位不具备安全生产条件行为的行政处罚
76	对交通运输领域生产经营单位主要负责人、其他负责人及其安全生产管理人员未履行安全生产管理职责的行政处罚
77	对交通运输领域生产经营单位未按规定设置安全生产管理机构或者配备安全生产管理人员等行为的行政处罚
78	对交通运输领域生产经营单位未在有较大危险因素的生产经营场所和有关设施、设备上设置明显的安全警示标志等行为的行政处罚
79	对交通运输领域生产、经营、运输、储存、使用危险物品或者处置废弃危险品，未建立专门安全管理制度、未采取可靠的安全措施等行为的行政处罚
80	对生产经营单位未采取措施消除事故隐患行为的行政处罚
81	对交通运输领域生产经营单位将工程发包给不具备安全生产条件或者相应资质的单位或者个人行为的行政处罚
82	对交通运输领域生产经营单位未与承包单位、承租单位签订专门的安全生产管理协议或者未在承包合同、租赁合同中明确各自的安全生产管理职责，或者未对承包单位、承租单位的安全生产统一协调、管理的行政处罚
83	对交通运输领域两个以上生产经营单位在同一作业区域内进行可能危及对方安全生产的生产经营活动，未签订安全生产管理协议或者未指定专职安全生产管理人员进行安全检查与协调的行政处罚
84	对交通运输领域生产经营单位储存危险物品的仓库与员工宿舍在同一座建筑内，或者与员工宿舍的距离不符合安全要求等行为的行政处罚
85	对交通运输领域生产经营单位与从业人员订立协议，免除或者减轻其对从业人员因生产安全事故伤亡依法应承担的责任行为的行政处罚
86	对交通运输领域生产经营单位拒绝、阻碍负有安全生产监督管理职责的部门依法实施监督检查行为的行政处罚
87	对交通运输领域高危行业领域的生产经营单位未按照国家规定投保安全生产责任保险的行政处罚
88	对交通运输领域生产经营单位主要负责人在本单位发生生产安全事故时，不立即组织抢救或者在事故调查处理期间擅离职守或者逃匿的；生产经营单位主要负责人对生产安全事故隐瞒不报、谎报或者迟报的行政处罚
89	对交通运输领域生产经营单位被责令改正且受到罚款处罚，拒不改正的行政处罚
90	对交通运输领域生产经营单位主要负责人和安全生产管理人员未按规定考核合格的行政处罚
91	对交通运输领域生产安全事故发生单位对事故发生负有责任的单位、有关人员的行政处罚
92	对交通运输领域项目必须招标而不招标行为的行政处罚
93	对交通运输领域项目招标代理机构泄密、串通、违法咨询行为的行政处罚
94	对交通运输领域项目招标人限制排斥潜在投标人行为的行政处罚
95	对交通运输领域项目招标人影响公平竞争的行为的行政处罚
96	对交通运输领域项目投标人与他人串通投标或者以行贿手段中标等行为的行政处罚
97	对交通运输领域必须招标项目投标人弄虚作假行为的行政处罚

续表 8-1-1

类别及序号	项目名称及数量
98	对交通运输领域依法必须进行招标的项目，招标人违反规定，与投标人就实质内容进行谈判行为的行政处罚
99	对交通运输领域项目评标委员会成员收受投标人好处，或透露信息行为的行政处罚
100	对交通运输领域项目招标人在评标委员会依法推荐的中标候选人以外确定中标人行为的行政处罚
101	对交通运输领域项目招标人与中标人违法订立合同行为的行政处罚
102	对交通运输领域项目招标人依法应当公开招标而采用邀请招标、发出接收招标文件资格预审文件不符合时限要求的、违法接收投标行为的行政处罚
103	对交通运输领域项目招标人超额收取保证金或者不按规定退还保证金及利息行为的行政处罚
104	对交通运输领域项目招标人不按照规定组建评标委员会行为的行政处罚
105	对交通运输领域项目评标委员会成员不客观、不公正履行职务行为的行政处罚
106	对交通运输领域项目招标人不按规定确定中标人或不签订合同行为的行政处罚
107	对公路项目不具备招标条件而进行招标等行为的行政处罚
108	对交通运输领域项目中标人不按规定签订合同行为的行政处罚
109	对交通运输领域项目招标方案未经核准或未按核准的招标方案进行招标行为的行政处罚
110	对交通运输领域建设工程项目肢解发包行为的行政处罚
111	对交通运输领域建设工程项目中标人不按照合同履行义务，情节较为严重行为的行政处罚
112	对交通运输领域建设工程项目未经交通主管部门批准或未取得施工许可证擅自进行施工行为的行政处罚
113	对公路工程未交工验收试运营、交工验收不合格试运营、未备案试运营等行为的行政处罚
114	对交通运输领域建设工程项目施工图设计未经批准，擅自开工建设行为的行政处罚
115	对交通运输领域建设工程项目中标人违法转分包行为的行政处罚
116	对交通运输领域建设工程项目建设单位未将保证安全施工的措施或者拆除工程的有关资料报送有关部门备案行为的行政处罚
117	对交通运输领域建设工程项目必须实行工程监理而未实行工程监理行为的行政处罚
118	对交通运输领域建设工程项目施工单位在工程上使用或安装未经监理工程师签认的建筑材料、构件和设备行为的行政处罚
119	对交通运输领域建设工程项目建设单位将建设工程发包给不具有相应资质等级的勘察、设计、施工单位或者委托给不具有相应资质等级的工程监理单位的行为的行政处罚
120	对交通运输领域建设工程项目指定分包和指定采购，随意压缩工期行为的行政处罚
121	对交通运输领域建设工程项目建设单位未按照国家规定办理工程质量监督手续的行政处罚
122	对交通运输领域建设工程项目未组织验收、验收不合格擅自交付使用、对不合格的工程按照合格工程验收的行为的行政处罚
123	对交通运输领域建设工程项目建设单位未按规定移交建设项目档案行为的行政处罚

续表 8-1-1

类别及序号	项目名称及数量
124	对交通运输领域建设工程项目勘察、设计、施工、工程监理单位超越本单位资质等级承揽工程等行为的行政处罚
125	对交通运输领域建设工程项目从业单位出借资质行为的行政处罚
126	对交通运输领域建设工程项目勘察、设计单位未按照工程建设强制性标准进行勘察、设计等行为的行政处罚
127	对交通运输领域建设工程项目施工单位违反强制性标准的，在施工中偷工减料的，使用不合格的建筑材料、建筑构配件和设备的，或者有不按照工程设计图纸或者施工技术标准施工的行为的行政处罚
128	对交通运输领域建设工程项目施工单位未按规定对材料、构配件等进行检验检测行为的行政处罚
129	对交通运输领域建设工程项目施工单位不按规定履行保修义务的行政处罚
130	对交通运输领域建设工程项目监理单位与相关单位串通，弄虚作假、降低工程质量等行为的行政处罚
131	对交通运输领域建设工程项目监理单位将不合格的工程、材料、构件和设备按合格签字行为的行政处罚
132	对交通运输领域建设工程项目监理单位违规承担有利害关系建设工程的监理业务行为的行政处罚
133	对公路建设工程发生工程质量事故未按有关规定和时间向有关部门报告行为的行政处罚
134	对交通运输领域建设工程项目注册执业人员因过错造成质量事故的行政处罚
135	对交通运输领域建设工程项目建设、勘察、设计单位以及执业人员未按照法律、法规和工程建设强制性标准进行勘察、设计等行为的行政处罚
136	对交通运输领域建设工程项目监理单位未对施工组织设计中的安全技术措施或者专项施工方案进行审查等行为的行政处罚
137	对交通运输领域建设工程项目建设工程施工单位挪用列入建设工程概算的安全生产作业环境及安全施工措施所需费用行为的行政处罚
138	对交通运输领域建设工程项目施工单位施工前未对有关安全施工的技术要求作详细说明等行为的行政处罚
139	对交通运输领域建设工程项目施工单位安全防护用具、机械设备、施工机具及配件未经查验合格即投入使用等行为的行政处罚
140	对交通运输领域建设工程项目未经注册擅自以注册人员名义从事建设工程勘察、设计活动的行政处罚
141	对交通运输领域建设工程项目执业人员和其他专业技术人员不按规定受聘而从事建设工程勘察、设计活动行为的行政处罚
142	对交通运输领域建设工程项目勘察设计单位未依据批准文件、规划或国家规定编制建设工程勘察、设计文件行为的行政处罚
143	对交通运输领域建设工程项目检测机构伪造（涂改、转让、租借）等级证书等行为的行政处罚
144	对交通运输领域建设工程项目检测人员出具虚假试验检测数据或报告行为的行政处罚
145	对公路水运工程从业单位未全面履行安全生产责任，导致重大事故隐患等行为的行政处罚

续表 8-1-1

类别及序号	项目名称及数量
146	对申请公路建设行业从业许可过程中弄虚作假、以欺骗、贿赂等不正当手段取得从业许可等行为的行政处罚
147	对公路水运工程工地临时试验室单位出具虚假试验检测数据或报告行为的行政处罚
148	对依照《建设工程质量管理条例》给予罚款处罚的单位直接负责的主管人员和其他直接责任人员的行政处罚
149	对未按照安全技术标准和管理规范要求，进行高空、受限空间、爆破、吊装、临近高压输电线路作业等的行政处罚
150	对违反各项安全生产标准以及本单位规章制度和安全操作规程等行为的行政处罚
151	对交通运输建设工程领域从业单位、人员违反工程质量和安全生产管理规定行为的行政处罚
152	对公路建设从业单位忽视工程质量和安全管理，造成质量或安全事故行为的行政处罚
153	对交通运输领域建设工程项目建设单位未按照国家规定将竣工验收报告、有关认可文件或者准许使用文件报送备案的行政处罚
154	对交通运输领域建设工程项目建设单位迫使承包方以低于成本的价格竞标、明示或者暗示设计单位或者施工单位违反工程建设强制性标准、明示或者暗示施工单位使用不合格的建筑材料、建筑构配件和设备的行为的行政处罚
155	对农村公路建设在筹集建设资金过程中，强制单位和个人集资，强迫农民出工、备料的；擅自降低征地补偿标准，或者拖欠工程款、征地拆迁款和农民工工资的行政处罚
156	对农村公路建设资金不按时支付，或者截留、挤占、挪用建设资金的行政处罚
157	对未采取有效措施防治扬尘污染的行政处罚
158	对未依法报送航道通航条件影响评价材料而开工建设行为的行政处罚
159	对报送的航道通航条件影响评价材料未通过审核而开工建设行为的行政处罚
160	对未及时清除影响航道通航条件的临时设施及其残留物行为的行政处罚
161	对通航水域上建设桥梁等建筑物未按照规定设置航标等设施行为的行政处罚
162	对危害航道通航安全行为的行政处罚
163	对在航道和航道保护范围内采砂，损害航道通航条件行为的行政处罚
164	对通航建筑物运行单位未按规定编制运行方案等行为的行政处罚
165	对过闸船舶、船员不遵守运行管理有关规定的行政处罚
166	对过闸船舶未按规定向通航建筑物运行单位如实提供过闸信息行为的行政处罚
167	对违规向通航河道倾倒泥沙、石块和废弃物等行为的行政处罚
168	对侵占、破坏航道或航道设施行为的行政处罚
169	对未按主管部门意见设置必要的航标行为的行政处罚
170	对航道工程建设项目未组织竣工验收或者验收不合格擅自交付使用等行为的行政处罚
171	对水路旅客运输经营者或者其委托的船票销售单位、港口经营人存在按相关规定对客户身份进行查验，或者对身份不明、拒绝身份查验的客户提供服务等行为的行政处罚

续表 8-1-1

类别及序号	项目名称及数量
172	对擅自经营或者超越许可范围经营水路运输业务或者国内船舶管理业务行为的行政处罚
173	对水路运输经营者存在使用未取得船舶营运证件的船舶从事水路运输行为的行政处罚
174	对未经许可或者超越许可范围使用外国籍船舶经营水路运输业务，或者外国的企业、其他经济组织和个人经营或者以租用中国籍船舶或者舱位等方式变相经营水路运输业务行为的行政处罚
175	对以欺骗或者贿赂等不正当手段取得《国内水路运输管理条例》规定的行政许可行为的行政处罚
176	对出租、出借、倒卖《国内水路运输条例》规定的行政许可证件或者以其他方式非法转让《国内水路运输管理条例》规定的行政许可行为的行政处罚
177	对船舶管理业务经营者与委托人订立虚假协议或者名义上接受委托实际不承担船舶海务、机务管理责任行为的行政处罚
178	对伪造、变造、涂改《国内水路运输管理条例》规定的行政许可证件行为的行政处罚
179	对水路旅客运输业务经营者存在未为其经营的客运船舶投保承运人责任保险或者取得相应的财务担保行为的行政处罚
180	对水路运输经营者或其船舶存在在规定期内，经整改仍不符合要求的经营资质条件的行政处罚
181	对未将报废船舶的营运证或者国际船舶备案证明书交回原发证机关行为的行政处罚
182	对企业违反擅自变更或者取消航线、停靠站点等行为的行政处罚
183	对违反内河通航秩序行为的行政处罚
184	对以拒绝进入现场等方式拒不接受海事管理机构进行船舶大气污染监督检查或者在接受监督检查时弄虚作假行为的行政处罚
185	对船舶使用不符合标准或者要求的船舶用燃油行为的行政处罚
186	对拒绝海事管理机构依法进行的水污染防治监督检查，或者在接受监督检查时弄虚作假行为的行政处罚
187	对船舶未配置相应的防污染设备和器材，或者未持有合法有效的防止水域环境污染的证书与文书行为的行政处罚
188	对船舶进行涉及污染物排放的作业，未遵守操作规程或者未在相应的记录簿上如实记载行为的行政处罚
189	对船舶向水体倾倒船舶垃圾等行为的行政处罚
190	对拒绝海事管理机构进行有关船舶噪声污染环境的现场检查或者在被检查时弄虚作假行为的行政处罚
191	对在城市市区的内河航道航行时未按照规定使用声响装置行为的行政处罚
192	对船员以不正当手段取得船员服务簿、船员适任证书、船员培训合格证书、中华人民共和国海员证行为的行政处罚
193	对船员伪造、变造或者买卖船员服务簿、船员适任证书、船员培训合格证书、中华人民共和国海员证行为的行政处罚
194	对船员未按规定办理船员服务簿变更手续的行政处罚
195	对船员未遵守值班规定擅自离开工作岗位等行为的行政处罚
196	对招用未依照规定取得相应有效证件的人员上船工作等行为的行政处罚

续表 8-1-1

类别及序号	项目名称及数量
197	对擅自从事船员培训的行政处罚
198	对不按照规定的培训大纲和要求进行培训行为的行政处罚
199	对未将招用或者管理的船员的有关情况定期报海事管理机构备案行为的行政处罚
200	对船员服务机构提供船员服务时，提供虚假信息，欺诈船员行为的行政处罚
201	对船舶未持有合格的检验证书、登记证书或者船舶未持有必要的航行资料，擅自航行或者作业行为的行政处罚
202	对船舶未按照规定配备船员擅自航行等行为的行政处罚
203	对未取得适任证书或者其他适任证件的人员擅自从事船舶航行行为的行政处罚
204	对未取得船舶污染损害责任、沉船打捞责任保险文书或者财务担保证明，逾期不改正的行为的行政处罚
205	对船舶未按照规定标明船名、船籍港、载重线或者遮挡船名、船籍港、载重线等行为的行政处罚
206	对船舶、浮动设施遇险后未履行报告义务或者不积极施救的行政处罚
207	对违反有关规定造成内河交通事故行为的行政处罚
208	对不服从海事管理机构的统一调度和指挥行为的行政处罚
209	对船舶伪造、变造、买卖、转借、冒用船舶检验证书、船舶登记证书、船员适任证书或者其他适任证件行为的行政处罚
210	对船舶、浮动设施的所有人或者经营人指使、强令船员违章操作行为的行政处罚
211	对不遵守航行、避让和信号显示规则在内河航行、停泊或者作业等行为的行政处罚
212	对船舶不具备安全技术条件从事货物、旅客运输，或者超载运输货物、旅客的行为的行政处罚
213	对船舶、浮动设施发生内河水上交通事故后逃逸行为的行政处罚
214	船舶、浮动设施发生水上交通事故，对事故报告内容不真实，不符合规定要求行为的行政处罚
215	对应当报废的船舶、浮动设施在内河航行或者作业的行政处罚
216	对试航船舶未经试航检验并持有试航证书行为的行政处罚
217	对报废船舶的所有人或者经营人未向船舶检验机构报告行为的行政处罚
218	对移动平台、浮船坞、大型船舶、水上设施拖带航行，未经船舶检验机构进行拖航检验行为的行政处罚
219	对船舶、浮动设施未持有合格的检验证书擅自航行或者作业行为的行政处罚
220	对船舶伪造船舶检验证书或者擅自更改船舶载重线行为的行政处罚
221	对假冒中华人民共和国国籍、悬挂中国国旗航行行为的行政处罚
222	对中国籍船舶假冒外国国籍、悬挂外国国旗航行行为的行政处罚
223	对隐瞒登记事实造成双重国籍行为的行政处罚

续表 8-1-1

类别及序号	项目名称及数量
224	对不按照规定办理变更或者注销登记的，或者使用过期的船舶国籍证书或者临时船舶国籍证书行为的行政处罚
225	对使用他人业经登记的船舶烟筒标志、公司旗的行为的行政处罚
226	对在办登记手续时隐瞒真实情况弄虚作假或者隐瞒登记事实造成重复登记行为的行政处罚
227	对船长小于五米的船舶在办理登记手续时隐瞒真实情况、弄虚作假的行政处罚
228	对发生污染损害事故，不向海事管理机构报告拆船污染损害事故，也不采取消除或者控制污染措施等行为的行政处罚
229	对拒绝或者阻挠海事管理机构进行拆船现场检查或者在被检查时弄虚作假等行为的行政处罚
230	对弄虚作假欺骗海事行政执法人员等行为的行政处罚
231	对未按照规定开展自查或者未随船保存船舶自查记录行为的行政处罚
232	对以欺骗或其他不正当手段取得水上水下活动许可证行为的行政处罚
233	对未按有关规定申请发布航行警告、航行通告即行实施水上水下活动等行为的行政处罚
234	对建设单位、主办单位或者施工单位未对有碍航行和作业安全的隐患采取设置标志、显示信号等措施的行政处罚
235	对港口、码头、装卸站以及从事船舶修造、打捞等作业活动的单位船舶未按规定配备污染防治设施、设备和器材等行为的行政处罚
236	对船舶未按规定如实记录油类作业、散装有毒液体物质作业、垃圾收集处理情况等行为的行政处罚
237	对船舶超过标准向内河水域排放生活污水、含油污水等行为的行政处罚
238	对从事可能造成船舶污染内河水域环境等作业活动的单位，未组织本单位相关作业人员进行专业培训等行为的行政处罚
239	对船舶未遵守特殊保护水域有关防污染的规定、标准行为的行政处罚
240	对船舶发生污染事故，未按规定报告或者未按规定提交《船舶污染事故报告书》行为的行政处罚
241	对渔业船舶检验机构的工作人员未经考核从事渔业船舶检验工作行为的行政处罚
242	对船员违反操作规定行为的行政处罚
243	对未按规定取得安全营运与防污染管理体系符合证明或者临时符合证明从事航行或者其他有关活动等行为的行政处罚
244	对船舶检验人员违反规定开展船舶检验行为的行政处罚
245	对渡船船员、渡工酒后驾船行为的行政处罚
246	对渡船不具备夜航条件擅自夜航行为的行政处罚
247	对应申请许可证而未取得，擅自进行水上水下作业或者活动的行政处罚
248	对许可证件失效后仍进行水上水下作业或者活动的行政处罚
249	对使用涂改或者非法受让的许可证进行水上水下作业或者活动的行政处罚
250	对未按《水上水下活动通航安全管理规定》报备水上水下作业或者活动的行政处罚

续表 8-1-1

类别及序号	项目名称及数量
251	在水上水下作业或者活动期间，对未妥善处理有碍航行和作业安全隐患并按照海事管理机构的要求采取清除、设置标志、显示信号等措施的行政处罚
252	船舶、浮动设施发生水上交通事故，对隐瞒事实或者提供虚假证明、证词行为的行政处罚
253	船舶、浮动设施发生水上交通事故，对故意涂改航海日志等法定文书、文件行为的行政处罚
254	对风力超过渡船抗风等级、能见度不良、水位超过停航封渡水位线等可能危及渡运安全的恶劣天气、水文条件擅自开航行为的行政处罚
255	对发生乘客打架斗殴、寻衅滋事等可能危及渡运安全的情形，渡船擅自开航行为的行政处罚
256	对在内河通航水域的航道内养殖、种植植物、水生物或者设置永久性固定设施行为的行政处罚
257	对在内河通航水域中的沉没物、漂流物、搁浅物的所有人或者经营人，未按照国家有关规定设置标志或者未在规定的时间内打捞清除行为的行政处罚
258	对船舶违反规定未在码头、泊位或者依法公布的锚地、停泊区、作业区停泊行为的行政处罚
259	对向水体倾倒船舶垃圾的行政处罚
260	对向水体倾倒排放船舶的残油、废油等行为的行政处罚
261	对渡口船舶未标明识别标志、载客定额、安全注意事项的行政处罚
262	对申请人以欺骗或者其他不正当手段取得船舶识别号行为的行政处罚
263	对船舶未按有关规定取得船舶识别号或者未将船舶识别号在船体上永久标记或者粘贴行为的行政处罚
264	对收费公路经营管理单位未对超限运输车辆通行证进行查验行为的行政处罚
265	对高速公路经营管理单位放行违法超载货运车辆驶入高速公路行为的行政处罚
266	对违反国际道路运输管理规定行为的行政处罚
267	对城市轨道交通工程项目（含甩项工程）未经安全评估投入运营的行政处罚
268	对城市轨道交通运营单位未全程参与试运行等行为的行政处罚
269	对运营单位未按规定上报城市轨道交通运营相关信息或者运营安全重大故障和事故行为的行政处罚
270	对城市轨道交通运营单位未向社会公布运营服务质量承诺或者定期报告履行情况等行为的行政处罚
271	对高架线路桥下的空间使用可能危害城市轨道交通运营安全等行为的行政处罚
272	对损坏隧道、轨道、路基等危害城市轨道交通运营设施设备安全等行为的行政处罚
273	对拦截列车、强行上下车等危害或者可能危害城市轨道交通运营安全等行为的行政处罚
274	对班轮运输业务经营者是否存在未提前向社会公布所使用的船舶、班期、班次和运价或者其变更信息行为的行政处罚
275	对旅客班轮运输业务经营者是否存在自取得班轮航线经营许可之日起 60 日内未开航行为的行政处罚
276	对船舶管理业务经营者是否存在按照规定要求配备相应海务、机务管理人员行为的行政处罚
277	对水路运输辅助业务经营者是否存在履行备案义务或者报告义务行为的行政处罚

续表 8-1-1

类别及序号	项目名称及数量
278	对水路运输辅助业务经营者是否存在为未依法取得水路运输业务经营许可或者超越许可范围的经营者提供水路运输辅助服务行为的行政处罚
279	对水路运输辅助业务经营者是否存在与船舶所有人、经营人、承租人未订立船舶管理协议或者协议对船舶海务、机务管理责任做出明确规定行为的行政处罚
280	对水路运输辅助业务经营者是否存在订立书面合同、强行代理或者代办业务行为的行政处罚
281	对水路运输辅助业务经营者是否存在滥用优势地位，限制委托人选择其他代理或者船舶管理服务提供者行为的行政处罚
282	对水路运输辅助业务经营者是否虚假宣传，误导旅客或者委托人行为的行政处罚
283	对水路运输辅助业务经营者是否存在以不正当方式或者不规范行为争抢客源、货源及提供其他水路运输辅助服务扰乱市场秩序行为的行政处罚。
284	对水路运输辅助业务经营者是否存在在售票场所和售票网站的明显位置公布船舶、班期、班次、票价等信息行为的行政处罚
285	对水路运输辅助业务经营者是否存在以公布的票价或者变相变更公布的票价销售客票行为的行政处罚
286	对水路运输辅助业务经营者使用的运输单证是否存在符合有关规定行为的行政处罚
287	对水路运输辅助业务经营者是否存在建立业务记录和管理台账的行政处罚
288	对水路运输辅助业务经营者是否存在拒绝管理部门根据本规定进行的监督检查、隐匿有关资料或者瞒报、谎报有关情况的行政处罚
289	对是否委托未依法取得危险货物水路运输许可的企业承运危险化学品行为的行政处罚
290	对通过内河运输危险化学品的承运人是否违反国务院交通运输主管部门对单船运输的危险化学品数量的限制性规定运输危险化学品行为的行政处罚
291	对企业是否违反擅自变更或者取消航线、停靠站点等行为的行政处罚
292	对违反港口规划建设港口、码头或者其他港口设施等行为的行政处罚
293	对在港口建设的危险货物作业场所、实施卫生除害处理的专用场所与人口密集区或者港口客运设施的距离不符合国务院有关部门的规定的行政处罚
294	对码头或者港口装卸设施、客运设施未经验收合格擅自投入使用的行政处罚
295	对未依法取得港口经营许可证从事港口经营，或者港口理货业务经营人兼营货物装卸经营业务、仓储经营业务的行政处罚
296	对港口经营人不优先安排抢险、救灾、国防建设急需物资作业的行政处罚
297	对未依法向港口行政管理部门报告并经其同意，在港口内进行危险货物的装卸、过驳作业的行政处罚
298	对未经依法批准在港口进行可能危及港口安全的采掘、爆破等活动的，向港口水域倾倒泥土、砂石的行政处罚
299	对港口经营人在取得经营许可后又不符合经营许可条件的行政处罚
300	对从事船舶港口服务、港口设施设备和机械租赁维修的经营人未按规定进行备案的行政处罚
301	对港口经营人未按照国家有关规定落实港口大型机械防阵风防台风措施的行政处罚

续表 8-1-1

类别及序号	项目名称及数量
302	对港口经营人未按照码头泊位性质和功能接靠船舶或者超过码头靠泊等级接靠船舶的行政处罚
303	对港口经营人未对登船旅客及其携带或者托运的行李、物品以及滚装车辆进行安全检查的行政处罚
304	对港口经营人装载超出最大营运总质量的集装箱或者超出船舶、车辆载货定额装载货物的行政处罚
305	对港口经营人未按照国家有关规定设置相应设施设备或者配备安全检查人员的行政处罚
306	对生产、经营、运输、储存、使用危险物品或者处置废弃危险物品，未建立专门安全管理制度、未采取可靠的安全措施的行政处罚
307	对未经安全条件审查，新建、改建、扩建危险货物港口建设项目的行政处罚
308	对危险货物港口经营人未对其铺设的危险货物管道设置明显的标志，或者未对危险货物管道定期检查、检测行为的行政处罚
309	对危险货物港口经营人未建立危险货物出入库核查、登记制度行为的行政处罚
310	对危险货物港口经营人装卸、储存没有安全技术说明书的危险货物或者外包装没有相应标志的包装危险货物行为的行政处罚
311	对危险货物港口经营人未在作业场所设置通信、报警装置的行政处罚
312	对在港口进行可能危及危险货物管道安全的施工作业未按照规定书面通知管道所属单位等行为的行政处罚
313	对危险货物港口经营人未在取得从业资格的装卸管理人员现场指挥或者监控下进行作业行为的行政处罚
314	对危险货物港口经营人未对安全生产条件定期进行安全评价行为的行政处罚
315	对未将危险货物储存在专用库场、储罐内，或者未将剧毒化学品以及储存数量构成重大危险源的其他危险货物在专用库场、储罐内单独存放的行政处罚
316	对危险货物港口经营人危险货物的储存方式、方法或者储存数量不符合国家标准或者国家有关规定行为的行政处罚
317	对危险货物港口经营人未将安全评价报告以及落实情况报港口行政管理部门备案等行为的行政处罚
318	对未将剧毒化学品以及储存数量构成重大危险源的其他危险货物的储存数量、储存地点以及管理人员等情况报港口行政管理部门备案的行政处罚
319	对港口经营人未报告并经同意进行危险货物装卸、过驳作业的行政处罚
320	对装卸国家禁止通过该港口水域水路运输的危险货物等行为的行政处罚
321	对未如实记录危险货物作业基础数据的行政检查
322	对发现危险货物的包装和安全标志不符合相关规定仍进行作业的行政处罚
323	对未具备其作业使用的危险货物输送管道分布图、安全技术档案的行政处罚
324	对未将重大事故隐患的排查和处理情况、应急预案及时向所在地港口行政管理部门备案的行政处罚
325	对未按照规定实施安全生产风险预防控制的行政处罚

续表 8-1-1

类别及序号	项目名称及数量
326	对在港口从事危险货物添加抑制剂或者稳定剂作业前，未将有关情况告知相关危险货物港口经营人和作业船舶的行政处罚
327	对未按规定向港口经营人提供所托运的危险货物有关资料行为的行政处罚
328	对港口作业委托人在托运的普通货物中夹带危险货物，或者将危险货物谎报或者匿报为普通货物托运的行政处罚
329	对擅自为航行国际航线船舶提供服务的港口设施的行政处罚
330	对港口设施保安主管和相关人员未经必要培训的行政处罚
331	对未经批准擅自设置引航机构的行政处罚
332	对引航机构拒绝或者拖延引航、不指定责任引航员的行政处罚
333	对港口企业不按规定配合和保障被引船舶靠离泊的、不按规定向引航机构提供相关资料的行政处罚
334	对水路运输企业的装卸管理人员、申报员、检查员未取得从业资格上岗作业的行政处罚
335	对水路运输企业未按规定报送从业人员信息的行政处罚
336	对危险货物水路运输从业人员将资格证书转借他人使用、涂改资格证书等行为的行政处罚
337	对船舶进出港口未按照规定向海事管理机构报告船舶进出港信息的行政处罚
338	对从事危险货物运输的船舶，未编制危险货物事故应急预案或者未配备相应的应急救援设备和器材等行为的行政处罚
339	对船舶载运的危险货物（属于危险化学品的除外），未按规定进行积载和隔离等行为的行政处罚
340	对未按规定载运危险货物行为的行政处罚
341	对船舶是否未遵守特殊保护水域有关防污染的规定、标准行为的行政处罚
342	对船舶是否违反规定载运污染危害性质不明的货物行为的行政处罚
343	对船舶发生污染事故，是否未按规定报告或者未按规定提交《船舶污染事故报告书》行为的行政处罚
344	对载运危险货物的船舶进出港口，未依法向海事管理机构办理申报手续的，在内河通航水域运输危险货物等行为的行政处罚
345	对渡船未持有相应的危险货物适装证书载运危险货物等行为的行政处罚
346	对渡船混载乘客与大型牲畜行为的行政处罚
347	对不符合《海运危险货物集装箱装箱安全技术要求》的危险货物集装箱签署《集装箱装箱证明书》的行政处罚
348	对交付船舶载运的危险货物托运人未向海事管理机构报告等行为的行政处罚
349	对使用未依法取得危险货物适装证书的船舶，通过内河运输危险化学品行为的行政处罚
350	对通过内河封闭水域运输剧毒化学品以及国家规定禁止通过内河运输的其他危险化学品等行为的行政处罚
351	对在船舶载运中托运人不向承运人说明所托运的危险化学品的种类、数量、危险特性以及发生危险情况的应急处置措施等行为的行政处罚

续表 8-1-1

类别及序号	项目名称及数量
352	对危险货物水路运输企业的船员未取得特殊培训合格证的行政处罚
353	对在港口水域内从事养殖、种植活动逾期不改正的行政处罚
354	对公路水运工程施工单位对施工中出现的质量问题或不合格工程未进行返工处理或拖延返工处理的行政处罚
355	对交通运输领域项目必须招标而不招标行为的处罚
356	对水运工程建设项目未履行相关审批、核准手续开展招标活动行为的行政处罚
三、行政强制	共 27 项
1	对逾期不履行交通运输领域排除妨碍、恢复原状等义务的行政决定，其后果已经或将危害交通安全、造成环境污染或者破坏自然资源等行为的行政强制
2	对交通运输领域安全生产检查中对有根据认为不符合保障安全生产的国家标准或者行业标准的设施、设备、器材以及违法生产、储存、使用、经营、运输的危险物品的行政强制
3	对生产经营单位拒不执行停产停业等决定，有发生生产安全事故的现实危险的行政强制
4	对需要立即清除道路遗洒物、障碍物或者污染物，当事人不能清除的行政强制
5	对造成公路、公路附属设施损坏，拒不接受公路管理机构现场调查处理行为的行政强制
6	对在公路用地范围内设置公路标志以外的其他标志行为的行政强制
7	对在公路建筑控制区内修建、扩建建筑物、地面构筑物或者未经许可埋设管道、电缆等设施逾期不拆除行为的行政强制
8	对在公路建筑控制区外修建的建筑物、地面构筑物以及其他设施遮挡公路标志或者妨碍安全视距逾期不拆除行为的行政强制
9	对经批准进行超限运输的车辆，未按照指定时间、路线和速度行驶拒不改正行为的行政强制
10	对未随车携带超限运输车辆通行证行为的行政强制
11	对采取故意堵塞固定超限检测站点通行车道、强行通过固定超限检测站点等方式扰乱超限检测秩序等行为的行政强制
12	对造成公路、公路附属设施损坏，逾期不接受处理，并且经公告 3 个月仍不去接受处理的行政强制
13	对车辆超载运输行为的行政强制
14	对没有车辆营运证又无法当场提供其他有效证明的车辆实施的行政强制
15	对违反航道通航条件影响评价规定建成的项目导致航道通航条件严重下降，逾期未采取补救措施或者拆除等行为的行政强制
16	在航道和航道保护范围内采砂，损害航道通航条件的行政强制
17	对船舶存在未持有合格的检验证书、登记证书或者船舶未持有必要的航行资料，是否擅自航行或者作业行为的行政强制
18	对船舶违反规定未在码头、泊位或者依法公布的锚地、停泊区、作业区停泊行为的行政强制
19	对在内河通航水域的航道内养殖、种植植物、水生物或者设置永久性固定设施行为的行政强制
20	对在内河通航水域中的沉没物、漂流物、搁浅物的所有人或者经营人，未按照国家有关规定设置标志或者未在规定的时间内打捞清除行为的行政强制

续表 8-1-1

类别及序号	项目名称及数量
21	对船舶不具备安全技术条件从事货物、旅客运输，或者超载运输货物、旅客行为的行政强制
22	对向水体倾倒船舶垃圾或者排放船舶的残油、废油等行为的行政强制
23	对违反港口规划建设港口、码头或者其他港口设施等行为的行政强制
24	对在港口水域内从事养殖、种植活动逾期不改正的行政强制
25	对未经依法批准在港口内进行采掘、爆破等活动的，向港口水域倾倒泥土、砂石逾期不消除安全隐患行为的行政强制
26	对港区内有关违法储存危险货物的场所、危险货物的行政强制
27	对危险货物港口经营人等生产经营单位拒不执行停产停业等决定，有发生生产安全事故的现实危险的行政强制
四、行政征收	共 0 项
五、行政给付	共 0 项
六、行政检查	共 10 项
1	对道路货运经营者的检查
2	对机动车维修经营活动的检查
3	对机动车驾驶员培训经营活动的检查
4	对道路运输企业动态监控工作情况的检查
5	对道路运输车辆的技术管理的检查
6	对从事危险货物道路运输企业经营行为的检查
7	对从事水路运输企业经营行为的检查
8	对货运源头企业的检查
9	对道路客运、客运站经营者的检查
10	对道路运输企业的安全生产检查
七、行政裁决	共 2 项
1	客运经营者在发车时间安排上发生纠纷，客运站经营者协调无效时的裁定。
2	裁决客运经营者发车时间安排纠纷
八、行政奖励	共 2 项
1	对公共汽（电）车客运企业和相关人员的表彰
2	对出租汽车经营者和驾驶员先进事迹的表彰和奖励
九、行政确认	共 11 项
1	向申请人投入运输的车辆（普货、客运）配发道路运输证
2	经营性道路（普货、客运）运输车辆年度审验
3	客运站等级核定

续表 8-1-1

类别及序号	项目名称及数量
4	公路施工作业验收
5	确认特定时段开行包车或者加班车资质
6	公路工程工地试验室备案
7	公路工程竣工质量复测
8	公路工程交工质量核验
9	在公路桥梁跨越的河道上下游各 500 米范围内依法进行疏浚作业
10	巡游出租汽车车辆经营权到期后，巡游出租汽车经营者拟继续从事经营
11	巡游出租汽车经营者许可事项变更
十、其他类	共 3 项
1	规范出租车车型、车容车貌、专用设施设备
2	道路客运、货运车辆营运证配发
3	出租汽车年度审验

第二节　执法资格

1980 年起，执法资格证书开始使用。1998 年，实行省政府监制和交通运输部监制的双证制度。至 2021 年，政府执法证件历经 5 代，交运部执法证件历经 4 代。2019 年，交通行政执法证停止使用，交通运输执法统一使用省政府监制颁发的行政执法证。2021 年底，全局持证上岗执法人员为 191 人。2022 年底，持证执法人员为 203 人。

一、政府执法证件

1994—2001 年，根据《河北省行政执法证件和行政执法监督检查证件管理办法》（1993 年 9 月 2 日河北省人民政府公布，1994 年 1 月 1 日起实施），该阶段行政执法证由省政府监制，

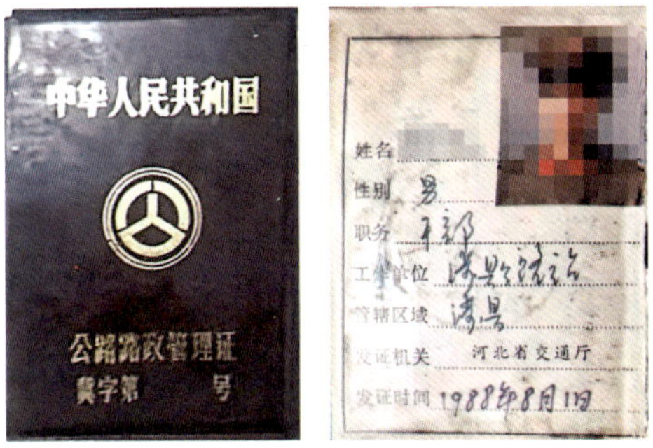

1998 年以前省交通厅监制的公路路政管理证

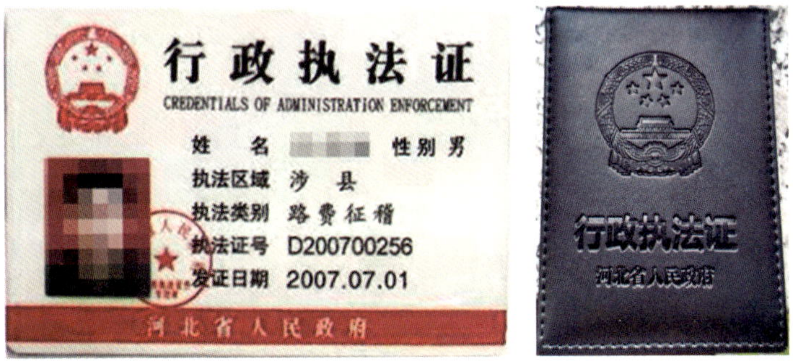

2007—2015 年交通行业行政执法证

县政府颁发，交通系统管理。2001—2007 年，为统一证件管理，省政府将原由各系统管理的执法证统一由政府管理。交通局所属执法队伍统一换发省政府行政执法证。

2007年，县局所属执法队伍统一换发卡面式省政府监制颁发的行政执法证，沿用至2015年。

2015 年，根据最新修订的河北省行政执法证件和行政执法监督检查证件管理办法，按照国家“互联网 + 监管”试点要求，建成河北省“互联网 + 监管”系统，打造监管大数据中心。县局执法人员统一换发新式省政府行政执法证，沿用至 2021 年。

二、交通运输执法证件

1998年前，根据1985年8月《国务院关于立即制止在公路上乱设卡、滥罚款、滥收费的通知》，联合检查站和交通部门检查人员，包括养路费征收和交管人员，均着交通监理服装，由省、自治区、直辖市交通厅（局）分别发放路政管理证和公路运输管理证。县局局属执法单位统一颁发省厅监制的路政管理证和交通稽查证。

1998 年 1 月，《交通行政执法证件管理规定》生效。规定从事其他交通运输执法工作的人员应当持有交通行政执法证，交通运输法制建设逐步规范化。是年起，县局执法队伍统一办理交通行政执法证。2011 年 7 月，交通部印发《加强交通运输行政执法形象建设指导方案》，方案提出，力争用 2~3 年时间，统一全行业的执法形象，以公路路政、道路运政、港航行政等行政执法领域为重点，逐步覆盖所有门类交通运输行政执法队伍，统一执法标志，统一执法证件，统一工作服装，统一执法场所外观形象。县局执法队伍统一上缴交通运输部原交通行政执法证，办理新证。

2019 年 3 月，《河北省全面推行行政执法公示制度执法全过程记录制度重大执法决定法制审核制度实施方案》规定“行政执法人员在进行监督检查、调查取证、采取强制措施和强制执行、送达执法文书等执法活动时，须主动出示河北省政府统一颁发或国家部委颁发并经本级司法行政机关备案的执法证件”。《交通运输行政执法证件管理规定》第二十一条规定，“省级交通运输主管部门是本地区交通运输行政执法证件的发证机关”。2019 年，交运部行业颁发的交通行政执法证在河北省停用。

第三节　服装标志

1985 年 8 月，根据交通部规定：联合检查站和交通部门检查人员，包括养路费征收和交管人员，均着交通监理服装，由省、自治区、直辖市交通厅（局）分别发给路政管理证和公路运输管理证。服装费用按原规定标准，由各自单位负责，但人数应从严掌握。不着监理服装人员，严禁上路拦截检查车辆。

1986 年《关于改革道路交通管理体制的通知》中明确规定：养路费征收和路政管理人员仍暂着原交通监理服装。交通局所属执法单位继续着交通监理服装。1989 年 3 月 10 日，邯郸

20 世纪 80—90 年代交通执法制服及标识

2010 年换发的新式交通执法制服（春秋常服）

地区行政公署交通局运输管理处根据上级文件精神，对全区运输管理站明确着装标准、范围和注意事项。

1991 年 10 月，《公路养路费征收管理规定》第七条明确规定“征稽人员执行公务应统一着装”。1998 年颁布实施的《中华人民共和国公路法》明确要求，公路交通行政执法人员应佩戴明显执法标志。养路费征收和路政管理人员是国家明确规定的两支执法队伍，具有独立行政执法资格，是国家行政执法队伍的一个必要组成部分，应当按照国家统一规定着装。特别是养路费是国家征收项目，其征收人员，由国家批准统一着装。2002 年，涉县交通局按照上级通知精神，规范行政执法人员上岗着装行为。

2003 年，国务院下发《关于整顿统一着装的通知》提出着装要求。2004 年 8 月底前，公路交通执法人员不得继续着装。2004 年 8 月，交通部在《关于在全国治理车辆超载超限期间暂予保留交通执法人员着装的请示》中建议，在全国治理车辆超载超限期间，交通执法人员仍按

第一代领章

第一代帽徽

第二代领花

第二代帽徽

第三代领花（帽徽与第二代相同）

规定着装，暂缓脱装。2005 年 7 月，交通局按照涉县人民政府办公室文件精神，进一步加强行政执法证和上岗证管理工作。2008 年 12 月，交通局出台行政执法管理制度、行政执法证件管理办法、行政执法人员管理办法，提高行政执法水平。

2010 年，根据交通运输部《交通运输行政执法形象建设规范》行政执法四统一要求，交通运输行政执法人员统一换发新式交通制服。2010 款新制服采用蓝青色西式上装和同色西裤，左臂配有“交通执法”“公路路政”“道路运政”式样的盾形执法臂章，左胸佩有标明执法人员编号的胸牌号，右胸佩有所在省份胸标。夏装式样为上装衬衣和蓝青色西裤；与过去交通执法人员穿着的旧式标志服装相比，新款标志服装帽子、领花、肩章以及臂章的款式都有较大改变。其中，大的区别在于帽徽，新的综合执法帽徽由中华人民共和国国徽、方向盘、锚、缆绳、橄榄枝以及绶带组成。锚代表航道，方向盘代表道路运输，缆绳代表港口。2012 年 4 月，局印发《关于加强行政执法制式车辆管理的规定》的通知，规范交通运输执法制式车辆管理。

第四节　法制建设

一、规范执法

1991 年 8—9 月，根据省市要求，涉县开展治理“三乱”（乱设卡、乱收费、乱罚款）集中整顿工作，加大对行政执法过错责任追究力度；对公路“三乱”行为实施党纪、政纪处分和经济处罚，稽征队伍纪律明显加强。

1992 年 5 月，交通局出台《“四职一纠”二轮竞赛活动实施方案》，开展职业理想、职业道德、职业纪律、职业技能的教育和纠正行业不正之风活动。1993 年 3 月，交通局出台《关于小拖、三马车养路费征收的管理办法》，加强养路费征收管理。1994 年 3 月，《关于征收车辆超载费的实施办法》出台，强化车辆超载费征收工作。

2001 年 10 月，进一步规范政务公开工作。2002 年，县局出台《关于重申上路巡查纪律的紧急通知》，严明上路巡查纪律，加强全体执法人员行风建设，全系统开展军事化整训。2003 年 6 月，涉县交通局出台违纪追究管理办法，加强违纪追究管理力度。10 月，涉县交通局、涉县人民检察院联合出台《关于共同惩治、预防

执法人员参加法律法规知识考试（2006 年摄）

工作人员职务犯罪工作方案》，规范全系统人员廉洁从政。继续开展“整治交通行风、规范执法行为、争树文明形象”活动。

执法规范会（2007 年摄）

2004 年 11 月，交通局出台《加强行政执法过错责任追究暂行办法》。2005 年 8 月，制定出台关于执法人员违规违纪“对号入座”处理规定，明确违规违纪承担责任和相应处理措施。2006 年 6 月，根据市县要求，交通局明确党政机关工作人员六条禁令和优化经济发展环境的十项规定，强化工作作风，优化经济发展环境。2007 年 10 月，强化对行政执法人员违规违纪处理，加强领导干部学法用法提高依法执政能力。2008 年，全局开展“思想作风纪律集中整顿”活动，加强全系统干部职工的思想作风纪律整顿。2009 年 3 月，强化全系统人员工作纪律和执法规范水平。

2010 年 3 月，涉县交通局研究制定行政执法人员违规违纪处理细则，加大行政执法人员违规违纪处罚力度。随后出台关于深入开展“四查四看”活动实施方案。是年 9 月，县局联合涉县人民政府纠风办、涉县公安交通警察大队印发《涉县涉路涉车部门执法执收人员违法纪纠 12 分记分管理办法（试行）》的通知，加强全县涉路涉车部门执法执收人员违法纪纠管理力度。

2011 年，局制定《关于规范执法行为、促进依法行政的若干规定、开展“四强化、四提升”活动的实施方案》《关于错案和执法过错责任追究实施办法、行政执法投诉举报制度》《关于在全系统开展行政执法队伍整顿活动的实施方案》《关于在全系统深入开展治理公路“三乱”活动实施方案》，全面规范执法行为。

路政执法人员向车户发放宣传单（2012 年摄）

2012 年 2 月，全局开展“规范执法提升年”活动，规范行政执法行为。是年 3 月，出台《行政执法人员违纪违规处理若干规定》，加大对执法人员违纪违规处理力度。2013 年 5 月，全局开展“规范基层执法行为、提高行政执法能力”和“吃拿卡要”专项整治活动，对道路安全、非法营运进行集中整治。2014 年 5 月，涉县交通运输局全面整治公路“三乱”行为、提高行政执法能力。

二、执法公示

2015 年 6 月，涉县出台《行政执法人员管理制度、行政执法考核兑现办法》，加强行政执法人员管理和行政执法考核兑现，提高工作效能。是年 10 月 1 日，《河北省行政执法全过程记录实施办法》印发，明确行政执法机关及其执法人员通过文字、音像等记录方式，对执法程序启动、调查取证、审查决定、送达执行、归档管理等行政执法整个过程进行跟踪记录。

2019 年 3 月，全省范围内正式推行行政执法公示制度、执法全过程记录制度、重大执法决定法制审核制度，解决行政执法中存在的不作为、乱罚款、乱检查、不透明、不文明等问题，要求各级行政执法部门通过文字、音像等方式，对立案、调查、取证、审查、决定、送达、执行等行政执法活动进行记录并归档，实现行政执法行为的全过程留痕和可回溯管理。局属执法单位配备执法记录仪等执法装备，实现行政执法的公开透明和行政执法零违纪、零曝光、零投诉“三零”目标。是年 8 月，县局出台全面推行行政执法公示制度、执法全过程记录制度、重大执法决定法制审核制度实施方案。2020 年 4 月起，全局开展执法队伍“四规范一打击一提升”专项行动。

三、“双随机、一公开”监管

2015—2019 年，为持续深化“放管服”改革，涉县全面推行“双随机、一公开”监管模式，在监管过程中随机抽取检查对象，随机选派执法检查人员，抽查情况及查处结果及时向社会公开。2016 年 11 月，河北省在全国率先建成全省统一的抽查工作平台，实现省、市、县三级监管部门、抽查事项、检查对象、执法人员“四个全覆盖”和部门联合抽查结果全公开。2017 年初，省政府成立“双随机、一公开”监管工作领导小组，在全国率先建立“政府主导、市场监管部门牵头、相关部门参加、市县落实”的组织领导机制。2019 年，邯郸市将“双随机、一公开”作为市场监管的基本手段和方式，除特殊重点领域外，原则上所有行政检查都应通过“双随机、一公开”的方式进行抽查，取代日常监管原有的巡查机制和随意检查，形成常态化管理机制。

交运局召开“四规范一打击一提升”专项行动行政执法培训会（2020 年 5 月摄）

2019 年，县交通运输局制定《“双随机、一公开”工作实施方案》，明确工作目标、实施对象和责任主体，细化检查内容和具体流程。依据“双随机、一公开”抽查工作要求，从《交通运输局执法检查人员名录库》中随机抽取执法检查人员，从监管的《市场主体名录库》中抽取被检查对象，遇到有市场主体变更或执法检查人员调整时，及时动态调整，录入相关信息。具体抽查标准为：水路运输经营活动检查，比例 50%；客运运输企业经营活动检查，比例 100%；普货运输企业经营活动检查，比例 5%；机动车驾驶员培训机构检查，比例 100%；机动车维修经营户检查，比例 5%，以上各项频次不少于 1 次 / 年。2021 年 3 月，交通运输局被评为涉县 2020 年度“双随机、一公开”监管工作先进单位，并作典型发言。是年 5 月，交通运输局监管的运输企业有普货运输企业 120 家、客运企业 2 家、水路运输企业 2 家、危险货物运输企业 1 家、机动车维修企业备案 9 家，机动车驾驶员培训机构 3 家。

2022 年，全局全面深化“放管服”改革，认真落实“三项制度”，及时向社会公开 47 项办事指南，通过“双随机”信息平台开展执法检查 7 次，随机抽查企业 14 家，梳理权责清单 417 项，开展执法培训，参加线上执法考试，通过率 96%。2 次进行案件评查工作，公示行政处罚案件 88 件。严格落实省市“免罚清单”，道路货物运输领域推行轻微免罚 18 例，首违不罚 17 例。

第二章　路政管理

第一节　机构

1991年，涉县交通局公路站成立公路路政组，有人员6名，乡道路政组有人员5名。主要负责维护公路路产路权。1996年12月，县交通局“三定”方案明确将路政工程股分设为路政科和工程科。1998年，根据省交通厅关于路政统一名称的精神，涉县交通局公路管理站成立公路路政大队，负责国省干线路产路权维护，下设3个中队。受市交通局养护处、县交通局双重管理。

2010年12月，《涉县机构编制委员会办公室关于交通税费改革有关机构编制调整和人员安置的批复》精神，养路费征稽站被撤销，公路管理站路政管理职能被剥离，养路费征稽站与路政管理整合设置为涉县交通运输局公路路政管理站，为县局下属股级自收自支事业单位，编制30人，独立办公。下设办公室、法制室、财务室、处理室4个职能科室和6个外业执勤中队，负责全县国省干线公路路政管理工作。

2011年1月，公路路政管理站正式挂牌，办公地点位于涉县平安街道办南原村路口。2014年12月，该站接收乡村公路管理站分流执法人员12人。2015年4月，根据《涉县机构编制委员会关于调整县交通运输局乡村公路管理站等3个事业单位职责的通知》精神，乡村公路管理站承担的路政管理职责划至公路路政管理站。至此，公路路政管理站负责维护全县国省干线和农村公路路产路权的维护。

第二节　管理措施

一、业务发展

1948年，涉县组织沿公路村庄实行分段管理，在主要路口设置“不准铁轮车在公路上行驶”标牌，并设立路卡，拦截雨后行车和硬轮车行驶，以保证公路平整。1951年，涉县政府组织群众清除房屋建筑、树木、庄稼等路障。发动群众修筑辅路，专供铁轮车行驶。1961年，涉县人民委员会向公社、生产队发出关于禁止在公路两旁排水沟种地、滥伐道旁树木和路上积肥的通知，制止侵占和破坏公路不法行为。

1983年7月，《国务院关于加强路政管理保障公路安全畅通的通知》下发。1984年6月，涉县人民政府颁发《关于加强路政管理工作意见》，建立清障领导小组，县领导包线，乡镇领导包段，组织宣传车加大舆论宣传。严格划分界线，拆除一切违章建设和非交通标志。全年共清除路障7000立方米，拆除违章棚房471平方米，恢复排水沟3441米。

1991年，交通局公路站路政组成立。1996年，实行综合治理，创建文明公路，确保公路畅通；依法治路发展壮大组织，坚持取缔非法占路和一切路障，确保公路洁、齐、美。1998年，《中华人民共和国公路法》颁布，明确规定：公路受国家保护，任何单位和个人不得破坏、损坏或者非法占用公路、公路用地及附属设施。交通局公路站路政大队3个中队分别对国道G309、涉左公路、平涉公路上违章建筑、非法占用公路用地、路阻路障等各种损坏路产路权的违法行为进行依法查处。

2010年12月，公路路政管理站6个中队，主要负责国道G309涉县段、平涉公路、涉左公路、涉林公路共150余公里的路产路权维护，负责公路两侧建筑红线范围内永久性建筑的控制和临时性建筑的控制，并做好涉路审批、上报等相关工作；对已批准项目监督检查；负责处理涉及破坏路产、侵犯路权的诉讼案件，依法对路产损害案件进行定损、索赔和处罚；负责国省干线公路的日常巡查等工作。为确保公路安全畅通，中队对国省干线每日不少于2次日常公路巡查，对重点、危险路段增加巡查次数。

2013年，全市大气污染综合整治活动开展，路政站在国道G309、平涉线、涉左线、涉林线设立4个固定检查站，成立6个流动巡查小组，重点治理公路抛洒无遮挡敞篷运输等违法行为，其间清理砂石场14处，治理纠正抛洒漏等违法经营运输车辆1560部，规范设置平交道口9处，拆除临时建筑2处，确保公路通行环境的安全畅通及干净整洁。

2014年8月，路政执法首次使用执法记录仪。一线执法人员配备多功能现场执法记录仪，全程参与路政现场执法取证，现场取证更加便捷，为各种纠纷、突发性事件和群体性事件提供翔实证据，也为相关部门的决策提供依据，保障执法现场各方合法权益，有效减少执法争议，提高执法人员的执法水平和工作效率。是年，乡村公路路政管理职责划归路政站，路政站担负起对乡村公路路政路权的日常巡查和维护。

路政人员在国道G309疏导交通（2012年摄）

2015年，路政站坚持实行“领导包线、中队长包段、队员包村”的工作模式，对国检行走路线沿线标志、标线摸排统计，清理更换，完成国检任务。2016年“7·19”洪灾发生后，路政执法人员全力投入公路保通保畅工作中。2017 年，路政站以全市“三边”环境整治为契机，对全县公路两侧不规范平交道口、非法加水点、平交道口硬化、排水等工作进行集中清理，保障良好的公路通行环境。

2019 年 6 月，根据《河北省铁路沿线环境安全监管联席会议制度》《邯郸市铁路沿线环境安全监管联席会议制度》精神，下发《涉县铁路沿线环境安全监管联席会议办公室关于联席会议成员单位职责分工的通知》。县政府专题安排部署涉县铁路沿线环境安全隐患整改工作。路政站专人联合铁路部门对涉县境内邯长铁路全长 60.325 公里，沿线途经的 8 个乡镇 38 个行政村，进行徒步拉网式对接、排查，共消除各类安全隐患 868 处（含危树 793 处 7945 棵，危房及其他类 75 处）。2020 年，习近平总书记对普速铁路安全工作作出重要批示，要求加强日常监管，切实保障铁路运行安全。是年，涉县联席办下发《涉县推进普速铁路沿线环境安全隐患整治三年（2020—2022 年）行动实施方案》的通知，联合铁路部门对涉县境内邯长铁路沿线乡镇村进行徒步拉网式排查整改，清除安全隐患 120 处。

二、路政宣传月

1990 年以后，公路路政宣传力度加大。通过在国省干线公路沿线悬挂宣传条幅、组织执法车队、执法人员深入厂矿、企业，向车户、群众宣传《公路安全保护条例》《中华人民共和国公路法》《河北省公路路政管理规定》和有关地方性路政法规，对公路沿线的单位和个人进行爱路护路教育。2015 年 5 月，根据邯郸市路政处《关于开展全国“路政宣传月”活动通知》精神，以“规范执法、提升服务”为主题，开展全国首个“路政宣传月”活动。通过开展“三进”活动，进校园、进社区、进乡镇，利用宣传车辆、悬挂横幅、张贴标语、发放动漫宣传册、宣传单等形式深入地宣传公路路政法律法规，提高广大人民群众爱路、护路意识。2015 年，出动路政巡查车辆 36 辆次，音频喇叭车 10 辆次，铲车 4 辆次，装载机 4 辆次，人员 60 余人，发放宣传单 5000 余份。

2016 年以后，“路政宣传月”中，向国省干线沿线商铺、过往车辆进行法治宣传，对国省干线建筑控制区域内的违章建筑、非法标志、占道经营等违法行为进行集中整治。其间，共悬

工作人员在美食林广场开展普法宣传活动（2016 年摄）

交运局工作人员进学校开展法治宣传活动（2018 年摄）

挂宣传条幅32条，制作短视频2个，出动执法人员3000余人次，发放宣传单1.2万余份。2018年，“四好农村路”全国示范县创建中，将养路护路内容加入沿村《村民公约》，提升群众建管养护道路的积极性和参与性。

路政执法开展普法宣传活动（2008年摄）

三、执法监督

路政执法工作主动接受社会公众监督和指导，公示监督举报电话，通过电视媒体公示涉路部门相关责任人名单，同时建立内部监督约束机制，路政管理站采取三项措施：1.把全县范围内的道路路产路权管理责任到人，并纳入年终考核目标。定期对执法人员进行培训和考试，对不合格人员进行停岗学习。2.采取定期不定期的方式，对全体执法人员情况进行督导检查，发现问题及时通报，限期整改，做到亮证执法、文明用语、全方位规范执法行为。3.增强服务意识，路政执法人员依法行政，规范执法，热情服务，接受监督，树立对外良好形象，服务好社会需求。

四、获得荣誉

2007年，路政大队获河北省交通厅先进示范大队。2012年，被河北省交通厅工会评为“工人先锋号”。是年5月，在邯郸市路政系统专业技能大比武活动中，获得专业知识竞赛二等奖、列队及交通指挥手势比赛二等奖。8月，在邯郸市公路路政管理系统“以赛代训”知识竞赛中获第一名。2013年3月，被河北省交通运输厅公路管理局授予“2012年度路政文明执法示范岗位创建文明执法示范县（大队）”称号。是年5月，在邯郸市交通运输局公路路政管理处组织的“爱岗敬业、规范执法”演讲比赛中获二等奖。2015年12月，在市路政管理处举办的“依法行政，服务为民”演讲比赛中获一等奖、优秀组织一等奖。2017年，路政站获市路政管理处举办的“迎接十九大，我为党旗争光彩”演讲比赛一等奖。2015—2017年，路政站连续三年被共青团邯郸市委授予“青年文明号”称号。

2020年路政管理行政处罚流程图

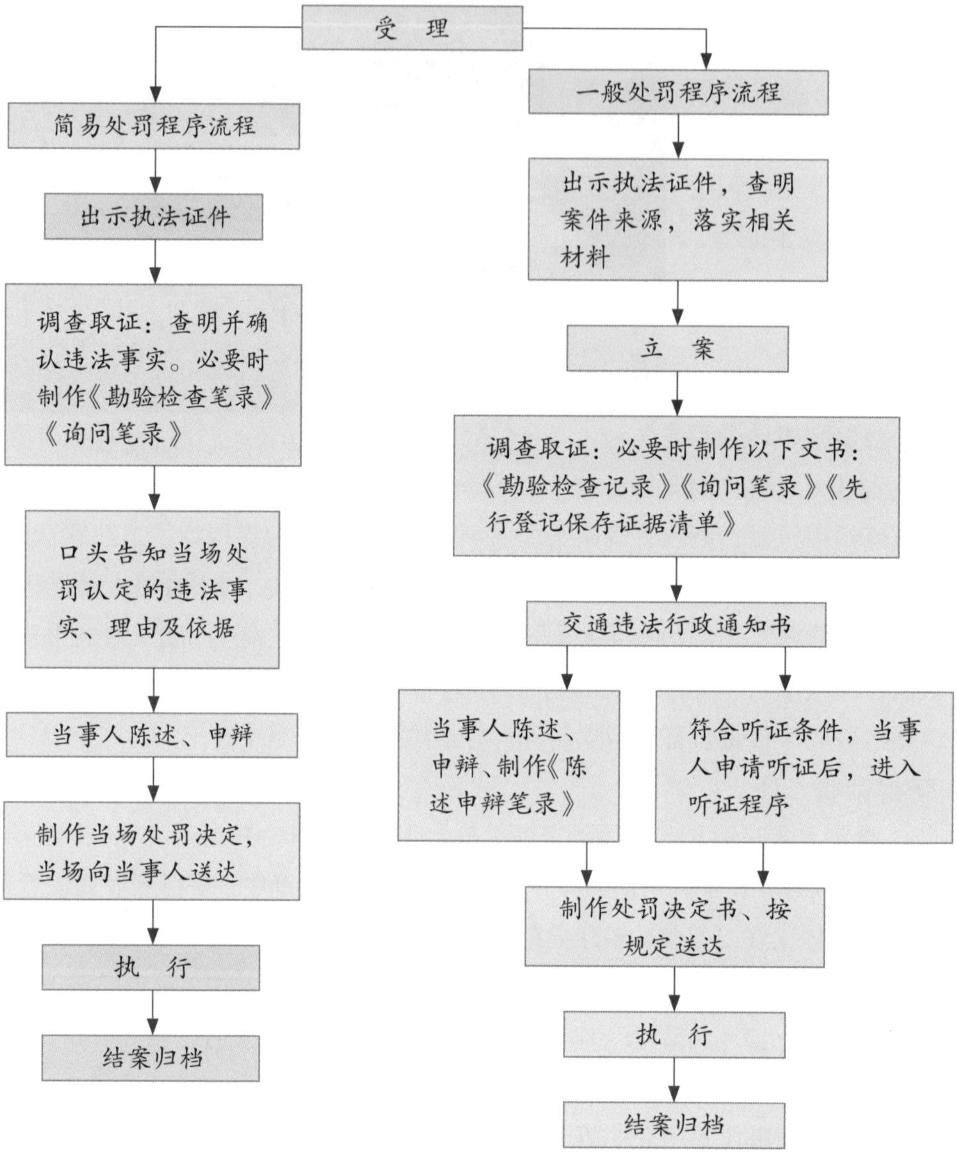

第三节　路政执法

20世纪80年代后，涉县交通部门公路路政管理主要依据《中华人民共和国公路法》《公路安全保护条例》《河北省公路路政管理规定》等，分为行政处罚和行政强制。2011年，涉县路政行政处罚有21项。2020年，整合为14项。

行政处罚具体内容：1.未经有关交通主管部门批准擅自施工的处罚；2.擅自占用、挖掘公路的；未经同意或者未按照公路工程技术标准的要求修建桥梁、渡槽或者架设、埋设管线、电缆等设施的；从事危及公路安全作业的；铁轮车、履带车和其他可能损害路面的机具擅自在公路上行驶的，车辆超限使用汽车渡船或者在公路上擅自超限行驶的；损坏、挪动建筑控制区的标桩、界桩，可能危及公路安全的处罚；3. 在公路上及公路用地范围内摆摊设点、堆放物品、倾倒垃圾、设置障碍、挖沟引水、利用公路边沟排放污物或者进行其他损坏、污染公路和影响公路畅通的活动，造成公路路面损坏、污染或者影响公路畅通的；机动车制造厂和其他单位将公路作为检验机动车制动性能的试车场地的处罚；4. 造成公路损坏，责任者未报告的处罚；5. 在公路用地范围内设置公路标志以外的其他标志的处罚；6. 未经批准在公路上增设平面交叉道口的处罚；7. 在公路建筑控制区内修建建筑物、地面构筑或者擅自埋设管线、电缆等设施的处罚；8. 在公路建筑控制区内修建、扩建建筑物、地面构筑物或者未经许可埋设管道、电缆等设施的，在公路建筑控制区外修建建筑物、地面构筑物以及其他设施遮挡公路标志或者妨碍安全视距的处罚；9. 利用公路桥梁进行牵拉、吊装等危及公路桥梁安全的施工作业的；利用公路桥梁（含桥下空间）、公路隧道、涵洞堆放物品，搭建设施以及辅助高压电线和输送易燃、易爆或者其他有害气体、液体的管道的处罚；10. 损坏、擅自移动、涂改、遮挡公路附属设施或者利用公路附属设施架设管道、悬挂物品，可能危及公路安全的，涉路工程设施影响公路的完好、安全和畅通的处罚；11. 未经批准更新采伐护路林的处罚；12. 未经许可，因修建铁路、机场、供电、水利、通信等建设工程需要占用、挖掘公路、公路用地或者使公路改线；跨越、穿越公路修建桥梁、渡槽或者架设、埋设管道、电缆等设施；在公路用地范围内架设、埋设管道、电缆等设施；利用公路桥梁、公路隧道、涵洞铺设电缆等设施；利用跨越公路的设施悬挂非公路标志的；未经许可，在公路上增设或者改造平面交叉道口的处罚；13. 车辆装载物触地拖行、掉落、遗洒或者飘散，造成公路路面损坏、污染的处罚；14. 公路养护作业单位未按照国务院交通运输主管部门规定的技术规范和操作规程进行公路养护作业的处罚。

路政站开展军事训练（2011 年摄）

公路路产赔（补）偿：1990 年《河北省公路路产损坏赔偿费标准》出台，对损坏路基、路面和桥梁、涵洞、构造物的明确赔偿费标准。1998 年 7 月，根据《河北省公路路产赔偿标准》的通知，按照高速、一级公路，二级、三级公路，四级和等外公路分类，明确路产赔（补）偿标准。2017 年 8 月前，县交通主管部门对损坏公路路产的赔（补）偿费用，统一上缴市交通主管部门的业务对口部门。2017年根据《河北省财政厅、河北省物价局关于调整三项涉企行政事业性收费管理政策的通知》要求，取消公路设施损坏赔偿费、人防工程拆除补偿费和人防工程使用费3项行政事业性收费，各级执法部门应到当地财政部门办理行政事业性收费票据撤销手续。以前年度欠缴的上述行政事业性收费，应当足额征收，并按照财政部门规定的渠道全额上缴国库。对损坏公路设施进行赔偿的费用纳入其他国有资源(资产)有偿使用收入管理。

路政人员参与防汛应急演练（2018年5月摄）

行政许可：2011年前，行政许可实施主体为市交通运输局，具体承办单位为公路养护处路政科。2011年1月至2014年10月21日，行政许可实施主体为市交通运输局，具体承办单位为公路路政管理处。

2014年10月，根据《邯郸市人民政府办公厅关于向县（市、区）下放行政审批事项的公告》精神，涉县交通运输局具有实施行政许可主体资格，具体承办单位是公路路政管理站，正式开展行政审批工作。2014年10月至2016年11月，公路路政管理共有行政许可事项7项：1.铁轮车、履带车和其他可能损害公路路面的机具在公路上行驶；2.占用、挖掘公路、公路用地或者使公路改线批准；3.在公路增设或改造平面交叉道口审批；4.设置非公路标志审批；5、更新采伐护路审批；6.跨越、穿越公路及在公路用地范围内架设、埋设管线、电缆等设施，或者利用公路桥梁、公路隧道、涵洞铺设电缆等设施许可；7.公路建筑控制区内埋设管线、电缆等设施许可。

路政设立扬尘治理检查点，对扬尘车辆依法检查（2013年摄）

2015年7月，涉县行政审批局成立。2016年11月，《中华人民共和国公路法》第四十八条规定：铁轮车、履带车和其他可能损害公路路面的机具，不得在公路上行驶。变更后公路路政管理站行政许可事项变为 6 项。2016 年 8 月至 2018 年 6 月，涉县路政站借调 1 人到行政审批局开设窗口，负责公路路政行政许可审批工作。2018 年 6 月，涉及路政管理的许可事项整体划转涉县行政审批局。

第四节　公路标志标线

1951 年 7 月，全国《汽车管理暂行办法实施细则》开始实施，首次规定在公路上设置标志牌。1952 年，邯郸专署公路管理局首先在邯涉线设置交通标志 102 个，并设置路桩、界碑等。1979 年 10 月，全县进行路况调查，增设路标。1982 年，更新交通标志。1987 年，《中华人民共和国公路管理条例》实施后，路政纳入法治化轨道，沿途所设标志齐全。此间，涉县交通标志标线，由涉县政府及交通主管部门按规定统一制作、统一埋置，养护工人负责维护，保持标志标线齐全、醒目。

2011 年，交通局公路路政管理站成立后，负责对国省干线公路上设置的标志标线进行监管。2012 年，根据河北省《普通干线公路交通标志标线专项整治活动实施方案的通知》要求，路政管理站对境内干线公路摸底排查统计，对缺损标志桩号、数量，统一以函的形式送达公路养护部门，进一步完善，确保国省干线标志齐全。2015 年后，开始对农村公路上设置的标志标线进行监管。日常公路巡查中发现标志标线有缺失、缺损等问题，统计汇总后，分别上报国省干线主管单位公路站和农村公路主管单位乡村公路管理站，及时更新、更换和完善。

2017 年后，受“四好农村路”全国示范县创建和全域旅游的影响，涉县全面推进城乡环境卫生综合整治工作，改善辖区公路通行环境，定期或不定期对各条公路部分老化、缺损以及模糊不清的交通标志标线进行重新施划。一般按照每年 2 次的频率更新标志标线。截至 2022 年底，全县各级公路标志标线齐全完善。

河茅线安装安全标志（2015 年 10 月摄）

井关线标志标线喷涂作业（2022 年 4 月摄）

第三章 超限超载治理

第一节 机构设置

2010 年 3 月 2 日，涉县交通局公路管理站治超执法大队成立，2 个固定治超检测站人员由公路管理站调配管理，大队长由公路管理站副站长兼任。

2010 年 12 月 13 日，根据涉县机构编制委员会办公室《关于交通税费改革有关机构编制调整和人员安置的批复》精神，将公路运输超限超载治理工作从公路管理站划出，调整设置为涉县交通运输局公路运输超限超载治理站，列股级自收自支事业单位，隶属县交通运输局管理。治超站内设办公室、法制科、财务科、后勤科等职能科室，下设 309 国道涉县治超站、涉左治超站 2 个固定治超站点以及 6 个路面流动执法中队。

2010 年，源头治超办在运管站成立，专门负责源头治超巡查工作。2015 年 4 月 28 日，涉县机构编制委员会下发《关于调整县交通运输局乡村公路管理站等 3 个事业单位职责的通知》，将乡村公路管理站承担的超限、超载治理职责划至治超站负责。2020 年，县政府公示 75 家货运源头企业，由源头治超办负责监管、整治任务。

一、涉左公路治超站

2001 年 4 月，河北省人民政府办公厅下发《关于同意设立超限运输检查站的复函》，省道涉左线涉左超限检测站正式成立。该站位于省道涉左线 K9+100 米处 (弹音村口) 治超区域、卸载场地为租赁土地，共计 8 亩，办公区域租赁弹音村委，隶属于公路管理站管理。2006 年 4 月 17 日，根据省政府相关文件精神，涉左治超站调整为特殊布控站。

2013 年 5 月 15 日，河北省交通运输厅公路管理局《关于涉县涉左超限检测站建设方案的批复》印发，批准涉左超限检测站按照Ⅱ类检测站标准建设。工程于 10 月 1 日开工，12 月 30 日竣工。

是年 7 月 12 日，河北省人民政府办公厅《关于同意调整普通公路超限检测站设置布局的复函》下发，涉左超限检测站更名为涉县索堡站。

是年 12 月 18 日，河北省交通运输厅公路管理局公路路政总队《关于口头等 45 个公路超限检测站挂牌运行的通知》下发，涉县索堡站通过建设验收，正式挂牌运行。2018 年 5 月，《河北省治理车辆超限超载联合执法常态化制度化工作实施方案 (试行) 的通知》下发，索堡站更名为涉县联合治超站索堡分站。所在县 (市、区) 人民政府办公室负责治超工作的副主任联合治超站站长，履行政府主体责任，负责组织安排路警联合执法有关工作；公路管理机构、道路运输管理机构、公安交管部门负责人任副站长，履行联合治超具体执法职责。

二、涉县治超站

2003年12月1日零时，北京、天津、河北、山西、内蒙古华北五省(市)联合治超“零点行动”开始。309国道涉县治超检测站临时成立。该站位于309国道K902+100处(神头乡前宽嶂村口)，治超区域、卸载场地租赁土地9.5亩，办公区域租赁国电一五发电厂煤场办公楼，隶属公路管理站管理。

2004年9月5日，河北省人民政府纠正行业不正之风办公室下发《关于规范和报批全省治理超限超载检测站的通知》，309国道涉县治超站被申报批准为固定检测站。2012年11月30日，白鱼岭治超站建成运行后，位于前宽嶂村口的309国道治超站被撤销。

三、白鱼岭治超站

2011年5月10日，河北省治理公路超限超载领导小组办公室《关于实施全省公路超限检测站布局规划的通知》下发，批准在309国道白鱼岭路段新建I类固定治超检测站，该站位于309国道K875+200处（偏店乡上窑则村口）。

2011年12月15日，河北省交通运输厅公路管理局《关于309国道涉县白鱼岭超限检测站建设方案的批复》下发，白鱼岭治超站站点新建工程于2011年11月底开工，2012年6月5日竣工。是年11月底正式运行。

2013年7月12日，河北省人民政府办公厅《关于同意调整普通公路超限检测站设置布局的复函》下发，白鱼岭治超站更名为偏店站。是年8月20日，河北省交通运输厅公路管理局公路路政总队下发《关于正定等38个公路超限检测站挂牌运行的通知》，涉县偏店检测站通过验收正式挂牌运行。2018年5月29日，《〈河北省治理车辆超限超载联合执法常态化制度化工作实施方案（试行）〉的通知》下发，偏店检测站更名为涉县联合治超站偏店分站。

四、流动治超站

2010年前，涉县境内309国道县城以北至武安交界30公里、平涉线全线没有固定治超站点，执法距离较远，检测卸载难度大。2010年，根据邯郸市《关于规范全市公路运输流动治超站管理工作的通知》精神，涉县报请市治超领导小组批准，成立2个流动治超检测站。309国道涉县流动超限超载检测站点位于309国道K881+300处（三同磅房院内），

国道G309治超检测站超限超载举行集中治理启动仪式（2007年9月摄）

租赁静态检测地磅1台，卸载场地面积4.5亩。平涉线尖饼窑流动超限超载检测站点位于平涉线K315+200米慧民加油站内。租赁静态检测地磅1台，卸载场地面积2.8亩，开展流动治超工作。2013年8月，偏店检测站投入运行后两个流动治超检测站被撤销。

五、源头治超办

2010年，涉县源头治超办公室成立，专门负责源头治超巡查工作。2011年，全县辖区内货运源头企业共有28家。2020年，源头企业上升至75家，治超办主要负责政府公示货运源头企业的监管、整治任务。

2018年，根据交运部、省、市相关治超精神，《涉县治理车辆超限超载联合执法常态化制度化工作实施细则(试行)》出台，明确交通运输局治超机构、运政机构、公安交警机构在联合治超工作中的职责，开展联合治超。县交通运输部门联合政府治超成员单位公安交警、自然资源、市场监管、应急管理、水利等部门对政府公示的重点货运源头单位开展监督检查。建立重点货运源头单位监管信息管理系统，引导源头单位安装使用称重设备和视频监控设备，加强货车出场(站)装载情况检查，制止违法超限超载车辆出场(站)上路行驶。加强对当地砂石料煤炭、钢铁生产和装载源头企业的摸排，及时提请县政府纳入公示，从源头遏止违法超限超载运输。对于违法超限超载运输车辆由交警部门押送至联合治超站，交通治超部门监督卸载公安交警部门处罚，道路运输管理机构查明非法装载源头，由属地落实“一超四罚”(对违法超限运输的货运车辆、车辆驾驶人、道路运输企业、货运源头单位实行处罚)措施。通过县治超工作领导小组协调机制落实惩戒措施，督促整改。

2010—2022年，县源头治超办依据《河北省治理货运车辆超限超载规定》《公路安全保护条例》《超限运输车辆行驶公路管理规定》《道路货物运输及站场管理规定》《河北省道路运输条例》的相关规定开展源头治超工作。

第二节　管理体制

一、法定职责

2000年4月1日起，交通部《超限运输车辆行驶公路管理规定》正式施行。2003年12月1日零时，北京、天津、内蒙古、山西、河北华北五省(市)联合治超“零点行动”打响，全面整治超限超载运输。通过几个月的持续行动，路面货运车辆超限超载率从90%以上降至10%以下，打击路面车辆超限运输行为，取得阶段性成果。为进一步巩固扩大“零点行动”治超效果，2004年6月20日，河北省开展新一轮治超“铁铲行动”，使涉县路面货运车辆超限超载率进一步降至6%以下，有效保护路产路权，减少道路交通事故隐患，逐步建立统一、规范有序的公路货运市场秩序。2005年5月，根据省市文件规定，严格执行绿色通道政策，对鲜活农产品运输车辆坚持不扣车、不卸载、不罚款，将超限超载违法信息通报经车辆注册地有关部门，由车辆注册地公安、交通部门按照有关法律法规进行处罚。2007 年 10 月 26 日，华北五省（市）下发《关于治理非法超限超载车辆确保道路交通安全的通告》，河北省治理车辆超限超载办公室和省治理公路“三乱”工作办公室联合下发通知，从 10 月 26 日起在全省范围内开展治超“利剑行动”，打击公路运输超限超载违法行为，维护路产路权。

2011 年 6 月 24 日，《公路超限检测站管理办法》公布，自 2011 年 8 月 1 日起施行明确公路超限检测站的职责；宣传、贯彻、执行国家有关车辆超限治理的法律、法规、规章和政策；制定公路超限检测站的各项管理制度；依法对在公路上行驶的车辆进行超限检测，认定查处和纠正违法行为；监督当事人对超限运输车辆采取卸载、分装等消除违法状态的改正措施；收集、整理、上报有关检测、执法等数据和动态信息；管理、维护公路超限检测站的设施、设备和信息系统；法律、法规规定的其他职责。2015 年 7 月 1 日，市政府治理公路超限超载领导小组下发通知，在全市范围内开展严厉打击公路运输超限超载违法行为“飓风行动”，使路面货运车辆超限超载率进一步下降，减少事故隐患。2016 年 8 月 18 日，交通运输部公布《超限运输车辆行驶公路管理规定》，自 2016 年 9 月 21 日起施行。原交通部发布的《超限运输车辆行驶公路管理规定》同时废止。

二、执法变化

涉县在成立超限超载治理站之前，该项工作原由公路管理站路政大队负责，采取路面查处方式。依据《河北省公路路产赔偿标准》，处罚超限超载行为。2001 年，邯郸市交通局邯郸市物价局下发《关于收取超限运输补偿费有关问题的通知》，明确超限车辆补偿费装卸费及保管费收费标准。

2004 年 6 月 14 日《河北省深化公路超限超载治理工作实施方案》要求，交通部门对“双超”车辆除一次卸载到位外，应按照《中华人民共和国公路法》相关规定，对车货总重超过 55 吨或单位个轴平均承重超过 10 吨的车辆处 1000 元罚款。是年 8 月，交通部、公安部、国家发展和改革委员会联合下发《关于进一步加强车辆超限超载集中治理工作的通知》，对超限车辆的标准作统一，并要求开展车辆“大吨小标”治理工作，统一超限认定标准。

国道 G309 治超站工作环境（2008 年摄）

2005 年 5 月 16 日，《河北省 2005 年公路超限超载治理工作方案》要求，对查获的超限超载车辆除一次卸载到位外，明确处罚标准。2006 年 5 月 31 日《河北省 2006 年治超

治超人员道路执法（2007 年摄）

工作要点》对超限车辆处罚标准进行调整。2007 年 10 月，华北五省（市）联合下发《关于治理非法超限超载车辆确保道路交通安全的通告》，对新法十家车货总重超过 55 吨车辆按法律上限处罚。

2008 年 9 月，河北省交通厅下发《关于暂扣违规车辆实行免费保管的通知》，要求对依法暂扣的违规车辆，实行免费保管。是年 10 月，邯郸市交通局下发《关于加强治超管理工作的通知》，再次细化超限车辆处罚标准。2009 年 7 月 13 日，河北省交通运输厅《关于违法超限运输车辆行政处罚标准的通知》下发，认定处罚标准。2011 年 8 月，交通运输部《公路超限检测站管理办法》对治理超限超载执法工作流程作出规定。2012 年 1 月，《河北省治理公路超限超载工作领导小组关于采取量方的方式确定货运车辆载货质量的通知》下发，确定量方测算标准。

2016 年 7 月 12 日，交通运输部等 5 部委联合下发《关于进一步做好货车非法改装和超限超载治理工作的意见》。从是年 9 月 21 日起，在全国范围内开展货车非法改装专项整治行动、整治公路货车违法超限超载行为专项整治行动、车辆运输治理专项行动三个专项行动。超限超载治理实行统一执法标准，全面落实治超联合执法、严格职责分工、“一超四罚”（对超限超载车辆卸载并处罚，对货运车辆驾驶员处罚，对运输企业实施处罚，对货运场所经营者实施处罚）、高速公路入口检测等新政策。自此，超限运输处罚由公安交管部门负责。2017 年 1 月 1 日起，《河北省交通运输行政处罚自由裁量权执行标准（2016）》执行。

2019 年 4 月 19 日，河北省治理公路超限超载领导小组办公室下发《关于加强货运车辆超限超载综合整治的意见》要求对所有超限超载车辆实施“六不放行”(车辆和驾驶人违法违规行为不处罚不放行、超限超载不卸载不放行、非法改装不恢复原状不放行、改装源头不查清不放行、货运源头不查清不放行、行驶路线不查清不放行)。倒查货运车辆违法超限超载等信息，追究涉及的路面治超执法、货物生产或装载源头、车辆生产和改装及维修场所等单位的过错责任。

三、大件运输许可

2010 年 5 月，河北省交通运输厅公路管理局公路路政总队下发《关于进一步加强超限运输车辆行驶公路许可管理的通知》，是年 6 月 1 日起，河北省各设区市和省高速公路路政管理机构正式启用新版通行证，由省公路局路政总队统一印制、发放、核销和管理。公路局路政总队委托全省各设区市、高速公路管理单位路政管理机构按规定权限使用和签发。

2011 年 9 月 9 日，河北省交通运输厅公路管理局下发《关于对自身尺寸超限车辆不予处罚的通知》，对于大型平板车等车辆符合行驶证核定尺寸，且载货后未超出其尺寸范围，高度未超过 4 米的，不再办理超限运输车辆通行证，不予处罚。

2017 年 10 月 26 日，河北省正式启用大件运输许可平台，采取部省两级平台联网审批模式进行跨省和省内跨设区市大件运输许可网上申请、审批工作，网上办理工作走上正轨实现“网上办理、联合审批、全线通知”。涉县运输申请人在互联网上就可以完成大件运输行政许可申请和查询办理进度，免去申请人到途经省份提交申请材料的烦琐手续，申请人持超限运输车辆通行证按照申请批准的路线一路畅通。

四、科技治超

2013 年 4 月 20 日，《邯郸市交通运输局公路运输超限超载治处关于超限检测站视频监控联网的通知》印发。2013 年 5 月，涉县根据省市相关文件精神，对超限检测站点进行信息系统建设，对超限检测站的网络环境、办公设备、称重检测设备、视频监控设备、监控平台、文书格式岗位管理要求等都作出明确具体的要求。6 月底，涉县超限检测站全部直接接入通信光纤的宽带网络 (带有固定 IP)，视频监控覆盖超限检测站出入口、检测车道、业务处理大厅、卸载场地，治超检测站点实现全省统一的省、市、站三级网络连接，执法人员指纹签到上岗，统一应用超限执法管理信息系统处理超限案件和文书。2013 年，邯郸市治超处通过公开招投标，为索堡站安装不停车预检系统。

2015 年，根据省厅相关精神，市治超处通过公开招投标，为偏店站安装不停车检测系统。该系统设置在治超检测站前方一公里处，能够在车辆正常行驶的状态下，通过轴载称重设备收集车辆载重数据，并利用抓拍设备，将车辆相关信息输送至治超检测站，所有疑似超限车辆，数据将出现预警信息，使执法人员能够提前拦截，进一步精检确认。该系统有效提高路面车辆检测效率，降低路面拦截安全风险，加快路面通行速度。

2018 年 12 月 19 日，邯郸市治超工作会议召开，要求凡是由政府公示的货运源头单位必须安装使用称重设备和视频监控设备，并与当地联合治超站联网，实现网络信息共享。2019 年 1 月 10 日，邯郸市治超办下发《关于落实公示源头企业安装称重和视频监控设备的通知》。是年 3 月底，75 家源头公示企业全部安装称重设备和出厂监控设备，与偏店分站视频终端联网对接，并实现了数据共享。通过与全国道路货运车辆公共监管与服务平台，河北省违规超载企业、货运车辆和驾驶员违规处罚信息联网系统联通信息，实现由图像监控向数字监控升级和全方位信息共享。

2019 年 3 月 22 日，河北省治理公路超限超载领导小组办公室下发《关于加快推进联合治超站站前电子警察抓拍建设工作的通知》，要求所有联合治超站建设站前电子警察抓拍系统。2019 年 11 月 8 日，河北省交通运输厅公路管理局下发《关于邯市公路超限检测站科技治超建设方案的批复》，涉县偏店站、索堡站启动建设站前渠化和电子警察抓拍系统。2021 年 4 月，偏店分站在309国道白鱼岭段邯郸至涉县方向、索堡分站在涉左公路弹音村口山西至涉县方向，分别完成宽6.5米，长80米的渠化带并投用。该举措提高了车辆检测速度、降低了执法人员的工作强度和安全风险，改善了行车环境。

五、执法规范

2004年6月起，治超执法工作严格执行交通部公布的“五个不准”：没有执法资格的人员不准上路执法；上路执法人员，不准不开收费票据和乱收费、乱罚款；车辆没有称重检测的，不准认定超限超载；车辆没有卸载消除违章行为的，不准放行；同一违章行为被处理的，不准重复处罚。2006年10月，河北省交通厅下发《交通外业执法规范(试行》，从整体要求、监督检查、调查取证和认证等9个方面对交通执法进行规范。

2008年5月，省厅明确治超人员“十不准”工作纪律。是年9月，省政府纠风办等九部门明确规定严格执行“收支两条线”，除法律、法规外，罚款必须由当事人到指定银行缴纳，严禁执法人员违反法律法规直接收取现金或代收代缴。

2010年7月23日，河北省治理公路超限超载工作领导小组下发《全省10个治超工作落后县（市、区）筛查确定办法》，对于确定的治超落后县，将给予全省范围内通报批评、省级主要媒体公开曝光、责令县政府向所在设区市政府、省治超领导小组书面检查、核减下年度公路建设项目的问责措施。

2010年10月，河北省交通运输厅《关于进一步加强治超执法队伍建设的决定》，明确全省治超执法人员二十条工作纪律和问责规定。2012年4月，交通运输部下发《关于路政文明执法管理工作规范的通知》，从基本要求、行政许可、行政检查、行政强制、奖惩等方面对路面执法行为作出规范。

2013年6月，全省治理车辆超限超载工作考核办法出台，考核分为半年考核、年终考核、日常考核。评分标准分别从组织领导、保障措施、源头管理、执法规范、超限检测站管理、治超效果6个部分进行综合评价。是年7月，河北省交通运输厅公路管理局公路路政总队《关于严格落实路政执法十项公开要求的通知》下发，要求对执法主体、人员、依据、事项、程序、标准、结果、纪律、监督及暂扣违规车辆免费保管制度等10项内容进行公开。

2017年10月，河北省交通运输厅、河北省公安厅联合下发规范公路治超执法专项整治行动实施方案，涉县治超执法人员严格按照“十不准”纪律、“五坚持”原则和“八项制度”规范开展治超执法行动。

注：道路渠化是一种采取设置交通岛或者交通标线、设立标志来疏导、引导道路交通流并使交通通畅，达到提高道路通行能力、行车安全、确保过路行人安全的目的。

第四章 交通监理

第一节 机构沿革

据《周礼》记载，西周时，出现管理车辆在道路上依次行驶的“野庐氏”，即古代交通监理的萌芽。1946 年，晋冀鲁豫边区政府颁发车辆管理法规，为中华人民共和国成立后的交通监理工作奠定了基础。1949 年 7 月 1 日，涉县公路管理站成立，兼管交通监理。

随着社会的发展，交通监理机构及相关法规逐步建立健全，主要负责加强交通管理，维护交通秩序，保障交通安全。1950 年 8 月，邯郸汽车车辆监理所成立，所长为孟庆有。涉县汽车车辆监理业务由县公路管理站办理，隶属邯郸汽车车辆监理所领导。1953 年 3 月，涉县交通安全委员会成立，建设科长李志明任主任，公路管理站站长刘丙新任副主任，委员由公安局、武装部、财委、运输站部有关人员组成。1967 年 7 月，涉县交通局设专职交通监理员 1 名，由贾全枝担任，业务受邯郸地区监理所领导。1970 年，涉县交通局成立交通安全办公室，有 4 名职工和 4 名交通民警，工资由县交通局发放，人员归县公安局领导，主要负责县城交通安全管理。1972 年 9 月，涉县革命委员会成立涉县交通安全领导小组，组长为王云（武装部部长），副组长为姚金良（公安局局长）。

1974 年 4 月，涉县交通安全领导小组更名为涉县交通安全委员会。1977 年 4 月，涉县车辆监理站成立，主管全县交通监理业务。县交通局负责领导，站长由交通局局长李文庆兼任，业务受地区交通局车辆监理所指导。1978 年 12 月，涉县车辆监理站更名为涉县交通监理站，监理人员统一着装。1981 年 5 月，根据河北省文件精神，涉县交通监理站人、财、物由省、地区垂直领导，党组织关系、政治教育、交通安全事故处理等由县交通局领导。1984 年 7 月，涉县交通监理站人员增至 8 人。1987 年 7 月，根据上级文件精神，涉县交通监理站人、财、物移交给县公安局管理，分设为涉县公安局交通警察队和涉县公安局车辆管理所。

第二节 车辆管理

20 世纪 40 年代后，涉县车辆管理范围包括人力车、畜力车、拖拉机、汽车、摩托车等。

一、畜力车管理

1946 年 6 月，涉县政府颁布《公路车辆登记管理暂行草案》规定，凡县境内行驶的胶轮马车须登记领取牌照，缴纳牌照税，接受管理，否则不准通行。

1951 年 6 月，省交通厅制定畜力车装载、行驶、稽查、取缔、违章等规定。1953 年 7 月，河北省交通厅颁布《河北省胶轮大车管理暂行办法》，统一发放行车执照和牌照，持证可通行全国。9 月，涉县人民政府以交路字 1 号文发出通知：凡县内之胶轮车（人力、畜力或人畜共力），必须限期到县区乡进行登记，公路站统一核发牌照和执照。为搞好车辆管理，公路站设兼职监理员一名，专管畜力车登记、核发牌照、车工考试和审验、指挥交通、纠正违章、处理事故等。全年处理交通事故 2 起，核发牌照 143 个，车工执照 155 本。为加强安全宣传教育，公路站组织召开汽车司机座谈会，深入沿途店栈、停车场召开车工会议 13 次，参会人数达 400 人次。1954 年，检验马车 90 辆，核发牌照 90 个，行车执照 95 本，车工执照 85 本，收取监理费 205.58 万元（旧人民币）。1956 年，全县 138 辆马车成立马车运输合作社。涉县公路站为集体经营马车办理集体异动登记，并由邯郸监理所核发牌照。1959 年后，畜力车由县自行管理，与马车合作社编为一组。

1964 年，公路站设专职安全监理员 1 名，主要任务是开展群众性交通安全宣传，加强车辆管理。全县在重要路段设义务安全检查员 42 人。核发和换发牌照业务则移交涉县税务局办理。1966 年，学习邢台地区的经验，养路工一员变三员，即护路员、宣传员和交通指挥员。1990 年后，机动车辆发展迅速，公路运输主要由机动车辆承担，营运马车锐减，交通监理站仅对驭手进行安全教育和行车管理。

二、机动车管理

1950 年，交通部颁发《汽车管理暂行办法》和《汽车管理暂行办法实施细则》。8 月，华北地区对汽车检验、核发牌照、异动、审查作出具体规定。由于车辆较少，监理工作由河北省直接管理，邯郸车辆监理所受理业务，省监理科审核发放牌证。1958 年 6 月，邯郸车辆监理所开始核发汽车牌照，承办县级机动车登记、审批管理业务。1960 年 11 月，《河北省机动车辆管理办法实施细则》实施，拖拉机被纳入机动车管理范围。1977 年，涉县车辆监理站对车辆进行登记和办理报批手续，地区监理所审验发照。1979 年，涉县交通监理所开始办理车辆审批入户、检验事宜。

1981 年 12 月，河北省交通厅颁布《轻便摩托车及其驾驶员暂行管理办法》，针对日益增加的摩托车，适时纳入机动车管理。1984 年 6 月，河北省根据国务院支持农用拖拉机从事运输的精神，改进对拖拉机的管理，规定：农用拖拉机由农机部门检验、考核发放牌证，经营运输的拖拉机由交通监理部门检验，考核发放牌证。1985 年，邯郸地区交通监理所将拖拉机、三轮车、摩托车的下户和驾驶员考试，各种证件交由县交通监理站办理。涉县开始对机动车辆购置、检验、核发牌证等事宜，制定实施管理办法和规章制度，强化车辆管理。

1978 年 7 月，各行政、企事业单位购买小轿车、旅行车、吉普车和救护车，须经省社会集团购买力控制办公室批准，方给予办理车辆初检。1984 年，随着国民经济的发展和市场开放，购车限界放宽，私人可购置新车和买卖旧车。新车只要符合申领牌照规定，即可向监理站申请初检。

1983年全县应受检机动车2229辆，实参加年审车辆2011辆，其中汽车1053辆、拖拉机881台、摩托车77辆，合格率达97%。1985年5月1日，购置新车需到县交通局缴纳附加费，持费单和入户证明，方能申请车辆初检。涉县监理站每年在第三季度进行年检，成立年检领导小组。分片划区、定员分批检验，先预审后检审，合格者由地区监理所验收签章。未经年检或年检不合格车辆，严禁在公路上行驶。复修仍不合格者，收缴牌照和行车证。

第三节　驾驶员管理

一、驾驶员分类

1959年之前，驾驶员分为职业、普通、学习驾驶员三种。职业驾驶员又分为一等、二等、三等。1960年2月，根据交通部公布的《机动车管理办法》，驾驶员分为职业、非职业、实习、学习四种。1972年3月，根据公安部、交通部制定的《城市和公路交通管理规则》，驾驶员分为学习驾驶员、实习驾驶员和正式驾驶员三类。

二、考核发证

1950年9月，河北省邯郸公路管理段、邯郸汽车监理所颁布通告，从9月20日起，办理车辆检验及考验司机核发牌照。考验内容包括技术测验（含桩考、路考）、常识测验（含机械常识、交通规则）。考试合格者，发给司机执照通行全国；不合格者，全区域内从1951年1月15日起停止其驾驶。

1958年，根据交通部《汽车管理暂行办法实施细则》规定，考验分初验、复验、升等、审验四种。凡有学习驾驶执照、培训证明文件或在实际工作中有单独驾驶汽车技术水平者，可申请初验。凡吊扣驾驶执照半年或不从事驾驶工作一年以上者，需进行复验。职业驾驶人员，领取驾驶证三年以上并有安全行驶五万公里以上的驾驶经验，方能申请升等考验。审验又称年审，已领驾驶执照人员每年例行一次，两年未审验者注销其驾驶执照。各种执照均为手册式，封皮以不同的颜色区别，学习驾驶执照（卡片式）白皮黑字，普通驾驶执照黄皮黑字，职业驾驶执照一等红皮金字、二等红皮字、三等红皮黑字。

1960年2月，交通部《机动车管理办法》重申机动车驾驶员考验规定。取消一、二、三等职业驾驶执照，将驾驶执照改为机动车驾驶证，分为职业、非职业、实习、学习四种。1972年3月，公安部、交通部制定《城市和公路交通管理规则》，机动车驾驶证分为学习、实习、驾驶三种。

1985年之前，汽车驾驶人员培训普遍采用“以运代培”办法，培训人员先办理学习证，由师傅带领跟车代培。学习、实习期满后，经监理部门考核合格发给正式驾驶执照。1986年，采取举办司机培训班或者驾校进行培训。除交通监理部门培训外，车辆较多的单位经交通监理部门审查批准，可举办集体培训。1985年，经上级监理部门审核批准，个人在河南店创办汽车驾驶员培训学校。拖拉机驾驶员培训由农机主管部门负责培训，在河南店设培训学校，不定期开办拖拉机培训班。

三、驾驶员年审考核

自 1950 年始，驾驶员与机动车例行年审。主要项目是：学习情况和政治思想表现；驾驶员执照相片与本人相貌是否相符；安全行车情况，有无违反交通规则和发生事故；身体状况；驾驶记录是否与驾驶技术相当；驾驶证有无涂改、伪造情况。

年审经自我鉴定后，经小组审议，单位签署意见，报县审验办公室审核，地区审验小组检查签章。对因故未审验的驾驶员可申请延期审验。对无故不参加审验的驾驶员，不准驾驶车辆。逾期办理审验者，一年以内复试交通规则；超过一年按初考复试；两年不参加审验者，注销档案。学习和实习的驾驶员只参加年检学习，不履行审核项目。调入或调出涉县的驾驶员，需持单位证明到县监理部门办理异动登记手续，撤回原件。驾驶员丢失驾驶证，需学习一个月，经考试合格后补发驾驶证。

第四节　行车管理

20 世纪 30 年代，民国政府内政部公布《陆上交通管理规则》，并按规定在公路上始设标识号，指挥车辆通行。自 1946 年 1 月 1 日零时起，全国车马由靠左行驶改为靠右行驶。

1948 年 10 月，邯长公路涉县段沿线村庄在路口设置禁止铁轮车行驶的标志牌，护路员上路站岗查车，指挥铁轮车行驶辅道。1949 年后，国家相继制定和健全一整套行车管理法规，并对交通标志多次进行改进，行车管理更趋规范化、合理化。

1950 年 1 月，涉县人民政府根据河北省交通厅关于禁止雨后车辆行驶公路的指示精神，建立雨量情报网，开展护路员雨后路查工作。是年 9 月，《河北省公路交通临时简则》发布，共涉及时速、让行、持证、停车、超车等 11 条。

1950 年 7 月，中华人民共和国政务院公布《汽车管理暂行办法实施细则》，规定在公路上设置标志号，以指挥车辆安全行驶。涉县于 1952 年始在邯长公路涉县设置标志 102 个，并设置里程桩、百米桩。1954 年，涉县公路站靠广大护路员，采取“三查三对”（查客货数、查行车执照、查驾驶执照；路签与客货对，行车执照与牌照对，驾驶执照与司机对）方法。加强路检路查。

1969 年 12 月，涉县公检法军事管制小组和涉县交通局革命委员会研究决定在县城设两名交通安全指挥员，负责城街交通安全管理。1970 年，增设民警 4 人，城街始设交通岗 1 个。民警主要负责在交通岗执勤，指挥车辆通行。1970 年，涉县交通局革命委员会成立交通安全办公室。1972 年，涉县革命委员会成立涉县交通安全领导小组。1972 年 3 月 25 日，交通部、公安部公布《城市和公路管理规则》，对实行标志进行修改，共规定 34 种，其中指示标志 9 种、警告标志 7 种、禁令标志 18 种。涉县交通局根据规定重点对邯长线改置、增置标志外，并在涉左公路、涉磁公路设置标志。

涉县交通主管部门，组成路查队上路巡查，在重要路口设置检查点。检查内容主要是：指挥车辆靠右顺序行驶、按标志指示行车；检验行车执照和驾驶执照；核查装载吨位和客位与行车执照是否相符；检查车辆安全部件是否有效。

1981 年，涉县监理站路查人员上路查车 2900 辆次，纠正各种违章 1850 辆次。1983 年，上路查车 3100 辆次，纠正违章 1250 辆次。

随着改革开放深入，交通运输日显重要。涉县境内邯长线、涉左线是晋煤外运重要通道，运输车辆迅速增加，监管更显重要。1985 年 11 月 26 日，涉县人民政府发布《关于整顿交通秩序、保证道路畅通的通告》。其中，规定车辆在行驶途中发生故障，必须将车辆迅速脱离道路；不准在无停车场的饭店、修理摊前的道路上吃饭或修理。更不准占道停车休息。车辆在行驶中，如发现前方车辆受阻，所有机动车必须依次靠道路右侧停车，严禁挤超。

第五节　事故处理与安全教育

一、违章肇事处理

1979 年，根据河北省交通厅颁发的《机动车驾驶员违章处罚规定》，涉县监理站维护交通秩序，及时纠正和处理各种违章。1980 年，共查车 5800 辆次，纠正和处理违章 2695 辆次。1983 年查车 3100 辆次，其中纠正违章 1250 辆次。办违章司机学习班 2 期，参加人员 25 人次。

车辆如在境内发生交通事故，涉县监理站立即赶赴肇事现场。组织抢救、保护现场、维护交通秩序，随即展开勘查、拍照、丈量现场实况，然后调问伤者、肇事者、旁证人，了解肇事经过。最终以法律法规为准绳，经广泛协商做出公正裁决，对触及人生命的交通事故，由监理部门与公安、司法机关联合办理。

二、安全教育

1956 年 12 月，涉县人民委员会针对全年发生的汽车、马车翻车、撞车事故，造成人员伤亡的情况，发出《关于开展交通安全运动的宣传通知》。通过学习座谈会、宣传教育，制定安全防范措施，提高遵守交通法规的自觉性，全县交通事故明显减少。

1957 年，交通安全检查小组采取三集中的办法（集中领导、集中时间、集中人力），开展安全宣传教育活动。1960 年，涉县人委对交通安全宣传教育与管理提出新的要求，在邯长公路涉县段增设义务交通员 51 人。群众参与管理，推动交通安全教育。1970 年，涉县交通局成立安全管理办公室，主抓全县交通安全宣传教育和管理。

从 1975 年起，县交通安全委员会发动和领导群众开展交通安全日竞赛活动。1977 年召开车属单位车管干部、安全员、修理工、司机代表参加的座谈会 8 次，参加人员达 1000 多人次。

召开典型事故现场会 1 次，1300 余人参加，印发宣传材料 9500 多份，利用橱窗展出事故照片 43 张。1983 年，利用集贸市场进行图片展览 4 次，时间为 12 天。印发简报、通报 3 期共 1500 余份，深入车属单位召开安全会议 7 次，参加人数达 2500 多人。刷新巨幅标语 55 条，办黑板报 6 期，放映安全影片 8 场。1985 年，以乡或系统划片建立群众安联组织，采取标语、传单、橱窗、广播、影片等形式，深入机关、厂矿、学校上安全课和召开安全会议全方位宣传教育。出动宣传车，在节假日和夏秋收割季节上路宣传交通法规和安全常识。

涉县站
创建文明城市 构建和谐社会
万众一心 开拓进取 把新时代中国特色社会主义推向前进
候车室
出口
Exit
进站口

第九篇 铁路 邮政

1948年，邯（郸）涉（县）铁路建成通车，成为华北解放区第一条设计施工建成的铁路，为涉县运行火车之始。中华人民共和国成立后，相继修建磁（山）涉（县）铁路、邯（郸）长（治）铁路、阳（泉）涉（县）铁路，建成通往各大、中型厂矿企业的铁路专用线。随着境内相关企业的改制搬迁和铁路运输的需要，境内铁路沿线站场和铁路专线时废时建、综合利用，铁路客、货运输经济效益和社会效益不断提升。2016年，聊邯长高铁项目列入《国家中长期铁路网规划（2016—2030年）》，河北省将该项目列入《河北省轨道交通发展“十三五”规划》。

古时多有烽火台传递军事信息。明代设驿站，清末设大清邮政代办所，民国时期设中华邮政局，抗日战争中设交通局，中华人民共和国成立后设邮电局，机构日趋健全。传递形式由走递马、肩挑背扛，发展到自行车、摩托车、汽车；传递方式也从单纯的公文书札发展到投递、函件、包件、汇兑。电报电话、无线寻呼、移动电话、特快专递、物流速递和邮政储蓄等业务快速发展，为促进县域经济社会发展、服务民生做出贡献。

第一章 铁路运输

第一节 铁路路线和站场

一、铁路干线及支线

1947年2月，涉县县境第一次修建铁路。铁路连接邯（郸）磁（山）线，起于磁山出武安县冶陶入涉县境，经龙虎、岩城（今乱石岩）、鸡鸣铺、偏店、井店达县城北关。境内长约33公里，铁路轨距610毫米，通行小火车，时称小火车道。该道由当时驻境晋冀鲁豫边区军政联合办事处组织兴建。是年10月20日，磁山至乱石岩段竣工通车。为纪念县境始通火车，乱石岩村起名岩城。年底，岩城至鸡鸣铺段路基工程完成。次年8月20日，岩城至涉县铁路段竣工。至此，邯郸至涉县第一条铁路全线贯通。同时设立龙虎、岩城、鸡鸣铺、偏店、井店、涉县6个车站。除县城站设站长、副站长各1人，站务员、调车员和扳道工共13人外，各站均设站长1人，站务员和扳道工6人。接发列车信号为信号旗、信号灯和口笛。并在井店成立工务段对铁路进行日常维修和定期巡道，保证运输安全。

涉县修建到磁山的铁路（1947年摄）

1949年9月，为供应解放军南下军需，磁山至涉县段道轨拆除，以复修平汉铁路，县境仅遗铁路废基。

1959年，涉县第二次修建铁路。专为河北省开发涉县符山和武安固镇铁矿而建，俗称地方铁路。4月，铁道部第三设计院完成磁涉段施工设计。5月开工，因资金短缺，铁路施工极不顺畅，直到次年12月磁山至西戌段才完成；同期西戌至县城段路基土石方、桥梁涵洞等主体工程大致告竣。1961年7月，因资金问题全线停工。1962年，磁山站至西戌段铁路封闭停用。1963年，洪水将部分路基冲毁，汛后用工4.9万个，完成土石方50万立方米。1964年，经国家计划委员会批准，磁涉铁路由河北省集资自建，北京铁路局磁山至西戌段铁路无偿移交河北省。1965年3月，涉县3000名民工再修西戌至县城段铁路，经过70个昼夜，共修补路基25公里，修复桥涵36座（道），开拓站场3处，挖填土石方约38万立方米，5月铺轨至涉县站。磁涉铁路全线通车，境内设西戌站、鸡鸣铺站、偏店站、井店站和涉县站。1975年9月30日，磁涉标准轨地方铁路全权移交铁道部北京铁路管理局，原偏店至涉县站道轨拆迁，火车站废弃。

涉县解放后第一代铁路专业学校毕业的铁路工人（焦福亭提供）

1971年10月，涉县第三次修建铁路。该段铁路由邯郸直通山西省长治市，故名邯长铁路。国家投资建设，俗称国营铁路、大铁路。铁路起点磁山，为减低坡高，改变原西行路线。该线从武安阳邑西北K79+000处进入涉境，沿豆庄、东戌、井店达涉县城，溯清漳河北岸西上，经中原、弹音、索堡、悬钟、跨石门清漳河铁路特大桥，迂回靳家会、桃城、小会、常乐等村至K138+650处进入山西省（西峧村）至K144+100处复入境内杨家山村，经后宽嶂延伸至K148+500处（小湾村）再入山西境，境内长约64公里。该路由铁道部第三设计院完成涉县至长治段初测。北京铁路局成立邯涉铁路指挥部组织施工。次年底，完成磁山到东戌路基、隧道、桥梁等主体工程。1973年5月铁道部第三工程局接管剩余工程，次年底完成磁涉段铺轨任务，1975年3月邯郸至涉县段通车。1979—1980年，涉县至长治段4座隧道、15座大桥及县境石门清漳河铁路特大桥墩台等主体工程相继竣工。1981年4月18日开始铺轨，11月26日接轨长治，邯长线全线贯通。

80年代后，邯长铁路沿线设有豆庄、东戌、偏店、井店、涉县、弹音、悬钟、桃城8个车站，其中涉县站、偏店站为三等站，其他车站为四等或五等站。车站陆续办理客、货业务。

1982年7月1日，邯长线正式通车。铁路在境内自东向西依次经木井、西戌、偏店、井店、城关、中原、索堡、石门、温村、神头10个乡（镇），全长64公里。其中，最大的桥梁石门清漳河铁路特大桥长 869.86 米、高 45 米，最长的靳家会隧道长达 1085 米，境内共设豆庄、东戌、偏店、井店、涉县、弹音、悬钟、桃城 8 个车站。

1987 年 10 月，阳（泉）涉（县）铁路动工兴建，为涉县第四次修建铁路。铁路从山西省黎城县清泉村东行至 DK183 处入境，经贾家庄、刘家庄、新桥、石门达悬钟站，在 DK194 处（邯长线约 K124+850 处）与邯长线接轨，境内长 11.4 公里。该线为铁道部与山西省合资修建。涉县至左权县麻田段为第一期工程，由铁道部第一设计院勘测设计，十二工程局和浙江平阳井巷公司施工。1991 年 11 月 28 日，全线铺轨并试运行后正式通车。

2010 年，邯长铁路悬钟站至邯郸南站增建二线并电气化改造，2015 年，完成悬钟至长治的改造，实现双线电气化。

二、铁路专线

符山铁矿专用线　1959 年，由邯郸冶金采矿公司、涉县人民委员会和邯郸地方铁路管理处联合修建。起于磁涉铁路线西戌火车站三道，延伸至符山铁矿装车场末端，装车场铺设侧线 2 道，长 1.1 公里，铺轨总长 7 公里，归符山铁矿专用。1967 年，归邯郸地方铁路管理处。为保证调车安全，进出车均由西戌站实行闭塞管理。1975 年，该线改接于邯长铁路东戌车站 K88+800 处（东戌车站一号道岔），全长 4.469 公里，道岔 9 组，由东戌站养路工区代养，移归铁道部第三工程局。

河北印染厂专用线　1965 年随厂同建，东接原地方铁路涉县车站（俗称老火车站）3 号道岔，傍城北经河北印染厂仓库，西抵涉县火力发电厂（原为河北一五〇电厂分厂，亦称小电厂）煤场，长 1.3 公里。印染厂处铺设侧线 1 条长 200 米，安全线 1 条长 100 米，铺轨总长 1.6 公里，道岔 5 组，权归河北印染厂，由印染厂和涉县火力发电厂共用。1984 年，河北印染厂东迁，专线产权移交涉县政府。1988 年，委托涉县联运公司管理使用。1990 年，公司投资 47 万元修复，并向西延至轧钢厂（原印染厂车间），主要运输生铁、焦炭、煤、粮食、土产、百货等物资。

冶金矿山公司鸡鸣铺专用线　1970 年从磁涉段鸡鸣铺车站接轨，长 500 米，归矿山公司。1975 年，随原地方铁路磁山至涉县段停用，利用偏店至鸡鸣铺停用线，改接新建邯长铁路偏店车站北端 K95+200 处，为标准轨距，长 4 公里。1980 年停用。

天津铁厂专用线　1970 年自行设计修建，原接磁涉地方铁路偏店车站 2 道南头 4 号道岔接轨。1975 年改接邯长铁路偏店车站南头 K96+600 处，至厂生产区 6 公里，为标准轨距。厂区设编组站，分侧线通各生产区，到 1990 年专线总长 58 公里，并有自备机车 17 台，年运量 1150 万吨，专线养护由厂负责。

一五〇电厂专用线　1970 年 5 月，原接磁涉地方铁路涉县车站南头 K53+1250 西麓，抵电厂储煤厂。1975 年，建 K2+127 连接线，改接邯长铁路 K109+800 处。同时，原涉县车站 5 道线改属专线，共长 5.219 公里，道岔 6 组，均为标准轨距，归一五〇电厂。养护由邯长铁路涉县领工区、老站工区代管。90 年代后，该线基本停运。

邯郸地区硝铵厂专用线　自一五〇电厂专用线接线至线旁货场，为标准轨距，长 300 米，道岔 1 组，权归硝铵厂，1982 年撤除。

三、铁路站场

（一）正常运行的火车站

涉县站 1965 年，磁涉线涉县站建成。位于城东龙岗山脚土岗上，今涉县第三中学南侧水塔路东头，站区房 41.5 间，站舍面积 801.8 平方米，候车室面积 136.5 平方米，站台 1 座 150 平方米，站线 6 股，道岔 11 组。邯长线建成后，该站称老站，与邯长线涉县站设 2127 米联络线。1990 年后报废。

1970 年，邯长线涉县站建于上清凉村北，中心里程为 K116+587，是邯长线标准中间站，客货三等站。站舍面积 8765 平方米，候车室 1334 平方米，广场 163 平方米，站台 2 座共 491 平方米。车站自建水塔供水，县电力局供电，有站线 5 股、货物线 2 股、客车停留线 2 股。设工务涉县车间、供电务涉县车间、供电涉县车间、机务折返段建设工区、给水工区、通信工区、铁路职工培训工区、电力工区和铁路公安派出所，负责邯长线涉县段的铁路、电路、机车车辆管理和治安保卫。

豆庄站 位于西豆庄村东，1971 年建。站中心里程为邯长线 K82+748，为邯长线标准中间站，客货四等站。站舍面积 1000 平方米，旅客站台 620 平方米，自建水塔供水，有站线 4 股，道岔 3 组。驻有养路工区，负责阳邑至豆庄段铁路养护。

东戍站 1971 年建，为邯长线标准中间站，位于东戍村东侧。站中心里程为邯长线 K88+149。站舍面积 2341 平方米，候车室 238 平方米，旅客站台 1 座 2212.5 平方米，货运站台 1 座 2253 平方米。自建水塔供水，县符山变电站供电。站设正线 1 股 698 米，专用线 1 股 4300 米，其他 4 股 2220 米，道岔 18 组。站驻有工务工区、桥梁领工区、电务工区，分别负责豆庄至东戍铁路养护、东戍至涉县段及专用线桥涵维修、东戍至偏店间电路维修。1996 年 6 月，由全国拥军模范刘金鱼创办的涉县东戍物资发运有限公司新建的煤炭物资转运站站台正式投入营运，为邯郸至长治铁路线上唯一标准的农民股份制站台。2020 年，该站开始改扩建。

偏店站 邯长线偏店站改于偏店村南 2 公里处，为标准中间站，货运三等站。站舍面积 1743 平方米，其中客站台 2 座，总计 2000 平方米，货运站台 1 座 1600 平方米。设站线 6 股，正线 1 股 659 米，货物线 1 股 300 米，专用线和其他线各 2 股，设货运营业部，驻有工务工区，负责邯长线 K92+500 至 K99+000 区路段维修养护。

偏店站（2022 年摄）

井店站 邯长线井店站在下庄村南，为标准中间站，客货四等站。站舍面积 3624 平方米，其中候车室 1065

平方米、站广场217平方米。设养路工区、货运工区营业部，旅客站台1座1588.4平方米；货运站台1座2398平方米；仓库2座560平方米。自建水塔供水，县电力局供电。设站线5股，道岔12组，另外牵出线1股507米，驻有工务工区，负责邯长线K99+100—K106+000区路段维修。该站为邯长线上唯一的办理整车、零担业务的车站，沿线厂矿和涉县、黎城、左权的零担均由此运送。

井店站（2019年摄）

悬钟站　1979年建成，位于悬钟村北。中心里程为K129+286，为邯长线标准中间站，电气化四等站。站舍面积2904平方米，其中旅客站台1座1242平方米。有站线4股，正线2股2169米，其他线2股2130米，道岔12组。

（二）已废弃的火车站

涉县站　1948年，建邯涉线涉县站，时称小火车站。位于县城北关，站舍3间，股道3股，长750米，道岔11组，简易站台，无照明设备，该站于1949年拆。

偏店站　1965年，磁涉线偏店站成立。位于偏店村南0.5公里，房28间544.8平方米，旅客站台1座122平方米，站线4股，道岔6组。1975年废。

井店站　1965年，磁涉线井店站建成。位于井店村南，房21.5间391.3平方米，旅客站台1座400平方米，站线3股，道岔6组，1975年废。

龙虎站　1947年，邯长线（小火车道）龙虎站位于龙虎村南（现龙虎小学处）。建有站线2股，长400米，道岔2组，站舍3间。1949年废。磁涉线龙虎站改在龙虎村北，1959年建站，站舍24间，面积99.5平方米；旅客站台1座177平方米；站线2股，每股长450米，该站于1975年封闭。

岩城站　为邯涉线车站，位于乱石岩村西南。1947年建，有站线2股，道岔2组，站舍3间，1949年废。

鸡鸣铺站　邯涉线鸡鸣铺站位于今符山铁矿选矿厂处，1947年建。站舍3间，站线2股，道岔2组。1949年废。磁涉线鸡鸣铺站改在鸡鸣铺村东，1965年建。房6间100平方米，站线2股。安全线1条长50米。道岔3组，1975年废。

涉县井店—弹音站牌（2015年摄）

西戌站 属磁涉线车站，位于东戌村东2公里处，1959年建。房26间499.41平方米，旅客站台1座176平方米，有站线4股，道岔7组。1975年废。

弹音站 1979年建，该站建于弹音村北，为邯长线标准中间站，客货五等站。站舍1524平方米，其中候车室224平方米；旅客站台1座208平方米。有道岔7组，站线4股，总长2094米。该站于1987年4月6日封闭。

桃城站 1979年，建于桃城村西，为邯长线标准中间站，设五等站。站舍面积2291平方米，其中站广场38平方米；旅客站台2座，面积分别为242平方米和230平方米；货运站台1座96平方米。有站线4股，道岔9组。该站于1987年4月6日封闭。

四、铁路桥梁隧道涵渠

涉县辖区磁涉、邯长、阳涉及厂矿铁路线共计132.36公里，其中特大桥1座、大桥14座、中桥14座、小桥33座。桥梁62座5531.9米，隧道34座19938.6米。

磁涉线涉县段中桥2座58.7米；小桥2座7米。2座中桥和1座小桥由晋冀鲁豫边区政府1948年修建；1座小桥由河北省地方铁路局1965年修建。

邯长线涉县段特大桥1座，即清漳河大桥，长869.9米；大桥11座2535.3米，分别是木井沟桥、石家庄沟桥、索堡河桥、塔庄桥、小会2号桥、小会3号桥、常乐2号桥、常乐3号桥、深河沟桥、佛堂沟桥和宽漳沟桥；中桥10座913.3米；小桥20座402.7米。桥梁由铁道部第三设计院设计，铁道部第三工程局修建。

阳涉线涉县段大桥3座898.78米；小桥2座50.82米。3座大桥分别是：路泉峧桥、前新桥和石门沟桥。由铁道部第一设计院设计，铁道部十二工程局和浙江省平阳井巷公司承建。

厂矿专用线上有中桥2座115.4米；小桥9座180米。

涉县境内铁路隧道有34座19938.6米。其中，邯长线24座14740.6米，由铁道部第三工程局修建；阳涉线10座5198米，由铁道部第十二工程局和浙江平阳井巷公司承建。

涉县界内铁路线上另有涵渠276道8104.37米。涵渠有拱形、盖板、明渠、混凝土管、箱形、倒虹吸等十多种。磁涉线65道1482.4米，邯长线163座4885.2米，阳涉线35道1362.77米。专用线有13道374米。

第二节 铁路运输 高铁规划

一、铁路客运和货运

1948年10月20日，邯涉铁路小火车全线开通，以货运为主。时无专门客运列车。货运列车中夹带几节客运车厢进行客运，日1对。往返涉县至磁山之间。1949年，随铁路拆迁停运。1960年，磁涉铁路通至西戌，西戌至磁山间始通客运列车。1965年5月20日，磁涉铁路营运，日1对。1972年，客运量43.5万人，周转量1387.2万人公里。1974年客运量36.7万人，周转量 1188.6 万人公里。1975 年，该线停运。1984 年 4 月 30 日，邯长铁路开通客运列车，日通客运列车 2 对，即：涉县至石家庄 1 对、邯郸至长治北 1 对。1988 年 4 月 1 日调整，日通列车 3 对，即石家庄至长治北 1 对、涉县至邯郸 2 对。1991 年 4 月再次调整，日通客运列车 4 对，即：涉县至天津西 1 对、邯郸至长治北 1 对、涉县至邯郸 2 对。后调整为 5 对。2021 年 5 月，日通客运列车 4 对，即潞城至天津 1 对、邯郸至长治北 1 对、邯郸至潞城 1 对、邯郸至涉县 1 对。

1948 年，邯涉铁路货运工作由边区军政联合财经办事处调度，主要运输西达兵工厂生产的枪支以及“七五”山炮弹等军用物资，以支援解放战争；另外东运土特产品，回载煤炭及民需用品，促进经济发展，1949 年停运。1960 年，磁涉铁路通至西戌，以东运符山铁矿矿石，回运煤炭等物资。1965 年 5 月 20 日，磁涉铁路全线开通，由河北省地方铁路局调度，货运主要为建材、煤炭、矿石、土特产品等，年运输能力平均为 370 万吨，创利 400 万元。1972 年，货运量 267.6 万吨，周转量 8876.2 万吨公里。1974 年，货运 321 万吨，周转量 11988.7 万吨公里。1975 年，该线停运。1984 年 4 月 30 日，邯长铁路投入营运，主要运输货物有化肥、水泥、建材、煤炭等。因货源不足，运输量低，致邯长线长期亏损。1989 年，亏损 4045.4 万元，其中磁山至长治段亏损 3609.39 万元，占邯长线亏损额的 89.2%。

二、高速铁路规划

随着社会的进步，高速铁路发展迅速。2016 年，聊邯长高铁项目列入《国家中长期铁路网规划（2016—2030 年）》，同时河北省将该项目列入《河北省轨道交通发展“十三五”规划》。2017 年，河南省将该项目列入《中原城市群城际轨道交通网规划》。2019 年 9 月，河北省发展改革委在《国铁集团关于征求对新时代中长期铁路网规划（2035 年）及“十四五”铁路发展规划编制建议的函》的复函中建议，将聊邯长高铁项目列入规划。2020 年 5 月 9 日，中国国家铁路集团有限公司、国家铁路局在天津召开新时代暨“十四五”铁路网发展规划课题研究初步成果片区研讨会，聊邯长高铁项目在会上被列入国家“十四五”规划新开工项目，在三省铁路项目中位置靠前。2020 年 12 月 22 日，河北、山东、山西三省发展改革委《恳请将聊邯长高铁列入国家铁路“十四五”发展规划建设项目的请示》的联合行文完成会签程序并分别呈报国家发展改革委、国家铁路局、中国国家铁路集团有限公司。2021 年 3 月，项目完成可研报告，编制单位为中铁工程设计咨询集团有限公司。

聊邯长高铁线路拟起自在建郑济高铁聊城西站，沿邯济铁路通道向西进入邯郸，与规划石邯城际并场进入邯郸东站，出站后沿青兰高速公路通道向西进入山西，引入太焦高铁长治东站。线路全长 279 公里，其中山东境内 56 公里、河北境内 170 公里（全部位于邯郸市境内）、山西境内 53 公里，总投资约 543 亿元，邯郸段投资 342 亿元。涉县境内约 30 公里。该项目是河北、山东、山西三省贯彻落实党中央、国务院促进区域协同发展战略，加强重大交通网络基础设施建设，带动各类要素合理流动和高效集聚，增创高质量发展新优势的重大举措，建成后将实现太焦城际、京广、京九、京沪高铁及山东半岛城市群城际铁路的互联互通，成为国家高铁网东西方向的一条客运大通道。

第二章　邮政

第一节　邮政机构的变迁

明朝时境内已有驿站，以供官文书札传递中途换马或休息，同时增设急递铺。南有神头铺、响堂铺，北有北岗铺、井店铺、窑则铺、石泊铺、猛虎（今龙虎）铺，总铺在县治。清顺治十五年（1658 年）更名为驿铺，有十里铺、井店铺、偏店铺、鸡鸣铺、西戌铺、马布铺、神头铺和响堂铺。

清光绪二十六年（1900 年），县城设大清邮政代办所。1919 年，改称中华邮政涉县局，为三等局，属河南邮区，由河南豫北道管辖。

1940 年 6 月 1 日，中共抗日新闻机构《新华日报》《胜利报》分销处和办事处合并，在境内西辽城村成立新华日报太北区中心办事处，负责报纸发行，同时兼公文信函传递，为时 3 个月。是年 9 月，办事处被撤销，成立冀太联办交通总局；次年 9 月，改称晋冀鲁豫边区政府交通总局，迁至索堡村，并在林旺和索堡设交通站。1942 年春，涉县交通局成立，与索堡交通站合署办公，由交通总局第五分局管辖，负责全县邮件寄递和报刊发行。1943 年 1 月至 1946

抗战时期，交运总局发行的邮票。

年3月3年多的时间里，交通总局共发行4组18枚“交通徽地球图”邮票，全部是石版印刷。此套票习惯称“鸟球图”邮票或“鹰球图”邮票。1945年，交通总局外迁，晋冀鲁豫太行交通局在索堡成立，下设6个分局，县交通局与索堡交通站合并，称县邮局；1946年3月，县中华邮政局并入县邮局，称邮政局。局址由索堡迁至县城，属第三专区视察办公处辖，为三等局。1947年，改由第五分区办事处辖。次年夏，太行区邮政管理局迁至岩城（今乱石岩村），1949年被撤销，县邮政局划归河北省（属北京邮区），受县政府直接领导，为三等甲级局。

1953年7月，县政府电话班并入邮政局并更名为邮电局，隶省邮电局。1955年7月，县邮电局定为七等局，并在河南店、索堡、西戍、偏城、西达各设邮电所1处。1958年，邮电所改称邮电支局，同时增设井店、固新2个支局。次年，武安县贺进、活水、阳邑、徘徊、崔炉5个邮电支局，随公社一并划入涉县。1961年，随行政机构返归武安县邮电局。1969年，据国务院、中央军委“电信系统归军队领导”的精神，县邮电局分设为邮政局和电信局。1970年，增设更乐支局。1973年9月，邮政局和电信局重新合并，复称邮电局。其间，先后在符山、石门、宇庄、木井、东风药厂、一五〇电厂设邮电所。1988年，石门、宇庄邮电所被撤销。1993年，东风邮电所被撤销。1996年，县邮电局下设8个邮电支局、4个邮电所、8个代办所、3个集邮台、1个营业班组，职工248人。是年，木井邮电所被撤销。

1998年，根据邯郸市邮电局文件，涉县邮电局被撤销，成立涉县邮政局，8月26日正式挂牌成立。1998年下设10个支局、所，分别为索堡支局、偏城支局、西达支局、固新支局、西戍支局、井店支局、更乐支局、河南店所、符山所、清凉所。2003年成立物流部，正式进军物流行业，重点发展生产、生活物资配送业务和中邮快货业务。2006年，一五〇邮电所被撤销，新增红街邮政所。2007年，增设清凉邮政所。是年4月1日起，零售专业和速递专业开始实行市、县一体化经营，实行“统一进货、统一结算、连锁经营、共同发展”的经营方式。2008年，木井邮电所被撤销。

2008年7月29日，中国邮政储蓄银行涉县支行在涉县邮政局举行成立揭牌仪式。2009年1月，邯郸市邮政速递物流公司成立，涉县成立速递物流营业部，实行独立核算、独立运营。4月，交通局成立涉县邮政分销配送部，分销配送业务主要以服务县经济为重点，构建邮政服务“三农”流通渠道。2011年，符山所迁址偏店，新增偏店邮政支局。2015年5月1日，涉县邮政局更名为中国邮政集团公司河北省涉县分公司。2016年3月，机构改革，成立投递部和包裹快递中心，原电子商务部和邮政分销配送部合并成立渠道平台中心。2018年，原城区营业部更名为龙城路营业所。2018年10月，寄递事业部成立，原速递物流营业部、投递部、包裹快递中心全部合并到寄递事业部。2019年底，下设12个支局、所，分别为索堡支局、偏城支局、西达支局、固新支局、西戍支局、井店支局、更乐支局、偏店支局、龙城路所、河南店所、红街所、清凉所。2020年5月，更名为中国邮政集团有限公司河北省涉县分公司。

2022年，涉县邮政分公司具有19个邮政网点，7个网点具备投递功能。其中，城区寄递部员工31人，邮政面包车4辆、厢式货车2辆、摩托车4辆、电动二轮车3辆，电动三轮车

13 辆。另有井店、西戌、西达、固新、索堡、偏城 6 个邮政支局，共有外勤人员 23 人，邮政面包车 2 辆、厢式货车 8 辆、摩托车 13 辆、电动二轮车 1 辆。

第二节　邮件运递

一、邮路

古代，邯郸至上党邮路由阳邑进入县境，主要邮路有两条：一条是出林县姚村至合漳入境，经东、西达城（今西达、东达）、林旺过河西行，由原曲过河，从韩王山下达县城；另一条是改走偏店、西戌古道，也有出阳邑，经郭口、马布、西戌、鸡鸣铺、偏店、井店、北岗到县城。传递主要靠马匹，称走递马，送信人称走递夫。清顺治十五年（1658 年），全县共有走递马 29 匹、走递夫 7 人。

民国初期，邯长邮路仍为北岗、井店、石泊、龙虎出境至冶陶；至太原仍走龙虎、鸡鸣铺、赵峪、白泉水、辽城古道。抗战时期，邮运路线称交通线，分三部分：通往各战略区的邮运干线，叫环线；区内邮运路线叫干线；县到各乡村邮运路线叫乡村交通线。因边区政府、交通总局均设在索堡，索堡遂成为边区邮递中心，区内共有 8 条干线，即索堡至山西省辽县（今左权县）、麻田、桐峪站，索堡至阳邑站，索堡至山西省黎城县虹梯关（今山西平顺县）站，索堡至黎城县东阳关站，索堡至黎城县西井站，索堡至林旺站，索堡至黎城站，索堡至偏城站。除索堡至桐峪站是从桐峪到索堡外，其余均由索堡派人出班投递，每日一班。送信人时称交通员。1942 年，全县共有交通员 31 人。1948 年 4 月，邯郸至岩城段邮路首次使用火车运邮，县外来件也多靠小火车运达。

1949—1952 年，全县邮路 34 条，仍为步班。1953 年，始出现自行车邮路 2 条。1960 年，全县邮路 30 条，长 1025 公里。1968 年，自行车邮路增多，步班邮路减少，开始有 1 条摩托车邮路。1970 年，县内首次用汽车邮运，负责转送 6 个支局、所的邮件、报刊，即县局至更乐至井店至西戌；县局至索堡至五厂和六厂邮电所，全程 85 公里。1971 年，摩托车邮路增为 4 条，分别是县城至六九八五钢厂（今天津铁厂），县城至木井驻境部队，县城至

投递员入户送报纸（2012 年摄）

偏城，县城至西达。到1975年，全县主干线路邮路均为摩托车，长1022公里，288个村能看到隔日报纸。到2003年，全县汽车邮路增至2条。2019年底，经过合并全县邮路变为30条，其中电动自行车4条、摩托车18条、电动三轮车7条、汽车1条，全长1720公里，投递到村率100%。

二、邮政业务

（一）函件、包件和汇兑

1991年函件业务主要分为8类，即信函、明信片、新闻稿纸（新闻纸类）、印刷品、贸易类、商务传单、盲人读物及货样，其中信函和明信片为邮政专营业务。函件分为平常邮件、挂号邮件，寄交机关、企业、团体的公私邮件，一律投交机关传达室和收发室。凡属于“秘密”“机密”“绝密”范围文件和印刷品都要以机要文件寄递，确保其保密、安全、准确、迅速送达。

工作人员分发报纸（2017年摄）

从1998年之后，陆续增办一些业务，并对函件类别适时调整，新增邮资明信片和企业拜年卡业务。2003年，开办邮送广告和商业信函业务。2005年，开办账单、景点明信片及门票等业务。之后，函件业务发展为三大类：商业信函（账单类商函、广告类商函）、邮送广告和邮资明信片。

包件业务是邮政的传统业务，中华人民共和国成立后，先后恢复快递、图书、代收货价三种包裹业务。1986年，增加纸质品包裹和商品包裹业务，报纸、期刊、教材作为印刷品交寄。1991年开办大件商品包裹业务。1998年，包件业务包括普通包裹、快递包裹、脆弱包裹、大件包裹、印刷品等，年业务量为4.61万件。2005年，开办国际包裹业务。至此，包件业务分为国内包裹和国际包裹。

1950年，陆续恢复普通、电报、小额、定额等汇票业务。1988年，开办快件汇兑业务。1991年，汇兑业务包括普通汇款和电报汇款。2004年，开办国际汇兑业务。之后，汇兑业务包括国内汇兑和国际汇兑，国内汇兑包括普通汇款和电子汇款。

（二）其他业务

报刊发行 1980年，邮电局单独成立报刊发行组，将报刊出版单位出版的报纸、杂志以订阅或零售的方式发送给读者的业务。1991年，报刊发行业务的方式为订阅和零售。2002年5月22日，县邮政局成立185邮政客户服务中心。订阅报刊可采取窗口收订、上门收订、报刊发行站（员）收订3种方式以及11185电话订阅、183网上（www.183.com.cn）订阅等方式。全县零售报刊亭、点提供报刊零售业务。

集邮与邮品 1986年5月10日，县邮电局设集邮台1处，销售省邮票公司提供的邮票。

1991年，以销售邮票为主。2001年6月，与县集邮协会共同举办集邮知识竞赛，普及集邮知识。之后，集邮业务分为预订业务、零售业务、邮品开发业务（包括邮票个性化服务和形象宣传年册业务）。

特快专递 1988年，县邮电局开办特快专递邮件业务，简称EMS。它以高速度、高质量为用户传递国际、国内的紧急信函、文件资料、金融票据、商品货样等各类文件资料和物品。1998年，EMS除提供传统业务外，还提供邮政礼仪业务、代客包装、代客报关、代收货款等一系列综合延伸服务。2004年，发展二代身份证专递业务。2007年4月，速递专业开始实行市、县一体化经营，实行“统一进货、统一结算、连锁经营、共同发展”的经营方式。

邮政储蓄 1986年9月20日，县邮电局首次开办邮政储蓄业务。1998年，邮政储蓄业务包括活期储蓄、定期储蓄、定活两便、转账业务。2005年后，不断推出各种新业务，如代理保险业务、代收付业务等多种中间业务。2008年，开办代销基金业务。2008年7月29日，邮政体制进行改革，中国邮政储蓄银行涉县支行挂牌成立，县邮政局开始代办金融业务。

邮政通信 1991年以后，涉县邮政电信发展迅速，通信传输、固定电话、无线寻呼、数据通信、电话传真、移动通信都取得长足发展。

物流运送 2003年，县邮政局开办物流业务，重点发展酒水、洗衣粉、复合肥配送业务和中邮快货业务。2005年，开展邮政快递业务，先后与山货站、活性炭厂、轴承厂、医疗设备厂家等签订货物配送协议。2009年1月，涉县成立速递物流营业部；4月，涉县邮政分销配送部成立。2016年3月机构改革，电子商务部和邮政分销配送部合并成为渠道平台中心，邮政分销配送业务以围绕服务县经济为重点，开展粮油米面、日化产品、电器、农资产品等配送，构建邮政服务“三农”流通渠道。

2007年开始，涉县多家快递企业投入市场。2021年后，涉县客货邮快速发展，2022年底，涉县有申通、中通、圆通、韵达、极兔、京东、顺丰、德邦八家快递，人员一共237人，汽车共52辆、三轮车66辆。

第十篇

队伍建设

1957年，涉县交通邮电党组成立，成为领导交通运输事业的第一个中共党组织。之后，交通运输系统历任党组织不断发展壮大，团结带领系统广大干部职工扎实推进交通事业快速发展。党组织始终将政治建设摆在首位，把政治纪律和政治规矩挺在前面。通过建章立制，不断加强组织建设、作风建设和纪律建设，极大提升党组织的号召力、凝聚力和战斗力，书写了交通运输史上一个又一个奇迹。

在党的坚强领导下，交通运输系统工会、共青团和妇女组织等群团组织，财务人事、安全信访、企业管理等职能部门，立足本职，服务大局，做好交通扶贫，为交运事业高质量发展做出了积极贡献。

第一章 行政机构

第一节 机构沿革

中华民国成立后，县政府设建设局兼管道路交通，因政局不稳，交通管理机构形同虚设。民国时期，涉县属河南省豫北道、河南省政府，涉县政府设建设局兼管交通建设事宜。1932 年后，属河南省第三督察专员公署领导。

1939 年 12 月，涉县抗日政府成立后，晋冀鲁豫边区政府及附属机构相继在涉县成立。1940 年 1 月设立涉县交通局，负责邮政、通信工作，是邮电局的前身。1940 年 3 月，县抗日政府设实业科，兼管道路交通事宜。1941 年 2 月，实业科被撤销，建设科成立。1942 年精简机构时，涉县交通局被撤销，1944 年春复设。1946 年 5 月，交通局改为邮电局。

1950 年 11 月，邯郸公路管理段涉县公路管理所改为涉县公路管理站，主要任务是保障群众出行和发动群众生产。1955 年 5 月，县人委始设交通科，专管交通运输事业，职工 3 人。下属单位有运输站、公路管理站、搬运队。1960 年 5 月，县人委交通科与县运输站、公路站合并，成立涉县交通运输局。1962 年 6 月，精简机构，县工业局、交通运输局、农业机械局被撤销，县人委工业交通科成立，主管工业交通邮电行政领导工作，职工 4 人。1964 年 4 月，随着形势发展和工作需要，工交政治部成立。1965 年 7 月，县人委工业交通科与县公路管理站合并成立县交通局，职工 7 人。

1969 年 7 月，涉县交通局革命委员会成立。1971 年 4 月，涉县交通局革命委员会更名为涉县革命委员会交通局。1981 年 5 月，涉县革命委员会交通局更名为涉县交通局。

2002 年前，交通局机关办公地点位于县城南关清漳河桥头。2002 年，搬迁至县城振兴路交通培训中心。2005 年 12 月，迁至新城区崇州路北侧无名路。2010 年 7 月，涉县政府机构改革，对交通局职能、内设科室作调整。职责调整为：将原县交通局的职责、原县建设局负责指导城市客运的职责，整合划入县交通局，更名为涉县交通运输局。2015 年 10 月，涉县交通局机关迁至清泉路西段。

2019 年 3 月，涉县深化机构改革，交通运输局主要职责：会同有关部门推进全县综合交通运输体系建设，统筹规划公路、水路、地方铁路、民航行业发展；会同有关部门组织拟订全县综合交通运输发展战略和政策，组织编制全县综合交通运输体系规划；负责组织起草地方综合交通运输规范性文件，统筹全县公路、水路、民航等相关规范性文件的起草工作；负责贯彻综合交通运输标准，组织落实并监督实施全县公路、水路等行业标准，协调衔接各种交通运输方式标准；承担全县道路、水路运输市场监管责任；贯彻执行地方海事相关的政策、规章和技术标准并组织实施；负责提出全县交通运输行业固定资产投资规模和方向，负责交通国有资产管理和交通专项资金的管理、使用；承担全县公路、水路建设市场监管责任；负责全县民航行业发展建设和管理的组织协调；指导全县公路、水路行业安全生产和应急管理工作，依法组织或参与事故调查处理；承担国防交通有关工作；指导全县交通运输信息化建设；指导督促交通运输领域大气污染治理和节能减排工作；负责拟订全县交通运输行业科技政策、技术标准和规范，组织科技开发，推动行业技术进步；负责全县交通运输行业涉外事宜，开展与国际和港澳台地区交通运输经济技术合作与交流；负责京津冀协同发展交通一体化组织协调工作；承办县委、县政府交办的其他任务。

第二节　内设机构及下属单位

局属科室

1960年5月，涉县交通运输局机关下设秘书股、财务股、运输股、路政股4个科室。1965年，交通局局机关下设股室不变。1984年9月，局机关设人事秘书股、计划财务股、路政工程股。1987年11月起，局机关设“三股一室”，即人事秘书股、路政工程股、计划财务股、交通治安室。1993年1月1日起，人事秘书股更名为办公室。1994年4月交通治安室被撤销。1996年12月机构改革，交通局内设6个科室：办公室（工会）、工程科（交通战备办公室）、路政科、财务科（审计科）、企管科（材料供应站）、人事科。2002年7月机构改革，交通局内设办公室（党总支办公室、工会）、人事科、工程科（交通战备办公室）、路政科、财审科、企业管理科6个科室。路政科于2003年被撤销，人事科、企业管理科于2005年9月被撤销。2005年9月，涉县交通局内设办公室、财审科、工程科3个科室。

2010年7月机构改革后，涉县交通运输局内设党政办公室、政策法规科（运输安全科、信访科）、基建规划科（交通战备办公室）、人事劳资科、财务审计科5个科室。2015年7月机构改革，内设机构5个科室未变。2019年3月，机构改革后交通运输局内设办公室（人事、财务、信访）、政策法规科（运输安全科、大气办）、综合规划科（工程科、审计监督科）3个科室。

基层单位

1965年，交通局下属单位有运输站、养路工区、搬运队。1987年起，全局下设6个业务单位，其中公路管理站、养路费稽征站、运输管理站为事业单位，装卸站、联运公司、筑路工程队为企业。

1993年，下辖8个基层企事业单位，即公路站、乡道站、运管站、稽征站、筑路工程队、装卸站、联运公司、交通劳动服务总公司。1994年，涉县清漳桥公安派出所挂牌成立，受公安局和交通局双重领导，业务上属公安局直接管理和培训。1998年，涉县交通局出租车管理站成立。

是年，交通局下辖12个基层企事业单位，即公路站、乡道站、运管站、稽征站、出租车管理站，筑路工程队、装卸站、联运公司、交通劳动服务总公司、交通汽修厂、清漳桥公安派出所、河北省邯长公路收费站。2001年1月，涉左公路收费站成立。是年5月，交通服务总公司营业执照被吊销。2001年12月，联运公司歇业重组。2004年12月，国道G309武涉公路收费站成立。2009年4月30日，涉左公路收费站停止收费并撤站。

2010年7月，机构改革，交通运输局下辖11个基层单位，即公路站、乡道站、运管站、路政站、治超站、出租车管理站、装卸站、交通汽修厂、路通公交服务有限公司、涉县通达筑路有限责任公司、国道G309武涉公路收费站。

2014年6月，涉县交通建设有限公司成立。2015年4月，涉县交通运输局乡村公路管理站更名为涉县交通运输局地方道路管理站。2015年7月，涉县路通公交服务有限公司被撤销。2019年11月，国道G309武涉公路收费站被撤销。2019年12月，涉县交通运输局所属事业单位6个，即公路管理站、地方道路管理站、路政管理站、公路运输超限超载治理站、运输管理站、出租车客运管理站；企业单位4个，即通达筑路有限责任公司、汽车维护修理厂、装卸站、交通建设有限公司。2022年5月，交通汽车修理厂改为涉县骏隆交通设施有限公司。9月，出租车客运管理站（含出租车服务中心）整体划转涉县综合行政执法局。

第三节　行风建设

1991年5月至1993年5月，根据市县要求，全局开展为期二轮的“四职一纠”（职业理想、职业道德、职业纪律、职业技能和纠正行业不正之风）竞赛和“三学一树”活动。重点在4个事业单位，按行业特点采取对口赛，即公路站对乡道站，运管站对稽征站，横向竞赛展开后，组与组、班与班、分站与分站展开竞赛活动，促进各项工作顺利进行。

交通系统九一年度总结表彰大会举行（1991年摄）

1992年底，全县八大系统半年评比中，交通局名列优胜单位第一名，地区交通系统优胜单位第一名，10个基层班组被县文明办命名为“文明单位”。1992年，交通局开展向全国“五一劳动奖章”获得者、“人民的好司机”晏军生学习活动。晏军生是江西一名客车司机，为救群众将歹徒放置车内的炸药包抱出车外，壮烈牺牲。交通系统将学习晏军生模范事迹活动纳入两个文明建设规划，扎实推进爱岗敬业、全心为公的教育活动深入开展。

1995 年，全局重点抓好邓小平理论的学习，突出抓好站、股级以上领导干部的学习和班组长的培训、考核制度。各单位召开座谈会、交流会，不断提高政治思想水平。是年，继续贯彻党的十四届四中全会精神，坚持党章规定的“四个服从”，广泛宣传涉县“1182”出山计划、利用新闻媒介加大宣传，精神文明建设与经济建设相互促进。

1998 年 4 月，交通局开展“三讲两创一促进”（讲学习、讲政治、讲正气，创建优秀领导集体、创建“三讲”文明机关，促进单位各项工作开展）活动。6 月，交通局提出交通执法“543”目标，即提高政治、业务、纪律、爱民、法律五种素质；实现完成任务、排忧解难、保持稳定、密切关系四项功能；树立学习、工作、正气三大形象。1997—1998 年，交通局共收到锦旗 30 余面、表扬信 100 余封，并涌现出优秀共产党员赵华太、十杰青年李爱平、岗位能手李普东等先进人物，树立了良好的社会形象。

2002 年，交通局开展思想作风整顿，领导班子带头查思想，开设行风评议接待站，开通热线电话，召开行风评议员座谈会，制定了《交通执法人员对号入座处理规定》《三戒制度》《首问责任制》等规定，规范文明执法。2002 年，受理群众来信来访来电 30 余件，纠正违规行为 6 起，处罚执法人员 4 名，得到群众认可。

2006 年 8 月 29 日，首届交通杯法律法规知识竞赛在人民礼堂举行，全系统开展“实现更好更快发展”活动，严格推进优质工程、依法行政，文明服务，打造交通服务品牌。开展“十佳客车”“十佳的士”“文明执法标兵”“优秀交通职工”等选树活动，扎实推进文明行业创建。

涉县首届“交通杯”法律法规知识竞赛举行（2006 年摄）

2007 年，交通局评选出“十佳的哥”10 人、文明客运班线 1 条、文明客车 10 部、优秀驾驶员 10 人、优秀乘务员 10 人。是年，出租车行业累计归还乘客遗失物品价值 10 万余元，无偿运送情况紧急旅客 400 余人次，收到各类锦旗 30 多面，涌现出宋正江等一批“文明服务之星”。

2007 年，交通局开展解放思想大讨论活动，共找准问题 5 个方面 20 余条。开展“四再”主题教育活动，通过自查、互查、助查、督查，为群众解决两难（行路难、乘车难）、两乱（执法乱、客运市场管理乱）、两低（农村公路标准低、为民办事效率低）。活动累计召开各类会议 30 余次，发放征求意见卡 1000 余份，梳理整改问题 82 条。在全系统开展“正职讲道理、副职懂规矩，争当一对好搭档”“四比四带头”活动。全县庆祝中国共产党成立86周年和“两优一先”表彰会后，全局明确干部选用“十用十不用”“三公、三凭”，争做“五个方面的模范”的用人导向。

2010年，实施执法人员“素质工程”，举办执法培训班2期，执法比武1次，受训人员400余人次。开展评选“最优、最差执法人员”、“四查四看”、执法文书评比等活动，执法队伍作风明显改进。2011年，全局推行执法“六讲、七规范、三个一律”，开展“创先争优”“节能减排”“我是老区形象”客运市场人物评选等活动，取得较好效果。县交通局在行风评议工作中，获行政执法类第一名。2014年，开展党的群众路线教育实践活动，聚焦超标公务用车、办公用房等“四风”问题。是年，开展工程技术人员“一带一”学习培训活动，18对工程专业技术人员建立“师徒”关系；10名年轻技术人员到县委、县政府和市交通运输局阶段性学习培训；开展“干部职工大讲堂”活动，培养选树一批先进典型。

2015年，全局开展“三严三实”、解放思想大讨论等活动，召开“弘扬劳模精神、再铸交通辉煌”动员会，举办工程技术和财务会计专题培训班，公开招聘一批公路工程专业技术人员。开展“传承好、实践好、发扬好”交通精神大讨论活动，激发干部职工干事创业劲头。2017年，贯彻落实党的十九大精神、“两学一做”学习教育、一问责八清理暨微腐败专项清理整治等活动。全局开展“一学二查三讲”活动，从7月19日开始，为期1个月；举办行政执法、工程技术和安全生产专题培训班，开展“涉县新时代精神”大讨论活动，干部职工作风更加务实。

2018年，重点开展“一问责八清理”专项行动、“不忘初心、牢记使命”主题教育、“双创双服”、“九清”工作法、“新时代新担当新作为”等活动。推进“两个专项”行动，认真践行监督执纪“四种形态”，营造良好政治生态。2019—2020年，扎实推进“不忘初心、牢记使命”主题教育，狠抓党风建设，坚持制度管人，坚持“人才强交”。2020年5月，交通运输局召开执法队伍“四规范一打击一提升”专题培训会。贯彻落实党的十九届五中全会精神，学习《习近平谈治国理政》《中华人民共和国民法典》等。疫情防控期间，通过学习强国、微信群推送等方式，倡导自学，学习教育全年全覆盖，不断推进政治理论武装和党性教育。

2021年，扎实开展“我为群众办实事”实践活动，承办县人大议案、政协提案20件；做客《电视问政》栏目，主动回应社会反映强烈的热点问题。全局利用学习强国等教育平台，深入学习党史知识，前往西柏坡、一二九师旧址等革命圣地接受革命传统教育。开展以“我是谁、我该做什么、我该怎么做、我该如何做得更好”主题活动，扎实开展批评与相互批评，提出问题或建议152个，全部整改到位。

2022年，全局党员深入学习习近平新时代中国特色社会主义思想、《习近平谈治国理政》第四卷，提高政治觉悟；开展“党章学习月”活动，牢固树立党的宗旨意识，把党章落实到行动上；多形式宣讲党的二十大精神，增强政治执行力、政治判断力、政治领悟力；理论与实践相结合，促进交运重点工程、民生工程和行业管理的快速发展。

第二章 机关党建

第一节 组织机构

1966年5月，涉县工业交通党组成立。1969年7月，涉县交通局革命委员会成立。1971年4月撤销，重设交通局。1988年10月，涉县交通局党总支成立。1991年10月，交通局养路费稽征站党支部和乡村公路管理站党支部成立。1993年，局总支委员会由6人组成，其中书记1人、副书记1人、委员4人，设有机关、公路站、运管站、乡道站、筑路工程队、养路费稽征站、装卸站7个党支部，有党员96名。1994年11月，涉县公铁联运总公司党支部和交通服务总公司党支部成立。1998年，局总支由7人组成，其中书记、副书记各1人，委员5人，下设9个基层支部，有党员131人。2000年7月，涉左公路收费站党支部成立。2003年10月，中共涉县交通局总支部委员会被撤销，交通局党委成立，下设公路站、运管站、装卸站、养路费稽征站、乡村公路管理站、公铁联运总公司和交通服务总公司8个党支部，共有党员156名。2005年6月，涉县交通局机关党支部成立。2007年，出租车管理站党支部成立。

2010年6月，中共涉县交通局机关支部委员会更名为中共涉县交通运输局机关支部委员会。2011年1月，涉左公路收费站党支部和养路费征稽站党支部被撤销，公路路政管理站党支部和公路运输超限超载治理站党支部成立。2014年6月，国道G309武涉收费站党支部成立。2016年10月，涉县交通运输局党委被撤销，设立党组，下设涉县交通运输局直属机关党委。2019年11月，国道G309武涉公路收费站党支部被撤销。2022年，出租车客运管理站党支部随整体划归涉县综合行政执法局。

涉县纪念建党97周年红歌合唱比赛举行，交运局获第一名（2018年摄）

2011年公路管理站党支部获评“邯郸市先进基层党组织”。2019年，地方道路管理站党支部获评“全国公路行业先进基层党组织”。

2021年中国共产党成立100周年时，交通运输局付水元、李晚顺、邢何林、陈贵堂、王华堂、赵华太、张英志、赵党林、陈华堂、常麻全等10名退休老党员，获得“光荣在党50年”纪念章。

2022年底，涉县交运系统共有党员323人。其中，男党员262人、女党员61人；在职党员219人、退休104人。市级优秀党员、优秀党务工作者4人。

第二节　思想政治教育

1962年12月，根据《中共邯郸专员公署交通局党组关于交通运输支援农业意见（草案）》精神，涉县工业交通科认真执行“以农业为基础、以工业为主导”的发展国民经济的总方针，将工作重心工作快速转移到支援农业为基础的轨道上来。

1971年7月，涉县交通局印发《关于双革计划的通知》，按照“艰苦奋斗，自力更生”的指示，进行技术革新。交通局公路施工和养护技术得到全面提高。

交运局党史教育专题党课暨“转作风、提效能、比担当、作贡献”活动推进会现场（2021年摄）

中共十一届三中全会之后，全局认真学习邓小平的重要讲话。1982年12月，涉县县委为实现中共十二大提出的五年内党风根本转好的任务，下发《关于健全各级党组织生活会制度的决定》。交通局党组织认真落实县委关于党组织生活会各项制度要求，规范和严肃党的组织生活。

1991年3月，局总党支下发《关于“七一”前开展几项活动的通知》，主要开展正党风办实事、党的传统教育、学习党内法规、建立党员活动基地等活动。按照要求，全局掀起学习付正良热潮。1993—1994年，中共涉县交通局总支部委员会印发通知，转发《中共涉县县直机关工委关于对机关党委、党总支、党支部实行党建目标管理责任制的意见》精神，抓好党建目标管理责任制落实。

1994年，党总支开展“1352”目标建功立业活动，即“筹资一百万、改善三条线、铺油五公里、征费两千万”。是年8月，全局开展“十星党员”评选活动。

1996年3月，中共涉县交通局总支部委员会作出《关于1996年宣传思想工作和精神文明建设安排意见》。是年5月，全局开展“三学（学理论、学党章、学孔繁森）、三查（查世界观、人生观、价值观）、三克服（克服个人主义、拜金主义、享乐主义）、一坚持（坚持全心全意为人民服务的宗旨）”活动。1997年4月，全局开展“三讲”（讲学习、讲政治、讲正气）教育。是年9月，中共十五大明确将邓小平理论写入党章。全局认真组织学习邓小平理论和实事求是的精神，指导实际工作向前发展。

2005年1月起，全局开展以实践“三个代表”重要思想为主要内容的保持共产党员先进性教育活动，历时一年半，于2006年6月结束。交通局党的政治建设紧紧围绕“交通发展、队伍建设、党性教育、主体责任落实”，实施党建统领，推动各项工作。

2010年，局党委组织学习王彦生先进事迹，开展“双争双建”（争做王彦生式的组工干部、争当王彦生式的组织部部长，建模范部门、建过硬队伍）活动。2012年，全局围绕从严治党，制定一系列党建制度。2013年5月，局党委坚持以邓小平理论、“三个代表”重要思想、科学发展观为指导，按照省、市、县委的统一部署，围绕“解放思想、改革开放、创新驱动、科学发展”主题，在全系统开展大讨论活动。

2014年，开展以“为民、务实、清廉”为主要内容的党的群众路线教育实践活动。2015年，开展“三严三实”（严以修身、严以用权、严以律己，谋事要实、创业要实、做人要实）专题教育。

2016年11月起，局党委按照《关于新形势下党内政治生活的若干准则》精神，从党组（党委）到基层党支部的民主生活会和组织生活会全面规范提高，每年坚持召开年度民主生活会。严格落实“三会一课”制度，定期召开支部党员大会、支委会、党小组会；按时上好党课。不断加强革命传统教育、警示教育制度，民主评议党员制度，民主生活会制度，组织生活会制度，党务公开制度，党内送温暖制度，爱心扶贫助困制度，党费收缴管理制度，党组织活动情况报告制度，设立党员示范岗、党员责任区、党员为民服务日等。

2018年后，建立健全党建四项制度，即《交通运输局党组落实全面从严治党主体责任制度》《交通运输局党组落实全面从严治党主体责任谈话制度》《交通运输局党组学习教育制度》《交通运输局党组加强党风廉政建设责任制及反腐败工作制度》。2016年至2019年7月，持续开展“两学一做”（学党章党规、学系列讲话，做合格党员）学习教育，做到“两学一做”学习教育常态化，认真学习习近平新时代中国特色社会主义思想。

交运局在汽车站设置疫情防控党员先锋岗（2020年摄）

2019年，为庆祝中华人民

共和国成立70周年，交通运输局在一二九师陈列馆广场参加中华人民共和国成立70周年歌咏比赛等活动。2019年8月至2020年，开展“不忘初心、牢记使命”主题教育，以“守初心、担使命、找差距、抓落实”为总要求，努力实现“理论学习有收获，思想政治受洗礼，干事创业敢担当，为民服务解难题，清正廉洁作表率”具体目标。在各项学习教育中，全局党员干部认真组织“四个课堂”（初心课堂、先锋课堂、红色课堂、警示课堂）、专题民主生活会等，创新主题演讲，选树养护标兵、工程先锋，实施示范带动引领。全体干部职工对照党章党规找问题，完成漠视群众利益等问题整改20多件，在初心实践中增强党性。2021年4月起，交通运输局党组组织开展党史学习教育，坚持做到“学史明理、学史增信、学史崇德、学史力行；学党史、悟思想、办实事、开新局”。按照省市要求，同步展开“转作风，提效能，比担当，作贡献”专项活动。全局上下形成领导带头、党员联动的示范互动态势。

2018—2022年，交通运输局党组每年都与基层党支部签订交通运输局党组落实全面从严治党工作任务书，强化党组主体责任落实。同时，制定出台《交通运输局党组落实全面从严治党主体责任清单》《交通运输局党组落实全面从严治党主体责任工作计划》《交通运输局党组加强党风廉政建设责任制及反腐败工作要点》等一系列文件，通过建章立制，规范权力运行，构建不敢腐、不能腐、不想腐的工作机制，营造良好政治生态。2022年11月，学习党的二十大会议精神。

第三节　廉政建设

1963年，涉县人委工业交通科根据不同时期需要，先后成立反浪费办公室、工业交通恢复办公室、运输指挥部等机构。

1964年，邯郸运输公司发表文章《保持艰苦传统，热心为山区服务的涉县运输站》，文中对涉县运输站从1957年后保持“老八路”光荣作风和艰苦朴素优良传统，8年始终保持全区先进运输站的称号给予高度评价。涉县运输站积极开展查质量、查浪费、查思想、查作风“四查”工作，对质量低、浪费大、挪用公款、贪污盗窃弄虚作假等行为，摸清底数，结合“五反”运动和社会主义教育运动进行处理。

1980年，根据上级要求，县交通局首次明确一名党员副局长分管纪检监察工作。1998年，中共涉县交通局纪律检查委员会成立。1981年，涉县交通局重点预防和查处官僚主义、瞎指挥、蛮干、不负责任、失职渎职等违法乱纪行为。1983年，加强对局属各单位班子成员管理，严格财经制度，遵守奖罚、请销假等制度。

1985年，交通局认真落实《河北省交通厅关于厅级干部下去开会、监察工作有关生活方面的四条规定》，做到不吃请、不陪同、不搞礼节性迎送，不公款消费，明确党组织书记及纪检组织（纪检员）的职责范围。涉县交通局党总支、各支部结合整党工作，在全系统开展思

县交运局组织召开交通运输执法领域突出问题专项整治行动动员部署会议（2021年摄）

想、道德、纪律教育和职业道德教育，坚持“两个文明”一起抓，提高广大干部职工的政治素质。交通监理站开展“反对霸权作风，改善服务质量”活动，做到“不吃请、不受贿、不拉关系”。1986年，公路站、监理站、养路费征收站开展“创文明站”，争“四有”新人活动。1987年，县局纪检、工会、共青团等联合整治行业不正之风，开展财务大检查、完善财务管理制度。

1989年，局党总支根据县委安排，组织全体党员开展民主评议，妥善处置不合格党员，起到警示作用。制定《为政清廉八项规定》《领导干部约法三章》等四项规定，全局拒吃请等61次，加大反腐倡廉力度。1990年，全局开展“双文明”建设活动。1992年，交通局被地区廉政工作指导小组评为“廉政勤政先进单位”，井店稽征分站被评为“廉政勤政样板单位”。1993年，深入开展“四职一纠”活动，狠抓反腐倡廉和狠刹行业不正之风，共查处共性问题4件。成立治理公路“三乱”活动领导小组，实行两室经常查、领导小组不定期查、执法单位自己查、对口单位互相查的“四查”办法，遏制公路“三乱”抬头，促进行风好转。1994年，根据市局党组文件精神，全局抓好领导干部廉洁自律，清理纠正公款吃喝送礼、公费旅游、挪用交通建设资金购车等违规行为。将查纪案件与纠风、审计、执法检查工作结合起来，推进落实。1995年10月，李水廷任交通局纪检组长，2009年8月后，不再设专职纪检组长。

1996年，交通局明确春节期间干部廉洁自律工作，对公款送礼品、公款吃喝、违反规定节前突击花钱作出具体规定。1997年，从党风廉政建设和思想教育入手，召开党员民主生活会、干部廉洁自律生活会、职工政治研讨会等。2000年，开展思想、作风、纪律整顿，提出戒赌、戒舞、戒酒。全局执法队伍定期举行军事训练4次，开展军事训练比赛。2005年，交通运输局将全年市、县考核任务拉单分解，成立督查组。以局内刊《交通信息》为载体，督查通报。2006年，严格落实全县党风廉政建设有关规定，治理商业贿赂，做到政治上跟党走、经济上不伸手、生活上不出丑。2007年，定期不定期地深入一线明察暗访，督促各乡镇农村公路管理所加强养护工作，先后通报处理缺勤脱岗现象70余起，按规定处罚到位。

2012年3—4月，全局开展思想组织纪律作风整顿活动，重点整顿干部职工观念老化、思想僵硬、在其位不负其责、纪律观念不强、形式主义、弄虚作假等行为。2013年，全局开展正风肃纪专项行动，对如何优化交通环境、推动工程建设、有效规范执法行为、增进团结提升素质和落实中央八项规定精神，转变作风作出具体要求。2014 年，开展“正风肃纪，还利于民”活动，抓好行政执法文明示范单位创建，实现“零违纪、零曝光、零投诉”。制定《交通运输局规范企事业单位干部职工因事请长假规定》《工程建设招投标管理办法》《交通运输局档案管理办法》《进一步严格公务接待标准的通知》等规章制度。2015 年，制定《涉县交通运输局依法行政考核问责办法》，强化督导检查，严肃查处为政不廉、吃拿卡要等违纪违规行为。2017 年，严格落实中央八项规定精神和县委“九清工作法”，创建创新型、服务型、效能型、廉政型机关。

2019 年 11 月，涉县纪委监委成立 6 个派驻纪检组，纪委第四监督监察室、驻发改局纪检监察组，负责联系涉县交通运输局。

2020 年，涉县交通运输局深入推进党风廉政建设和反腐败工作，对市委巡察反馈的 11 个问题整改落实。制定或修订完善《党组理论学习中心组学习制度》《局长办公会议制度》《局属单位财务管理办法》《纪检监察制度》等共 21 项规章制度。通过制作《正风肃纪 警钟长鸣》专题片警示全局。2021 年，深入开展“转作风、提效能、比担当、作贡献”活动，推动“三问三查”，即问履职尽责够不够，问效率意识强不强，问工作标准高不高，着重解决人员精神状态萎靡、工作作风漂浮、干事标准不高、自我约束不严等问题，真正把纪律挺在前面，用纪律管住绝大多数。

2021 年，涉县交通运输局深入开展习近平新时代中国特色社会主义思想主题教育，结合全省“三重四创五优化”和全市“转提比作”活动，强监督，开展多种方式谈话，及时提醒纠偏，并成立内部督查小组，完善内部监督制度，印发督查通报 12 期，进一步增强效能监察。

2022 年，涉县交通运输局党员干部增强“四个意识”，坚定“四个自信”，做到“两个维护”。开展正风肃纪，印发督查通报 4 期，谈话 43 人次；加大违规违纪问题查处力度，给予政务警告 2 人，诫勉谈话 6 人，通报批评 42 人，批评教育 2 人；强化规矩意识，持续推进作风建设，积极维护政治生态。

第三章　群团组织建设

第一节　工会组织

1986 年，中国公路运输工会河北省涉县工作委员会成立。1988 年，涉县交通局系统工会工作委员会成立，工会主席为股级干部。1998 年 7 月起，系统工会主席为副科级干部。2006 年，涉县交通局系统工会工作委员会更名为涉县交通系统工会工作委员会。2011 年 9 月后，交通系统工会工作委员会主席职务降为股级。史苗安、闫保生、申爱平、李马仙、王生未曾任局工会主席，其中闫保生、申爱平、李马仙为副科级干部。

2023 年 5 月，根据上级要求，工会主席身份必须为副科级干部。王美霞作为三级主任科员担任工会主席。

一、基层工会组织

1987 年，中国公路运输工会涉县交通局机关工作委员会、涉县公路管理站工作委员会、涉县车辆运输管理站工作委员会成立。1992 年 7 月，涉县交通局乡村公路管理站工会工作委员会成立。1999 年，涉县交通局出租车客运管理站工会工作委员会、河北邯长公路收费站工会工作委员会成立。县交通系统公路管理站、装卸站、乡村公路管理站、运管站、涉左公路收费站 5 个工会组织由县总工会对口管理，原隶属关系不变。2002 年全县机构改革，县总工会印发《关于调整确定基层工会对口管理单位的通知》，确定交通系统公路管理站、乡村公路管理站、运管站、涉左公路收费站、养路费稽征站 5 个工会由县总工会对口管理，隶属关系不变。2006 年 8 月，涉县通达筑路有限责任公司工会委员会成立。2015 年 11 月，交通运输局系统工会 9 个基层工会进行换届。至 2021 年 5 月，涉县交通系统工会工作委员会下设公路管理站工会委员会、地方道路管理站、运输管理站、出租车客运管理站、公路路政管理站、公路运输超限超载治理站、装卸站、涉县通达筑路有限责任公司、汽车维护修理厂等 9 个工会委员会。2022 年，出租车客运管理站划拨涉县综合行政执法局。

全局工会组织主要负责维护职工合法权益、建立协商制度，开展各类活动，培树先进典型，关心职工的疾苦，尽力帮助职工解决实际困难。

二、主要活动

（一）职工之家创建

1987 年 8 月，县交通局向系统各基层工会下发《关于交纳会费有关问题的通知》。2007 年，开展送温暖活动，向特困生奖励基金捐款 28440 元，向全县受灾群众捐款 22640 元、衣物

70余件。2008年起，由涉县总工会牵头，开展工会会员重大疾病医疗互助活动，交通系统参与率100%。2018年2月，交通运输局对系统内部分老干部、贫困职工约50户进行春节前慰问。2019年1月，县交通运输局对16名离退休人员和17名贫困职工及系统内300余人进行慰问。2020年1月，涉县交通运输局领导班子带队，分组对局机关25户困难职工、16户离退休老干部进行慰问，全局慰问人员100余人。

（二）文体活动

2007年，在全县"秧歌比赛"、元宵灯展活动中交通运输局均获一等奖。是年，举办庆祝中华人民共和国成立58周年歌咏比赛、庆"双节"文艺联欢会和技能大比武。

2015—2016年，参加县全民运动会。2017年8月，全县第十一届职工职业技能大赛暨公路养护比赛开幕式在国道G309白鱼岭段举办，该活动由县总工会牵头，教体局、交通运输局等单位参加。2018年，在全县庆祝中国共产党成立97周年红歌合唱比赛中，县交通运输局获全县第一。2019年6月，在省交通运输工会和省交通运输厅公路管理局主办的"2019年中国梦·劳动美"——河北省普通干线公路养护技能竞赛上，涉县代表队作为邯郸市唯一代表队名列第三，获二等奖。是年12月，在邯郸市交通运输局、邯郸市交通运输工会组织的"中国梦·交通情"征文活动中，县交通运输局获得优秀组织奖和个人单项奖13个。2020年6月，由涉县交通运输局拍摄的微电影《唢呐金声》，获得河北省总工会"中国梦·劳动美"——河北省职工文化"五个一"精品工程创作大赛微影视单元三等奖。2021年4月，市局公路养护管理处举办2021年邯郸市普通干线公路养护系统知识竞赛，涉县公路管理站代表队获一等奖。同月，河北省交通运输工会、河北省交通运输厅公路管理局组织的2021年河北省普通干线公路养护知识竞赛在衡水市举行，涉县公路管理站3名参赛队员代表邯郸市交通运输局参加，并获团体二等奖。同月，县交通运输局代表队在"庆祝建党百年·共谱时代篇章"涉县职工文化体育艺术节拔河比赛中勇夺冠军。5月，涉县交通运输局获涉县五一劳动奖状。2022年5月，涉县通达筑路有限公司工程科被授予涉县工人先锋号。

"庆祝建党百年·共谱时代篇章"涉县职工文化体育艺术节拔河比赛，交运局夺得冠军（2021年4月）

至2022年，涉县交通运输局获评全国劳模1人、全国先进工作者1人、全国五一劳动奖章获得者1人、省级劳模3人、市级劳模8人、县级劳模9人。

第二节　共青团组织

一、组织沿革

1988年10月，涉县交通局团总支委员会成立，设书记1人、委员2人。下设5个基层团支部，分别为局机关团支部（书记1人、团员4人）、公路站团支部（书记1人、团员4人）、运管站团支部（书记1人、团员3人）、装卸站团支部（书记1人、团员7人）、筑路工程队团支部（书记1人、团员6人）。2004年，因单位体制改革，涉县交通局团总支设书记1人、副书记1人、委员3人。2011年，涉县交通局团总支设书记1人、委员2人。2016年，局团总支委员会委员增至5人，书记1人、委员4人，基层支部合并成4个团支部，分别为公路站团支部（书记1人、团员12人）、地道站团支部（书记1人、团员9人）、运管站团支部（书记1人、团员14人）、路政站团支部（书记1人、团员9人）。2022年底，交运系统有团员18人（含兼职团干5人），青年志愿者250人。王万生、张帆、李长江、申向松曾任交通局团总支书记。

二、主要活动

1978年后，涉县交通局在广大团员中广泛开展争当新长征突击手活动。1985年，在团员中开展“修万里路、种万里树”活动。1997—2000年，组织团员青年参加涉左公路大会战。2000年，局团组织抽调部分水车，为干旱重灾区神头乡雪寺村、偏城镇圣寺驼村等村庄无偿送水。2003年，积极参与抗击“非典”，并完成中国·涉县首届女娲文化节的安全保卫任务。2004年，参加乡村公路桑栈村道路施工。2005—2015年，先后参加了干线公路大中修及县乡道路建设。2016年，参加“7·19”道路抢通及灾后重建。2017年4月，由共青团涉县县委和涉县交通运输局组织开展“交运杯”招商引资演讲比赛活动。是年，全局10名讲解员51名引导员参与首届邯郸市旅游产业发展大会。是年，局团员深入一线开展党的十九大精神宣讲活动。2018年，局团总支利用“智慧团建”平台对各团支部、团员、团干部基础数据库、发展团员、组织关系接转审批等工作进行管理；2019年，参

交运局在阳索线开展志愿植树活动（2022年3月摄）

与文明县城创建活动。2020 年，参与新冠肺炎疫情防控工作和精准扶贫工作。是年 6 月，组织全局 30 名团员青年参与第六届河北省旅游产业发展大会的讲解、引导等志愿服务活动。2020 年 8 月，涉县启动“万名志愿者助力新时代”文明实践暨全国文明城市创建活动，涉县交通运输局被授予“涉县交通运输局志愿服务分队”旗帜。2022 年，全局 10 支志愿队合并。

2016 年 5 月，交通运输局团总支被共青团邯郸市委授予“五四红旗团支部”称号。2018 年 1 月，被共青团邯郸市委授予“十大杰出青年志愿服务集体”称号；是年 5 月，被共青团邯郸市委授予“五四红旗团支部标兵”称号。2019 年 5 月，被共青团河北省委授予“2018 年度河北省五四红旗团支部”称号。2021 年 5 月，涉县交通运输局团总支被共青团中央授予“全国五四红旗团支部”称号。2023 年 1 月 6 日，在新冠肺炎疫情防控和复工复产中，涉县交通运输局青年突击队被共青团河北省委认定为“河北青年突击队”。

第三节　妇女组织

1997 年 8 月，涉县交通局妇女联合会成立，设专职机构，局妇联主任王美霞。2016 年后，涉县交通局妇女联合会更名为涉县交通运输局妇女委员会。

1997 年后，涉县交通局妇女组织发挥党和政府联系妇女群众的桥梁和纽带作用，扎实开展各项活动。先后开展“关爱留守儿童，温暖织毛衣”，为妇女提供技术培训、博爱一日捐，免费两癌筛查等专项活动。2018 年 5 月，交通运输局在县妇联组织下，专程到帮扶村王家庄村小学进行温暖慰问、爱心走访，为孩子们送去书包等慰问品。2018 年 12 月 7 日，交通运输局召开专题会议，传达学习河北省妇联十四次代表大会精神。

交运局妇联代表“六一”节前慰问帮扶村王家庄村小学（2018 年摄）

2018 年，交通运输局被县妇联授予“妇女工作先进集体”称号。2010 年 3 月，邯郸市总工会授予局妇联“先进女职工委员会”称号。2011 年 3 月，获得邯郸市妇女联合会颁发的妇女温暖之家。全局涌现出一大批先进妇女代表，评选出市三八红旗手 1 人、县巾帼建功标兵、巾帼功臣、最美女性等 10 余人。王美霞出席市妇代会 4 次，县妇代会 3 次。2013 年 5 月，根据上级要求，交通运输局妇女委员会改为妇女联合会。选举产生妇联主席 1 人、副主席 3 人、执委委员 5 人，妇联主席为王美霞。

第四章　职能机构

第一节　人事

一、人事机构设置与编制

1939年，涉县抗日政府成立后，机构编制管理随之产生。随着社会发展，按照机构编制要求，局人事主要负责机构编制、医疗保险、工资福利、人事管理、人员安置、专业技术人员管理等项工作。

2002年后，交通局机构编制实行“三个一”管理、编制总量控制、实名制管理，法定化、规范化管理，基本实现了对机构、编制和人员增长的有效控制。交通运输局编制发展不断发生变化。2003年8月，全县事业单位机构改革开始推行聘用制。2005年，县政府开设岗位竞聘试点单位。之后，全局开始从岗位设置、原有人员首次聘任、岗位竞聘、新进人员公开招聘、分流人员安置、收入分配改革等方面进行配套。1997年11月，涉县对管辖范围内的事业单位实行登记管理。2000年后，实施全国统一的事业单位登记管理。

二、人事管理

1982年，交通局党政机关普遍建立和实施岗位责任制。1994年，建立与机关事业单位工作人员使用和薪酬挂钩的考核制度，重点对职工德、能、勤、绩进行年度考核，推进考核奖惩长效机制。1992年，全局实行考评结合、以考代评的职称评审制度，通过考试确立专业技术人员任职资格和执业资格；推行评聘分离、动态管理的职称聘任制度。加强享受政府特殊津贴专家、有突出贡献中青年专家和“新世纪三三三人才”选拔推荐，强化工人技术等级培训考核。截至2022年底，全局共培养享受省政府有突出贡献中青年专家1人，拥有各类专业技术人员105人（初级61人、中级37人、副高级7人）、各类技术工人360人（技师104人、高级工139人、中级工81人、初级工36人），分布于全局工程、养护、会计、统计、执法、修理等企事业单位的各个岗位，成为交运事业发展的重要技术力量。

人员安置：中华人民共和国成立后，交通局开始接收安置军队转业干部。每年除对军转干部进行转岗培训，开展表彰、慰问和排忧解难等项服务外，对军转干部家属就业和子女入学妥善安排。1996年起，涉县非师范类大中专毕业生分配工作由县人事部门负责管理。2001年，大中专毕业生就业由政府“统包统配”改为政府指导就业、学生自主择业，涉县率先推出大中专毕业生到非公有制企业就业的鼓励措施，事业与企业拓展毕业生就业新途径。2003年，涉县适时提出了“人才强县”战略，将人才市场和劳动力市场进行资源整合。2014—2022年，7年来逢进必考，共招收 4 人。

三、工资福利

机关事业：1940 年，涉县解放时实行实物供给制。1956 年，实行职务等级工资制。1985 年，实行结构工资制。1993 年，实行公务员职级工资制、事业单位职务（岗位）工资制。2006 年改革后，实行新的公务员职级工资制与事业单位岗位绩效工资制。2007 年 1 月，事业单位工作人员工资进行套改。2008 年 7 月，县交通运输局公务员套改工资完成。

职务等级工资经过 1963 年、1971 年和 1979 年三次调整。1988 年，后实行结构工资，也经过了 1988 年、1989 年和 1990 年调整，特别是 1990 年调资幅度较大。1995 年，机关事业单位按照滚动升级、优秀升级和正常升级晋升职务工资档次。1994 年，事业单位工作人员个别考核优秀并作出突出贡献的专业技术人员和管理人员，可提前或越级晋升职务工资，比例在单位总人数的 3% 以内，每两年一次。

交通局按照上级部署，分别于 1997 年、1999 年、2001 年、2002 年、2003 年五次调整了机关事业单位工作人员的工资标准。由原每人每月 90 元，调整至职务工资起点标准 100~850 元。

2006 年，实行职级和岗位工资套改。机关工人通过晋升岗位工资档次和技术等级（职务）工资，正常晋升工资。事业单位人员通过正常增加薪级工资和岗位变动调整工资。

2014 年 10 月，公务员、参公、全额事业单位工作人员开始缴纳个人养老保险，纳入养老保险统筹机制。经过 2014 年、2016 年津补贴调整，2016 年、2018 年、2021 年工资调整，机关事业单位工作人员的工资大幅度提升。

企业工资：1950 年前后，企业实行薪粮制与薪金制。1956 年，改为等级工资制。交通邮电等单位职工，工资由每人月平均 30 元调至 35 元。1960 年后，企业实行以八级工资制为基础，计时工资、计件工资超定额奖励工资等多种形式并存的工资制度。1983 年后，合同工、临时工普遍实行工资制。

1987 年，大部分企业实行承包经营效益工资制。1990 年，实行工资总额包干，宏观上调控企业工资总额增长。2001 年，试行以岗位工资为主、多种形式并存、工资能增能减的工资机制，涉县通达筑路公司等多家企业实行。

1963—1990 年，国家经过 9 次工资调整。1999 年，实行工资指导线调控，月支付工资不得低于当地最低工资标准，保障职工生活水平。

四、社会保险事业

1951 年，国家确立劳动保险制度。至 2007 年，建立集养老、医疗、失业、工伤、生育五险为一体的社会保险制度。

涉县养老保险制度在经历了企业养老保险和养老保险社会统筹两个阶段，现行以基本养老保险“统账结合”为基础，企业补充保险和个人储蓄性养老保险为补充的新模式。社会保险统筹逐步由县级过渡为市级、省级统筹。企业养老保险基金由差额缴拨改为全额征缴。2000 年 7 月起，全县离退休人员养老金实现社会化发放，建立国家保底、企业补充、个人储蓄的多层次养老保险体系。

涉县城镇职工医疗保险制度改革经历三个阶段，即公费医疗和劳保医疗、统筹医疗、医疗保险。

1952 年 6 月，县属机关、事业单位工作人员按相关要求可实报实销。1982 年，实行医疗费包干办法：门诊就医或住院治疗，按每人每年 45 元标准，超余自负。1995 年，涉县通过专用收据和“处方笺”，对报销进行管理控制。1998 年，对报销比例、人员和县内外情况进行细化管理。

1984 年，劳动医疗保险执行，是根据企业情况，单位和个人按比例分担。1988 年，经济体制进入市场，涉县实行医疗费用社会统筹，范围为县属全民企业及企业化管理的事业单位。2003 年开始，涉县实施城镇职工基本医疗保险。该项保险由基本医疗保险、大额医疗保险和补充医疗保险（补充医疗保险未启动）组成。

2006 年 1 月起，交通局企事业干部职工按照要求开始交纳医疗保险。2017 年 6 月，全国生育保险和职工基本医疗保险开始合并实施。开展试点，统一参保登记、基金征缴和管理。明确了缴费基数和缴费比例。交通运输局缴费比例为 8%，在职职工个人缴费比例为 2%。全县明确参保职工医保慢性病 11 种，支付限额为每年 1500~2000 元。特殊病种包括 4 种，患者可到县指定医院和药房直接报销。慢性病、特殊病鉴定聘请专家委员会进行鉴定，实行基本资料审核与医学检查相结合方式进行，医保经办机构不参与医学鉴定工作。

第二节　财务

一、机构设置

1960 年 5 月，涉县交通局设财务股。1961 年，邯郸市交通局成立第六养护工区（即公路站），负责公路修建、养护等工作。同时成立财务科，资金由邯郸市交通局拨付，用于全局干部职工工资以及公路修建、养护资金支出。具体资金支出由公路站财务科负责。1984 年，交通体制改革，交通局财务股成立，与公路站财务分离，各自单独负责本单位财务工作。1993 年，按照县财政局要求，科室名称由计财股改为财务科。1996 年 12 月机构改革，局财务科加挂审计科牌子。2002 年 7 月，县、乡党政机构改革，县交通局“三定”方案中，规定财务科（审计科）改为财审科，负责局机关单位财务工作及下属单位财务工作监督审计。2019 年 3 月，涉县深化机构改革，局机关内设党政办公室，同时负责财务等事宜。

二、财务管控

1956 年 10 月，《河北省交通厅（1956 年—1957 年）以工代赈修路工程费用开支标准（草案）》，对工资及补助、舟车费及补助费、公务费、医药费、安置费及赔偿费、灾民车辆牲口损伤补助、搭棚费、民工铺草费、粮食用费、修路用土赔偿等标准进行修订。1958 年，《邯郸专署交通运输局关于局前颁发经费开支结算方法的补充通知》，对颁发的经费开支结算办法，实行财权下放，简化审批手续扩大基层管理权限制度。县交通局将绝大部分开支项目下放基层单位，严格做好节约和节流。

1972 年 3 月，《河北省邯郸地区革命委员会交通运输局财务审批制度》制定出台。7 月，《河北省邯郸地区革命委员会交通运输局固定资产管理核算办法》出台，县交通局加强财务审批和固定资产管理。

1974 年 3 月，邯郸地区革命委员会财政局结合路线教育，重申《邯郸地区革命委员会财政局关于几项费用开支的规定》。涉县交通局按照规定对差旅费及企业医务人员经费相关事宜严格检查，认真执行。1983 年 8 月，根据邯郸地区行政公署交通局要求，交通局对所管范围的财—资金—物—材料、机械认真检查、清点、核实。

1990 年后，涉县交通局按上级提倡的双增双节（增产节约、增收节支）精神，做到有计划使用资金，严格执行会计法，建立健全财务制度，每月 1 日为班组领工资日，25 日为班长报账日，做到账目清楚、日清月结，一切开支由局长审批报账，否则不予报销。1997 年 4 月，根据涉县财政局文件精神，《涉县交通局机关人员县内出差补助实施办法》制定出台，就全局出差补助范围、标准及报销办法进行规定。

1998 年，涉县交通局财务积蓄建设资金，缩小行政开支确保重点工程建设。全局资金主要来源于养路费、运管费等交通事业费，开支范围主要为局机关、公路管理站、乡村公路管理站、养路费稽征站，运输管理站归邯郸市交通局运输管理处直报单位。局属企业自负盈亏，独立核算。局财务实行“收支两条线”，即规费征收全部上缴，经费支出按计划拨付。严格执行“一支笔”审批制度，保证重点工程，按进展及时支付，保障工程建设；对财产逐一登记，减少资产流失。福利发放符合政策规定，又维护职工合法权益。2003 年起，由市交通部门拨付经费的模式转为由地方县财政负责县交通系统资金拨付。

2006 年 6 月，全局通过公开考试选拔人员充实财务岗位。2017 年 8 月，聘请审计老师对全局系统进行行政事业单位会计法、企业单位税法的培训。

2008 年 4 月，对局属各单位进行 2007 年度及 2008 年第一季度收支审计。10 月，对全局各单位资产情况摸底清查。加强对交通系统国有资产的监督管理，规范国有资产的购置、使用、调剂和处置行为。

2009 年，涉县交通系统财务集中管理中心成立，挂靠交通局财审科，财审科长兼任中心主任，中心设岗 3 人，负责局属各单位原始凭证的稽核、财务分析、评价和运行控制。

2015 年 8 月，根据上级关于党政机关厉行节约有关规定，制定《涉县交通运输局关于印发“三公”经费管理办法（试行）的通知》，对“三公”（因公出国、公车购置运行、公务接待费）经费的申报、支出等管理措施进一步明确细化。

2018 年 3 月，根据国家有关法律法规，制定《涉县交通运输局机关财务管理制度》。对办公用品购销、现金、印章、借款、差旅等票据报销和固定资产管理进行明确规定。同时对财务人员岗位责任、财务处理程序、会计工作交接、会计档案管理、会计电算化管理和往来款的管理作详细规定。

2020—2022年，交通运输局两次完善修改《涉县交通运输局局属单位的财务管理办法》，对各项收支、结算、预算、资产、固定资产、工程资金、会计档案、集中采购、印章、票据及财务人员处罚方面进行详细规定。交通运输局分两次聘请涉县永秀会计服务机构，作为第三方对全系统2018年1月至2022年6月账务全面审计。聘请财务专家对行政事业单位各项支出制定管理制度，对新预算法、企业相关税法进行培训。

第三节　安全 信访

一、安全管理

2010年，涉县交通运输局内设机构政策法规科加挂运输安全科、信访科牌子，负责安全管理工作。2016年，经局党委研究决定，成立安全科，依法对交通运输系统的安全生产实施综合监督管理，负责指导、协调、检查和督促有关部门的安全生产工作。

（一）工程建设

1990年后，公路建设安全管理实行统一领导，分级负责体制，坚持“安全第一，预防为主，以人为本，综合治理，全员参与”的方针，公路站、地方站负责项目全程安全监督指导。2010年，筑路企业整理安全生产类资料10余册。2012年，编制公司安全生产本近200本，对安全制度及机械施工操作细节进行明确规范。完善各级安全生产网络建设，设立专兼职安全员，组织36人参加省厅安全培训考核，合格率100%。全年组织各类安全检查50余次，消除安全隐患82项。2013年后，交通局按照“管行业必须管安全、管业务必须管安全、管生产经营必须管安全”，安全生产“党政同责、一岗双责、失职追责”的总体要求，坚守安全生产红线，压实属地责任、部门监管责任和企业主体责任加强安全生产的领导，形成业主、监理、施工单位齐抓共管、各司其职的安全生产工作格局。

（二）运输客货

1990年后，交通局全面落实企业安全生产责任体系，层层签订责任状，践行“安全就是效益，责任重于泰山”原则。健全安全生产责任制、企业主要负责人责任、全员安全生产责任，夯实企业安全生产管理基础。全局各单位、汽车客运站、城乡公交站点、运输企业等地，通过LED显示屏或宣传条幅、微信等多种形式，大力宣传《中华人民共和国安全生产法》等法律法规。2000年后，针对道路运输行业点多、线长、面广，从业人员多、管理难度大等实际情况，重点加强对道路水路运输行业领域及相关行业的安全监管，包括客运行业2家企业（汽车客运站、道路客运企业）、货运行业150余家货运企业、维修行业二类以上7家维修厂家、驾培行业4家驾驶员培训机构、水路行业4家水路运输企业等。定期组织召开安全生产会议、建立隐患台账、按要求及时归档。

2021年，向100余家货运企业和51家未备案维修企业下达整改通知书；查扣黑陪练点16处，摘除非法广告牌3处，查处非法教练车18辆；处理出租车违法违规行为100余起，规范了交通运输市场秩序。2022年，以安全生产专项整治三年行动为主线，严格落实领导分包责任制，推进运输企业“双控”机制建设，693处安全隐患全部整改到位，累计妥善化解上级交办问题14件。

二、信访工作

1996年，根据《涉县人民政府办公室关于印发涉县交通局职能配置、内设机构和人员编制方案的通知》，局机关办公室（工会）负责来信、来访工作。2007年成立法制科后，信访工作归属法制科管辖，主要负责来信来访的登记、矛盾纠纷调解、案件组卷、隐患排查值班等工作。2010年8月，局成立信访办，挂靠法制科，信访工作逐步规范化。2014年，河北网上信访系统开通，纸上办案变为全国统一网上办案，案件办理按照“四书一报告”执行。信访案件有受理或不受理两种情况。是年，信访办挂靠局办公室。2015年9月，交通运输局制定《信访工作职责》《信访工作考核制度》等。2020年8月5日，河北省阳光信访平台开始试运行，替代原来的河北网上信访系统。

2021—2022年，按照“诉求合理的解决到位、诉求无理的思想教育到位、生活困难的帮扶救助到位，行为违法的依法处理”的“三到位一处理”机制，全面开展信访隐患排查化解力度，聚焦工程建设“两拖欠”问题。2021年，受理42件，化解39件。2022年，受理167件，化解142件。

第四节　企业管理 环境整治

一、企业管理

1996年12月，根据涉县人民政府办公室《关于印发涉县交通运输局职能配置、内设机构和人员编制方案的通知》，交通局企管科（材料供应站）成立，负责交通系统企业的体制改革工作，指导协调企业生产、经济管理和经济效益等工作；负责交通系统企业的安全工作、科技工作、技术革新等工作，路边第三产业的拓展工作以及质量、效益、计量、环境及设备管理、招商引资等工作。1997年9月，涉县交通局下设物资供应站，负责涉左公路的工程材料统一供应、管控等，由5人组成。

2001年底，根据全县企业体制改制会议精神和企业改制实行股份制要求，经局研究决定对半歇业状态下的公铁联运总公司采取歇业、重组，17名职工全局分流；物资供应站关闭，16名干部职工全部分流至乡村公路管理站。2002年7月，县、乡党政机构改革，涉县交通局“三定”方案规定内设机构保留企业管理科。2008年8月，企管科职能增加负责交通工程材料、办公用品采购，节能减排、统计等工作。2014年，企管科职责增加道路环境整治，之后拓展到道路扬尘、道路施工扬尘、平交道口、停车场、汽修厂整治和错峰运输管理等一系列涉及大气污染治理工作。

2012 年，全局对系统内企业进行技术改造、人才培训、安全生产、固定资产保全等各项工作定期调度，对外租企业加强管理。是年，对清漳河大桥、阳索公路三期等有关工程建设材料进行集中招投标采购，保证质量、节省资金。2013 年，企管科对系统 6 家企业进行土地丈量、房屋丈量，办理土地证和房产证，完成抵押贷款事宜，保证刘西公路顺利开工；整合企业报废机械进行拍卖，盘活资产。2014 年，企管科重点对企业经营预（决）算和施工管理等方面进行实地考察和资料搜集，帮助装卸站业务转型升级，新增路缘石铺筑设备和警示标志标牌的制作、安装业务。截至 2022 年，企管科主要负责交通运输领域大气污染治理、企业改革、统计、节能减排等工作。

二、环境整治

2012 年，党的十九大后，保护环境日益得到重视。2012—2014 年，全县每年有序开展节能减排宣传周活动。全局先后组织“能源短缺体验”“节能降耗集中宣传”“节能降耗交通行”等各项活动，完成万元增加值能耗降低率和节能减排重点项目工程任务；运管站、出租车管理站等单位优先发展公共交通，加快淘汰老旧汽车和装备，鼓励发展节能环保型交通工具和施工器具。

2014 年后，道路环境整治成为重要工作，重点对国道 G309 城区段路面清扫加盖篷布、保洁保畅。环境整治拓展到道路施工扬尘、平交道口、停车场、汽修厂整治和错峰运输管理等方面。

2015 年，涉县推进节能型综合交通运输体系建设。新建候车亭 24 个、简易站 1 个，更新出租车 79 辆、新能源公交车 16 部。加强货车抛洒、平交道口的规范治理，提升道路通行环境，严格公路工程施工现场管理。2015 年，开展“六五”世界环境日宣传活动。印发《中国人民抗日战争暨世界反法西斯战争胜利 70 周年纪念活动涉县交通运输局空气质量保障方案》，优化公路环境，保护大气环境。

交运局路政人员在 309 国道清理非法广告标牌（2022 年摄）

2016 年，加强道路扬尘治理，以“整治抛洒、治理扬尘、修复增加绿色”为重点，强化行业监管，提升道路通行环境。是年，接受县有关部门节能减排、削煤降碳专项考核。2017 年，按照邯郸市“三边”（公路边、铁路边、河道边）整治工作要求，做好错峰运输、无组织排放管控、环境绿化美化等工作。2018 年后，治理重点为停车场（点）环境、汽修行业 VOCs、道路施工扬尘治理，以及差别化运输调控、机动车尾气检测、调整运输结构、国三车淘汰、营运货车远程在线监控、新能源车推广等工作。

2020 年 6 月，县政府常务会议关于对《中华人民共和国大气污染防治法》部分条款执法主体事宜的研究决定，原则同意将县交通运输局确定为县中心城区建成区以外道路上行驶车辆未采取密闭或者其他措施防止物料遗洒的行政处罚权的执法主体，交通运输局执法责任更加明确。

2021 年开始，涉县强化公路、施工和运输车辆的扬尘治理，对公路、铁路两侧，裸土，平交道口等路域环境进行整治。坚持“覆盖、围挡、喷淋、硬化”原则，构建“过程全覆盖、管理全方位、责任全链条”的施工扬尘治理体系，确保整治达标率 100%。加强源头治理，杜绝载货车辆不遮盖篷布出厂（场），严防车辆抛洒遗漏。加强散煤、成品油、VOCs 等方面治理，加强秋冬季大宗物料运输科技管控。全年累计出动“三机一体”车辆 6000 余台次、清运垃圾 6036 立方米、洒水 50 余万立方米、纠正查处抛洒滴漏车辆 213 辆、治理脏乱差平交道口 51 处、制止侵占路产路权 88 处、淘汰国三及以下排放标准车 539 辆。

2022 年，重点对 309 国道、滨河路城区、农村公路重点路段保洁保湿，投入 30 余辆雾炮车、洒水车、清扫车等各类机械设备，洁净作业 100 万余立方米。取缔非标 32 块、清理摆摊设点 70 处，制止利用公路下穿管道 2 处，拆除违章建筑 1 处，纠正查处违法车辆 380 余辆；排除铁路安全隐患 154 处。整治脏乱差平交道口 50 处、硬化平交道口 21 处，处置路赔案件 77 起，结案率 100%。

第五节　档案 保密 统计

一、档案管理

涉县交通局成立后，档案管理由办公室负责，持续至今。为提高档案管理硬件水平，2014 年 3 月，在交通局机关办公大楼一层高标准建设档案室。2015 年 10 月，交通局机关搬迁至城管局后，对工程、财务及退休职工档案进行集中规范管理，随之完善借阅、复印审批制度，明确专人管理，每年按要求及时将永久及 30 年保存期限的资料及时移交县档案馆。2022 年，涉县交通运输局有各类文书档案 723 卷，其中财务档案 105 卷、人事档案 376 卷、工程图纸 35 本，办公室公文档案 53 件，奖牌 15 块，荣誉证书 3 个。县档案馆存有 1950—2018 年的各类交通档案。

二、保密管理

1976 年后，为适应发展形势，交通局保密工作加快组织架构、制度建设、教育培训等方面的推进。1980 年，国家保密法施行。2000 年后，交通局坚持“保密就是保安全，保密就是保发展”的理念，不断加强交通运输领域保密工作，健全组织，完善制度，规范文件资料收、发、传阅及保密、借阅、销毁流程，确保交通运输领域保密工作顺利开展。

2010年后，县交通运输局不断规范涉密文件收发、复印、借阅、销毁等环节管理；严格落实“涉密信息不上网，上网信息不涉密”要求，加强涉密、非涉密计算机、微信、电子邮箱和小程序的监管，严防涉密信息通过互联网传递。

三、统计管理

交通局成立后，开始对固定资产投资、营运工资、交通运输工具拥有量、客货运输、公路线路长度进行统计。2011年起，固定资产投资通过河北省统计联网直报平台（简称省统计平台）每月上报数据。2013年后，劳动工资每年通过省统计平台上报数据。2020年起，国家样本轮换，交通运输局未被列入抽样统计范围，不再上报。

1971年起，全县范围内交通运输工具拥有量开始统计上报。20世纪90年代后，不再进行此项统计。1973年起，全社会客货运输量开始统计上报。1977年起，公路运输线路长度（路面里程）开始统计上报。2018年起，市、县为了实现数据衔接，采用全市统一数据，各县不再上报客货运输量。

第五章 交通扶贫

2015年11月29日，《中共中央 国务院关于打赢脱贫攻坚战的决定》中为“确保到2020年中国现行标准下农村贫困人口实现脱贫、贫困县全部摘帽、解决区域性整体贫困”而提出了一整套精准扶贫、精准脱贫的计划和解决方案。扶贫期间，交通运输局共有32名股级以上党员干部参与帮扶3个乡镇102户108口人。2020年，涉县58个脱贫村，6582个脱贫户，14475脱贫人口全部脱贫摘帽。

第一节 道路扶贫

2016年特大洪灾后，涉县道路损毁严重。2017年，涉县县委政府印发《关于大力弘扬旅发精神以“愚公红”干劲加快建设“中国最美乡村旅游通道”的通知》，确立了将四好农村路创建与灾后修建、脱贫攻坚、美丽乡村紧密结合，修建千里乡村旅游通道的指导思想，明确了全民修路、社会筹资和生态修路的原则。是年，《涉县交通运输局关于进一步做好精准扶贫工作的通知》出台。

2017—2018年，涉县交通运输局创建全国“四好农村路”示范县，加大人财物等资源投入，打交通脱贫攻坚战，解决贫困人口出行难、致富难的问题。坚持“脱贫攻坚，交通先行”的工作思路，加强距县城偏远山区、经济欠发达地区的交通扶贫攻坚，推动“一路四带”建设，打造旅游景观带、休闲康养带、经济隆起带、致富引领带，提升贫困地区交通运输基本公共服务水平。截至2019年底，新改建农村公路1058.2公里，并协助58个贫困村硬化通村道路50.928公里、村内主要道路42.562公里。全域旅游农村公路网直接带动了“一路七兴”。

鸡鸣铺主街道硬化（2015年摄）

其他援助：2003年，交通局投入机械、碎石料等，支援涉县水利局整修赤岸停车场便道，为赤岸学校整修校园2000平方米。2007年，援助博爱敬老院门前长280米、宽6米道路的沥青铺筑碾压任务，投入人工、机械约2万元。是年，参与中原、温村等新农村公路建设。2017年，涉县郊口至磁县陶泉水毁道路改建工程列入县重点民心扶贫工程。交通运输局通达筑路公司负责援建合漳乡郊口至陶泉道路施工。工程全长1.91公里，路面宽9米，投资250万元、人员36人、机械20台，7月开工，10月通车。

第二节　政策扶贫

2017年10月起，按照上级扶贫政策，交通运输局结对帮扶19户，结对帮扶责任人为全局正股级以上干部。按照“三日一网”要求，一户一策，精准帮扶，全面开展对贫困户在教育、医疗、就业、养殖等方面的政策帮扶，不断提供致富技术和劳务就业等方面信息，增强帮扶对象自我发展能力。及时了解帮扶对象生活困难，农忙时送去化肥、农药等农资，传统节日里送去米、面及生活用品。还对帮扶对象进行房屋修缮，改善庭前院外出行道路环境。

2018年，交通运输局印发《关于进一步做好结对帮扶工作的通知》，交通运输局结对帮扶对象达到29户。2020年，涉县制定下发《关于持续推进“一帮一”结对帮扶活动深入开展的通知》，交通运输局包村人员既是精准扶贫人员，也是县扶贫办结对帮扶人员。

2019年，根据《2019年国家脱贫攻坚成效考核反馈问题整改工作方案》，县局将道路硬化工程摆在首位，夯实农村公路建设责任主体，依靠群众，广筹资金，推进“交通+”模式，交通与产业、旅游、电商相结合的扶贫建设模式，推进农村物流快速发展。

2020年底，涉县交通运输局在长年驻村帮扶龙虎乡王家庄村基础上，还帮扶龙虎村和西戌镇水溢河村，派出帮扶责任人32人，结对帮扶贫困户97户。为贫困户送去慰问物资价值5万余元、咨询信息1000余条，申请各类补助和提供就业岗位300余个，为帮扶户硬化庭院360平方米，栽植树木104棵。2020年交通运输局帮助对象全部脱贫。

第三节　驻村扶贫

2016年2月，交通运输局包联帮扶组派驻龙虎乡王家庄村。该村共453户、1409口人，耕地1450亩。全村有建档立卡贫困户32户67人，主要致贫原因为：因病、因残、无劳动力。2018年，已脱贫享受政策18户43口人，剩余14户24口人，其中低保贫困户7户9人、一般贫困户6户14人、五保户1户1人，贫困发生率为1.7%。2019年12月，全村贫困人口全部脱贫，贫困村出列。

2020年，为保证脱贫不返贫，交运扶贫队伍严格落实“两不愁三保障”，保持工作力度不减、政策支持不减、帮扶力量不减，建档立卡群众持续增收。

2016—2022 年，交通运输局驻村第一书记先后有李瑾华、李水用、张帆、张凯伦。驻村工作队队员 2 人，常年吃住在村，研究实施符合实际的扶贫规划，精准施策，助民快速脱贫。种植核桃树、花椒树 400 余亩，中草药（山连翘、山柴胡）200 余亩，红薯 20 余亩。动员部分贫困户学习插花和制衣加工技能；引进小型边角料加工机器 5 台；按政策为贫困人员改造危房 5 户。加大产业发展：1. 村办扶贫项目小龙虾养殖，利用废弃水池改建成养殖池，占地 1.2 亩，一年可养虾两期，村集体年收益增加 2 万元。2. 食用油加工厂。利用驻村工作队经费 3.2 万元，购置绿色食用油加工设备 1 套，新建食用油加工厂 1 座，解决就业 2 人，村集体年收入增加 6000 余元。3. 建设光伏发电项目。争取扶贫资金 10 万元，建设光伏发电项目 1 个，村集体年增收 1.8 万 ~2 万元。4. 服装玩具加工扶贫微工厂 1 个，购置电控服装加工机器 15 台，解决就业 15 人。5. 入股企业，增加财产性收入。与涉县旅游开发公司和华裕养殖公司签订入股协议，年人均可增收 360 元；与大泉村中草药材种植基地签订入股协议，年人均增收 200 余元，多渠道保障贫困人员收入。完善基础设施，硬化田间道路 3 公里，进村道路 1.5 公里，改建进村小桥一座；协助村成立电子商务平台，开通了移动基站，美化街道 2 公里，绿化进村道路，安装进村道路两侧示警桩 120 个，硬化村民广场 1000 余平方米，全村基础设施得到改善，群众生活水平提高。

第四节　路域经济

2017—2018 年，涉县新改建农村公路 1000 余公里，条条道路过村口、进田间，直通经济园区、工业园区和养殖采摘园区，带动了沿线 58 个贫困村发展起农家乐、渔家乐、红薯产业小镇，回乡创业就地致富成为主流，为群众实现就地创业致富、就地提供条件，促进涉县“党建示范县、精准扶贫、旅游发展、生态经济、文化体验、休闲养生、愚公精神”的振兴和发扬。

千里乡村旅游通道把国家 AAAAA 级旅游景区娲皇宫、AAAA 级旅游景区一二九师司令部旧址和五指山、中国重要农业文化遗产太行梯田、青塔湖、太行红叶大峡谷、黄花山、洞天福地、莲花寺、漳河大回转等 40 多个景区景点串联成线，拉动“旅游景观带、经济隆起带、休闲养生带、致富引领带”的发展，沿线建起百个塘坝、千家林场和万家民宿，构建起全域旅游发展新格局。

2017 年，建成太行红河谷旅游路，成为世界首条彩色赛道。2017—2018 年，涉县连续 2 年举办“红色涉县”国际马拉松比赛，包括央视主持人白岩松等在内的海内外 1.1 万余人参赛。

2018 年，涉县全力做好“四好农村路”运营工作，利用场站、运力、人员、信息等资源，打造“信息平台 + 客货同网”品牌，电商物流助推城乡交通运输一体化，直接创造 1000 多个就业岗位，每年节省成本 100 余万元，促进城乡货物双向流通。通过建设县、乡、村三级农村客运电商物流配送网点，实现县级有平台、乡（镇）有服务站、村级有服务点。探索适应农批对接、农超对接、直供直销等物流服务新模式，真正打通农村物流“最后一公里”，解决群众

涉县举办国际马拉松比赛（2017 年摄）

圣福天路槐花节（2019 年摄）

网购难、送货难、服务难等问题。

涉县四好农村路吸引《人民日报》、《光明日报》、新华社、《中国交通报》、《河北日报》等主流媒体关注，优化了投资环境。2019 年，涉县旅游三产占比首次突破 50%。旅游人数达到 560 万人次，旅游综合收入 22.4 亿元，直接受益脱贫 4000 人。2017—2020 年，涉县共引进新项目 300 个，持续带动群众增收，促进乡村振兴发展。

2021 年，第六届河北省旅游产业发展大会（主会场）在涉县召开。太行山旅游风景道全长 235 公里，连接磁县、峰峰矿区、涉县、武安市 4 个县（市、区），串起 15 个乡镇 68 个旅游景区 35 个特色村和 39 个美丽乡村，贯穿整个太行红河谷文化旅游经济带。该次旅发路线境内提升改造 175 公里，构建起“一水路、一大环、五谷环、两步道”的交通网络。涉县打通主动脉，畅通微循环。打造文化景点 130 余处，构建“四季常绿、三季花开”的七彩生态美画廊。积极建设出省、出县口道路和完善城中心向景区的快速通道，开辟乡村旅游专线，建设 18 个公路旅游服务驿站，可为游客提供食宿、停车、购物、如厕等多元服务，涉县道路为乡村振兴当好先锋。

圣福天路骑游活动（2023 年摄）

2020 年，全县接待游客 289 万人次，实现旅游综合收入 12.2 亿元。2021 年，全县接待游客 610 万人次，实现旅游综合收入 24.4 亿元。2022 年，全县接待游客 430 万人次，实现旅游综合收入 17.2 亿元。

第十一篇

交通人物

自古修路架桥，积功善德。涉县是红色革命老区，抗日战争和解放战争时期，曾先后有110多个党政军财文机关单位驻扎涉县，晋冀鲁豫边区交通总局就是其中之一。中华人民共和国成立后，老区人民传承红色基因、赓续红色血脉，涌现出大批自力更生、不等不靠、捐资修路、矢志凿通山路的太行愚公们。筑路铁军逢山开路，遇水架桥，涉左路因15年无大修吸引新华社等媒体关注。2015年，中共涉县县委号召全县各级党组织和广大干部群众学习弘扬“进取、担当、团结、奉献”的交通精神。

长期以来，交运筑路队伍“不忘初心、牢记使命”，前赴后继、接续奋斗，不断地将道路建设与时代要求紧密结合，通天堑、筑飞虹，把路修到群众的心坎上。2018年，涉县获得“四好农村路全国示范县”称号。2019年6月，涉县交通运输局获中宣部、中组部授予的第九届“人民满意的公务员集体”。

第一章　人物

第一节　人物小传

张玉镁（1885—1957），涉县龙虎乡北郭口村人，从小饱受行路之苦，立志修桥。南郭口、北郭口位于涉县东部，与武安毗邻，来往行人疲于跋涉两村间数丈深的大沟。尤遇雨雪天气，人、畜跌伤状况时有发生。雨季发水，行人受阻。1955 年，70 岁的张玉镁拿出多年积蓄，在各级政府和当地群众的大力支持下开工建桥。该桥于 9 月 26 日动工，11 月 24 日竣工。位于南郭口与北郭口村间道路上，长 14.8 米，宽 6 米，高 8.5 米。孔净跨 6 米，拱矢高 2.95 米，桥台高 3.85 米，顶厚 1.7 米。共用石工 1855 个、壮工 4811 个，工程费 7961.78 元。其中，张玉镁捐款 3019 元（时值房屋 30 余间或米麦 1.5 万公斤）。

张玉镁修桥事迹被《河北日报》以《可爱的老人》为题详细报道。1956 年 3 月，张玉镁受邀出席全省交通系统劳动模范代表大会。次年去世，终年 72 岁。为纪念张玉镁义举，该桥定名“玉镁桥”。桥头立石刻碑铭记，有诗赞颂：石桥飞架深沟间，化险为夷感称便；七旬老人壮志酬，赢得美名千载传。

王全友

王全友（1911—1983），字献德。涉县井店镇王金庄二街村人，1943 年加入中国共产党。历任邯郸地委委员、涉县革命委员会副主任、涉县第二届贫下中农代表协会副主任、二街大队党支部书记、王金庄村党总支书记。1969 年，赴京参加国庆观礼。1975 年和 1978 年，先后两次当选为第四届和第五届全国人民代表大会代表。

1964 年，王金庄公社党委、政府发动全社 400 多名劳力修山路，王全友和社员们肩扛铁锤、钢钎爬上桃花水岭劈山修路。当时天寒地冻，一镬下去地上只是个白点。但他们仅凭简陋的工具和双手，克服资金、饥寒和施工难度大等困难，以蚂蚁啃骨头的精神大干 5 个月，愣是削平 11 个山垴，修通玉林井—南峧—王金庄长 13 华里的盘山公路，使汽车第一次开进王金庄。1976 年 10 月，他又带领全社近百名社员，决战滴水洞，修建王金庄隧道。他们克服重重困难，在铁三局和驻涉某部队的支援下，仅用 2 年半时间完成 5 年工程量，隧道全长 805 米，比原公路缩短 4 公里，标高降低 180 米，为农民打开致富通道。

王生未

王生未（1962—2020），涉县更乐镇张家庄五街村人。中共党员，1986年5月参加工作，1999年11月加入中国共产党。曾任交通局乡村道路管理站支部书记、站长，公路管理站支部书记、站长，局机关党委委员，局工会主席等职。

1986年，王生未从平凡的筑路工人做起，勤学敢干、创新开拓成长为一名技术标兵和公路管理的行家里手，长年累月奔走在公路建设一线，急难险重任务面前总是冲在最前面。他曾先后担任过邯长高速公路涉县段、国道G234、国道G309、涉左公路等国省干道的项目经理或负责人。参与娲皇宫旅游路、龙井大街、阳索公路、迎春大桥、刘西公路、清漳河大桥等项目建设，完成30条乡村公路、40个公路项目的建设任务和国省干线多年养护大中修工程。

任职公路站站长10余年，公路站多次被省交通运输厅评为先进养护中心、公路管理先进单位，连续多年被市交通局评为十佳养护中心、公路绿化先进单位。因工作出色，2005年，王生未被评为涉县首届劳动模范；2008年，被国务院授予首届“全国优秀农民工”称号；2009年，被省委、省政府评为河北省职工劳动模范；2015年4月，被党中央、国务院授予“全国劳动模范”称号，受到国家主席习近平的亲切接见。

李国玉

李国玉（1964—2008），涉县龙虎乡马布村人，23岁时成为公路管理站的一名养路工。20余年坚守一线，累计养护公路6.5万余公里。列养路段被公路管理站推为养护样板，所在道班年年评为先进。

1996年“8·4”特大洪灾造成全县公路交通中断，他不顾危险，3天徒步120余公里，平涉公路走了3个来回，将第一手灾后资料上报。双脚磨出了血泡，顾不上休整就投入水毁修复中。2000年，李国玉担任西戌养护中心主任，负责平涉公路涉县段20余公里养护任务。他把家搬到道班，对路况了如指掌。

通过不断学习，他取得技师资格。2002年10月，平涉公路出现沉陷路段。他以丰富的专业知识和创新思维，提出“绿色覆盖、因地施绿、乔木为主”的绿化目标，成为国省干线推广的典型。20多年，他和所在集体获集体荣誉17项、个人奖励16项。其中，省级以上2项、市级以上16项。

2008年12月16日，李国玉在国道G309天铁西门路段公路养护巡查时，遭遇车祸因公殉职。

第二节 历任局长简介

本节为1965—2022年涉县交通局正式成立后的历任局长，按任职先后为序。

杨运生

杨运生（1920—1971），涉县平安街道办招岗村人，中共党员，1965年7月至1967年春、1971年4—5月任交通局局长。任职期间，积极推动邯长公路建设。1965年，邯长公路涉县清漳河大桥竣工；1966年，邯长公路(涉县河南店至响堂铺)10.88公里改造工程竣工。1967年春至1971年4月，停止工作。1971年5月至1973年8月，局长空缺。

张水廷

张水廷（1921—1983），涉县平安街道办占洼村人，中共党员，1973年8月至1979年5月任交通局局长。任职期间，邯长公路涉县段河南店至响堂铺（山西省界）11.2公里改造油路工程竣工；涉磁公路西达隧道、河西公路河南店至昭义段油路17公里改造、涉左公路涉县至贾庄公路改造工程竣工。1978年，涉县西达大桥竣工，涉左公路涉县至石门段17公里油路竣工。

李文庆

李文庆（1930—1999），涉县索堡镇小会村人，中共党员，1979年5月至1983年12月任交通局局长。任职期间，王金庄隧道、田家嘴隧道、温村隧道、张家庄二号隧道、匡门口隧道陆续竣工，昭义至西达段6.8公里改建油路续建工程、河南店至温村乡桃城村改建油路、石门至贾庄段8.5公里改建油路等工程竣工，邯长铁路全线通车；开通多条客运班线，在3条线路上设置5个道班。

刘高生

刘高生（1933—1997），涉县西达镇小峰村人，中共党员，1984年5月至1988年10月任交通局局长。任职期间，宜涉公路延伸段涉县本达至张头省界路基工程完工，邯长复线309复线冶陶—响堂铺开工，河南店至茅岭底、桃城至辽城段11公里路基改建工程竣工，雪寺隧道、皮岭隧道完工；养路费征收检查站联合检查站成立，下设5个分站；开通多条客运班线，4条线路上增设4个道班。

张贵生

张贵生（1937—2016），涉县平安街道办上偏凉村人，中共党员，1988年10月至1996年5月任交通局党总支委员会书记、局长。任职期间，邯长公路复线（309线）涉县段全线竣工，涉（县）林（州）公路涉县段西达至晋冀豫三省交界改为油路面，县道涉磁线涉县至西达段竣工；以工代赈项目西达至关防油面改建；成立联运公司、交通劳动服务总公司等企业。1994年，公路养路费征收任务首次突破1000万元。

吕学海

吕学海，1952年12月出生，涉县平安街道办上偏凉村人，中共党员，1996年5月至2005年9月任交通局党总支委员会书记、党委会书记、局长。任职期间，全县308个行政村村村通油路或水泥路，成为河北省第一个实现村村通的山区县；积极争跑省道涉左公路立项，县局首次担任业主，历时700余天，2000年涉左公路通车；率先在省道涉左公路、国道G309引入公路文化元素；涉左路20年路面未大修引发媒体关注。先后获“邯郸市劳动模范”“河北省人民满意的公务员”等称号，享受省劳模待遇。

张怀林

张怀林（1960—2006），涉县偏城镇西庄村人，中共党员，2005年9月至2006年12月任交通局党委会书记、局长。任职期间，国道G309清漳河大桥、南关桥、南庄立交桥同时竣工，涉县五指山景区生态旅游路通车，全县“摩的”退出客运市场。2006年8月，河北省农村公路管理培训会在涉县召开，全省南片5个市76个县（市、区）相关人员180人参加培训。

刘树廷

刘树廷，1964年1月出生，涉县鹿头乡东安居村人，中共党员，2007年2月至2013年12月任交通运输局党委会书记、局长。任职期间，提出“三年大变样，交通先变样，拉开大框架，建设大交通”的奋斗目标，打造了将军路、刘张一期、偏壮公路、索阳公路等一批精品路段，提升了涉县对外形象。先后获“邯郸市优秀党务工作者”“邯郸市劳动模范”等称号。

王富魁

王富魁，1972 年 7 月出生，涉县合漳乡大港村人，中共党员，2013 年 12 月至 2017 年 6 月任交通运输局党委会书记、党组书记、局长。任职期间，争跑启动国道 G234（含绕城）涉县段经营性收费公路项目，76 天获得省政府批复。2014 年，全县公路里程突破 1000 公里，注册成立涉县交通建设有限公司。2016 年“7·19”特大洪灾后，8 天抢通全县 125 个“孤岛村”。2016 年，重要干线和县乡道恢复畅通，提升了道路等级和抗灾能力。先后获“全省优秀党务工作者”“河北好人”“邯郸市劳动模范”等称号。

梁江苏

梁江苏，1974 年 8 月出生，涉县辽城乡石门村人，中共党员，2017 年 6 月至 2020 年 1 月任交通运输局党组书记、局长。任职期间，推进国道 G234 项目建设，主持修建千里乡村旅游通道。2018 年，涉县获得“四好农村路”全国示范县。是年，全省四好农村路建设现场会在涉县召开。2019 年，涉县交通运输局获评第九届“人民满意的公务员集体”，他受到习近平总书记接见。是年，在全省“人民满意的公务员”和“人民满意的公务员集体”先进事迹报告会上作典型发言，并在全省 11 个区市巡回宣讲。

张献明

张献明，1967 年 6 月出生，涉县龙虎乡南乱石岩村人，中共党员，2020 年 1 月至 2021 年 1 月任交通运输局党组书记、局长。任职期间，推动国道 G234 项目建设；完成银团贷款 25 亿元。圣福天路获评交通运输部“2019 年度十大最美农村路”，涉县“信息平台 + 客货同网”获评全国首批农村物流服务品牌。新冠疫情期间，组织人员设 46 个交通防疫卡点，推进国道 G234、太行红河谷风景大道、龙马新城 10 余个项目复工复产。

王利强

王利强，1974 年 9 月出生，涉县河南店镇南庄村人，中共党员，2021 年 1 月起，任交通运输局党组书记、局长。2021 年，涉县被交通运输部列入第二批城乡交通运输一体化示范创建县。完成“四好农村路”提升工程 6 项 62.6 公里、国省干道 4 条 165 公里和农村公路 610 条 1365 公里 500 余处水毁重建。2021 年，第六届河北省旅发大会期间，完成 175 公里道路环境提升，完成王金庄隧道改造、北兆线、田北线等民生工程。2022 年，完成农村公路水毁恢复 13 座桥梁、78 条道路 58.2 公里。青兰高速涉县—晋冀界新建段 13 公里建成通车。国道 G234 绕城段 22 公里交工验收通车。邯钢配套工程—Y208龙西路改建项目乱石岩至西戌4.75公里完工。2023年9月，国道234工程62.11公里全线贯通。先后获"邯郸市优秀党务工作者"和"邯郸市人民满意的公务员"称号。

第三节　劳模简介

本节为市劳动模范以上荣誉获得者简介，以荣誉级别为序（历任局长获此荣誉不再重复）。

刘俊臣

刘俊臣，1971年8月出生，涉县河南店镇庄上村人，中共党员。1989年10月入伍，1993年12月到交通局工作。曾任交通运输局基建规划科长、公路管理站党支部书记、站长、局机关党委委员等职。2015年，他参与全县150余公里干线公路路面中修改造，高标准通过全国干线公路养护大检查。2017年，奋战百天修建圣福天路。该路成为太行山干部学院的研学基地。2018年，打造全市首家公路文化馆。2019年，公路站在全国养护比武中获三等奖。承担国道G234项目整体推进工作，做到疫情防控施工两不误。先后获得"邯郸市劳动模范""邯郸好人""河北省先进工作者"称号。2020年11月，被评为"全国先进工作者"，受到习近平总书记的接见。

李普东

李普东，1965年1月出生，涉县神头乡神头村人，中共党员，1983年4月参加工作，曾任交通运输局公路站副站长、局工程科长、通达筑路有限责任公司经理、党支部书记等职。他几十年如一日，干一行爱一行。1996年，在全市劳动竞赛中，获得"邯郸市十大技术状元"称号。他先后承建太行红河谷旅游路、刘张公路、阳索公路等数十项重点精品道路工程，为"四好农村路"建设作出贡献。先后获评"邯郸地区劳动模范""邯郸市劳动模范"和"河北省劳动模范"。2001年4月，获得"全国五一劳动奖章"。

张清太

张清太，1958年12月出生，涉县索堡镇南沟村人，中共党员，1976年1月年参加工作。曾任养路费征稽站站长、运输管理站站长，交通局党总支副书记、党委副书记。他长期从事交通规费征收和客货运输管理工作。2004年，养路征稽站获河北省交通厅"先进稽征站"称号。运输管理站多年被市交通局评为先进单位。1996年和1998年，被省交通厅分别评为"先进征稽员”和“文明收费员”。1999 年度、2000 年度，被省交通厅两次评为“全省交通系统行政执法文明标兵”，2001 年，获评“邯郸市劳动模范”。

赵片的

赵片的，1964 年 3 月出生，涉县关防乡前岩村人，中共党员，1981 年参加工作，曾任交通运输局公路站副站长、工会主席。他长年奋战在国省干线公路养护一线，数十年如一日，钻研创新施工工艺，注重公路预防性养护，制定《涉县公路站日常养护管理方案》。由于爱岗敬业，专业技术过硬，曾 10 余次被市交通部门授予“养护标兵”“先进工作者”等称号。2005 年，获评“涉县劳动模范”。2016 年获评“邯郸市劳动模范”。

张树魁

张树魁，1973 年 11 月出生，涉县索堡镇曲峧村人，中共党员，1989 年 1 月参加工作，曾任交通局养路费征稽站副站长、涉左线超限超载治理检查站站长、交通局人事科科长、309 国道武涉收费站站长、地方道路管理站站长，局机关党委委员等职。2018 年，创建“四好农村路”全国示范县。2021 年，完成农村公路 610 条 1365 公里 500 余处水毁重建和 6 项 62.6 公里提升工程。2022 年，完成农村公路水毁工程 78 条 58.2 公里和 13 座桥梁。2018—2022 年，建设农村公路 38 条 365.28 公里。2022 年 3 月，获评“邯郸好人”。2023 年 4 月，获评“邯郸市劳动模范”。

第二章 人物名表

第一节 机关、局属单位人员名表

1942—2027年涉县交通运输局历任正职领导一览表

表 11-2-1

姓 名	性别	籍 贯	任职时间	职 务
高 武	男	—	1942年春至1943年6月	交通局局长
李 岩	男	—	1943年6月至1943年冬	交通局局长
王国彦	男	—	1943年冬至1946年2月	交通局局长
郝青山	男	—	1946-02—1946-05	交通局局长
			1946-05—1949-04	邮电局局长
陈海珍	男	—	1949-04—1949-09	邮电局局长
空缺			1949-09—1955-05	邮电局局长
空缺			1955-05—1960-05	交通科科长
曹心实	男	井店镇王金庄村	1957-07—1960-06	交通邮电党组书记
空缺			1960-06—1962-05	交通局局长
空缺			1962-06—1965-07	工业交通科科长
杨运生	男	平安街道办招岗村	1965年7月至1967年春	交通局局长
周振民	男		1966年5月至1967年春	工交政治部主任
樊恩堂	男	河南店镇王堡村	1964年2月至1967年春	工交党组书记
停止工作			1967年春至1971年4月	
杨运生	男	平安街道办招岗村	1971-04—1971-05	交通局局长
空缺			1971-05—1973-08	交通局局长
张水廷	男	平安街道办占洼村	1973-08—1979-05	交通局局长
李文庆	男	索堡镇小会村	1979-05—1983-12	交通局局长
空缺			1983-12—1984-05	交通局局长
刘高生	男	西达镇小峰村	1984-05—1988-10	交通局局长

续表 11-2-1

姓　名	性别	籍　贯	任职时间	职　务
张贵生	男	平安街道办上偏凉村	1988-10—1996-05	交通局局长
			1988-10—1993-03	交通局总支部委员会书记
吕学海	男	平安街道办上偏凉村	1996-05—2005-09	交通局局长
			2003-07—2003-10	交通局总支部委员会书记
			2003-10—2006-11	交通局委员会书记
张怀林	男	偏城镇西庄村	2005-09—2006-12	交通局局长
			2005-09—2006-11	交通局党委副书记
			2006-11—2006-12	交通局党委书记
刘树廷	男	鹿头乡东安居村	2007-02—2010-07	交通局局长
				交通局委员会书记
			2010-07—2013-12	交运局局长
				交运局委员会书记
王富魁	男	合漳乡大港村	2013-12—2017-06	交运局局长
			2013-12—2016-10	交运局委员会书记
			2016-10—2017-07	交运局直属机关党委书记
			2016-10—2017-06	交运局党组书记
梁江苏	男	辽城乡石门村	2017-06—2020-01	交运局局长
				交运局党组书记
				交运局直属机关党委书记
张献明	男	龙虎乡南乱石岩村	2020-01—2021-01	交运局局长
				交运局党组书记
				交运局直属机关党委书记
			2021 年 1 月—	交运局三级调研员
王利强	男	河南店镇南庄村	2021 年 1 月—	交运局局长
				交运局党组书记
			2021 年 11 月—	交运局直属机关党委书记

注：2010 年 7 月交通局更名为交通运输局，简称交运局。

1946—2022年涉县交通运输局历任局领导一览表

表 11-2-2

姓 名	性别	籍 贯	职 务	任职时间
陈海珍	男	—	邮电局副局长	1946-05—1949-04
李清有	男	—	邮电局副局长	1949-02—1949-09
曹心实	男	井店镇王金庄村	交通科副科长	1955-05—1960-05
张水廷	男	平安街道办占洼村	交通局副局长	1960-06—1962-05
王兴亮	男	—	交通局副局长	1960-06—1962-05
李连熙	男	—	工业交通科副科长	1962-06—1965-07
			交通局副局长	1965年7月至1967年春
王江鱼	男	山西省潞城县	交通局副局长	1965年7月至1967春（代理）
杜忠厚	男	武安市	工交政治部副主任	1966年5月至1967年春
杨运生	男	平安街道办招岗村	工交党组副书记	1966年5月至1967年春
停止工作				1967年春至1971年4月
申明学	男	合漳乡东峧村	交通局副局长	1971-04—1973-03
王省奇	男	山西平顺县	交通局副局长	1971-04—1979-06
杜忠厚	男	武安市	交通局副局长	1973-01—1979-04
张振中	男	西戌镇宋家庄村	交通局副局长	1975-02—1979-11
李瑞峰	男	固新镇小车村	交通局副局长	1975-04—1983-12
李起生	男	神头乡神头村	交通局副局长	1977-04—1979-05
李计祥	男	魏县双庙乡河岸上村	交通局副局长	1978-08—1983-12
姚土盛	男	固新镇原曲村	交通局副局长	1981-08—1984-03
刘长廷	男	偏城镇畔峪村	交通局副局长	1984-03—1987-10
李晚顺	男	固新镇连泉村	交通局副局长	1986-10—1994-12
付水元	男	井店镇井店四街村	交通局副局长	1986-10—1998-07
张福顺	男	偏店乡范家井村	交通局总支部委员会副书记	1991-02—1993-03
杨华太	男	井店镇下庄村	交通局副局长	1991-10—1993-08
杨金福	男	磁县观台镇一街村	交通局副局长	1994-04—1998-07
黄火太	男	鹿头乡东安居村	交通局副局长	1994-11—1997-11
焦海顺	男	平安街道办城里村	交通局副局长	1996-11—1998-07
王满廷	男	神头乡江家庄村	交通局副局长	1998-07—2002-07
郭书元	男	固新镇昭义村	交通局副局长	1998-07—2006-11
			交通局党委委员	2003-10—2006-11

续表 11-2-2

姓 名	性别	籍 贯	职 务	任职时间
王万生	男	神头乡神头村	交通局副局长	1998-07—2002-07
闫保生	男	合漳乡大港村	交通局工会主席	1998-07—2005-09
王 新	男	井店镇井店三街村	交通局副局长	2002-07—2010-07
			交运局副局长	2010-07—2015-01
			交通局党委委员	2003-10—2010-07
			交运局党委委员	2010-07—2015-01
申爱平	男	平安街道办招岗村	交通局副局长	2002-07—2010-07
			交运局副局长	2010-07—2012-03
			交通局党委委员	2003-10—2010-07
			交运局党委委员	2010-07—2012-03
			交通局工会主席	2005-09—2007-07
李马仙	女	井店镇井店一街村	交通局副局长	2002-07—2010-07
			交运局副局长	2010-07—2015-01
			交通局工会主席	2007-07—2010-07
			交运局工会主席	2010-07—2011-09
			交通局党委委员	2003-10—2010-07
			交运局党委委员	2010-07—2015-01
张清太	男	索堡镇南沟村	交通局总支部委员会副书记	2003-07—2003-10
			交通局党委副书记	2003-10—2010-07
			交运局党委副书记	2010-07—2010-12
李水廷	男	井店镇前池耳村	交通局纪委书记	1995-10—2009-08
			交通局党委委员	2003-10—2006-07
			交通局党委委员	2008-01—2009-08
李瑾华	男	武安市北梁庄村	交通局副局长	2007-02—2010-07
			交通局党委副书记	2007-02—2010-07
			交运局副局长	2010-07—2018-01
			交运局党委副书记	2010-07—2016-10
			交运局党组副书记	2016-10—2017-12
			交运局直属机关党委副书记	2016-10—2017-12

续表 11-2-2

姓　名	性别	籍　贯	职　务	任职时间
王生未	男	更乐镇张家庄四街村	交运局党委委员	2010-12—2016-10
			交运局直属机关党委委员	2016-10—2020-11
杨宏伟	男	辽城乡东辽城村	交运局副局长	2012-03—2021-06
			交运局党委委员	2012-02—2016-10
			交运局党组成员	2016-10—2021-05
			交运局直属机关党委委员	2016-10—2021-06
			交运局四级调研员	2019 年 6 月—
李水用	男	索堡镇索堡村	交运局副主任科员	2011-03—2015-01
			交运局副局长	2015-01—2016-08
			交运局主任科员	2016-08—2019-01
			交运局党委委员	2014-12—2016-10
			交运局党组成员	2016-10—2019-01
			交运局直属机关党委委员	2016-10—2019-01
李国华	男	平安街道办西岗村	交运局副主任科员	2011-03—2015-01
			交运局党委委员	2011-09—2015-01
王文廷	男	偏城镇石峰村	交运局党委委员	2015-04—2016-10
			交运局党组成员	2016-10—2019-01
			交运局正科级干部	2019-01—2022-03
			交运局一级主任科员	2022 年 3 月—
李洪义	男	固新镇小车村	交运局副局长	2016-08—2020-08
			交运局党委委员	2016-07—2016-10
			交运局党组成员	2016-10—2020-08
			交运局直属机关党委委员	2016-10—2020-08
张喜正	男	井店镇井店四街村	交运局党委委员	2014-12—2016-10
			交运局直属机关党委委员	2016-10—2022-10
韩二平	男	偏城镇艾叶峧村	交运局党委委员	2014-12—2016-10
			交运局直属机关党委委员	2016-10—2019-08
付利冰	男	井店镇井店四街村	交运局党委委员	2014-12—2016-10
			交运局四级主任科员	2020-08—2021-01
			交运局副局长	2021 年 2 月—
			交运局党组成员	2021 年 1 月—
张风军	男	西戌镇宋家庄村	交运局党委委员	2014-12—2016-10
			交运局直属机关党委委员	2016-10—2017-10
杨永春	男	平安街道办下偏凉村	交运局直属机关党委委员	2020 年 1 月—

续表 11-2-2

姓　名	性别	籍　贯	职　务	任职时间
刘俊臣	男	河南店镇庄上村	交运局直属机关党委委员	2020 年 1 月—
张树魁	男	索堡镇曲峧村	交运局直属机关党委委员	2020 年 1 月—
江海方	男	神头乡流四河村	交运局三级主任科员	2020 年 11 月—
杨慧鹏	男	偏城镇偏城村	交运局副局长	2021 年 6 月—
			交运局党组成员	2021 年 5 月—
			交运局直属机关党委副书记	2021 年 11 月—
申彦峰	男	河南店镇河一村	交运局直属机关党委委员	2021 年 11 月—
王美霞	女	磁县讲武城乡北白道村	交运局三级主任科员	2022 年 7 月—

1990—2022 年涉县交运局机关和局属各单位支部书记任职情况表

表 11-2-3

单　位	姓　名	性别	籍　贯	任职时间	备注
交运局机关党支部	张福顺	男	偏店乡范家井村	1990 年至 1991 年 2 月	
	王学堂	男	涉城镇城里村	1991-02—1994-11	
	王万生	男	神头乡神头村	1994-11—1996-12	
	申爱平	男	涉城镇招岗村	1996-12—1999-03	
	樊清平	男	神头乡前宽嶂村	1999-03—2005-06	
	段永红	男	偏城镇老周背村	2005-06—2014-06	
	黄永飞	男	固新镇原曲村	2014 年 6 月—	
公路管理站党支部	张玺文	男	涉县	1949 年至 1953 年	
	刘炳新	男	沧州市孟村回族自治县	1953 年至 1962 年 9 月	
	杨福生	男	索堡镇索堡村	1962-09—1963-06	
	王江鱼	男	山西省长治市潞城区	1963-06—1971-02	
	王章所	男	涉城镇城里村	1971-02—1973-06	
	王江鱼	男	山西省长治市潞城区	1973-06—1973-08	
	杨福生	男	索堡镇索堡村	1973-08—1984-07	
	申文堂	男	神头乡申家庄村	1984-07—1986-07	
	王华堂	男	鹿头乡东宇庄村	1986-07—1997-03	
	曹翠定	男	井店镇王金庄三街村	1997-03—2003-07	
	吕乃方	男	涉城镇中原村	2003-08—2005-02	
	王生未	男	更乐镇张家庄四街村	2005-02—2015-01	
	刘俊臣	男	河南店镇庄上村	2015-01—2020-06	

续表 11-2-3

单 位	姓 名	性别	籍 贯	任职时间	备注
公路管理站党支部	申彦峰	男	河南店镇河一村	2020-06—2022-06	
	王根生	男	涉城镇太平庄村	2022 年 6 月—	
乡村公路管理站党支部	江党顺	男	更乐镇张家庄村	1991-05—1998-04	
	张喜正	男	井店镇井店四街村	1998-04—2001-03	
	王生未	男	更乐镇张家庄四街村	2001-03—2005-01	
	杨海如	男	索堡镇弹音村	2005-01—2008-01	
	韩二平	男	偏城镇艾叶峧村	2008-01—2015-01	
地方道路管理站党支部	刘保明	男	河南店镇沿头村	2015-03—2019-04	
	张树魁	男	索堡镇小曲峧村	2019-04—2022-04	
	赵正军	男	井店镇禅房村	2022 年 9 月—	
运输管理站党支部	王良明	男	武安市沙名村	1984-04—1999-02	
	张清太	男	索堡镇南沟村	1999-03—2002-08	
	张喜正	男	井店镇四街村	2002-09—2019-10	
	张拥军	男	固新镇黄岩村	2019-11—2022-09	
	马兵波	男	河南店岭后村	2022 年 10 月—	
养路费稽征站党支部	李学廷	男	井店镇后池村	1990-08—1997-02	
	薛爱廷	男	关防乡前沿村	1997-02—2004-01	
	张香山	男	更乐镇张家庄二街	2004-01—2005-05	
	江和萍	男	更乐镇张家庄三街	2005-05—2008-09	
	张松林	男	涉城镇上偏凉村	2008-09—2010-12	
公路路政管理站党支部	张连明	男	鹿头乡东安居村	2010-12—2016-10	
	李跃武	男	魏县双庙乡河岸上村	2016-10—2018-01	
	张松林	男	涉城镇上偏凉村	2018-01—2020-01	
	苗金良	男	固新镇固新村	2020-01—2022-05	
	申彦峰	男	河南店镇河一村	2022 年 6 月—	任第一书记
	王朝旭	男	偏城镇西庄村	2022 年 9 月—	
公路运输 超限超载治理站党支部	杨永春	男	涉城镇上偏凉村	2011-03—2014-12	
	张松林	男	涉城镇上偏凉村	2014-12—2018-06	
	马兵波	男	河南店镇岭后村	2018-06—2020-01	
	李连方	男	神头乡申家庄村	2020-02—2021-07	
	张树魁	男	索堡镇曲峧村	2022 年 5 月—	任第一书记
	石广东	男	木井乡西豆庄村	2022 年 9 月—	

续表 11-2-3

单　位	姓　名	性别	籍　贯	任职时间	备注
出租车管理站党支部	李耀武	男	魏县双庙乡河岸上村	2007-06—2014-06	
	姚保文	女	固新镇原曲村	2014-06—2020-03	
	王朝旭	男	偏城镇西庄村	2020-03—2022-08	
装卸站党支部	李锐峰	男	固新镇小车村	1974 年至 1977 年	
	邢合林	男	鹿头乡洪河沟	1977 年至 1983 年	
	赵新民	男	更乐镇又上村	1983 年至 1993 年	
	张庆魁	男	井店镇井店四街村	1993 年至 1994 年	
	江秋田	男	涉县神头乡响堂铺村	1994 年至 2002 年 12 月	
	鹿斌	男	涉城镇北关村	2002 年 12 月—	2002-12—2008-06 代理
联运公司党支部	张安才	男	更乐镇张家庄二街村	1995 年至 2001 年	
骏隆公司党支部	李红旗	男	涉城镇城里村	2002 年至 2009 年 6 月	
	苗金良	男	固新镇固新村	2009-07—2015-01	
	申彦峰	男	河南店镇河一村	2015-02—2020-06	
	马彦斌	男	木井乡木井村	2020-06—2022-09	
	苑海旺	男	西达镇西达村	2022-10—2022-12	
	江卫涛	男	涉城镇北岗村	2023 年 1 月—	
涉县通达筑路有限责任公司党支部	张献奎	男	偏店乡前寨村	2007-07—2011-10	
	李连方	男	神头乡申家庄	2011-10—2019-11	
	李普东	男	神头乡神头村	2019-11—2020-12	
	杨永春	男	涉城镇下偏凉村	2020 年 12 月—	
武涉收费站	王朝旭	男	偏城镇西庄村	2016-03—2019-11	
涉左收费站	张志华	男	涉城镇上偏凉村	2001-05—2003-07	
	李连方	男	神头乡申家庄村	2003-07—2009-04	

1980—2022 年涉县交运局机关各科室主要负责人任职一览表

表 11-2-4

科　室	姓　名	性别	籍　贯	任职时间	备　注
秘书股	赵保国	男	更乐镇更乐村	1980 年至 1987 年 11 月	
人事秘书股	黄和太	男	鹿头乡东安居村	1987-11—1994-11	
	王万生	男	神头乡神头村	1994-11—1996-12	

续表 11-2-4

科　室	姓　名	性别	籍　贯	任职时间	备　注
办公室（党总支办公室、工会）	王书太	男	更乐镇池西村	1996-12—1998-11	任副主任主持工作
	申爱平	男	平安街道办招岗村	1998-11—2002-08	
	李罡顺	男	更乐镇张家庄五街村	2002-08—2003-08	
	韩二平	男	偏城镇艾叶峧村	2006-04—2008-08	
党政办公室	李水用	男	索堡镇索堡村	2008-08—2015-01	
	杨海如	男	索堡镇弹音村	2015-01—2020-06	
	赵正军	男	井店镇禅房村	2020 年 6 月—	
党建纪检室	黄永飞	男	固新镇原曲村	2021 年 5 月—	
人事科	王万生	男	神头乡神头村	1996-12—1998-06	
	李马仙	女	井店镇井店一街村	1998-06—2002-12	
	申向松	男	神头乡神头村	2003-01—2006-04	
人事劳资科	张树魁	男	索堡镇曲峧村	2006-04—2012-10	
	张风军	男	西戌镇宋家庄村	2012-10—2017-08	
	付富强	男	西达镇甘泉村	2019 年 8 月—	2019 年 4 月并入办公室
信访室	许彦明	男	鹿头乡东宇庄村	2021-05—2021-12	
	邢广彬	男	偏城镇横岭村	2021 年 12 月—	2021-12—2023-01 任副主任主持工作
宣传室	张付平	女	偏店乡偏店村	2021 年 5 月—	
资料室	李长江	男	固新镇小车村	2021-05—2021-12	
	申向松	男	神头乡神头村	2021 年 12 月—	任副主任主持工作
	刘　东	男	更乐镇池西村	2023 年 1 月—	任副主任主持工作
财务股	樊银河	男	神头乡前宽嶂村	1974 年至 1981 年	
	李学廷	男	井店镇后池耳村	1981 年至 1987 年	
财务审计科	樊清平	男	神头乡前宽嶂村	1987 年至 2007 年 9 月	
	李国华	男	平安街道办西岗村	2007-09—2018-05	
财务审计室	王美霞	女	磁县讲武城乡北白道村	2018 年 5 月—	
路政股	王学堂	男	平安街道办城里村	1974 年至 1987 年	
路政工程股	王学堂	男	平安街道办城里村	1987-11—1992-07	
	曹翠定	男	井店镇王金庄村	1992-08—1996-12	

续表 11-2-4

科　室	姓　名	性别	籍　贯	任职时间	备　注
路政科	缺职			1996-12—1997-03	
	张香山	男	更乐镇张家庄二街村	1997-03—2002-12	
	杨永春	男	平安街道办下偏凉村	2003-01—2003-08	2003 年撤销
工程科（交通战备办公室）	曹翠定	男	井店镇王金庄村	1996-12—1997-03	
	杨国胜	男	更乐镇又上村	1997-03—2007-09	1997-03—2002-07 任副科长主持工作
	李普东	男	神头乡神头村	2007-09—2011-10	
基建规划科（交通战备办公室）	刘俊臣	男	河南店镇庄上村	2011-10—2015-01	
	申铁强	男	神头乡椿树岭村	2015-11—2019-04	2019 年 4 月并入综合规划科
运输股	王艮明	男	武安市沙洺村	1982-04—1984-09	
交通治安室	缺职			1992-03—1994-04	1994 年 4 月撤销
涉县清漳桥公安派出所	张书元	男	平安街道办招岗村	1999-12—2003-09	所长为公安人员，2018 年 7 月撤销
	马和魁	男	偏店乡偏店村	2004-07—2005-01	
	孙玉平	男	平安街道办清凉村	2007-12—2012-04	
	韩彦庆	男	偏城镇艾叶峧村	2012-05—2018-07	
	张香山	男	更乐镇张家庄二街村	1999-10—2003-09	指导员为交通人员
	王拥军	男	武安市沙洺村	2007-12—2013-04	
企管科（材料供应站）	缺职			1993-03—1997-03	
	张伟英	男	平安街道办上偏凉村	1997-03—1998-02	
企业管理科	杨海如	男	索堡镇弹音村	2009-09—2015-01	
	韩二平	男	偏城镇艾叶峧村	2015-01—2019-08	
	江卫涛	男	平安街道办北岗村	2019-08—2021-05	任副科长主持工作
政策法规科	李水用	男	索堡镇索堡村	2007-03—2008-06	
	冯晓伟	男	固新镇黄岩村	2008-06—2010-06	
	张松林	男	平安街道办上偏凉村	2010-06—2015-01	
	缺职			2015-01—2015-11	
	付斌波	男	井店镇井店四街村	2015-11—2021-04	
	苑海旺	男	西达镇西达村	2021-04—2023-01	
	申向松	男	神头乡神头村	2023 年 1 月—	
安全室	王志强	男	鹿头乡东安居村	2017 年 2 月—	
大气办	江卫涛	男	平安街道办北岗村	2021-05—2023-01	
	张新波	男	木井乡东豆庄村	2023 年 1 月—	

续表 11-2-4

科　室	姓　名	性别	籍　贯	任职时间	备　注
综合规划科	姚志广	男	合漳乡东峧村	2019 年 3 月—	
工程建设室	申铁强	男	神头乡椿树岭村	2019 年 3 月—	
质量审计监督室	刘红堂	男	固新镇固新村	2015-02—2022-01	
	杨树宇	男	鹿头乡东安居村	2022 年 1 月—	2022-01—2023-01 代理主持工作

注：任职时间以人事档案为准。

1949—2022 年涉县交运局局属各单位主要负责人任职一览表

表 11-2-5

单位	姓名	性别	籍贯	任职时间
公路管理站	张玺文	男	涉县	1949 年至 1953 年
	刘炳新	男	沧州市孟村回族自治县	1953 年至 1962 年 9 月
	杨福生	男	索堡镇索堡村	1962-09—1963-06
	王江鱼	男	山西省长治市潞城区	1963-06—1971-02 副站长主持工作
	王章所	男	平安街道办城里村	1971-02—1973-06
	王江鱼	男	山西省长治市潞城区	1973-06—1973-08 副站长主持工作
	杨福生	男	索堡镇索堡村	1973-08—1984-07
	申文堂	男	神头乡申家庄村	1984-07—1986-07
	王华堂	男	鹿头乡东宇庄村	1986-07—1997-03
	曹翠定	男	井店镇王金庄三街村	1997-03—1999-03
	吕乃芳	男	平安街道办中原村	1999-04—2003-07
	杨海如	男	索堡镇弹音村	2003-08—2004-04
	郭火堂	男	偏店乡东寨村	2004-04—2005-02
	王生未	男	更乐镇张家庄四街村	2005-02—2015-01
	刘俊臣	男	河南店镇庄上村	2015-01—2020-06
	申彦峰	男	河南店镇河一村	2020 年 6 月—
乡村公路管理站	李生太	男	井店镇台南村	1989-09—1998-04
	张喜正	男	井店镇井店四街村	1998-04—2001-05
	王生未	男	更乐镇张家庄四街村	2001-05—2005-02
	杨海如	男	索堡镇弹音村	2006-07—2009-09
	韩二平	男	偏城镇艾叶峧村	2009-09—2015-01

续表 11-2-5

单位	姓名	性别	籍贯	任职时间
地方道路管理站	杨永春	男	平安街道办下偏凉村	2015-01—2018-01
	张树魁	男	索堡镇曲峧村	2018 年 1 月—
运输管理站	王良明	男	武安市沙洺村	1984-09—1999-03
	张清太	男	索堡镇南沟村	1999-03—2003-07
	张喜正	男	井店镇井店四街村	2003-07—2015-01
	张拥军	男	固新镇黄岩村	2015-01—2020-02
	张松林	男	平安街道办上偏凉村	2020-02—2021-07
	马兵波	男	河南店镇岭后村	2021 年 7 月— （支部书记，主持全面工作）
养路费稽征站	张兰怀	男	井店镇井店四街村	1984-09—1986-07
	贾全枝	男	邢台市柏乡县龙华乡耿家庄村	1986-07—1988-12
	杨学明	男	井店镇下庄村	1988-12—1991-01
	李学廷	男	平安街道办南关村	1991-01—1993-10
	张清太	男	索堡镇南沟村	1993-10—1999-03
	申爱平	男	平安街道办招岗村	1999-03—2002-07
	樊清平	男	神头乡前宽嶂村	2002-07—2002-12
	张香山	男	更乐镇张家庄二街村	2002-12—2007-12
	张拥军	男	固新镇黄岩村	2007-12—2011-09
路政管理站	张拥军	男	固新镇黄岩村	2010-12—2015-01
	李跃武	男	魏县双庙乡河岸上村	2015-01—2018-02
	张松林	男	平安街道办上偏凉村	2018-02—2020-02
	马兵波	男	河南店镇岭后村	2020-02—2020-12
	付斌波	男	井店镇井店四街村	2020-12—2022-10
	申彦峰	男	河南店镇河一村	2022-10—2023-01 （第一书记，主持全面工作）
	苑海旺	男	西达镇西达村	2023 年 1 月—
公路运输超限超载治理站	杨永春	男	平安街道办下偏凉村	2010-12—2015-01
	张松林	男	平安街道办上偏凉村	2015-01—2018-02
	韩二平	男	偏城镇艾叶峧村	2018-02—2018-05
	马兵波	男	河南店镇岭后村	2018-05—2020-02
	石广东	男	木井乡西豆庄村	2020-02—2022-04

续表 11-2-5

单位	姓名	性别	籍贯	任职时间
公路运输超限超载治理站	张树魁	男	索堡镇曲峧村	2022-04—2022-09 （支部书记，主持全面工作）
	石广东	男	木井乡西豆庄村	2022 年 9 月— （支部书记，主持全面工作）
出租车管理站	王风太	男	井店镇井店一街村	1997-01—2002-12
	江和萍	男	更乐镇张家庄三街村	2003-01—2003-08
	王海平	男	平安街道办城里村	2003-08—2006-07
	李跃武	男	魏县双庙乡	2006-07—2015-01
	苗金良	男	固新镇固新村	2015-01—2020-02
	李晓红	女	固新镇小车村	2020-02—2021-07
	江冰林	男	河南店镇岭后村	2021-07—2022-04
	石广东	男	木井乡西豆庄村	2022-04—2022-09
筑路工程队	赵华太	男	更乐镇又上村	1993-03—1999-11
装卸站	郝兰田	男	河南店镇河南店村	1952 年至 1975 年 4 月
	李锐峰	男	固新镇小车村	1975-04—1977-04
	郝兰田	男	河南店镇河南店村	1977-04—1978-10
	赵存台	男	武安市	1978-10—1986-07
	赵华太	男	更乐镇又上村	1986-07—1989-04
	张庆魁	男	井店镇井店四街村	1989-04—1992-02
	赵新民	男	更乐镇又上村	1993 年 3 月至 1997 年
	江秋田	男	神头乡响堂铺村	1998 年至 2002 年 11 月
	王朝旭	男	偏城镇西庄村	2002-12—2005-05
	申彦峰	男	河南店镇河一村	2005-05—2015-01
	付保娥	女	西达镇甘泉村	2015 年 1 月—
联运公司	王良明	男	武安市沙洺村	1988-04—1990-04
	赵竹亭	男	更乐站三合村	1990-04—1991-03
	江兰生	男	河南店镇岭后村	1991-03—1993-03
	张伟英	男	平安街道办上偏凉村	1993-03—1997-03
	王振国	男	神头乡北水村	1997-03—1998-10
	杨兰心	女	平安街道办龙耳村	1998-10—2002-03
交通劳动服务总公司	江天堂	男	神头乡椿树岭村	1993-03—1995-05
	张纪奎	男	平安街道办占洼村	1995-05—2003-08

续表 11-2-5

单位	姓名	性别	籍贯	任职时间
骏隆公司	赵成良	男	木井乡西豆庄村	1997-03—1997-07
	李方元	男	固新镇小车村	1997-07—1999-11
	李华平	男	平安街道办下偏凉村	1999-11—2001-05
	王玉太	男	平安街道办上清凉村	2001-07—2006-12
骏隆公司	苗金良	男	固新镇固新村	2007-01—2015-01
	申彦峰	男	河南店镇河一村	2015-01—2020-06
	马彦斌	男	木井乡木井村	2020-06—2023-01
	江卫涛	男	平安街道办北岗村	2023 年 1 月—
涉县路通公交服务有限公司	王朝旭	男	偏城镇西庄村	2007-10—2015-07
涉县通达筑路有限责任公司	王生未	男	更乐镇张家庄四街村	1999-02—2001-05
	李普东	男	神头乡神头村	2001-05—2003-05
	申清泉	男	神头乡神头村	2003-06—2005-10
	王　新	男	井店镇井店三街村	2005-10—2006-11
	王玉太	男	平安街道办上清凉村	2006-12—2011-10
	李普东	男	神头乡神头村	2011-10—2020-12
	杨永春	男	平安街道办下偏凉村	2020 年 12 月— （支部书记，主持全面工作）
涉县交通建设有限公司	王富魁	男	合漳乡大港村	2014-06—2015-01
	刘俊臣	男	河南店镇庄上村	2015-01—2015-11
	赵彦敏	男	关防乡前岩村	2015-12—2018-08
	杨海琦	男	辽城乡石门村	2018 年 8 月—
涉县出租车服务中心	张风军	男	西戌镇宋家庄村	2021-07—2022-09
武涉收费站	张树魁	男	索堡镇曲峧村	2012-09—2018-02
	李跃武	男	魏县双庙乡河岸上村	2018-02—2019-11
涉左收费站	张志华	男	平安街道办上偏凉村	2001-05—2003-07
	李连方	男	神头乡申家庄村	2003-07—2009-04
大桥收费站	杨学明	男	井店镇下庄村	1990-03—1991-01
	李学廷	男	井店镇后池村	1991-01—1993-10
	张清太	男	索堡镇南沟村	1993-10—1999-03
	张志华	男	平安街道办上偏凉村	1999-03—2001-05
	张喜正	男	井店镇井店四街村	2001-05—2001-06

1988—2022年涉县交运局群团组织主要负责人任职情况一览表

表11-2-6

工　会				
姓名	性别	籍贯	任职时间	备注
史苗安	男	关防乡关防村	1988年至1998年7月	
闫保生	男	合漳乡大港村	1998-07—2005-09	
申爱平	男	涉城镇招岗村	2005-09—2007-07	
李马仙	女	井店镇井店一街村	2007-07—2011-09	
王生未	男	更乐镇张家庄四街村	2011-09—2020-11	
王美霞	女	磁县讲武城乡北白道村	2020年11月—	
共青团				
王万生	男	神头乡神头村	1988-10—1996-12	
申爱平	男	涉城镇招岗村	1996-12—2004-11	
郝景鑫	男	河南店镇河二村	2004-11—2011-05	
张　帆	男	偏城镇西庄村	2011-05—2016-05	
李长江	男	固新镇小车村	2016-05—2021-12	
申向松	男	神头乡神头村	2021-12—2023-01	
窦利明	男	河南店镇河一村	2023年1月—	代理
妇　联				
王美霞	女	磁县讲武城乡北白道村	1997年8月—	

第二节　先进集体及个人荣誉

2001—2022年涉县交通运输局受市级以上表彰先进集体（单位、班组、队室）一览表

表11-2-7

先进集体名称	荣誉称号	授奖单位	授奖时间
国　家　级			
涉县	“四好农村路”全国示范县	交通运输部、农业农村部、国家扶贫办	2018年9月
	第二批城乡交通运输一体化示范县	交通运输部	2021年10月

续表 11-2-7

先进集体名称	荣誉称号	授奖单位	授奖时间
交运局	第九届“人民满意的公务员集体”	中共中央宣传部 中共中央组织部	2019 年 6 月
	全国五四红旗团支部	共青团中央	2021 年 5 月
	工人先锋号	中国海员建设工会 全会委员会	2010 年 12 月
圣福天路	2019 年度十大最美农村路	交通运输部	2020 年 9 月
地方道路管理站 党支部	全国公路行业先进基层党组织	全国公路职工思想政治 工作研究会	2019 年 9 月
交运局	《七彩天路绕太行》《唢呐金声》获“中国交通·辉煌 40 年——交通联合杯”全国交通运输行业微视频大赛优秀奖	交通运输部	2018 年 12 月
公路管理站	2019 年度全国公路交通军地联合应急演练团体三等奖（省厅）、塌方清理科目比赛第一名、圆管涵铺设科目比赛第二名	交通运输部 河南省人民政府 武警部队第一机动总队	2019 年 11 月
省　部　级			
涉县	河北省四好农村路示范县	河北省交通运输厅	2016 年 3 月
交运局	河北省农村公路建设先进集体	河北省交通厅	2006 年 2 月
	涉县河茅公路赤岸至刘家庄段优质工程	河北省交通厅	2008 年 2 月
	2018 年度河北省五四红旗团支部	共青团河北省委	2019 年 5 月
	河北青年突击队	共青团河北省委	2023 年 1 月
	微电影《唢呐金声》编剧：张付平 导演：吴狄，获“中国梦·劳动美”——河北省职工文化“五个一”精品工程创作大赛微影视类三等奖	河北省总工会	2020 年 2 月
公路管理站	“十一五”全省公路养护管理先进基层养护单位	河北省交通运输厅	2011 年 12 月
	2011 年、2012 年度政风行风建设优秀基层单位	河北省交通运输厅	2012 年 6 月 2013 年 6 月
	河北省交通运输系统绿美廊道建设先进单位	河北省交通运输厅	2015 年 1 月
	河北省第二次全国公路普查先进集体	河北省交通厅	2002 年 8 月
	河北省“7·19”抗洪抢险救灾工作先进集体	中共河北省委办公厅 河北省人民政府办公厅	2016 年 10 月
公路管理站 老爷庙养护中心	工人先锋号	河北省总工会	2018 年 4 月

续表 11-2-7

先进集体名称	荣誉称号	授奖单位	授奖时间
地方道路管理站	河北省农村公路建设先进集体	河北省交通厅	2006 年 2 月
涉左公路收费站	2001 年度、2002 年度、2004 年度先进收费站	河北省交通厅	2002 年 3 月 2003 年 3 月 2005 年 4 月
	青年文明号	共青团河北省委 河北省交通厅	2008 年 3 月
	2005 年度行风建设优秀基层单位	河北省交通厅	2006 年 3 月
	2001 年度小麦跨区机收工作“先进单位”	河北省机收小麦工作领导小组	2002 年 1 月
养路费征稽站	先进稽征站	河北省交通厅	2004 年
公路路政执法大队	先进示范大队	河北省交通厅	2007 年
公路路政管理站	工人先锋号	河北省交通厅工会	2012 年
涉县通达筑路有限责任公司	第九届河北省消费者信得过单位	河北省消费者协会	2008 年 10 月
市　级			
交运局	2004 年度村村通油路工程优秀单位	邯郸市人民政府	2005 年 3 月
	2013 年度、2015 年度邯郸市五四红旗团支部	共青团邯郸市委	2014 年 2016 年
	重点项目建设攻坚战十佳优秀业主	中共邯郸市委 邯郸市人民政府	2000 年
	百家规范行政执法示范单位	邯郸市人民政府	2011 年 3 月
	先进基层党组织	中共邯郸市委	2011 年 6 月
	先进党组织	中共邯郸市委	2019 年 6 月
	邯郸市 2010—2011 年度文明单位	中共邯郸市委 邯郸市人民政府	2012 年 12 月
	思想政治工作先进单位	邯郸市人民政府	2000 年
	2020 年度依法行政和法治政府建设工作优秀县直单位	邯郸市人民政府	2021 年 8 月
	在 2006—2007 年度精神文明建设中，被命名为“文明单位”	中共邯郸市委 邯郸市人民政府	2008 年 11 月
	邯郸市城镇面貌三年大变样工作（2008—2010）先进集体	中共邯郸市委 邯郸市人民政府	2011 年 1 月
	农村“三个代表”重要思想学教活动先进部门	中共邯郸市委	2002 年
	干部下基层工作先进工作队	中共邯郸市委	2002 年
	邯郸市 2008 年度社会治安综合治理工作先进集体	中共邯郸市委 邯郸市人民政府	2009 年 1 月

续表 11-2-7

先进集体名称	荣誉称号	授奖单位	授奖时间
交运局	全市开展加强基层建设年活动优秀驻村工作组	中共邯郸市委 邯郸市人民政府	2012 年 12 月
	邯郸市 AA 级劳动关系和谐单位	中共邯郸市委 邯郸市人民政府	2011 年 12 月
	《河北交通》报刊先进通联单位	河北省交通宣传中心	2008 年 5 月
	先进女职工委员会	邯郸市总工会	2010 年 3 月
公路管理站	职工创新工作室	邯郸市总工会	2010 年
	2011 年先进基层党组织	邯郸市总工会	2012 年
	河北省普通干线公路养护技能竞赛二等奖	河北省交通运输工会 河北省交通运输厅 公路管理局	2019 年 6 月
	2021 年河北省普通干线公路养护知识竞赛团体二等奖	河北省交通运输工会 河北省交通运输厅 公路管理局	2021 年 4 月
公路路政管理站	2012 年度路政文明执法示范岗位创建文明执法示范县（大队）	河北省交通运输厅 公路管理局	2013 年 3 月
涉县装卸站	邯郸市 AA 级 劳动关系和谐单位	中共邯郸市委 邯郸市人民政府	2011 年 12 月

注：以上四项内容均以获奖证书、奖牌或正式文件为准（统计或有遗漏）。

1987—2022 年涉县交通运输局先进个人受县级以上表彰一览表

表 11-2-8

姓名	性别	出生年月	所在单位及职务	荣誉称号	授奖机关	获奖时间
王生未	男	1962 年 1 月	交运局 党委委员、 工会主席	全国劳动模范	中共中央　国务院	2015 年 4 月
				全国优秀农民工	国务院农民工工作联席会议（人力资源和社会保障部代章）	2008 年
				河北省职工劳动模范	河北省人民政府	2009 年 4 月
				河北省优秀农民工	河北省劳动和社会保障厅、河北省人事厅、河北省总工会	2008 年 10 月
刘俊臣	男	1971 年 8 月	交运局 党委委员	全国先进工作者	中共中央　国务院	2020 年 11 月
				河北省先进工作者	中共河北省委 河北省人民政府	2019 年 4 月
				邯郸市劳动模范	邯郸市人民政府	2013 年 4 月

续表 11-2-8

姓名	性别	出生年月	所在单位及职务	荣誉称号	授奖机关	获奖时间
刘俊臣	男	1971 年 8 月	交运局党委委员	邯郸市退役军人管理服务先进个人	中共邯郸市委、邯郸市政府、邯郸军分区	2019 年 1 月
				邯郸好人	邯郸市精神文明建设委员会办公室	2018 年 11 月
				涉县劳动模范	中共涉县县委 涉县人民政府	2012 年 5 月
李普东	男	1965 年 1 月	交运局通达公司经理	全国五一劳动奖章	中华全国总工会	2001 年 4 月
				河北省劳动模范	河北省人民政府	1999 年 4 月
				河北省交通系统劳动模范	河北省交通厅 河北省人事厅	1995 年 2 月
				公路养护工种第一名	河北省劳动竞赛委员会	1991 年 4 月
				邯郸市劳动模范	中共邯郸市委 邯郸市人民政府	1995 年 3 月
				邯郸市十大技术状元	邯郸市总工会	1996 年 11 月
王富魁	男	1972 年 7 月	交运局局长	全省优秀党务工作者	中共河北省委	2016 年 6 月
				河北好人	河北省委宣传部 河北省文明办	2016 年 8 月
				全市优秀党务工作者	中共邯郸市委	2017 年
				邯郸市劳动模范	邯郸市人民政府	2016 年 7 月
吕学海	男	1952 年 1 月	交通局局长	河北省人民满意的公务员	河北省人民政府	2005 年 4 月
				邯郸市劳动模范	中共邯郸市委 邯郸市人民政府	2001 年 5 月
				十大优秀人民公仆	中共邯郸市委 邯郸市人民政府	2003 年
				思想政治工作创新奖	中共邯郸市委	2001 年 2002 年
张清太	男	1958 年 12 月	运管站站长	邯郸市劳动模范	中共邯郸市委 邯郸市人民政府	2001 年 5 月
				先进征稽员	河北省交通厅	1996 年 1 月
				文明收费员	河北省交通厅	1998 年 1 月
				全省交通系统1999度、2000年度行政执法文明标兵	河北省交通厅	2000 年 2001 年
				先进个人	邯郸市总工会	2000 年 3 月
申爱平	男	1970 年 9 月	交通局副局长	河北省农村公路建设先进个人	河北省交通厅	2007 年

续表 11-2-8

姓名	性别	出生年月	所在单位及职务	荣誉称号	授奖机关	获奖时间
刘树廷	男	1964 年 1 月	交通局局长	邯郸市劳动模范	邯郸市人民政府	2009 年 4 月
				优秀党务工作者	中共邯郸市委	2007 年 6 月
				涉县劳动模范	中共涉县县委 涉县人民政府	2007 年 5 月
赵片的	男	1963 年 3 月	交运局公路站副站长	邯郸市劳动模范	邯郸市人民政府	2016 年 7 月
				涉县劳动模范	中共涉县县委 涉县人民政府	2005 年 10 月
张树魁	男	1973 年 11 月	交运局党委委员、地方站书记兼站长	邯郸市劳动模范	邯郸市人民政府	2023 年 4 月
				邯郸好人	邯郸市精神文明建设委员会办公室	2022 年 3 月
李马仙	女	1962 年 4 月	交通局副局长	河北省“巾帼建功”明星	河北省“巾帼建功”领导小组、河北省妇女联合会	2005 年 3 月
				邯郸市协调劳动关系先进工作者	中共邯郸市委 邯郸市人民政府	2008 年 11 月
梁江苏	男	1974 年 8 月	交运局局长	太行山高速公路建设先进个人	河北省交通运输厅	2019 年 4 月
				邯郸市 2018 年度“美丽邯郸·最美双创双服人”	邯郸市“双创双服”活动领导小组办公室 邯郸市委宣传部	2019 年
王利强	男	1974 年 9 月	交运局局长	全市优秀党务工作者	中共邯郸市委	2021 年
				邯郸市人民满意的公务员	中共邯郸市委	2022 年 3 月
杨永春	男	1972 年 11 月	交运局党委委员、通达公司支部书记	邯郸市行政执法标兵	邯郸市人民政府	2011 年
				最美邯郸人	邯郸市委宣传部	2023 年 8 月
杨凤江	男	1967 年 6 月	公路站副站长	河北好人	河北省委宣传部 河北省文明办	2016 年 8 月
张松林	男	1970 年 11 月	公路路政管理站站长	河北省“千名好支书”	中共河北省委组织部	2018 年 6 月
				全省交通系统 2000—2002 年度行政执法文明标兵	河北省交通厅	2001 年至 2003 年
李爱平	女	1963 年 7 月	养路费征收站职工	河北省交通系统 1987—1992 年度双文明建设积极分子	河北省交通厅 河北省交通工会工作委员会	1987 年至 1992 年
杨海如	男	1965 年 8 月	公路站副站长	行政执法文明标兵	河北省交通厅	2003 年 2 月
张学莉	男	1970 年 11 月	养路费征稽站	全省交通系统 2001—2002 年度行政执法文明标兵	河北省交通厅	2003 年 2 月

续表 11-2-8

姓名	性别	出生年月	所在单位及职务	荣誉称号	授奖机关	获奖时间
张连明	男	1962 年 3 月	养路费征稽站副站长	全省交通系统 2001—2002 年度行政执法文明标兵	河北省交通厅	2003 年 2 月
王艳锋	男	1980 年 7 月	公路站副站长	2002 年度全省交通征稽系统先进通行费收费员	河北省交通厅	2003 年 3 月
郝景鑫	男	1979 年 9 月	交通局办公室副主任	新闻宣传工作先进个人	河北省交通厅	2007 年 4 月
马彦斌	男	1979 年 6 月	交运局办公室副主任	太行山高速公路建设先进个人	河北省交通运输厅	2019 年 4 月
张付平	女	1975 年 12 月	交运局宣传室主任	2021 年度全省交通新闻宣传优秀特约记者	河北省交通运输厅	2021 年 12 月
				2018—2021 年度优秀特约记者	中国交通报社	2019 年至 2022 年
江孟钊	男	1987 年 12 月	公路站副站长	2023 年河北省交通运输系统公路养护职业技能竞赛省级决赛路面小修（灌缝）养护施工第一名	河北省交通运输厅	2023 年 9 月
王美霞	女	1974 年 5 月	交运局财审科科长	邯郸市“三八红旗手”	邯郸市妇联	2018 年 3 月
王根生	男	1972 年 11 月	公路站副站长	2010 年度邯郸市杰出青年岗位能手	共青团邯郸市委、邯郸市人力资源和社会保障局	2010 年 12 月
				优秀桥梁养护工程师	河北省交通运输厅公路管理局	2016 年 1 月
张　帆	男	1984 年 3 月	交通局团总支书记	2012 年度优秀青年岗位能手	共青团邯郸市委 邯郸市人力资源和社会保障局	2012 年
付富强	男	1978 年 8 月	公路站职工	先进工作者	邯郸市交通运输局工会	2014 年 1 月
李长江	男	1981 年 10 月	交运局团总支书记	2016 年、2017 年度邯郸市“优秀共青团干部”	共青团邯郸市委	2017 年 2018 年
				2018 年度“邯郸市优秀青年志愿者”	共青团邯郸市委 邯郸市志愿服务联合会	2019 年 5 月
窦利明	男	1984 年 10 月	公路站办公室主任	2017 年度“邯郸市优秀青年志愿者”	共青团邯郸市委	2018 年 1 月
王荣榜	男	1964 年 8 月	公路站副股级干部	在“践行新思想、奋进小康路”微视频主题宣讲活动中获优秀宣讲人称号	河北省社会科学院 中共河北省委讲师团 中共邯郸市委宣传部 中共邯郸市委讲师团 邯郸广播电视台	2020 年 11 月
杨水波	男	1980 年 9 月	公路站副站长	邯郸市基层宣传教育“百名新时代宣教员”	中共邯郸市委宣传部	2018 年 12 月

续表 11-2-8

姓名	性别	出生年月	所在单位及职务	荣誉称号	授奖机关	获奖时间
刘计茹	男	1954 年 8 月	乡道站副站长	涉县劳动模范	中共涉县县委 涉县人民政府	2005 年 5 月
张献奎	男	1963 年 9 月	通达公司 副经理	涉县劳动模范	中共涉县县委 涉县人民政府	2005 年 5 月
申彦峰	男	1970 年 1 月	公路站站长	涉县劳动模范	中共涉县县委 涉县人民政府	2007 年 4 月
刘彦军	男	1960 年 2 月	路政站职工	涉县劳动模范	中共涉县县委 涉县人民政府	2007 年 5 月
付利冰	男	1975 年 3 月	交运局 副局长	涉县劳动模范	中共涉县县委 涉县人民政府	2016 年 5 月
张风军	男	1979 年 2 月	运管站党支部 副书记	涉县劳动模范	中共涉县县委 涉县人民政府	2016 年 9 月

注：本次统计仅限于交运工作期间所获荣誉，均以证书、奖牌和正式文件为准。个人荣誉以级别排序。统计范围为国家级、省部级、市级（市委、市政府及重要部门）和县级（仅限于涉县劳模）。

涉县交通运输局党代表、人大代表、政协委员一览表

表 11-2-9

姓名	性别	出生年月	籍贯	所在单位及职务	任职级别及届次
党　代　表					
王富魁	男	1972 年 7 月	合漳乡大港村	交运局党组书记、局长	中共邯郸市第七次、 第八次代表大会党代表
					中共涉县第十二次、 十三次代表大会党代表
王利强	男	1974 年 9 月	河南店镇南庄村	交运局党组书记、局长	中共邯郸市第十次代表大会党代表
					中共涉县第十四次代表大会 党代表
刘树廷	男	1964 年 1 月	鹿头乡宇庄村	交通局党委书记、局长	中共涉县第十二次代表大会 党代表
付炎斌	女	1972 年 10 月	井店镇四街村	交运局地方站副站长	中共涉县第十二次代表大会 党代表
李晓红	女	1971 年 7 月	固新镇小车村	交运局出租站站长	中共涉县第十三次代表大会 党代表
刘红堂	男	1969 年 3 月	固新镇固新村	交运局审监科长	中共涉县第十三次代表大会 党代表

续表 11-2-9

姓名	性别	出生年月	籍贯	所在单位及职务	任职级别及届次
杨永春	男	1972 年 11 月	平安街道办下偏凉村	交运局直属机关党委委员、通达筑路公司支部书记	中共涉县第十四次代表大会党代表
张树魁	男	1973 年 11 月	索堡镇小曲峧村	交运局直属机关党委委员、地方道路管理站站长	中共涉县第十四次代表大会党代表
杨树宇	男	1982 年 9 月	鹿头乡东安居村	交运局审监科副科长	中共涉县第十四次代表大会党代表
人 大 代 表					
张怀林	男	1960 年 8 月	偏城镇西庄村	交通局局长	邯郸市第十一届人大代表
					涉县第十二届人大代表
刘红堂	男	1969 年 3 月	固新镇固新村	交运局审监科长	邯郸市第十五届人大代表
刘俊臣	男	1971 年 8 月	河南店镇庄上村	交运局党委委员	邯郸市第十六届人大代表
刘高生	男	1933 年 3 月	西达镇小峰村	交通局局长	涉县第八届、第九届、第十届人大代表
张贵生	男	1937 年 11 月	平安街道办上偏凉村	交通局党总支书记、局长	涉县第十一届人大代表
吕学海	男	1952 年 8 月	平安街道办上偏凉村	交通局党委书记、局长	涉县第十三届、第十四届人大代表
王玉太	男	1960 年 4 月	平安街道办上清凉村	交通局汽修厂厂长	涉县第十四届人大代表
刘彦军（回族）	男	1960 年 2 月	河北省沧州市	交运局公路路政管理站路政员	涉县第十五届人大代表
杨宏伟	男	1966 年 11 月	辽城乡东辽城村	交运局副局长	涉县第十六届人大代表
王利强	男	1974 年 9 月	河南店镇南庄村	交运局党组书记、局长	涉县第十六届、十七届人大代表
王富魁	男	1972 年 7 月	合漳乡大港村	交运局党组书记、局长	涉县第十七届人大代表
申彦峰	男	1971 年 1 月	河南店镇河一村	交运局直属机关党委委员、公路站站长	涉县第十八届人大代表
政 协 委 员					
张树魁	男	1973 年 11 月	索堡镇小曲峧村	交运局直属机关党委委员、地方道路管理站站长	政协邯郸第十三届委员会委员
王美霞	女	1974 年 5 月	磁县讲武城乡北白道村	交运局财审科科长	政协涉县第八届委员会委员
王满廷	男	1950 年 8 月	神头乡江家村	交通局副局长	政协涉县第四届、第五届委员会委员
王学堂	男	1938 年 11 月	平安街道办城里村	交通局科员	政协涉县第四届委员会委员
张怀林	男	1960 年 8 月	偏城镇西庄村	交通局党委书记、局长	政协涉县第六届委员会委员
李云英	女	1973 年 6 月	固新镇连泉村	交运局运管站职工	政协涉县第七届委员会委员
王富魁	男	1972 年 7 月	合漳乡大港村	交运局党组书记、局长	政协涉县第八届委员会委员
张献明	男	1967 年 6 月	龙虎乡南乱石岩村	交运局党组书记、局长	政协涉县第九届委员会委员
王生未	男	1962 年 1 月	更乐镇张家庄四街村	交运局工会主席	政协涉县第九届委员会委员
刘俊臣	男	1971 年 8 月	河南店镇庄上村	交运局党委委员	政协涉县第九届委员会委员

注：党代表、人大代表、政协委员任期均为在交通运输局工作期间。

第三节　专业技术人员名表

2022年涉县交通运输局中级职称以上专业技术人员一览表

表 11-2-10

姓　名	性别	出生年月	所在单位	资格名称	聘任时间
杨永春	男	1972年11月	地方道路管理站	高级政工师	2019年3月
李有为	男	1983年5月	公路管理站	高级工程师	2019年5月
付富强	男	1978年8月	公路管理站	高级工程师	2021年4月
刘红堂	男	1969年3月	公路管理站	高级工程师	2021年6月
周素芳	女	1974年1月	公路管理站	高级工程师	2021年6月
赵正军	男	1979年2月	地方道路管理站	高级经济师	2021年5月
张付平	女	1975年10月	地方道路管理站	副研究馆员	2021年5月
李可英	女	1978年2月	地方道路管理站	高级会计师	2022年12月
申喜山	男	1953年2月	公路管理站	工程师	2001年12月
李梅芳	女	1977年10月	公路管理站	工程师	2019年12月
姚秋霞	女	1983年9月	通达筑路有限责任公司	工程师	2012年12月
姚　征	女	1983年10月	公路管理站	工程师	2019年12月
苗金良	男	1971年1月	出租车客运管理站	工程师	2015年4月
张冰芳	女	1987年8月	通达筑路有限责任公司	工程师	2015年11月
王根生	男	1972年11月	公路管理站	工程师	2020年2月
贾玉莲	女	1969年10月	公路管理站	工程师	2018年5月
李文涛	男	1987年11月	公路管理站	工程师	2019年12月
刘俊臣	男	1971年8月	公路管理站	工程师	2020年2月
石　波	男	1987年12月	公路管理站	工程师	2021年6月
申彦峰	男	1970年1月	公路管理站	工程师	2021年11月
申灵霞	女	1986年12月	通达筑路有限责任公司	工程师	2021年11月
吕晓燕	女	1988年6月	通达筑路有限责任公司	工程师	2021年11月
张树魁	男	1973年11月	地方道路管理站	工程师	2022年12月
杨　浩	男	1983年12月	通达筑路有限责任公司	工程师	2022年12月
郝素珍	女	1979年5月	公路管理站	经济师	2019年12月
李永霞	女	1977年4月	路政管理站	经济师	2020年1月
姚志广	男	1979年11月	运输管理站	经济师	2020年1月
苑海旺	男	1976年12月	运输管理站	经济师	2021年1月

续表 11-2-10

姓　名	性别	出生年月	所在单位	资格名称	聘任时间
江　焱	男	1980 年 10 月	出租车客运管理站	经济师	2020 年 12 月
黄永飞	男	1977 年 4 月	公路管理站	经济师	2020 年 12 月
杨志锋	女	1979 年 4 月	公路运输超限超载治理站	经济师	2020 年 12 月
康复顺	男	1973 年 10 月	出租车客运管理站	经济师	2020 年 4 月
杨志明	男	1980 年 1 月	出租车客运管理站	经济师	2020 年 4 月
韩晓惠	女	1989 年 8 月	运输管理站	经济师	2018 年 6 月
李小燕	女	1986 年 10 月	运输管理站	经济师	2018 年 6 月
闫永涛	男	1985 年 1 月	公路管理站	经济师	2019 年 6 月
张建珍	女	1985 年 10 月	运输管理站	经济师	2021 年 5 月
李晓红	女	1971 年 7 月	运输管理站	统计师	2000 年 10 月
李淑华	女	1971 年 4 月	运输管理站	统计师	2002 年 10 月
赵丽霞	女	1976 年 10 月	路政管理站	统计师	2021 年 12 月
杨　培	女	1980 年 12 月	路政管理站	统计师	2021 年 12 月
李东英	男	1985 年 2 月	运输管理站	统计师	2020 年 5 月
申向松	男	1979 年 7 月	公路运输超限超载治理站	统计师	2019 年 12 月
付炎斌	女	1972 年 10 月	公路运输超限超载治理站	政工师	2002 年 7 月
张喜正	男	1966 年 1 月	公路管理站	政工师	2003 年 7 月
张学莉	女	1973 年 10 月	路政管理站	政工师	2003 年 7 月
王风太	男	1962 年 6 月	出租车客运管理站	政工师	2005 年 7 月
杨利霞	女	1975 年 3 月	运输管理站	政工师	2011 年 1 月
薛　燕	女	1980 年 8 月	路政管理站	政工师	2011 年 1 月
于增强	男	1965 年 4 月	地方道路管理站	政工师	2010 年 1 月
张风军	男	1979 年 2 月	运输管理站	政工师	2016 年 5 月
江玉科	男	1980 年 2 月	公路管理站	会计师	2020 年 12 月
杨风君	男	1973 年 10 月	路政管理站	会计师	2020 年 1 月
魏鑫焱	女	1981 年 3 月	公路管理站	馆员	2019 年 5 月
王晓芳	女	1978 年 11 月	运输管理站	馆员	2021 年 5 月
王慧英	女	1977 年 10 月	运输管理站	馆员	2021 年 11 月
江冰林	男	1976 年 9 月	运输管理站	馆员	2021 年 11 月
董旭艳	女	1981 年 10 月	地方道路管理站	馆员	2022 年 12 月

注：资格名称、授予时间均以证书、奖牌或正式文件为准，统计时间为 2022 年底，每个人以最高职称为准。

第十二篇

交通文化

涉县道路是交通文化自信的真实体现。涉县公路文化起于 2000 年涉左公路改建。沿线河卵石及山石在公路景观中的运用，使该路成为经济与景观融为一体的山区特色公路。之后，公路文化陆续在国省干线、农村公路发展开来，深入挖掘一二九师、女娲、民俗、地方等各类文化，让每条路讲述专属自己的故事。涉县道路逐渐实现了“公路文化向文化公路、旅游公路向公路旅游”的两个转变，闻名全国。畅洁绿美的行路环境直接促进了全域旅游和营商环境的提升，成为涉县一张亮丽的名片。

诗歌、剧本、微电影、原创歌曲、小品……交运队伍通过不同形式的艺术作品，展现交运风采，讴歌时代精神，进一步彰显了交通文化自信，促进了行业发展。

第一章　红色交通

第一节　晋冀鲁豫边区交通总局

1941 年 9 月 1 日，冀太联办交通总局改为晋冀鲁豫边区交通总局，驻涉县索堡村，局长为韩永赞、副局长为申修。交通总局直辖交通干线各站，负责联办到冀南、太岳行署和太行区内各专署的邮务传递。当时设立公开、秘密、护送干部三种交通站，创造了“鸡毛信”“消息村”“烟火台”等多种形式传递情报，开辟了西线地下交通线和冀豫边地下交通线。冀豫边地下交通线曾秘密护送刘少奇、邓小平、陈毅、罗荣桓、徐向前等领导人及县、团级以上干部 500 多人过境。西线曾秘密护送彭德怀、刘伯承、邓小平等赴延安，运输大批军用物资过境。

交通总局开通边区政府至太岳、冀鲁豫、冀南行署及友邻根据地等 5 条交通干线，穿越敌军封锁线，秘密护送干部、掩护部队、军事运输、传递情报、战勤运输、支前运输等，为前线战争提供了有力保障。

抗战时期，运输方式简陋，主要使用烧饼车、独轮车、人力肩背担挑和驴、骡畜驮等进行运输，以满足抗战前线和人民对生活物资的最低需求。

随着战事发展，1945 年 4 月 1 日，交通总局在索堡镇成立太行运输股份有限公司，主要承担支前工作，利用人力、畜力将武器弹药运送前线，保证抗战所需。1945 年 9 月，晋冀鲁豫边区交通总局迁往邯郸市，直接领导太行区交通工作。

晋冀鲁豫边区交通总局在涉县 8 年，为抗战胜利作出重大贡献，为交通运输部前身。

抗战时期，涉县人民用独轮车送粮到前线（1945 年摄）

晋冀鲁豫边区交通总局旧址索堡村（2017 年摄）

第二节　交通史料

艰苦奋斗的索堡交通站

一、索堡交通站的地位和作用

涉县是太行革命根据地的腹心地区，又是晋冀鲁豫边区政府及一二九师师部所在地。而索堡交通站位于清漳河东岸，北距左权麻田（八路军总部）上口（中共中央北方局）20多公里，南距边区政府驻地弹音村不足4公里，距涉县县城只有10多公里，距西南一二九师司令部驻地赤岸不到8公里。索堡又是晋冀鲁豫边区交通总局的驻地，它肩负着太行区干线繁重的传送任务，是一个交通枢纽站。边区政府各机关的公文、印刷品，军队对敌斗争政治传单，《新华日报》及广大人民群众交寄的信件、包裹，都是通过索堡交通站转送出去的。敌人来扫荡时，又一分为二分别负责唐王峧沟的白甘水及石门山沟的苏家庄小便村两个战时联络点，传送战时的机密信件。它的地位和作用，使每名干部和交通员同志都感到自己肩负的重任。1942、1943年前后，索堡交通站担负的主要干线有：索堡至麻田、桐峪站；索堡至阳邑站；索堡至西井站（有一段站设南委泉）；索堡至虹梯关站（后改为至宋家庄）；索堡至林旺站；还有索堡至黎城、东阳关；索堡至偏城等。上述主要干线除索堡至桐峪站一段是桐峪跑索堡外，均是索堡交通站派人出班（索堡至偏城，由偏城派人来取），而且都是逐日班，业务量不断增加。除索堡至桐峪是畜力运送外，其他各线全是人力传递。每名交通员一根扁担、两条麻绳和三块油布。每日负重一般在三四十斤，多时六十斤上下，个别也有担七八十斤的。根据战争形势的需要，对敌伪开展了强大的政治攻势。总部和一二九师对敌斗争政治宣传品的增加，加上从1943年开始，农村书籍发行划归交通部门，《新华日报》的发行量也在不断增加，使业务量成倍增长，每天经转的各类邮件平均五六百件，多时要超过千件。邮件的重量，包括报纸、印刷品每日平均二三百斤，多时有过四五百斤的。而交通员的负重也就随之加重，有的干线上交通员一次担八十斤以上。有的干线有时需要两个人一齐出班才能完成任务。也有一个人担不了又无人出双班，就等第二天出班才能担完。在任务重、人员不足的情况下，尽了最大努力，千方百计设法把邮件转运出去，从未造成大的积压，基本上按时完成了干线的传递任务。

二、困难的条件，艰苦的历程

1942年，太行山又出现了百年不遇的大旱灾，加上敌人的残酷“扫荡”、经济的封锁，给太行革命根据地带来极大的灾难。尤其是1942年冬及1943年春季，在严重自然灾害影响下，交通员生活十分艰苦、十分困难，虽然政府明确规定交通员按军人待遇给予照顾，但有时不能按时领到应领的粮食，就算能按时领到应领的标准，交通员日行六七十里，又挑着五六十斤重的邮件，在副食短缺的情况下，只靠定量的粮食还是吃不饱。农民在家，有忙有闲，干活有轻有重，忙时吃干，闲时吃稀，而交通员像走马灯一样，一年 365 天，天天如此，来回不停地跑，又有几十斤邮件压在肩上，没有一个强健的体格是难以完成这个任务的。不仅生活艰苦，而且雨具少、质量低，只能以保护邮件为主。遇上雨天，交通员出班回来，不少同志衣服被雨淋透，鞋子已丢掉，晚上晾干或用火烤干，第二天一早挑着邮件又上路了。按规定发的布鞋本来就不够用，到了雨季穿鞋更感不足，有的交通员遇到下雨天常常赤脚走路。就是在这样艰苦的条件下，也很少有人发牢骚、讲怪话，这也使我受到极为深刻的教育。常言说“人是铁，饭是钢，一顿不吃饿得慌。”不少交通员由于长年累月战斗在艰苦的干线上，风吹日晒，雨天受淋，生活艰苦，营养不良，药品缺少，有的交通员病倒了，实在难以支撑。休息几天，看到人手不足，又出班了，有的出班回来就躺倒了，连饭都吃不进去，休息一夜第二天又带病出班了。不少老乡说，你们是铁打的交通线，从来不间断。看到带病出班的交通员，称他们是铁打的英雄汉。遇到人手实在不够，班期又不能停的情况，就动员内勤人员或干部顶班。站长许杰同志就亲自跑过索堡到林旺的班，压得两肩肿起鸡蛋大的两个疙瘩，脚也磨出了大泡，又饥又累，真不好过。他深有感触地说：“咱们的交通员真是太艰苦了，完成任务实在不容易呀！”我们一定要千方百计克服困难，使交通员尽可能吃得好一些、饱一些，以保证干线传递任务的完成。可是在灾害年，政府很困难，向上要不行，出路只有一条，就是艰苦奋斗自力更生。在不影响正常干线通信的条件下，动员大家动手，自力更生，开荒种地，依靠自己的力量解决自己的问题。

（一）领导带头，身先士卒。索堡站只有两名干部，站长许杰同志负责全面工作，处处以身作则、吃苦耐劳，十分注意做交通员的政治思想工作，经常讲形势，树立抗日必胜信心，使每一名交通员认识到自己担负工作的重要性，认识当时的困难是暂时的。我们两人努力吃苦在前享受在后，看到饭不多了，就少吃一些，主动让给交通员吃。许杰同志在无钱买菜的情况下，曾几次肩挑香烟外出卖烟赚钱来补助生活上的不足。他以身作则，大大激发和鼓舞了我和交通员的干劲和士气，对在当时艰苦条件下稳定交通员情绪起了积极作用。我除了协助站长工作外，主要是负责业务工作。索堡交通站是一个交通中心枢纽站，有资寄递实行后，各类新业务大大增加，加上新的规章制度健全和完善，手续增加，分拣封发量很大。加之在战争年代纸张质量差，封发用品又不全不好，业务人员文化素质低，文字书写不清等，给封发邮件带来很多困难，浪费了很多劳动力。每天封发时间少则三四个小时，多则五六个小时。遇上下雨天或河水上涨，交通员回来晚了，那时间更长些。每天晚上 12 点前我是不能睡觉的，春季秋天还好些，炎热的夏天和寒冷的冬季更是难过。在昏暗的小油灯下，夏天蚊子咬，汗流浃背，冬季冻得手不自如，烤烤手继续干。在邮件多、手续又不能简化的情况下就抓紧时间，提高效率，力争早封发完，分交给交通员让他们早休息，以便第二天交通员能早上路、早出班。不少交通员称我为分拣能手，当然这是对我的鼓励，由于劳累我患了胃病，时常发作，痛得严重时就休息一会，好些后再继续分发，从未叫过苦。有的交通员看到我一个人忙碌劳累，就帮助打戳、捆信、封装。也有的交通员看到我一个人忙到深夜，胃痛时一手按着肚子，一手还在登记封发邮件时，深受感动，他们说："我们当交通员跑干线辛苦，副站长你搞业务也不轻松，比我们还要苦、还要累"。这既是对我的安慰，也对个别不大安心工作的交通员同志起到一点感染作用。

（二）为保证干线传递任务的完成，度过灾荒年带来的生活上的困难，采取了一些积极措施。1. 交通员的粮食标准虽然比机关工作人员高一些，而且在严重灾荒年基本上保证了按标准供给。这确是政府对交通工作的支持及对交通员的关怀，但交通员劳动强度仅靠供给的标准是不够的。吃干饭吃不饱，在最困难的时候曾采取分饭吃的办法，用谷糠加玉米蒸煮玉米糠饼吃。还组织交通员挖野菜，采集能食用的树叶子，以菜代粮填饱肚子。从干部到交通员都积极响应政府提出的生产度灾号召，共同努力，总算度过了大灾荒年艰苦的生活，未发生因生活艰苦而回家不干的情况。2. 按照政府供给制的规定，交通员除基本口粮外，油盐菜金及烧柴折价发钱，不发实物。而政府规定的标准，有时候很长一段时间不变，处在战争环境，有时又不能按时领取，就是按规定时间领到钱，在连年灾荒、物资短缺的情况下，物价飞涨，每人一天很少的菜金是买不到什么东西的。再加上敌人的经济封锁和不断到根据地疯狂"扫荡"，不仅盐缺价高，就连烧柴有时也是很困难的。我们人手紧，又不能抽出更多劳力去专搞副食生产，怎么办？想来想去出路还是只有一条，那就是自力更生，艰苦奋斗，依靠自己的力量解决困难。经过发动群众并和群众商量，采取了两项办法：一是在资金短缺的情况下，东凑西拼自筹了少量资金，在政策允许的范围内，搞一些小商经营。如卖香烟和其他小商业活动，增加一些收入来改善和补助菜金的不足。二是组织内勤人员和利用交通员的业余时间，领导带头，上山打柴，节省一些买柴的钱，来补助伙食上的困难。在全站员工积极行动辛勤劳动下，确实增加了收入，解决了生活上的一些困难，还大大激发了全体员工自力更生、战胜困难的力量和勇气。3. 为了响应党和政府发出的战胜自然灾害、开荒种地的号召，尽管我们是生产单位，在人手又十分紧张的情况下，还是动员全站员工积极响应政府的号召，领导带领全站员工，利用业余时间开荒种菜，来改善自己的生活。1942 年 6 月、7 月间，在村后山坡找到一小片荒地，有二三分地，全站员工一齐上阵开荒除草，种了红萝卜，经过施肥除草，秋后出乎预料，收获了近 300 斤红萝卜，在当时极端困难的情况下，交通员看到自己的劳动收获，真是高兴极了。尝到了劳动的甜头，不少交通员提出我们要继续开荒种地，自己动手，丰衣足食。后来又通过政府，划拨给我们一些耕地。到了 1943 年除继续种开的荒地外，政府在西桃城拨给水地就有近一亩半，以种菜为主，也种过少量粮食作物，还抽出一名懂得种菜技术的同志专管菜地。从站长到每名交通员工，都是自动到菜地除草施肥、挑水浇菜，不少交通员出班回来，不顾一天跑班劳累，积极去参加劳动。我们种了不少南瓜、茄子、西红柿，入秋还种红白萝卜（主要种红萝卜），在旺季基本可满足自己吃菜的需要，很少买菜。菜地一直种到 1945 年以后，索堡站喂有牲畜，肥料较足，菜地越种越好，收获越来越大，省下菜金来改善员工生活。在蔬菜比较多的情况下，粮食也不觉得太紧张了。虽然在开荒种菜的过程中，全站员工付出不少代价，但用汗水换来劳动成果，既改善了员工的生活，也大大增强了交通员体质，病员减少了，出勤率大有提高，无人出班的事很少发生。有的交通员高兴地说："自己动手，丰衣足食就是好，吃得好，吃得饱，担邮件有劲跑。"正是走南泥湾的路，发扬艰苦奋斗、自力更生的精神，保障了交通员身心健康，实现了干线交通的畅通无阻。

三、完成了干线的传递任务

（一）索堡站负责的干线多、任务重，但基本做到了干线畅通、班期按时，除了敌人“扫荡”或因河水暴发，少数干线有缺班和延误外，坚持了逐日班，早上出班下午到达，一年四季风雨无阻天天如此。5条主要干线的业务数量和重量在不断增加，包括报纸、书籍每日少则一二百斤，多则四五百斤，平均每天不少于二三百斤，这样多的邮件都能抓紧分发，按时转出，做到了一件也不积压。

（二）做到了各类邮件的安全传递。1942年以前，由于制度不健全、手续不严格，邮件丢失曾有发生。从1942年6月开始实行有资寄递后，到1945年9月这一时期，索堡站除了在一次日军扫荡前一个晚上，因备战赶时间封发邮件时不慎油灯火星下落烧了几小卷报纸外，没有发生重大邮件丢失、损毁事件，做到了一件也不积压。

（三）认真执行各项规章制度。我在索堡站工作期间，没有发生重大丢失损毁及重大差错事故，很重要的一个原因就是认真贯彻和严格执行交通总局制定的各项规章制度。1942年春天，交通总局在索堡举办了一期业务训练班，我有幸参加。通过学习，提高了对规章制度重要性的认识，学习了一些基本规章制度及业务制度，提高了业务人员的业务素质，不仅为售邮作了思想准备，而且为太行区交通局站逐步走上制度化和建立健全企业规章制度奠定了一个好的基础。光阴似箭，日月如梭。40多年过去了，虽然我始终没有忘记在索堡站近5年的历史，但所写的这份回忆材料可能有不准确之处，望修改指正。

资料来源：《华北解放区交通邮政史料汇编——晋冀鲁豫边区卷》。人民邮电出版社，1993年12月。（作者：郝青山）

晋冀鲁豫边区交通邮政
主要创建人之一——申修同志

申修同志是晋冀鲁豫边区交通邮政的主要创建人之一。1940年6月1日，交通总局的前身——《新华日报》太北中心办事处成立，主任韩永赞，申修是副主任。是年9月1日，冀太联办交通总局成立，他与韩永赞同志到交通总局任职。从此，他一直是边区交通邮政工作的主要领导人，先后担任交通总局副局长、局长，直至1947年随刘邓大军南下。他坚持原则、热情直爽、以身作则、平易近人。哪里工作需要，哪里有困难，他就到哪里。他总是不避艰险，走在前面，带头做表率。

过白晋路，创建太岳交通局

1940年9月，冀太联办交通总局成立，太行区各交通机构陆续建立，组成全区交通网。

太岳区则尚未建立，亟待组建。于是总局成立不久，申修同志便带着交通科马骥一起出发了。由总局驻地涉县到太岳区相距遥远，往返千余里要走半个多月，并且要从游击区、敌占区，过白晋封锁线，方能到达。头天由总局动身，一路翻山涉水，晚上到黎城县西井站。第二天早上，一出门就爬山。这是一座大山，抬头望去，但见峰峦叠嶂，真是高与齐天。它横亘在黎城与武乡之间，虽然有千百年来人们修踏出来的崎岖小道，但它确实太高了，峰回路转，绕过一岭又是一峰，好不容易爬下一个山巅，前面却又是一个更高的挡在眼前。就是这样爬啊爬呀，直爬得人仰马乏，浑身是汗，山风呼呼，又不敢宽衣脱帽，只好走走停停喘喘，一直到日过晌午方算爬过了最后一道山巅。吃点干粮，弄点水喝，稍歇一会儿就又赶快动身了，否则天黑以前就下不了山，赶不到住宿地了。

白晋路由太原附近起到晋城县。日寇占领后，自北而南像条毒蛇把太行太岳两区割开，沿线修筑许多大小碉堡，驻扎日军和伪军自卫队，白天四处抢劫骚扰，晚上则鸣枪放炮，探照灯来往扫射，沿线各村都组成了维持会。太行太岳两区要来往，必须从这条“毒蛇”身上踏过。申修同志走了四五天后，来到白晋路东的洞上村交通站。次日一早天不亮就由交通员领着动身。申修同志等走在路沟内，交通员走在沟沿上，边走边瞭望。走了十多里，拂晓出了路沟来到漳河边，过了河才能过公路。此时已是秋末冬初，又正值凌晨，申修同志首先脱衣下水。在敌人的眼皮下，都想赶快渡过。可是水深处走不快，浅的地方走快了，哗哗哗响声大，又怕惊动敌人；又要快，又不要高抬腿，只好擦着河底走，好不容易过来了。因同行四人又有骡子驮着行李，目标大，所以一上公路就加快跑过去。过了路便是太岳区境界。下了路即见到来接引的路西土洛村交通站交通员和“两面村长”。但刚接上头，忽然不远处来了一队伪军，交通员赶快领着申修同志等隐蔽到一堵土墙后面，村长说他去应付伪军，应付过去了再走，否则先别动。过了一会儿，伪军离去。当时太岳区行政办事处所在地在沁源县，由土洛又走了三四天方到。

到太岳后，经过多方联系和努力，太岳区交通局于12月成立。申修同志主持召开了成立大会，太岳行政办事处主任裴丽生出席并讲了话，临汾县县长梁鸿斋同志调任太岳区交通局局长。会后，又同大家经过一段努力，到1941年初，交通系统初步形成，共组成6个分局16个县局、10个交通站。在此基础上，以后逐步建成了太岳区交通邮政网。

边工作、边生产，连年带队开荒种地

1940年，日军对根据地的扫荡越来越频繁、越残酷，烧光、杀光、抢光，所谓来时草木不惊，去时鸡犬不留。1941—1943年，太行区又遭严重自然灾害，大旱不雨，又起蝗虫，天灾人祸连在一起。一般工作人员每天原供给小米1斤，后为14两，又至12两。在严重的困难情况下，全区军民、机关团体在党的领导下，一面坚持工作，一面生产度荒，都是边战斗边生产。

先到雨水垴。雨水垴距总局驻地百余里，是僻处太行群山中的一个小山庄，山高路险，只有三四户人家。申修同志1941年2月从太岳区归来，参加局长会议后，3月初即率队出发到了雨水垴。在雨水垴，主要是向附近村庄老乡租地耕种，共租100余亩地，种的是小米和玉米。租地近的七八里，远的十数里。自己不会种，就请老乡教。申修同志和大家一样，水里土里一样干、一样学。秋天收了好几千斤谷子和玉米，藏在雨水垴一个山洞里，总局同志们都很高兴，打算长期省吃俭用。可是在 1942 年 5 月的反扫荡中，竟被万恶的日军全部烧光。

三上大普岩。由于党和边区政府号召不要租老乡的地，要开荒，于是 1942 年春申修同志又率领总局机关 20 余人到大普岩开荒了。大普岩也在左权县，在太行山深处，距总局更远，崎岖回转，走 3 天才能到。真是山高林密，荒无人迹，白天只见山羊奔跑、山鸡飞落，夜间则狼嚎豹吼。大家住在半山崖下的一个小窝棚内，到处透风，就地铺草。日出背上镐头爬上山顶，日偏西下山，天黑回来。午饭就在山上吃干粮，架柴烧火，边烤边吃，边烧开水喝。山坡太陡峭了，每个人都必须低低躬着腰，像爬在山坡上一样，一镐一镐地刨。几个人共同刨一块，喊着号子“一二三”，大家憋足了劲，一齐用力翻过来，砸碎、推平，然后再刨、再砸……申修同志和大家完全一样，同吃、同睡、同上山，没有一天不劳动，没有一天迟到或早回，而且常常是走在前面。中间休息同大家说笑取乐，亲密无间。在他的带动下，大家不叫苦、不怕累，高高兴兴地开啊、开啊。1942 年、1943 年、1945 年，每次上大普岩都有他的身影，带领大家参加。就是这样以身作则，和同志们一起艰苦奋斗，度过了根据地最困难的几年，边工作、边生产，直到抗战胜利。

坚持原则，深入群众

申修同志性情直爽，当时年轻，诚然各方面阅历较浅，但他对工作却非常认真。凡不了解的情况、不懂的问题，就深入各科室虚心询问，同大家一起切磋商酌，从不以领导自居不懂装懂。但对原则问题则很明确，在局务会上，常常为坚持某一原则问题而争得面红耳赤，在争论中，有时对方有些话尖刻、很伤人，但他很豁达，会后仍旧热忱相见、团结合作，从不记恨或背后下绊子。

他没有架子，平时经常是同群众吃在一起，劳动在一起，早上在一起早操跑步，晚饭后一起打篮球。到附近山上去打柴，他只要在机关每次都去。一天由总局前往涉县西辽城到远处背粮，每人一般背不到 40 斤就觉吃力，他则背 60 多斤，背得最多，穿着草鞋，当天往返 100 多里。

申修同志（后改名为申田），陕西蓝田县人。原在西安上中学读书，抗战爆发，1937 年 8 月即到西安吴堡青训班学习，参加了革命。1938 年 3 月，在抗大参加中国共产党。抗大毕业后，先在《新华日报》西安分馆工作，1940 年，到敌后担任华北新华日报营业部副部长，不久即转到交通邮政系统，在边区交通邮政系统一直担任领导工作，从 1940 年到 1945 年抗日战争胜利是交通总局副局长，1945 年底被提拔为边区交通管理总局局长，1946 年秋又改任邮务总局副局长，1947 年奉命随刘邓大军南下开辟新区并欣然上路。他总是一片忠心，服从革命需要，不讲价钱，不计个人得失，不因升迁而骄傲，也不因降职而消沉，同志们说，他确实是一名优秀的共产党员！

资料来源：《华北解放区交通邮政史料汇编——晋冀鲁豫边区卷》。人民邮电出版社，1993 年 12 月。（作者：王苏塘）

第二章 交通宣传

第一节 公路文化

2000 年，涉县公路文化从省道涉左公路开始，逐渐扩散至国道和农村公路。涉左公路因地制宜，充分利用山区石头资源，沿路打造卵石城墙、石亭、书法观赏石等，还挖掘一二九师和女娲文化，打造拓荒牛、河石支山、红色号角等文化景观 60 余处，群众行车体验明显提升，得到社会认可。2003 年起，国道 G309 在白鱼岭长达 3 公里路段和龙虎县界处，集中打造了以红色热土、和谐、民俗、文化、安全为主题的公路文化系列雕塑群。迎壁、石碾、纺车、枪炮、石壁挂印等文化景观，集中展现了红色革命老区的风土人情，成为国省干线一道风景线。

2007 年，刘张公路建设中，新建太行愚公、革命群像、地雷、石磨等文化景观 20 余处。2009 年，乡村公路阳索公路三期开工，该路地处深山林区，植被茂盛，连接庄子岭、青塔水库等景区，是一条旅游线路。沿线打造了传统民居、特产果蔬、武术之乡、寨门窑洞等充满乡村地方特色的公路文化。2009 年，国道 G309 龙虎入县口，设立以涉县邀约为主题的“红色请柬”文化塑像。2012 年后，涉林公路依山势地形，打造了太行愚公、生命至上等公路景观，提升涉县公路对外形象。2014 年，偏青线打造壁挂字“大美涉县、宜居宜”“走路就是读书”、丰收粮仓等 6 处景观节点，该路成为行人休闲放松的旅游道路，开启乡村公路文化先河。2016 年，青龙公路打造愚公移山、小桥流水、帆船、亲水台等 7 处景观点；农村公路东坡根至圪糟山打造鲤鱼跳龙门、三阳开泰、渔家小屋等 9 处景观点。

圣福天路（2018 年摄）

2017 年，首届邯郸市旅发大会在涉县召开，千里乡村旅游路成为“四好农村路”的精品工程，公路文化再上台阶。河茅公路筹建知青文化园。通过知青故园展览室、知青广场、知青火车等 5 处节点，图片和实物再现涉县知青参与乡道河茅公路温村隧道建设，支持交通发展的故事。

2018年前后，涉县道路向一二九师精神、女娲文化和地域民俗等传统文化挖宝，先后在乡道河茅线、云中天路打造了一批体验型红色公路文化馆室。一二九师陈列馆太行红色记忆小镇以1：1仿建众多抗战时期机构，晋冀鲁豫边区交通总局就是其中之一。交通运输局公路站据此布展，成立邯郸市唯一、河北省唯有两家的公路文化馆。2018年10月建成投用，该馆8个展室360余平方米，分为红色交通、古道古关、天灾河殇和四好农村路等章节，通过档案资料、图片及实物展现抗战至今不同历史时期的交通发展变迁，让参观者直观感受到交通对社会发展的重要保障作用。2018年，圣福天路日月峰、响石岭地质公园形成典范，成为涉县太行山干部学院党性教育基地。井关公路太行梯田农耕文化、新愚公路上梯峡十三渡，还有刘家山水、王金庄驴文化、大洼石头文化等具有乡愁符号、传统记忆的文化景观在公路上均有所体现。2019年，云中天路南艾铺红色教育馆成立，集中展示了抗战时期八路军作战交通路线图、左权将军十字岭战役背景资料、转战路线图、珍贵图片以及左权家书等资料。2021年，青龙路连接武安的庄子岭隧道通车后，新增八路军母亲李才清拥军等群体雕像。是年，一二九师红色记忆小镇因统一布展，公路文化馆暂时撤离。

公路文化馆（2018年10月摄）

第二节　宣传报道

1991年，交通局因新闻报道和信息反馈工作成绩出色而被县评为先进单位，在邯郸地区广播电台“交通杯”征文活动中获得二等奖。1992年4—10月，涉县交通局和涉县广播站联合举办第一届“交通杯”有奖征文活动。活动中开设新栏目《乡长谈交通》，各乡（镇）长以讲话录音或书面讲话的形式，发表对本乡（镇）交通建设的观点看法、意见、建议或体会。评选一、二、三等奖和优秀奖若干名，颁发证书和奖品。

1998年，省道涉左公路建设工程指挥部刊印《战地采风》，首次以办报形式出现。内容包括信息快车、典型人物，交运诗文等，内容丰富，可读性强，刊发一年有余。2002年5月，

人民日报

RENMIN RIBAO

人民网网址：http://www.people.com.cn

2018年6月

6

星期三

戊戌年四月廿三

人民日报社出版

国内统一连续出版物号

CN 11-0065

代号1-1

第25533期

今日24版

四好农村路助力乡村振兴

党的十八大以来，各地区高度重视"四好农村路"建设，深入推进城乡交通运输公共服务均等化，我国农村公路基础设施更加完善。

近年来，作为河北省邯郸市唯一的全山区县，涉县积极推进农村公路建设和维护，成为全省"四好农村路"示范县。

图为6月5日，车辆在涉县河南店镇王堡村外的公路上行驶。

本报记者　史自强摄

《人民日报》刊发文章

局办《好作风促发展》刊出，每日一期，撰写人每日在早签到会上宣读。内容包括工程进展、行业动态，还有相关诗文故事文摘，综合性和可读性较强。小报以办公室资料人员编撰为主，部分科室曾短期参与。该小报持续至2005年9月停办。

2006年，全年在省级以上媒体刊登各种稿件30余篇。2007年，全年在省级以上媒体发表各类文章41篇（条）。2008年5月，涉县交通局获评河北省交通宣传中心颁发的《河北交通》报先进通联单位。2016年始，宣传形势由传统纸媒向全媒体发展。涉县交通运输局对外公开微信公众号。因传播迅速、图文并茂，成为交通运输局对外宣传的良好平台。全局所有信息统一由局宣传室编辑审核后，对外发布。截至2022年底，7年发布943篇，总受关注量达2.34万人次。月均发布12余篇，阅读量10万余人次。该微信公众号成为各级媒体和省市交运宣传部门的信息来源。2017年11月，省交通运输厅厅长单宝风在《重要媒体争相报道涉县千里乡村旅游通道》的舆情专报上签写：多宣传，正能量。

2017—2019年，在"四好农村路"全国示范县创建中，宣传工作起到积极的推动作用。其间，涌现出大批高质量的新闻稿件和文艺作品。据不完全统计，省级以上媒体累计上稿3000余篇（条），包括《人民日报》《光明日报》《河北日报》《邯郸日报》等各级纸媒，中央电视台《新闻联播》，省市各类新闻专题和人民网、长城网、河北新闻网等手机客户端。2018年6月6日，《人民日报》头版刊发涉县河茅线王堡段路景的图片新闻《四好农村路助力乡村振兴》。2019年7月26日，人民网·河北频道推出《河北涉县：一锤一锤凿出开山路》长篇通讯。是年8月2日，河北新闻联播播出《涉县交通运输局"把路修到老百姓心坎上"》专题报道。是年9月11日，《中国交通报》头版报眼位置，在全国"人民满意的公务员集体"专栏中发表《涉县交通运输局：敢教太行换新颜》的长篇报道，并配发短评文章《书写人民交通为人民的生动实践》。是年3月，中共中央政治局常委、全国政协主席汪洋在全国网络议政连线时称赞圣福天路，当天央视《新闻联播》播出。

2019年7月，交通运输部"我家门口那条路"主题宣传活动开启，于22—28日在涉县召开。活动分线上和线下两部分。线上是交运部微博发布涉县文图、视频等各类博文58篇。线下开展《路魂》专场演出、启动仪式健步行、公路悦之旅、采摘节、农村公路70年摄影成就展、诗画太行路、音乐快闪等多项活动，由于组织得力、宣传到位，圣福天路入围最有诗意的路后获得2019年度“十大最美农村路”称号。

2020年6月，涉县交通运输局开通抖音和短视频，交运宣传进入全媒体时代。是年6月1日，国家级杂志《求是》第11期发表中共交通运输部党组署名文章《小康路上不让任何一地因交通而掉队》，引用涉县农村公路建设事例。2021年1月25日，央视二套财经频道播出《寻路·乡村中国》第一集《开山》中以5分钟的超长篇幅介绍涉县“四好农村路”的建设发展，引起社会反响。2020年7月，央视在涉县连续拍摄6天。

央视栏目《寻路·乡村中国》在涉县取景拍摄（2020年摄）

2021年，中国共产党成立100周年之际，组织拍摄短视频《我想对党说》和百名交运人红歌颂党大合唱活动。2021年11月2日，《中国交通报》整版刊发《太行邀远客，路路到桃源》，聚焦全省旅发大会太行山旅游风景道中的涉县（主会场）道路，展现了路畅业旺的美好乡村时代风貌。2022年，涉县推进“客货邮”城乡一体化，新华社以《快递“坐上”公交车》为题，报道了涉县经验。

第三节　剧团创建与文艺创作

2001年8月20日，涉县交通运输局春苑艺术团成立，成为宣传交通、宣传涉县的一支文艺轻骑兵，为繁荣涉县文化市场注入活力。该团内调、招聘演员及文艺骨干30余人，不断充实扩大队伍，历任团长为江河萍、冯继平、冯晓伟。

2002年5月10日，涉县交通人以省道涉左公路建设为原型，自编自演大型现代平调剧《太行路》，在涉县人民剧院连演两场，被涉县县委“两部一办”（宣传部、组织部、县委办）定为全县党员教育题材。2002年6月，该剧在邯郸市工人剧院和省陆军学院剧场上演，得到省厅、市局主要领导和社会各界的好评。是年，该剧获评邯郸市文化部门业余创作优秀剧目，《中秋夜》选段在省交通厅文艺会演中获单项节目一等奖。是年，短剧《三钉桩》参选全市迎中共十六大文艺晚会，代表涉县参加省总工会文艺会演，获三等奖。豫剧选段《拷红》入选省总工会举办的“河北省职工艺术节”剧目。2004年10月3日，到涉考察红色旅游的中宣部副部长胡振民、文化部副部长周和平观看春艺团演出后，给予肯定。2005 年，戏曲小品《李才清》参加全省旅游推介，进京在西单广场参加主题为“新中国从这里走来”——河北省红色旅游宣传周活动演出。是年 9 月 18 日，邓小平女儿邓琳、邓楠、邓榕，省委书记白克明、财政部原部长项怀诚等到涉县考察红色旅游，县局春艺团以一二九师太行剧社名义演出《李才清》，获得好评。

2008 年 9 月，春艺团被撤销，人员分流。据不完全统计，春艺团赴京进省上市，下农村进厂矿演出 1000 多场，参与县重大活动接待演出上百场。8 年间，该团共创排演出大小剧目 100 余部，包括现代剧目和传统剧目 13 部，剧种涉及平调、上党落子、上党梆子、豫剧和武安落子。分别为平调《太行路》《太行鱼水情》《香魂遗恨》，古装上党落子《太君归位》《昊天塔》《杨七娘》《五子抗辽》《选帅》《杨门女将》，上党梆子《柴夫人》，豫剧《清风亭》，现代戏武安落子《洞房让妻》《苦情》等。另有《交通儿女有力量》《太行新貌》《路为媒》《出山梦圆》等歌舞、戏剧小品节目若干。

2019 年 8 月，“四好农村路”大型专场文艺演出《路魂》在赤水湾大剧院演出，引起社会强烈反响。该剧以央视 70 周年国庆专场晚会的形式为参照，利用 30 天集中 300 余人创排而成，讲述了主人公老刘叔、交运修路干部及群众盼路、修路、路畅、致富的故事，全面展现涉县“四好农村路”的丰硕成果。该剧得到交运部、省、市、县各级领导的广泛好评。

是年，交通运输局自编自演微电影《唢呐金声》，成为河北省首部以“四好农村路”为题材的微电影。该片以男主人公因路离家 40 年，再返故土感受到家乡道路巨变的故事，全面反映了从过去行路难到现在路畅业旺的强烈对比，奏响乡村振兴最强音。2018 年，微电影《唢呐金声》和交通运输局原创歌曲《七彩天路绕太行》，同时获评“中国交通 · 辉煌 40 年——交通联合杯”全国交通运输行业微视频大赛优秀奖。2019 年，微电影《唢呐金声》获评河北省总工会职工文化“五个一”精品工程创作大赛三等奖。

2016—2021 年，交通运输局连续 6 年自行创排演出涉县春节联欢晚会小品《重建家园》《天路情》《万民碑》《刘向阳下乡记》《守土有责》《山里红》等，全面展现交运对外形象，得到社会好评。

第四节　媒体作品精选

河北涉县：千里乡村路打通文化旅游大动脉

跃涧峭壁间彩练似游龙，层层梯田中蜿蜒十八弯，行车入云端美景不胜收……刚进入三月，河北省涉县的千里乡村路上已是春光满溢、生机勃勃，引得无数游客前来。

涉县位于太行山区，是革命老区。来过涉县的人，都有一个明显的感受，这里的道路除了基本的行车功能外，更多地被赋予人文情怀和文化内涵。这里一路一特色、一路一景观，乡村公路成为旅游公路。

近年来，涉县依据地理、民俗、镇村布局规划，探索建立“农村公路＋文化”发展模式，大力挖掘筑路文化、红色文化、民俗文化，全县千里乡村路上镶嵌了300余处文化景点，外地游客慕名而来，当地老百姓的日子也因此红火起来。

1.6万人修“愚公路”

在涉县关防乡后池村东边的愚公碑下，村小学副校长刘榜年正在给孩子们上一堂特殊的教育课。在他看来，几年前百余位村民为改变家乡贫困面貌，用自己的双手修成“愚公路”的事迹，就是给孩子们最好的教科书。

后池村坐落在一条山沟的尽头，全村三分之二的土地是建在山上的梯田。上山的土路，禁不得雨水，年年修却年年坏。因为不能通车，肥料运不上去，收获的庄稼也要人扛驴驮才能运到下山，很多村民放弃了耕种。

2015年12月，刘虎全等几名老党员开始上山修路，带动村民用两个多月时间，以出义务工的形式修建了一条6米宽、4000米长的通山道路。受此启发，涉县多方面筹措资金，发动广大干部和群众一起上工地。从与河南安阳交界的田家嘴，到与山西左权交界的旮旯铺，涉县最多时一天有6万名干部群众投入道路建设。

就这样，他们在南太行的高山之巅、深谷之中、悬崖之上，打造出一条连接三省三县的千里乡村路。

后池村党支部带领群众发扬当代愚公精神，修通致富道路，被评为“全国先进基层党组织”。如今的后池村，每天接待游客2000多人，文化旅游产业发展得如火如荼。

一条公路通全域

一二九师纪念馆坐落在涉县赤岸村，这里地处清漳河畔，依山傍水，环境优美。抗日战争爆发后，八路军一二九师9000多人，从陕西省富平县庄里镇出发，翻越太行山，进驻涉县，以此为中心创建了全国面积最大、人口最多、最巩固的晋冀鲁豫抗日根据地。

几十年岁月变迁，一二九师的红色精神在涉县的土地上浸润蔓延的同时，也为这个远居深山的革命老区带来了火爆的人气。

“2019年，一二九师纪念馆的接待量超过200万人次。”一二九师纪念馆办公室副主任张文丽说，“千里乡村路的修通，更加方便了来自四面八方的游客走进一二九师纪念馆，缅怀革命先烈，重温革命历史，铭记一二九师精神，激发爱国热情。”

时至今日，一二九师纪念馆已经成为全国爱国主义教育基地、京津冀10条红色旅游专线之一。涉县依托这一红色文化资源，打造了太行颂文化园、红色记忆小镇等一系列红色文化景点。通过千里乡村路，游客们就能漫步其中，一屋一舍、一砖一瓦，映入眼帘、直入心扉。

同时，涉县确立了以红色旅游为引领，根祖旅游、山水旅游为两翼的全域旅游发展思路，通过千里乡村路连接起以“中国太行红河谷、太行梯田大峡谷、太行红叶大峡谷”三谷为支撑，以娲皇宫、一二九师红色教育基地、太行五指山等9大景区为核心，辐射带动60多个中小景区的“3961”旅游景区体系，一条公路通全域，勾画出以“四好农村路”带动旅游发展的全县布局图。

高颜值转换成高产值

从一二九师纪念馆出发，向北不远，就是涉县的千里乡村路。沿路的书法石、烽火台、休闲亭台等各类造型，将卵石用到了极致。其中，“河石支山”就是根据女娲娘娘的传说制作完成的。

千里乡村路上最负盛名的圣福天路西端，有一个景点以会唱歌的石头而闻名，这个地方就是响石岭。随着来这里“打卡”的人越来越多，这里的百姓吃上了民俗旅游饭，发起了民俗文化财。

响石农庄是郭云花一家人在响石岭山冈上经营的一家农家乐。由于道路崎岖、通行受阻，从 2014 年到 2017 年，响石农庄开业 3 年，不但没叫响，还赔了个底朝天。“原来这个山都是荒山秃岭，路也是小路，游客进不来，我们一天的收入寥寥无几，一直想关门，但又不甘心。”回想起当初创业的艰难，郭云花的笑容里仍有几分苦涩。

2017 年 11 月，涉县的千里乡村路建成通车，沿线贯穿 10 个乡镇，打通了多条过去遗留的断头路、卡脖路，串联起县域内诸多旅游景点，并与河南、山西等地景点相连接，大批游客纷至沓来。“现在路修通了，我们心里有了底气。人越来越多了，小餐厅变成了大餐厅，现在我们一天的营业额就有上万元。”郭云花说，“自从千里乡村路修通以后，响石农庄从‘没人来’变成了‘住不下’，老人小孩娱乐这方面我们想解决一下，还有就是住宿，今年最大的愿望就是再盖个宾馆。”

千里乡村路打通了涉县旅游产业的大动脉，把游客源源不断地输送到深山区的各个景点，而沿线的农家乐就像漫山遍野的野花，开出一朵带红一片。“以前在外打工，离家远，工资低。”张秋苗是响石农庄的服务员，她家就在响石岭上的圣寺驼村，“圣福天路开通以后，这里招工我就来这儿干了，一年能挣两万多元，也能照顾家里。现在邻居来了好几个，都在这里打工呢。”

把乡村公路变成旅游公路，把高颜值转换成高产值。仅 2018 年，涉县千里乡村路沿线的 150 多个村庄就新增农家乐、民宿等 300 余家，从业人数 3000 多人，带动近 300 户贫困户脱贫致富。

如今的涉县形成了“三纵九横十八条支线”的公路框架，构建了横贯东西、纵连南北、四通八达、快进慢出、宜驾宜游的全域旅游大交通网络，形成了以路促景、以点带面的交通辐射体系，还带动了沿线区域经济的发展。同时，在建设旅游景观带、休闲康养带、经济隆起带、致富引领带上下功夫，不仅带来了人气财气，凝聚了党心民心，探索出一条“四好农村路”建设的新路径，还打通了乡村振兴的大动脉。

作者：耿建扩　陈元秋　谭磊　《光明日报》2021 年 3 月 24 日第 10 版

涉县交通运输局 敢叫太行换新颜

“太行山，山连山，举头尽见奇峰峙，着足却无半步平。”新中国刚成立时，革命老区河北省涉县最好的道路就是一条宽 4 米的泥结碎石路。70 年后，这里高速公路、国省干道、农村公路，路路相连。

幸福是奋斗出来的。在修建“四好农村路”过程中，涉县交通人把党支部“建”在项目上，把鲜红的党旗插在工地上，每一名党员就是一面旗帜，领导作表率，党员当先锋，全县形成了“千里彩练当空舞，万名党员赛愚公”的拼搏劲头。高峰期日出动 6 万余人，太行山上人声鼎沸，齐心筑“天路”，共建美丽家园。

因路而美、因路而兴、因路而富，涉县成为习近平总书记关于“四好农村路”建设重要批示的火红实践地。2019 年 6 月，中组部、中宣部联合授予涉县交通运输局第九届全国“人民满意的公务员集体”荣誉称号。

从封闭落后到全国典型

涉县地处冀晋豫三省交界，是全山区县。农村公路因地势所限，径路蛇盘，曾经不通车辙。今年 73 岁的付水元，是 20 世纪 80 年代邯长公路复线（现国道 G309）指挥部工程负责人。据他回忆，20 世纪 70 年代，全县只有一条沥青路——邯长路。到 1986 年，由于晋煤外运，上级决定修建邯长公路复线，历时 3 年，全线通车。宽 9 米的邯长公路复线成为当时全县最好的出省路。那时候，农村公路基本上都是小土路、羊肠道。1991 年，涉县农村公路里程只有 300 公里，等外路占比一半。而到 2018 年，全县农村公路攀升至 610 条 1353 公里，等级公路占总里程的 99.8%，铺装率达 97.8%。2017 年，仅 100 多天时间就修成了全长 660 公里乡村旅游通道。涉县从“走不了”到“走得美”、从“出不去”到“抢着来”，道路的建成直接带动了党建示范、精准扶贫、旅游发展、生态经济、文化体验、休闲养生、愚公精神“七方面振兴”，引发资金、人才等资源回流，回乡创业、就地致富成为潮流。

涉县“四好农村路”为党在基层聚人气、聚财气、聚民心，得到各级领导和社会人士的广泛关注。圣福天路引发公路旅游热潮，并成为涉县党性教育基地之一，涉县道路成为一张对外的亮丽名片。全县十几个田园综合体蓬勃发展，一个“千里乡村振兴先导带”、一条“千里画廊”、三个“百里乡村振兴示范区”成为样板，1 万多名贫困人口在家门口致富。仅 2018 年，涉县就接待游客 1100 多万人次，旅游综合收入达到 65.8 亿元。

付水元在参观完位于河茅公路一二九师纪念馆红色记忆小镇中的公路文化馆后，感慨万千：“抗战时期，涉县就是晋冀鲁豫边区交通总局，经过几十年艰苦奋斗，涉县道路发生了翻天覆地的变化。羊肠小道变成了条条大道，还成为全国先进典型。作为一名老交通工作者，我感到非常自豪！”

悬崖峭壁修“天路”

行驶在蜿蜒曲折、平整宽敞的圣福天路上，两侧翠绿的山体让人心情舒畅。在日月峰、响石岭等观景点，游客们纷纷拿着手机拍照。

老周背村是涉县鹿头乡最偏僻的一个小山村，曾经路不畅、水不便。1996 年，全村 40 户村民无奈离开村庄，搬到“山下”。2004 年“村村通公路”前，村里只有一条到邻村郭庄的水泥硬化路。“圣福天路有四分之一段都经过我们村。”老周背村党支部书记兼村委会主任邢姣娥说，当初听县委书记说要在村里修路，她第一反应就是：不可能，这高山峻岭上咋能修出一条路呢？让这位老支部书记没想到，十多天后，涉县交通运输局党组书记、局长梁江苏就带着技术员来老周背村勘察路线了。

圣福天路起自偏城镇圣寺驼村，终于西戌镇鸡鸣铺村，全长 20.1 公里，路面宽 7 至 9 米，2017 年 7 月动工兴建，12 月通车。全线沿山脊而建，海拔最高处达 1290 米，有 144 个弯，是涉县公路史上施工环境最差、技术难度最高、施工难度最大的一条公路。勘察这条路线时正值夏天，山上荆棘丛生，涉县交通运输局的同志们一边用镰刀开路一边测量，他们的胳膊上、脸上被划出很多血道子。“当时山上没水，都是一桶一桶送上去，电用的是太阳能发电；住的是帐篷，天冷时早晨鼻孔出气处都结着薄冰；吃的是后勤人员步行 5 公里送上来的凉饭；山顶风沙大得说话都得用手比画；有的石头用破碎机碎不开，只能人工用铁楔子一点一点凿开。”涉县交通运输局公路管理站副站长王荣榜至今对修这条路时的情形记忆犹新。150 多天，靠着肩扛手挑、锤凿钎撬，靠着“铁在烧”的激情和担当，涉县交通人硬是在悬崖峭壁上修成了圣福天路，将愚公移山的寓言变成天堑通途的现实。

从一家修到全民建

作为全山区县，涉县曾长期面临行路难、修路苦的困境。谁出钱，谁来修，始终是农村公路建设面临的难题。2017 年，涉县县委、县政府创新性提出了以群众为主体，修建生态路和多渠道筹资的工作思路。涉县交通发扬愚公移山的精神，勇创新、破万难，和乡镇村在农村公路建设上积极推行“667”修路新机制。“667”修路新机制，即汇集“群众为骨干、党员为先锋，村庄为主体、乡镇为主导，县里为奖补、有工优先干”6 种力量；拓宽“向上争、市场筹、干部助、社会捐、群众投、政府奖”等 6 条筹资渠道，坚持路与自然和谐共生的 7 项生态修路原则。这一机制既结合了地方实际，也广泛调动了各界参与交通建设事业的积极性，由此开创了涉县“全民修路”的新局面。

在千里旅游通道建设中，涉县交通人甘当愚公，大力弘扬“铺路石”精神，“百日不下山，帐篷度暑寒”，发动并指导 10 个乡镇 158 个村奋力攻坚，十几条道路齐头并进，日出动人员最多时达 6 万余人。一时间，太行山上人声鼎沸，单位、企业争相为修路捐资捐物，村民为修路主动让地让树。

涉县交通运输局作为修路牵头部门，派出 9 个党员技术小组分包乡镇，从规划施工、质量进度、检查验收等多方面对每条线路进行全程监管。作为筑路先锋，涉县交通运输局还承担了圣福天路、青龙路、红河谷漫游道等 3 条施工难度大的道路建设任务。凭借肩扛手提、锤凿钎撬，涉县人硬是在高山之巅、深谷之中、峭壁之上，建成全长 660 多公里的道路，串联起 40 多个景点。

梁江苏回忆当时场景，仍然感动不已。他说：“谁出钱，谁来修，是全国范围内地方道路建设的共同难题，涉县创建‘667’修路机制，由过去交通运输部门一家修路变成全民参与。

交通运输部门牵头，群众积极参与，共建共管共享，群众的参与感、获得感和幸福感明显提升，收到了很好的社会效益和经济效益。”

短评：书写人民交通为人民的生动实践

把路修到老百姓心坎上，把对党和人民的忠诚担当书写在太行山间的每一条道路上。哪怕是面对太行山悬崖绝壁的险峻路况和严重受限的资金条件，涉县交通人仍然义无反顾、迎难而上，勇做开路先锋，甘当“铺路石”。比太行山岩石还坚硬的信念，让他们创造了将不可能变为可能的奇迹，他们无愧于交通“先行官”！

幸福是奋斗出来的。他们始终铭记习近平总书记的嘱托，立志“干就干全县发展急需的难事、干就干之前想办却办不成的大事”，与广大人民群众肩并肩、手挽手，站在一起，干在一起，真正做到了想群众所想、急群众所急。“困难面前有我们，我们面前没困难。”他们用真诚和实干为百姓修路，为党在基层凝聚起了民心，为广大山区百姓凝聚起了人气和财气。

他们勇于担当、敢于拼搏、善于团结，用生动的实践和骄人的成绩践行了人民交通为人民的铮铮誓言，也让广大人民群众从他们的具体行动中读懂了什么是新时代共产党人的初心和使命！

作者：《中国交通报》记者　杨红岩　《中国交通报》　2019 年 9 月 11 日头版

河北涉县：通村路改变“光棍村”命运

在太行山革命老区河北涉县，有一个出了名的“光棍村”桑栈村。2004 年实施的“村村通”工程，改变了这个偏僻落后的小山村。记者在桑栈村采访时，村支书高建明高兴地说：“一年娶进来十多个媳妇，‘光棍村’的‘帽子’终于摘掉了。”

偏城镇桑栈村四面环山，是涉县海拔最高、最偏远、最贫穷的山村，人称“山旮旯”。过去，这里交通闭塞，一条泥土夹杂着石头形成的羊肠小道，是这村唯一一条外出通道。每当雨雪天气，小道泥泞难行，村里人便与世隔绝。桑栈村盛产核桃、柿子、黑枣等土特产品，是涉县核桃主产区。这里还有难得的生态林场，山高水清，景色宜人。但是，就因为没有一条像样的路，长期以来，桑栈村“养在深闺人未识”，村里人只能守着“花果山”，过着穷时光。

因为太穷，村里许多男青年娶不上媳妇。“世外桃源数桑栈，山高路窄出门难。村里闺女往外跑，外地姑娘不进山。老少光棍没人管，自由自在乐颠颠。”这首年轻人自我调侃的打油诗，是过去桑栈村的真实写照。

村支书高建明对记者说：“2004 年通公路前，村里人均年收入不足 800 元，集体没有收入。从 1999—2004 年 6 年间，全村硬是没有一个男青年搞上对象，没有一家办过喜事，没有一户添过小孩，全村原来有 800 多人，几年时间减少到 700 多，四五十岁还没找上媳妇的就有十多个，大龄青年搞不上对象的就更多了。桑栈村成了远近闻名的‘光棍村’。”

2004 年 7 月 19 日这一天，路通山门开，一条通村公路将桑栈村与外面的世界连了起来，村里人从此走向了富裕和文明。

高建明说："通公路前，村里产的核桃、柿子运不出去，成堆烂在家里，大伙忙活一年也没有多少收入，日子越过越穷。2004年，路刚修通，县城的核桃加工厂就进村收购核桃，价钱比送到县城的每公斤还要高出一角钱。想想以前我们费老大劲把山货送到县城卖不上好价钱，现在不出村就能卖到钱，那感觉就像是过年含着糖葫芦，好得不得了！"

高建明给记者算了一笔账：以2006年为例，全村产核桃4万公斤，以每公斤32元价格计算，这一项全村收入128万元，再加上柿子、黑枣、玉米等其他产品的收入，全村人均纯收入达到1500多元，比通路前增长近一倍。

过上好日子的桑栈村村民，开始为自己或亲戚、朋友张罗对象，那些因为以前家里太穷而磨不开口的"老光棍"也挺直了腰板，忙着托人找对象。村妇女主任王桂芬说："自打这条路修通后，俺村的人好像变了样，到俺村来说媒的越来越多。上个月，俺村46岁的光棍'老大难'都成了家。这不，昨天邻家老张找我，让我给他家二小子开介绍信，今天孩子们就到镇里登记去了。"据村干部介绍，自打通了水泥路，桑栈村已娶进了30多位新媳妇。

记者：梁栋　新华网石家庄　2007年7月18日电

河北涉县：快递"坐上"公交客车

"顺丰16件，韵达25件，中通37件……"在太行山区河北涉县南关汽车站，公交司机赵志军一边招呼乘客上车，一边与快递员核对包裹。检查无误后，班车缓缓驶出汽车站。除了载客，这辆客车还担负着为沿线7个村庄1万多名群众运送物流包裹的任务。

快递咋"坐上"了公交客车？原来，涉县近年来不断深化客货邮城乡一体化改革，积极探索"信息平台 + 客货同网"农村物流新模式，鼓励客车代运邮件快递业务。

涉县盘活客运资源，建成了覆盖全县83条公交线路、280个村级电商服务站、1300多家城乡便民超市的城乡客货物流网络。

快递刚到站，村民李燕红就来取件了。"现在村里人都网购，自从客车送快递后，遛个弯儿买个菜就把东西取了。"

山这边收货，山那边太行梯田上的农产品也"坐上"客车出了山。在涉县井店镇王金庄，村民王虎林将当季新花椒通过客车快递到全国各地。作为梯田"电商达人"的王虎林，平均每天要寄出100多个包裹，高峰时达到3000多件。

涉县地处太行山东麓，境内山高坡陡。过去，由于交通不便、村庄分布不集中等多种因素，山区物流运输成本很高，网购商品不能轻松"进村"，山货无法顺利"进城"。

近年来，涉县建成了三纵九横十八条支线的公路路网，全县308个行政村全部实现城乡公交一体化。随着县乡村三级物流网络的完善，山区群众跟城里人一样体验到了“手机一点，送货上门”的便捷。

记者：范世辉 新华视点 2022 年 9 月 29 日电

从 15 年未曾大修涉左公路建设看涉县交通精神

他们，没有华丽的外表，却在四季的风霜雨雪中磨炼出铮铮铁骨；他们，没有舒适的生活环境，却在艰苦的岁月里书写出荡气回肠的人生华章；他们，没有亲朋好友的陪伴，却在默默无闻中用智慧和血汗筑造出一条条通向幸福的人间“虹桥”；他们就是“最美交通筑路人”。因为他们的辛苦付出，山脊被凿开，天堑变通途。

说质量，这是一条 15 年未曾大修的省级公路。说数量，308 个村通上致富路，蜿蜒山间十八弯。是何缘由？有歌云“八百儿女八百牛”。

寒来暑往、披星戴月，涉县交通人唱着“困难是石头，作风是榔头，榔头碰石头，困难就低头……”的交通之歌，在太行山深处，开辟出一条条良心路、致富路。

15 年前，冀、晋两省交界的省级公路——涉县涉左公路严重水毁，不足三十公里的路程需要行车四五个小时。为解决行路难，涉县交通人同心勠力奋战在涉左公路一线，用铁一般的意志，高标准修出一条精品路。

15 年间，这条晋煤外运的“黄金通道”，日通行车量达 8000 余辆，按照国家规定，这样的公路需要 5 年一小修、8 年一大修，但这条路自通车以来，从未大修过，成为涉县公路建设史上的“里程碑”、筑路标杆。

铸魂：为了那 27 公里——涉县交通儿女不畏艰辛一路前行

“北上太行山，艰哉何巍巍。”当年曹操行军过太行，在《苦寒行》中这样感慨道。这足见太行之险要、行路之艰难。“闭着眼睛不用看，车子一颠到涉县”更是群众戏说当时的交通窘况。1998 年，一条全长 27 公里的涉左公路的重新修建，开启了涉县交通的新篇章。

涉左公路，即河北涉县至山西左权（涉县段），全长 27 公里，连接冀晋两省，途经 3 个乡镇 13 个行政村，是县域公路网络的骨架，也是晋煤外运的重要通道。它最早是一条三级公路，于 1980 年修建，路面仅宽 6 米。1996 年 8 月，涉县发生百年不遇的特大洪灾，涉左公路严重水毁。“当时，车在路上不是平着走，而是在河卵石上蹦着冲……”谈到当时那令人头疼的路况，涉县老司机张君如感慨万千。

“1998 年，重修涉左路时，考虑到这条路每天有 3000—5000 辆的拉煤车经过，我们决定升级为省级二级公路，修成涉县交通的翻身路、老百姓的幸福路、三省交界的旅游路。”涉县交通局原局长吕学海回忆说。

誓言铮铮，但现实却困难重重：

——这 27 公里，难！难在资金。20 世纪 90 年代的涉县是国家级贫困县，又刚经历了洪灾，财政十分困难。涉左公路总投资需要 1.2 亿元，要开工建设除了自筹 1500 万元还需要贷款 6000 万元。为争取这笔资金，涉县交通人昼夜奔波，时任交通局局长的吕学海对此印象深刻：“有一次我和几个同事早上四点从涉县出发，星夜赶往石家庄，找省厅批资金，到石家庄后，听说省厅厅长去了北京，又赶到北京，又听说去了张家口，于是追到张家口，几经辗转，终于找到了厅长。厅长听说我们一天跑了 1500 多公里，一口饭没吃，深深被老区人的憨劲、实劲、真劲感动了，当场表态尽快审批下拨筑路资金。”

——这 27 公里，险！险在地形。“抬头尽是奇峰峙，着足却无半步平。一公里九个弯，汽车还得老牛牵。隔着河水能说话，要想过河绕半天。”涉左公路所处地理环境极为复杂，仅坐落河滩防洪挡墙就长达 13 公里，几乎占全程的一半。很多施工单位看看都发怵，掉头就走，并流传出这样一句话“宁修平原十条路，不修涉左一条路。”

说了算，定了干，再险也要拿下。涉左公路建设就像打一场硬仗一样，全体施工人员“鞍不离马，甲不离身”，一开工，就在工地上支起了 180 口大锅，调集 67 个工队，3000 余人，动用大中型机械 300 余台，800 名交通职工不论职务高低全体参战。为激励大家，交通局在涉左公路各标段展开竞赛。时任备料组副组长申清泉回忆：“当时我们用 10 天时间就完成了平常需要 50 天才能干完的活，创下了最高纪录。”

涉左路 B 标段是槐树岭下的“百头翁”，传说那里有一百只鳖，每年兴风作浪，害人不少。但交通人不怕鬼神，毅然开进“百头翁”，分三班参战。一班抽水砌堰，一班系绳而下清渣挖基，一班盯梢排险。一天，正当 50 余人争分夺秒挖槽砌边时，只听指挥员一声大喊：“快躲！”50 多人刚跃上标段，80 多米的大塌方轰的一声将大家辛苦半个月清理出来的基础埋了个严严实实。所幸，无一人伤亡。塌方足有 1 万多立方米，使得工程受阻。但大家喊出“白天不够月亮补，月亮不够挂电灯”的口号，继续施工，分步逼水、分步排险、分步清渣、分步浇筑。终于，功夫不负有心人，一段精美的挡墙赫然而立。时任路基组组长王生未说：“涉左路每一米都有一个故事，可以说它躺着是路，竖起来是碑。”

——这 27 公里，苦，苦在职工！工程从 1998 年 10 月 28 日开工，到 2000 年 10 月 20 日全线完工，历时两年，700 多天。“醒了爹已走，睡觉爹不归；儿去找爹爹，妈妈不让追。”这首《见爹难》出自一个孩子之手。他的父亲杨海廷是当年涉左公路的段长，为赶工期，杨海廷吃住在工地，很少回家。

奋战在施工一线的交通人，战酷暑、抗严寒，每天坚守在工地。他们也有儿女情长，家对他们来说，近在咫尺，却远在天涯；他们也知道享受快乐，但却不得不忍受建设当中的寂寞；他们也知道选择平安，但却要挑战随时都会发生的塌方危险。职工自嘲道：“天当被、地当床，头顶蓝天和月亮，为了百姓修大道，呼噜呼噜进梦乡。”

正是这种奉献精神，奠定了涉左公路坚实的基石；正是这种精神，让百姓感叹当年的八路军又“回来了！”

一条路，致富一方百姓；一条路，锻炼一支队伍；一条路，孕育了一种精神。罄笔难书交通人的辛苦，他们用心血铸成了一首诗：涉县公路战未休，累断筋骨不言愁。“万里长城”吓不倒，多少桥涵竞风流。装走八千云和月，家中万事不再瞅。就为一条好路走，八百儿女八百牛。

见证：15 年未曾大修——新工艺新技术让环保路固若金汤

一个地方，一座城市，让人第一时间产生信任和好感的，无关它的建筑、GDP，而是踏上通往这座城市的道路。

当年，涉左公路是涉县交通人承担业主的第一条省级二级公路，涉及修建的 8 座大中桥、100 多道涵洞、13 公里大坝、数千米的排水、1000 多万立方米的路基，没设备、没技术、没经验，怎么办？

欲善其工，先利其器。交通局下大决心舍下血本投资 1200 万元，购置了沥青混凝土机、压路机、推土机、压力机等 21 个品种 37 台（辆）新机械。此外，该局还自行研制出 6 种不同规格的选料机，1 套专制路缘石、花池砖的预制设备和 1 套选料筛，大大节省了资金。

“涉左公路 15 年不摧，甚至再过一个 15 年依然如故。其中，最重要的原因就是我们当时在河北省率先采用了一种新型材料——河滩砂砾。”吕学海说，砂砾筑成的路基坚硬无比，易于成块，不怕水浸，越浸越硬，尤其是白灰稳定砂砾和水泥稳定砂砾的路就像是钢铁厂炼成的铁，锤都砸不开。1000 多万立方米的路基如果用老办法取土填充，就要毁掉上百亩农田，代价较高。如果采用河滩砂既经济又环保。在具体实践中，他们在选料、配比、调匀、压碾、养生、铺油等多方面摸索出受益至今的好经验、好办法。

除了用新材料，交通局力推有胆有识敢拼敢干的大中专院校毕业的年轻人，让他们到工地一线挑大梁唱主角；编写了《涉左公路施工技术规范》和《监理实施细则》，成为涉左公路施工准则；在指挥部和各标段经理部墙上，张挂工程机构组织图、措施制度以及涉左公路各标段施工图纸、工程简介、施工规范图、工程进度图等，一览无余了解整个工程；涉左公路上每个人员都签订责任状，实行质量终身制，谁出问题追究谁；开展质量标准竞赛，激发交通人的质量意识；对不合格工程直接砸掉重来，消除马虎意识；制定“五不准”，规范施工工序；实行施工队伍自检、质量监督员再检、监理工程师最后验收的三检制度，并接受社会监督。“领导包段、工段长、技术员、旁站四级监督检查。当时我们还将砂浆配比标号自觉从 75 号提高到 100 号，四个人用铁钎撬刚浆好的砌体一个多小时也撬不开。到现在，13 公里的大坝一块石头都没有变形。”时任交通局副局长郭书元说。

传承：红土地上掀起作风革命——弘扬交通精神大兴干事创业之风

9 月 18 日，涉县县委下发《关于大力弘扬交通精神、大兴干事创业之风》的决定，要求全县各级党员干部要学习交通人“进取、担当、团结、奉献”的精神，为建设“富强、法治、魅力、和谐、红色”的涉县而努力奋斗。

决定要求，全县各级党员干部要学习：

——交通人不讲条件、不畏艰难的进取精神。在修筑涉左公路时，缺资金、缺技术、缺经验，交通人硬是以“困难是石头，干劲是榔头”的决心，高标准修成了全长27公里的涉左公路；在修建龙井大街时，县财政仅拨付的50万元启动资金，硬是把这条投资4000万元的城区主干道高标准修成；县城大外环（国道G234涉县绕城段）项目投资达33亿元，争跑难度非常大，他们迎难而上，仅用76天就争跑成功这个全市第一条普通干线经营性收费项目。20年来，他们修筑了上百条道路，完成了几百项工程建设，从来不讲困难，从来不讲条件。

——交通人勇挑重担、敢于创新的担当精神。在修筑涉左公路时，大胆采用白灰稳定砂砾和水泥稳定砂砾工艺，不但节约了大量资金，而且大幅度提升了工程质量，创造了涉左公路15年无大修的纪录。在农村公路建设中，面对山区道路施工难度大、投入资金多、修建里程长等难题，他们以“只要思想不滑坡，办法总比困难多”的干劲，率先在全省实现“村村通”水泥路和柏油路。他们将地方风俗文化和修筑道路结合起来，打造了阳索线、河茅线等一批精品乡村示范路。多年来，交通人还主动承担了滨河路、园区道路、龙湖环路等许多临时性工程，圆满完成了县委、县政府交办的急难险重任务。

——交通人纪律严明、步调一致的团结精神。交通局领导班子以身作则亲自干，严明纪律作典范，与广大职工同甘共苦、同茶共饭、同劳共息、同血共汗，带出了一支特别能吃苦、特别能战斗、特别能奉献的交通队伍，攻克了一个个难以想象的困难，完成了一项项艰巨繁重的工程。在修建涉左公路时，他们以“八百儿女八百牛”的韧劲，越挫越勇，不改初衷，连续奋战20多个月，没有一个人打“退堂鼓”。在修建龙井大街时，他们昼夜推进，使原计划两年的工程仅用半年时间就圆满完成。

——交通人甘于付出、勇于牺牲的奉献精神。在近20年的筑路征程中，交通人吃住在工地、休息在工棚，战高温、抗严寒，顶风冒雨、废寝忘食、日夜奋战，高标准修筑了一条又一条的“样板路”“放心路”；有太多的人舍小家、顾大家，放弃了家人团聚，耽误了尽孝父母；有太多的人牺牲自我，舍己奉公，轻伤不下火线，带病坚持工作，筑就起一道又一道的“精神路”“作风路”。

一时间，全县各级各部门的党员干部，思想行动高度凝聚到了以“进取、担当、团结、奉献”为核心的交通精神当中，以交通精神，衡量和检验工作作风，提升工作效率。同时，该县在推动项目建设、生态建设和旅游产业发展、城乡统筹和美丽乡村建设等各项工作中攻坚克难，无私奉献。

“交通精神是一二九师精神的世代传承和新的体现，是浸润在老区人民血液中的红色基因，是涉县攻坚克难、争取胜利的宝贵财富。贯彻落实中央‘三严三实’要求和省委‘解放思想、抢抓机遇、奋发作为、协同发展’的要求，需要大力弘扬这种精神。我们在全县各级党组织和广大党员干部中开展‘大力弘扬交通精神，大兴干事创业之风’活动，掀起苦干实干、创先争优的热潮，推动各项重点工作取得新成绩。”涉县县委书记李书生语气铿锵。

记者：霍文龙　通讯员：王月红　长城网邯郸　2015年12月23日讯

太行山路唱新歌

涉县道路70年蜕变记

“太行山，山连山，举头尽见奇峰峙，着足却无半步平。”新中国成立后，革命老区涉县，最好的道路就是一条仅宽4米的泥结碎石路邯长大道（今国道G309），清漳河上只有一座木桥，运输以马拉车为主。70年后，涉县高速、国省干道、农村公路，路路相连，总里程达到1568.1公里。涉县因路而美、因路而兴、因路而富，已成为习近平总书记关于“四好农村路”重要指示批示精神的火红实践地。全国政协网络远程基层连线点上，全国政协主席汪洋盛赞“这路修得确实好啊！”

70年，从封闭落后到全国典型

涉县是全山区县，地处冀晋豫三省交界。农村公路因地势所限，径路蛇盘，不通车辙。

付水元，今年73岁，交通局退休老干部。20世纪80年代，是邯长公路复线（现国道G309）指挥部工程负责人。据他回忆：20世纪70年代，全县唯一一条柏油路是邯长路。到1986年，因为晋煤外运原因，上级决定修建邯长复线。历时三年、全线通车。当时路的油面宽9米，感觉路可宽了，特别好，是咱县最好的一条出省路！那个时候，农村公路基本上都是小土路，羊肠道。

1991年涉县农村公路只有300公里，等外路占到一半。而到2018年，全县农村公路攀升至610条1353公里，等级公路占总里程的99.8%，铺装率达97.8%。特别是近年来，涉县修建各类道路，2017年涉县仅用100多天时间就修成了全长660公里的千里乡村旅游通道。2条高速3条国省干道610条农村公路，助力老区交通网络破茧成蝶，实现交通新飞跃。2018年9月，涉县被交通运输部、农业农村部、国务院扶贫办联合命名为“四好农村路”全国示范县，涉县作了《不贪大求洋，因地制宜建设“四好农村路”》的交流发言。交通运输部部长李小鹏会上高度评价涉县：花小钱、办大事、用巧法、动真情。2018年10月，河北省“四好农村路”建设现场会在涉县召开。张古江副省长对涉县的修路机制给予高度评价：决心大力度大，理念新思路新，机制好氛围好。

2019年3月29日，涉县作为全国政协网络议政远程协商基层3个连线点之一，得到了全国政协主席汪洋的赞赏。全国政协范委员范社岭情不自禁地邀请汪主席来涉县看看，因为这里每一条道路都非常漂亮！圣福天路走进当日《新闻联播》，涉县道路成为一张对外的亮丽名片。

老交通干部付水元在参观完位于河茅公路一二九师纪念馆红色记忆小镇中的公路文化馆后，激动地说：“通过几十年的艰苦奋斗，涉县道路从羊肠小道变成了条条大道，还走到了全国前列，作为老交通人我感到非常开心。”

修路：从一家修到全民建

涉县是全山区县，长期行路难，修路苦。谁出钱，谁来修，始终是农村公路建设面临的难题。

2017 年，涉县县委、县政府高瞻远瞩，创新性提出了群众为主体，修建生态路和多渠道筹资的工作思路。涉县交通人发扬愚公移山的精神，勇创新、破万难，和乡镇村在农村公路上积极推行享誉全国的“667”修路新机制，即汇集 6 种力量“群众为骨干、党员为先锋，村庄为主体、乡镇为主导，县里为奖补、有工优先干”。拓宽“向上争、市场筹、干部助、社会捐、群众投、政府奖”等 6 条筹资渠道，坚持路与自然和谐共生的 7 项生态修路原则。这一机制既与时俱进又因地制宜，凸显出卓越的政治智慧，开创了变交通一家修路为全民修路的新局面。

在千里旅游通道建设中，交运铁军当愚公，修天路，“百日不下山，帐篷度暑寒”，发动并指导 10 个乡镇 158 个村奋勇攻坚，十几条道路齐头并进，日出动人员最多时达 6 万余人，凭借肩扛手挑、锤凿钎撬，硬是在高山之巅、深谷之中、峭壁之上，建成全长 660 多公里的道路，串联起 40 多个景点，将愚公移山的寓言变成天堑通途的现实。

涉县交通运输局党组书记、局长梁江苏说，谁出钱，谁来修，是全国范围内，地方道路建设的共同难题，涉县县委、县政府创新“667”新机制。由过去交通部门一家修路变成全民参与的社会行为。交通牵头，群众参与，共建共管共享，群众的参与感、获得感和幸福感明显提升，收到了很好的社会效果和经济效果，为乡村振兴当好先行官。

路畅：从走不了到走得美

很多来过涉县的游客，都会情不自禁地在路上停车放松，路美景区也多。路景交融，有时都分不清哪里是景区，哪里是路！一路走一路玩，玩不够！涉县道路“高颜值、美气质”，通过植入红色文化、女娲文化、民俗文化，融入产业要素，商业元素，一条条旅游路变身网红路、文化路、经济路，引发社会各界及主流媒体的强烈关注。

千里乡村旅游通道的建成通车，实现了一路七兴，推动了群众观念的革命。全县 83 条公交线路 265 辆车公交车，绿色电动新能源车辆过半。469 辆出租车，17 个乡镇电商网点全覆盖，为群众出行和生活，提供方便快捷环境。涉县从“走不了”到“走得美”、从“出不去”到“抢着来”，特产运出去，资金人才引进来，回乡创业、就地致富成为潮流。全县十几个田园综合体蓬勃发展，1 万多贫困人口在家门口致富。2019 年 1—5 月，全县共接待游客 680 万人，旅游综合收入达 65 亿元。

圣福天路起点的响石岭农庄是集餐饮、民宿、采摘为一体的综合性服务场所，提供就业岗位就有 100 余人。经理刘志刚总是一边要忙着招呼客人，介绍家乡的道路和景点，好吃好玩的地方。一边对着媒体的朋友的镜头，谈感想：路通财来。我可是沾了路的光了。路好，我们的创业就业的机会就多，游客来得多，咱守着家门口就能致富。光今年“五一”，来这里的客人就达到近万人。这让我们更有信心，把日子过得更火红，家乡建得更美好！

70 年，弹指一挥间，老区涉县从羊肠小道到如砥通衢，成为一个时代的缩影。路通业兴、路畅民富，涉县道路的巨变，直接把党的关怀送到最基层，把路修到老百姓的心坎上，新时代乡村振兴的美好画卷，正在这片红色热土上徐徐展开……

作者：张付平　“学习强国”平台、《河北经济日报》　2019 年 7 月 11 日

第四章　交通艺文

第一节　碑记 谚语 诗词 散文

一、碑记

（一）涉县符山一二里马布西戌村创修井家峪桥记

井家峪桥记碑

便一己不如与人共便之为公，便一人不如与天下皆便之为大。此桥梁之设，人人称□诚□道也。乃古地名井家峪，地处三省，其间或负或乘或行旅，或仕进上或巡狩述职，往过来续，纷纷不一。倘不修之，以桥险要阻扼，难以游不阂之途，□□□之关系岂不大？此地之需桥岂不急哉？奈其为功最巨，广资积钱谷久与力役，亦不得成此桥也。何意旧桥大坏，石□□，僧俗众善今将不用桥一石一旦，另择要地创修大桥。此中有收掌者，有造馔者，有乞化四方输财助工者。费金数百镒，工三四载，劳心劳力不知几加经营，始克成此桥耳。窃□桥之修，虽以官之钱粮兼以威力，且尔难就，众善人不过庶民之□，感化十方，欣然施舍。成功易非易，诚敬之至，感格之神，曷□臻此桥？使天下后世日被其德而不知，予亦为之□其赐矣，其视王政之后徒，杠□□仁人之博济众，何以异哉！予不佞，樗栎散材不足表扬万一，窃恐没人之善。聊俱俚言以记。

万历三十九年岁次辛亥季春之吉

后邑庠生　苏民望　撰

（二）修路（东岭下路）碑记

【清】任中柱　邑人　进士

自涉城东南行，两岸翼然皆山；中则漳流一带，千回百折，奔趋而下。行人来往，皆循水涯为道途。漳水暴发，不时遇险阻深峻，则依山缘崖，一线如发，以避湍急。虽岌岌不暇，势使然也。其最艰者，由林旺至达城，漳流忽折而北，复折而南，中横巨岭，行者非逾岭无由达。不涉而跋，历有年矣！攀萝历磴，一上一下，筋力疲软，喘息不定。当盛暑，流金赤日，行岭上，挥汗如雨，跂足崚嶒，求寸步康庄不可得，每叹山川之劳人不小也！于是，有善人某某，乘春月漳水尚浅，于岭之底加畚锸，累石堆土除为道，且鸠工凿石为堰以障水。积数年功始成。行者无逾山越岭之劳，且较近焉，往来莫不便之。噫！人之情莫不欲安而恶危，舍劳而就逸，而山之高水之险、天实限之，人力无如何，则不得不为登陟劳顿之苦。今乃不登高、不涉险，坦然称便，则在人经营之力不可没，而神工鬼斧且不得而争也。仰视石壁上，镌“小鲁转步”四字，明邑侯曲阜孔公闻谛所书也，笔势苍遒可爱。意岭下原有路，而漳流怒啮漩为深渊，路不可复得。而今乃见之，非数人者加修，其迹亦莫从而识矣。由是推之，漳流转徙无常，而人力之维持足恃。有志者嗣而修之，则斯役也，岂不万世永赖与？是为记。

（三）山西平阳府洪洞县籍刘勷开辟白鱼岭大路碑记

白鱼岭大路碑记

涉邑白鱼岭为山陕通衢，商贾往来如织。其如层峦叠嶂突兀巉严，驮载多倾覆之虞，跋涉有瘏痡之叹。余少从先君出游东鲁，经其地。先君必用力能开凿平坦以利行旅，亦上成之一事也。余窃识之。时先君年登耄耋，未及举行，而余又因致身仕籍，王事靡宁，不遑兼顾，以致濡滞。然中怀耿耿，未尝一日忘也。至客岁夏，余因解组归田，出游东郡，复历箕巅，详加相度，见险阻崎岖之壮，倍胜于前，心更寒之。随札商诸弟侄，而诸弟侄已早有同心，莫不欢欣鼓舞，并力捐输。是以辛酉春融，募夫择吉。经营伊始，凡向之高者之，洼者垫之，曲者直之，狭者广之，势高而有关脉络者购地以易之，工匠云从，昼夜不息，八越月而告成。化险为夷者，计长三十余里，计宽约有二仞。从此，联骑者可以扬鞭而进，揽辔者可以凭轼而前，永无覆余之忧，长得荡平之庆，于行人不无小补。又念距此西尚有神头古岭，素称危险，亦属要途，因并商之诸弟侄，继是而与工作。兹因斯工已竣，先勒于阡。

诰授资政大夫直隶河道总督提督都察院佥都御史　刘　勷

暨侄

候选员外郎　刘　衷

诰授　中宪大夫刑部云南清吏司员外郎加三级　刘光晋

诰授　中宪大夫户部云南清吏司员外郎　刘绳佣公　捐　修

岁进士　刘万涛

大清乾隆六年九月二十六日

（四）创立高阳桥记

闻先王教曰：雨毕而除道，水涸而成渠。凡以便行旅、济民涉者，每在九月、十月之后，履滑难行，不惟揽辔者车马不前，则徒步者跌卧不起，而大雨时之日无闻焉。我环涉者平之界披甲岭下，沟深途险，西通秦晋，东走燕齐，车骑担荷贸迁有无者，莫不历道于此。一遇天雨骤集，见滠減汹涌耶。雨壅至于大雪纷飞，尤见水凝连月，履滑难行，两岸相望唏嘘踟蹰耶呼号。邛有善人马君讳文福者，心悯行路之艰难，创建石桥以广济，募缘善信，鸠工凿石，越三年而功方告竣，卜吉日勒贞珉。不日甫成之，新桥竞作，已颓之，故址乱石堆路，仍险阻此。在作善无恒者，必畏工烦而虑费广，不敢复兴重修之念也。文福乃赀以前基而更为巩固，易颓石而再为盘错。一时，荐绅先生、士庶商旅又翕然欣致，塌者复起，圮者复成。自此永基不坏，则往来行旅游康庄、履坦途，虽暑雨寒雪无载胥，水涸成渠岁岁为之，仅济人于九月、十月之后者，又为何如哉？是为记。

高阳桥碑

邑庠生　樊希圣　撰书

大清康熙六十一年岁在壬寅三月十九日

（五）重修玉露岭碑记

间尝考志，而知吾邑居太行之险，乃古沙侯国故墟也。石厚土薄，每多不平之处。越东七十里许，有村名曰岭底，盖以去乡无几辄登玉露岭而命名乎？夆足颠踬，尤为特甚，维右□此之谓也。怪石巉岩，殆□几焉，修治之功可或缓□一日者。有岭底村舍人李谟，以玉露岭功成，□用传述辞至□曰："势不克已，矫为俚言，粗述大略。其于时事之况瘁，维□固来胞同知而熟识然，而众等之碣蹶不遑，庶可以意揣而心厚。"试问所由来，则曰：工起于雍正十三年，落成于乾隆三年。旷日而卒其业，持久乃毕其功不已，见工程之浩大而费耗之靡涯欤，将始焉，今□□□□□□□事为已事者，维有之力也，继□出囊金、输内帑、舍己财为人财者，乃诸善之功也。以一乡而利四方之攸往，以人事而补载厚之遗阙，有人于此，讵思其没没焉？一无所来见已呼？说者谓："善不流名、得不期报，似无须铺张扬厉之为，而不知煌□□□鼎之设赫赫乎？金铭之选必来欲湮没，而无闻者抑又何也？□于乡曲微务，顾独不然欤？"信斯福也。且勿论四方之财难明，一社之勤劳罔辩，又何乐乎善善欲长，以勉于无穷也哉？若夫维首之阴骘绵远，诸善之因果流长，则冥冥之中自有定数。至于闻者增福，见者欢羡，善哉善哉！时是之诸说不尽者，尤勿论已。于是乎书。

时乾隆三年岁在（戊）午仲春吉旦立

（六）重修东大桥记

去村三里，有桥曰“东瑞桥”，先辈命名称瑞之意未详。毋亦以太平之世，不苦兵荒，凡有兴筑，民力并而成功易欤。况此桥为大池进水之咽喉，又为数百顷山田之总径，数十村山民所共有，人心之所乐为，则固无患其难为也。事非关于论于乐之典，效亦如灵台灵洛之神，则谓之瑞也固宜。己巳，久旱不雨。六月二十忽暴雨，灭没田园、房屋无数，而斯桥遂坏。夫雨虽暴，而冲没之害，以流涝之深浅为重轻。视桥之上下留道咸微，而桥倾几半。有心者相与异之，则桥似不终于“瑞”矣！当是时也，欲不修，而势有所难已；欲修之，而力有所难支。香首四人日夜忧思，不遑暇寐。比及兴工，不逾月而告竣焉。在他人见其易不知其难，在香首亲其难而弥惊其易。呜呼神哉！横流之害实出于非常，而补苴之功，若成于不意，则谓桥之终于为“瑞”也亦宜。

嘉庆十五年岁在庚午六月望日

邑庠廪生　赵廷献撰书

（七）修路（瓮岭路）碑记

林、涉两县重修瓮子岭南岭、北创修东沟路一条。粤稽上古随山刊木而九州通，禹之明德远矣。厥后，宋太祖抱顽石于马上，汉留侯修栈道于蜀中，五丁开山，蚕丛、剑阁无不通达。是道途之险，虽帝王卿相，未尝不极力为之者。林、涉两县地属接壤，浊漳清漳交流其中，秋夏之间，不时涨发，无桥梁舟车以便商旅，惟有瓮子岭山径一条可作绕道。奈崎岖险阻，往来者苦之！时有林县磻阳村善人张君讳顺成者，动扶危之心，发慈航之念，捐资募化，鸠众兴工。日积月累，艰同夸父之移山；启之辟之，勇比秦王之鞭石。由是崇岗之上如同康衢，峻岭之间顿成大道；人无倾跌折足之凶，马无颠踬输载之苦。是张君所为，诚有与古帝王卿相后先媲美者。功成，因作歌曰：“群山苍苍兮漳水洋洋，张君之德兮山高水长。”因书之，以志不朽云。

瓮岭路碑

林县任村镇　庠生　岳振峰

林县磻阳村　庠生　卢腾峻　撰

山西太原府太谷县　段逢鹏　书

大清嘉庆二年二月十七日兴工至五年四月十六日完吉立

（八）修复北大路碑记

【清】杨霆　邑令

余莅涉之三年，治北大路成。起龙山颔，讫颃缘冈，逶折蔓延而上，阔丈有奇，凡四十丈长。侧有渠，厥长称是二尺许，阔深如之。渠两墙尽嵌石，类石峡。汇束涨淋，蜿蜒使下趋，雨潦罔能为路灾。先是，大路由东偏，行者苦崎仄。康熙乙酉，北平黄公泽宰斯土，决计徙兹榛，辟道通，往来称便。嗣积潦靡所归，寖以溃塌。乾隆戊辰，闻喜赵公万里姑补苴，卒惮大举。路塞者二十年，芜坏不可由。予以丁亥六月来，自路东枯河取道，乱石惊沙，茫未有路。遥见迤北榛莽间，一带途迹宛然。询土人，云："大路在是。"思为修复计。适邑绅李君馨及其犹子长年白状，请自董役。余喜，趋视之，令循旧迹加修治，高者平之，洼者填之，逼仄者拓之，拔去芜秽，使不致失足落苍耳。由是，徒者骑者驼而载者皆坦然而由。虽遇霖雨，水转从渠走，行者自如也。余踵黄、赵二公后，喜见是路之成，尤愿继事者不时修举，俾永为行人利。《诗》曰："周道如砥，其直如矢。"《语》曰："吾行却曲，无伤吾足。"道途之修废，其亦非细故已。

（九）太月船白台寺下渡船记

寺下有太月石一个，故船名太月。昔圣人见明源之广，悯民之徒涉也，于是乎相其地、度其区，宜设为桥梁以时利济。有用石为梁者，有用木为梁者，皆所以通行人也。或其地水深以溜桥梁难成，则宜用舟为梁。诗曰：造舟为梁是也。涉境东三十里白台寺下，为燕、齐、秦、晋往来必经之要路，漳水注其间，每岁四月后泛滥，不时颇碍行者。欲为久远之计，以利行旅之人，非其舟楫不可。有生员崔赓与高宁等人，本乐善之心，发博施之念，纠众庀材，于嘉庆二十五年六月初六日，刳木为舟，剡木为楫，不日而成。设于水中，以济不通，循水以行，喜扁舟之得渡，迁登而往，乐之，幸之，可祝询盛乐也！予嘉其好施心诚，济众功普。因记其巅末，俾勒贞石，用垂永久焉！

昭义村白台寺下立着的两块石碑

勒授儒林郎、知涉县事　加五级　记录八次　又军功　随带加一级　仁和　孙肃元　撰文。

大清道光元年十二月二十五日谷旦立

（十）修青风辿路碑记

读《礼》至"不登高、不临深"二语，知人可守身，战战兢兢不可履险。及验于来往过客，则有不得执是以绳焉者。涉固多山，叠嶂层峦，半属太行支麓。中又漳流一带，由西北毛领入境，

青峰辿路碑

东过太仓始出界。怒浪惊涛，蜿蜒百数十里，往来行人不跋即涉，势使然也！然自磁、林来涉者，逾玉露岭、逾瓮子岭，高登矣，而幸未临深；渡达城桥、渡昭义桥，深临矣，而幸未登高。至如高必须登，而恰又在水之顶，深必须临，而适又在山之腰，上仰万仞之山，下顾百丈之渊，一举足而两险俱履，未有若邑东南二十里许清风辿之路者也！考斯路旧迹，有上中下三层，下曰“辿底路”，中曰“小辿”，上即今所行之“大辿”者。是辿底之行，予生也晚，不获记。噫！咸同间，路犹从小辿行。岁癸未秋大水，漳流冲断小辿西截。于是，徒者、骑者、驮而载者，非走大辿莫由达。噫！山之高，水之深，天实限之，人力奈之何哉！夫人情莫不好安而恶危，就逸而避劳。路如斯危甚，行至斯又劳甚。然则修之乌容已乎？前者，辿路两头局势太陡，遇有辿边脱落，碎修而已。而两头之陡者，仍如故也，一上一下，筋力疲软，喘息几莫能定。乙巳冬，姚进国、成玉兰等十人倡首捐资，社众补助。姚姓施基址如许，邻村过客也复好义乐施，共成善举。诸人之功不可没也，而本村外乡诸君子玉成之美，亦议勒诸贞珉，以垂永久。予自愧不文，虑有识者笑。然素爱山水之胜，往返其间，仰焉而望林木之阴翳，俯焉而瞰鱼鸟之浮沉。兴往情来，高深之险不禁易为登临之乐也，顾盼之余，喜为倡首诸君记，且喜为助义诸君记。

曰：韩山苍苍，漳水泱泱；诸君之泽，山高水长。

岁贡生　候选训导　秦致祥　撰

邑庠生　秦一德　书阴

光绪三十二年闰四月榖旦立

（十一）重修皮岭路碑记

凡是益于己无益于人，则其事不必为；或利于近不利于远，则其事仍不必为。惟能益及人己、利被远近，而后可以倾力为之。如直隶、河南之交皮岭沟，山高岭峻，突兀直等天山；峰回路转，崎岖何殊蜀道！感关山之难越，失路谁悲？睹荆榛之载道，天荒谁錾？长此梗塞，邻近村落，老死不相往来，何以利行人而便交通？此古人所以惨淡经营，披霜露，斩荆棘，就比羊肠鸟道，创造往来通衢，甚利益大且远也。但创造□久，重修无人，暴雨迅风之侵蚀，牛蹄马足之摧残，致使如砥如矢之坦途□□，而为登高临深之危境，负担者十分竭力，骑驼者万分担忧，远近裹足，人已交困，其苦有不堪言者。甲子春，余拜节□甘泉，后村里人宁陈良、王金榜、付引之等就余商路工，余极力赞其成。因物项不资，宁陈良等遂奔走安、林、磁、汾、武、黎间，苦口婆舌，劝募得二千金，自涉邑甘泉至磁邑北王庄，沿途二十余里，次第补修，阅四月工落成。噫嘻！

愚公移山，精卫填海，其事荒诞；秦王鞭石，娲皇补天，于人何益？在此积资修路，益己兼以益人，利近又能利远，方之神禹敷土、济仙修桥何多让焉？余因有感曰：夫道若大路，然世之修路而不知修道者，尚属可原；若修道自高而不知修路者，吾不知其何居心也。至路工化费若干，施钱若干，另行登载。是为记。

司令部参谋长　任□撰
中学教员　张贤田　阅
小学教员　付引之　书
中华民国十四年榴月端阳吉立

皮岭路碑

（十二）玉镁石拱桥创建碑志

涉县处河北省西南边境，山脉纵横，交通不便。西戌区、南北郭口之间有港沟一道，两村人民来往崎岖难行，特别是雨季坡陡泥泞，行旅阻隔，冬时雪水冻结人畜失事。我县自抗战以来，在共产党和人民政府的英明领导下，人民觉悟日益提高。北郭口村张君玉镁胸怀慷慨，热心公益，鉴于此路坎坷险阻和新中国交通运输在村经济建设上的需要，遂自动将历年生产节约所储的人民币叁仟零壹拾玖元全部捐作建筑石桥专款。经县人民政府派员勘察设计后，呈请专署转请省政府拨款补助肆仟肆佰壹拾叁元伍角，和全乡群众自愿捐出伍佰壹拾玖元贰角捌分，共计柒仟玖佰陆拾壹元柒角捌分。在上级党和人民政府的领导下，由郭口乡基层党政主干亲自领导，首先组织了建桥委员会，下分财务、工程、宣教、保安四股，分工合作积极建造。自一九五五年九月二十六日开工至十一月二十四日完竣，共用石工壹仟捌佰伍拾肆个半，壮工肆仟捌佰壹拾壹个。终将长度拾肆公尺八，宽六公尺，高八公尺五的玉镁石拱桥按原计划胜利完成。雄伟壮丽，山河生色，桥南桥北，道路亦同时修理通行无阻，所有过去坡路陡窄泥泞艰险的情况均不复存在。而南北大道广宽平坦，对今后广泛使用现代化农业工具及扩大生产提供了有利条件。这与党和人民深切关怀及张玉镁的慷慨捐输，乡干部的努力赞助和全乡群众的辛勤劳动成果是分不开的。现将事实经过略叙梗概以资纪念。

郭口乡建桥委员会
技工濬县郑厂村
工首赵桂蔚 陈习信和全体工人
公元一九五五年十一月二十四日

（十三）王金庄隧道碑记

王金庄公社人民在各级政府领导下，高举毛主席伟大旗帜，为了改变山高沟深交通不便面貌，造福万代，学大寨自力更生、艰苦奋斗精神，在上级领导交通部门的关怀和大力支持下，在人民解放军某部、铁三局六处、503工程处等单位无私援助下，在王金庄村西滴水沟凿通此隧道，使通往县城的路程比路经桃花岭缩短4公里，标高降低180米。有利战备，将使我社人民的政治、经济、文化、生活进一步繁荣、富强之。此隧道1976年10月1日动工至1979年5月竣工。施工期间，全社人民捐粮捐款，献力献物，大力支持，参加施工的干部民工，以“一不怕苦，二不怕死”的精神，昼夜奋战涌现出无数可歌可泣的模范人物和先进事迹。经2年多时间，完成工程量，隧道长805.8米，宽7米，高5米，石方约35000立方米，明沟长100米，宽10米，动土石约13000立方米。共用工11.4万个，材料费267000多元，用粮食11.7万斤。修通明面4500米，宽8.5米，动土石约5万立方米，用工45万多个，支材料费8万多元，使我社人民世代愿望终于实现。

1979年5月立

（十四）张家庄隧道碑志

涉县张家庄，坐落太行山麓，周围群峰叠峦，交通阻塞。世代人民，往返运输，人挑畜驮，爬山越岭受尽凄惨。

穷则思变。一九六九年，在此山北腰，挖透一条长达三百一十四米的隧道。由于地势高、弯度大、不足民需。一九七八年五月，从长远着想，为后代造福，又开越这条隧道。施工期间，群策群力、捐粮献款、社办公助、昼夜鏖战、只争朝夕、大战三年零六个月，于一九八一年八月十日胜利竣工，沟通了磁涉邯长交通要道。隧道全长七百四十米、高五米、宽七米，凿石二万六千方，民工六万五千个，用款叁拾万元。其中，公社自筹八万五千元，国家投资二十一万五千元，为改变山区面貌，写下了光辉篇章。

昔日高山阻，今朝变通途。这一工程全靠共产党的领导，社会主义的优越，人民战争的威力。为铭记党的功绩，歌颂当代愚公，故勒石留念。

公元一九八一年十二月一日

（十五）圣福天路碑志

圣福天路起自偏城镇圣寺驼村，终于西戌镇鸡鸣铺村，全长20.1公里，宽7—9米，是太行山旅游环线的重要工程。2017年7月16日动工兴建，经1000余人奋战150多天，动用机械130余台，劈山破崖88万立方，填沟补壑76万立方。修桥筑涵48座，于12月20日胜利通车。建成响石岭、奋斗楼、新时代精神广场等文化节点70余处；恢复生态，植树造林30万株。

圣福天路腾跃于海拔1290米的符山之巅，曲走龙蛇，急弯陡转；松柏簇拥，野花披肩；奇石林列，亭台高耸，红色广场熔铸新精神，猎猎红旗指引新征程，漫步环顾，山风拂面，神清气爽；远望苍山如海、村庄隐现；近听百鸟鸣啭，如歌绕耳，心潮澎湃，浩气倍增。

圣福天路，是涉县县委、县政府落实习近平总书记实施乡村振兴战略思想的辉煌成就，是涉县“四好农村路”全国示范县嘉誉的扛鼎力作，是发展全域旅游、打造千里旅游通道的精品路段。圣福天路，是县委、政府高瞻远瞩、精心谋划、创新设计、调度协调的结果；是进取担当、团结奉献的公路人风餐露宿、爬冰卧雪践行新时代涉县精神的结果；是沿线村民无私援助、同心共筑的结果。圣福天路，是广大群众脱贫致富奔小康的幸福之路，是党员干部接受红色教育的励志之路，是人们领略太行壮美陶冶情操的旅游之路，是承载新希望拥抱新时代的逐梦之路。

圣福天路，美在一石一景，壮在一人一事，碎石铺路成其大道，上下齐心成其大事。功在当代，利在千秋。是以为记。

涉县交通运输局

二〇一八年十月

二、谚语、俗语

1. 石头房、纸糊窗、躺在炕上看房梁，出门便是坎，抬头就是山，若要收五谷，只有背和扛。
2. 路无三步平，陡峭甚难行。上坡一身汗，下坡腿打颤。晴天飞尘土，雨天踏泥泞。
3. 闭着眼睛不用看，车子一颠到涉县。
4. 旱天尘土扬，雨天一身泥。
5. 车过满沟尘，雨天轮不动。
6. 宁隔千道岭，不隔一条河。
7. 山清水秀风光好，只见哥哥不见嫂。
8. 一公里九个弯，汽车还得老牛牵，隔着河水能说话，要想过河绕半天。
9. 出门基本靠脚，运货基本靠驮，说话基本靠吼，生病基本靠熬。
10. 要想富，先修路。
11. 小路小富，大路大富，无路不富。
12. 路上征程远，脚下富路多。
13. 道塞山河旧，路通天地新。
14. 天当被，地当床，头顶蓝天和月亮；我为人民修大道，呼噜呼噜进梦乡。
15. 唐修塔，宋修庙，共产党领咱修大道，修完大道修村道，共产党的县委政府就是好！
16. 修路难，不修更难；现在不修，将来更难；错过机遇，再修更难。
17. 困难是石头，办法是榔头，榔头碰石头，困难就低头。
18. 快节奏，说干就干，雷厉风行；高效率，干就干好，一步到位。
19. 唯闯有路，唯拼能富。
20. 掉皮掉肉不掉队，流血流汗不流泪。
21. 全面奔小康，关键在农村；农村奔小康，基础在交通。

22. 小康不小康，关键看老乡。

23. 四好农村路，乡村振兴路。

24. 千里彩练党旗红，万名党员赛愚公。

25. 百日不下山，帐篷度暑寒。

26. 金山银山不如绿水青山，金杯银杯不如百姓口碑。

三、其他

1. 广泛筹资、全民修路、修生态路。
2. 一条风景道，遍览太行美。
3. 国道省道四好路，都是百姓致富路。
4. 青山环碧玉，路畅客自来。
5. 高速修到家门口，梯田小米销得远。
6. 出门就上公交车，手机一点货进庄。
7. 四好路百姓家门口的超级工程。
8. 因路而美，因路而兴，因路而富。
9. 太行邀远客，路路到桃源。
10. 车在路上，人在画中。
11. 山高石头多，出门就爬坡。
12. 地在半空中，路无半步平。
13. 立下愚公志 高山变通途（王金庄隧道）。
14. 众开幸福路 精工赛鲁班（张家庄隧道）。
15. 立下愚公移山志 凿开天险变通途（匡门隧道）。
16. 太行山下创奇迹　清漳河畔绘新图（温村隧道）。
17. 壮志撼山岳 巧手绘新图（西达一号隧道）
18. 群英开幸福路 众手凿通万重山（西达二号隧道）

四、诗词

古代：

过吴儿谷

【宋】韩琦　安阳人

晓入吴儿谷，危涂信不虚。
千峰疑绝路，一径俯容车。
山鸟过云语，田夫半岭锄。
时平尽周道，天险欲何如？

涉县道中

【明】夏言　桂洲　大学士

春深不见花，高岸浸碧草。
细雨湿蟾帷，昨日黎城道。

涉县阅边作

【明】曾铣　石塘　河南巡抚

群山叠叠锁烟霞，一水环流路更斜。
萧寺依岩尘不到，台臣驻节思无涯。
经营总为狂酋计，保障谁开大将牙。
堪羡樽前李参伯，殷勤涉险为皇家。

玉露岭

【明】任澄清

嶙峋齐华岳，壁立俯尘寰。
跨越千寻涧，逶迤万仞山。
马嘶苍雾里，人踏碧云间。
绝羡空中鹤，翱翔不可攀。

白云亭

【明】李熠

谁将巨斧凿清泉，古寺幽奇峻壁巅。
路径委蛇三十转，河流环绕百千年。

振衣逸兴舒眉眺，探韵新诗得象先。
最爱清涛如喷玉，顿令心曲洗尘诠。

涉县感题

【明】赵东鲁

镇日褰帷大暑侵，山城暂憩洒尘心。
石田尚忆漳河远，云岫仍怜鸟道深。
短榻无情消昼饮，闲庭有兴对帘吟。
笑将叱驭王郎事，频向崎岖路上寻。

客中思涉

【明】李四端

韩峰一柱插漳湍，远隔黄流极目看。
夹岸烽烟迷旧国，穿城车马撼危关。
况遭碎璧谁知苦，且值囊羞我自宽。
何日尘清多雨露，归家笑傲拾余欢。

玉泉道上

【清】杨以兼

曲折玉泉道，崖边又水边。
青山悬石壁，红树带山烟。
穿地通沟洫，依流作稻田。
涓涓去不息，恍惚在南天。

入涉邑境

孙延昌

涉县古称沙子国，万山丛里弹丸城。
举头尽见奇峰峙，着足曾无尺土平。
幽阻半腰穿穴入，回环千折倚边行。
林峦幸有搜寻处，雅称生平览胜情。

风洞山

【清】李长楚

山椒一径蔼缤纷，长有罡风入耳闻。
我欲问奇探古穴，芒鞋踏破岭头云。

现代：

征　程

吕学海

涉县公路战未休，累断筋骨不言愁。
万里长城吓不倒，多少桥涵竞风流。
装走八千云和月，家中万事不在瞅。
就为一条好路走，八百儿女八百牛。

路　潮

吕学海

一条路蜿蜒，百里人声喧。
好女奋锹镐，男士手扬钎。
工地动如潮，万人战犹酣。
落日月亮起，山野升炊烟。
支锅且为炊，岭上扎营盘。
姊妹路上宿，兄弟身不眠。

贺阳索公路通车

王会江

山高路也宽，快步向桃源。
困惑留身后，荣华在眼前。
新潮已激荡，古韵尚悠然。
寄语遥疑客，清漳水最甜。

通达筑路人

王会江

鸟道难封闭，羊肠可问津。
神工开地锁，鬼斧启天门。
畅快无闲事，通达有远心。
虽惊山陡峭，不畏壑幽深。
热血熔黄土，豪情卷碧云。
家乡经改造，气象自更新。
始纵荒凉地，终犹锦绣身。
愚公何所愿？筑路被风尘。

响石岭槐花节有感（新韵）

申新成

高路绵延南北纵，槐花簇岭醉流云。
天遗累累通灵玉，逐梦红楼半恼春。

赞旅游通道建设

李计明

黄花一寨聚风流，改地惊天动五洲。
织就旅游千里网，唤来宾客万家游。
欢观大地添浓色，喜庆丰碑立大猷。
烈火风雷图复兴，多情云水日歌讴。

岭底古道

张献伟

山深藏古道，切石垒天梯。
飞鸟惊林乱，清泉涌坝低。
碑存千载梦，草掩万宗迷。
梦解高洋去，月华空照衣。

浪淘沙

申彦峰

放线太行山，热浪滔天。
荆棘丛中挥弯镰。一抹红绸，
伸向前，直到天边。
回首五月前，部令突然。
多年优势难保，跨界经营，
今奋起，我辈争先。

祝贺太行山高速涉县段顺利通车

何占军

宇宙洪荒，尧舜禹邦，巍巍太行，铸就辉煌。
高屋建瓴，京津冀图，一条高速，济贫富乡。
交通强省，交投先行，中电高投，明确方向。
川军三千，再入涉县，开山凿石，拉开战场。
红旗招展，号带飘扬，翻山越岭，钻孔炮响。
兄弟架桥，夫妻挖桩，万千之众，震彻山岗。
繁星作被，大地为床，风餐露宿，背井离乡。
精准定测，平纵放样，立模坚固，线型顺畅。
吊钩起重，铁臂长桁，钢筋铁骨，柱立崖上。
薄腹T构，工字钢梁，切割焊铆，水混高强。
精拌细摊，巨碾强夯，锻出巨龙，峦峰飞翔。
一路三带，牢记心上，经济腾飞，直奔小康。
沿途景区，信步徜徉，女娲神庙，古槐清漳。
一二九师，五指韩王，邯郸学步，已成过往。
京冀坦途，浓墨重彩，燕赵雄起，再插翅膀。
厚德载道，聚合致远，愚公遗志，续谱华章。

五、散文

张家庄修公路追记

从更乐、井店一带向东眺望，有一座山，那里世代人都叫东山。张家庄村就在山脚下，所以就成了东山的代名词，也就有了东山人的称呼。

清嘉庆四年（1799 年）涉县志载："更乐至张家庄路凡二十余里。悉危崖仄径，难以置足，人畜颠坠比岁有之。监生李素存出资开凿修平险仄，自使往来人便之。"李素存系何方人氏？未考。但其善举，足以载史册。值得张家庄人仰慕。张家庄村此次修路，开山凿石，石头垒堰，砌筑台阶，修成上下十几道弯的盘山大道，长达三公里之多，自使人畜往来 172 年。直至 1971 年，第一座隧道通车后，盘山古道荒废。

千百年来，世世代代的张家庄人，做梦都想从更乐岭开辟一条通道，不翻山越岭就能走出深山到岭西。

一

1964 年大年刚过，五个大队组织全体社员，对张家庄至古台 20 华里的河道进行整修。社员们起高垫低，搬石垒堰，历时 2 个月，从天然河道中央的乱石中，修出一条不能再简单的通道。4 月中旬，从县城开来一辆空荡荡的解放牌卡车，经西达、关防，然后向西进入距张家庄 40 余里的山沟。汽车碾轧着嘣嘣作响的卵石，经过两个多小时的颠簸，时近中午才缓慢到达张家庄前河口，汽车的喇叭声和马达声惊醒了这个沉睡的古山村，人们像过重大节日一样，奔走相告，"汽车来了！汽车来了！"那时，张家庄人没见过汽车的不在少数，男人、女人、老人、儿童黑压压挤了一大片，把汽车包围起来，两边的河岸上也站满了人。那些终身没见过汽车、没出过大山的老人，在子女的搀扶下，颤悠悠走到汽车前，用抖动的手抚摸这个从未见过的庞然大物，感慨万千。儿童们欢声雀跃，围着汽车团团转。张家庄通了汽车，却喜极一时，从此没有 1 辆汽车从这条道上送过货物。就是这样一条鹅卵石上的通道，张家庄人不嫌难走，不少生产队赶着牲口拉着排子车、炮车，从武安和村煤窑拉回不少煤炭，给缺烧燃做饭的村民解了燃眉之急。

1966 年，张家庄村从下半乡河道北岸壁山垒堰，仅用 1 个冬季的时间，修筑一条通往王金庄的绕山公路，途经满市口、南漫驼、江家、前何、后何等 7 个村庄，借道王金庄翻越银河井岭，到县城近百里，汽车来回一趟整整一个上午。两次修路尝试都未实现张家庄人的梦想。

二

穷则思变，闭则思通。1965 年，张家庄公社党委根据群众呼声，决定从更乐岭开凿一条通往岭西、县城的通道。这一决定，给张家庄人带来了希望。

在糠菜都没有保障的困难时期，张家庄村人决心用自己的双手，在更乐岭的石山上挖开一条通道。公社组成以老党员为骨干的领导班子，他们既是领导组织者也是劳动者，没有一个不干活的领导。每个生产队抽调 1 名青壮年，在隧道两头组成两个连队，在荒凉的半山腰打响第一炮，由于技术原因，隧道口切面选址反复不定，耽误了近两年的时间，浪费了不少人力、物力。但工程没有停止，晚上留少数人员住在山上的石庵里值班，看管工具、物资，其他人员每天徒步往返 20 余里，中午自带干粮，干粮绝大多数是圆滚滚，半个砖头大小的糠窝头和红薯、炒面、软枣面、干软枣等，烧点开水就着吃。和石头打交道，开山凿石，体力消耗大，吃干粮下午实在没了力气干活。工人们就自带铁锅，几个人拼在一起，将干白萝卜块、干梅豆角等干菜加少得可怜的小米混合，煮一锅糊稠饭。如果谁能带些干红萝卜条，就算改善生活了。

施工工具很简单，集体购买少量铁锤、钢钎。社员自带条镢、铁锹、撬棍、罗头钩担。固定一名木工、一名铁匠，负责随时修理损坏的工具和对钢钎。开工时没有排子车，放炮后大块石头就用撬棍一点一点往外移，抬动的抬，搬动的搬，石渣就用钩担罗头担。县领导多次亲临现场指导，公社领导更是不间断亲临现场。公社社长李明祥，已年过半百，开工初期，在查看工地时，从陡峭的山坡上滑倒，滚落摔伤，几个月后不幸逝世。

为了争取时间，加快速度，人员分成两班，晚上打炮眼放炮，白天清理出渣。当时村民晚上都是点油灯，谈不上用电。照明就用玻璃瓶自制煤油灯，从村里筹借马灯，一人掌钢钎，一人拿灯照明，一人打锤，一会儿一轮换。在昏暗微弱的灯光下，炮眼都是平眼或斜眼，打锤难度可想而知。掌钎人的手、臂被锤砸伤是常事，不是特别严重的，从衣服上撕块破布简单包扎继续干活。开始打隧道没经验，只是在一个斜坡上打炮眼掘进，周围坚硬的石山挤压，放炮后效果很小，进度非常缓慢。经过一年多的实践，工人们逐步摸索出一些经验，炮眼分布位置、密度逐渐合理，并抛弃斜坡而进的做法。先在隧道顶部打进 1 个一人高（1.7—1.8 米）、深度 3 米以上的平台，同时在底部两帮各打 1 个大炮眼，形状如同放倒的酒坛，口小肚子大。一个坑经过反复轰炸，成形后口部只有碗口大小，里面逐渐扩大，能容下二三百斤甚至更多的化肥炸药。当顶部掘进四五米时，底部的大炮眼也已成形，装填炸药，堵好口，爆破后能掘进 3—4 米，效果明显提高。

经过一千二百多个日日夜夜，东山人凭着特有的坚韧耐劳精神，苦干实干加巧干，硬是用最简单的工具、原始的办法，于1970年农历六月初六这天凌晨，将隧道炸出一个可钻过人的窟窿。

隧道一通，张家庄人信心倍增，各大队按 10 口人出一劳力的比例，及时组织人员，按大队分段包干，对西至更乐、东至村边的两边公路进行修筑。3 个月完成了 3 公里的路基工程，动用石方 5 万立方米、土方 4 万立方米，垒筑路堰 3 公里。1971 年冬，举行了通车典礼。东山人从根本上结束了爬山越岭到岭西的历史。

三

受种种客观因素的制约，第一座隧道侧重考虑缩小掘进工程量，减少工程难度，但隧道掘通后，道路坡陡弯急，西边还有一个 Z 字形弯道，给车辆安全行驶造成重大隐患。在短短几年里，弯道处发生多起车祸，造成一辆汽车、两辆拖拉机坠入山间报废，致使两人死亡，多人受伤。为从根本上解决张家庄的交通问题，公社领导开始谋划第二座隧道的开凿方案，并向省交通厅争取资金 15 万元。

有了第一批资金，由公社党委牵头，决定成立隧道指挥部临时党支部，四街大队支部书记江反牛任指挥部临时党支部书记，江培祥、李豆屯任支部委员，李豆屯任指挥长，张乃祥任财务主任兼东口连队事务长，江虎林任采购员，负责工程原材料、炸药、后勤供应等业务。东西两边各组建一个连队，连长由指挥部负责人担任，每个连队配置两个副连长，带班作业。还在隧道口两边建造炉棚，各配置 1 名铁匠，随时淬火坏刃的钢钎和修理损坏的工具，以及排子车内胎修补等工作。

为解决照明，专请县电力部门帮忙，从三合村架设高压电线，两个连队各配置一台低压变压器。施工照明采用 110 伏电压，以降低用电风险和掘进时用电照明。

第二座隧道，较第一座隧道降低标高 50 米，缩短盘山公路 1.5 公里，全长 740 米，宽 7.5 米，高 5 米，加隧道口切面动用总石方量在四万立方米，是第一座隧道工程量的六倍以上。如此大的工程，没有任何机械，全靠人工挖掘、人工运输，难度可想而知。

经过三年零三个月的日夜苦干，1981 年 8 月 10 日，第二座隧道顺利开通，总投资 30 万元，村自筹资款 8.5 万元，国家投资 21.5 万元，用工 6.5 万个。

隧道开通后，村民们继续日夜不停地完成配套工程，两边的公路及时组织人员修筑。经过两个多月的大会战，动用石方四万立方米、土方三万立方米，垒砌石堰两公里，一条宽阔、通畅的乡村公路展现在人们面前，张家庄人世代梦寐以求的夙愿终于实现。

是年，隧道指挥部抽调能工巧匠，对东西隧道口用石灰岩料石甃券，特请县文化馆赵翔凤书写“张家庄隧道”，东口写“久有凌雲志，凿透万重山”，西口写“众开幸福路，精工赛鲁班”。25 个遒劲有力的大字，由四街大队石匠张西廷、张东廷兄弟精心雕刻，巍然屹立，镶嵌在隧道东西口两侧，美观大方，十分醒目。

1996 年，涉县交通局投资 230 万元，完成从下庄至江家 15 公里的油面工程，碾轧后柏油铺面，历时半年，一条具有山区特色的乡村公路蜿蜒在群山峻岭之中，成为一道亮丽的风景线。

结语

两条隧道的开凿，无疑是涉县乡村公路建设史上浓墨重彩的一笔！隧道凿透，公路筑成，苦在当代，福泽后人。昔日赶着牲口徒步翻山越岭，半天时间才能到达岭西，如今，班车、私家车、出租车、大卡车、摩托车、电动车川流不息，30 分钟就能到达县城。在天铁涉县工作，都能做到早出晚归。何等的便利通畅！

要想富，先修路。张家庄人在半个世纪前，就用实实在在的行动诠释践行了这一名言。有了公路，张家庄人可以昂首挺胸走出东山。改革、开放、共享、发展、绿色、环保、美丽乡村建设的春风，一阵接一阵通过隧道吹过来。古老的乡村在春风的吹拂下，孕育着无限新的生机。张家庄世代人修筑梯田，甃券石庵，垒墙建房，开凿隧道而积淀的石头文化，一定能龙凤腾空，铸就新的辉煌。

这一天，应该为期不远。

来源：《张家庄志》　江虎生

铁军是这样铸成的

在党百年华诞的喜庆日子里，在邯郸举办的第六届省旅发盛会刚刚落下帷幕之际，我陪同几个省城来的朋友，来到了久负盛名的圣福天路，看见那蜿蜒而平坦的路，还有那一个个精巧的雕像，听到外地客人们如潮般的赞美声，品味着山里百姓的幸福的笑脸，就想到了这支“铁军”——涉县交运战线儿女们，就想到了持续20多年的“交通精神”，想着想着，脑海里就产生了一连串的问号，这“铁”在何处？这是怎样铸成的“铁军”呢，思绪像打开的闸门汹涌澎湃，那一幕幕，一件件，一桩桩往事呈现在我的眼前，那一代又一代“铁军”形象仿佛走了过来。

人们还记得1996年的水灾，一连半个月的蒙蒙细雨，又变成了瓢泼大雨，洪水像脱缰的野马，袭击了涉县，房倒屋塌，碗口粗的大树连根拔起，一条条道路被冲得七零八落，乡亲们看着无路可走，只有掉眼泪。新世纪来临那年，一股干事创业的新风也吹进来了，吕学海局长带领郭书元、付水元等交通人来了。涉左公路修开了，这里有个槐树岭，下面有个“百头翁”，是令人毛骨悚然的地方，悬崖峭壁，十几丈深的清漳河落涧，水深流急，不知淹死过多少人，施工队看了，一个个摇头晃脑，换了十几个施工队都急流勇退了，交通人不服这个劲，勇敢承担起最难的活儿，局领导把铺盖卷搬到料场，五虎上将一齐上，吃住在工地，清渣挖基，盯梢排险，搬砌和泥，砌石垒堰，狂风卷起沙粒打得人发麻，刮到嘴里都是沙土粒，咯吱吱响，大家全然不顾，吃饭时，喝口水漱漱嘴，吐出来的唾沫都是黄的。昼夜不停，夜里自带发电机照明，工人两班倒，不少人像大禹治水，三个月不回家，三天三夜只睡四五个小时，三天里每天只吃两顿饭，一个个像拼了命似的，几个月下来，有的人硬生生掉下来13斤肉，大多数瘦了七八斤，终于拿下“百头翁”，啃下一个个“硬骨头”。修成了一条20年没有大修的民心路。

2006年底，继任不久的张怀林局长，因高强度的工作，超负荷的操劳，病倒了，他带病坚守一线指挥，傍晚，在办公室一边挂吊针，一边听汇报，导致再次脑出血，终于累死在交通岗位上。2007年，刘树廷局长在修阳索路时，因赔偿费问题，老家的邻居们一时不理解，找到他家里夜里不走，刘局长只有另找地方居住，第二天照样苦口婆心去做工作，解决了一家家难题，终于把阳索路建成优质路、景观路。

2014年12月，王富魁就任局长，那时国道G309涉县段通车25年了，已包围在城区里，每天七八千辆车，川流不息，碰车撞人成了家常便饭，三天两头堵得黑压压一片，建设大外环迫在眉睫，老百姓呼声此伏彼起，可县里没钱去修路，怎么办？王富魁上任没几天，适逢春节，就把一大堆资料拉回自己单元楼，有交通的法律法规，还有政策和文件。此时，人们都在买年货、访亲友，王富魁却像水蒸气一样蒸发了。“两耳不闻窗外事，一心只读‘交通书’”。外边是噼里啪啦的鞭炮声，小房里，他东翻西找，翻了一遍又一遍，十天的反复分析筛选，一条争取经营性收费公路的思路终于形成。年后，王富魁和副局长杨宏伟、付利冰拿着方案，在县领导支持下，又走进了市交通局的门，负责的领导认真地说：“从 2004 年以来全市 20 多家收费站相继撤掉。国家再三强调撤销收费站，此时再建收费公路不可能！”王富魁深知，要办成一件大事，必须有钻劲和韧劲。那些日子，他总是一大早就从涉县出发，上班前就等在市局。精诚所至，近一个月，市局领导们看着这个县局一把手，为老百姓修一条路，天天在楼道里等着盼着，都被这为民担当的精神所感动。自此，市局领导研究：只要有一丝希望，逆势而为也要给予全力支持。接下来就往石家庄跑，每次都是伴着月色，280 公里的路，上班前就赶到省厅。一次文件批到省厅法规处，人家一瞧就要否决。王富魁说“这个涉及三部法律三款六条，也可办理”。人家一细看，符合政策。后来又报交通厅、发改委、财政厅出具意见，仅一个厅就涉及多个处和局，还要经过多个领导签字，他每个环节都要盯着、解说着、催促着。一次早六点从涉县赴省厅，因文件需市局补充意见，又赶回邯郸，再返省会，晚上又返涉县，一天跑了 1900 里，没有顾上吃一顿饭，嘴干得冒烟，就这样 76 天拿到了省里批文，创下了争跑项目的奇迹。王富魁却瘦了十几斤，脸上苍老了好几岁，可老区百姓望眼欲穿国道 G234 终于板上钉钉了，太行山高速改线项目终于落地有声。

2016 年 7 月那场大雨，乡村公路遭到毁灭性损毁，一年后，在恢复重建的关键时刻，接力棒传给梁江苏局长，上任伊始，梁江苏就深入一线，翻山越岭，跋山涉水，不到两年走遍了全县 308 个行政村，500 多个自然村，对全县乡村道路彻底摸底，哪里路该修，哪里应改线，哪里的路坑坑洼洼了，哪里的路还可走，他胸有成竹，回来后，安排站里列计划，报材料，为省市县提供了详细的第一手资料。建设项目批下来，梁江苏和战友们杨宏伟、付利冰、杨永春、张树魁等，总是事无巨细，从派兵遣将，到施工方案，从乡村占地，到拆迁补偿，从筹集资金，到启动施工，他总有操不完的心。一次次披星出发，戴月归来，多少次顶着似火骄阳，多少次顶风冒雪，一遍遍调度进度，监督全县施工质量，监控着施工安全。

县委政府决定建设千里旅游通道时，梁江苏一次次彻夜难眠，多少次，天刚蒙蒙亮，梁江苏就起床上路，这里坡陡弯急，这里容易车辆打滑，这里不安全，这里进度慢，一路看，一路说……他脱下了平日的西服，换上迷彩服，扔掉皮鞋，穿上了黄胶鞋，到山头上，进山沟沟，过圣福天路，登青龙公路；他两腿走得瑟瑟发抖；白生生的脸，成了紫色……哪个岭上几处路陡，几处弯儿急，他都如数家珍。

2020 年底，新履职的王利强局长，也像一头雄狮似的，立刻投入如火如荼的交通建设中，他除夕深夜还在局里考虑春节后行动方案，大年初三就走进局长办公室，面对青兰高速改扩建、国道 G234 大外环、邯钢迁建配套道路、6 项民心实事、疫情防控等大事要事，还有多如牛毛的事务，以军人的作风，废寝忘食，枕戈待旦，以舍我其谁的担当，率领一千多交通儿女，正在创造令人刮目的事业。

这支用党魂凝铸、用作风锤炼、用实干煅烧，拼搏中考验，铸成了敢打敢拼、能扛大事、能干成大事的“铁军”集体，20多年来，这支队伍换了一茬又一茬，这股牛劲、韧劲、闯劲，丝毫未减。就是这钢铁一般的队伍，流血流汗，换来了老区的公路平坦、畅通和绿美，换来了“四好农村路”全国示范县等数十项的桂冠，先后被中共中央授予“人民满意的公务员集体”，被团中央授予“全国红旗团支部”称号，涌现出一位全国劳动模范、一位全国优秀农民工、一位全国先进工作者，还有一大批省市劳动模范。几次受到中央领导同志亲切接见。赢得了老百姓如潮般的口碑。

来源：《燕赵散文》　王玉太

第二节 歌曲

交通儿女有力量

词：王玉川
曲：马 可

1=♭B 2/4

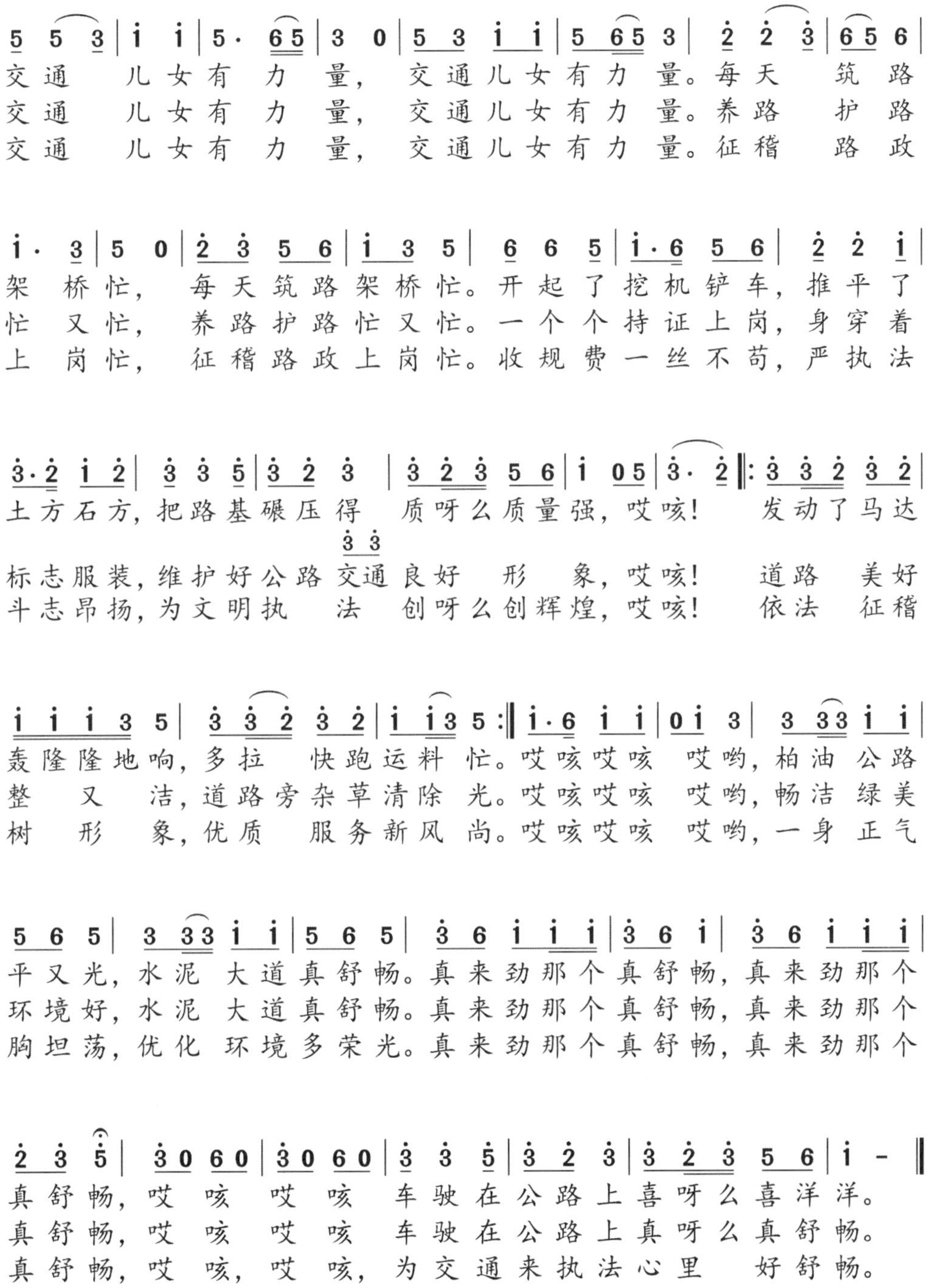

七彩天路绕太行

1=♭E 4/4

联唱

李光堂、陈少斌 词
王秀增 曲

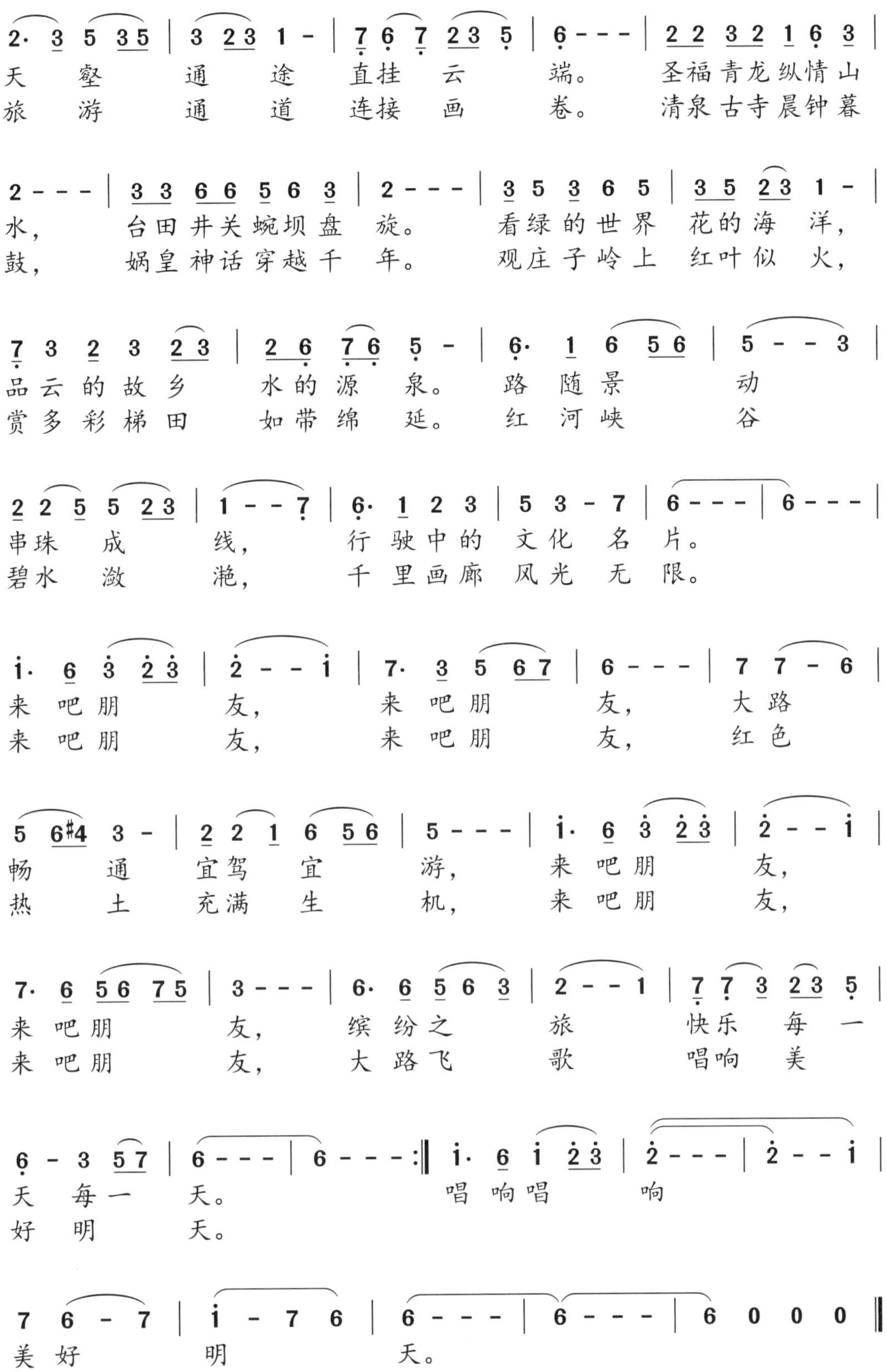
天 壑 通 途 直挂 云 端。圣福青龙纵情山
旅 游 通 道 连接 画 卷。清泉古寺晨钟暮
水，台田井关蜿坝盘 旋。看绿的世界 花的海 洋，
鼓，娲皇神话穿越千 年。观庄子岭上 红叶似 火，
品云的故乡 水的源 泉。路 随 景 动
赏多彩梯田 如带绵 延。红 河 峡 谷
串珠 成 线，行驶中的 文化 名 片。
碧水 潋 滟，千里画廊 风光 无 限。
来吧朋 友，来吧朋 友，大路
来 吧朋 友，来 吧 朋 友，红色
畅 通 宜驾 宜 游，来吧朋 友，
热 土 充满 生 机，来 吧 朋 友，
来吧朋 友，缤纷之 旅 快乐 每 一
来 吧朋 友，大路飞 歌 唱响 美
天 每一 天。唱 响唱 响
好 明 天。
美好 明 天。

太行天路

1=C $\frac{4}{4}$

作词：郝乃堂
作曲：樊瑞杰

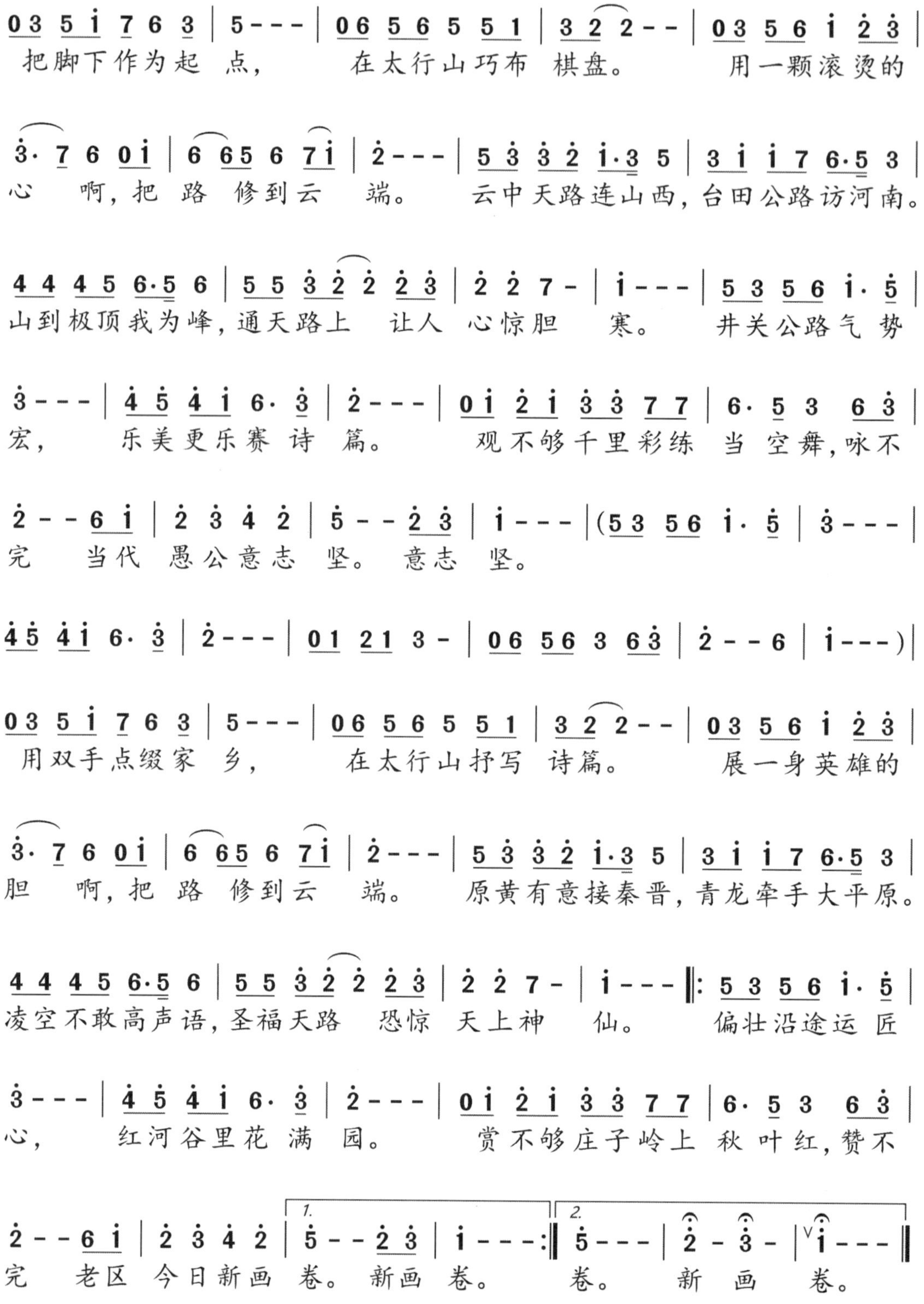

第三节　剧本

《太行路》

作者：江河萍　刘式海

剧情介绍

某县交通局新任局长高梅上任不久，遇到百年不遇的特大洪涝灾害。面对破损不堪的公路交通现状，她不气馁不畏难，带领局领导一班人知难奋进，举债筑路。本剧围绕改革与守旧、事业与家庭，展开了矛盾冲突，展示了公路交通事业上公与私的斗争，展现了当代交通人在党和政府的领导下，无私奉献的精神风貌。

剧中人

高梅：女，35岁，县交通局党委书记、局长

老局长：男，55岁，县交通局退居二线的原局长

高母：女，70岁，高梅之母

张英：女，24岁，县交通局办公室办事员

志勇：男，29岁，县交通局筑路工人

玉兰：女，27岁，志勇之妻

周强：男，28岁，县交通局助理工程师

冯大爷：男，73岁，某村村民

钱利：男，43岁，某村村民

鬼难缠：女，45岁，某村村民

交通执法人员、武警战士、群众若干人

序幕

时间：现代。

地点：山区公路间。

［幕启：风和日丽，公路上车水马龙，在欢快的公路奏鸣曲中，交通路政人员岗位执勤舞蹈。

［瞬间乌云滚滚，暴雨骤至，山洪突发。

（幕内伴唱）

乌云翻滚雷电闪，

暴雨倾盆水连天。

洪水咆哮山石滚，

道毁路断一瞬间。

［切光。

第一场

时间：紧接前场。

地点：抗洪一线。

［在悲壮的伴唱声中，老局长手持对讲机指挥抢险。

老局长：全县交通系统各抢险队立即出发，抢修被毁公路。

［志勇浑身泥水从灾区跑来。

志勇：老局长！

老局长：高局长找到了没有？

志勇：咳！山洪来势太猛，乡亲死伤惨重，我四处寻找，高局长她——

老局长：怎么了？

志勇：踪影不见哪！

老局长：这……，高局长刚刚上任，如有个闪失，我这退居二线的老同志咋向组织交代呀！

［张英搀扶神情恍惚的高母走上。

高母：小梅，小梅！（老局长无言以对）

志勇：大娘，你别着急，我们正在全力以赴寻找高局长。

老局长：老嫂子，高梅啥时候从家出去的？

高母：她见雨越下越大，披了件雨衣就跑出家门。可这都一天一夜了，她……（哽咽难言）

老局长：老嫂子（用对讲机再次紧急呼叫）高局长！高局长！你在哪里？请回话，请回话！

部分群众从灾区救出，其中一位解放军战士与一位女干部抬一担架急上，女干部跌倒。

张英：（发现女干部竟是高梅）高局长！

高母：小梅，小梅，你可回来啦！

老局长：高梅！高梅！

高梅：（从昏迷中醒来）老局长！快！快！立即安排全系统干部职工抢修公路。

老局长：你放心，各抢险队已经出发，正在突击抢修。

高梅：老局长！谢谢您！

老局长：哎！你这是说的啥话！我虽然退居二线，可还没下岗呀！高梅，你这是上哪儿去啦？

高梅：（唱）顶风雨闯洪涛把灾情查看，

惨不忍睹痛在心间。

多少桥梁被冲毁，

水泥桥墩逐浪翻。

山体滑坡堵涵洞，
处处塌方把路拦。
牛羊顺水漂，房塌底朝天，
冲走万亩好粮田。
乡亲们被困生死线，
急盼重建新家园。
党政军民抗洪救灾齐动员，
交通人义不容辞重任在肩。

［张英急上，部分交通干部职工随上。

张英：高局长！市局拨来救灾资金1000万，指示我们要不惜一切代价抢修公路，恢复交通。

高梅：同志们！险情就是命令，责任重于泰山！有县委、县政府的直接指挥和省市交通部门的全力支持，我们必须在七日内抢通国道，十日内抢通省道，半月抢通县道，一个月抢通乡道。

众：坚决完成任务！

高母：梅啊！你这身板……

高梅：娘！你放心吧！（众下）小周，快给我找一份全县公路交通图。

［周强从办公包中抽出地图。

老局长：看来你这个助理工程师早有准备呀！

［高梅蹬上高坡，展图遥望远方。

高梅：老局长、周工，这次我深入灾区查看路况，有个想法让我的心沉甸甸的，久久不能平静。

［音乐声起。

高梅：咱县的公路修建早，等级低，标准差，实难防御自然灾害，严重地制约着全县的发展。经济要振兴，百姓要致富，交通可是先行官哪。要知道无路不富。小路小富，大路大富，好路才能快富啊！时代多么需要、人民多么盼望我们建设纵横交错四通八达的高等级公路啊！

周强：对呀！看看人家那宽敞笔直的高速路，盘旋交错的立交桥，再看看我们这——坡陡弯急路又窄，坑洼不平搓板路。乡亲们都骂咱们是吃干饭的……窝囊，窝囊！

老局长：咳！（唱）想修好路是夙愿，三十年老交通我也心不甘。也曾烧过三把火，到头来磨圆了棱角随遇而安。穷和尚难把真经念，山区修路好比去登天。有钱咱就办，无钱没法干，咱只好平稳当咱的先行官。

高梅：（唱）人生在世别怕难，怕难何必来当官。人民交通为百姓，造福四方乐陶然。二次创业决心定，千难万险只等闲。不能等靠要，只要肯登攀。胸中有大志，宏图在心间。要修就修最好的路，敢让大路通云天。

［高梅与周强手持图纸奔向灾区，老局长忧虑重重地下。

（女声伴唱）弯弯那个曲曲哟，路盘着那个山，山外那个青山哟天外天。

第二场

时间：前场后不久的一天黎明。

地点：山中槐树岭。

［干部甲头枕安全帽，仰卧山坡看书打盹。周强手持图纸远眺群山。干部乙、丙手提摩托头盔怨气地走。

干部乙：（唱）瘸子放屁真邪门儿，二十里加足车油门儿。

槐树岭上来开会儿，

（白）不会是研究美国被炸的事吧！

（唱）谁知传达啥精神儿。

干部丙：（唱）当官的听风就是雨，大清早惹了我一肚子气。半夜鸡叫把床起，活像遇上周扒皮。

干部甲：行了行了！有本事别来呀，听吆喝儿吧。

［干部丁（女）风风火火地跑上。

干部丁：（唱）天没亮蹦出了热被窝，惹得老公不快活。孩子上学未送走，急急忙忙搭蹭车。

（白）哎！在这儿开会是谁出这馊主意？

干部乙：这不是秃子头上的虱子明摆着，咱们的女老板一把手呗！

干部甲：我可听说，咱们头儿昨天可是上了省厅啦！

干部丙：什么？那还把咱折腾到这儿来干啥。

干部乙：老公公打儿媳妇，没事找事呗！

干部丁：老局长，老局长！（老局长走上）这会还开不开了？

我看咱还是该干啥干啥去吧！

老局长：哎！别看高局长年轻，说话可是算数的。

干部乙：老局长！你都二线啦，你说你图得个啥！四十当官，五十靠边，六十……你都快冒烟了。现在的头儿谁像你们那时候！开放搞活喽，这当头儿的一出差呀

嘿嘿！

老局长：你……

干部丙：我可没空在这儿瞎耽误工夫，趁早散伙回城。

老局长：你敢。

周强：高局长回来啦！

干部乙：哪儿，哪儿！

干部丁：我说周工，是不是你那位亲爱的陪局长出差，你想急眼了吧！

周强：你们看看，那不是吗？

干部甲：四轮踩着河卵蛋，

干部乙：车头摇晃屁股颠。

干部丙：好像跳起迪斯科。

干部丁：走得不快光冒烟。

［传来汽车停车声。高梅疲倦地走上，周强关切地上前，张英随上。

老局长：高梅，你们辛苦了，快坐下歇歇。

张英：（对周强）快给找点吃的。

干部丁：小姐放心，周工的包里早给你预备好了。

［周强窘笑着从包里掏出面包递给张英，张英先给局长。

高梅：小英啊！我可是沾你的光了。

［张英进食太急，突然被噎，周强忙递矿泉水。

［见二人亲密，众人哄笑。

老局长：（关切地）高梅啊！再急也不隔这一夜呀！看把你们累成啥样啦！

张英：累，再累也值呀！

（唱）星夜出发奔省厅，厅长出差扑了空。紧追不舍到北京……

众：（白）找到了！

（唱）咳！谁想到又去视察新工程。不达目的不罢休，追了一程又一程。小车跑了两千六，汽油加了九十升。一天吃了一顿饭，“康师傅”没有开水冲。领导得知受感动，高速路口专程等。双手紧紧握，两眼泪盈盈，一腔肺腑言，一片交通情。立项报告被批准，激动得高局长欢呼声声。领导挽留她谢绝，归心似箭日夜兼程。满载而归心高兴，扬眉吐气沐春风。

周强：太伟大了，我们改变山区交通面貌的理想，终于要梦想成真啦！

老局长：好！好！高梅啊！你总算让我这老交通，有脸见人，说话硬气啦！

周强：高局长，我赶紧回去把图纸整理出来。

高梅：小英，这周工一走，有人也坐不住了吧！

张英：局长，看你……

高梅：真不想走？（高梅挥手叫张英与周强同下）

干部乙：这可是，吃核桃掰出个石榴籽，新鲜！咱县也能修高等级公路？

干部丙：这话我耳朵都听出茧子来啦！局长，咱还是早说早散，快开会吧！

高梅：咱们现场会的第一项议程，不是已经讲完了吗？

众：讲完了？

高梅：对啊！先向大家汇报工程的立项情况。下面咱就研究一下，如何打响这太行公路的第一炮！

（唱）太行公路穿山过，关键就在这槐树岭，山高水险不可怕，只怕这儿（指脑袋）扭不过劲来有挫折。劈开重重拦路虎，有识有胆改山河，决心修条志气路，小马敢于拉大车。

干部乙：（唱）这条公路归省管，咱小小县局没路权。长虫还想吞大象，没病自己找伤寒。

干部丙：（唱）蛤蟆想吃天鹅肉，自己的分量要掂一掂。平原能修十条路，没咱山区一条难。

干部丁：（唱）一边临河要修堰，一边靠山把洞钻。哎哟哟，我的老天爷，这路得花多少钱？

老局长：（唱）立项虽是多艰难，可大家话虽难听吐真言。底子薄，家底浅，技术设备不过关，难上难，最难的还是一个钱。高梅呀！你打前锋我压后阵，你可要挺腰板冒风险咬紧牙关。

高梅：（唱）我深知征程多风浪，可知难而退家乡何时换新装。要想致富先修路，莫忘记乡亲们殷切目光。打开山门路通畅，大路朝天迎朝阳。农牧工商百业旺，招商引资落凤凰。四海财源滚滚来，八方宾客游山庄。宏伟蓝图亲手绘，新时代的交通人无限自豪无限荣光。虽然是困难重重要迎头上，筹措资金是第一桩。收费还贷是出路，自力更生铸辉煌。

众：（倍感惊讶）什么！贷款修路？

（男声伴唱）

哎哟哟罗锅上山，那个是钱（前）短哟，人世间啥事也不轻闲，不呀么不轻闲。

第三场

时间：前场数天后，清晨。

地点：县交通局简单的局长办公室。

［高梅在办公桌后伏案而睡。老局长上场推门见高梅未醒。又悄悄关门退出。

［高梅睡梦中呓语连连。

高梅：老局长，咱们的资金问题解决了！解决了！（从梦中惊醒）

［老局长急步推门而进。

老局长：高梅……（无限感慨，欲言又止）

高梅：老局长！你看我……这么早，有事吗？

老局长：高局长，我虽然退居二线，但仍然享受科局级待遇，你清楚不清楚？

高梅：（闻言一愣）……别着急，慢慢说。

老局长：咱们党委会要求局级领导为修路每人垫款三万元，你都拿了五万，为啥把我按股级对待。

高梅：老局长，你一双儿女都在上大学，正是用钱的时候。

老局长：高梅！

（唱）为修太行新公路，全局踊跃把钱捐。老同志卖掉了棺材板，小青年推迟婚期无怨言。银行取出了买房款，父母不够儿女添。亲朋好友四处借，小学生捐出了压岁钱。你让我少交是打我的脸，别忘了我还是党委成员。

［从口袋中掏出钱放在桌上转身而去。

［高梅激动地望着老局长远去的身影。

高梅：（唱）老局长他对我情义重，扶上马送了一程又一程，有这样老前辈做我后盾，办好这大交通我信心倍增。

［钱利左顾右盼地上场，敲门。

高梅：请进！

（钱利推门而进）

钱利：你是高……高高局长吧！

高梅：你……

钱利：我……我……我（赶紧掏名片递上）

高梅：环球建材有限公司……（笑），噢！钱老板哪！

钱利：高局长！（唱）这……这场洪水吓破了胆，一水冲回解放前。

听……听说要修新公路，我主动做贡献，登门来送钱，人人献出一点爱，机会送到你……你……你面前。

高梅：机会？机会送到你……你……你面前。

钱利：对！（唱）我拿钱你来捐，还与不还你随便。只要工程用石砂，对我一个钱老板。别人每吨八十块，我只收你六十元，还给你回扣二十三。你我双方都有利，一年保你赚十万，顶你十年工资钱。

高梅：那我可要发大财啦?

钱利：（唱）不发财谁当官，千里居官为吃穿。有钱能使鬼推磨，包括你们公务员。见钱不赚是……是……是傻蛋。

高梅：（大笑）

钱利：听……听美了吧！那……那……那咱就快签合同吧。

［高梅拿合同撕毁。

高梅：（唱）你进错了庙门拜错了仙。（钱利呆坐椅上）

［志勇怒气冲冲走上，怀孕的玉兰紧追其后。

玉兰：志勇，志勇，你还是别去了。

志勇：你少管，回家歇着去！（玉兰无奈地下）

［高梅将名片还与钱利，道：钱老板，请吧！

［钱利十分不满与推门而进的志勇相撞。钱利下。

志勇：高局长！我叫刘志勇，道班的普通工人。

高梅：啊！听说过、听说过，模范班长，生产标兵嘛！

志勇：局长大人别抬举我，今天我是给你诉苦来的！

（唱）借款修路太荒唐，官僚主义瞎嚷嚷。你们是当官的高高在上，谁管俺穷工人过啥时光。全家六口我一人养，至今还住土坯房。妻子怀孕少营养，入不敷出真窝囊。修路要我把钱垫，把我卖了也交不上。

高梅：（唱）力所能及是原则，特困职工不勉强。

志勇：（唱）我是一名班组长，拖了后腿脸无光。

高梅：（唱）你积极向上好思想，我想方设法帮你忙。

志勇：（唱）拆了东墙补西墙，我何时才能没饥荒。真要为俺工人想，你就该废除借款改变主张。

［志勇欲走，被高梅唤回。

高梅：志勇师傅，你先别走，咱再想想办法。

［高母走上。

高母：小梅呀！

高梅：娘！你身体不好，怎么到这儿来了？

高母：你已经三天没回家了！又是一夜没睡……

高梅：娘！我都这么大了，您该省省心啦！

高母：你再大也是娘的闺女呀！为修路你忙得吃不下、睡不着，娘这心……

高梅：娘！

高母：别看我老了，娘也想替我闺女分点愁担点忧哇！

（唱）常言说闺女跟娘心心相连，俺小梅从小就招人喜欢。好学上进谁不夸赞，考大学你是全县的女状元。毕业后不留京城设计院，决心让家乡旧貌换新颜。曾记得你上任那一天，回家来对娘说做了交通官。起早贪黑拼命干，为民解决行路难。听说要修太行路，我笑在脸上喜在心间。为资金眼看你愁眉不展，娘也是白天想来夜难眠。从小你就是孝顺女，有件事你千万不能把娘拦。你时刻把娘来惦念，你月月给我养老钱。这钱是女儿情一片，理应帮你渡难关。有钢用在刀刃上，能为闺女解忧愁，娘这心里比蜜甜。

高梅：娘！你年老多病，这钱我是坚决不能收！

高母：你这孩子……

志勇：大娘！我们修路就是再难，也不能要你老人家的钱哪！

高梅：娘！这钱我收下！就算你为志勇师傅交上借款。

志勇：高局长！不能，千万不能！

高母：孩子！你咋怎么见外呀！走！跟大娘回家取钱去。

志勇：高局长！我刚才……你放心，我一定干出个样儿来，报答领导的关怀和大娘的恩情啊！

高母：走吧！

［志勇搀高母出门。与欢天喜地的张英迎面相遇。

高母：小英子！啥事看把你高兴的？

张英：嘘！大娘，暂时保密。

［张英高兴地推高母下，返身走进办公室。

张英：高局长！我给你带来两大喜讯！

高梅：噢！这第一……

张英：全系统修路借款全部到位；市局支持资金 800 万元；贷款问题也得到了银行的大力支持。

高梅：太好了！这二呢？

张英：这二吗？你怎么谢我？

高梅：鬼丫头，看！进口化妆品。

张英：太棒了！梅姐，还是你留着自己用吧！

高梅：我买的是双份。行了吧，别卖关子了。

张英：（顽皮地立正）报告局长，驻西藏武警交通总队上校警官寄来包裹一件。

高梅：快给我。（快速解开包裹）

张英：梅姐！我姐夫对你可是没治了。

［在音乐声中，高梅深情地穿上丈夫寄来的皮衣，披上洁白的哈达。

张英：哇！梅姐，你太漂亮了！

［高梅深情地抚摸着皮衣，电话铃响，高梅按“免提”键。

［男声画外音：小梅！衣物收到了吗？

高梅：收到了，谢谢你，谢谢你！

［张英知趣地悄悄溜下。

［男声画外音：让它替我为你送去温暖，让洁白的哈达祝你扎西德勒！

［伴唱］话声近，身影远，千里情话一线牵。军民丹心铺锦路，夫妻碧血绣河山。路漫漫，情绵绵，青春无悔岁月如歌，征程万里肩并肩。

第四场

时间：前场后，初秋一天

地点：冯大爷家院。

［舞台一侧新盖的二层小楼一角，院中青石新雕的石桌、石凳。桌上酒杯、酒壶，院中还有一个与其他景物极不协调的旧木车轮。

［冯大爷面对新楼忧心忡忡。

冯大爷：（唱）太行新路已开工，按说是个好事情。可碰上背点不走运，喝口凉水也牙痛。公路测量来划线，路桩钉在我院当中。毁个院墙不算啥，拆掉新楼怎么也想不通。几十年苦扒苦做牙缝里省，才熬到了楼下楼上电话电灯，白生生的瓷砖像面镜，亮堂堂的门窗里外明。可刚刚住进没仨月，新鲜的劲头还没减轻。眼睁睁叫我扒了它，就好比刀子割肉剜心的疼。

［独斟独饮借酒消愁。

［鬼难缠扭腰晃脑地走上。

鬼难缠：哟！喝闷酒哪！准是老革命遇到了新问题了吧！

冯大爷：哪阵妖风把你这鬼难缠给吹来了？

鬼难缠：二叔！（神秘地）咱村可要出大事啦！

冯大爷：咋？

鬼难缠：（唱）修路带来了丧门星，塌天大祸要落村中。先要推倒关帝庙，还要平坟把咱祖宗的尸骨扔。全指望供关爷香火旺盛，才保咱脱贫致富不受穷。咱村老坟风水旺，您才是儿孙当官有名声。儿子县里当局长，当军官的孙子在广东。人老辈大是老革命，救全村可不能一声不吭。

冯大爷：（唱）少给我来这个里格楞，你休想鬼话把我蒙。我清楚你撅啥尾巴放啥屁，封建迷信是典型。改革前你家穷得叮当响，关帝为啥不显灵。祖坟真有风水在，可为啥新旧社会大不同。你甜言蜜语将我哄，就想让我当那出头的蜂。你进门就把南墙撞，白日做梦行不通。

鬼难缠：（唱）你别吹大话装正经，谁也不傻都知情。要拆你这小楼房，三番五次不答应。老鸹落在猪身上，别光想往自己脸上抹味精。你三乡五里问一问，鬼难缠什么时候我装过熊？我就拿你当样板，非让这公路拆迁闹不成。

冯大爷：呵！反了你了！我打你个狗日的。（冯大爷举起车轮吓唬鬼难缠）

［鬼难缠盘腿坐地撒泼哭号。

鬼难缠：哎，我的老天爷呀！欺负人啦！俺可怎么活……

冯大爷：别在我这儿号丧了，滚！滚！滚！

［冯大爷用车轮轰走鬼难缠。迎面而上的老局长接住车轮。

老局长：咋了！咋了！这是唱的哪出戏呀！

冯大爷：她……我……哼！（坐下，继续喝酒）你小子来，我就知道没啥好事。

老局长：这新公路已经修到咱村边了，您这拆迁的事可不能再拖了。

冯大爷：别看你当官了，可我还是你二叔，少给我打官腔，走走走！（撵老局长）

［老局长从衣袋里拿出一瓶好酒。

老局长：二叔！那我可真走了啊！

冯大爷：哎……咳！（拉住老局长坐下喝酒）

老局长：二叔，从今往后我可就无官一身轻了，成天陪您老喝酒了。

冯大爷：为啥？

老局长：您想啊！我是修路的副总指挥，这路修到自个村里，连我二叔拆迁的事都办不成，人家上级还不把我的乌纱帽给摘了。

冯大爷：从小我看着你长大，没想到你小子还有这么多花花肠子。咱可说清了，我可不全为舍不得这房子，要是你们的公路不绕个弯，改个线，咱村的百亩稻田和二里长的水渠可全保不住，以后咱村人吃什么呀?

老局长：关于这稻田和水渠的事，我们正在研究。可咱村还有这么多户没拆迁，直接影响了工程进度、您是老革命，逢年过节连书记县长都来看望，您要不带这个头，别人就更不好办了。

冯大爷：哇！你这是杀鸡给猴看，拿我当枪使啊！休想！该忙啥忙啥去吧！

老局长：二叔……

冯大爷：你不走，我走！

老局长：你……（拦住）

冯大爷：我找你们一把手去问问，为啥这公路就不能改线（欲下，高梅上）?

高梅：大爷！你们这是上哪儿呀?

老局长：这……这。

冯大爷：就找你！

高梅：太巧了，我今天来也是就找您！

［冯大爷闻言扭头便躲，三人片刻哑言。

高梅：大爷！你今天要找我是不是还是你……

冯大爷：啊不……啊是……（犹豫不决）

老局长：咳！高局长！我二叔是要代表俺全村说说稻田和水渠的事。

冯大爷：对对对！

高梅：经过省厅、市局批准，同意你们的改线请求。

冯大爷：真的？

高梅：大爷！

（唱）人民交通为人民，群众利益在心间。你村改线已拍板，不占耕地走河滩。石砌水渠重新建，能增大片好粮田。

冯大爷：（唱）感谢你爱民助民是典范、看起来我这小楼也保了险。

高梅：（背唱）我还要再打一场攻坚战。

老局长：（背唱）高局长是迂回战术巧周旋。

冯大爷：高局长！（唱）新楼里面设酒宴，感谢你照顾老汉不拆迁。

高梅：大爷！

（唱）该改咱就改，不能都改线。您老还得狠狠心，小楼仍然需拆迁。

冯大爷:（唱）要拐都能拐，为啥欺负俺，公路要是不拐弯，汽车要啥方向盘。老汉豁出一条命，移山容易动我难。

［陷入僵局。老局长欲劝冯大爷。

老局长：二叔！二叔！

冯大爷：（打着骡子叫马听）少来这一套！小日本穿了我个窟窿，我都不眨眼，我怕谁？

高梅：（背唱）冯大爷火冒三丈瞪了眼，老局长束手无策口难言。工程进度不容缓，我还要耐心细致巧周旋。（转而对老局长）与大爷我不是初次见面，二十年前的红领巾见过这校外的辅导员。讲革命说传统孜孜不倦，句句话声声情动人心弦。先烈们为人民浴血奋战，穿枪林冒弹雨奋勇争先。

冯大爷：（唱）曾记得那一年淮海决战，乡亲们为解放摩拳擦掌。飞针走线纺车转，军鞋双双军装件件去支前。全村人吃糠咽菜不叫苦，省粒米省口面军民同心抗敌顽。我推起独轮小车快步如箭，翻高山涉恶水不怕艰难？有人饿昏在道边，也不把车上军粮半点沾。那年代为革命毫无杂念，可今天为何打起小算盘。虽然这独轮小车骨架散，可车轮方向不能偏。越思越想眼光短。

（白）高局长！（唱）为修路拆新楼就在今天。

［高梅、老局长激动不已，高梅端起酒杯郑重敬上。

高梅：大爷！我代表全县的交通人敬您一杯！

冯大爷：闺女！你这不是笑话大叔吗？你放心，拆迁工作我包了，谁敢不拆你来找我。

［三人举杯相碰畅饮。

三人：干！

（男声伴唱）

长长那个河滩哟，滚着那个河卵蛋，蛋儿那个圆圆的哟，它甭想把那个浪花拦。

第五场

时间：前场后中秋夜

地点：志勇家。

［舞台一侧是陈旧的土坯房一角，院中有用石块支起的旧碾盘，在一片贫寒的景象中，磨盘上有一株美丽盛开的菊花。

［一轮明月挂在夜空。窗内灯下，玉兰轻哼着歌谣，给未出生的宝宝做着新衣。

（女声伴唱）：小宝宝，小宝宝，你蹬蹬腿，又伸伸腰。是个妞儿，是个小儿，娘也想，早知道。小宝宝，小宝宝，想把娘看，想把爹瞧。娘给你做件小花袄，爹也想，早抱抱。

［志勇月光下循着歌声走上。

志勇：（唱）八月中秋月儿满，高局长逼我回家园。耳听爱妻轻轻唱，如泣如诉动心间。无限温情胸膛暖，细语轻声唤玉兰。

志勇：玉兰！

玉兰：（闻声从屋内快步走出）谁？

志勇：我！

玉兰：（惊喜万分）志勇！（急速扑向志勇）

［志勇欲抱玉兰，玉兰止步凝视片刻，委屈地转脸而泣。

志勇：玉兰！我这不是回来了吗？

玉兰： 谁稀罕你回来，你走！你走！（推开志勇，转身进屋）

志勇： 玉兰，你……（无限愧疚）（唱）玉兰悲泪如泉涌，无限委屈无限情。有人说女人最苦是守活寡，好女不嫁筑路工。她日日盼来夜夜等，我仨月未把家门登。家务的担子千斤重，孤身弱女她担承。她身怀有孕六月整，我真该帮她守家中。她千般苦来万般累，从不对我说半声。她通情达理多贤惠，我又疼又爱又愧又恨，难以报答她一片深情。

［玉兰破涕为笑，手端一碗热气腾腾的汤面走上。

［志勇眼看热面，百感交集，热泪盈眶。

玉兰：（亲切地）走了几十里路，一定又饥又渴，快吃点吧！

志勇： 哎！（向玉兰久久凝视，继而激动地吃面）

玉兰：（唱）血气方刚男子汉，满脸羞愧哽咽无言。我一腔的埋怨心也软，他也是身不由己情有可原。志勇啊！别怪我又哭又闹把你赶，仨月来我多少委屈对谁言。白日里累软了腰腿盼你还，到夜晚多想依偎在你胸前。你心怀志向又能干，我嘴上硬来心喜欢。你托人捎来一封封信，我一遍一遍看不烦。你说——多少人轻伤不下修路线，多少人难顾责任田。党政领导来视察，各行各业齐支援。你身为突击队长责任重，更应该冲锋陷阵一马当先。中秋夜看你一眼我心足意满，明月下片刻温存苦也变甜。

［志勇摘一朵菊花插在妻子的鬓角，紧紧地将玉兰拥在怀中，深情地耳听妻子腹内婴儿的跳动。

（女声伴唱）

小宝宝，小宝宝，你蹬蹬腿……

玉兰：（唱）怨爹不常把咱瞧。

（女声伴唱）你伸伸腰……

玉兰：（唱）盼爹常能来抱抱。

［志勇从怀中掏出一个拨浪鼓，对着妻子的腹部摇起。

志勇：（唱）扑棱扑棱逗儿闹，

（女声伴唱）听得到，听得到，月亮奶奶跟着笑。

［玉兰和志勇深情地对视，都似有话欲说又止。

玉兰： 志勇！你——你是不是还惦记着工地呀？

志勇： 玉兰！我——我还是想多陪陪你。

玉兰： 志勇！

（唱）知夫莫过妻子心，你也是知疼知爱有情人。工地更让你牵挂，雄鹰志在上青云。

志勇：（唱）知妻莫过丈夫心，你也是知情知理明白人。家事不让我牵挂，紫雁筑巢绕祥云。

玉兰：（唱）走字一出口，心中是万般依恋想挽留。

志勇：（唱）留字难出口，心中是万般依恋难以留。

玉兰：（唱）太行路百里战场正招手……

志勇：（唱）美家园一日离别如三秋。

玉兰：（唱）你放心走……没有后顾忧去把壮志酬。

志勇：（唱）我放心走……尽情展身手热血写春秋。

（伴唱）月亮走，人也走，月下亲人难分手，一步一回头。交通儿女四海走，

托起那康庄大道遍神州。

［二人恋恋不舍地分别。

（女声伴唱）小哥哥那个出门，心里那个想着俺，小妹妹那个给你，生下个心呀么心肝肝。

第六场

时间：前场后晚秋初冬的一个黄昏。

地点：太行路工程槐树岭会战现场。

［残阳如血的晚霞铺洒群山。舞台一侧是会战指挥部帐篷一角，工地上竖有一个醒目的工程倒计时牌，上标明工期还有 15 天。

［远处传来阵阵开山炮声。

［志勇吹哨跑上。

志勇：（面向整个工地）下班喽……

［青年工人们各自走上，不顾疲劳嬉戏玩笑。

工人乙：周强，咱们打牌去，快点，我们可是三缺一……

志勇：去去去，你真是二五眼，人家要和张英去那没人的地儿。

工人甲：（唱）让你亲个够！……

［大家哄笑着，把周强和张英推到一块，张英追打工人甲。

老局长：高梅，要冲大家这个干劲，这工期是没问题呀！

高梅：是呀！

（唱）拿下槐树岭，新路就贯通。一过立冬气候冷，沥青路面难铺成。局机关现场办公到一线，干群们齐动员奋力攻坚！

志勇：高局长！大娘来了。

［司机搀着手提一个点心盒的高母走上。

高梅：娘，您干啥来啦？

高母：你说我干啥来啦？

高梅：这……

高母：傻闺女，你忘了，今天是啥日子？

老局长：大嫂！（指倒计时牌）我们只知道工期还有十五天，都过糊涂了。

高母：（幸福地）今个是俺小梅的生日啊！（一阵眩晕）

高梅：（急扶娘）娘！娘！（把脉）你脉搏这么快，一定是血压太高了。

高母：放心，没事！

（唱）娘这是陈年老病时时犯，孩子们不必把心担。要一心一意修好路，交通人的母亲我才心安。这生日蛋糕香又甜，给你们加把油烧把火干劲再添。

（又一阵眩晕）

众：大娘！大娘！

高母：（接唱）我来时家属院纷纷捎话，盼你们早日能把捷报传。到那时家家都摆接风宴，喜相逢久别的亲人凯歌还。

［高母眩晕难立，高梅紧紧将娘抱住。

老局长：高梅呀！老太太的神色不对，你快送她上医院。

高母：（挣扎地）不用！梅呀！这路不修好，娘就是死了，你也不用回来看我。

高梅：娘！

工人丁：高局长！你放心吧，大娘交给我了！

老局长：快走！

［高梅等搀扶高母下场。

周强：（焦急万分地跑上）高局长！刚才这段路基挡墙灌浆不实，必须返工。

志勇：（闻言一惊）什么！有多大比例？

周强：大约百分之八。

工人甲：咳！我当是多大事呢？这不也算合格吗？

工人乙：拿着鸡毛当令箭。

老局长：这是什么话？百年大计，质量第一！

工人甲：这可是我们一天一夜突击完成的。

志勇：误了工期你负责！

周强：质量问题你负责！

（双方对峙中，高梅走上，一言不发拿起大锤走上高坡，铁锤向挡墙砸去，砸石撞击之声，回荡在山谷之间。

［由于山体的震动，山石的滚动声，由远到近，越来越大。

众工人：塌方了！

老局长：（惊喊）高梅！快闪开！

［老局长冲上前去推开高梅，自己却被滚落的山石砸中。

高梅：（惊喊）老局长！老局长！

［志勇等众工人急忙上前，救出老局长。

高梅：老局长！（张英等扶老局长急下）

［由于工程质量和老局长负伤，工人们情绪一片低落。

［周强手拿图纸走向高梅。

周强：高局长，我……

高梅：什么事，周强？

周强：我……设计了一个新方案，想把耽误的工期抢回来，但不知可行不可行？

工人甲：嗬！猪蹄上席，想亮一手啊！

工人乙：就凭你那一瓶不满半瓶子醋……

高梅：交通要振兴，科学要先行。周强！大胆地干，我相信你会成功的。

［周强信心重振，张英幸福地看着周强，轻轻地歌唱。

张英：（唱）夜蒙蒙，望星空，我在寻找一颗星，一颗星。它是那么深情，那是我早已熟悉的眼睛。我望见了你呀，你可望见了我？天遥地远，息息相通，息息相通。即使你顾不上看我一眼，看上我一眼，我也理解你呀，此刻的心情。

［大家都被回荡在山谷中的优美歌声所感染，不禁拍手击节，融进合唱。唱毕众人鼓掌喝彩。

高梅：小英！想不到你还是个天才呀！你立即把全系统有文艺特长的组成交通艺术团，开进工地，慰问演出。

志勇：高局长，我们是修路的，不是唱戏的。何况这施工人手本来就紧……

高梅：鼓舞士气，事半功倍，这就叫磨镰不误砍柴工。

［由远而近传来欢快的锣鼓唢呐声，冯大爷带领乡亲前来慰问，一男一女兴高采烈地上场，表演民间跑驴舞蹈。工人们随之也欢快起舞，二人随之打开一条幅，上写“慰问筑路大军”。

钱利：（调皮地）高……高……高局长！这一次我可不要回……回……回扣啦！（众人开怀大笑）

［传来急速的电话响声，高梅快步去接。

高梅：（接电话）对！我是高梅！什么？（高梅惊呆无语）。

（工人丁飞快地跑上。

司机：（含泪报告）高局长！大娘突发脑溢血，抢救无效，她……

［音乐骤起，惊心动魄，高梅遥望母亲，悲痛无泪。

高梅：（唱）刚刚还曾见娘面，想不到生死离别一瞬间。几十年养育恩历历再现，刻骨铭心如在眼前。曾记得烈日炎炎三伏天，为儿灯下苦读把扇扇。曾记得雪花飘飘土炕寒，娘把儿两脚揣在怀里边。曾记得远行归来回家转，娘盼儿村头翘首眼望穿。曾记得告别故土离家远，娘送儿声声叮咛翻过一山又一山，千般情万般爱儿永怀念，诉千言说万语诉说不完。儿应该把亲娘再看一眼，儿应该陪亲娘守在灵前。娘啊娘，我多想亲一亲娘的笑脸，我多想再跟娘把知心话儿谈。我多想快步如飞把家返……

［天幕上显现朦胧中的高母形象。

高母：（接唱）

儿啊，儿啊，亲娘就在你身边。不图儿回家看一眼，不图儿尽孝守灵前。娘只求儿事一件，把娘的骨灰撒在路里边。日日看着路，夜夜伴路眠，儿行千里母挂牵。

［在高母的演唱中，高梅手捧生日蛋糕；众人取下一支支蜡烛点燃，向着远方跪拜。

高梅：（撕心裂肺地）娘！

［高梅与大家一齐庄严地下跪。

［伴着漫天飞雪，高梅与工人、乡亲们一齐满怀悲痛地投入夜战。

［志勇带领众人唱起劳动号子。

志勇：（唱）哎咳哎咳哟！热泪洒山岗哟，热血满胸膛。不怕征途险哟，不怕风雪狂。劈开千重山哟，大路通四方。咳哟，咳哟，嘿！

尾声

时间：前场后不久。

地点：已建成的太行公路边

［志勇和玉兰各抱一婴儿走上。老局长、冯大爷等随上。

老局长：生啦！

玉兰：生了，还是个龙凤胎哪！

志勇：玉兰说了，咱交通人的孩子就得起个交通名，老局长，就劳驾您啦！

老局长：好！丫头叫路娇，小子叫路通，怎么样？

［高梅兴致勃勃地走上。

高梅：起得好，起得好！

老局长：高梅，客人们都到齐了吗？

高梅：省、市、县各级领导全都到齐了！

老局长：那咱就快开始吧。

［舞台上出现一幅会标：太行公路通车庆典。

高梅：咱这大会的内容啊，是计划赶不上变化，你们看！

［舞台上又出现一幅会标，上写：高速公路奠基仪式。

老局长：太好了。要想大踏步，就修高速路！

［身穿交通制服的女青年拉上一条剪彩红绸。

高梅：典礼开始！

［高梅、老局长、冯大爷剪彩

［笑语声中，交通执法人员跳起欢乐的舞蹈。

最后组成一幅筑路人的群像，走向舞台前沿，象征公路建设的飞速发展和交通人的豪情壮志。

［剧终。

2002 年 4 月 26 日第五稿

微电影《唢呐金声》

编剧：张付平

谨以此片献给农村公路建设者们！

《唢呐金声》人物表

【人物小传】

二山：男，生意人，52 岁，因路因穷出走，半生漂泊，事业有成。三十多年后，因路返乡、感叹家乡变化，终解娶亲之憾。

红叶：女，（二山之女）28 岁，性格活泼、家族企业副经理，热爱家乡，力促父母补办婚礼。在家乡邂逅修路工程师。

微电影《唢呐金声》剧照

何畅：男，二山侄子，26 岁，回乡创业青年。

路向阳：男，29 岁，修路工程师，本次活动的导游和婚礼策划。工科男，热情好客，对红叶有好感。

大山：男，（二山哥）村民，56 岁，吃够没路苦，过上好日子。

大山妻：男，（二山嫂）村民，54 岁，农村贤妇。

二山妻：女，公司经理；51 岁，女强人，精明能干，了解老公心结，最终在众人努力下，帮其圆梦。

大山娘：勤劳，善良，能吃苦

媒人：大山娘的好姐妹。

新娘、乡亲、迎亲队伍若干人。

片头：唢呐金声

第一场：日，外

远景：太行山绵延山脉，红叶满山……

画外音：我的家乡在太行山的一个小旮旯村里，地图上几乎找不到她的存在。在我的记忆里，那里春天有满山的连翘，秋天的红叶红透天。（转入二场）

第二场：日，内

高楼大厦写字楼，办公室内，一名中年男人，手拿着咖啡杯，站在落地窗前向外眺望沉思……

画外音：但三十年前，我离开她时就曾发誓，一辈子再不回去。（眼神转向桌边的结婚请柬上）可这次侄子要在村里办喜事……

第三场：日，外，新农村小院

乡亲 A：刘家小子办喜事，走，赶紧看看去！

乡亲 B：真的？咱村可有二三十年没放过喜炮了！

（系红绸唢呐吹奏特定，村里办喜事忙碌的小院）

第四场：日，外，车内

［行车中］

红叶：爸，咱老家叫啥村来着？

二山：旮旯村。

红叶：真够土的。

二山：我准备的礼物带着吗？

红叶：带着了，带着了，您都问好几遍了！爸，都什么年代了，人家结婚您还送人俩暖瓶！

二山：你懂什么？（不高兴地瞟她一眼，看着窗外的风景，深入沉思。）

第五场：日外，农家院

媒人：二山娘，眼看要结婚了，女家想要两个暖瓶。人家说，要不是看上了咱小山人实诚，唢呐吹得好，打死也不嫁这个穷山沟，连条路也没有。

二山娘：唉，没路人前矮三分啊。实在不行，俺全家连夜都到山上去挖连翘，让他爹背到山西去卖卖？咱也得给小山娶媳妇啊！

第六场：日，外，现代农家院

何畅在家里贴窗花，挂花。

大山进屋，笑着环顾一周，问：畅啊，你二叔，啥时到家啊？

畅畅：爹，红叶姐打电话了，大概下午到，一会我去接。

大山：那就好，那就好。三十年了……

（乡亲来帮忙的，拿个旧唢呐问畅畅怎么办？畅做了个扔的动作。）

大山赶忙抢过来：可不能扔，这是你二叔的，他走后就没响过！

畅畅：爹，我就不明白了，咱在县城有房子，为啥非回村里折腾啊？多麻烦！

大山：畅，你不懂啊！

第七场：日，外，回忆

乡亲：二山娘，老哥从山上摔下来了！

二山娘手中的水盆掉落在地，瘫软在地。

第八场：日，外，车内

主人公画外音：我永远忘不了，那天用担架送爹去医院的路有多难走，半道上，人就没了。娘不久也去世了。

第九场：日，外，山路

山路上担架抬人。二山娘，追赶。

第十场：日，外，户外

二山背着行囊，离家。

哥在身后喊：小山，你真走了？

二山难过地说：哥，你就当没我这个兄弟了！

第十一场：日，车内

主人公画外音：三十年了，在外漂泊半生，我不知道这条回家的路还有多远……（主人公面部特定，穿过车窗前方的路）

第十二场：日，车内

红叶：爸，您想什么了？

二山：没什么！你妈呢，订了去泰国的机票了吗？

红叶：订了订了，别管了您哪！（偷笑）爸，我就不明白，您为什么不让我妈跟咱一起回老家啊！

二山：咱那个山沟太穷太偏僻，路不好，回趟老家，骨头架子也得散了架。让你妈笑话，还是去泰国看大象好。

红叶：不对啊，爸，您那可是老皇历了。我听畅畅说，家乡变化可大了，特别是道路，去年刚修了一条千里乡村旅游大通道，还是七彩的呢，网上传得可火了！咱们那条沟啊，现在开发成了红叶大峡谷了，自驾游的人特别多！

二山：真的假的，我怎么不知道？

红叶：爸，别说您是涉县人啊！一有家乡的消息，您就躲，跟老家有仇啊！我早就跟畅畅聊过好多次了，还加了他一个叫“路路通”朋友的微信，想知道啥，分分钟的事。这次我可得好好转转，什么娲皇宫啊、一二九师司令部啊。对了，爸，我听说，有一条路上，石头还会唱歌呢？

二山：会唱歌？啊，你说的那是响石岭，那里不通路啊。

红叶：通了，通了，早通了，叫什么圣福天路，这次我一定去看看！

二山：啊！好，好、好！这次回去，我恐怕摸不着门了！ 时间过得可真快啊，转眼畅畅都要结婚了。叶儿，倒是你，也该抓抓紧啊！

红叶：啊，爸，这么又扯我身上了。

二山摇摇头，宠爱地笑笑……车辆行驶。

第十三场：日，外

［高速下口，畅畅和路向阳等在路边。

畅畅：二叔，红叶姐，欢迎回来！这是我的好朋友，路向阳，公路建设工程师。

路向阳：叔叔好！你好！

二山：你好，你好！

红叶：你好！

畅畅：姐，你不是对咱们这儿的旅游通道感兴趣吗？今天专门把“路路通”公路导游给你带来了，这待遇不低吧！

红叶：是你啊，好啊，好啊，谢谢你们俩啊！

二山：辛苦你了，谢谢！

路向阳：叔叔别客气，这里是您的家啊！

二山：是啊，我的家，变化太大了，我都快不认识她了！

畅：叔叔，姐，准备好了吗？现在正式开启我们诗画涉县的公路之旅吧！ let's go!

第十四场：日，外

[车辆行驶在太行红河谷、河茅公路、井关线、刘家民宿、梯田等，公路美景，路正阳介绍情况，叔叔、红叶，开心的笑脸……]

背景音乐：《远走高飞》

我一路看过千山和万水，
我的脚踏遍天南和地北。
日晒或是风吹，我都无所谓。
如果迎着风就飞，俯瞰这世界有多美，让烦恼都灰飞。
别去理会自我安慰。
如果还有梦就追。
至少不会遗憾后悔。
迎着光勇敢追。
远走高飞，说走就走一回。

第十五场：日，门口

[大山夫妇办喜事，站在门口迎来送往。]

乡亲们：山哥，恭喜恭喜啊，儿子有出息，开个农家乐，还给您娶了个网上卖货的儿媳妇，多美啊！

大山：那是那是，托大伙的福。咱这小旮旯可不比从前了，本来就是风水宝地，路一好，凤凰还不往咱这儿飞啊！哈哈！（迎进门）

（门口）大山妻：他爹，你说他二叔这么多年也不回来，不想家啊！这次要不是你三番五次打电话，还真不一定回来！

大山：唉，都怪俺这个当哥哥的没本事，要不，俺兄弟也不能给别人当上门女婿啊！（难过）

畅畅：爹、娘，二叔和姐回来了！

大山：兄弟，回来了！

二山：哥，嫂，我回来了！

握手，眼里有泪花！

大山夫妻：回来好，回来好！进家进家！

二山：哥、嫂子，这么多年了，你们都还好吗？

大山：好，好！

第十六场：日，院内

桌上摆满了糖果、果盘。

二山：我真没想到，咱家乡变化这么大！要不是畅畅去接，我怕是摸不到咱家的门了！

大山：小山，你可不知道，这两年，咱这条沟可不是原来的穷沟了。路又宽又平，还是彩色的了！

嫂子：公交车可是方便，一天两趟，纯电动了，可干净了！想去哪就去哪，可不像早年前，一辈子出不了个门。

二山：哥，这儿的农家乐是咱家的？

大山：对啊！原来村里人都往外走了。这两年，路好了，来的人也多了。畅畅大学毕业在外面开公司挣了个钱，就回来开了个农家乐，一年少说也挣这个数。（伸出手，比了个十）。

二山：哥，咱这个小旮旯村啥时埋着宝了？咋来这么多人？

嫂子：小山，你可不知道，咱这条沟啊，可是个聚宝盆。就说后山上的连翘吧，一采下山就叫小商贩抢走了。再也不用背到山西去卖了。

大山：还有一个全国的大药业公司，在咱山上开了个几千亩的中药材基地。说咱这条沟什么温度啊什么，就是凉快，这儿的野生连翘药效特别好！

嫂子：小山，这就是咱红叶吧，长得可俊。这回回来，可得好好看看咱这红叶大峡谷。哪也美不过咱这儿的山。

二山：对了，叶啊！

［红叶忙把两个暖瓶放到桌子上，二山将红包塞到了大山手里。］

二山：哥，侄子结婚，缺啥买啥，不能屈着孩子！

［大山一见暖瓶，抚摸着暖瓶，泪水直流］

大山：当年要是……唉，小山啊，苦日子过到头了！现在咱可赶上好时候了，咱这可是双脚踏上幸福路，越走路越宽了！

大伙：对啊对啊。

畅畅：就是就是，叔这次回来一定到山上看看红叶啊！好多人都来这画画、拍电影呢！

［大伙七嘴八舌谈论着……

第十七场：日，大门口

［鞭炮声中，结婚车队在路上穿行。新娘下车，新郎抱着进家］

二山：哥，咱村多长时间没办过喜事了？

大山：二十多年了吧！这次我一定让畅畅回老家办，就是想出口气！让他们都看看，咱旮旯村到底能不能娶回新媳妇！主要还是想让你回来！

二山：哥，你开了个好头啊。以后，会更多的。

大山：就是，守着青山绿水梧桐树，还怕引不来金凤凰！走走走，进家……

第十八场：日，红叶山上

二山登上山，畅畅和新媳妇陪着。

二山：畅畅，你红叶姐怎么没来？

畅畅：啊，姐说，有位贵客要来，一会就过来！

二山：贵客？

第十九场：日，公路上

漫山红叶。远处出现了一队送亲队伍，新娘骑着毛驴走过来。

第二十场：日，公路上

回忆过去，娶亲画面

画外音：山啊，娘，一定给你娶个媳妇！

第二十一场：日，红叶山上

二山看着长路在红叶谷中穿行，喃喃地说：如果当年，有这条路……苦笑摇头。

送亲队伍越来越近，大哥大嫂、乡亲们，还有红叶笑着走过来。二山恍若隔世，搞不清楚什么情况。

盖着红盖头的新娘站到了二山面前。

第二十二场（回忆）：日，公路上

红叶、畅畅、路向阳，在路上散步、聊天、追跑。

畅畅：姐，你是说，二叔是上门女婿，没娶过媳妇？

红叶：是啊，一辈子，他心里都有个疙瘩。

路向阳：那简单，让你爸娶你妈一次，不就得了，就在这红叶山的大路上！

第二十三场：日，院内

全家筹备中。

畅畅：张经理，你帮我定一套中式婚服，尺码啊……（红叶拿纸片递过去）

红叶：妈，您到了？好，好！

（大山夫妇挤在红叶身边听电话，笑了）喜庆音乐进到下个场景

第二十四场：日，红叶山上

嫂子：小山，快看看你的新娘子漂不漂亮？

二山不动，大家怂恿。二山疑惑地揭起盖头：

二山：你怎么来了？你不是去泰国了吗？

二山妻子：你真是个大骗子，半辈子说小旮旯村穷得见不得人。没想到，这里这么美。你是不是嫌弃我了，还是压根就不想娶我进你的家门？

二山：不是，不是，怎么会？

二山妻：半辈子在我家，光我欺负你了，从今天起，一进你家门，你就是一家之主了！

二山：你这是？让孩子们笑话！

二山妻子（气得打了他一拳）：榆木疙瘩，我都穿成这样了，你倒是痛快点，到底娶不娶我？

大伙：娶，娶，娶媳妇了！

红叶和畅畅把大红花系在父亲身上。

红叶（看了路正阳一眼）：谢谢你！

路向阳：我？

红叶（大声地说）：谢谢你这位“路”媒人！

大家都开心地笑了……

畅畅递过唢呐，大家起哄，“吹一个！”

二山拿过系着红花的唢呐，痛快地吹了起来，话外音进入，镜头由特写，拉高到红叶山岭全景……

主人公话外音：这个秋天，我突然发现，我的家乡越来越美、乡亲们的生活也越来越有奔头了！

［字幕：2018年9月7日，涉县被评为全国“四好农村路”示范县。长期以来，涉县以人民为中心，高标建设农村公路，特别是2017年修建千里乡村旅游通道，42万老区人民彻底告别行路难，在脱贫致富、全域旅游、美丽乡村的小康路上，吹响了乡村振兴的最强音……］

【剧终】

成稿于2018年9月10日

文件辑存

交通运输部农业农村部国务院扶贫办
关于命名“四好农村路”全国示范县的通知

交公路发〔2018〕115号

各省、自治区、直辖市、新疆生产建设兵团交通运输厅（局、委）、农业（农牧、农村经济）厅（局、委）、扶贫办（局）：

为深入贯彻习近平总书记关于“四好农村路”建设重要指示精神，认真落实今年中央一号文件部署，根据《交通运输部农业农村部国务院扶贫办关于联合开展“四好农村路”全国示范县创建和命名工作的通知》（交公路发〔2018〕76号），经县级申请、对标遴选、省市核查、专家评审、实地复核等程序，交通运输部、农业农村部、国务院扶贫办决定，命名北京市通州区等117个县（市、区）为“四好农村路”全国示范县，现予公布（名单见附件）。

希望“四好农村路”全国示范县珍惜荣誉，牢固树立标杆意识，再接再厉，扎实落实主体责任，不断创新体制机制，切实建立农村公路发展长效机制。各级交通运输主管部门要认真总结推广和学习借鉴全国示范县的典型经验，全面深入推进“四好农村路”建设。各省、市级交通运输、农业农村、扶贫主管部门要加强沟通协调，密切联系配合，共同加强全国示范县管理，以点带面，全面推动“四好农村路”向高质量发展，全力为农村特别是贫困地区带去人气、财气，为党在基层凝聚民心。

附件：“四好农村路”全国示范县名单

附件

“四好农村路”全国示范县名单

北　京：通州区
河　北：平泉市、迁安市、涉县、黄骅市、易县
山　西：临汾市尧都区、昔阳县、襄垣县、隰县
内蒙古：喀喇沁旗、开鲁县、达拉特旗、五原县、准格尔旗
辽　宁：盘锦市大洼区、绥中县、黑山县、抚顺县
吉　林：柳河县、东辽县、大安市
黑龙江：五常市、富裕县、泰来县、望奎县
江　苏：丹阳市、海门市、泰兴市、溧阳市、徐州市贾汪区、南京市江宁区
浙　江：安吉县、绍兴市柯桥区、海宁市、桐庐县、浦江县、象山县
安　徽：舒城县、肥西县、泾县
福　建：永安市、福州市晋安区、永春县、晋江市
江　西：安远县、婺源县、井冈山市、横峰县
山　东：荣成市、邹城市、蒙阴县、曲阜市、沂南县、招远市
河　南：新安县、南阳市宛城区、宁陵县、兰考县、内乡县、范县
湖　北：黄冈市黄州区、竹山县、神农架林区、潜江市、大冶市
湖　南：长沙县、芷江侗族自治县、临湘市
广　东：惠州市惠阳区、紫金县、佛山市三水区、惠东县
广　西：荔浦县、融水苗族自治县、南宁市青秀区
海　南：琼海市、昌江黎族自治县
重　庆：永川区、奉节县、武隆区、万盛经开区
四　川：成都市郫都区、平昌县、江安县、金堂县、犍为县、南部县
贵　州：湄潭县、习水县、六盘水市钟山区、兴义市、荔波县、石阡县
云　南：昌宁县、华宁县、泸西县、镇雄县
西　藏：朗县
陕　西：大荔县、礼泉县、眉县、合阳县、延安市宝塔区
甘　肃：清水县、陇西县、西和县、定西市安定区、民乐县
青　海：海东市乐都区、湟中县、海东市平安区

宁　夏：固原市原州区

新　疆：巩留县、泽普县、和静县

兵　团：阿拉尔市

抄送：全国示范县所在省、自治区、直辖市人民政府，全国示范县人民政府，部规划司、财审司、运输司。

交通运输部办公厅　　　　　　　　　　　　　　　　2018年9月6日印发

中共中央组织部　中共中央宣传部
关千表彰第九届全国“人民满意的公务员”
和“人民满意的公务员集体”的决定

(2019 年 6 月 25 日)

中组发〔2019〕12 号

党的十八大以来，在以习近平同志为核心的党中央坚强领导下，全国广大公务员认真学习贯彻习近平新时代中国特色社会主义思想，增强“四个意识”，坚定“四个自信”，做到“两个维护”，不忘初心、牢记使命，努力践行全心全意为人民服务宗旨，在贯彻落实新发展理念，推动高质量发展，打好防范化解重大风险、精准脱贫、污染防治攻坚战，推进“一带一路”建设等重大工作任务中，履职尽责、担当作为，建功立业、造福人民，涌现出一大批人民满意的公务员和公务员集体。

在全党上下深入开展“不忘初心、牢记使命”主题教育，以崭新面貌迎接中国共产党成立 98 周年、中华人民共和国成立 70 周年之际，为表彰先进、弘扬正气，激励广大公务员新时代新担当新作为，建设忠诚干净担当的高素质专业化公务员队伍，中央组织部、中央宣传部决定，授予徐敏等 192 名同志全国“人民满意的公务员”称号，授予中关村管委会创业服务处等 98 个单位全国“人民满意的公务员集体”称号。受表彰个人享受省部级表彰奖励获得者待遇。

这次受表彰的全国“人民满意的公务员”和“人民满意的公务员集体”，是公务员队伍的优秀代表。他们坚定理想信念，坚守初心使命，敢于担当作为，在本职岗位上作出了突出业绩，展现了公仆本色，赢得了人民信赖。广大公务员和各级公务员集体要向受表彰的全国“人民满意的公务员”和“人民满意的公务员集体”学习，像他们那样，深入学习习近平新时代中国特色社会主义思想，旗帜鲜明讲政治，信念坚定、对党忠诚，坚定不移听党话、跟党走；认真践行以人民为中心的发展思想，牢记宗旨、心系群众，真心对群众负责、热心为群众服务；坚决贯彻党中央各项决策部署和习近平总书记重要指示批示，勇于担当、敢于斗争，以钉钉子精神抓落实，功成不必在我，功成必定有我；干一行爱一行，钻一行精一行，在实践中砥砺品质、增长才干；依法用权、怀德自重，永葆清正廉洁的政治本色；持之以恒改作风、树新风，力戒形式主义、官僚主义。希望受表彰的公务员和公务员集体珍惜荣誉，谦虚谨慎，发扬成绩，再接再厉，为党和人民再立新功。

当前，我国进入全面建成小康社会决胜阶段，改革发展稳定任务繁重艰巨。各级党委组织、宣传部门要把深入开展做人民满意的公务员活动作为一项重要任务，与深入学习贯彻习近平新时代中国特色社会主义思想和党的十九大精神结合起来，与开展“不忘初心、牢记使命”主题教育结合起来，与做好当前工作结合起来，加强领导、精心组织，大力宣传全国“人民满意的公务员”和“人民满意的公务员集体”先进事迹，激励引导广大公务员见贤思齐、比学赶超，进一步增强“四个意识”，坚定“四个自信”，做到“两个维护”，更加紧密地团结在以习近平同志为核心的党中央周围，牢记全心全意为人民服务的根本宗旨，以坚定的理想信念坚守初心，以真挚的人民情怀滋养初心，以牢固的公仆意识践行初心，锐意进取、开拓创新，埋头苦干、真抓实干，知重负重、攻坚克难，为实现“两个一百年”奋斗目标、实现中华民族伟大复兴的中国梦而不懈奋斗！

附件：第九届全国“人民满意的公务员”和“人民满意的公务员集体”名单

附件

第九届全国“人民满意的公务员”名单

（192 名）

姚　震	北京市石景山区城市管理综合行政执法监察局办公室主任
赵　鑫	北京市大兴区人民法院执行一庭副庭长
穆建发	北京市海淀区紫竹院街道办事处城市服务管理指挥分中心主任
刘永宗	北京市丰台区南苑乡党委书记
高　洋（女，回族）	北京市东城区东四街道社区建设部科长
徐锦春（女）	天津市南开区嘉陵道街道党工委书记
宋庆柱	天津市北辰区司法局副调研员、人民参与和促进法治科科长
马永东	天津市蓟州区信访办公室复查督查科科长
任震怀	天津市西青区中北镇人民政府经济发展办公室（招商办）主任
李志刚	天津市武清区人力资源和社会保障局人才流动开发科科长
范振喜（满族）	河北省滦平县人大常委会原党组副书记 张百湾镇周台子村党委书记

第九届全国“人民满意的公务员集体”名单

（98个）

中关村管委会创业服务处

北京市生态环境局大气环境处

北京市西城区西长安街街道党工委

天津市和平区民政局

天津市人民政府政务服务办公室政务服务协调处

河北省威县行政审批局

河北省涉县交通运输局

山西省纪委监委第二审查调查室

山西省朔州市生态环境局右玉分局

山西省晋中市教育局

内蒙古自治区鄂尔多斯市林业和草原局

内蒙古自治区赤峰市公安局松山区分局向阳派出所

内蒙古自治区鄂伦春自治旗大杨树镇人民政府

辽宁省营口市西市区得胜街道办事处

辽宁省抚顺市公安局望花分局雷锋派出所

辽宁省大连金普新区公共行政服务中心

吉林省白城市社会医疗保险管理局

吉林省靖宇县人民法院

交通运输部办公厅关于公布2019年度“十大最美农村路”等名单的通知

交办政研函〔2020〕1437号

各省、自治区、直辖市、新疆生产建设兵团交通运输厅(局、委),部属各单位,部内各司局:

为深入学习宣传贯彻习近平总书记“四好农村路”重要指示批示精神，从打赢脱贫攻坚战和实施乡村振兴战略的高度,进一步推动农村公路高质量发展,2019年5月,部组织开展了“我家门口那条路”主题活动。各地高度重视，精心组织，充分宣传展示，发动群众评议。在此基础上，为进一步展示我国农村公路发展成就，部组织开展了2019年度“十大最美农村路”推选宣传活动。经过网民评议、组织推荐、网络投票、专家评审，天津市蓟州区渔阳镇西井峪路等10条农村公路被推选为2019年度“十大最美农村路”，河北峰峰矿区0号旅游路等3条农村公路被推选为2019年度“我家门口那条路——最具人气的路”，河北张北草原天路被推选为2019年度“我家门口那条路——最有诗意的路”。

希望有关交通运输部门再接再厉，不忘初心、牢记使命，进一步完善体制机制、强化保障措施，加快实现农村公路建管养运协调可持续发展，率先探索出“四好农村路”高质量发展的成功实践之路。各级交通运输主管部门要认真学习、宣传推广“十大最美农村路”“最具人气的路”“最有诗意的路”的好经验和好做法，切实发挥好示范引领作用，持续开展“我家门口那条路”主题活动，激发广大群众爱路护路的内生动力，全面推动“四好农村路”高质量发展，为高质量打赢脱贫攻坚战、全面建成小康社会和实施乡村振兴战略提供坚实的交通运输保障。

附件：1. 2019年度“十大最美农村路”名单

2. 2019年度我家门口那条路——最具人气的路名单

附件 1

2019 年度“十大最美农村路”名单

天津市蓟州区渔阳镇西井峪路

河北省邯郸市涉县圣福天路

江苏省常州市溧阳市溧阳 1 号公路瓦屋山线

浙江省杭州市淳安县淳杨线

浙江省台州市天台寒山和合环线

安徽省宣城市泾县丁家桥镇小岭路

福建省福州市晋安北峰环线全景公路鼓宦线

山东省烟台市招远市欧家夼—邱家（欧邱线）

河南省安阳市林州市林石公路

四川省巴中市平昌县板青路

附件 2

2019 年度“我家门口那条路——最具人气的路”名单

河北省邯郸市峰峰矿区 0 号旅游路

江苏省泰州市兴化千垛美路

四川省成都市邛崃市平临夹路

全国“四好农村路”管理现场会典型经验发言材料

不贪大求洋，因地制宜建设“四好农村路”

中共涉县县委书记　汪　涛

去年以来，涉县坚决创建四好农村路，作为贯彻习近平总书记重要指示精神的火红实践，立足本地实际，不贪大求洋，因地制宜创新农村路建设机制，共修建农村各类道路3000多公里，全县人均修路6米、投资3500元。特别是在100多天内，修建了一条总长1300多里的七彩乡村旅游通道，创造了筑路史上投资最少、办法最巧、速度最快、效果最好的奇迹，促进了乡村振兴战略的实施，加快了农村全面奔小康的步伐。

农村公路面对修路主体、筹资渠道和修路举措的难题，涉县探索出了“667”工作新机制。

一是统筹六种力量，创新建设主体，大打人民战争。涉县是革命老区，党组织战斗力、凝聚力强，群众基础好。我们在实践中探索了“群众为骨干、党员为先锋，村庄为主体、乡镇为主导，县里为奖补、有工优先干”的公路建设思路，进一步明确了群众主体地位，变“政府给我修”为“自己的道路自己修”。我们把坚强的党支部建在项目上，把鲜红的党旗插在工地上，以“困难面前有我们，我们前面没困难”的冲天干劲，“千里彩练当空舞，万名党员赛愚公”的英雄壮举，在高山之巅、深谷之中、峭壁之上，修建了千里乡村旅游通道。涌现出村支书身患癌症舍命修路，老党员带头拆房让路等感人故事，感召和带动广大群众送水送饭、投工投劳，同胞四兄弟组成修路“兄弟连”，建筑业老板千里返乡支援修路等，参与施工群众每天最多达6万人，形成全县上下总动员、男女老少齐上阵的生动局面。

二是开辟六条路径，创新筹资方式，拓宽筹资渠道。修路难，难在缺资金。我们以过日子的信念，运用市场思维和统筹办法，探索了“向上争、市场筹、干部助、社会捐、群众投、政府奖”六条途径。将修路与旅游设施配套相结合，在公路两侧规划建设旅游服务区、服务驿站，以拍卖经营权的方式筹资；将修路与土地整理相结合，把修路土石用于造地，以土地占补平衡项目获取资金；把修路与治河相结合，将淤积砂石用于路坝建设，节约投资、统筹提升；注重树立导向、引领风气，为让房让田、捐款捐物等重大贡献者树碑立传，集聚形成万众一心修路的庞大正能量，有的老人卖了棺材板、年轻人拿出结婚钱、孩子们捐了压岁钱。累计节约和筹资8亿多元，捐款捐物折合2亿多元，用巧法、动真情，换来了花小钱办大事、少花钱多办事。

三是坚持七项原则，创新建设模式，实现高质量发展。坚持将绿色发展理念融入道路建设，立足良好的生态环境、丰富的自然人文资源优势，探索出“宁可路绕十丈，绝不毁树一棵”“宁可多垒堰、也要不劈山”“随坡就势、减少借方”“山水林田路综合治理”“车在林中行、人在花中游”“宜宽则宽、宜窄则窄、个别地段曲径通幽”“保护和挖掘文化内涵、突出涉县地方特色”七项农村路建设原则。对地处林区的几段道路，数次改线，最终选择在树木最少的山脊上建设，曲直随形、高低错落，山路合一，形成了圣福天路揽众山、韩王天路挨着天、云中天路云中穿、土后大路踩山巅等太行大路景观。群众赞道：把路修到天上，双手托起月亮，邀请嫦娥下凡，共享涉县风光。突出红色、女娲、民俗、山水等地方文化，就地取材营造石头、缸、轮胎等特色景观，形成了“公路旅游”热潮。

把总书记的关怀送到群众心坎上，把幸福路修到群众家门口。通过修建千里乡村旅游通道，老区涉县实现了从“行路难”到“道路畅”，从“走得了”到“走得美”，从“出不去”到“抢着来”等翻天覆地的嬗变，打通了乡村振兴大动脉，带来了人气财气大凝聚，促进了党心民心大提升。沿线发展农家乐、采摘园、服务驿站等2000多家，带动158个村、1万多贫困人口在家门口致富。今年来涉旅游超过800万人次，连续13个月位列河北第一。十几个田园综合体正在兴起，一个千里乡村振兴先导带、三个百里乡村振兴示范区成为样板，广大群众走上了一条康庄大道。通车当天，有的老人激动得趴到路上闻沥青和油漆味。大家由衷赞叹党的政策好、四好农村路好。

下一步，我们将全面贯彻这次会议精神，深入落实“路长制”等制度，进一步在管护、运营上下功夫，让全国“四好农村路”的金字招牌在太行山上更加光彩闪亮，在助推乡村振兴、脱贫攻坚、全面小康进程中发挥更大作用！

2018年9月6日

打通乡村振兴“双向道”

——河北涉县高质量建设“四好农村路”的实践与启示

全面奔小康，关键在农村；农村奔小康，基础在交通。作为一个全山区县，河北涉县坚持把道路建设作为加快推进农业农村现代化的重要保障，创新思路，用巧法、动真情，花小钱、办大事，在高山之巅、深谷之中、悬崖之上，打造出一条纵贯三省三县、亘古未有的平均宽达9米的千里乡村旅游通道，全县农村公路总里程达到1293公里，等级公路占总里程的99.8%。同时，积极探索农村道路机制、标准、功能等诸多创新，全面打通乡村振兴“出”与“入”的“双向道”，数十万山区群众走上了就地就业、就地创业、就地致富、就地幸福的康庄大道，仅2018年1—8月份，旅游人数就突破800万，旅游经济收入47.6亿，因路受益的脱贫人数达4000余人。2018年9月，被交通运输部评为“四好农村路”全国示范县。

一、做法：全面创新农村道路建、管、护、运营机制

（一）开创道路建设“667”模式，争取少花钱多办事。面对缺资金、缺规划、缺技术、缺设备等诸多困难，涉县坚持打好“全面修路”“多方筹资”和“生态和谐”三张牌，探索实施“667”农村公路建设模式，全面加快修路进度。一是统筹六种力量，创新建设主体。发挥老区优势，坚持“群众为骨干、党员为先锋、村庄为主体、乡镇为主导、县里为奖补、有工优先干”，进一步明确了群众建设农村道路主体地位，变“政府给我修”为“自己的道路自己修”。广大群众主动让地让房，自觉投劳投工，每天参与施工的群众最多时达3万多人。二是开辟六条路径，创新筹资渠道。注重运用市场思维，统筹使用资金，依托“向上争、市场筹、干部助、社会捐、政府奖”六种途径，多措并举破解道路建设资金难题，形成全民共投、共建、共享的生动局面。原来需要40多亿元的千里旅游通道，仅用了4亿多便在百日奋战中贯通。三是坚持七条原则，创新建设模式。坚持“宁可路绕十丈、绝不毁树一棵”“随坡就势、减少垫方”“宁可多垒堰，也要不劈山”“山水林田路综合治理”“车在林中行、人在花中游”“宜宽则宽、宜窄则窄、个别路段曲径通幽”“保护和挖掘文化内涵，突出涉县地方特色”等七条原则，沿线景点建设与生态保护、地形地貌相结合，统筹规划、科学设计，最大限度保护环境。

（二）率先推进道路管理“路长制”，责任落实到“最后一米”。以强化道路管理为抓手，先后出台乡村旅游通道建设指导意见、“路长制”多项规范性政策文件，为农村公路“立规矩”，探索农村公路法制化管理体制。一是属地管理、分段负责。设立县委书记、县长双总路长制，主管副县长、乡镇长、村委会主任分别为县、乡、村三级路长。路段管理人员在路长的统一领导下，对责任路段的路容路貌、交通秩序、绿化和环境卫生等实施全方位管理。二是三级管控、奖惩激励。建立县、乡、村三级联动路产路权保护队伍，村护路员日常巡查路况，发现毁路现象及时上报；乡监管员统筹排查隐患，组织制止毁路行为；县路政员现场依法处理，相关毁路罚没资金全部返还乡镇、村，有效激发了乡镇、村保路护路的积极性，路政案件查处率、结案率均在98%以上。三是严格考核。养护补助资金分配根据考核结果发放，养护考核不合格、未足员配置养护人员的乡镇、村，核减建设资金，充分保证了1066余公里农村公路的养护质量。

（三）搭建“美丽公路+”道路运营平台，打通乡村振兴“毛细血管”。坚持把农村道路建设与全域旅游、精准脱贫、灾后重建、美丽乡村建设、生态保护等重点工作紧密结合，盘活公路沿线乡村资源，做好“美丽公路+”文章。一是美丽公路十精准扶贫。29个贫困村硬化通村路、连村路及主街道16.8万平方米，条条道路过村口、进田间、通产业园区、到农业基地，带动58个贫困村发展起农家乐、渔家乐，直接受益脱贫人数达4000余人。二是美丽公路十产业。沿线建设民宿、休闲、餐饮等节点，发展各种体验性采摘园、中药园等沟域经济，打造田园综合体，构建产、销、吃、住、游、五位一体的旅游服务新格局。三是美丽公路十旅游。沿线建设景观节点，将42个景点、上百个公路文化节点串成线、连成片，建起千里旅游通道大动脉，实现了旅游公路到公路旅游的蝶变。四是美丽公路十物流。以三纵九横十八条支线为框架，17个乡镇建成980个物流网点，农村客运班线79条，通车总里程达到2253公里，实现了城乡公

交一体化，县、乡、村三级物流网络全覆盖。五是美丽公路十电商。依托四通八达的农村公路网，280个村级电商服务站，免费帮村民售卖土特产，实现“网货”和“土货”购销的双向流通。六是“美丽公路＋特色文化”。将文化移植到路上、景点建设到路上，先后打造了以红色文化为主的河茅公路、以民俗古建为主的阳索公路、以历史地域为主的偏青公路等一批各具特色的文化路，整体提升了公路品位。

二、成效：“一路七兴”踏上乡村振兴快车道

在建设“四好农村路”的过程中，坚持以路为轴，以路兴业，初步实现了“一路七兴”的阶段性成效，为实施乡村振兴战略、打赢脱贫攻坚战、推进农业农村现代化提供了坚实保障。一是党建示范兴，民心近了。依托千里乡村旅游通道，发展了一个党建示范带、两个党建先导区，与乡村振兴同步联创联建，开展提升阵地、优化班子、培育党员、浓厚氛围等创建活动，为乡村振兴注入了澎湃动能。二是精准扶贫兴，农民富了。沿线158个行政村实现了“就地就业、就地创业、就地致富、就地幸福”，全县的核桃、花椒、中药材，走出大山，走向市场，为精准脱贫扶贫提供了产业支撑。关防乡后池村人均收入由2016年的3900元增长到哪一年8700多元。三是旅游发展兴，人气旺了。千里旅游大通道深度融合了晋冀豫三省周边旅游资源，实现了全域旅游大繁荣。2018年春节期间，到涉游客达226万人次，旅游综合收入6.78亿元。四是生态经济兴，家乡美了。科学布局配套设施，精心培育旅游业态，守住了青山绿水，也换来了金山银山。沿线新增农家乐、民宿等300余家，从业人数达5000余人，旅游综合收入达21亿元。五是文化体验兴，行路爽了。用文化元素打造公路沿途节点，在公路沿线打造了240余处文化节点，建设了“功能齐全、路景交融、宜驾宜游”的交通路网。六是休闲养生兴，生活慢了。路的畅通，带动了大批休闲养生产业的发展。留下来的游客也越来越多，过路经济变成持久经济。七是愚公精神兴，干劲足了。圣福天路上的交通精神、台田线愚公红、后池新愚公、井关线的劳模精神、西达匡门打隧道老愚公精神，共同汇聚成新时代的涉县精神，党员群众在党的坚强领导下，建设美好家园的心气更足，干劲更大。

三、启示：以路为媒系统提升农村治理能力

“想致富，先修路”。农村公路不仅是农民群众安全便捷出行、促进农村产业发展的重要基础，也是推进村容整洁、乡风文明的内在要求。农村公路的建设，改善的是农村面貌，联系的是党心民心，巩固的是党在农村的执政基础，但贯穿全流程的是农村治理体系和治理能力的总体提升。近年来，涉县以创建“四好农村路”示范县为引领，依托健全农村公路建管养运协调发展机制，全面提升农村公路辐射带动功能，还有效带动特色种养业、乡村旅游等特色产业发展，为山区农村打开了脱贫致富大门。

（一）建好农村公路，只有与基层党建相融合才更有组织力

尽管当前国家治理不断强调规范化、程序化、专业化，但基层治理工作中许多中心工作，仍高度依赖群众工作。如何充分发动群众，调动各方形成推动农村发展的“正能量”，提高农民积极性，是农村改革发展过程中要解决的最直接问题。涉县在建设千里乡村旅游通道中，把

党旗插在工地上，把支部建在一线上，各级党员领导干部，身先士卒、示范带动，始终与群众想在一起、干在一起，变“给我上”为“跟我上”。通过党建引领道路建设，不仅激发了群众自发义务建路的积极性，为农村特别是贫困地区带去了人气、财气，也提高了党组织在群众中的威信，全面增强了基层党组织和政府部门的决策、管理和服务能力，为党在基层凝聚了民心。

（二）管好农村公路，只有与刚性约束相融合才更有管控力

农村公路点多、线长、面广，管理难度大。难就难责任的认定和落实。借鉴“河长制”的成功经验和做法，涉县率先在全省范围内实施农村公路路长制，厘清责任者、参与者、受益者、监督者的权利和义务，明确相关人员承担的责任内容，将管理责任具体到人、落实到单位。同时构建公安、国土、交通运输、规划等部门联合管理的运行机制，转变被动应急机制为常态实施制度，逐步实现公路管理的精细化、规范化和制度化，持续推动路长制到路“长治”的转变。

（三）护好农村公路，只有与市场运行相融合才更有持久力

一分建设，九分养护。公路建设是发展，公路养护也是发展。涉县改革创新体制机制，采用公司化养护、市场化发展之路，把养护工作推向市场，让市场中的企业去当运动员，交通运输部门专心做好裁判员，既在一定程度上减少道路养护费用，节约资金，有效缓解现阶段道路养护资金投入不足的问题，又保证了道路养护质量，促进道路养护事业健康发展。

（四）运营好农村公路，只有与农村经济发展相融合才更有生命力。

建设农村公路，最终目的就是让人流物流在城乡之间高效运转，既要给农村“输血”，更重要的是让农村有“造血”能力。涉县通过“美丽公路十”等，打通城乡一体化发展的梗阻，推进城乡基础设施互联互通、共建共享，与旅游、文化、产业深度融合发展，有效满足农村群众生产生活需要，为乡村旅游业发展带来活力，促使“四好农村路”延伸成为农民致富增收的“加速带”，成为统筹城乡发展的重要支撑和强大引擎。

全国十大最美农村路颁奖现场典型发言

建设最美农村路　打造富裕幸福城

涉县人民政府县长　董路明

大家好！我是涉县人民政府县长董路明，很荣幸能够参加今天的颁奖活动，这是涉县43万人民共同的荣誉和骄傲，也非常感谢各级领导和社会各界一直以来对涉县的关心、支持和帮助。

涉县位于河北省西南部、冀晋豫三省交界，是河北省邯郸市唯一的全山区县。近年来，我们认真贯彻落实习近平总书记关于“四好农村路”的重要指示批示精神，在国家、省市交通运输部门的大力支持下，扎实推动“四好农村路”建设，取得了显著成效。截至目前，全县农村公路总里程达1364.8公里，其中等级公路达1362.4公里，占总里程的99.8%，实现了县乡村三级公路全覆盖。2018年9月，涉县被命名为“四好农村路”全国示范县；2019年3月，在全国政协网络议政活动中，汪洋主席现场连线涉县圣福天路，并给予称赞；2020年7月，中央电视台纪录片《寻路·乡村中国》摄制组赴涉县拍摄“四好农村路”建设成果。具体工作中，我主要做到了三个“坚持”：

一、坚持“667”和“五个+”，建设好最美农村路。一方面，创新实施“667”修路机制。即汇集“群众为骨干、党员为先锋，村庄为主体、乡镇为主导，县里为奖补、有工优先干”6种修路力量；采取“向上争、市场筹、干部助、社会捐、群众投、政府奖”6条途径筹措修路资金；坚持“宁可路绕十丈，绝不毁树一棵”“宁可多垒堰、也要不劈山”“随坡就势、减少垫方”“山水林田路综合治理”“车在林中行、人在花中游”“宜宽则宽、宜窄则窄”“保护和挖掘文化内涵、突出涉县特色”7条保护生态原则。另一方面，探索推行“五个+”筑路理念。即“公路＋文化、公路＋产业、公路＋养生、公路＋休闲、公路＋美丽乡村”。将道路建设融入自然，山路合一，突出红色、女娲、民俗等地方文化，就地取材打造景观节点，沿线村庄大力发展农家乐、渔家乐、采摘园等，真正建成了“公路旅游”。圣福天路就是典型代表，共打造公路文化、景观节点70多处，成为远近闻名的“网红路”，乡村公路游的“打卡地”，比如响石岭旅游驿站日接待游客300多人，村民人均年收入由修路前的2000多元增加到现在的近7000元。

二、坚持“一制六化”，管护好最美农村路。一制，即率先在全省推行路长制管理。设立县、乡、村三级路长，书记和县长为双总路长、主管副县长为县级路长、乡镇长为乡道路长、村主任为村道路长，全面负责辖区内公路的建管养运及路域环境治理。六化，即养护公司化、市场化，积极探索养护公司承包责任制，通过招投标择优确定两家民营养护公司，年节省道路养护资金90多万元。清扫机械化、道路绿廊化，相继投资1000多万元，购置雾炮车、清扫车、洒水车等清扫机械，对主要县乡道路实行“三机一体”作业，农村公路环境得到明显改善；按照“高大、厚密、绿景、花香”的绿化原则，打造公路森林、路边花海，已建设公路绿道绿廊400多公里。管理常态化、规范化。制定出台了涉县《农村公路管理办法》《考核办法》《“四好农村路”建设三年行动计划》《农村公路“路长制”实施意见》等文件，实现了道路建设设计、施工、管理、养护、运营的常态化、规范化。

三、坚持“客货同网”，运营好最美农村路。充分利用场站、运力、人员、信息等资源，全力打造客货同网品牌。整合县内既有企业的物流配送，提高农村物流效率，直接创造1000多个就业岗位，每年节省成本约140多万元，促进了城乡货物双向流通，助力乡村振兴。截至目前，全县共有城市公交3条49部，城乡公交79条105部，建成12个交通综合服务站、280个村级电商服务站，加盟1300多家城乡便民超市，累计通过电商创业培训待业大学生、农村青年、返乡农民工2000多人次，初步建成了“工业品下乡、农产品进城”的客货物流三级体系，打通了服务农村“最后一公里”的物流集散问题。

下一步，我们将以此次会议为契机，认真贯彻落实好会议精神，学习借鉴好先进地区经验做法，在农村公路建设、管护、运营上，再下功夫，再求实效，助力全县乡村振兴、脱贫攻坚、全面小康，真正实现“修一条路、美一片景、富一方人”。

2020年11月27日

在全省“人民满意的公务员”和“人民满意的公务员集体”先进事迹报告会上的发言

把初心使命写在太行山路上

涉县交通运输局　梁江苏

大家好！我叫梁江苏，是涉县交通运输局党组书记、局长。我报告的题目是《把初心使命写在太行山路上》。

党的十八大以来，涉县道路发生了翻天覆地的变化。高速公路、国省干道、农村公路，路路相连，构建起“三纵九横十八条支线”的交通路网。特别是2017年涉县利用100多天时间，在高山之巅、深谷之中，峭壁之上，修建了全长660公里，连接10个乡镇158个行政村，串联42个景区景点的千里乡村旅游大通道，打造出了“圣福天路揽众山、韩王天路挨着天、云中天路云中穿、盘龙天路冲霄汉”等天路奇观。2018年，涉县被评为全国“四好农村路”示范县。7月2日，省委书记王东峰在涉县调研时，对涉县的“四好农村路”给予高度评价和肯定，说“林州的渠，涉县的路”。许多人问我，你们是怎么做到的，我的回答就是——“不忘初心”。

我们坚持不忘初心，走出了新时代“四好农村路”的赶考路，建起了党群共建的连心路，走上了产业发展的振兴路。

涉县位于太行山晋冀豫三省交界，是全山区县。过去地处偏远，交通闭塞，行路难，出山难。2016年，又遭受了7.19特大洪灾，本就薄弱的农村公路一水冲回解放前，很多村庄成为“孤岛”。交通干部职工连续奋战7个昼夜，第一时间打通生命通道。然而，8月4日，又一场洪水来袭，把新修的道路冲毁。交通人没有退缩，咬紧牙关，再次把道路抢通。

洪水过后，老百姓热切期盼有一条好路走。怎么办？习近平总书记关于“四好农村路”建设的重要指示批示精神为我们指明了方向。

谁出钱？谁来修？怎么修？面对重重难题，在县委县政府的坚强领导下，我们和乡镇村一起创新提出“667”工作机制。第一个“6”，就是坚持党建统领，统筹“群众为骨干、党员为先锋，村庄为主体、乡镇为主导，县里出奖补、有工优先干”6种力量，变国家修路为全民修路；第二个“6”，就是以过日子的心念，探索了“向上争、市场筹、干部助、社会捐、群众投、政府奖”6条筹资途径。有钱出钱、有力出力，让房让地、捐款捐物，集聚万众一心修路的巨大正能量。“7”，就是把道路建设与生态建设相结合，探索出“宁可路绕十丈、绝不毁树一棵”“宁可多垒堰、也要不劈山”“车在林中行、人在花中游”等7条农村路建设原则。

“667”工作机制，得到交运部李小鹏部长的高度评价。他指出，“涉县用巧法、动真情、花小钱、办大事，宜宽则宽、宜窄则窄，有的地方还曲径通幽，这就是实事求是地推动农村路建设。”

今年3月，全国政协主席汪洋在网络议政连线涉县时，称赞说，“这路修得确实好啊”！

我们的四好农村路，是全县上下拼出来、干出来的。涉县千名交通儿女当先锋、做表率，把坚强的支部建在项目上，把鲜红的党旗插在工地上，把闪亮的党徽佩在胸膛上，形成了“千里彩练当空舞，万名党员赛愚公”的拼搏劲头。交通儿女们，汗水洗澡、泥土擦脸，用双脚丈量出太行山的高度，用双手和铁钎凿出了令很多高资质筑路公司都望而却步的太行天路。

圣福天路，最高海拔1290米，高差大、施工环境恶劣。交通人百日不下山、帐篷度暑寒。有的打完点滴即上工地，有的生日当天在工地吃泡面。年轻技术员安东几次推迟婚期；“老工程”王荣榜连续100天没回家，93岁的老父亲病逝，他也没能守在病床前。

青龙公路，2公里的路修在半山腰上。仪器三脚架只有一个脚可以固定在山体上，测量放线员就像壁虎一样在山上攀爬，寻找点位。这里处于红叶大峡谷核心区，为了保护生态，工程禁用炸药。他们就腰捆安全绳，悬在高空，用钢钎一锤一锤凿出了一条路。

老周背村党支部书记邢娇娥，和乡亲们目睹了施工人员在高山上没水没电住帐篷、通宵达旦拼命干的艰难过程。她动情地说：“困难再难，没有咱党员的意志坚；石头再硬，也没有咱交通人的骨头硬”。正是靠着“流血流汗不流泪，掉皮掉肉不掉队”的坚定信念，涉县农村公路三年的工程量100天完成。

路是用来走的，但绝不仅仅是用来走的。涉县道路除通行之外，还融入了文化、产业元素，直接带动了“精准扶贫、旅游发展、生态经济、文化体验、休闲养生”等七个方面的振兴。全县十几个田园综合体蓬勃发展，一条千里画廊、三个百里乡村振兴示范区成为样板。很多外地游客专程来涉县看路，仅2018年，接待游客1600万人次。1万多贫困人口在家门口致富。“四好农村路”为涉县增了人气、添了财气，也为党在基层凝聚了人心。

全面奔小康，关键在农村；农村奔小康，基础在交通。老区交通人一定不忘初心、牢记使命，当好经济发展排头兵，走好新时代乡村振兴路，把总书记的关怀送到老百姓的家门口、心坎上！

2019年8月4日

千里彩练舞太行　诗画涉县谱新篇

——涉县全力打造乡村振兴版“四好农村路”

去年以来，涉县新一届县委、县政府认真贯彻落实习近平总书记关于“四好农村路”重要指示精神，在市委、市政府的坚强领导下，团结带领42万老区人民，以战天斗地的勇气、惊天动地的胆识，重建水毁路，修通振兴路，筑起民心路，闯出了一条前所未有的路。全县修建乡村路、村间路、田间路等七类道路4000多里，人均修路5米以上，人均投资3000元以上。特别是用100多天的时间，在太行山的高山之巅、深谷之中、峭壁之上，修建了总长1300多里的七彩乡村旅游通道，创造了筑路史上的震撼和奇迹。《人民日报》、新华社、中央电视台等媒体多次报道涉县“四好农村路”的做法和成效。在全国“四好农村路”管理现场会上，涉县被评为“四好农村路”全国示范县，并作了典型发言，受到交通运输部、农业农村部、国家扶贫办等领导的充分肯定。广大群众评价道：跟党更紧了，人心更齐了，发展更快了，山河巨变了，干部都累了，群众笑得更开心了。

一、讲政治，铸忠诚，聚合力，走好新时代“四好农村路”建设的赶考路。习近平总书记关于“建好、管好、护好、运营好农村路”的重要指示，为建设农村路指明了方向，成为共筑小康梦、走好赶考路的行动指南。作为革命老区，涉县把“四好农村路”作为牢记初心使命。锤炼党性担当的火红实践来抓，作为实施乡村振兴战略、推动高质量发展的重要路径来抓，作为推动灾后重建、精准脱贫的重大载体来抓，和广大群众一起，一锤一锤蔽，一钎一钎凿，一米一米修，修出了过去想都不敢想，想修修不成的“四好农村路”，把对党的绝对忠诚和为民情怀，写在了高高的太行山上。为修出一条走出大山的生命路、致富路，涉县探索“群众为骨干，党员为先锋，村庄为主体。乡镇为主导，县里为奖补，有工优先干”的农村公路建设新思路，进一步明确了群众主体地位，变部门修路为全民修路（涉县除了县交运局长外，还有17个乡镇书记都是修路的“局长”“书记”）.变“政府给我修”为“自己的道路自己修”，形成了交运部门规划设计。乡镇组织推进、村庄具体实施、群众投工投劳的修路合力。在修路过程中，涌现了群众捐钱捐物、送水送饭，同胞四兄弟组成修路“兄弟连”，建筑业老板千里返乡支援修路等动人事件，参与施工群众最多达一天6万人，形成党政军民总动员、男女老少齐上阵的生动局面，全县上下一条心、一个音、一股劲，凝聚力、向心力前所未有。

二、用巧法，善创新，破万难，闯出高质量建设“四好农村路”的发展路。涉县靠创新解决了修路过程中的资金、土地等难题，加快“四好农村路”建设。一是用巧法解决资金难题，修路难，难在缺资金。涉县运用市场思维和统筹办法，探索了“向上争、市场筹、干部助、社会捐、群众投、政府奖”六条途径。将修路与旅游设施配套相结合，在公路两侧规划建设旅游服务区、旅游驿站，以拍卖经营权的方式筹资；将修路与土地整理相结合，把修路土石用于造地，以土地占补平衡项目获取资金；注重树立导向、引领风气，为让房让田、捐款捐物等重大贡献者树碑立传，集聚形成万众心修路的巨大正能量，有的老人为了修路卖了棺材板、年轻人拿出结婚钱、孩子们捐了压岁钱，用这种巧法，涉县在一百多天的时间内，仅仅投资几亿元，就办成了几十亿元的事，实现了花小钱办大事，少花钱多办事。二是使巧劲破解土地瓶颈。修路难，还难在占用土地上，土地关乎群众的切身利益，山区群众惜土如金，惜土如命。涉县一改过去征地修路的办法，以村为主体，实行“自己的道路自己修，占用的土地自己调”，采取集体耕地补偿，造地补偿，邻村调剂等办法，既维护了群众利益，又保证了修路所需。三是出新招强化管护运营。重点抓了“一制六化”。一制，就是率先推行路长制管理，设立县、乡、村三级路长，县委书记及县长为双总路长，主管副县长为县级路长，各乡镇乡镇长为乡道路长，各村村委会主任为村道路长，全面负责辖区内农村公路的建管养运及资金筹措。六化，即养护公司化、市场化，管理常态化，规范化。运营绿色化、便民化，做到了农村公路管理机构设置率、管护员配置率、建制村通客车率等九个100%实现了农村公路安全防护、路域环境综合整治等十个“全省领先”。

三、提标准，重生态，出特色，把“四好农村路”建成如诗如画的景观路。坚决不搞差不多、一般化，坚持用匠心、良心，精心来修路，实现了从“走得难”到“走得好”，从“出不去”到“争着来”等翻天覆地的巨变。一是绿色发展护生态。坚持“绿水青山就是金山银山”，探索出“宁可路绕十丈、绝不毁树一棵”“宁可多垒堰、也要不劈山”“随坡就势、减少垫方”“山水林田路综合治理”“车在林中行、人在花中游”“宜宽则宽、宜窄则窄、个别地段曲径通幽”“保护和挖掘文化内涵、突出涉县地方特色”七项农村路建设原则。对地处林区的几段道路，数次科学改线，最终选择在树木最少的山脊上建设，曲直随形，高低错落，山路合一，形成了圣福天路揽众山、韩王天路挨着天、云中天路云中穿、王后天路踏山巅等太行天路景观。二是追求极致树标杆。将灾后重建的乡村道路等级，由四级提高到三级、二级甚至一级，把冲毁最严重的路变成样板路。将原来的羊肠小道、卡脖路、断头路打通拓宽，建成平均宽9米的山区旅游标杆路；统筹修路与治河工作，临河建设路坝合一工程，提升河道系统治理水平，把条条乱河滩变成了“太行满江”。三是因地制宜求特色。深入挖掘地方特色文化内涵，就地取材营造石头、缸、轮胎等特色景观，打造了240余处文化节点，路路是景观，处处是亮点，无处不精心，无处不集约。今年五一、十一期间，各公路节点人气燃爆，涉县成为“公路旅游”自驾爱好者的最佳选择，截至目前，今年到涉游客突破1000万人次。

四、勇担当，砺作风，鼓干劲，以建好“四好农村路”为抓手，共铸激情满怀奋斗路。习近平总书记讲，幸福都是奋斗出来的。在修建“四好农村路”的过程中，涉县以“铁在烧”的激情，“虎下山”的劲头、“铁骨汉”的作风，拿大事、干硬活，锤炼了一支善于攻坚、敢打必胜的钢铁队伍。一是领导做表率，党员当先锋，把建设“四好农村路”作为党员干部的必尽之责，县四套班子领导冲在前、干在先，做给大家看，带着大家干。广大党员当先锋、做模范，把坚强的党支部建在项目、路段上，把鲜红的党旗插在工地上，每一个支部就是一座堡垒，每一位支书就是一个榜样，每一名党员就是一面旗帜，培树并弘扬后池新愚公精神，形成了“千里彩练当空舞，万名党员赛愚公”的拼搏劲头。二是宁可干活累着死，绝不躺着享受活，为了修路，许多党员干部吃住在工地、昼夜赶进度，许多同志暗脱几层皮、累掉几斤肉。有的打完点滴又上工地，有的生日当天在工地吃方便面。涉县广大党员干部不畏惧、不服输、汗水洗澡、泥土擦脸，用脚步丈量出了太行山的高度，用双手和铁钎凿出了连专业筑路公司都望而却步的太行天路。许多群众都说：“磐石再坚也没有涉县共产党人的意志坚，石头再硬也没有涉县共产党员的骨头硬”，三是困难面前有我们，我们面前没困难。面对最高海拔 1290 米的圣福天路、修在山崖上的青龙段、临河壁挂的井井段、台田段等艰难险阻，面对缺资金、缺技术、缺设备的现实条件，涉县叫响“流血流汗不流泪，掉皮掉肉不掉队”，拒绝说“不”，勇破难题，用 100 多天时间完成了本应该三年多才能干完的工程。红河谷漫游道西延 88 小时完成拆迁和路基填筑，井关段沿途村庄 72 天旧貌换新颜。全省第一条建成的水毁路，质量高，速度快，机制新，引领发展。

五、道路畅，山河变，万众欢，“四好农村路”成为乡村振兴的康庄路。涉县以路为轴，以路兴业，实现了“一路七兴”。一是党建示范性，党旗更红了。依托“四好农村路”，建设了一个千里党建示范带、两个百里党建先导区，后池村成为全国基层党建先进典型，老周背村、郝赵村等沿线村庄“党建 +”模式推动了快速发展。省委组织部领导看过后说：“你们不仅仅是修路，更是建了一条党建示范带。”二是精准扶贫兴，农民富了。通过修路，致富项目多了、村集体经济有了，创业路径多了，沿线 158 个村，1 万多贫困人口在自家门口就地脱贫。刘家村仅 648 口人，国庆假期一天集体收入 2 万多元，一个贫困户开小商店一天收入 3000 多元。三是旅游发展兴，人气旺了。用道路把 1 个 AAAAA、2 个 AAAA 等 9 大景区，以及众多中小景区串珠成链，提升了全城旅游发展水平，连续十几个月县城游客总量全省第一，增量全国领先。仅“十一”黄金周来涉游客就达 141.6 万人次，旅游综合收入达 7.08 亿元，“金秋旅游季”系列活动更是开启了持续 100 多天的旅游火爆模式。四是生态经济兴，家乡美了。始终坚持“绿水青山就是金山银山”，变灌木为树木，变树木为森林，变森林为景观，十几个田园综合体蓬勃发展，涉县正在向绿的世界、花的海洋、水的源泉、云的故乡、旅游的胜地、生活的天堂昂首阔步迈进，一幅“太行富春山居田”展现眼前，紧紧依托红色文化、梯田文化、石头文化、民俗文化等十大文化脉系。沿路打造了响石岭地质公园，新时代精神广场等众多文化节点，每一条道路都是一曲精神赞歌，都是一场文化展演，都是一段民俗传承。六是休闲养生兴，生活润了。沿路大力推进“百千万工程”，“百颗明珠耀大行，千家林场绿太行、万家民俗活大行”正在变为现实，休闲养生产业蓬勃发展，“生态肺城、诗画涉县”品牌更亮，七是愚公精神兴，干劲足了，建设四好农村路过程中展现出的交通精神。通车当天，有的老人激动得趴到路上闻沥青和油漆味。大家由衷赞叹党的政策好，“四好农村路”好。

实践表明，党的力量、人民的力量、团结的力量、改革的力量、精神的力量、实干的力量、榜样的力量是无穷的，是新时代新担当、新作为不竭的原动力。在新时代涉县精神的引领下，涉县的“四好农村路”、造林绿化、全域旅游，城乡协调发展，“九个清”作风建设、教育供给侧改革等6项工作在全国创造了经验，几十项工作在河北领先、涉县大地一刻不停地奔跑着、燃烧着、沸腾着，成为了邯郸干部和群众心中的一面旗帜。

中共邯郸市委办公厅

2018年10月23日印发

人民满意的公务员集体典型事迹材料

把忠诚担当写在太行山路上

——记河北省涉县交通运输局

涉县是革命老区，刘邓大军在这里生活战斗长达六年之久，晋冀鲁豫边区交通总局作为交通运输部主要前身就驻扎在这里。涉县交通人不忘初心、牢记使命，传承红色交通精神，敢担当、敢作为，涉县道路成为习近平总书记“四好农村路”重要指示批示精神在基层的火红实践，为乡村振兴奠定了坚实基础，群众的获得感、幸福感得到极大提升。2018年9月，涉县在“四好农村路”全国现场会上，被交通运输部、农业农村部、国务院扶贫办联合命名为“四好农村路”全国示范县，县委书记汪涛在会上作了交流发言。2018年10月，河北省“四好农村路”建设现场会在涉县召开。2019年3月，涉县成为全国政协远程网络议政基层连线点，全国政协主席汪洋称赞，“这路修得确实好啊!”

涉县交通运输局也获得了多项荣誉。2018年6月，河北省委办公厅、省政府办公厅联合授予“河北省7·19灾后重建先进集体”荣誉称号。2018年4月，河北省总工会授予“河北省工人先锋号”荣誉称号。2019年6月，中共中央组织部、中共中央宣传部，联合授予“全国人民满意的公务员集体”荣誉称号，受到了习近平总书记的亲切接见。

一、讲政治，强党性，以一片忠心坚决将总书记“四好农村路”建设重要指示批示精神落到实处

涉县地处太行山深处，为全山区县，长期以来修路难、行路苦。特别是2016年7.19特大洪灾发生后，农村公路千疮百孔，几近瘫痪。涉县交运人发扬“特别能吃苦、特别能战斗、特别能奉献”的精神，仅用7个昼夜，就打通了125个“孤岛村”群众的生命通道，使大量救援物资顺利送到灾区群众手中。电力、医疗等工作得以顺利展开，群众生产生活迅速恢复。

面对灾后重建的重任和社会快速发展的节奏，“四好农村路”为建设农村路指明了方向，

涉县交通人在县委、县政府的坚强领导下，始终与党中央保持高度一致，将四好农村路、共筑小康梦作为践行对党忠诚、为民服务的最大政治担当。

“干就干全县发展急需的难事、干就干之前想办却办不成的大事”。交通人发挥主管部门急先锋作用，以群众所需所盼为重，超前谋划，科学推进，全面将水毁重建、全域旅游、脱贫攻坚、美丽乡村紧密结合，与全县人民一道投身“四好农村路”建设，重建水毁路、修通振兴路、筑起民心路，闯出了一条前所未有的路。全县共各类道路近2000公里。特别是2017年，在100多天时间里，在高山之巅、深谷之中、峭壁之上修建了660公里的千里乡村旅游通道，创造了筑路史上的震撼和奇迹。《人民日报》、新华社、中央电视台等主流媒体多次报道涉县“四好农村路”的做法和成效。不少游客称赞我们是“千里画廊、太行漓江”。老区农村公路提前3—5年实现涅槃，成为百姓脱贫致富，乡村振兴的排头兵。

二、善创新，破难题，以独具匠心创出“四好农村路”高质量发展的新机制

谁出钱？谁来修？始终是农村公路建设面临的难题。在涉县县委政府的坚强领导下，涉县交通人充分发扬愚公移山精神，勇创新、破万难，和乡镇村在农村公路上积极推行享誉全国的“667”修路新机制。即汇集“群众为骨干、党员为先锋，村庄为主体、乡镇为主导，县里为奖补、有工优先干”6种力量；拓宽“向上争、市场筹、干部助、社会捐、群众投、政府奖”等6条筹资渠道；坚持路与自然和谐共生的7项生态修路原则。将生态路与文化路结合起来，深挖地方红色文化、女娲文化、民俗文化，让旅游公路变成公路旅游。全国各地来学习交流的人都说：全民修建生态路，涉县人有时代担当！

涉县“667”工作法，受到交通运输部党组副书记、部长李小鹏的高度评价：河北省涉县因地制宜，创新“667”工作机制，指导农村路建设，用巧法、动真情、花小钱、办大事，宜宽则宽、宜窄则窄、有的地方还曲径通幽，这就是实事求是地推动农村路建设。

三、勇担当，讲奉献，以赤诚之心建设党与群众的连心路

困难面前有我们，我们面前没困难。交通铁军发扬“进取、担当、团结、奉献”的交通精神，以“铁在烧”的激情、“虎下山”的劲头、“铁骨汉”的作风，冲锋在前，披荆斩棘，充分发挥部门职能作用，广泛动员社会各界力量，10个乡镇158个村十几条路线，齐头并进，日出动人员最多时达6万余人，太行山上人声鼎沸修天路的场景，激发出涉县人建设美好家园的雄心壮志。

一个党员一面旗帜、一个支部一个战斗堡垒。作为道路建设的牵头部门，交通局全程监管不放松，派出9个党员技术小组分包乡镇，每条线路从规划施工、质量进度、检查验收全程监管。同时还为乡镇村提供技术培训服务，不仅修好了路，更为乡镇村培养了一大批“路人才”。

作为筑路先锋，交通铁军承担了三条施工难度最大、路线最长的道路建设任务。圣福天路全长20余公里，海拔高、高差大、施工环境恶劣。交运人百日不下山，帐篷度暑寒。风餐露宿，吃住工地，昼夜鏖战。为了这条路，年轻人推迟婚期，93岁老父亲病逝，儿子不在床前；为了这条路，交通人从早上五点干到凌晨两点，汗水洗澡、泥土擦脸，肩扛手挑，锤凿钎撬，硬是从崇山峻岭、悬崖峭壁上修成圣福天路揽众山的壮美奇观。他们用脚步丈量出了太行山的高度，用双手和铁钎凿出了条条天路，用愚公移山的寓言变成天堑通途的神话。许多群众都说：“磐石再坚也没有涉县共产党人的意志坚，石头再硬也没有涉县交通人的骨头硬”。

四、道路畅，山河变，以惠民之心实现“一路七兴”

涉县四好农村路为党在基层聚了人心、添了财气，得到各级领导和社会人士的广泛关注，他们真切体会到：通过修路，涉县干部群众跟党紧了，人心齐了，发展快了，山河变了，干部累了，群众笑了。圣福天路引发公路旅游热潮，并成为涉县党性教育基地之一，道路成为涉县一张对外的亮丽名片。

习近平总书记讲，幸福都是奋斗出来的。截至目前，全县等级公路占总里程的99.8%，17个乡镇电商网点全覆盖。涉县从“走不了”到“走得美”、从“出不去”到“抢着来”，道路的建成直接带动了“党建示范、精准扶贫、旅游发展、生态经济、文化体验、休闲养生、愚公精神”等七方面的振兴，引发资金、人才等资源回流，回乡创业、就地致富成为潮流。全县十几个田园综合体蓬勃发展，一个千里乡村振兴先导带、一条千里画廊、三个百里乡村振兴示范区成为样板，1万多贫困人口在家门口致富。仅2018年，接待游客1600万人次，旅游综合收入104亿元。

涉县因路而兴，百姓因路而富，老区交通人秉承“进取、担当、团结、奉献”交通精神，把路修到老百姓心坎上，把对党和人民的忠诚担当，书写在太行山间的每一条道路上……

让微循环更畅通

——河北涉县着力打造农村物流服务品牌

今年十一国庆档电影《一点就到家》中，有这样一个场景：云南一个古寨，传统热闹的集市被淘汰，空荡的摊位前，老奶奶轻声诉说集市上发生的往事。突然话锋一转，老奶奶开心地掏出了支付宝。“一点就到家，方便你我他”，不只是电影中的人物台词，而是许多乡村的现实；快递、电商和互联网，已经成为时代趋势和中国当下乡村的社会现实。

《快递行业“十三五”规划》提出，到2020年，快递业务量达到700亿件以上，年均增长27.6%；快递业务收入超过8000亿元，年均增长23.6%。而在2020年11月，快递业务量累计量已经达到了741亿件，而快递业务累计收入达到了7869.2亿元。前瞻预测，2025年快递业务将保持高速增长。其中，业务量将达到2276亿件左右，业务收入将达到17267亿元左右。数据显示，今年一季度，仅通过邮政企业渠道配送进城的农特产品就有10.5万吨，同比增长56.6%，成为助力乡村振兴的坚实力量。

把外面的东西带回来，把家乡的东西带出去。已经不只是意愿，而是农村生活的现实。但面对农村消费水平的快速增长，如何打通“最后一公里”，实现“一点就到家”的方便快捷？怎样才能保证农村物流微循环更畅通，实现集约、高效、畅通、便利的配送？如何打通工业品下乡、农产品进城的双向快车道，助力农业农村农民的脱贫致富，进而实现乡村振兴呢？在这方面，河北涉县在紧紧依托四好农村路的基础上，做出了积极的探索。客货同网+信息平台，让农民“一点就到家”的愿望成为现实。

一、背景

涉县地处河北省西南部，冀、晋、豫三省七县（市）交界处，素有“秦晋之要冲，燕赵之名邑”之称。涉县是女娲故里，自汉高祖刘邦元年（前206年）立县，距今两千多年。县域面积1509平方公里，辖17个乡（镇）、1个街道办、308个行政村、人口42万。涉县旅游资源丰富，国家AAAAA级景区娲皇宫、全国爱国主义教育基地一二九师陈列馆、传统民居民俗等旅游景点达100余个。拥有花椒、核桃、柴胡、连翘、黑枣等5种国家地理标志产品。

涉县是全邯郸市唯一的全山区县，“八山半水分半田”是当地真实写照，特殊地势和分散居住环境，致使当地群众行路难、出山难、物流运送难、双向流通难，严重制约着当地经济和群众生产生活的快速发展。特别在网络时代，农村物流的快速发展成为新农村新的经济增长点，农村物流业成为新时代发展的必然趋势，同时也为微循环的畅通提出了严峻的挑战。

从2015年起，涉县农村物流业开始进入初始发展阶段。起初面临着三大困难：一是道路路况差。涉县农村公路2004年实现村村通水泥路，路面仅宽4.5米。由于超期服役严重，道路通畅能力差。特别是2016年“7·19”特大洪灾之后，道路冲毁严重，农村公路冲毁里程达一半以上。二是物流网点不成网。全县快递多集中在县城周边。偏远乡镇村订货件数少，物流基础设施差，没有取件点，村民收发快递难，时效性差，直接影响村民消费欲望。三是物流管理意识差。农村物流建设处于散兵游勇、单打独斗，物流服务意识差，缺乏合作精神，运营成本高；市场信息不对称、物流畅通受阻等各类问题，层出不穷。

但涉县也同样具有着很多优势：一是四好农村路有助力。2017年千里乡村旅游通道的建成，辐射10个乡镇158个行政村。路面宽度达到8米。目前，全县农村公路达到1353公里，等级公路占到99.8%。2005年实现村村通客车，辐射全县17个乡镇308个行政村。二是网点设置有便利。供销、邮政、通信等部门在乡镇村设立的便民超市、服务点等场所，为设立取货发货点提供了基础便利。沿线交通驿站、公路道班、客运站场等地可以提供物流的暂存和转运。三是农村物流发展有潜力。涉县农副产品、特产较多，核桃、花椒、柿子等产量较大。随着网络和智能手机在农村的普及，网上买货订货开始方便起来。

四通八达、科学完善的交通路网，最基础的公共设施为涉县农村物流发展奠定了坚实基础。1991年涉县农村公路里程只有300公里，等外路占到一半。截至2018年底，涉县境内公路里程1501公里，2条高速3条国省干道，农村公路610条1353公里。公共汽车线路79条，全年公路货运量和货物周转量分别为985人次和7921万公里。2018年，涉县获得“全国四好农村路示范县”荣誉称号。道路的畅通，为农村聚了人气、添了财气，为乡村振兴当好了先行官，下好了先手棋。

“四好农村路”成为农村人家门口的超级工程，“四好农村路”的高质量发展，需要建管养运的同心发力。而建好、管好、养好、运营好，这四好中，前三好是基础，关键还是要运营好。

打通大动脉，畅通微循环，使工业品下乡、农产品进城。在打通“最后一公里”问题上，涉县积极探索“信息平台＋客货同网”的农村物流运营新模式，为解决人民日益增长的美好生活需要和不平衡不充分的发展之间的矛盾做着积极努力。通过实践，“信息平台＋客货同网”的典型做法，在2019年获评“交通运输部首批农村物流服务品牌”殊荣。从阻滞到通畅，从道路到“云”端，涉县道路畅通微循环究竟是怎么做的呢？

二、经验做法

（一）农村物流网络节点实现全覆盖，网货到家近距离

网上电器买不来，山里特产出不去。2015年以前，还没干电商的王金庄村民王虎林深有感触。究其原因：一是路不好，二是村里没网点。网上买个东西还得跑几十里到镇上去取，太不方便，村里人几乎没人网购。

2016年6月，王虎林从代购做起，逐渐发展起了周边村庄的快递业务。从一开始订单个位数，到现在梯田小米爆单。这背后是农村道路和运营能力的极大提升和完善。为了打通“最后一公里”，畅通物流快递运送环节，涉县在道路提升、乡镇网点铺设、货流整合、场站利用等各个方面，科学规划、统筹兼顾，画出了一幅农村物流发展图，为农村物流的双向流动、畅通渠道，谋好局，起好步，彻底解决农村人群网购难、获得服务难等问题，为村民生活提供便利。

从2015年开始，涉县坚持“城乡统筹、以城带乡、城乡一体、客货并举、运邮结合”的总思路，制定下发《涉县农村物流三级网络物流体系网络节点建设标准（2016—2020）》《推进乡镇客运综合服务站建设管理实施方案》等规划及政策文件。按照县、乡、村三级网络构架和“多站合一、资源共享”的建设模式，建立县城中转站、乡镇物流服务站和村级服务网点，实现信息互联互通。截至目前，全县建成12个交通综合服务站、280个村级电商服务站，加盟1300多家城乡便民超市。通过在乡镇村设立的交通综合服务站点为当地村民提供客运、电商、物流等服务，为农村人群解决网购难、送货难、服务难等问题，最大程度上为村民提供生活便利。2016年以来，累计通过电商创业培训待业大学生、农村青年、返乡农民工达10000余人，初步形成较为完善的农村客货物流三级体系。

从网上到门口，距离变近了，渠道畅通了，涉县农村物流网络节点实现全覆盖。现在，无论涉县哪个村，大家都可以乐享“网上购物，货到门口”的便利。

（二）客车捎货提高运营集约化水平，省时又省钱

市到县、县到乡、乡到村三级物流网络的完善，解决了覆盖广度和深度问题。但如何高效集中、节约配送，提高运营管理集约化水平，就成为一个难题。以前，涉县四通一达、顺丰等快递公司各自运货，每家公司每天到某村可能只有一两件货，运输成本高，时效性差。

涉县依托客运，积极探索“客货同网、资源共享”的建设模式，充分利用客运站场和运力

资源优势，积极探索新方法。万合集团从2005年起，利用客车多余空间，开始经营小件快运业务。2010年，成立飞马快运涉县分公司。飞马快运主要依托当地汽车站和公交客运班线资源，从事涉县境内县城、乡镇、村庄的小件快运（客货运一体化）等运输配送业务。

与此同时，涉县积极优化运输物流网络，开辟3条运输干线和7条支线，辐射17个乡镇308个行政村。结合千里乡村旅游大通道建设对沿线12座客运候车亭进行升级改造，逐步形成以综合客运站为枢纽、镇级驿站为中转站、沿线候车亭为集散点，闲置车站、货场、养护道班等为物流存放周转地的新格局。形成布局合理、相互衔接、循环成网、方便快捷、畅通有序的城乡客运网络。

旮旯铺村临近山西，村里客车除了运送乘客，更重要的是捎货。老人从村里捎菜给县城的孩子，子女从网上购物捎回村里。山里连翘、核桃等特产，不怕小贩来压价，直接通过客车捎到快递站，发往全国。乡亲们都觉得，村里客车捎货，又方便又省心！

目前，涉县79条公交路线，每条公交线路每天至少两次班车，货物最长4小时就可到达村级服务站，时效性高，适合小批量、多批次货件运输。涉县探索出了整合资源、优化服务、完善流程、直销对接，绿色配送，节约集约、降低成本的新机制，“信息平台＋客货同网”的农村物流服务逐渐成为品牌。

（三）融入“互联网＋”让服务更完善，城乡一体化

如果说涉县四好农村路为“工业品下乡、农产品进城”打通城乡物流发展双向快车道的话，那互联网则为农村物流发展插上了一双翅膀。据统计，2018年以来，农民收入明显增长，加上互联网和智能手机进一步普及，农村消费从线下走向线上消费的比例逐步提升。信息进村入户，合作共享范围扩大，“互联网＋”有力推动公共服务向农村延伸，城乡差距越来越小。

涉县通过交运、邮政、供销、京东、顺丰等商贸流通企业全方位合作，有效整合分散货源，外包物流业务，加强探索适应农批对接、农超对接、直供直销等物流服务新模式。特别是依托信息化技术，万合集团打造一地搭建、多地共享的网络信息服务平台暨“客运＋货运”一网通信息平台，通过该平台开展客货运融合发展配送业务。实现客户在线下单、同城配送（上门取货）、车辆动态、在线结算、智能调度等，进一步完善平台网上交易、运输组织、过程监控、结算支付、金融保险、大数据分析等服务功能。2019年，涉县一、二级网点之间配送货物80%实现网络预约，实时监控。涉县物流配送不仅实现了市到县、县到镇、镇到村，部分已实现县到村，有效解决村民网购难、送货难、服务难等问题。打通“最后一公里”，畅通了城乡双向流通渠道，而“互联网＋”的融入，则把农村巨大需求潜力转化为现实消费。

今秋以来，自媒体人农村阿凯与电商王虎林联手，使王金庄梯田小米网上出售火爆，短短几天，就有5000多单2.5万斤售出。同时王虎林创建5年的微米电商，不仅与京东、顺丰等各大公司合作，把空调冰箱和日常生活用品、农资生产物资送到了老乡们家里。最近，还月薪万元特聘高级管理人员做电商销售。

三、产生影响

（一）农民生活消费方式开始改变

过去村民依赖于自给自足、集市流通、人货见面，货到店，人到店的模式。农村物流流通的交通成本、运输成本、时间成本、人力成本消耗极大。交通基础设施的提升和互联网的融入，让过去烂在地里，挂在树上，特别是一些少量而优质的农产品，能够快速运送出去，同时让家电、农用物资能以城市同质同价购回，缩短城乡消费差距。

物流流通时间缩短，使农村人足不出户，方便购物成为可能。信息平台的加入，使货品质量更有保证、服务更加完善、售后更加方便。进出货和购物，可信性增加，网购的便利性，也让村民消费习惯发生重大改变。方便快捷，节约成本，村民对网购的依赖性日益增强，从日常用品到农资家电，一网打尽。农村物流服务逐步完善，不仅改变了农村人群的消费观念和思维方式，更进一步激发出了农村巨大的消费潜力。很多专家评价，未来的农村物流发展市场将会成为网络消费的一片蓝海。

（二）物流配送与公共交通合作共赢

涉县属山区县，人口居住分散，这为物流配送提出了消费成本过高、时效性差等多项难题。客运班线是覆盖面最广、通达能力和时效性最强的公共资源。随着社会快速发展，农民购车数量的急剧增长，公共交通上座率低、空驶损耗大等问题也随之而来。客货同网的有机结合，充分利用了公共交通系统提供的全天式、高覆盖率、持久性强的方式，大大提高物流行业农村配送速度、降低了农村电商物流配送费用，提高配送效益。而客车捎货也同样为公共交通开辟了一个新的经济增长点，起到了集约节约增效增收的多重作用，实现了合作共赢。

四、总结

（一）四好农村路是发展农村物流的基础

近年来，涉县形成了“三纵九横十八条支线”的大交通网络格局，高速、国省干道分布合理，通行能力强。特别是农村公路进展迅速。2017年以来，涉县开展“四好农村路”示范县创建工作，坚持将修路与灾后重建相结合、与全域旅游相结合、与脱贫攻坚相结合、与美丽乡村相结合，积极抓好路网规划、等级提升、城乡客运一体化等项工作。坚持行业融合发展，积极推进“运邮融合、货运一体化”，全面建好、管好、养好、运营好农村公路，取得显著成效。2018年9月，涉县获得了“四好农村路全国示范县”荣誉称号。为建养管运的高质量发展，为农村物流发展提供了坚实基础，使打通城乡双向物流渠道成为现实。

（二）融合社会资源，集约合作是关键

农村物流要想驶上快车道，必须积极融合社会各类资源，寻求广泛合作，才能实现共享共赢。一是充分利用交通运输网络、客运站场和客运班线资源，整合社会闲散运力和分散货源，实现人、车、货、站、线等物流要素的精准匹配。二是强化乡镇、村级物流节点服务功能，装运、仓储、流通、电商一条龙服务，实现“一点多能、一网多用、多站合一”。三是创新运营模式，积极与邮政、供销、顺丰等商贸企业合作，实现城乡统一配送、集中配送、共同配送、绿色配送，

提高配送效率和运营管理集约化水平。

（三）“互联网+”是农村物流信息化的助推器

通过农村电商，农村消费者可以购买与城市同质同价的产品，农村消费已经从以前的“有没有”向现在的“好不好”转变。居民收入和消费增长为快递下沉奠定经济基础。市场需求和消费环境的优化带来信息流、资金流、实物流的整合，打通了农村消费的“任督二脉”。涉县以“四好农村路”高质量发展为着力点，通过农村物流服务品牌的打造，构筑城乡物资双向、高效、便捷流通通道。利用先进信息技术提升城乡物流的服务水平，进一步激发农村消费潜力加速释放，带动农村地区产业发展，为实施乡村振兴战略、打赢脱贫攻坚战、决胜全面建成小康社会提供更加坚实的运输服务保障。

目前，中国农村物流发展机遇良好。一是国家和行业部门相继出台相关政策，积极扶持农村市场的开拓和积极推进农村物流现代化。二是农民视野越来越开阔，经营意识和市场化思想逐渐明晰，这对农村物流的发展是非常有利的。但仍然存在一些现实问题：物流发展水平低。物流设施设备落后，农村网络建设普及率较低，仓储条件差、物流标准、物流技术管理仍存在短板，制约了物品物流发展效率。另外农村物品存在特殊性，农产品具有季节性和周期性，与工业品相比，容易腐烂变质。因此产品的自身属性对其包装、加工、储存、运输要求都较高，加大了经营农产品物流的风险性。农村物流大都以初级产品为主流通环节，增值能力有待挖掘。最重要的一点是物流管理人才的匮乏，不能科学有效地将农村供需与市场精准对接，通过网络信息化实现信息对等，减少流通环节中的损耗，达到城乡物流高效流通，实现城乡一体化。

如何有效解决以上问题呢？其一是城乡物流与网络精准对接。当前农村生产最大问题在于重生产轻销售，导致农产品因流通不畅，丰产不丰收。建立以市场为导向的流通模式。强化城乡网络建设，信息共享，通过网络对接，实现物流、资金流、信息流的三流合一，农产品快速进城，工业品顺利下乡，减少运输流通环节中的消耗损失，增加产品的附加值。提高农民增收和生活水平，缩小城乡差距，实现城乡一体化。其二是加大物流信息网络建设力度，现代物流的基本特点是信息化，因此，农村物流必须要实现信息化，规范物流技术。引进现代化的装卸搬运技术，采用科学方法，使用集装化的装载工具。要树立科学发展观协调城乡之间和区域之间物流体系的规划。投入资金支持农村改革。其三是要多方面鼓励支持农村物流的良性发展，出台政策，鼓励物流技术人员科技下乡，科学管理有序推进，带动农村物流长期健康发展。

研讨题：

1．农村物流如何做好网络与货运的高效衔接？

2．农村物流发展与客运交通结合的优劣势在哪里？

3．物流技术人才在农村物流中会发挥出哪些重要作用？

研究题的基本依据和研讨目的及相互关系：

农村物流的发展一是靠网络平台信息，二是靠货运通畅。但目前两者之间仍然存在脱节，不能高效无缝衔接。

农村物流与客运交通的结合，是创新但也存在挑战。只有找到两者在实际运作中的优劣势，才能更好地进行改进提升。

农村物流除了受基础设施等一些因素制约外，科学管理才是制约其发展壮大的最大短板，加强技术人才的引进和培训，才能发挥出最大作用。

这些问题的设置，是相互关联的。三个问题涉及农村物流整个产业链条中最为关键的“网、货、运、人”核心要素。通过这些问题，进一步启发大家紧紧围绕农村物流这些关键要素，进行深入细致的思考，集思广益，从而找到更好的解决方法，促进农村物流业的快速发展。

2020 年 12 月

作者：张付平　涉县县委党校特邀教师　副研究馆员

2021 年 5 月入选全省干部教育“四个一百”教学案例和邯郸市教学案例

涉县“三点发力”构建城乡交通运输一体化

今年以来，涉县立足统筹城乡发展，加强城乡交通基础设施建设，整合城乡综合交通运输资源，完善优化运输网络，不断提升城乡交通运输公共服务水平。全县公路总里程 1598 公里，其中村村通公路 1365.7 公里，占全县通车公路的 85.46%。全县改造建设城乡公交线路 23 条，营运客车 103 辆，行政村通车率达 100%。今年 10 月，被交通运输部列入“第二批城乡交通运输一体化示范创建县”名单。

一、推进道路交通基础设施建设，打通城乡运输“堵点”。一方面，强化农村公路建设。投资 6.5 亿元，建设和改造农村路网达 1501 千米，形成了“三纵九横十八条支线”的农村公路路网新格局，实现了农村公路“四个百分百”，即等级以上公路占比 100%、建制村通畅率 100%、农村公路列养率 100%、农村公路优良率 100%。另一方面，打造综合客运场站。不断提升客货运场站的配置与功能，建设公路客运站 16 个，包括 4 个县级客运站和 12 个乡镇级客运站，总占地面积 24659 平方米。通过将客运场站连点成网，建成了以综合客运站为枢纽、镇级站为重要节点、沿线候车厅为集散点，布局合理、相互衔接、循环成网、畅通有序的城乡客运基础设施，构建了较为完善的客运网络和县乡村三级物流网络。

二、推动城乡公交一体化发展，解决群众出行“难点”。一是建设县乡村三级城乡公交线。紧紧依托“三纵九横十八条支线”农村公路路网，采用“企业化经营＋政府购买服务”的模式，全面整合城市公交、农村班线等客运资源，形成“以县城为中心、乡镇为节点、行政村为终端”的三级城乡公交线，延伸城乡公交通车总里程达 2253 公里。二是打造公交换乘无缝衔接网。

充分发挥市场资源配置作用，推进经营模式改革、车辆结构调整，持续推动客运班线公交化改造建设，促进城乡客运一体化发展。建设城区公交线路4条，改造建设城乡公交线路23条，公交化率达到90%以上，308个建制村通客车率达到100%，县城范围20公里公交全覆盖，实现城乡公交换乘无缝衔接。三是提升群众出行便利度。与万合出行APP合作，提供在线购票、定制约车、线路查询等服务；车辆装配乘车刷卡机具，支持交通一卡通和手机IC卡支付功能，方便乘车结算；根据不同地区群众差异化的出行需求，开通电话预约、定制公交线路、预约响应等服务，提升群众出行便利程度。

三、推广农村客货邮融合发展，消除农村物流“痛点”。一是推进物流基础设施建设。将全县四个客运站赋予货运功能与涉县乾沧共配中心形成一级物流节点，规划分拣区、物流车场、接货区、信息化服务区等四大功能区域。同时，建设乡镇物流服务中心12个，村级物流服务站280个，完善县乡村三级物流配送基础设施，实现乡镇村物流节点覆盖率100%。二是构建物流配送体系。推动各物流企业、交通综合服务站与各乡镇1300多家邮乐购站点、商超、药店等达成合作，构建起县乡村三级物流配送体系。各类货品通过县级客运站统筹，委托飞马快运公司通过专门的配送车辆或者客运班线以腹仓带货的形式进行配送，打通了“农产品上行”“工业和生活用品下行”通道。该县“信息平台＋客货同网”入选全国首批农村物流服务品牌。三是完善以客带货线路。整合万合客运、飞马快运公司城市公交、农村班线等客运资源，与邮政及第三方物流企业签订合作协议，开通郝赵、后池、岭底等10多条以客带货线路，积极开展“县城—乡镇—村庄”邮政小件快运等运输配送业务，有效解决了农村物流配送难题。

邯郸市人民政府办公室《政务交流》　第38期

2021年11月30日

中共涉县县委
关于《大力弘扬交通精神、大兴干事创业之风的决定》

（涉字〔2015〕22号）

2015年9月17日

我县是全山区县，“行路难”曾是制约我县经济社会发展的最大瓶颈。1996年以来，以历任交通局局长为代表的交通人，以“涉县快发展，交通要先行”的责任感和紧迫感，逢山开路，遇水搭桥，历经千辛万苦，克服重重困难，修筑了覆盖全县、四通八达的现代交通网络，成为经济社会快速发展的重要支撑。历任交通局领导班子和交通系统的全体干部职工，在近20年的奋发作为和不懈努力中，在修筑一条条宽阔平整的良心路、致富路的攻坚战斗中，用心血和汗水凝结形成了以“进取、担当、团结、奉献”为核心的交通精神，成为建设“富强涉县、法治涉县、魅力涉县、和谐涉县、红色涉县”的强大精神动力。

交通精神是129师精神的世代传承和新的体现，是浸润在老区人民血脉中的红色基因。适应新常态，抓住新机遇，推动新发展，需要大力弘扬这种精神；贯彻落实中央“三严三实”要求和省委“解放思想、抢抓机遇、奋发作为、协同发展”的要求，需要大力弘扬这种精神；攻坚克难，转型升级，绿色崛起，需要大力弘扬这种精神。为此，县委决定，在全县各级党组织和广大党员干部中开展“大力弘扬交通精神，大兴干事创业之风”活动。

要学习弘扬交通人不讲条件、不畏艰难的进取精神。在修筑投资1.2亿元的涉左公路时，缺资金、缺技术、缺经验，交通人以“困难是石头，干劲是榔头”的决心，不等不靠，自筹1500万元，贷款6000万元，高标准修成了全长27公里的涉左公路。在修建龙井大街时，仅仅只有县财政拨付的50万元启动资金，他们说干就干，雷厉风行，硬是把这条投资4000万元的城区主干道高标准修成。县城大外环（国道G234涉县绕城段）项目投资达33亿元，争跑难度非常大，他们迎难而上，仅用76天就争跑成功这个全市第一条普通干线经营性收费项目。20年来，他们修筑了上百条道路，完成了几百项工程建设，从来不讲困难，从来不讲条件。学习弘扬交通精神，就要像交通人那样，不讲条件，自我加压，说干就干；就要像交通人那样，不畏艰难，锐意进取，一往无前。

要学习弘扬交通人勇挑重担、敢于创新的担当精神。在修筑涉左公路时，大胆采用白灰稳定砂砾和水泥稳定砂砾工艺，不但节约了大量资金，而且大幅度提升了工程质量，创造了涉左公路15年无大修的纪录。在农村公路建设中，面对山区道路施工难度大、投入资金多、修建里程长等难题，他们以“只要思想不滑坡，办法总比困难多”的干劲，全员上阵，苦战三年，率先在全省实现“村村通”水泥路或柏油路。他们将地方风俗文化和修筑道路结合起来，打造了阳索线、河茅线等一批精品农村示范路。多年来，交通人还主动承担了滨河路、园区道路、龙湖环路等很多临时性任务，圆满完成了县委、县政府交办的急难险重任务。学习弘扬交通精神，就要像交通人那样，主动作为，勇挑重担，负重奋进；就要像交通人那样敢于担责任，敢于拿硬活，敢于闯新路。

要学习弘扬交通人纪律严明、步调一致的团结精神。交通局领导班子时刻警醒自己，“不怨队伍作风散，而是一把手骨头软；不怨职工没劲头，而是干部没带头”。他们以身作则亲自干，严明纪律作典范，与广大职工同甘共苦、同茶共饭、同劳共息、同血共汗，用自己的一言一行树标杆，以完善的制度和严明的纪律为约束，带出了一支特别能吃苦、特别能战斗、特别能奉献的交通队伍，攻克了一个个难以想象的困难，完成了一项项艰巨繁重的工程。在修建涉左公路时，他们以“八百儿女八百牛”的韧劲，愈挫愈勇，不改初衷，连续奋战20多个月，没有一个人打“退堂鼓”。在修建龙井大街时，他们人停机不停，昼夜推进，使原计划两年的工程仅用半年时间就圆满完成。学习弘扬交通精神，就要像交通人那样同心、同向、同力，创造、创新、创业；就要像交通人那样，领导率先垂范，干群团结拼搏，凝心聚力攻坚。

要学习弘扬交通人甘于付出、勇于牺牲的奉献精神。在交通人的眼中，没有星期天、节假日，连续奋战“5+2”，披星戴月“白＋黑”已成为习惯；在交通人的心中，存有承载着人流、物流的全县交通蓝图，存有承载着全县人民美好愿望的康庄大道；在交通人的脸上，是挥洒的汗水和筑路的扬尘；在交通人的肩上，是为党分忧的目标和为民服务的责任。在近20年的筑路征程中，有太多的交通人吃住在工地、休息在工棚，战高温、抗严寒，顶风冒雨、废寝忘食、日夜兼程，才高标准修筑了一条又一条的“样板路”“放心路”；有太多的人舍小家、顾大家，放弃了家人团聚，耽误了尽孝父母；有太多的人牺牲自我，舍己奉公，轻伤不下火线，带病坚持工作，才筑就一道又一道的“精神路”“作风路”。学习弘扬交通精神，就要像交通人那样，胸怀大局，不辞辛劳，无私奉献；就要像交通人那样，用心工作，事争一流，创优争先。

交通人是我们身边可亲可敬的鲜活榜样，交通事迹是我们身边看得见、摸得着的英雄事例，交通精神是我们攻坚克难、争取胜利的宝贵财富。我县面临京津冀协同发展的难得机遇，处在爬坡过坎的关键时期，推动经济社会转型升级、绿色崛起任务艰巨而繁重。县委号召，全县各级党组织和广大党员干部要大力弘扬交通精神，大兴干事创业之风，掀起苦干实干、创先争优的热潮，推动“三严三实”专题教育出成果，“解放思想、抢抓机遇、奋发作为、协同发展”大讨论见实效，推动项目和园区建设、生态建设和旅游产业发展、城乡统筹和美丽乡村建设等各项重点工作取得新成绩，向市委、市政府，向全县人民交一份满意的答卷。

涉县人民政府
关于《印发农村公路管理办法的通知》

各乡镇人民政府、县政府有关部门、县对口有关单位：

《涉县农村公路管理办法》已经县政府第二十四次常务会议研究通过，现印发给你们，请认真贯彻落实。

涉县人民政府

2015 年 12 月 21 日

涉县农村公路管理办法

第一章　总　则

第一条　为加强我县农村公路建设、养护管理，促进农村经济社会发展，根据《中华人民共和国公路法》《公路安全保护条例》《河北省公路条例》《河北省农村公路养护管理办法》《河北省农村公路建设管理办法》等法律法规有关规定，结合本县实际，制定本办法。

第二条　本县行政区域内农村公路规划、建设、养护管理适用本办法。

第三条　本办法中的农村公路是指纳入公路统计的县道、乡道、村道，包括公路桥梁、隧道和附属设施。对未纳入公路统计的农村公路，可参照本办法进行管理。

第四条　农村公路规划、建设、养护管理，遵循“统一领导、分级负责、建养并重、因地制宜、适度超前”的原则。

第五条　县政府是全县农村公路规划、建设、养护管理的责任主体，将农村公路管理工作纳入县政府年度工作目标，并组织协调有关部门做好农村公路管理工作。

县交通运输主管部门主管全县农村公路规划、建设、养护管理工作，其所属的农村公路管理机构具体负责。

各乡（镇）政府是本行政区域内乡道、村道建设、养护管理的责任主体，在县交通运输主管部门的指导下，负责本乡（镇）乡道、村道的建设、养护管理工作。

各村民委员会是村道的建设、养护管理的责任主体，在本乡镇政府的指导下，做好本村村道建设、养护管理工作。

第六条　县政府成立由各乡镇及县发改、财政、交运、住建、国土、环保、水利、林业、审计、公安、广电、电力、通信等部门为成员的农村公路管理领导小组，办公室设在县交通运输主管部门，组织协调做好全县农村公路管理工作。成立县农村公路发展公益基金办公室，办公室设在县财政部门，负责农村公路发展基金的筹措、整合，并根据县交通运输主管部门农村公路建设、养护计划拨付使用。

第七条　农村公路要加快推进技术进步，推广和应用新技术、新材料、新工艺，控制和降低建设养护成本，提高建设、养护质量。

第二章　资金筹集与管理

第八条　农村公路建设、养护管理资金的筹集和使用应当坚持“政府主导、多元筹资、统筹安排、专款专用、强化监管、绩效考核”的原则。

县政府应将农村公路发展纳入县国民经济和社会发展规划，逐步加大县财政对农村公路的资金投入，促进农村公路持续健康发展。

县政府将从事农村公路建设、养护管理所需经费，以及农村公路管理机构行使行政管理职能所需经费纳入县财政预算，保障农村公路管理机构正常运转。

第九条　农村公路建设、养护资金主要来源包括：

（一）国家和省补助的专项资金。

（二）县政府安排的财政性预算资金。包括：公共财政预算资金；县安排的成品油消费税改革新增收入资金（替代摩托车、拖拉机养路费的基数和增量部分）。

（三）乡（镇）政府筹措的建设、养护资金。

（四）农村公路发展公益基金，主要包括：

1、社会无偿捐助。将落后和破损严重的乡村道路制作成影像或文字宣传资料，编制农村公路援建计划，动员和鼓励企业、社会各级组织、爱心人士进行捐助建设农村公路。

2、吸引社会资金。利用出让公路（桥梁）冠名权、广告权、路边资源开发权、绿化权等方式，吸引社会资金建设农村公路。

（五）县交通运输主管部门治理各种侵占、损坏公路、公路用地、公路附属设施所得的赔（补）偿资金；

（六）村民委员会通过“一事一议”等方式筹集的用于村道建设、养护的资金；

（七）公路沿线群众自愿通过投工投劳，提供石子、沙等建筑材料折合的资金；

（八）通过其他方式筹集的资金。

第十条　农村公路养护资金包括养护工程资金和日常养护资金，养护工程资金由县政府按照不低于省补资金数额进行筹措，日常养护资金县政府每年安排不少于300万元。

县政府根据农村公路里程的增加和财政收入的增长，逐步增加农村公路养护资金的投入。

各乡镇政府应当从当年财政收入中安排必要的资金用于农村公路养护。

第十一条　县交通运输、财政、审计等部门应当按照各自职责，认真履行监督职责，加强对农村公路建设、养护资金的监督和检查，确保其合理使用和安全。

第三章　公路规划

第十二条　规划、新建、改建的农村公路应与村、镇保持规定距离，尽可能在村、镇一侧建设，避免公路街道化，影响公路通行安全与畅通。

第十三条　农村公路规划由县交通运输主管部门会同同级有关部门编制，经县政府批准后，按相关程序报上级政府及相关部门批准或备案。

第十四条　农村公路规划体现四优先：对县域经济发展具有重大影响的道路优先安排；对

工业、农业、生态等有重大促进作用的各种园区道路优先安排；对旅游发展和建设美丽乡村、京津冀一体化等具有推动作用的道路优先安排；对社会资本提供足额建设资金的道路优先安排。

第四章　公路建设

第十五条　农村公路建设应充分利用现有道路进行改、扩建，避免大改大调或大挖大填，减少投资并防止诱发新的地质灾害。

第十六条　农村公路建设采用计划管理方式。

县交通运输主管部门负责全县农村公路建设项目计划的管理，其所属的农村公路管理机构具体负责。

第十七条　农村公路建设项目计划应符合以下条件：

县道：完成项目前期工作，建设配套资金列入下年度县政府财政预算；

乡道、村道：

（一）符合国家和省级补助范围；

（二）乡道经乡镇人民代表大会决议、村道经村民大会或村民代表大会决定，以乡（镇）政府名义上报；出具“两个方案、一个承诺”（公路建设走向方案与筹资投劳方案，土地调整、青苗、林木损毁及房屋拆迁处理承诺书）；

（三）　完成项目前期工作，建设配套资金落实到位，并汇入县政府确定的专用账户；

（四）后续养护责任单位明确和养护经费落实。

第十八条　乡道、村道建设计划申报：

（一）乡镇政府根据本辖区实际情况，选择符合前款条件的建设项目向县农村公路管理机构提出书面申请，由县交通运输主管部门审核后列入建设项目计划库；

（二）县农村公路管理机构根据本年度上级交通运输主管部门下达的建设规模，结合实际情况及上年度农村公路建设、养护考核结果，经县交通运输主管部门审定并报县政府批准后，确定上报建设计划；

（三）农村公路建设计划一经下达，必须严格执行，不得擅自更改项目、变更投资、减小建设规模、降低技术标准。确需调整变更的，按相关程序报批。

第十九条　农村公路建设计划实行竞争立项机制，年度建设计划与项目资金筹措、项目实施、工程质量、公路养护等挂钩。

第二十条　农村公路建设用地的征收、拆迁和安置工作应当依法进行，由乡镇政府负责组织实施。

因农村公路建设和养护需要占用国有荒山、荒地时，按规定程序报批后由县政府无偿划拨。需占用集体土地时，经依法批准，按乡（镇）村公共设施和公益事业建设使用集体土地。在划拨或批准用地范围内可以挖沙、采石、取土，任何单位和个人不得非法阻挠或收取费用。

第二十一条　农村公路的建设标准应当依据公路功能、路网规划、交通量和地形、地质条件合理确定，对于工程艰巨、地质复杂路段，在确保安全的前提下，平纵指标可适度降低。

县道和乡道按照等级公路标准建设：县道一般采用三级（含）以上公路标准，路面宽度不小于6.5米；重要路段采用二级以上公路标准，路面宽度不少于8.5米。

乡道采用四级（含）以上公路标准，路面宽度不小于5米。重要路段采用三级以上公路标准，路面宽度不少于6.5米。

三级以上路面推广采用沥青混凝土路面。

村道建设标准，应当根据当地实际需要和经济条件确定，并根据地形、地质等情况合理设置错车道。路面应当选择能够就地取材、易于施工、有利后期养护的结构。

第二十二条　县道建设项目的招标由县交通运输主管部门负责；乡道、村道建设项目的招标，可以由县交通运输主管部门负责，或在县交通运输主管部门的指导下，由乡（镇）政府负责。

第二十三条　县道建设项目的施工许可由市交通运输主管部门审批。乡道、村道建设项目的施工许可由县交通运输主管部门审批。

第二十四条　施工要求：

二级以上农村公路及中型以上桥梁、隧道建设项目，应通过招标选择具有相应资质的监理单位进行监理。其他农村公路建设项目，由县交通运输主管部门组织进行监理。

路面、桥梁、隧道等建设项目，应进行公开招标选择具有相应资质的专业队伍施工。路基工程和公路附属工程在保证质量前提下，可在县交通运输主管部门专业技术人员指导下由乡镇、村组织当地村民施工。

第二十五条　县交通运输主管部门加强农村公路工程建设质量监督管理和安全生产监督管理工作；乡镇政府、村委会可聘请技术专家或基层党员群众代表参与监督工作。

农村公路建设项目应严格落实“七公开”，公示建设单位、施工单位、主要质量控制指标和监督举报电话等内容。

第二十六条　农村公路建设项目应当建立安全生产责任制和工程质量责任追究制。农村公路建设、施工和监理单位应当依据职责，明确安全、质量管理责任，落实安全、质量保证措施，加强安全与质量管理。

第二十七条　农村公路建设补助资金应按照国家及省资金管理相关规定，依据工程进度和有关合同文件要求分期拨付。

第二十八条　农村公路建设项目交、竣工验收可合并进行。

县道、三级公路以上的乡道以及中型以上桥梁、隧道工程新改建项目竣工验收，由县交通运输主管部门向市交通运输主管部门提出申请，由市交通运输主管部门组织进行；其余乡道、村道的竣工验收，由县交通运输主管部门组织进行。

未经验收或者验收不合格的，农村公路建设项目不得交付使用。

第二十九条　农村公路建设单位应当按照档案管理有关规定，收集、整理、保存工程建设资料，做到工程建养与档案管理同步进行，馆室一体化。竣工验收后，形成档案异质备份，及时移交县农村公路管理机构保存。

第五章　养护管理

第三十条　县交通运输主管部门农村公路管理机构应建立健全公路管理档案，对公路、公路用地、公路附属设施调查核实、登记造册，并参照交通运输部《公路养护技术规范》有关技术要求进行养护，保证农村公路经常处于良好的技术状态。

第三十一条　县道养护按照《公路养护技术规范》的相关技术标准执行。乡道、村道大中修工程参照《公路养护技术规范》的相关技术标准执行。

第三十二条　乡道、村道日常养护及小修应做到经常有人管护及巡查，并使之达到以下技术标准与要求：

（一）路基坚实稳定，路肩平整，与路面衔接平顺，边缘顺适；边坡稳定平顺；边沟、排水沟排水畅通；防护设施完好。

（二）路面平整完好，清洁无杂物，横坡适度，排水畅通。

（三）过村路段排水设施因地制宜，保证路面无积水。

（四）桥面排水畅通，清洁无杂物；涵洞完好无淤塞、开裂、漏水现象，翼墙完整、坚固；漫水桥和过水路面过水畅通，无堆积物和漂浮物阻塞。

第三十三条　县交通运输主管部门农村公路管理机构应制定、完善农村公路养护质量检查、考核和评定制度，加大监督检查力度，确保养护质量和安全。

第三十四条　各乡镇应成立由乡镇政府主管领导兼任负责人的农村公路管理机构，明确1—2名专（兼）职工作人员，工作人员从乡镇政府在编人员中调剂；农村公路管理机构设置固定的办公场所，配备必要的办公设备和经费，负责本乡镇农村公路的建设、养护管理。

第三十五条　农村公路养护采取专业养护与群众养护、日常养护与集中养护相结合的方式，鼓励面向社会公开招标，选定具备资质条件的养护单位承包，推进农村公路养护市场化。

乡镇政府可以将本辖区内乡道，按照“谁受益、谁管理、谁养护”的原则，分段划分到路线所在村委会，以村委会为单位采取农户分段承包等方式进行日常养护管理。

第三十六条　各乡镇要制定本乡镇养护实施和考核方案，对辖区内农村公路养护质量按月进行检查、考核，及时将养护质量检查、考核表报县农村公路管理机构备案。

第三十七条　县、乡镇政府组织好农村公路绿化（绿色廊道）工作。

农村公路两侧公路用地内树木需更新砍伐的，依照《公路安全保护条例》规定报县农村公路管理机构批准，并做好更新补植。

第三十八条　公路养护施工作业现场严格按照有关要求设置施工标志标牌，养路工上路和施工人员现场作业时必须着安全标志服，规范作业。需要中断交通的，应当事先报县政府和县交通运输主管部门同意，必要时由县公安交通管理部门提前向社会公告和实施交通管制。

第三十九条 县政府建立农村公路安全协调机制并制定应急预案，及时处置自然灾害或者其他突发事件，保障农村公路安全畅通。

在农村公路中断或者严重损坏时，县、乡（镇）政府应当及时组织沿线机关、团体、企业事业单位和当地群众进行抢修修复。必要时，可以请求驻地部队支援，尽快恢复交通。

第四十条 大型建设项目在施工期间需要使用农村公路的，应当按照指定线路行驶，符合荷载标准。对公路造成损坏的应当进行修复或者依法赔偿。

第六章 公路保护

第四十一条 县公路路政管理机构负责县道的路政管理，乡道、村道路政管理由乡（镇）政府、村委会协助，各乡（镇）政府明确 2 名公路监管员，各行政村明确 1 名兼职护路员，共同做好农村公路保护。

第四十二条 县公路路政管理机构应在新建、改建农村公路时同步介入，与公路建设单位积极协作，建立农村公路产权档案。

第四十三条 县政府依照《中华人民共和国公路法》《公路安全保护条例》，划定农村公路两侧边沟（截水沟、坡脚护坡道）外缘起向外不少于 1 米范围为公路用地，公路用地外缘起向外县道不少于 10 米、乡道不少于 5 米、村道不少于 3 米为公路建筑控制区。

农村公路沿线单位和个人，应支持配合县公路路政管理机构、各乡镇及村民委员会做好农村公路保护工作。

第四十四条 县公安交通管理部门在处理公路交通事故时，如涉及农村公路及其附属设施损坏的，应当及时通知县农村公路管理机构查验损失；公路交通事故的处理工作应当在农村公路管理机构完成公路路产损失清偿工作后方可结案。

第四十五条 乡镇政府可以根据保护乡道、村道的需要，在乡道、村道的出入口设置必要的限高、限宽设施，但不得影响消防和卫生急救等应急通行需要。

第七章 考核奖惩

第四十六条 本办法中的考核对象为乡（镇）人民政府。检查、考核工作由县政府统一组织，县交通运输主管部门具体负责实施。

第四十七条 建设、养护考核实行百分制考核，其中养护补助资金分配根据考核结果实行“以奖代补”。建设、养护具体考核、奖补办法由县农村公路管理机构制定、实施。

第四十八条 县交通运输主管部门对工程进度严重滞后或出现质量问题的，建议市交通运输主管部门给予通报批评，并依法给予处罚；对管理不到位或建设资金不能落实的，建议省交通运输主管部门取消或核减该乡（镇）下一年度项目建设计划。

对未经批准擅自施工的，由交通运输主管部门责令停止施工，并按照《中华人民共和国公路法》规定给予罚款。

第四十九条　对未经验收或者质量鉴定不合格即开放交通的，由上一级交通运输主管部门责令停止使用，限期改正。

第五十条　农村公路建设项目未依法招标的，依据《中华人民共和国招标投标法》《公路工程施工招标投标管理办法》等有关规定，对相关责任单位和责任人给予处罚。

第五十一条　农村公路建设发生质量违法行为的，依据《建设工程质量管理条例》《公路建设市场管理办法》《公路工程质量监督规定》等有关规定对相关责任单位和责任人给予处罚。

第八章　附　则

第五十二条　本办法未规定的依照相关法律、法规执行。

第五十三条　本办法由县交通运输局负责解释。

第五十四条　本办法自发布之日起实施。

中共涉县县委办公室、涉县人民政府办公室关于《大力弘扬旅发精神以“愚公红”干劲加快建设“中国最美乡村旅游通道”的通知》

各乡（镇）党委、政府，县直各单位，经济开发区：

6月3日至5日，第一届邯郸市旅发大会在我县胜利举行，整个大会达到了市委“当标杆、做表率”的要求，是一个精彩、震撼、圆满、成功的大会。面对前所未有的困难和挑战，涉县42万英雄儿女以战天斗地的气概，改天换地的气魄，感天动地的气势，苦干实干拼命干，全力全速向前冲，上演了一部“激情燃烧的岁月”现实版，涉县大地“铁在烧”。我们用实实在在的工作业绩交了一份满意的答卷，为涉县的全域旅游发展打下了坚实基础。

我们借旅发之势，发扬旅发精神，推动各项工作取得新成果，当前，全县各乡镇乡村道路建设工作都在加速推进。广大干部群众克服资金短缺、天气炎热、装备不足等困难，继续坚持旅发大会期间不讲条件、不怕困难，满怀激情干工作的“旅发”精神、“愚公”精神，“愚公红”成为全县干部群众的基础色，让“旅发精神”“愚公”精神，成为加快发展的动力和源泉，借旅发之势全力打造千里“中国最美乡村旅游通道”。总的来讲，要坚持做到“七项原则”。

一是坚持“宁可路绕一丈，绝不毁树一棵”原则。“十年树木，方见成效”，涉县山区的树木成林更是超过十年，森林资源是涉县旅游资源最宝贵、最重要的组成部分。我们修建“中国最美乡村旅游通道”，就是为了让游客到涉县欣赏这里得天独厚的生态环境。因此，保护好森林资源是我们修建“中国最美乡村旅游通道”的首要前提，必须坚持树木第一的原则。

二是坚持“随坡就势、减少垫方”的原则。旅游道路不同于交通干道，不同于城市街道，首要作用是让游客体验自然、欣赏美景。因此，在保证行车安全的前提下，不要刻意裁弯取直，避免大填大挖，尽量减少土石方开挖量。这样既能减少工程费用，又能减少对山体和生态环境的破坏，更能让人们流连忘返，体验涉县的独特自然美景。

三是坚持“宁可多垒堰，也要不劈山”的原则。要修生态路，减少劈山行为，能用传统工具处理的，就不要减少破坏性爆破，避免对山体和路基造成破坏。要结合涉县山体地理特点的地方可修建具有涉县特色的挂壁公路。要向河道要修路的原材料，把河道的砂石清理与修路垒堰结合起来，既可清理河道，又能有大量的石头垒堰，达到一举多得的效果。

四是坚持“山水林田路综合治理”的原则。规划中要充分利用工程、水利、旅游、文化等各类档案资源，将提升道路等级、绿化治水、田路相融、山体保护以及沿线景点、民俗文化等元素综合考虑，实施山水林田路综合治理。要突出一盘棋思维，综合长远规划。要让路与自然、与文化和谐共生，修建中国最美乡村旅游通道，最具文化特色的山区道路。

五是坚持“车在林中行、人在花中游”的原则。要按照“树木成林、花开成片、绿化成景”的思路，根据地形地貌进一步补植树木花草，打造层次丰富、色彩多样的绿化景观路，让车辆一进道路就淹没在绿色当中，让游客一下车就能赏花观景，真正体验“车在林中行，人在花中游”的胜境。

六是坚持“宜宽则宽、宜窄则窄，个别路段曲径通幽”的原则。乡村旅游道路等级要根据实际地形特点和功能定位综合考虑确定，同一条旅游道路可根据实际地形不同，设定不同的车速，选择不同路基宽度，灵活选用技术指标。路面宽度一般要达到9米，条件允许时可适当加宽，条件受限时，可适当变窄，最窄处一般也要在7米以上，满足旅游发展的要，宽处可修建沿路停车带。

七是坚持“以群众为基础，村为主体、乡为主导、县为支持”的原则。要顺应人民群众对乡村道路修建的强烈愿望，广泛发动群众，自力更生，男女老少齐上阵，自己动手修建自己家乡的道路。乡村道路修建的责任主体就是乡和村两级，县委县政府将为乡村道路的修建提供全力支持，各相关责任部门也将全力向上争跑政策、资金等支持。全县上下要勠力同心，共同修建好千里“中国最美乡村旅游通道”。

附件：中国最美乡村旅游通道建设指导意见

中共涉县县委办公室

涉县人民政府办公室

2017年7月23日

中国最美乡村旅游通道建设指导意见

总　则

第一条　指导思想。最美乡村旅游通道建设要围绕“就地就业、就地创业、就地致富、就地幸福”的总理念，与美丽乡村建设相结合，建设“以人为本、因地制宜、安全舒适、生态环保、集约节约、自然和谐”的绿色公路。

第二条　实施原则。结合沿线景区景观、地形地貌，科学布局配套设施，注重旅游业态培育，把文化、观景、休闲融为一体，全力打造“功能齐全、路景交融、宜驾宜游”的中国最美乡村旅游通道，服务全域旅游示范县建设。

第三条　适用范围。本指导意见适用于涉县所有农村公路建设项目。

公路设计

第四条　最美乡村旅游通道规划设计要结合全县道路交通路网情况、洪灾工程档案，旅游景点、地方风俗、产业文化等各类资源，科学规划“三纵九横十八条支线”路网图，构建“三谷一带”旅游环线。利用原有道路桥涵，减少动拆。注重环境人文保护。改线路段“多垒堰，少劈山”，保护山体，多采用砌筑挡土墙填筑路基。

第五条　路线设计时应注意保护林地，避免破坏植被、砍伐树木，“宁可路长一丈，绝不毁树一棵”。确实无法避免的，要对树木进行移植并保活。

第六条　最美乡村旅游通道结合山区特点，按照“因地制宜、随坡就势、宜宽则宽、宜窄则窄、个别路段曲径通幽”的原则，一般路段按以下标准设计，穿越林地等特殊路段，可适当降低标准。急弯陡坡路段，重点设计，减少安全隐患。

旅游通道建设的标准：一般路面宽度不低于9米，路面厚度沥青路面不低于9厘米，水泥路面不低于24厘米，基层厚度不低于45厘米；因原件限制，路面宽度可适当变窄，窄路面宽度不低于7米。

第七条　路线设计应与沿线环境和景观协调，保护自然生态和文物古迹；过村路段应远离村镇，条件不允许的，尽量选择一侧靠村。

第八条　路基路面就能结合当地实际进行综合设计，合理控制路基填挖，尽量做到“少挖少填、不挖不填”，保护自然生态，防止水土流失。

公路施工

第九条　路基填筑时，尽量使用沿线河床砂石材料，并分层填筑，分层碾压，严格控制松铺厚度和压实遍数，确保压实效果，以达到清淤防洪、路基稳定的目的。

第十条　挡土墙、护坡等构造物，宜就地取材，利用山区沿线丰富的地方材料进行砌筑。砌筑所用水泥砂浆应配比准确、拌和均匀、干湿适宜，砌筑时要坐浆饱满，不得有空洞，砌筑表面要讲究艺术性，勾缝时采取多种样式，增加美感。

第十一条　桥梁工程。涵洞设置应考虑经济适用，优先选择混凝土圆管涵。尽量减少设置桥梁，确需设置的，采用便于施工、经济适用的形式，季节性宽浅河流可修建漫水桥或过水路面。桥梁建设要严格质量，钢筋制作规范，混凝土配比准确，施工合理有序。

第十二条　排水设施。公路应设置必要的排水设施，过村路段边沟采用混凝土矩形沟。村外路段一般采用土边沟，冲刷严重路段应设置硬化边沟。

第十三条　公路路面。应优先选用沥青混凝土路面，特殊路段可采用水泥混凝土路面。施工时，要严格施工程序，保证强度、平整度等要求，确保行车舒适性。

第十四条　公路安保。交通安全设施设置，与公路主体工程同步实施。对施工造成的破坏山体、裸露危岩，要对岩体表面进行平整和排除加固处理，防止发生次生灾害；高路堤、陡坡、急弯、临水、傍崖等危险路段，在路侧设置限速、警示、警告标志、警示桩和石砌护墩、护墙等安全设施；在漫水桥、过水路面等应设置警示标志和标杆；在急弯路段，应设置诱导、警告、限速、反光镜等标志；连续长陡坡路段应设置减速带和警示标志，有条件的可设置避险车道；主要交叉路口、村镇、学校等路段，应设置必要的指示标志、减速带和限速标志。

公路绿化

第十五条　公路沿线的绿化应与自然景观相融合，乔、灌、花、草相结合，观赏性与经济性相结合，绿化、美化与生态环保相结合，绿化品种尽量选择乡土品种，沿线可视范围进行绿色全覆盖，达到“三季有花，四季常青”的效果。对施工造成的裸露山体栽植爬山虎等进行绿化。

第十六条　特色走廊带。坚持统筹规划、因地制宜、简洁大方、质朴和谐的原则，采取政府主导、多方联动实施的模式打造具有地域特色的沿线绿色生态走廊带。原则上，公路用地范围内可绿化用地都应绿化，以提升整体景观效果。宜林路段要种植适应本地生长的观赏类或经济类乔木和花草，力求成带成片，打造立体绿化经济景观效果，达到“车在林中行，人在花中游”。

公路景观

第十七条　景观设施。通过挖掘涉县红色文化、女娲文化、农耕文化及民俗等历史资料，结合道路实际，采用不同艺术形式，在公路沿线两侧，因地制宜设置特色文化景观，突出道路地域性、文化性和观赏性，让每条路都有自己的故事可讲。有条件的可以挖掘各类资源，设置文化馆室，使公路文化有深度有内涵，增加游客的参与和体验，实现旅游公路向公路旅游的转变。

第十八条　停车带。充分利用路侧闲余空地设置路侧停车带，原则上平均每 3 公里设置 1 处，适宜观景点应优先选用。路侧停车带可因地制宜配套必要的绿化、美化和人文等景观设施。

临河的路侧停车带，有条件应设置连通河边供驾乘人员亲水的步行道。

第十九条　观景平台。在自然风景优美、人文景观突出路段及农业观光采摘处，设置观景平台、停车港湾等，可以满足行人浏览风光、亲近自然，并能小憩需求。

第二十条　交通驿站。优先选择观景条件好的路侧用地、公路养护站及农家乐附近建设交通驿站。交通驿站应设置停车场，配备公共卫生间、超市、餐厅等服务设施。建筑外观、绿化和景观设计提倡简洁、质朴，力求与周围环境协调。

第二十一条　步游道。在风景优美路段要设置行人和自行车通行的步游道，既可采用充分利用公路路侧资源的并行模式，也可采用依山就势游离于公路之外的观景廊道形式，与沿线地形地貌、自然风光相互交融。步游道采用简洁质朴、美观大方、对自然环境破坏和影响较小的结构形式，宽度宜控制在2-3米。

其他要求

第二十二条　大力开展公路环境整治。对公路沿线的门架、广告标牌和标语等进行清理和规范，整治公路视线范围内其他影响景观效果的建筑和设施。集镇、居民聚集路段应美丽乡村建设有机结合，科学规划标线，规范停车位，统一规划房屋场坝外侧花坛，加强生活垃圾处理等常态化管理。

第二十三条　项目实施时，坚持县委、县政府统一领导，沿线乡镇、住建、国土、交通、旅游、林业、水利、电力和环保等部门多方联动，以村为主体、乡为主导、县为支持，广泛发动群众，自力更生，保障项目有序实施。

第二十四条　中国最美乡村旅游通道建设项目，按照相关规定要求，同步做好档案收集、整理和归档工作。

中共涉县县委、涉县人民政府
关于《推行农村公路“路长制”的实施意见》

（2018年1月23日）

为进一步提升城乡公共基础设施水平，全力构建建养并重、安全舒适、路域洁美、服务优质的农村公路新格局，决定在全县范围内推行农村公路“路长制”，具体方案如下。

一、总体要求

全面贯彻党的十九大精神和习近平总书记建设“四好农村路”重要指示，紧紧围绕统筹推进“五位一体”总体布局和协调推进“四个全面”战略布局，牢固树立五大发展理念，遵循县道县管、乡道乡管、村道村管的原则，以“3492”发展战略为指导，以“七路七兴”为引领，以加强农村公路建设、管理、养护、运营为主要任务，全面建立和实行路长制，构建起责任明确、协调有序、监管严格、奖惩有力的路长管理制度，为加快我县农村公路发展、实现乡村振兴战略提供制度保障。

二、工作目标

2018年1月底前，县乡村三级出台实行路长制工作方案；2018年3月底前，全面建立县乡村三级路长制组织体系，向社会公布路长名单，制定出台相关制度及考核办法。

三、组织体系

（一）组织形式

结合行政区域与道路等级，全面建立覆盖全县农村公路的县乡村三级路长体系。

“路长制”是路段管理人员在路长的统一领导下，对责任路段公路（含隧道、桥梁）、附属设施建、管、养、运营方面实施全面综合管理的制度。县级设立双总路长，由县委、县政府主要负责同志担任。对全县2条县道设立县级路长，由县政府负责同志担任。乡村两级分别设立路长，乡级路长由乡镇人民政府主要负责人担任，村级路长由村主任担任。各级路长为辖区内农村公路建设、养护、管理、运营和路域环境整治的总负责人。

县政府设立县级路长制办公室，主任由县政府分管交通的负责同志担任，副主任由县交运局长、县政府办联系交通负责人担任。

乡镇人民政府设立路长制办公室，与乡镇农村公路管理领导小组办公室合署办公。

（二）路长职责

县级总路长负责全县农村公路“路长制”工作的总调度、总协调，监督检查各级路长和相关单位履职情况。重点对农村公路建管养运等工作进行组织协调、督导调度，及时研究解决推进过程中的突出问题。每季度组织召开一次路长办公会议，听取各级路长和相关单位工作情况汇报，安排部署工作，指导、监督落实到位。同时，负责督促落实农村公路建管养运的政策支持、财力物力保障，加强机构能力建设。

县级路长负责指导、协调县道建管养运工作，负责检查督导下级路长和有关部门履行职责。

乡、村路长负责组织、督促乡、村农村公路建管养运工作落实，负责资金筹措，协调解决突出问题。根据辖区内农村公路等级、数量和任务轻重等实际情况，招募并管理乡村道专管员。每月召开一次专题会议安排部署工作，每周上路巡查不少于2次；建立健全所辖路段相关设施，制定路长牌，明确路段起止里程。完成总路长和县级路长交办的各项工作任务，确保管辖路段干净、整洁、安全、有序、美观。

（三）责任分工

实行路长对总路长负责、下级路长对上级路长负责和部门分工负责的路长责任分工制。根据实行路长制工作需要，明确责任部门和分工。

县委组织部负责将路长制考核结果作为党政班子和主要领导干部综合考核评价的重要依据。

县委宣传部负责加强路长制实施工作的宣传教育和舆论引导。

县委、县政府督查室负责对县乡实行路长制工作落实情况进行督导检查。

县发改局负责会同相关部门协调推进各级道路建设规划和重点项目的实施，争取国家投资和政策支持。

县公安局（交警大队）负责打击涉嫌公路违法犯罪行为；查处车窗抛物和超速、逆行等违法行为，排查道路交通安全隐患并及时整治，完善交通安全措施并确保完好有效。

县监察局负责按照干部管理权限，对部门移交的实行路长制过程中应当给予纪律处分的失职失责人员进行问责。

县财政局负责统筹落实路长制实施相关经费。

县国土局负责对公路两侧建筑控制区范围内建设的监督，加大对控制区范围内违法用地的查处力度，严格控制公路两侧建设和村民建房的用地审批，组织对已关闭矿山形成的高陡边坡、裸露山地进行恢复治理。

县水利局负责协调处理交通设施与河道防洪安全有关事宜，提高公路两侧区域的防洪灌溉能力；鼓励对公路沿线山塘水库进行生态修复，协助做好公路沿线绿化带灌溉水源的保障。

县林业局负责农村公路两侧的荒山绿化，打造万紫千红景观林；督促、指导各绿化主体责任单位对公路沿线绿化进行查漏补缺。

县住建局负责加强途经城乡规划区段农村公路两侧规划建设管理。

县旅游局负责统一设计、规范设置公路旅游标识标牌；结合实际在公路沿线设置旅游服务设施。

县法制办负责路长制实施有关地方性法规草案、县政府的“立改废”工作。

县路长制办公室设在县交运局，负责协调推进县级路长制确定的具体事项，完善相关制度和考核办法，并负责组织实施。督促落实总路长的工作部署和问题处置。

各乡镇应结合各自实际，把农村公路建管养运全部纳入工作方案，具体明确本级相关部门职责与分工。工作方案应重点突出操作层面，形成主体责任明晰、查摆问题到位、工作措施有力、解决问题迅速的快速处置机制。

四、主要任务

（一）加强农村公路建设

在全县推广“群众为骨干、党员为先锋、村庄为主体、乡镇为主导、县里为奖补、有工优先干”的农村公路建设新机制，坚持“宁可路绕一丈、绝不毁树一棵”等七条修路原则，进一步明确主体责任，推动“等你修”变为“我要修、主动修”。全面推进“一路七兴”和“七路七兴”工作，在路两侧建起党建、精准扶贫、旅游发展、生态经济、文化体验、休闲养生、愚公精神等兴旺区域，实现交通先行，奔跑着发展；积极探索试行“向上争、市场筹、干部助、社会捐、群众投、政府奖”等六条途径，想方设法撬动社会资本，补齐资金缺口。同时，鼓励农民和农村集体经济组织自主筹资筹劳，以及利用道路冠名权、广告权、绿化权等多种方式筹集农村公路建设资金。

（二）加强农村公路管理

建立健全农村公路管理档案，对公路、公路用地、公路附属设施调查核实登记造册。县公路路政管理机构负责县道的路政管理，乡道、村道路政管理由乡政府、村委会协助，各乡政府明确2名公路监管员，各行政村明确1名兼职护路员，共同做好农村公路保护。乡政府可以根据保护乡道、村道的需要，在乡道、村道的出入口设置必要的限高、限宽设施，但不得影响消防和卫生急救等应急通行需要。同时，抓好日常路况巡查、隐患排查、灾毁信息上报及保险理赔，及时制止并报告侵害路产路权行为。加强公路行车秩序管理，重点整治超载、超限，查处货运车辆抛、洒、滴、漏等行为。

（三）加强农村公路养护

积极探索市场化养护的新模式，实现市场化养护。按照《涉县农村公路管理考核办法》，对管养路线进行监管，养护质量与计量支付紧密挂钩。对乡镇村负责的农村道路推行以奖代补，根据考核结果发放养护资金，在全县建立农村公路有路必养、养必到位的长效机制，将“四好农村路”主要指标纳入县政府考核目标，养护投入与工程立项挂钩。同时，大力推行大中修养护工程专业队伍施工；推广零星小修、应急抢修工程与日常保养捆绑招标、片区捆绑招标等养护工程包模式，提升养护专业化水平。

（四）加强农村公路运营

坚持“城乡统筹、以城带乡、城乡一体、客货并举、运邮结合”的总思路，认真落实《农村客运站点建设与维护制度》《农村客运班线通行条件审核办法》《农村物流三级网络节点发展规划及建设标准》等一系列规章制度。大力推广建设集农村客运、养护、交通执法、物流、电商、旅游、餐饮购物等多功能于一体的“多站合一”乡镇综合运输服务站，整合交通、农业、商务、供销、邮政快递等农村物流资源，加快构建覆盖县、乡、村三级的农村物流网络体系。

五、相关要求

（一）强化组织领导

为推进“路长制”顺利实施，成立由县委书记、政府县长任总路长，相关县领导任路长，各乡镇、村相关负责同志为成员的路长制工作领导小组，统一领导、协调实行路长制相关工作，领导小组办公室（路长制办公室）设在交运局。各乡镇和部门要切实把农村公路“路长制”摆上议事日程，对农村道路建管养运等事项进行分析研究，针对存在的问题，提出加强和改进措施。要狠抓责任落实，建立总路长、路长目标任务责任制，推动“路长制”工作全面落实。

（二）广泛宣传发动

通过电视、广播、互联网、新媒体等加大宣传力度，营造人人参与的良好护路爱路氛围，及时报道管理成效，介绍推广经验，提高“路长制”管理工作的社会参与度。同时加大新闻媒体的曝光力度，为“路长制”管理工作营造良好的氛围。

（三）强化协调配合

各单位要全力支持“路长制”的运行，自觉服从路长的协调和管理，努力为路段管理人员开展工作营造良好的环境。要在路段与路段之间、路段与产权单位之间建立路长工作联系机制，相互沟通、相互配合，消除盲区，形成横向到边、纵向到底的路长监管体系。

（四）严格督查考核

定期对各级各部门路长制工作落实进展情况进行督导检查和通报，对重点难点问题挂牌督办。建立健全路长制绩效考核评价体系，将农村公路工作纳入县对乡镇的政府年度绩效考核，建立“县级季度检查、乡镇每月自查”分级负责、上下联动的督查及考核奖惩机制。对因工作不力、履职缺位等导致工作未完成造成影响的，依法依规追究相关单位和人员的责任。

（五）加强社会监督

全面落实农村公路建设养护“阳光工程”，将各级路长、专管员、管养单位相关信息向社会公布。综合运用信息化平台、明察暗访、人大代表及社会监督员等，对农村公路管理成效进行公示、监督和评价。

后　记

历经4年，在涉县县委、县政府和省市交运部门的关注和支持下，经交运志办公室同人和各有关部门、单位的共同努力，在查阅数百卷、搜集上千万字材料的基础上，经反复筛选，精心编纂的90余万字的《涉县交通运输志》终于正式面世了。

《涉县交通运输志》上限追溯至事物发端，下迄2022年底。总体框架由前言、凡例、概述、大事记、专记、专志、后记构成。主要内容分为12篇38章123节。记述区位环境、规划建设、交通线路、桥梁渡口、工程管理、公路养护、运输管理、交通规费、交通执法、铁路邮政、队伍建设、交通人物和交通文化。这是涉县有史以来第一部比较全面、系统、客观地记述交运历史的专业志书。志书以历史唯物主义的立场、观点和方法，以客观严谨、存真求实、详尽明白的原则，对资料“宏纤毕收”，以先分类别后分时期之结构，划分篇、章、节、目，以类采事，横排纵述，力求横不缺项，竖不断线。采用述、志、记、传、图、表、录等体裁反映交运史实，记述涉县交运事业的历史与现状，具有资政、存史、育人的作用。资料翔实、叙述准确，全景式反映了涉县交运跨世纪的发展变化，突出了时代特色和涉县交运特色。

2019年8月，《涉县交通运输志》正式启动。志书编纂委员会主任由交通运输局局长张献明，局党委委员张树魁任副主任，下设志书办公室，局宣传室主任张付平具体负责编修工作。全局抽调在职人员江冰林、李晓冬、王晓龙等，并全局下发文件。2020年1月，王利强接任交通运输局长后，保持原班人马不动，加大推进力度，多次召开志书调度推进会，督促推进该项工作。

从2019年9月起，修志办公室开始着手制定志书纲目，全局进入动员和资料收集阶段。局属机关各科室、局属各承志单位、高速公路等部门，明确专人、规定时限，广泛收集，为《涉县交通运输志》的编修提供了大量珍贵的资料。志书办人员分别到县档案馆、图书馆、党史办、组织部、统计局等部门进行资料查阅收集，其间共查阅收集资料数百卷交运历史档案。通过电话、微信、走访等多种形式向老交通干部、退休人员和相关行业老同志查清事态发展来源。原交通局工会主席史苗安提供了交通发展起端至1990年一轮县志交通部分宝贵的原始资料，张付平提供了1991—2011年二轮县志交通书稿，为志书编纂节省了大量时间。江冰林对各单位分志人员进行培训，完成分志初稿的收集。2022年前后，王晓龙、江冰林因工作调动先后离开。

2022年4月，在人员十分紧张的情况下，志书进入编写、修改、校正阶段。在掌握大量原始资料基础上，张付平考证筛选、分条缕析、实事求是、统纂全稿，利用4个月时间，形成志书一稿。李晓冬主要承担了图片收集和图表制作工作。一稿志书经过全局人员补充完善后，广泛征求退休老局长吕学海、刘树廷、王富魁、梁江苏、张献明等人意见，征求退休老交通工作者江和萍、王玉太和专管交通资料多年的郝景鑫等人的意见和建议。听取了县人大常委会原副主任牛永芳、邯郸市文化局原副局长李方成、县方志办原主任任乃堂、县委党史研究室原主任张献伟等人的意见建议。再度到县档案馆、党史办、组织部、人大政协、发展委、住建局、公安局、市高速公路管理处等部门进行资料查阅和核实完善，并查阅省交运厅档案室、邯郸市档案馆相关资料，再次对全稿进行篇章调整和资料核修补充，数易其稿。至2022年12月20日，终成定稿。2022年12月底，由县方志办李小虎、韩书琴审读。2023年3月，志书进入方志出版社审校阶段。

《涉县交通运输志》的编修历经交通运输局三任领导。一任局长张献明、二任局长王利强、分管修志工作现任局直属机关党委委员张树魁等多次听取志书编修进展情况的汇报，从精神上、工作上、生活上给予编修人员诸多指导、鼓励和帮助。局办主任赵正军为志书编纂多方协调，提供办公、用车等方面的支持帮助。感谢郭文锁文硕文化公司的版式设计及反复核校。特别要感谢县委宣传部、涉县融媒体中心提供的部分图片，因来源广泛、时代久远，志书图片摄影者统一没有标注姓名，见志叩谢，感谢社会各界摄影老师和交运干部职工留下的珍贵历史光影。

2023年9月，新任党组书记、局长崔建华积极推动后期印刷工作，使志书顺利面世。值此，涉县交通运输志编纂委员会对各级领导的鼎力支持。对曾经为本志撰写文稿和提供资料图片的单位和个人、对为交运志付出心血的专家和老交通人，表示最深切的感谢。鉴于编纂水平有限，虽竭尽所能，但仍难免存在错失遗漏，敬请各界人士批评指正。

编者

2023年9月30日